佛教儀式各論 X

「靈山作法(영산작법)」

영산불교문화원

머 리 말

지금이 말법시대임을 많은 사람들이 걱정한다. 하지만 한편으로는 이 시대에 태어난 것이 더없이 다행스럽다는 생각도 든다. 아무리 훌륭한 말씀도 증명되지 않으면 자칫 공상(空想)이나 희론(戱論)으로 치부될 염려가 있다. 그런데 근자에 들어 경전의 말씀이 과학과 의학의 발달로 진리성이 속속 증명되고 있기에 하는 말이다.

수업시간 교사의 설명을 들으며 실시간으로 내용의 진위를 검색하는 것이 현 세태다. 즉, 경전의 말씀도 접하면서 진위여부를 검색해야 직성이 풀리는 시대라는 뜻이다. 실시간 검색, 자칫 불손하게 보일 수도 있지만, 어찌 보면 피차 신뢰를 쌓을 수 있는 기회이기도 해서 나무랄 일만도 아니지 싶다.

과학이나 의학이 발전되면서 진리임이 증명되는 종교, 바람직하지 않은가?! 아전인수격으로 하는 말이 아니라 불교는 과학은 아니지만 과학적이고, 의학이 아니면서 의학적이다. 불교의 입장은 그래서 과학의 발전이 반갑고 의학의 발달이 고맙다. 우리는 바로 이런 시대를 살고 있기에 말법시대라 해서 걱정만 할 일이 아니라고 한 것이다.

그뿐만이 아니다. 예전 같으면 정보를 얻는 것이 매우 어려운 일이었다. 오죽하면 의정(義淨. 635~713) 삼장께서 "구법을 위해 길 떠나신 어른이 100분이면 돌아오신 분은 10분도 안 되는데, 뒷사람들이 그분들의 어려움을 어찌 알리요? (去人成百歸無十 後者安知前者難)"라 하셨겠는가. 사찰마다 묘답(猫畓)을 두어 살생으로 연명하는 고양이를 대접하는 것은, 현장(玄奘. 602~664) 삼장께서 불경을 동토(東土)로 옮겨 모실 때 쥐들로부터의 난(難)을 그들의 조상이 막아준 공을 기리기 위함이라 하니 당시로서 정보를 얻는 것이 얼마나 어려운 일이었는지 짐작하게 해준다.[1)]

지금은 컴퓨터와 인터넷의 발달로 정보를 수집하고 전하는 데 있어서 이렇다 할 어려움이나 제약이 없다고 해도 과언이 아니다. "곳에 따라 주인이 되면, 그곳이 어디든 모두 진실되리라! (隨處作主 立處皆眞)"라 했던가. 이런 사실 한 가지만으로도 지금이야말로 많은 복을 받고 사는 시절이라 해도 과언이 아니다.

그럼에도 업에 얽매어 받은 몸이어서인지 그간 지내온 내 인생의 여정을 뒤돌아보니 역행보살(逆行菩薩)과 역경이 적지 않았다. 모두 본인의 수행을 도와주신 분과 경계였다. 하지만 당시에는 말세라는 말씀과 함께 화택(火宅)이라는 말씀을 실감해야 했다.

다행히 의례와 의식에 필(feel)이 꽂혀 평생의 일거리로 삼고 지내왔으니, 참으로 막중한 불은(佛恩)이 아닐 수 없다. 이렇게 말할 수 있는 것은 불교에 있어서 의례

1) 조선 제7대왕 세조가 오대산 상원사에 거둥하여 법당에 들어가 예를 올리려 할 때, 고양이가 왕의 옷자락을 물어 끌며 방해하여 자객으로부터 목숨을 구했다는 설화에 근거했다는 설도 있다.

와 의식은 불교의 정화(精華)이기 때문이다. 석존의 금구소설(金口所說)이신 팔만대 법문이 약방에 진열된 약이라면, 의례와 의식은 처방에 따라 조제된 것과 같다. 더구나 한문문화권에서 한국불교의 그것은 타의 추종을 허락하지 않는다. 그만큼 매우 정교하고 치밀하게 발달되어 있다. 영산재가 국가무형문화재를 넘어 세계무형문화유산으로 유네스코에 등재되었음이 이를 대변한다.

거듭되는 이야기지만 의례·의식과 인연을 맺은 후, 그간 배우고 익힌 것 모두를 이 연구에 집중했다. 의례와 의식이 내게는 화두요 수행 그 자체였기 때문이다. 이렇게 얻어진 그간의 성과를 뜻을 같이하는 분들과 나누고자 '불교의식각론'이란 이름으로 간간이 엮은 것이 어느새 아홉 권이다. 그리고 이제 「영산작법」을 보태며 '불교의식각론' 시리즈에 일단 마침표를 찍고자 한다.

돌이켜보면 본인이 연구에 임할 당시만 해도 일부 종단이나 스님들이 의례와 의식을 백안시했다. 그러던 풍조가 개선되어 그 진면목에 공감하고 연구와 전승에 힘을 기울이려는 붐이 일고 있어 연구자의 한 사람으로서 감회가 새롭다.

머리말을 쓰며 그간의 성과가 너무 부족한데 부끄러움을 느끼지만, 한국불교에 있어서 의례와 의식은 청규(淸規)요 지남(指南)임을 거듭 확인할 수 있다는 사실 하나만으로도 만족한다. 그럼에도 바라는 바가 있다면, 그간 발행한 책자가 삼보님께 올리는 공양이 여법하고 사생이령을 제도함에 도움이 되는 것이다.

끝으로 이 책이 나올 수 있기까지 격려하고 도와주신 많은 분들, 특히 교정을 맡아주신 '효명 윤명구' 거사, 물심양면으로 도움을 주신 관음사 주지 민경 스님, 선우정사의 주지 정휴(正休) 스님 그리고 출판을 선뜻 맡아준 불교서원 문선우 원장께 감사를 드리는 바이다.

아울러 이런 기회를 통해 평소 올리지 못했던 감사의 말씀을 전할 분이 계십니다. 태고종 종정을 역임하셨고 법을 잇도록 허락해주신 덕암당 흥덕(德菴堂 興德) 대화상, 범패중흥 제2조이시자 은사스님이신 벽해당 정희(碧海堂 正熙) 대화상, 당대의 어장이셨으며 계사스님이신 덕산당 덕인(德山堂 德仁) 대화상, 범음범패 연구에 인로왕보살님이셨던 범패중흥 제3조 송암당 희덕(松岩堂 喜德) 대화상, 속가의 인연으로 모친이시자 사숙(師叔)이신 재신(載信) 스님이십니다. 또 다겁도반(多劫道伴)으로 지내오며 힘든 가운데도 뒷바라지를 마다않은 관음화(觀音華)보살께도 감사드립니다.

나무영산불멸 학수쌍존(南無靈山不滅 鶴樹雙存)
시아본사 서가모니불(是我本師 釋迦牟尼佛)

불기 2563년 동안거(夏安居) 해제를 앞두고 저자 합장.

일 러 두 기

(1) 본 책 서두에 의식의 원문과 해석 그리고 필요한 기호 등을 표시하여 의식 전체의 개관 및 봉행에 편리토록 하였고, 제목 우측에 본문의 쪽수를 표시하여 자세한 내용을 찾아보기에 용이하도록 하였다.

(2) 본문에서는 아래의 예(例)에서와 같이 의식을 다룸에 **1차적**으로 '제목' '해제' '전체항목 및 현재 항목의 위치' '원문과 해석' 순으로 배열하였다.

예) <3.燃燈偈(연등게)>　　영산회상에 향을 사르며 오분법신의 회복을 발원하는 게송.

靈山作法 ‖ ★(1)歸依儀式 1.鳴鈸 2.喝香 3.燃香偈 4.喝燈 5.燃燈偈 6.喝花 7.舒讚偈 8.佛讚 9.大直讚 10.中直讚 11.小直讚 12.開啓疏 13.合掌偈 14.告香偈 ★(2)結界儀式 15.開啓篇 16.觀音讚 17.觀音請 18.散華落 19.來臨偈 20.香華請 21.歌詠 22.乞水偈 23.灑水偈 24.伏請偈 25.大悲呪 26.四方讚 27.道場偈 28.懺悔偈 ★(3)召請儀式 29.大會疏 30.六擧佛 31.三寶疏 32.大請佛 33.三禮請 34.四府請 35.單請佛 36.獻座眞言 37.茶偈 38.一切恭敬 39.香花偈 ★(4)勸供儀式 40.淨法界眞言 41.祈聖加持 42.四陀羅尼 43.加持供養 44.六法供養 45.各執偈 46.加持偈 47普供養眞言 48.普回向眞言 49.四大呪 50.願成就眞言 51.補闕眞言 52.禮懺 53.嘆白 54.和請 55.祝願和請

戒定慧解知見香① 계정혜해지견향	계정혜해 해탈지견 법신견준 오분향은
遍十方刹常芬馥② 변시방찰상분복	시방세계 두루하며 한결같이 향기롭네.
願此香煙亦如是 원차향연역여시	원커니와 올리옵는 이향연도 그러하여
熏現③自他五分身 훈현자타오분신	훈하옴에 우리모두 오분법신 나투과저.④

1 '제목'에서는 가급적 『석문의범』을 모범으로 삼았으며, 제목이 없는 경우에는 전거(典據)를 찾거나 내용에 알맞은 제목을 붙여 객관적 위치를 지니도록 하였다.

2 '해제'에서는 의식 제목을 간단히 설명하여 독자의 이해를 돕도록 하였다.

3 '전체항목 및 현 항목의 위치'에서는, 의식 전체의 항목을 나열하고 그 가운데서 현재 항목의 위치를 파악토록 하였다.

4 '원문과 해석'에서는 원문은 한자로 하고 음(音)은 하단에 표기하였으며, 고하자(高下字)가 필요한 경우 높은 자에만 우측 상단에 방점(傍點)을, 마침표나 쉼표에 당하는 '짓는 표시'는 영문자 'a'로 아래의 예에서와 같이 표시하였다.

예) *若'一'念'之歸依 俾'千殃而殄'滅'a* ↲

5 '해석'은 불가피한 경우를 제외하고는 가급적 직역을 원칙으로 하였고, 게송의 경우는 4·4조 음수율(音數律)을 원칙으로 번역하였다.

(3) 다음, **2차적**으로 해설 부분은 【자구해설】, 【개요】, 【구성과 내용】, 【의식】, 【연구】 등으로 구분하여 초·중·고교에서의 교육내용과 패턴을 유사하게 함으로써 가급적 한문에서 오는 거부감을 줄이도록 하였다.

[1] 【자구해설】에서는 어구의 뜻을 자세히 살펴 원문의 이해를 돕고, 난해한 경우는 문법적인 면도 다루어 해석이 용이토록 하였다.

[2] 【개요】에서는 단원 전체의 뜻을 파악하게 하였다.

[3] 【구성과 내용】에서는 내용을 서론·본론·결론 혹은 기·승·전·결로 문장 및 게송의 구성을 파악하여 자세한 내용에 접근토록 하였다.

[4] 【의식】에서는 실제 의식에 있어서 어떻게 거행하고 있는지를 개관토록 하였다.

[5] 【연구】에서는 본문에서 다루지 못했거나 내용을 심층 분석해야 할 경우, 문답식으로 다루어 교리·사상·문화·예술·역사적인 면을 살피도록 하였다.

(4) 약어로서 [S]는 산스크리트어, [P]는 팔리어, [음]은 음역, [의]는 의역, [대]는 『대정신수 대장경』, **Sk**는 『석문의범』, **Jk**는 『작법귀감』 등을 의미한다.

책의 제목은 '『 』'로, 의식의 대단원의 제목은 '「 」'로, 소단원의 제목은 '≪ ≫'로, 의식의 항목은 '< >'로 묶어 표시했다.

順　　序

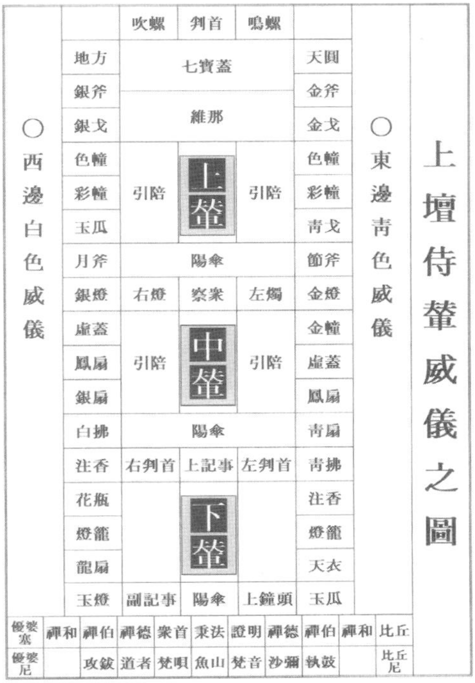
上壇侍輦威儀之圖
○東邊青色威儀
○西邊白色威儀
吹螺 判首 鳴螺
地方 七寶蓋 天圓
銀斧 金斧
銀戈 維那 金戈
色幢 色幢
彩幢 引陪 上輦 引陪 彩幢
玉瓜 青戈
月斧 陽傘 節斧
銀燈 右燈 察衆 左燭 金燈
虛蓋 金幢
鳳扇 引陪 中輦 引陪 虛蓋
銀扇 鳳扇
白拂 陽傘 青扇
注香 右判首 上記事 左判首 青拂
花瓶 注香
燈籠 下輦 燈籠
龍扇 天衣
玉燈 副記事 陽傘 上鍾頭 玉瓜
優婆塞 禪和 禪伯 禪德 衆首 秉法 證明 禪德 禪伯 禪和 比丘
優婆尼 攻鈸 道者 梵唄 魚山 梵音 沙彌 執鼓 比丘尼

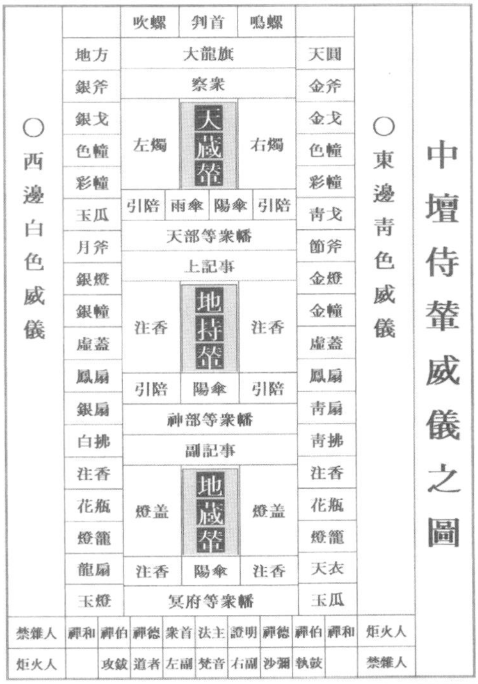
中壇侍輦威儀之圖
○東邊青色威儀
○西邊白色威儀
吹螺 判首 鳴螺
地方 大龍旗 天圓
銀斧 察衆 金斧
銀戈 金戈
色幢 左燭 大藏輦 右燭 色幢
彩幢 彩幢
玉瓜 引陪 雨傘 陽傘 引陪 青戈
月斧 天部等衆幡 節斧
銀燈 上記事 金燈
銀幢 金幢
虛蓋 注香 地持輦 注香 虛蓋
鳳扇 鳳扇
銀扇 引陪 陽傘 引陪 青扇
白拂 神部等衆幡 青拂
注香 副記事 注香
花瓶 燈蓋 地藏輦 燈蓋 花瓶
燈籠 燈籠
龍扇 注香 陽傘 注香 天衣
玉燈 冥府等衆幡 玉瓜
禁雜人 禪和 禪伯 禪德 衆首 法主 證明 禪德 禪伯 禪和 炬火人
炬火人 攻鈸 道者 左副 梵音 右副 沙彌 執鼓 禁雜人

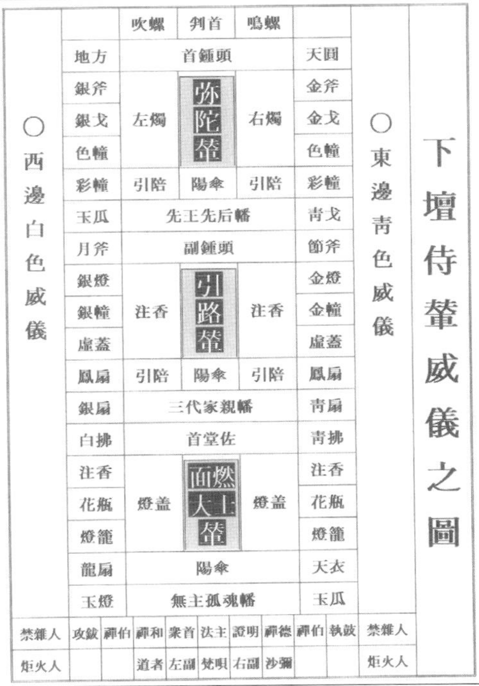
下壇侍輦威儀之圖
○東邊青色威儀
○西邊白色威儀
吹螺 判首 鳴螺
地方 首鍾頭 天圓
銀斧 金斧
銀戈 左燭 弥陀輦 右燭 金戈
色幢 色幢
彩幢 引陪 陽傘 引陪 彩幢
玉瓜 先王先后幡 青戈
月斧 副鍾頭 節斧
銀燈 金燈
銀幢 注香 引路輦 注香 金幢
虛蓋 虛蓋
鳳扇 引陪 陽傘 引陪 鳳扇
銀扇 三代家親幡 青扇
白拂 首堂佐 青拂
注香 注香
花瓶 燈蓋 面燃大士輦 燈蓋 花瓶
燈籠 燈籠
龍扇 陽傘 天衣
玉燈 無主孤魂幡 玉瓜
禁雜人 攻鈸 禪伯 禪和 衆首 法主 證明 禪德 禪伯 執鼓 禁雜人
炬火人 道者 左副 梵唄 右副 沙彌 炬火人

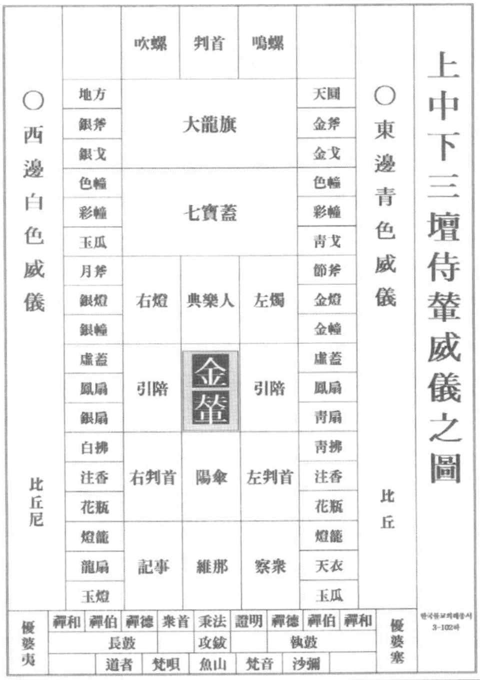
上中下三壇侍輦威儀之圖
○東邊青色威儀
○西邊白色威儀
吹螺 判首 鳴螺
地方 大龍旗 天圓
銀斧 金斧
銀戈 金戈
色幢 七寶蓋 色幢
彩幢 彩幢
玉瓜 青戈
月斧 節斧
銀燈 右燈 典樂人 左燭 金燈
銀幢 金幢
虛蓋 虛蓋
鳳扇 引陪 金輦 引陪 鳳扇
銀扇 青扇
白拂 青拂
注香 右判首 陽傘 左判首 注香
花瓶 花瓶
燈籠 燈籠
龍扇 記事 維那 察衆 天衣
玉燈 玉瓜
比丘尼
比丘
優婆夷 禪和 禪伯 禪德 衆首 秉法 證明 禪德 禪伯 禪和 優婆塞
長鼓 攻鈸 執鼓
道者 梵唄 魚山 梵音 沙彌
한국불교의례총서 3-102하

【1.造錢點眼(조전점안)】

空神速赴報天王 공신속부보천왕	허공신은 지체없이 모든天에 알리심에
三界諸天咸來集 삼계제천함래집	三界諸天 성중님네 한달음에 달려오사
如今佛刹補禎祥 여금불찰보정상	祥瑞로서 繡를놓아 불국토를 이루시네.

造成錢山山競秀 조성전산산경수	조성하온 돈의높이 저산보다 높사옴에
奉獻冥府十王前 봉헌명부시왕전	명부세계 십대왕께 정성스레 올리오니
案列從官庫司衆 안렬종관고사중	실무위해 자리하신 종관고사 어르신도
受此虔誠大因緣 수차건성대인연	선근인연 지으려는 정성심을 살피소서.

散華落 三說 산화락 삼설	꽃비가 내립니다.

南無摩訶般若波羅蜜 三說 나무마하반야바라밀 삼설	큰지혜로 저언덕에 가고지고 가고지고.

妙法何須別處討 묘법하수별처토	미묘법을 구한다고 다른곳을 엿보리요
花花草草露全機 화화초초노전기	꽃들이며 풀까지도 그속내를 보였거늘.
人人不識圓珠在 인인불식원주재	사람들이 제게있는 보배구슬 모른탓에
也使能仁捲蔽衣 야사능인권폐의	석존께선 헤어진옷 다시걷어 붙이시네.

珠爲山珍登淨案 주위산진등정안	산중보배 귀한구슬 책상위에 자리하고
藥因療病瀉金甁 약인요병사금병	병마쫓는 좋은약은 금병안에 보존하네.
大乘法力難思議 대승법력난사의	대승불교 진리의힘 헤아리기 어려우니
若薦亡靈轉此經 약천망령전차경	영가천도 거행시엔 대승경전 전독하소.

花果一時同妙法 화과일시동묘법	꽃과열매 한때임은 미묘법과 한가지고
染中常淨亦如然 염중상정역여연	흙탕속에 변함없이 청정함도 그러하네
今將數朶芙蓉蘂 금장수타부용예	하옵기로 몇송이의 향기로운 부용화를
供養靈山法寶前 공양영산법보전	영산회상 법보님께 공양으로 올립니다.

散華落 三說 산화락 삼설	꽃비가 내립니다.

南無靈山會上佛菩薩 나무영산회상불보살	영취산 법화회상의 부처님과 보살님께 귀의하옵니다.
南無靈山會上佛菩薩 나무영산회상불보살	영취산 법화회상의 부처님과 보살님께 귀의하옵니다.
南無靈山會上 一切諸佛 諸大菩薩摩訶薩 나무영산회상 일체제불 제대보살마하살	영축산 법화회상의 모든 부처님과 모든 보살마하살께 귀의하옵니다.

化紙成錢兼備數 화지성전겸비수	조성하온 수생전과 수생경을 갖추옴에
堆堆正似白銀山 퇴퇴정사백은산	높이높이 쌓고보니 백은산과 같습니다.
今將奉獻冥官衆 금장봉헌명관중	명부명관 여러분께 두손으로 올리오니

勿棄茫茫曠野間 　　망망하온 광야중에 내버리지 마옵소서.
물기망망광야간

唵 阿遮那吽 莎訶 三說
옴 아자나훔 사바하 삼설

<7.讚經偈(찬경게)> ……………………………… 96

妙經功德說難盡 　　법화경의 크신공덕 언설로는 못다하니
묘경공덕설난진

佛於臨終最後談 　　세존께서 열반시에 최후말씀 이시라네.
불어임종최후담

山毫海墨虛空紙 　　삼라만상 모든것을 지필묵을 삼는데도
산호해묵허공지

一字法門書不咸 　　일자법문 공덕조차 표현할길 전혀없네.
일자법문서불함

【2.掛佛移運(괘불이운)】

<1.擁護偈(옹호게)> ……………………………… 104

八部金剛護道場 　　팔부신중 금강역사 영산도량 살피시고
팔부금강호도량

空神速赴報天王 　　허공신은 지체없이 천왕들께 전하시니
공신속부보천왕

三界諸天咸來集 　　삼계제천 모든성중 한달음에 운집하사
삼계제천함래집

如今佛刹補禎祥 　　불국토에 다름아닌 상서로써 장엄되네.
여금불찰보정상

<2.讚佛偈(찬불게)> ……………………………… 105

塵墨劫前早成佛 　　진묵겁전 그옛날에 깨달음을 이루시고
진묵겁전조성불

爲度衆生現世間 　　무변중생 제도코자 중생계에 현신하사
위도중생현세간

巍巍德相月輪滿 　　드높고도 덕스러운 만월같은 모습으로
외외덕상월륜만

於三界中作導師 　　삼계중생 돌보시는 대도사가 되주시네.
어삼계중작도사

<3.出山偈(출산게)> 109

巍巍落落淨裸裸　　드높고도 빼어나라 청정하온 모습이여
외외낙락정나라

獨步乾坤誰伴我　　땅이됐건 하늘이건 내짝될이 누구런가
독보건곤수반아

若也山中逢子期　　만에하나 산중에서 알아줄이 만났던들
약야산중봉자기

豈將黃葉下山下　　버들잎을 움켜쥐고 세간다시 찾았으랴.
기장황엽하산하

<4.拈花偈(염화게)> 113

菩薩提華獻佛前　　선혜보살 꽃을들어 보광불께 올리오니
보살제화헌불전

由來此法自西天　　이런절차 그유래는 서천에서 비롯했네.
유래차법자서천

人人本具終難恃　　사람마다 지닌불성 쉽게믿지 아니함에
인인본구종난시

萬行新開大福田　　온갖방법 동원하사 대복전을 여시었네.
만행신개대복전

<5.散華落(산화락)> 115

散華落　三說　　꽃비가 내립니다.
산화락　삼설

<6.擧靈山(거령산)> 116

南無靈山會上佛菩薩　　영취산 법화회상의 부처님과 보살님께 귀의하옵니다.
나무영산회상불보살

南無靈山會上佛菩薩　　영취산 법화회상의 부처님과 보살님께 귀의하옵니다.
나무영산회상불보살

南無靈山會上 一切諸佛 諸大菩薩摩訶薩　　영축산 법화회상의 모든 부처님과
나무영산회상 일체제불 제대보살마하살　　모든 보살마하살께 귀의하옵니다.

<7.登床偈(등상게)> 117

遍登獅子座　　영산회상 불보살님 사자좌에 오르시고
변등사자좌

共臨十方界　　자비로써 모두함께 시방계에 임하시어
공림시방계

蠢蠢諸衆生　　다생겁래 철모르는 삼계육도 어린④중생
준준제중생

引導蓮華界 인도연화계	무고안온 화장계로 인도하여 주옵소서.

<8.四無量偈(사무량게)> ………………………………………… 119

大慈大悲愍衆生 대자대비민중생	대자비로 뭇중생을 고루고루 살피시고
大喜大捨濟含識 대희대사제함식	대희사로 모든중생 빠짐없이 건지시네.
相好光明以自嚴 상호광명이자엄	삼십이상 팔십종호 광명절로 눈부심에
衆等至心歸命禮 중등지심귀명례	대중모두 지심으로 귀명례를 올립니다.

<9.靈山至心(영산지심)> ………………………………………… 121

至心歸命禮 지심귀명례	지성스런 마음으로 오체투지 하옵니다.
靈山會上拈華示衆 영산회상염화시중	영산법회 회상에서 꽃을들어 보이셨던
是我本師釋迦牟尼佛a 시아본사서가모니불	저희들의 본사이신 서가세존 여래시여!
唯願慈悲受我頂禮 유원자비수아정례	자비로써 저희들의 귀명례를 받으소서.

<10.獻座眞言(헌좌진언)> ………………………………………… 123

妙菩提座勝莊嚴 묘보리좌승장엄	묘하도다 보리좌여 빼어나온 장엄이여.
諸佛坐已成正覺 제불좌이성정각	일체제불 자리하사 바른깨침 이루셨네.
我今獻座亦如是 아금헌좌역여시	제가지금 권하옵는 이자리도 그와같아
自他一時成佛道 자타일시성불도	우리모두 한날한시 성불하게 되지이다.
唵 縛日羅 未那野 娑婆訶 옴 바아라 미나야 사바하	

<11.茶偈(다게)> ………………………………………… 126

今將妙藥及茗茶 금장묘약급명다	묘약에나 견주어질 茶와茶食 마련하여

奉獻靈山大法會
봉헌영산대법회
영산법회 성중님께 두손으로 올리오니

俯鑑檀那虔懇心
부감단나건간심
단월들의 정성심을 굽어살펴 주시옵고

願垂慈悲哀納受
원수자비애납수
대자비를 드리우사 물리치지 마옵소서.

<12.建會疏(건회소)> ······························ 128

修設大會疏a
수설대회소
대법회를 베푸오며 글월을 올리나이다.

切以a
절이
간절히 생각하옵니다.

曇花影裡 堪傾向聖之心
담화영리 감경향성지심
우담바라 꽃그늘 속에서는
능히 성(聖)을 향하는 마음으로 기울게 되고,

覺樹陰中 可植生方之福a
각수음중 가식생방지복
보리수나무 그늘 가운데서는
가히 서방정토에 태어나는 복을 심게 되나이다.

法開經藏 僧集精藍
법개경장 승집정람
진리는 경장(經藏)에서 열리고
승니는 정람(精藍=수행도량)에 모이오니

乃苾蒭歷鍊之園
내필추역련지원
바로 승니가 단련하는 동산이며

實檀那歸投之地
실단나귀투지지
실로 시주가 귀의하는 땅이옵기로

或爲平安而作供
혹위평안이작공
혹자는 평안을 위하여 공양을 올리고

或乃追薦而修齋a
혹내추천이수재
혹자는 천도를 위하여 재를 올리나이다.

旣依寶坊 先陪聖德者a
기의보방 선배성덕자
[하옵기로] 이미 보방(寶坊=사찰)에 의탁하여
먼저 성덕에 참예하옵니다.

盖聞a
개문
[성덕에 대해] 듣자옵건대,

法身湛寂 號曰毘盧
법신담적 호왈비로
법신은 고요하사
비로자나[遍一切處]라 하시오며,

常爾無爲 凝然不動a
상이무위 응연부동
언제나 변함없으신 무위(無爲)이시기로
조금도 움직이지 않으신다 하옵니다.

是辰a
시신a
오늘

卽有會首 今日祝願云云
즉유회수 금일축원운운
법회의 시작에 있어서 축원하옵나이다. [운운]

右伏以a
우복이
[저희모두] 엎드려 생각하옵건대,

香風散處巍巍身 蒞於壇場 　향기로운 바람 흩어지는 곳에 웅장하신 모습으로
향풍산처외외신 이어단장 　단장(=수미단)에 임하시어

玉珮鳴時蕭蕭聲 傳於紺殿a 　玉佩가 울릴 때 흔들리는 그 소리
옥패명시소소성 전어감전 　법전에 퍼지게 하옵소서.

恭惟三寶 爲作證明謹疏a 　삼보님께서
공유삼보 위작증명근소 　증명해주시옵길 바라오며 삼가 글월 올리나이다.

【3.靈山作法(영산작법)】

≪(1)歸依儀式(귀의의식)≫ 140

<1.鳴鈸(명발)> 141

<2.喝香(할향)> 144

玉斧削成山勢聳 　옥도끼로 다듬으니 산의모습 빼어나고
옥부삭성산세용

金爐爇處瑞煙濃 　금향로에 사르옴에 상서로운 연기가득
금로설처서연농

撩天鼻孔悉遙聞 　코가뚫린 사람들은 누구라도 맡을지니
요천비공실요문

戒定慧香熏法界 　戒定慧등 오분향이 온법계에 배어지네.
계정혜향훈법계

<3.燃香偈(연향게)> 149

戒定慧解知見香 　계정혜해 해탈지견 법신견준 오분향은
계정혜해지견향

遍十方刹常芬馥 　시방세계 두루하며 한결같이 향기롭네.
변시방찰상분복

願此香煙亦如是 　원커니와 올리옵는 이향연도 그러하여
원차향연역여시

熏現自他五分身 　훈하옴에 우리모두 오분법신 나투과저④.
훈현자타오분신

<4.喝燈(할등)> 154

達摩傳燈爲計活 　달마대사 등전함을 일거리로 삼으셨고
달마전등위계활

宗師秉燭作家風 　역대종사 등을들고 청정가풍 지으셨네.
종사병촉작가풍

名稱吉祥及尊貴 명칭길상급존귀	다들알고 상서롭고 또한가지 존귀하심
如是六德皆圓滿 여시육덕개원만	이와같이 여섯가지 크신덕을 갖추시니
應當總號薄伽梵 응당총호박가범	한마디로 표현하면 바가바트 이옵니다.

<9.大直讚(대직찬)> ······································· 169

眞法性 是其身 진법성 시기신	참된 진리의 본성이 몸이시고
究竟覺 爲其智a 구경각 위기지	완전한 깨달음이 지혜이시옵니다.
踞蓮花臺藏 號毘盧遮那a 거연화대장 호비로자나	연화대에 깊이 계심에 '비로자나'라 하옵거니와
於千百億釋迦 獨爲其主 어천백억서가 독위기주	천 백억 화신 서가보살[化身]의 유일한 주인이시고
於恒河沙國土 統世居尊a 어항하사국토 통세거존	항하의 모래만큼 많은 국토를 거느리시는 어른이시옵니다.
然乃 연내	또한
合眞如而不大 합진여이부대	진여와 합하시되 크지 않으사
全在一一毛端 전재일일모단	낱낱의 털끝에도 온전히 계시고,
處微塵而不小 처미진이불소	작은 티끌에 처하시되 작지 않으사
卽遍恢恢法界 즉변회회법계	넓고 넓은 법계에 두루하시며,
盡十方 作大神變 진시방 작대신변	공간에 구애 없이 신통변화 나투시고
徹三世 放大光明a 철삼세 방대광명	시간에 걸림 없이 대광명을 놓으시나이다.
攝凡聖 十身相作 섭범성 십신상작	중생과 성현을 섭수(攝受)코자, 십신(十身)의 모습을 지으시고
應地位 六根互用a 응지위 육근호용	근기에 맞춰 응하시려, 근(根)마다 육근의 용(用)을 갖추시었나이다.
十刹微塵數菩薩 稽首常隨 십찰미진수보살 계수상수	[하옵기로] 시방세계 티끌 수만큼 많은 보살들이, 고개 숙여 항상 따르옵고
百億阿僧祇諸天 虔心圍繞a 백억아승지제천 건심위요	백만 아승지나 되는 제천(諸天)들이 정성스런 마음으로 둘러있나이다.

★至心信禮佛他耶兩足尊 지심신례불타야양족존	복덕과 지혜 구족하신 불보님께 지극한 마음으로 믿음의 예를 올리나이다.
三覺圓 萬德具a 삼각원 만덕구	삼각(三覺)이 원만하시고 만덕(萬德)이 구족하시니
天人調御師凡聖大慈父 천인조어사 범성대자부	천상과 인간의 조어사(調御師)이시고 범부와 성인의 자비로우신 아버지이시옵니다.
從眞界等應持 종진계 등응지	진여의 세계로부터 오시어 평등하게 응하시며 도우심에
悲化報a 비화보	자비로운 화신이시며 보신이시니
竪窮三際時 橫徧十方處 수궁삼제시 횡변시방처	세로로는 삼세의 모든 때에 다하시고 가로로는 시방의 모든 곳에 두루 하시나이다.
震法雷鳴法鼓a 진법뢰 명법고	진리의 우레를 떨치시고 진리의 북을 울리시어
廣敷權實敎大開方便路a 광부권실교 대개방편로	널리 권교(勸敎)・실교(實敎)를 펼치사 크게 방편의 길을 여시나이다.
若歸依 能消滅地獄苦a 약귀의 능소멸지옥고	[하옵기로] 귀의하오면 능히 지옥의 고통을 소멸케 하시옵니다.

<10.中直讚(중직찬)> ······························ 177

方廣了義 圓覺法門a 방광요의 원각법문	모자람 없이 완벽하시며 원만한 깨달음의 법문이시옵니다.
萬億恒沙諸佛 在淨土中 만억항사제불 재정토중	만억의 항하사 모든 부처님께서 정토에 계시면서
同說三世如來之所守護a 동설삼세여래지소수호	이구동성으로 삼세 여래께서 간직하신 바를 설하셨으니
諸經眼目 圓頓敎門a 제경안목 원돈교문	모든 경전(經典)은 안목이며 원교・돈교의 문입니다.
★至心信禮達磨耶離欲尊 지심신례달마야이욕존	욕심을 여의신 법보님께 지극한 마음으로 믿음의 예를 올리나이다.
寶藏聚 玉函軸a 보장취 옥함축	보배 창고에 수납된 옥함 속의 경전은
結集於西域 阿呵吽 결집어서역 아가홈	서역에서 결집되었고
飜譯傳東土 번역전동토	번역하여 동토에 전하셨나이다.
祖師弘 賢哲判 成章疏a 조사홍 현철판 성장소	조사께서 넓히시고, 현철께서 분별하시여 장(章)과 소(疏)를 이루시니,
三乘分頓漸 五敎定宗趣a 삼승분돈점 오교정종취	삼승은 [이들 경전을] 돈(頓)과 점(漸)으로 나누심이고 오교(五敎)는 종취(宗趣=宗旨)를 정하심이옵니다.

鬼神欽 龍天護a 귀신흠 용천호	[하옵기로] 귀신은 공경하고 용과 천신(天神)은 옹호하오니
導迷標月指 阿呵吽 도미표월지 아가훔	[법보는] 미륜(迷倫)을 인도하는 표월지(標月指=里程標)요,
除熱斟甘露a 제열짐감로	열뇌를 제거할 음료(飮料)로 감로수(甘露水)이옵니다.
若歸依 能消滅餓鬼苦a 약귀의 능소멸아귀고	[하옵기로] 귀의하오면 능히 아귀의 고통을 소멸케 하시옵니다.

<11.小直讚(소직찬)> ………… 182

文殊是佛之師 문수시불지사	문수보살님께서는 칠불(七佛)의 스승으로
主於信解證智 주어신해증지	신·해·증·지(信·解·證·智)의 주(主)이시고,
普賢表法界體 보현표법계체	보현보살님께서는 법계(法界)의 본체(本體)로
主於悲願理行a 주어비원리행	비·원·이·행(悲·願·理·行)의 주(主)이시옵니다.
十二上首十萬徒屬 십이상수 십만도속	[이렇듯] 12지(地)의 큰 보살이신 10만의 권속께서
同住如來 平等法會a 동주여래 평등법회	함께 여래의 평등법회에 머무시니
實敎三寶 淨土法筵a 실교삼보 정토법연	[이 분들이야 말로] 실교에서의 삼보이시며 [이 자리야 말로] 정토의 법연이시옵니다.
巍巍乎晃晃焉 외외호황황언	[삼보와 법연의 모습] 웅장하고 찬란하여
逈出思議之表也a 형출사의지표야	생각으로 헤아려 나타냄을 멀리 벗어났습니다.
★至心信禮僧伽耶衆中尊a 지심신례승가야중중존	무리 가운데 으뜸이신 승보님께 지극한 마음으로 믿음을 바쳐 예를 올리나이다.
五德師 六和侶 오덕사 육화려	훌륭하신 스승과 화합대중께오선
利生爲事業 이생위사업	중생을 이롭게 하심을 일거리로 삼으시고
弘法是家務a 홍법시가무	진리를 넓히심이 가업(家業)이시옵니다.
避擾塵 常宴坐 寂靜處 피요진 상연좌 적정처	어지러운 티끌[=세상일]을 여의고 항상 고요한 곳에서 좌선하시며
遮身拂毳衣 充腸採莘芋a 차신불취의 충장채신우	몸을 가리심에 좋은 옷을 삼가시고 배를 채우심에는 나물뿌리를 캐시옵니다.

鉢降龍 錫解虎a 발항룡 석해호	발우로는 용을 항복 받으시고, 지팡이로는 호랑이의 싸움을 말리시며
法燈常遍照 법등상변조	법의 등불을 항상 두루 비추시고
祖印相傳付a 조인상전부	조사의 심인(心印)을 이어 전해 주시나이다.
若歸依 能消滅傍生苦a 약귀의 능소멸방생고	[하옵기로] 귀의하오면 능히 방생의 고통을 소멸케 하시옵니다.

<12.開啓疏(개계소)> 188

修設大會疏a 수설대회소	대법회를 베푸오며 글월을 올리나이다.
蓋聞a 개문	듣자옵건대,
覺皇垂敎賢聖扶持a 각황수교 현성부지	부처님[佛]께오서 가르침[法]을 내리셨고 삼현(三賢)과 십성(十聖)[僧]께서 부지해오셨으니,
欲拋生死之源 須假慈悲之力a 욕포생사지원 수가자비지력	생사의 근원을 버리고자 할진댄 모름지기 [삼보님] 자비하신 가지력에 의지해야 하옵니다.
由是 유시	하옵기로,
依經作法 準敎加持a 의경작법 준교가지	경(經)에 의거하여 의식을 행하옵고 가르침에 따라 가지(加持)하여,
建無礙之道場 啓宏通之佛事a 건무애지도량 계굉통지불사	무애(無礙)의 도량을 세우고 불법 홍통의 불사(佛事)를 여옵나이다.
召請則 大排幡蓋 소청즉 대배번개	[삼보님을] 청하오려 번(幡)과 개(蓋)를 크게 배열하였고
邀迎則 廣列香花a 요영즉 광열향화	영접해 모시고자 널리 향과 꽃을 베풀었나이다.
佛聲宣而沙界清涼 불성선이사계청량	부처님의 옥음(玉音)이 퍼지오면 한량없는 세계는 청량하게 되옵고
法鼓鳴而十方寧靜a 법고명이시방영정	법고가 울리오면 시방세계가 편안하고 고요하게 되나이다.
壇場大啓 軌範弘陳a 단장대계 궤범홍진	설법의 자리를 크게 열고 [법요를] 법답게 널리 베푸옴은
欲尊聖賢之儀 須賴啓白之意a 욕존성현지의 수뢰계백지의	성현의 위의(威儀)를 드높이고 아뢰옵는 뜻을 부탁드리고자 함입니다.
★今有此日 云云 금유차일 운운	지금 오늘 운운
今則a 금즉	이제 곧

道場嚴辦 儀軌將行 도량엄판 의궤장행	도량을 엄히 단속하고 의궤를 행하려 하오니
當法筵首建之時 당법연수건지시	[初轉法輪時와 같이] 법연을 막 세우는 때이고
乃佛事初陳之際a 내불사초진지제	바야흐로 불사를 처음으로 베푸는 때이옵니다.
謹具法事 開列于后a 근구법사 개열우후	삼가 법사(法事=初轉法輪時와 같은 條件)를 갖추어 세존께 아뢰옵고,
云加持行道 法事一席等a 운가지행도 법사일석등	가지(加持)하여 행도(行道)하오면 중생을 제도하시던 자리와 같지 않겠는지요.
右伏以a 우복이	저희 모두는 엎드려 생각하옵나이다.
法音嘹喨 上驚九頂之天 법음요량 상경구정지천	법음의 맑은소리 위로 모든 하늘이 놀라고
螺鈸喧轟 下震八寒地獄a 나발훤굉 하진팔한지옥	법라(法螺)와 요발(鐃鈸)이 울리는 소리 아래로 팔한지옥까지 흔들리옵니다.
寬容則遍周沙界 관용즉변주사계	[하오나] 너그럽게 용납하시기에 모든 세계에 두루하시고
廣包則盈滿十方a 광포즉영만시방	널리 포용하시기에 시방에 가득히 차오니
三塗八難以霑恩 삼도팔난이첨은	삼도와 팔난이 은혜를 입사옵고
六趣四生而獲益 육취사생이획익	육취와 사생이 이익을 얻을 것입니다.
仰唯大覺證明 表宣謹疏a 앙유대각증명 표선근소	오직 대각세존께서 증명하시옴을 우러르오며 글월 올리나이다.
某年月日 모년월일	모년 모월 모일
秉法沙門某甲 謹疏a 병법사문모갑 근소	병법사문 모는 삼가 올리나이다.

<13.合掌偈(합장게)> 195

合掌以爲花 합장이위화	곱게모은 이두손을 연꽃인양 여기오면
身爲供養具 신위공양구	이몸또한 님의큰뜻 받드옵는 공양구라.
誠心眞實相 성심진실상	정성스런 이마음과 진실하온 모습으로
讚歎香烟覆 찬탄향연부	향연충만 큰법회를 거듭찬탄 하옵니다.

香烟遍覆三千界 향연변부삼천계	향의연기 두루하여 삼천세계 덮었으며
定慧能開八萬門 정혜능개팔만문	고요하고 밝은마음 팔만법문 여옵나니
唯願三寶大慈悲 유원삼보대자비	애오라지 바라옵은 삼보님의 대자대비
聞此信香臨法會 문차신향임법회	信香임을 헤아리사 큰법회에 임하소서.

切以a 절이	엎드려 생각하옵니다.
法筵廣啓 誠意精虔a 법연광계 성의정건	법연을 널리 여옵고 지극한 마음으로 정성을 다하오며
欲迎諸聖以來臨 욕영제성이내림	제성(諸聖)을 맞이하여 모시고자 할진댄
須假八方之淸淨a 수가팔방지청정	모름지기 팔방이 청정해야만 하옵니다.
是水也 시수야	[하온데] 이 물은,
崑崙朶秀 河漢流芳a 곤륜타수 하한유방	곤륜산에서 드리워진 것으로 특별하오며 은하수의 꽃다움이 있사옵니다.
蓮花香裡碧波寒 연화향리벽파한	연꽃 향기 가운데는 푸른 파도의 찬 기운이 있사오며
楊柳梢頭甘露灑a 양류초두감로쇄	버드나무 가지 끝에서는 감로수 되어 뿌려지옵니다.
蓬島之三山對揖 봉도지삼산대읍	[때문에] 봉래·[방장·영주]산 등 삼신산은 서로 읍하오며
曹溪之一波長流a 조계지일파장류	조계(曹溪)의 한 물결 길이 흐르옵고,
鼓祥風而玉皺千江 고상풍이옥추천강	[보시지요!] 상서로운 바람 불면 옥이 천강에 물결치오며
飜驟雨而銀堆四瀆a 번취우이은퇴사독	소나기 내려 넘쳐흐르면 백은이 네 강에 쌓인답니다.

禹門春暖 魚透三層 우문춘난 어투삼층	우문의 봄 따듯하오면 잉어가 삼단의 폭포를 뚫고 [용이 되오며],
莊海秋高 鵬搏萬里a 장해추고 붕박만리	장엄한 바다에 가을하늘 높사오면 붕새는 홰를 쳐 구만리를 나옵니다.
七寶池中標玉子 칠보지중표옥자	칠보의 연못 가운데서는 옥동자를 태어나게 **하옵고**
九龍口裡浴金身 구룡구리욕금신	아홉 용 입 속에 들어서는 [태자님의] 금빛 나는 옥체를 목욕시켜 드렸나이다.
群生籍此潤焦枯 군생적차윤초고	뭇 중생도 이 물을 의지하오면 메마름이 윤택해지옵고
天地因玆消垢穢a 천지인자소구예	세상은 이 물을 인하여 티끌과 더러움을 없애게 되나이다.
故憑法水 普灑法筵 고빙법수 보쇄법연	하옵기로 법수를 의지하고 널리 법연에 흩뿌려
滌除萬劫之昏懜 척제만겁지혼몽	만겁토록 흐린 정신을 씻어내
永獲一眞之淸淨a 영획일진지청정	영원히 한결같고 참된 청정함을 얻으려 하나이다.

<16.觀音讚(관음찬)> 207

返聞聞性悟圓通 반문문성오원통	듣는성품 되들으사 깨달음이 원통함에
觀音佛賜觀音號 관음불사관음호	관음여래 이보살을 관음이라 부르셨네.
上同慈力下同悲 상동자력하동비	자력부터 비심까지 빠짐없이 동일하사
三十二應遍塵刹 삼십이응변진찰	삼십이종 응신으로 진찰토에 임하시네.

<17.觀音請(관음청)> 210

南無一心奉請a 나무일심봉청	귀의하오며, 일심으로 받들어 청하옵나이다.
千手千眼 천수천안	천수천안이시며
大慈大悲 대자대비	대자대비하옵신
觀世音自在菩薩摩訶薩a 관세음자재보살마하살	관세음자재보살 위대하신 보살님이시여!
唯願不違本誓 유원불위본서	오직 바라옵건대 본래의 서원을 저버리지 마시고

哀愍有情 애민유정	중생들을 불쌍하고 가엽게 여기사
降臨道場 강림도량	도량에 강림하시어
加持呪水a 가지주수	주수(呪水)를 가지(加持)하여 주옵소서.

散華落 三說 산화락 삼설	꽃비가 내립니다.

願降道場 加持呪水 三說 원강도량 가지주수 삼설	관음보살 큰보살님 이도량에 강림하사 번뇌식힐 이呪水를 가지하여 주옵소서.

香華請 三說 향화청 삼설	향사르고 꽃을뿌려 청하고자 아룁니다.

一葉紅蓮在海中 일엽홍련재해중	붉은연꽃 연잎하나 대해중에 떠있는데
碧波深處現神通 벽파심처현신통	푸른파도 깊은곳에 신통력을 보이시네.
昨夜寶陀觀自在 작야보타관자재	어젯저녁 보타산에 계시옵던 관음보살
今日降赴道場中 금일강부도량중	오늘아침 이도량에 그모습을 나투셨네.
故我一心歸命頂禮 고아일심귀명정례	하옵기로 저희모두 귀명례를 올립니다.

金爐氛氣一炷香 금로분기일주향	금향로에 짙은기운 한줄기의 향으로써
先請觀音降道場 선청관음강도량	제일먼저 관음보살 강림하심 청하오니
願賜甁中甘露水 원사병중감로수	지니시온 병가운데 감로수를 내리시어

消除熱惱獲淸凉 온갖열뇌 씻어내고 청량함을 얻으이다.
소제열뇌획청량

<23.灑水偈(쇄수게)> ……………………………… 225

觀音菩薩大醫王 대자대비 관음보살 의사중에 의사시며
관음보살대의왕

甘露甁中法水香 감로수병 가운데는 향기로운 법수가득,
감로병중법수향

灑濯魔雲生瑞氣 뿌리오면 마의구름 벗겨지고 서기나며
쇄탁마운생서기

消除熱惱獲淸凉 온갖열뇌 씻어내어 청량함을 얻습니다.
소제열뇌획청량

<24.伏請偈(복청게)> ……………………………… 228

伏請大衆 청정승보 여러분께 엎드려서 청하오니
복청대중

同音唱和 동음으로 정성다해 지송하여 주옵소서.
동음창화

神妙章句 관음보살 일러주신 신비하고 묘하온글
신묘장구

大陀羅尼 중생의願 성취케할 위대하온 다라니를.
대다라니

<25.大悲呪(대비주)> ……………………………… 231

神妙章句大多羅尼(신묘장구대다라니)[2)]

나모라。ᄃᆞ나。ᄃᆞ라야야。나막。알약。바로기뎨。ᄉᆡ바라야。모디。사ᄃᆞ바야。마하。사ᄃᆞ바야。마하。가로니가야。옴。살바。바예수。ᄃᆞ라나。가라야。다사명。나막。ᄭᅵ리ᄃᆞ바。이맘。알야。바로기뎨。ᄉᆡ바라。다바。이라간타。나막。ᄒᆞ리나야。마발다。이샤미。살발타。사다남。슈반。애예염。살바。보다남。바바말아。미수다감。다냐타。옴。아로계。아로가。마디로가。디ᄀᆞ란뎨。혜혜。하례。마하모디。사ᄃᆞ바。ᄉᆞ마라。ᄉᆞ마라。ᄒᆞ리나야。구로。구로。갈마。사다야。사다야。도로。도로。미연뎨。마하。미연뎨。다라다라。다린ᄂᆞ례。ᄉᆡ바라。자라자라。마라。미마라。아마라。몰뎨。예혜혜。로계。ᄉᆡ바라。라아。미사미。나사야。ᄂᆞ볘。사미。사미。나사야。모하。자라。미사미。나사야。호로。호로。마라。호로。하례。바ᄂᆞ마。나바。사라。사라。시리。시리。소로소로。몯댜몯댜。모다야。모다야。ᄆᆡᄃᆞ리야。니라간타。가마샤。놀사남。ᄇᆞ라。

---

2) 본 <대비주>의 음(音)은 망월사 판 『진언집(眞言集)』 22장을 옮긴 것임.

ᄒᆞ라。 나야。 마낙。 ᄉᆞ바하。 싣다야。 ᄉᆞ바하。 마하。 싣다야。 ᄉᆞ바하。 싣다유예。 ᄉᆡ바라야。 ᄉᆞ바하。 니라。 간타야。 ᄉᆞ바하。 바라하。 목카。 싱하。 목카야。 ᄉᆞ바하。 바ᄂᆞ마。 하짜야。 ᄉᆞ바하。 자ᄀᆞ라。 욕다야。 ᄉᆞ바하。 샹카。 셥나네。 모다나야。 ᄉᆞ바하。 마하라。 구타。 다라야。 ᄉᆞ바하。 바마。 ᄉᆞ간타。 니샤。 시테다。 ᄀᆞ릿나。 이나야。 ᄉᆞ바하。 먀ᄀᆞ라。 잘마。 니바。 사나야。 ᄉᆞ바하。 나모라。 ᄃᆞ나ᄃᆞ라。 야야。 나막。 알야。 바로기데。 ᄉᆡ바라야。 ᄉᆞ바하 三說(삼설)

<26.四方讚(사방찬)> 237

一灑東方潔道場 일쇄동방결도량	동방에다 뿌리오니 법도량이 청정하고
二灑南方得淸凉 이쇄남방득청량	남방에다 뿌리오니 청량함을 얻사오며,
三灑西方俱淨土 삼쇄서방구정토	서방에다 뿌리오니 불국정토 구현되고
四灑北方永安康 사쇄북방영안강	북방에다 뿌리오니 영원토록 편안하네.

<27.道場偈(도량게)> 239

道場淸淨無瑕穢 도량청정무하예	법도량은 청정하여 한티끌도 없아옵고
三寶天龍降此地 삼보천룡강차지	삼보님과 천룡님도 이곳으로 오십니다.
我今持誦妙眞言 아금지송묘진언	저희이제 묘한진언 지니옵고 외우오니
願賜慈悲密加護 원사자비밀가호	대자비를 베푸시어 구석구석 살피소서.

<28.懺悔偈(참회게)> 241

我昔所造諸惡業 아석소조제악업	까마득한 옛날부터 지어온바 나쁜일들
皆由無始貪嗔癡 개유무시탐진치	예외없이 뿌리없는 삼독심이 원인으로
從身口意之所生 종신구의지소생	몸과입과 마음으로 끊임없이 저지름에
一切我今皆懺悔 일체아금개참회	저희이제 이모두를 참회하고 있나이다.

修設大會疏a 수설대회소	대법회를 베푸오며 글월을 올리나이다.
蓋聞a 개문	듣자옵건대,
眞空本寂 妙有繁興a 진공본적 묘유번흥	진공은 본래 고요한데 [이를 바탕으로] 묘유가 번거롭게 일어나기는 하였으나
依正互融 聖凡交徹a 의정호융 성범교철	의보와 정보는 서로 화합하고 성인과 범부도 구분이 없었다 하옵니다.
旣悟迷之派列 기오미지파열	[그런데 어쩌다보니] 깨달음과 미(迷)함으로 나뉘고
遂苦樂之昇沈a 수고락지승침	[중생들은] 마침내 낙방과 고륜을 오르내리게 되었나이다.
般若現前 寶位立齊於四聖 반야현전 보위입제어사성	[하지만 그런 가운데 다행히] 반야지혜가 일어나면 법왕의 자리에 四聖과 나란히 서게 되려니와
塵勞未息 輪回永墜於六凡a 진로미식 윤회영추어육범	진로(塵勞=번뇌)를 쉬지 못하면 윤회하며 영원히 六凡에 떨어지옵나이다.
業海茫茫 甘受立令娍之苦 업해망망 감수입령병지고	[그렇게 되면] 업의 바다는 끝이 없어 가늘 수 없는 고통을 감수해야하고
幽道擾擾 曾無拯救之方a 유도요요 증무증구지방	[그 중에서도] 삼악도는 더욱 어지러움에도 일찍이 구제의 방법조차 없었나이다.
不有至人 誰爲法事a 불유지인 수위법사	만일 성인이 계시지 않았더라면 누가 법회를 열 수나 있었겠나이까?
是以 시이	하옵기로
釋迦如來 首設光明之呪 서가여래 수설광명지주	서가여래께오서 처음으로 광명의 주문을 베푸셨고
面燃大士 助開甘露之門a 면연대사 조개감로지문	면연대사께서는 감로의 문 엶을 도왔나이다.
梁武帝 感逢神僧 齋修水陸 양무제 감봉신승 재수수륙	양나라 무제는 꿈속에서 신승을 만나 재를 수륙에 베풀었고
英禪師 文傳儀濟 福彼幽冥a 영선사 문전의제 복피유명	영선스님은 의제스님으로부터 글을 받아 유명계의 중생들을 복되게 하였습니다.
惟玆勝會 設大無遮 유자승회 설대무차	이렇듯 수승한 법회임을 생각하며 무차대법회를 베푼다면
河沙可算 功德難量a 하사가산 공덕난량	강가의 모래는 가히 셀 수 있을지라도 그 공덕은 헤아릴 수 없나이다.

★今有此日 云云 금유차일 운운	지금 오늘 운운
由是 유시	하옵기로,
水陸會 首啓大悲心 수륙회 수계대비심	수륙회를 위해 먼저 대비심을 열었고
屆斯追薦之辰a 계사추천지신	이 천도일에 이르러
邀命大乘法師一位 요명대승법사일위	대승법사 일위
秉法闍梨一員 병법사리일원	병법아사리 한 분과
法事僧衆一壇 법사승중일단	법사승 일단을 모시었나이다.
擇定今月某日夜 택정금월모일야	금월 ○일 하루를 택하고 정하여
就於某處 취어모처	모처에 나아가
啓建天地冥陽水陸大道場 계건천지명양수륙대도량	하늘·땅·명계·양계·물·뭍 등 [고혼과 아귀를 위한] 대도량을 건립하여
幾晝夜 依法加持 기주야 의법가지	며칠 밤낮을 법에 의하여 가지하고
潔方隅界 嚴備香花 修疏 결방우계 엄비향화 수소	모든 곳을 정결히 하며, 향과 꽃을 엄숙히 갖추고 소를 올리나이다.
奉請大聖大悲法報化三身諸佛 봉청대성대비법보화삼신제불	위대하신 성현이시오며 대자대비하옵신 법신·보신·화신 삼신 등 모든 부처님,
八大菩薩 五十二位諸菩薩衆 팔대보살 오십이위제보살중	문수·보현 등 팔대보살님, 十信 등 52보살계위에 계신 모든 보살님,
三乘五教甚深法藏 삼승오교심심법장	삼승에게 설하신 오교 등 더없이 깊으신 법보님,
五果四向 羅漢辟支 오과사향 나한벽지	사향(四向)·사과(四果)에 벽지불 등 9종의 소승 성자님,
十大明王金剛密跡 십대명왕금강밀적	열 분의 위대하신 명왕과 금강밀적 등
護法善神 호법선신	호법선신님을 받들어 청하옵나이다.
次當召請 三界諸天 차당소청 삼계제천	다음, 욕계·색계·무색계의 모든 천상과
釋梵四王 諸天仙衆 석범사왕 제천선중	대범·제석·사천왕님과 모든 하늘의 신선님과

五方上帝 二十八宿 오방상제 이십팔수	오방의 상제님들 28종 별자리의
九曜星君 日月二宮天子 구요성군 일월이궁천자	일요성(日曜星)등 9개의 천체(天體) 해와 달을 다스리는 천자
乃至虛空藏菩薩之統攝 내지허공장보살지통섭	내지 허공장보살께서 다스리시고
熾盛光如來之所降 치성광여래지소강	치성광여래께서 강림하시는
周天列曜 一切聖賢 주천열요 일체성현	허공의 밝은 별들의 모든 성현님을 청하옵니다.
次當奉請 大地神龍 차당봉청 대지신룡	다음, 대지의 신과 용신으로
五岳聖帝 四海龍王 오악성제 사해용왕	[우선] 다섯 명산의 산신님 네 바다의 용왕님
三光水府 諸龍神衆 삼광수부 제용신중	일월성신 등 모든 용왕과 신중님
主風主雨之尊 主苗主稼之宰 주풍주우지존 주묘주가지재	바람과 비를 주관하시는 어른 곡식을 주관하시는 신중님
守疆護界 堅牢地神 수강호계 견뢰지신	굳게 지키고 세계를 보호하며 대지를 받들고 굳게 지키시는 신중님,
及邀閻魔羅界 地府諸王 급요염마라계 지부제왕	및 염마라 유명계의 십대왕님과
百官宰僚 諸鬼王衆 백관재요 제귀왕중	만조백관과 재상 등 관리 귀계의 제왕(諸王)
盡陰府界 一切神祇 진음부계 일체신기	모든 저승세계의 모든 신령
地獄受苦 諸有情衆 지옥수고 제유정중	지옥에서 고통 받는 모든 유정 여러분을 받들어 청하옵니다.
次及古往人倫 明君帝王 차급고왕인륜 명군제왕	다음, 예전에 가신 조상님 명군이셨던 황제와 국왕
補弼臣僚 三貞九烈 보필신료 삼정구열	[황제와 국왕을] 보필하던 신료 순결과 신념을 소중히 여긴 많은 여인
孝子順孫 爲國亡身 효자순손 위국망신	효자며 효성스러운 자손 나라를 위해 몸 바친
先賢後凡 人道之中 선현후범 인도지중	선후배 되시는 여러분, 사람 가운데
九流百家 一切人衆 구류백가 일체인중	유가・도가 등 구가와 백가(百家) 모든 사람들,
並及九種橫夭 十類孤魂 병급구종횡요 십류고혼	구종횡사와 젊은 나이에 돌아가시는 등 열 가지 종류의 외로우신 넋,

三惡道中 諸有情衆a 삼악도중 제유정중	지옥 등 세 가지 악도 가운데 있는 모든 중생들이시여!
仍及十方法界 意言不盡 잉급시방법계 의언부진	여전히 시방세계에 언설이나 마음으로 헤아릴 수 없을 만큼
昇沈不一 苦樂萬端 승침불일 고락만단	오르내림이 한결같지 않아 고락이 만 가지요
未悟心源 同祈解脫a 미오심원 동기해탈	마음의 근원을 깨닫지 못함에 한가지로 해탈을 기원하오며 청하나이다.
據此水陸會首 主靈檀那 거차수륙회수 주령단나	이 수륙재 모임의 서두에 주인공인 영가와 시주자가
所伸意者 濟拔各人 소신의자 제발각인	아뢰고자 하옵는 것은 각자 각자의
祖先父母 三代家親 조선부모 삼대가친	윗대의 어르신과 부모님 삼대의 가친,
失諱亡名 一切眷屬 실휘망명 일체권속	이름조차 잊혀진 모든 권속님들을 제도하고 구하고자 함이옵니다.
摠願不滯 총원불체	[하옵고] 총원에는 빠짐이 없어야 하나니
冥司超生淨界 명사초생정계	[아직 언급하지 않은] 명부의 관리님들도 극락에 태어나시기를 바라오며
先當啓開者a 선당계개자	우선 법회가 시작됨을 소례제위께 아뢰나이다.
右伏以a 우복이	삼가 깊이 생각하옵나이다.
阿難興敎 武帝遺風a 아난흥교 무제유풍	아난존자께서 가르침을 일으키셨고 양무제께서 가풍을 남기심에
宣金剛頂之摠持 선금강정지총지	금강회상의 다라니를 베풀어
建曼拏羅之勝地a 건만나라지승지	만다라의 빼어난 도량을 건립하였나이다.
由是a 유시	하옵기로,
冤親不擇 開平等之法 원친불택 개평등지법	원친(冤親)을 가리지 않고 무차평등 법회를 개설하오니
筵追薦生天 연추천생천	추선으로 천상에 태어나게 하는 자리로
建水陸之妙會a 건수륙지묘회	수륙에 통하는 신묘한 법회를 건립하였나이다.
上命三乘之聖衆 道眼希垂 상명삼승지성중 도안희수	[본존께서] 위로 삼승이신 성중에 명하사 도안을 특별히 드리우게 하시옵고

下沾五趣之靈祇 威光克備a 하첨오취지영기 위광극비	아래로는 오취의 영가에까지 위광을 장하게 갖추게 하옵소서.
今者會首 意望所生 금자회수 의망소생	지금 법회의 서두에 소망을 나게 하온 바,
開啓功德良有薦 개계공덕양유천	개계의 공덕에는 참으로 천거할 능력이 있어
先亡以生天 선망이생천	선망부모께서는 천상에 태어나게 하옵고
保現存之吉慶a 보현존지길경	현존사친에게는 길하고 경사스러움을 보존하옵나이다.
然冀孤魂 具識具形a 연기고혼 구식구형	하옵기로 고혼께서도 [극락에 이를 수 있는] 식견과 모습을 갖추시길 바라나이다.
盡十方 三界世間 진시방 삼계세간	모든 세계 [즉] 삼계 세간의
應六道四生含識者a 응육도사생함식자	육도 사생 등 모든 중생에게
焚香稽首 向佛傾心a 분향계수 향불경심	향을 사르오며 머리를 조아리오니 부처님을 향해 마음을 기울이소서.
赴無遮無碍之道場 부무차무애지도량	[그리하여] 막음 없고 걸림 없는 도량에 이르사
受有分有全之功德a 수유분유전지공덕	부분 혹은 온전한 공덕을 받으소서.
同求聖果 共結洪緣 동구성과 공결홍연	[그리고] 함께 성스러운 성과를 구하시고 함께 큰 인연을 맺으시어
俱沐良因 齊登覺岸a 구목양인 제등각안	함께 좋은 인연을 입어 나란히 깨달음의 언덕에 오르소서.
今當開啓 仰望聖慈 금당개계 앙망성자	지금 법회의 시작을 본존께 아뢰오며 우러러 성스러우신 자비를 바라옵고
敬對金容 表宣謹疏a 경대금용 표선근소	공경히 금빛 나는 용안을 대하오며 삼가 글월을 올리나이다.

<30.六擧佛(육거불)> ·· 265

南無證聽妙法多寶如來佛 나무증청묘법다보여래불	증청묘법 다보여래 지성귀의 하옵니다.
南無靈山敎主釋迦牟尼佛 나무영산교주서가모니불	영산교주 서가세존 지성귀의 하옵니다.
南無極樂導師阿彌陀佛 나무극락도사아미타불	극락도사 아미타불 지성귀의 하옵니다.
南無文殊普賢大菩薩 나무문수보현대보살	문수보현 양대보살 지성귀의 하옵니다.

南無觀音勢至大菩薩 나무관음세지대보살	관음세지 양대보살 지성귀의 하옵니다.
南無靈山會上佛菩薩 나무영산회상불보살	영산회상 불보살님 지성귀의 하옵니다.

<31.三寶疏(삼보소)> 272

修設大會疏a 수설대회소	대법회를 베푸오며 글월을 올리나이다.
聞a 문	듣자옵건데,
薄伽至尊 甚深法藏a 박가지존 심심법장	박가범(薄伽梵)! 지극히 존귀하신 어른과 더없이 깊은 진리의 보고(寶庫)께오선,
爲衆生之怙恃 作人天之福田a 위중생지호시 작인천지복전	중생의 어버이이시고 인간과 천상의 복 밭이 되어주시옵니다.
歸投者 皆蒙利益 귀투자 개몽이익	신심을 바쳐 진력하는 사람은 모두 이로움을 입게 하시옵고
懇禱者 齊享吉祥a 간도자 제형길상	정성스럽게 기도하는 사람은 모두 길조를 만나게 하시는 등,
宿願不違 悲憐六趣a 숙원불위 비련육취	숙세의 원을 어기지 않으시고 자비로 육도중생을 불쌍히 여기시옵니다.
由是a 유시	하옵기에,
江水淨而秋月來臨 강수정이추월내림	강물이 맑으면 가을달이 내려오듯
信心生而諸佛悉降a 신심생이제불실강	신심이 일어나면 제불께서 강림하시옵니다.
★娑婆世界 云云 사바세계 운운	사바세계 [운운]
特爲追薦 前項靈魂 특위추천 전항영혼	특히 명복을 빌고 있는 앞서 열거한 영혼들이
以憑佛力 度脫施行 이빙불력 도탈시행	부처님의 힘을 의지하여 생사를 벗어날 불사를 행하고자
嚴備香花 然塗茶果 엄비향화 연도다과	엄숙히 향과 꽃을 갖추옵고 또 다과를 많이 장만하여
供養之儀 召請十方法界 공양지의 소청시방법계	공양의 의식으로 시방법계와
過現未來 常住三寶 과현미래 상주삼보	과거 현재 미래에 상주하시는 삼보님,
金剛密跡 十大明王 금강밀적 십대명왕	[그리고] 금강밀적과 십대명왕 등

諸大聖衆 제대성중	제대성중님,
帝釋梵王 天龍八部 제석범왕 천룡팔부	제석천왕・대범천왕과 천룡팔부 등
一切護法 神祇等衆a 일체호법 신기등중	법을 옹호하는 모든 신중님을 청하옵나이다.
勤具慈尊 開列如後a 근구자존 개열여후	삼가 자비하신 세존을 모시려는 이유를 열거하오면 다음과 같나이다.
右伏以a 우복이	삼가 엎드려 생각하옵건대,
慈悲普廣 喜捨無窮a 자비보광 희사무궁	자비하심이 넓고 넓으시며 희사하심은 다함이 없으사
應物現形 印千江之秋月 응물현형 인천강지석월	중생에 따라 모습을 나투심이 천개의 강에 내리비친 가을 달이시며
隨心滿願 秀萬卉之春風a 수심만원 수만훼지춘풍	중생의 마음에 따르사 원을 채워주심은 만 가지 초목에 피어나는 봄바람이시옵니다.
愍此群情 願垂加護a 민차군정 원수가호	이 많은 유정들을 연민하시어 원컨대 가호하심을 드리우사
今夜今時 降臨道場 금야금시 강림도량	오늘 이때에 도량에 강림하옵소서.
冒觸慈容 無任懇禱 모촉자용 무임간도	감히 자비로우신 모습을 뵙고 싶어 견디지 못하고 간절히 기도하오며
激切之至a 격절지지	절실히 절실히
欽惟覺皇 表宣謹疏a 흠유각황 표선근소	각황을 공경하고 생각하옵기로 마음을 드러내 삼가 글월을 올리나이다.

<32.大請佛(대청불)> 277

覺照圓明 運他心而鑑物 각조원명 운타심이감물	깨치심이 원만하고 밝으심에 타심통으로 중생을 살피시고,
慈悲廣大 開彼岸以渡人a 자비광대 개피안이도인	자비하심이 넓고 크심에 피안을 여사 사람들을 제도하시나이다.
投機而塵刹俱臨 투기이진찰구림	근기에 맞추시려 티끌 같은 세계에 모두 임하시고
應念而河沙徧集a 응념이하사변집	마음에 응하시고자 수 없는 중생에게 두루 미치십니다.
是日 시일	오늘,
祥雲密布 瑞氣盈空a 상운밀포 서기영공	꽃구름은 빽빽이 펼쳐지고 상서로운 기운은 허공에 가득하오며,

一縷眞香周法界 일루진향주법계	한 줄기 향내음은 법계에 두루하옵고
數聲淸磬透玄關a 수성청경투현관	몇 번인가 맑은 경쇠소리 현관을 꿰뚫사옵니다.
重伸激切 益勵精勤 중신격절 익려정근	거듭 절실히 아뢰고 더욱 정근에 힘써
仰想慈雲之容 앙상자운지용	우러러 자비로운 모습을 생각하오며
將陳甘露之味a 장진감로지미	감로의 공양을 올리나이다.
虔誠禮請 望賜光臨 건성예청 망사광림	삼가 정성을 다해 절하오며 청하오니 바라옵건대 참례하시는 자비를 베푸사
滿我願心 利濟群品a 만아원심 이제군품	저의 원하옵는 마음도 채워주시며 뭇 중생을 이롭게 하시고 제도하소서.

<33.三禮請(삼례청)> 281

一心禮請 일심예청	일심으로 예를 올리오며 청하옵나이다.
南無 盡虛空 徧法界 나무 진허공 변법계	허공이 다하도록 법계에 가득하시며
十方常住 一切佛陀耶衆 시방상주 일체불타야중	시방세계에 항상 계옵신 모든 부처님,
達磨耶衆 僧伽耶衆 달마야중 승가야중	달마님, 승가님께 귀의하옵나이다.
[衆和(중화)]	[함께]
唯願慈悲 光臨法會 유원자비 광림법회	오직 원하오니 자비를 베푸사 함께 법회에 참석하시옵소서.

<34.四府請(사부청)> 283

一心禮請 三界四府 일심예청 삼계사부	일심으로 예를 올리오며 청하옵나이다. 욕계·색계·무색계의 사부에서
主執陰陽 權衡造化 주집음양 권형조화	음양을 주재하시고 조화를 이루어 나가시며,
已發菩提心 一切聖衆 이발보리심 일체성중	이미 보리심을 일으키신 모든 성중이시여!
[衆和(중화)]	[함께]
唯願慈悲 光臨法會 유원자비 광림법회	오직 원하오니 자비를 베푸사 함께 법회에 참석하시옵소서.

<35.單請佛(단청불)> ······ 285

奉請十方三世佛 봉청시방삼세불	다함없는 시공간에 한량없는 부처님과
龍宮海藏妙萬法 용궁해장묘만법	깊은바다 용궁속에 고이모신 묘만법과
菩薩緣覺聲聞衆 보살연각성문중	보살연각 성문님을 일심으로 청하오니
不捨慈悲願降臨 불사자비원강림	대자비를 드리우사 물리치지 마옵소서。

<36.獻座眞言(헌좌진언)> ······ 288

妙菩提座勝莊嚴 묘보리좌승장엄	묘하도다 보리좌여 수승해라 장엄이여!
諸佛坐已成正覺 제불좌이성정각	일체제불 자리하사 큰깨달음 이루셨네。
我今獻座亦如是 아금헌좌역여시	제가지금 권하옵는 이자리도 그와같아
自他一時成佛道 자타일시성불도	우리모두 한날한시 저佛道를 이루과저。
唵 縛日羅 未那野 娑婆訶 옴 바아라 미나야 사바하	

<37.茶偈(다게)> ······ 289

我今持此一椀茶 아금지차일완다	저희이제 지성으로 한잔의茶 마련하와
奉獻靈山大法會 봉헌영산대법회	영산회상 큰법회의 삼보님께 올리오니
俯鑑檀那虔懇心 부감단나건간심	올리옵는 정성심을 부디굽어 살피시고
願垂慈悲哀納受 원수자비애납수	대자비를 드리우사 물리치지 마옵소서.

<38.一切恭敬(일체공경)> ······ 291

一心頂禮a 일심정례	시방세계에 항상 계옵신 삼보님께
十方常住佛法僧a 시방상주불법승	일심으로 정례하옵니다.
是諸衆等 各各胡跪 시제중등 각각호궤	모든 대중은 저마다 무릎을 꿇고

嚴備香花 如法供養a 엄비향화 여법공양	엄정하게 갖춘 향과 꽃 등 여법하온 공양을
供養十方 法界三寶a 공양시방 법계삼보	시방 법계에 계옵신 삼보님께 공양 올리나이다.

<39.香花偈(향화게)> 293

願此香花遍法界 원차향화변법계	원하옵은 향과꽃이 온법계에 두루하여
以爲微妙光明臺 이위미묘광명대	미묘하게 빛나옵는 수미단이 되옴이며,
諸天音樂天寶香 제천음악천보향	뛰어나온 하늘음악 보배향이 되옴이고
諸天餚饍天寶衣 제천효선천보의	빼어나온 하늘음식 보배옷이 되옴이며,
不可思議妙法塵 불가사의묘법진	헤아리기 어렵사온 미묘법진 되옴이고
一一塵出一切佛 일일진출일체불	낱낱법진 그위에서 제불출현 하심이며,
一一塵出一切法 일일진출일체법	낱낱법진 그위에서 일체법문 나옴이고
旋轉無碍互莊嚴 선전무애호장엄	수레돌듯 걸림없이 서로서로 장엄하며,
遍至一切佛土中 변지일체불토중	널리널리 두루하온 일체불국 그가운데
十方法界三寶前 시방법계삼보전	시방법계 다함없는 삼보전에 이르과저.
皆有我身修供養 개유아신수공양	그세계에 이몸있어 정성다해 공양하되
一一皆悉遍法界 일일개실변법계	어디한곳 빠짐없이 온법계에 두루하며,
彼彼無雜無障碍 피피무잡무장애	저들모두 분수지켜 아무장애 없사옵고
盡未來際作佛事 진미래제작불사	미래제가 다하도록 원만불사 이루과저.
普熏一切諸衆生 보훈일체제중생	그런후에 널리널리 모든중생 훈습하여
蒙熏皆發菩提心 몽훈개발보리심	훈습받은 사람모두 보리심을 발하오며
同入無生證佛智 동입무생증불지	모두함께 무생법인 불지혜를 증득과저.

[繞匝(요잡)]

供養已歸命禮三寶 공양이귀명례삼보	법공양을 올리옵고 귀명례를 올립니다.

≪⑷勸供儀式(권공의식)≫ ………………………………………… 299

<40.淨法界眞言(정법계진언)> ………………………………………… 301

欲建蔓拏囉 욕건만나라	삼보님께 공양위한 만다라를 건립코자
先誦 淨法界眞言 선송 정법계진언	정법계란 진언먼저 지송코자 하옵니다.
唵 覽 三七遍 옴 람 삼칠편	

<41.祈聖加持(기성가지)> ………………………………………… 304

香羞羅列 향수나열	향기로운 공양물을 준비하고 진설함은
齋者虔誠a 재자건성	재자들의 정성어린 성의표시 이옵니다.
欲求供養之周圓 욕구공양지주원	하옵지만 이공양이 원만키를 바랄진댄
須仗加持之變化a 수장가지지변화	모름지기 가지변화 의지해야 하옵니다.
仰惟三寶 앙유삼보	하옵기로 삼보님께 우러르며 바라오니
特賜加持a 특사가지	각별하신 가지력을 베푸시어 주옵소서.
南無十方佛 나무시방불	시방세계 불보님께 지성귀의 하옵니다.
南無十方法 나무시방법	시방세계 법보님께 지성귀의 하옵니다.
南無十方僧 나무시방승	시방세계 승보님께 지성귀의 하옵니다.

<42.四陀羅尼(사다라니)> 各三七遍(각삼칠편) ······ 307

一、無量威德自在光明勝妙力變食眞言(무량위덕자재광명승묘력변식진언) 308

那莫 薩婆多陀 我多 婆路其帝 唵 三婆羅 三婆羅 吽
나막 살바다타 아다 바로기제 옴 삼바라 삼바라 훔

二、施甘露水眞言(시감로수진언) ······ 307

南無 素魯縛耶 怛他揭多耶 怛姪他 唵 素魯素魯 縛羅素魯 縛羅素魯 莎訶
나무 소로바야 다타아다야 다냐타 옴 소로소로 바라소로 바라소로 사바하

三、一字水輪觀眞言(일자수륜관진언) ······ 307

唵 鍐鍐鍐鍐
옴 밤밤밤밤

四、乳海眞言(유해진언) ······ 307

南無 三滿多 沒陀喃 唵 鍐
나무 사만다 못다남 옴 밤

<43.加持供養(가지공양)> ······ 312

上來 상래	지금까지 [=사다라니로써]
加持已訖 供養將進 가지이흘 공양장진	가지를 이미 마쳤사옵고, 공양을 받들어 올리고자 하옵니다.
願此香爲解脫知見 원차향위해탈지견	바라옵건대 이 향은 해탈지견이 되고,
願此燈爲般若智光 원차등위반야지광	바라옵건대 이등불은 반야지광 되고,
願此水爲甘露醍醐 원차수위감로제호	바라옵건대 이 물은 감로제호가 되고,
願此食爲法喜禪悅 원차식위법희선열	바라옵건대 이 음식은 법희선열이 되오소서.
乃至 내지	하옵고,
幡花互列 茶果交陳 번화호열 다과교진	번과 꽃이 번갈아 놓여 있고 차와 과일이 엇갈려 있사오니

卽世諦之莊嚴 즉세제지장엄	곧 세상의 더 없는 장엄이고
成妙法之供養 성묘법지공양	묘법인 공양이옵니다.
慈悲所積 定慧所熏 자비소적 정혜소훈	[이들 공양은] 자비가 쌓인 바요 정과 혜가 훈한 것으로
以此香羞 特伸供養 이차향수 특신공양	향기로운 음식이옵기에 각별히 공양 올리나이다.

<44.六法供養(육법공양)> ········· 315

一、讚香(찬향) ········· 315

曾祝萬年天子壽 증축만년천자수	일찍부터 한결같이 천자장수 축원하고
重成五分法王身 중성오분법왕신	다섯가지 덕성갖춘 법왕신을 조성했네.
栴檀林裡占都魁 전단림리점도괴	전단향은 숲에서도 타의추종 불허하니
蘭麝叢中居上品 난사총중거상품	난향사향 모인중에 제일위에 자리했네.

• 拜獻解脫香(배헌해탈향) ········· 318

戒定眞香 芬氣衝天上 계정진향 분기충천상	계향 정향 등 진실 된 향의 향기로운 기운은 천상으로 솟습니다.
施主虔誠 爇在金爐傍 시주건성 설재금로방	[다행히] 시주의 정성으로 금향로 가에 두고 사르오니
頃刻芬氳 卽遍滿十方 경각분온 즉변만시방	잠깐사이에도 그 향기가 곧바로 시방세계에 가득 하옵니다.
昔日耶輸 免難除災障 석일야수 면난제재장	[하옵기로] 옛적 야수다라는 어려움을 면하고 재앙과 장애를 제거하였나이다.

[衆和(중화)]

唯願慈悲 哀愍受此供 유원자비 애민수차공	오직 원하옵건대 자비로 어여삐 여기사 이 공양을 받으옵소서.

二、讚燈(찬등) ········· 320

一點八風吹不動 일점팔풍취부동	일점이나 지혜심등 팔풍에도 부동이듯

寸心萬劫鎭長明 촌심만겁진장명	이마음도 만겁토록 그광명을 지켜왔네.
西天佛祖遞相傳 서천불조체상전	서천불조 서로서로 이어가며 전하시니
大地衆生消黑暗 대지중생소흑암	이땅위의 중생들은 무명번뇌 소멸하네.

• 拜獻般若燈(배헌반야등) ································ 323

燈光層層 遍照於大千 등광층층 변조어대천	등의 광명이 높이를 더해가며 삼천대천세계를 두루 비춥니다.
智慧心燈 明了得自然 지혜심등 명료득자연	지혜로운 마음의 등불도 자연히 명료해지고
我今自然 滿盞照長天 아금자연 만잔조장천	나도 이제는 자연스레 등잔을 채워 장천을 비칩니다.
光明破暗 滅罪福無邊 광명파암 멸죄복무변	광명이 암흑을 깨뜨리니 죄는 멸하고 복은 가邊가 없습니다.

[衆和(중화)]

唯願慈悲 哀愍受此供 유원자비 애민수차공	오직 원하옵건대 자비로 어여삐 여기사 이 공양을 받으옵소서.

三、讚花(찬화) ································ 325

七寶池中呈國色 칠보지중정국색	칠보연못 가운데에 고운자태 돋보이고
一枝月裏占天香 일지월리점천향	저달속에 계화같은 향내음을 머금었네.
世尊拈起示諸人 세존염기시제인	세존께서 집어드사 뭇중생에 보이심에
達摩傳來開五葉 달마전래개오엽	달마께서 전해오사 다섯잎이 피어났네.

• 拜獻萬行花(배헌만행화) ································ 327

牧丹芍藥 蓮花爲尊貴 모란작약 연화위존귀	모란·작약보다 연화가 존귀하나니
曾與如來 襯足眞金體 증여여래 친족진금체	일찍이 여래의 옥체를 모셨사오며,
九品池中 化生菩提子 구품지중 화생보리자	구품의 연못 가운데서는 깨달은 사람으로 거듭나게 하옵는바

不惜金錢 買獻龍華會 불석금전 매헌용화회	금전이 문제가 아니옵기로 구하여 용화회상에 올리나이다.

[衆和(중화)]

唯願慈悲 哀愍受此供 유원자비 애민수차공	오직 원하옵건대 자비로 어여삐 여기사 이 공양을 받으옵소서.

四、讚果(찬과) ······ 332

福地栽時今已熟 복지재시금이숙	복된땅에 심었을때 지금처럼 익었었고
心花結處自然成 심화결처자연성	마음의꽃 피었을때 열매절로 맺혔다네.
就中常占御園春 취중상점어원춘	무엇보다 사시사철 어원춘에 자리하니
直下共圓菩薩果 직하공원보살과	보살님네 보리과와 다름없이 원만하네.

• 獻菩提果(배헌보리과) ······ 333

金杏盤桃 荔支龍眼菓 금행반도 여지용안과	금행과 반도 여지와 용안의 과실!
帶葉林檎 琵琶成雙朶 대엽임금 비파성쌍타	잎 달린 능금과 둘씩 열린 비파열매
氛鼻熏香 成就滋味多 분비훈향 성취자미다	코끝에 스치는 향기가 구미를 돋웁니다.
李柰蘋婆 獻上如來座 이내빈바 헌상여래좌	[하옵기로] 배·능금·빈바를 여래께서 계신 곳에 올리나이다.

[衆和(중화)]

唯願慈悲 哀愍受此供 유원자비 애민수차공	오직 원하옵건대 자비로 어여삐 여기사 이 공양을 받으옵소서.

五、讚茶(찬다) ······ 335

碧玉甁中銀浪湧 벽옥병중은랑용	푸른옥병 한가운데 은빛물결 일어나고
黃金碾畔雪花飛 황금연반설화비	황금맷돌 둔덕에선 백설같은 꽃날리네.
撩天鼻孔始聞香 요천비공시문향	기개도량 갖추어야 그향기를 맡게되고

具眼舌頭方了味 구안설두방요미	혀끝쪽에 눈있어야 바야흐로 맛을아네.

• 拜獻甘露茶(배헌감로다) ······ 337

百草花葉 採取成茶蘂 백초화엽 채취성다예	백 가지의 풀과 꽃잎을 따서 모아 다예(茶蘂)를 만들고
烹出玉甌 楊子江心水 팽출옥구 양자강심수	옥으로 만든 다관(茶罐)에 양자강 가운데의 물로 다려내었네.
破暗莊周 蝴蝶驚夢廻 파암장주 호접경몽회	[차를 마시고] 혼암을 깨트린 장주는 나비 꿈꾸다 놀라 돌아오고,
滌去昏迷 趙氏知滋味 척거혼미 조씨지자미	혼미를 씻어버리니 조주 스님이시라야 그 맛을 아시네.

[衆和(중화)]

唯願慈悲 哀愍受此供 유원자비 애민수차공	오직 원하옵건대 자비로 어여삐 여기사 이 공양을 받으옵소서

六、讚米(찬미) ······ 339

解使衆生皆飽滿 해사중생개포만	어린중생 남김없이 배부름을 알게하여
能令萬劫免飢虛 능령만겁면기허	만겁토록 배곯으고 주린고통 없애주네.
酥酡美味獻諸天 소타미미헌제천	소락제호 최상의맛 제천중께 올리옵고
香積上方呈我佛 향적상방정아불	향적세계 으뜸공양 석존님께 올립니다.

• 拜獻禪悅米(배헌선열미) ······ 340

食味酥酪 造出天廚供 식미소락 조출천주공	[설산수도시 부처님 전의] 맛있는 소락은 천상세계 주방에서 마련하온 공양으로
成道當初 牧女先來送 성도당초 목여선래송	성도 [즉 마지막 一切智를 얻기 위해 入定] 하시려 함에 목우녀가 먼저 보내옴에
老母曾將 托在金盤奉 노모증장 탁재금반봉	노모[3]?가 일찍이 가져다 금쟁반에 받들어
獻上如來 大覺釋迦尊 헌상여래 대각석가존	여래이시며 대각이신 서가세존께 올렸네.

[衆和(중화)]

3) 創造天地之母・主宰萬靈之神/ 불광사전 '일관도'.

唯願慈悲 哀愍受此供 유원자비 애민수차공	오직 원하옵건대 자비로 어여삐 여기사 이 공양을 받으옵소서.

<45.各執偈(각집게)> ………………………………………… 343

願此一身化多身 원차일신화다신	원하옵은 이한몸에 많은몸을 나타내고
一一身出百千身 일일신출백천신	낱낱의몸 다시나눠 백천의몸 생김이니,
各執香花燈茶果 각집향화등다과	각자몸이 향이며꽂 등불다과 지니옵고
供養十方諸佛陀 공양시방제불타	시방세계 부처님께 이들공양 올리과저.
各執香花燈茶果 각집향화등다과	각자몸이 향이며꽂 등불다과 지니옵고
供養十方諸達摩 공양시방제달마	시방세계 달마님께 이들공양 올리과저.
各執香花燈茶果 각집향화등다과	각자몸이 향이며꽂 등불다과 지니옵고
供養十方諸僧伽 공양시방제승가	시방세계 승가님께 이들공양 올리과저.

<46.加持偈(가지게)> ………………………………………… 346

以此加持妙供具 이차가지묘공구	하옵기로 지금까지 가지하온 이공양을
供養十方諸佛陀 공양시방제불타	시방삼세 제불타님 모든분께 올립니다.
以此加持妙供具 이차가지묘공구	하옵기로 지금까지 가지하온 이공양을
供養十方諸達摩 공양시방제달마	시방삼세 제달마님 모든분께 올립니다.
以此加持妙供具 이차가지묘공구	하옵기로 지금까지 가지하온 이공양을
供養十方諸僧伽 공양시방제승가	시방삼세 제승가님 모든분께 올립니다.

<47.普供養眞言(보공양진언)> ………………………………… 349

唵 阿阿那 三婆婆 婆我羅 或 三說
옴 아아나 삼바바 바아라 혹 삼설

<48.普回向眞言(보회향진언)> ······························ 352

唵 舍摩羅 舍摩羅 尾摩羅 舍羅摩訶 左佉羅縛吽 三說
옴 삼마라 삼마라 미마나 사라마하 자거라바훔 삼설

<49.四大洲(사대주)> ······························ 354

(1) 南無大佛頂如來密因修證了義諸菩薩萬行首楞嚴神呪
나무대불정여래밀인수증요의제보살만행수능엄신주

怛也他 唵 阿囊黎 尼捨帝 吠羅 縛日羅 馱隷 滿馱滿馱隷 縛日羅 播尼發 呼吽
다냐타 옴 아나례 비사제 비라 바아라 다리 반다반다니 바아라 바니반 호훔

納魯 唵發 娑縛訶
다로 옴박 사바하

(2) 正本觀自在菩薩如意輪呪
정본관자재보살여의륜주

那謨 富陀野 那謨 陀羅摩野 那謨 僧伽野 那謨 阿里夜 縛路枳帝 莎羅野 普致
나무 못다야 나무 달 마야 나무 승가야 나무 아리야 바로기제 사라야 모지

薩多野 摩訶薩多也 沙迦羅 摩訶迦路 尼迦野 訖里多野 曼多羅 怛也他 迦迦那
사다야 마하사다야 사가라 마하가로 니가야 하리다야 만다라 다냐타 가가나

鉢羅地晋多 摩尼 摩賀舞怛隷 婁婁婁婁 地瑟吒 訖里多曳 比司藝 唵 富陀那
바라지진다 마니 마하무다례 루로루로 지 따 하리다예 비사예 옴 부다나

富陀尼 野登
부다니 야등

(3) 佛頂心觀世音菩薩姥陀羅尼
불정심관세음보살모다라니

那謨羅 怛那怛羅 夜野 那莫 阿利野 婆路吉帝 濕伐羅野 菩提薩多跛野 摩賀薩
나모라 다나다라 야야 나막 아리야 바로기제 사바라야 모지사다바야 마하사

多跛野 摩訶迦路尼迦野 怛姪他 阿婆陀 阿婆陀 跛利跛帝 堙醯醯 怛姪他 薩婆
다바야 마하가로니가야 다냐타 아바다 아바다 바리바제 인혜혜 다냐타 살바

陀羅尼 曼茶羅野 堙醯醯 鉢羅摩輸馱 菩多野 唵 薩婆斫藪伽野 陀羅尼 因地利
다라니 만다라야 인혜혜 바라마수다 못다야 옴 살바작수가야 다라니 인지리

野 怛姪他 婆盧枳帝 濕縛羅野 薩婆咄瑟吒 烏訶耶彌 娑婆訶
야 다냐타 바로기제 새바라야 살바도따 오하야미 사바하

(4) 佛說消災吉祥陀羅尼
불설소재길상다라니

曩謨 三滿多 母馱喃 阿鉢羅底 賀多舍 婆曩喃 怛姪他 唵 佉 佉 佉惠 佉惠 吽
나모 사만다 못다남 아바라지 하다사 사나남 다냐타 옴 카 카 카혜 카혜 훔

吽 入縛囉 入縛囉 縛囉入縛囉 縛囉入縛囉 底瑟吒 底瑟吒 瑟致理 瑟致理 婆
훔 아바라 아바라 바라아바라 바라아바라 디따 디따 디리 디리 빠

吒婆吒 扇底迦 室哩曳 沙婆訶
다빠다 선지가 시리예 사바하

<50.願成就眞言(원성취진언)> ································ 358

唵 阿暮佉 薩婆多羅 舍多野 始吠吽
옴 아모까 살바다라 사다야 시베훔

<51.補闕眞言(보궐진언)> ································ 359

唵 戶魯戶魯 舍野謨契 娑婆訶
옴 호로호로 새야목계 사바하

<52.禮懺(예참)> ································ 360

志心頂禮供養 三界大師 四生慈父 '兜率來儀相'*1* 是我本師 釋迦牟尼佛
지심정례공양 삼계대사 사생자부 '도솔내의상' 시아본사 석가모니불

지극한 마음으로 정례하오며,
삼계의 위대하신 스승이시며 사생의 자비로운신 아버님,
도솔천궁 떠나사 사바세계에 오시는 모습으로 깨우침을 주신,
저희들의 본사 서가모니 부처님께 공양 올리옵나이다.

志心頂禮供養 三界大師 四生慈父 '毘藍降生相'*2* 是我本師 釋迦牟尼佛
지심정례공양 삼계대사 사생자부 '비람강생상' 시아본사 석가모니불

룸비니원 무우수 아래 탄생하시는 모습으로 깨우침을 주신,

志心頂禮供養 三界大師 四生慈父 '四門遊觀相'*3* 是我本師 釋迦牟尼佛
지심정례공양 삼계대사 사생자부 '사문유관상' 시아본사 석가모니불

동서남북 성문밖을 살피시는 모습으로 깨우침을 주신

志心頂禮供養 三界大師 四生慈父 '踰城出家相'*4* 是我本師 釋迦牟尼佛
지심정례공양 삼계대사 사생자부 '유성출가상' 시아본사 석가모니불

드높은 성 넘으시어 출가하시는 모습으로 깨우침을 주신

志心頂禮供養 三界大師 四生慈父 '雪山修道相'*5* 是我本師 釋迦牟尼佛
지심정례공양 삼계대사 사생자부 '설산수도상' 시아본사 석가모니불

흰 눈 덮인 산중에서 수도하시는 모습으로 깨우침을 주신

志心頂禮供養 三界大師 四生慈父 '樹下降魔相'*6* 是我本師 釋迦牟尼佛
지심정례공양 삼계대사 사생자부 '수하항마상' 시아본사 석가모니불

보리수하 자리하사 마군을 물리치시는 모습으로 깨우침을 주신

志心頂禮供養 三界大師 四生慈父 '鹿苑轉法相'*7* 是我本師 釋迦牟尼佛
지심정례공양 삼계대사 사생자부 '녹원전법상' 시아본사 석가모니불

사슴 노는 동산에서 설법하시는 모습으로 깨우침을 주신

志心頂禮供養 三界大師 四生慈父 '雙林涅槃相'8 是我本師 釋迦牟尼佛
지심정례공양 삼계대사 사생자부 '쌍림열반상' 시아본사 석가모니불
사라쌍수 그늘아래 짐짓 열반을 보이시는 모습으로 깨우침을 주신

志心頂禮供養 靈山會上 經藏律藏論藏 甚深法寶
지심정례공양 영산회상 경장율장논장 심심법보
영산회상의 경장 율장 논장 등 더없이 깊은 법보님께

志心頂禮供養 靈山會上 菩薩緣覺聲聞 清淨僧寶
지심정례공양 영산회상 보살연각성문 청정승보
영산회상의 보살 연각 성문 등 청정하신 승보님께

唯願無盡三寶 大慈大悲 受此供養 冥薰加被力 願共法界諸衆生 自他一時成佛道
유원무진삼보 대자대비 수차공양 명훈가피력 원공법계제중생 자타일시성불도
오직 바라옵니다. 다함없는 삼보님이시여!
크나크신 자비로써 이 공양을 받으시옵고 은밀히 가피력을 훈하사,
법계중생 모두 한 날 한 시에 성불케 하옵소서.

<53.嘆白(탄백)> 367

刹塵心念可數知 찰진심념가수지	세상티끌 마음으로 헤아릴수 있다해도
大海中水可飮盡 대해중수가음진	큰바다에 담긴물을 다마실수 있다해도
虛空可量風可繫 허공가량풍가계	허공크기 알수있고 바람묶는 재주라도
無能盡說佛功德 무능진설불공덕	부처님의 크신공덕 말로써는 다못하네.

<54.和請(화청)> 369

<55.祝願和請(축원화청)> 371

功德功德 上來所修佛功德a 공덕공덕 상래소수불공덕	공덕이여, 공덕이여 지금까지 닦아 오신 우리 세존의 공덕이여
圓滿圓滿 回向三處悉圓滿a 원만원만 회향삼처실원만	원만하고 원만하여 삼처로 회향하심에 모두 원만하시옵나이다.
淨琉璃光 上德紅蓮 정유리광 상덕홍련	맑은 유리의 광명인 최상의 공덕을 머금은 붉은 연 꽃 같은 모습으로
隆宮現前 攀枝樹依 융궁현전 반지수의	융성한 궁궐에 태어나시어 가지를 잡고 의지하셨으며,
繼天立極 聖德大敷a 계천입극 성덕대부	하늘의 뜻을 이음으로써 최고의 기준을 삼으시니 성스러운 덕이 크게 덮이었나이다.

伏願a 복원	엎드려 바라옵나이다.
聖恩廣大 恒爲萬乘之至尊 성은광대 항위만승지지존	성은이 광대하심에 언제나 [저희들의] 천자이시고,
道眼圓明 永作千秋之寶鑑 도안원명 영작천추지보감	도안은 원명하사 영원히 천추의 보감이시오니,
逈脫根塵 速證樂邦無量壽 형탈근진 속증낙방무량수	멀리 근진[의 속박]을 벗어나 속히 극락세계 무량수불의 경지를 증득토록 하시옵고,
了明心地 該通華藏釋迦尊a 요명심지 해통화장서가존	심지를 제대로 밝혀 화장세계 서가모니불[의 경지]를 널리 통하도록 하옵소서.
紫微長照於深宮 자미장조어심궁	자미성이 길이길이 깊은 궁궐을 비추시고,
玉葉恒敷於上苑 옥엽항부어상원	옥엽은 항상 상원에 무성하여지이다.
天和地利 物阜時康 천화지리 물부시강	하늘은 화평하고 땅은 이로우며, 만물은 풍부하고 시절은 강녕하며,
萬像含春 花卉敷茂 만상함춘 화훼부무	만상은 봄을 머금어 꽃과 숲은 우거지고
鶯鳴於苑 瑞靄皇都a 앙명어원 서애황도	꾀꼬리는 궁궐에서 울고 상서로운 아지랑이 도성에 피어나지이다.
風以調 雨以順 풍이조 우이순	바람은 고르고 비는 순하여,
禾登九穗 麥秀二枝 화등구수 맥수이지	벼는 익어 아홉 이삭이요, 보리는 양쪽으로 뻗어나
官以慶 民以歡 관이경 민이환	관청마다 경사요 백성마다 기쁨이고,
文致昇平 武偃干戈 문치승평 무원간쾌	문치는 태평성대를 이어가고 무신들은 무기를 눕혀 놓아
億兆蒼生 鼓腹於寰中 억조창생 고복어환중	수많은 백성들은 제집(寰中)에서 배를 두드리며,
廣大佛法 弘揚於世外 광대불법 홍양어세외	광대한 불법은 널리 세상 밖으로 드날려,
三千界內 無非禮義之江山 삼천계내 무비예의지강산	삼천리금수강산 예의의 강산 아닌 곳이 없고,
八門長安 盡是慈悲之道場a 팔문장안 진시자비지도량	성문이 여덟인 도시 모두 자비의 도량이게 하옵소서.
所有十方世界中 소유시방세계중	시방세계와 삼세에 계옵신

三世一切人獅子 삼세일체인사자	모든 부처님이시여!
我以淸淨身語意 아이청정신어의	저희는 청정한 삼업으로
一一偏禮盡無餘 일일변례진무여	한분 한분께 널리 예를 올려 빠트림이 없고자 하나이다.
八荒太平 四夷不侵 팔황태평 사이불침	온 세상은 태평하고 사방의 오랑캐는 침범치 않아
國泰民安法輪轉 국태민안법륜전	국가는 태평하고 백성은 편안하여 법륜이 구르게 하옵소서.
法輪常轉於無窮 법륜상전어무궁	법륜이 무궁토록 항상 구르고
國界恒安於萬歲a 국계항안어만세	국경은 만년토록 항상 평안토록 하옵소서.
願我今有 一四天下 원아금유 일사천하	저희들은 지금 하나의 사천하 가운데
南贍部洲 某處居住 남섬부주 모처거주	남섬부주 모처에 거주하옵는
某等 伏爲所薦 某靈駕 모등 복위소천 모영가	모등이 엎드려 천도코자 하옵는 모영가께서
以此因緣功德 往生極樂世界 이차인연공덕 왕생극락세계	이 인연공덕으로 극락세계
上品上生 九品蓮臺之發願a 상품상생 구품연대지발원	상품상생 구품연대에 왕생하시길 발원하옵나이다.
生祝弟子 某等 各各等保體 생축제자 모등 각각등보체	생축제자 모등 각각 등 보체
命長命長壽命長 명장명장수명장	명장, 명장, 수명은 길어
壽命則歲月以無窮 수명즉세월이무궁	수명이 세월처럼 무궁하고,
快樂則塵沙以莫有a 쾌락즉진사이막유	쾌락은 티끌이나 모래만큼 있어지이다.
供養者 何福而不成 공양자 하복이불성	공양을 올린 자, 어떤 복인들 이루지 못하고
禮拜者 何殃而不滅a 예배자 하앙이불멸	예배를 올린 자, 어떤 재앙인들 소멸치 못하오리까?!
日日有千祥之慶 일일유천상지경	매일 매일 천 가지 상서로운 경사가 있으며

時時無百害之災 시시무백해지재	모든 때에 백가지 재해가 없사옵고,
相逢吉慶 不逢災害a 상봉길경 불봉재해	길하고 경사스러움을 만나며 재앙과 해로움은 만나지 않게 하옵소서.
然後願 연후원	그런 후에 다시 바라옵나이다.
無邊法界 有識含靈 무변법계 유식함령	가없는 법계의 모든 중생들이
仗此聖賢功德 장차성현공덕	이 성현공덕을 의지하여
究竟圓成薩婆也 구경원성살바야	마침내 일체지를 원만히 성취하고
摩訶般若波羅蜜a 마하반야바라밀	큰 지혜로 저 언덕에 이르게 하옵소서.

【4.妙經作法(묘경작법)】

<1.頂戴偈(정대게)> ………………………………………… 384

題目未唱傾劒樹 제목미창경검수	경의제목 말하려니 검수먼저 넘어지고
非揚一句折刀山 비양일구절도산	경의말씀 꺼내려니 도산이미 꺾어지네.
運心消盡千生業 운심소진천생업	이와같이 마음쓰면 천생업도 녹아지니
何況拈來頂戴人 하황염래정대인	어찌하여 정대인을 모실필요 있으리오.

<2.開經偈(개경게)> ………………………………………… 390

無上甚深微妙法 무상심심미묘법	위 없고 매우깊어 미묘하온 진리의법
百千萬劫難遭遇 백천만겁난조우	백천만겁 지낸대도 만나뵙기 어려워라.
我今聞見得受持 아금문견득수지	제가이제 다행히도 듣보옵고 지니오니
願解如來眞實義 원해여래진실의	원하옵은 부처님의 진실한뜻 깨침이라.

<3.開法藏眞言(개법장진언)> ································· 392

唵 阿羅南 阿羅駄 三說
옴 아라남 아라다 삼설

<4.十念(십념)> ································· 393

淸淨法身毘盧遮那佛 청정법신비로자나불	청정한 진리를 몸으로 삼으신 비로자나부처님!
圓滿報身盧舍那佛 원만보신노사나불	인행(因行)이 원만하사 성취하신 노사나부처님!
千百億化身釋迦牟尼佛 천백억화신서가모니불	천 백억의 몸으로 중생제도하시는 서가모니부처님!
九品導師阿彌陀佛 구품도사아미타불	극락구품 건립하사 중생제도하시는 아미타부처님!
當來下生彌勒尊佛 당래하생미륵존불	미래세에 강림하사 중생제도하옵실 미륵부처님!
十方三世一切諸佛 시방삼세일체제불	시방삼세의 거룩하신 모든 부처님!
十方三世一切尊法 시방삼세일체존법	시방삼세의 존귀하신 모든 법보님!
大聖文殊舍利菩薩 대성문수사리보살	지혜가 모범이신 문수보살님!
大行普賢菩薩 대행보현보살	수행이 으뜸이신 보현보살님!
大悲觀世音菩薩 대비관세음보살	대자비로 돌보시는 관세음보살님!
大願本尊地藏菩薩 대원본존지장보살	큰 원의 주인공이신 지장보살님!
諸尊菩薩摩訶薩 제존보살마하살	이렇듯 거룩하신 모든 보살님!
摩訶般若波羅蜜 마하반야바라밀	큰 지혜로 저 언덕에 이르게 하옵소서.

<5.擧揚(거량)> ································· 397

據娑婆世界 거사바세계	사바세계의
此四天下 南贍部洲 차사천하 남섬부주	이 사천하 [가운데] 남섬부주의
海東大韓民國 某處居住 해동대한민국 모처거주	바다 동쪽 대한민국 [주소 ◇◇]에 연고를 두었으며,

今日至極至誠 금일지극지성	오늘 지극한 정성으로
爲薦請法齋者 위천청법재자	[영가 제위를] 천도코자 법문을 청하옵는 재자
時會大衆 老少比丘 시회대중 노소비구	이 법회에 모인 대중으로 법랍(法臘)이 많은 그리고 적은 비구,
沙彌行者 信男信女 사미행자 신남신녀	사미며 행자, 남녀 신도 모두가
各各等伏爲所薦 각각등복위소천	각자 엎드려 천도코자 하옵는
上世先亡 師尊父母 상세선망 사존부모	윗대에 먼저 가신 스승님과 부모님
各列位靈駕a 각열위영가	모든 영가시여!
乃至 내지	내지는
鐵圍山間 五無間獄 철위산간 오무간옥	철위산의 다섯 가지 무간지옥에서
一日一夜 萬死萬生 일일일야 만사만생	하루에도 만 번 죽고 만 번 살아나며
受苦含靈 諸佛子等 수고함령 제불자등	고통 받는 영가 [하지만] 불법과 인연 있는
各列名靈駕a 각열명영가	모든 영가시여!
我有一卷經 不因紙墨成 **아유일권경 불인지묵성**	**나에게 한 권의 경책이 있나니** **종이나 먹으로 이루어진 것이 아니라네.**
展開無一字 常放大光明a **전개무일자 상방대광명**	**펼쳐 보면 한 글자도 없지만** **언제나 위대한 광명을 놓는다네.**
上來a 상래	지금까지
召請 諸佛子等 소청 제불자등	청해 모신 불법과 인연 있는
各列位靈駕 a 각열위영가	모든 영가시여!
還會得 환회득	여쭙거니와
此常放光明底 一句麽a 차상방광명저 일구마	언제나 위대한 광명을 놓는다는 일구의 의미를 깨달으셨습니까?

此一着子 차일착자	이 소식은,
釋迦未出世 人人鼻孔撩天 서가미출세 인인비공요천	석존께서 강탄하시기 전에도 사람들의 코는 하늘을 향해 있고,
達磨未到時 個個脚跟點地 달마미도시 개개각근점지	달마께서 오시기 전에도 누구나 다리는 땅을 밟고 있었습니다.
今日山僧 以一柄金鎚 금일산승 이일병금추	오늘 산[이나 지키는 일개] 중이 한 자루의 쇠뭉치로
打破佛祖新熏窠臼 타파불조신훈과구	불조께서 새로 지은 보금자리를 부수어
現出靈駕本來面目a 현출영가본래면목	영가의 본래면목을 드러내겠습니다.
[某靈(모령)]	○○ 영가시여!
還會得 本來面目麽a 환회득 본래면목마	여쭙거니와 본래면목을 아셨습니까?
如未會得 여미회득	모르시겠다면,
譬如暗中寶 無燈不可見 비여암중보 무등불가견	**"비유컨대 어두운 곳의 보배는 등불이 없으면 볼 수 없듯이**
佛法無人說 雖慧莫能了a 불법무인설 수혜막능료	**불법도 말해주는 사람 없으면 지혜롭다 하여도 능히 알지 못한다."** 하셨으니
爲汝宣揚大乘經典 위여선양대승경전	그대를 위해 대승경전을 선양할 것인즉,
志心諦聽志心諦受a 지심제청지심제수	정성스러운 마음으로 자세히 듣고 수지(受持)하시오.

<6.受位安座眞言(수위안좌진언)> 404

上來 a 상래	지금까지
召請 諸佛子等 소청 제불자등	청해 모신 불법과 인연 있는
各列位靈駕 a 각열위영가	모든 영가시여!
受位安座眞言 수위안좌진언	자리를 정해 안좌케 하는 진언

唵 摩尼 軍多尼 吽吽 娑婆賀
옴 마니 군다니 훔훔 사바하

此經甚深意 차경심심의	이경전의 헤아리기 어렵사온 깊은뜻을
大衆心渴仰 대중심갈앙	목마른자 물을찾듯 대중들이 우러름에
唯願大法師 유원대법사	애오라지 바라옵은 큰스승의 자비오니
廣爲衆生說 광위중생설	뭇생명을 위하시어 널리설해 주옵소서.

一光東照八千土 일광동조팔천토	한줄기빛 동쪽으로 팔천토를 비추임에
大地山河如杲日 대지산하여고일	산하대지 남김없이 밝은대낮 다름없네.
卽是如來微妙法 즉시여래미묘법	이것이곧 여래께서 밝히신바 미묘법문
不須向外謾尋覓 불수향외만심멱	모름지기 밖을향해 부질없이 찾지말라.

唵 戶魯戶魯 舍野謨契 娑婆訶
옴 호로호로 새야목계 사바하

聞經開悟意超然 문경개오의초연	경의말씀 듣자옴에 마음속엔 걸림없고
演處分明衆口宣 연처분명중구선	법문내용 분명타고 입을모아 찬탄하네.
取捨由來元不動 취사유래원부동	취하거나 버리어도 근본도린 부동이니
方知月落不離天 방지월락불리천	달이져도 저하늘을 안떠남을 알게됐네.

<13.四無量偈(사무량게)> ······ 415

大慈大悲愍衆生 대자대비민중생	대자대비 모든중생 애민하여 돌보시고
大喜大捨濟含識 대희대사제함식	대희대사 일체함령 제도하여 주십니다.
相好光明以自嚴 상호광명이자엄	삼십이상 팔십종호 상호절로 갖추심에
衆等志心歸命禮 중등지심귀명례	대중모두 지심으로 귀명례를 올립니다.

<14.歸命偈(귀명게)> ······ 417

十方盡歸命 시방진귀명	온누리의 모든중생 귀명례를 올리오니
滅罪生淨信 멸죄생정신	모든죄업 멸하옵고 맑은신심 생하여서
願生華藏界 원생화장계	일체중생 모두함께 화장세계 태어나면
極樂淨土中 극락정토중	극락세계 청정국토 그곳이기 원입니다.

<15.唱魂(창혼)> ······ 419

願我 원아	[금일 재에 동참한] 저희 모두는,
今日齋者 某人伏爲所薦 금일재자 모인복위소천	금일 재를 설판한 재자 △△등이 삼가 천도코자 하옵는바
亡某人靈駕 망모인영가	돌아가신 ○○영가와
當靈伏爲所薦 上逝善亡 당령복위소천 상서선망	[금일 재의 주인공이신] ○○영가께서 삼가 천도코자 하옵는바 윗대에 먼저 가신
師尊父母 列位靈駕 사존부모 열위영가	스승님과 집안의 어르신, 그리고 부모님 등 차서에 따른 모든 영가께오서
往生西方安樂刹 왕생서방안락찰	서방의 안락한 세계에 왕생하시옵길 원하옵나이다.

<16.歸命禮(귀명례)> ······ 422

至心歸命禮 지심귀명례	지극하온 마음으로 귀명례를 올립니다.

久遠劫中成等正覺 구원겁중성등정각	헤아려서 알수없는 아득하온 그옛적에 더할나위 전혀없는 정등각을 이루셨고
常住靈山說法華經 상주영산설법화경	그언제나 한결같이 영축산에 계시면서 중생위해 일승묘법 연화경을 설하시는
我本師釋迦牟尼佛 아본사서가모니불	저희들의 본사이신 서가세존 여래시여!

造 錢 點 眼

「1.造錢點眼(조전점안)」

'조전(造錢)'은 명부(冥府)에서 사용 가능한 돈을 만드는 것을 말하며, '점안(點眼)'은 삼보(三寶, Ⓢratna-traya)님의 가지력에 의지하여 조성한 돈에 돈으로서의 가치를 부여하기 위해 거행하는 일련의 작법의식을 말한다. 「영산재」에 본 절차가 있는 것은 주간의식인 「영산재」 후에 거행하는 「수륙재(水陸齋)」「생전예수재(生前預修齋)」「각배(各拜)」등 야간의식을 위해서다.

조전점안의 절차상 구성과 여기에 담겨진 내용을 육하원칙(六何原則)에 의거하여 살펴보면 다음과 같다.

1 「조전점안」을 주도하는 인물은? [←누가]

증명법사와 유나(維那, Ⓢkarma-dāna)로부터 명(命)을 받은 법주, 말번 및 대중.

2 「조전점안」이 거행되는 시점은 언제? [←언제]

「관욕」을 마치고 「신중작법」거행하기 전.

『범음산보집』下16′ '齋後作法節次(재후작법절차)' 에 의거컨대,

3 「조전점안」에서 점안 대상은 무엇? [←무엇을]

설판재자의 설판 목적에 따라 다르다. 즉, 예수재의 경우는 설판재자 자신을 위한 '수생전(壽生錢)'이고, 수륙재나 각배의 경우는 설판재자를 복위(伏爲)로 하는 선망부모나 수륙고혼을 위한 것일 수도 있거나, 이 두 가지 개념을 모두 포함한 것일 수도 있다.

4 「조전점안」을 베푸는 이유는? [←왜]

명부에서 사용 가능한 돈을 조성하기 위함이다.

5 「조전점안」을 거행하는 장소는? [←어디서]

시왕단(十王壇=冥府殿) 근처에 별도로 설치된 장소 '전막(錢幕)'에서 거행한다.

6 「조전점안」을 거행하는 방법은? [←어떻게]

『석문의범』 소수 '조전법(造錢法)'[4]에 의하면, 법사가 먼저 가사를 수(受)하고 전막(錢幕)에 이르러 동쪽을 향하여 자리한다. 대중은 <정구업진언>으로부터 '의식용 천수경'을 봉독하여 <참회진언>까지 지송한다. 이어 법주는 <조전진언(造錢眞言)>[5]을 108편 염하고, 종두는 양지(楊枝) 21가지[條]로 만든 발[簾]을 땅 3곳 위에 피고 그 위에 점안코자 하는 지전(紙錢)[6]을 쌓아 놓는다. 다시 그 위에 볏짚으로 만든 발을 덮고, '월덕방위(月德方位.

4) 安震湖 編『釋門儀範』卷上(法輪社, 1931), p.233.
5) 唵 縛(日)囉 吽 莎訶(옴 바아라 훔 사바하).

正・五・九月에는 丙에, 二・六・十月에는 甲에, 三・七・至月에는 壬에, 四・八・臘月에는 庚에 있다)'[7]에서 길어온 물 1되를 증명법사 앞에 놓는다. 법주는 '나무불수 나무법수 나무승수 나무오방용왕수'를 삼칠편 염송하고 끝나면, 증명법사는 준비된 물을 솔가지에 묻혀 지전(紙錢) 위에 고루 뿌린다. 이때 법주는 <성전진언(成錢眞言)> 등 '조전점안'에 관계된 주(呪)를 지송하고, 물을 뿌린 증명법사는 점안의 원만 성취를 관(觀)한다. 점안을 마친 지전(紙錢)은 볏짚으로 된 발을 걷어내고, 나누어 명부시왕과 권속에 바친다. 혹은 바로 고사단(庫司壇)으로 옮겨 단(壇)에 바친다.

※ '수생전(壽生錢)'과 '수생경(壽生經)'에 담긴 사상.

『석문의범』「생전예수재」의 유래를 밝힌 '예수천왕통의(預修薦王通儀)'의 내용 가운데 '수생전(壽生錢)'[8]이라는 단어가 보인다. 남염부제(南閻浮提)의 중생들은 '십이생상속(十二生相屬)'이라 하여 이 세상에 태어날 때, 그해의 간지(干支)에 따른 중생을 책임진 명부의 관리로부터 이 세상을 살아가는데 필요한 만큼 돈을 빌리는데, 그 돈을 수생전이라 한다. 즉, 우리의 삶 자체가 빚이라는 말이다.

따라서 「예수재」는 그 빚을 이승에서 미리 갚으려는 목적으로 거행하는 의식이며, 그 공덕 또한 지대(至大)해서 18가지 횡재(橫災)를 예방할 수 있고 삼세(三世)의 부귀와 길상(吉祥)을 보장받게 된다는 것이다.

일견 미신(迷信)스럽기까지 한 이런 사상이 설득력과 생명력을 지니고 있음은 왜일까. 이는 무상(無常) 무아(無我)의 이치를 모른 채 자칫 자만하거나 작은 선행에도 상(相)을 나타내기 쉬운 중생심(衆生心)을 경계하고, 『금강경(金剛經)』의 말씀과 같이 '응무소주 이생기심(應無所住 而生其心)'으로 명실공히 '무주상보시(無住相布施)'를 행하게 하여 성불로 이끌려는 것이기 때문이다.

다시 말해 빚을 갚는다는 마음에는 대가를 기대하는 마음이 없을 것이며, 행복의 극치인 성불을 추구하는 불자라면 응당 타인의 성불을 위해서도 무주상(無住相)의 자세로 노력하지 않으면 안됨을 적극적으로 의식화(儀式化)한 것이라 하겠다.

한편, 빚을 갚는데 필요한 것으로 『금강경』 한 가지가 더 있다. 여기서는 앞서 언급한

---

6) 흔히 죽은 사람이 저승으로 가는 길에 노자(路資)로 쓰라는 뜻으로 관(棺) 속에 넣는 '종이돈'이라 하는데, 불교의 입장은 다음과 같다.
『釋門儀範』 卷上 222쪽 「예수천왕통의(預修薦王通儀)」의 내용 가운데,
南閻浮提人 受生時 冥司下 各借壽生錢 生前預修還納本庫 免于身辺十八般橫災 得三世富貴吉祥如意也
남염부제인 수생시 명사하 각차수생전 생전예수환납본고 면우신변십팔반횡재 득삼세부귀길상여의야
(남염부제의 사람은 / 태어날 때 / 명부의 관리로부터 / 각자 수생전을 빌리는데 / 살면서 미리 닦아 본래의 창고로 되갚으면 / 신변의 18가지 횡액재앙을 면하고 / 삼세의 부귀를 얻어 상서로움이 뜻과 같으리라.)
즉, 수생전은 이 세상에서 쓰려고 명부의 관리에게 빌린 돈이며, 지전은 그 빚을 갚는 돈을 뜻한다.
또 『삼국유사』 月明師 兜率歌(월명사 도솔가) 중에도 지전에 관한 내용이 보인다.
風送飛錢資逝妹 笛搖明月住姮娥 莫言兜率連天遠 萬德花迎一曲歌
풍송비전자서매 적요명월주항아 막언도솔연천원 만덕화영일곡가.
(바람은 종이돈 날려 죽은 누이동생의 노자를 삼게 하고 / 피리는 밝은 달을 일깨워 항아가 그 자리에 멈추었네 / 도솔천이 하늘처럼 멀다고 말하지 말라 / 만덕화 그 한 곡조로 즐겨 맞았네.)
7) 甲→亥・卯・未 / 丙→寅・午・戌 / 庚→巳・酉・丑 / 壬→申・子・辰
8) 安震湖 編『釋門儀範』 卷上 (法輪社, 1931), p.222.

'수생전'과 같은 맥락에서 이를 '수생경(壽生經)'으로 부른다. '수생전'이 물질적 은혜에 대한 갚음이라면, 수생경인 『금강경』은 <오종대은명심불망(五種大恩銘心不忘)> 가운데 '유통정법사장지은(流通正法師長之恩)'이 있듯 지적(知的)인 면에서의 보은인 셈이다. 이렇듯 '수생전'과 '수생경'은 보은(報恩)이라는 점에서 불가분의 관계에 있으므로 본 의식의 제목은 ≪금은전이운≫이지만 ≪경함이운≫을 함께 거행한다.

단, 본 의식이 '영산재'에 앞서 거행되는 의식임을 감안할 때, '영산재'의 소의경전(所衣經典)이 『법화경』이고, ≪경함이운(經函移運)≫ 소수 <찬경게(讚經偈)>[9]의 내용을 보면 여기서의 경(經)은 『법화경』을 의미하는 것으로도 생각할 수 있다.

수생전의 양과 수생경의 권수 및 갚아야 할 장소와 담당자는 생년(生年)에 따라 다르다. 쥐의 해에 태어난 '자생(子生)'을 예로 들면 다음과 같다.

생년		금전	경전	창고	담당
자생 子生	갑자(甲子)	5만 3천관	17권	제3고(庫)	원(元)조관
	병자(丙子)	7만 5천관	24권	제9고	왕(王)조관
	무자(戊子)	6만 3천관	21권	제6고	윤(尹)조관
	경자(庚子)	11만관	35권	제9고	이(李)조관
	임자(壬子)	7만관	22권	제3고	맹(孟)조관

※ **畵龍點睛(화룡점정)**

의의(意義): 용을 그리고 마지막으로 눈동자를 그려 넣는다는 뜻으로 사물의 안목(眼目)이 되는 곳이나, 최후의 손질을 해서 완성시키는 것을 가리키는 말이다.

출전(出典): 수형기(水衡記)

해의(解義): 남북조 시대의 양(梁)나라 사람 장승요(張僧繇)는 우군장군(右軍將軍), 오흥태수(吳興太守) 등을 지내 관인(官人)으로서도 뜻을 얻은 편이지만 일반적으로는 화가로서 널리 알려져 있다.

어느 날, 장승요는 금릉(金陵:南京)에 있는 안락사(安樂寺)에서 용을 그려달라는 부탁을 받고 절의 벽에다 두 마리의 용을 그렸다. 먹구름을 헤치고 막 승천하려고 하는 용의 모습에는 비늘 하나하나에도, 날카롭게 뻗치고 있는 발톱에도 강한 생명력이 나타나 있어 이것을 보고 감탄하지 않는 자가 없었다. 그런데 이상하게도 용의 눈에 눈동자가 그려져 있지 않았다. 사람들이 그 까닭을 묻자, 장승요는 이렇게 대답했다.

"눈동자를 그려 넣으면 용은 벽을 박차고 하늘로 날아가 버릴 거요."

거짓말이다. 그럴 수가 있겠는가. 장승요의 말을 아무도 믿으려 하지 않았다.

그래서 견디다 못한 그는 쌍룡 중 하나에 눈동자를 그려 넣기로 했다. 흠뻑 먹물을 먹은 붓이 용의 눈에 내려졌다. 그러자 갑자기 벽 속에서 뇌광(雷光)이 빛나고 요란스런 뇌성이 울리더니 비늘을 번쩍이며 괴룡이 벽에서 튀어나와 하늘로 날아가 버렸다. 그리고 벽에는 눈동자를 그려 넣지 않은 한 마리만이 남아 있었다고 한다.

弘新文化社 韓國古典新書編纂會 編 『古事成語』321쪽.

---

9) 妙經功德說難盡(묘경공덕설난진) 법화경의 크신공덕 언설로는 못다하니
佛於臨終最後談(불어임종최후담) 세존께서 열반시에 최후말씀 이시라네.
山毫海墨虛空紙(산호해묵허공지) 삼라만상 모든것을 지필묵을 삼는데도
一字法門書不咸(일자법문서불함) 일자법문 공덕조차 표현할길 전혀없네.

≪(1)造錢點眼(조전점안)≫

지전을 조성하는 스님의 모습

'조전(造錢)'은 명부(冥府)에서 쓸 수 있는 지전(紙錢=壽生錢)을 조성하는 것을 말하며, '점안(點眼)'은 돈으로서의 가치를 부여함을 뜻한다. 여기서 말하는 지전의 필요성은 우리의 삶이 주위로부터의 물질적 은혜 가운데 영위되고 있음을 일깨우려는 것이다. 비슷한 의도로 조성하는 경(經)이 있으니 수생경(壽生經)이라 하며, 이는 정신적 은혜를 갚으려는 적극적 자세를 나타내는 것이다.

<1.造錢眞言(조전진언)> **명부에서 쓰게 될 금 · 은전을 조성하는 진언의식.**

★造錢點眼 金銀錢移運 經函移運 ‖ 1.造錢眞言 2.成錢眞言 3.加持水 4.灑香水眞言 5.變成金銀錢眞言 6.掛錢眞言 7.獻錢眞言

唵 縛 囉 吽 莎訶 百八遍
옴 바아라훔 사바하 백팔편

【개요】

수생전을 조성하는 진언이다. 호마(Ⓢ homa '태워 바치는 의식')[10]에 내호마(內護摩)와 외호마(外護摩)가 있듯, 외적인 지전(紙錢)의 조성은 이미 완성되어 있지만 그 조성 과정을 일일이 관(觀)함으로써 완전을 기하고자 하는 진언의식이다.

【의식】

법주스님이 요령을 울리며 108편 지송(持誦)한다.[11]

<2.成錢眞言(성전진언)> **금 · 은전을 완성시키는 진언의식.**

★造錢點眼 金銀錢移運 經函移運 ‖ 1.造錢眞言 2.成錢眞言 3.加持水 4.灑香水眞言 5.變成金銀錢眞言 6.掛錢眞言 7.獻錢眞言

唵 半遮那吽 莎訶 百八遍
옴 반자나훔 사바하 백팔편

【개요】

위 <조전진언>을 서류를 꾸미는 일에 견준다면, 본 진언의식은 서류의 내용에 틀림이 없음을 증명하는 날인(捺印)에 해당하는 진언의식이다.

【의식】

법주스님이 요령을 울리며 세 번 지송한다.

---

10) 護摩란 『大日經疏』에서 설명하고 있듯이, 內護摩와 外護摩로 나누어 설명되어진다. 곧 "智火能燒一切無明", "內護摩謂淨除因業無明令獲菩提心 云云"(『大正藏』 卷39, pp.734c~735a)이란 經句처럼, 내호마(理호마)는 일체 무명을 태우는 智火 그 자체가 되겠다는 행자자신의 굳은 의지와 발보리심 바로 그것을 말하며, 외호마(事호마)는 이러한 불퇴전의 내호마(발심) 속에서 擇地와 造壇을 마친 후 삼업을 깨끗이 하여 공양물을 바쳐 불보살님들께 감사드림과 동시에 더 나아가서는 일체 불보살의 가지를 받아 增益 · 息災 · 調伏 · 敬愛 등의 세간사업을 성취시키는 行法을 말한다./ 종석 저『密教學概論』(운주사, 2000) p.232.

11)『석문의범』 소수 「구병시식(救病施食)」의 <해백생원가타라니(解百生寃家陀羅尼)>인 '唵 阿阿暗惡(옴아아암악)'도 百八遍(백팔편) 지송하는 것으로 되어 있다. 한편 『禪門日誦』130 「摘鐘板」에서는, 종성시(鐘聲時) 울리는 총 108번의 종소리를 108번뇌가 끊어짐을 의미 -공명일백팔수 표단백팔결업야(共鳴一百八數 表斷百八結業也)- 한다 하였다.

<3.加持水(가지수)> 점안에 필요한 가지수를 준비하는 의식.

★造錢點眼 金銀錢移運 經函移運 ‖ 1.造錢眞言 2.成錢眞言 **3.加持水** 4.灑香水眞言 5.變成金銀錢眞言 6.掛錢眞言 7.獻錢眞言

南無佛水 나무불수	불보께서 음우하신 가지수에 절하옵고
南無法水 나무법수	법보께서 음우하신 가지수에 절하옵고
南無僧水 나무승수	승보께서 음우하신 가지수에 절하옵고
南無五方龍王水 三七遍 나무오방용왕수 삼칠편	오방용왕 음우하신 가지수에 절합니다.

【개요】

이상의 과정을 거쳐 조성된 수생전(壽生錢) 일지라도, 공신력을 지니기 위해서는 불법승 삼보님과 시방의 모든 성현의 인정하심이 필요하다. 이 공신력을 물에 견주고, 삼보님과 물을 관장하는 오방의 용왕(龍王)을 시방현성의 대표 격으로 내세웠다. 물로써 공신력을 삼으려 함은 「상주권공」과 「각배」의 <개계(開啓)>, 「영산작법」의 <개계편(開啓篇)> 등의 내용에서 보이듯 물에는 청정의 공(功)이 있기 때문이다.

【의식】

법주스님이 요령을 울리며 삼칠편 지송한다.

<4.灑香水眞言(쇄향수진언)> 조성된 금·은전 위에 향수를 뿌려 가지하는 진언의식.

★造錢點眼 金銀錢移運 經函移運 ‖ 1.造錢眞言 2.成錢眞言 3.加持水 **4.灑香水眞言** 5.變成金銀錢眞言 6.掛錢眞言 7.獻錢眞言

唵 縛 囉 婆 吽 百八遍
옴 바아라바 훔 백팔편

【개요】

진언과 함께 삼보님과 용왕을 위시한 제현성께서 음우(陰佑)하신 향수(香水)를 조성된 지전(紙錢) 위에 뿌림으로써 공신력을 내보이는 진언의식이다. 이때 향수가 곧 가지수(加持水)이다.

【의식】

법주스님이 요령을 울리며 108편 지송한다. 증명법사는 준비된 물을 솔가지에 묻혀 지전(紙錢) 위에 고루 뿌린다. 이때까지 관(觀)을 위주로 하던 증명법사의 역할이 향수를 뿌림으로서 동적(動的)인 변화를 보이는 대목이다.

<5.變成金銀錢眞言(변성금은전진언)> **명부에서 쓸 금·은전으로 변하게 하는 진언의식.**

★造錢點眼 金銀錢移運 經函移運 ‖ 1.造錢眞言 2.成錢眞言 3.加持水 4.灑香水眞言 5.變成金銀錢眞言 6.掛錢眞言 7.獻錢眞言

唵 發娑羅 半遮尼 莎訶 三說
옴 발사라 반자니 사바하 삼설

【개요】

단순히 모양으로서만 금은전이 아니라, 명부에서 사용할 수 있는 금은전(金銀錢)이 되도록 가치를 부여하는 진언의식이다.

【의식】

법주스님이 요령을 울리며 세 번 거행한다. 증명법사는 점안의 원만성취를 염원하며 관(觀)한다.

<6.掛錢眞言(괘전진언)> **변성된 금·은전을 확인하는 진언의식.**

★造錢點眼 金銀錢移運 經函移運 ‖ 1.造錢眞言 2.成錢眞言 3.加持水 4.灑香水眞言 5.變成金銀錢眞言 6.掛錢眞言 7.獻錢眞言

唵 伴遮那 半遮尼 莎訶 三說
옴 반자나 반자니 사바하 삼설

【개요】

'괘전'은 몫을 정해 돈을 나눈다는 의미로서, 점안을 마친 금은전을 시왕(十王)에 올리기 위해 몫을 나누는 진언의식이다.

【의식】

법주스님이 요령을 울리며 세 번 지송한다. 종두는 지전(紙錢)을 덮은 볏짚으로 된 발을 걷어내고, 금은전의 몫을 정해 나눠 놓는다.

<7.獻錢眞言(헌전진언)> 변성된 금·은전을 명부에 올리는 진언의식.

★造錢點眼 金銀錢移運 經函移運 ‖ 1.造錢眞言 2.成錢眞言 3.加持水 4.灑香水眞言 5.變成金銀錢眞言言 6.掛錢眞言 **7.獻錢眞言**

唵 阿遮那吽 莎訶 三說
옴 아자나훔 사바하 삼설

【개요】

완성된 상품도 출고를 위해서는 절차가 필요하듯, 점안을 모두 마친 지전을 정해진 장소로 옮기기 위한 진언의식이다.

【의식】

법주스님이 요령을 울리며 세 번 거행한다. 종두를 위시한 대중은 점안을 마친 지전을 명부시왕과 권속 앞으로 옮길 준비를 한다.

※ 아래 소개하는 '전막이운론'과 '금은전이운'은 『범음산보집』의 내용이다.

***錢幕移運論(전막이운론)**[12]

(1)詳觀諸方□錢佛事則 如法造錢而造備經卷與筆硯紙物如數 而不雜先後次第 (2)但以造錢排置於十盤上 而十王請座後 奉獻十王各位時 獻錢偈云云 (3)次進供及勸供回向眞言末 一邊勸請□法者 誦金剛經如數誦納 一邊請庫司等衆安坐後 退錢獻納于庫司壇時 獻錢偈云云可也 (4)近世諸各寺 或有十王未請之前 錢幕移運於十王壇 獻錢偈云云者 不如法也 諸方中或有十王壇 越次錢幕直獻於庫司壇獻錢偈云云者 甚可憂也 如此之規 不願效之也

(1)제방의 조전불사를 자세히 보니, 여법히 돈을 만들며 경권, 붓, 벼루, 종이를 갖춰 수에 맞춘다.
(2)조전하여 열 개의 소반 위에 차려 놓는다. 시왕(十王)을 자리로 청한 후, 시왕 각위에게 받들어 올리며, 헌전게를 지송한다.
(3)다음 진공(進供) 및 권공·회향진언을 한 끝에, 한쪽에서 권청자는 금강경을 수편 독송하여 봉납하고, 한쪽에서는 고사(庫司)들을 초청하여 안좌(安坐)토록 한 후, 돈을 물려 고사단에 올릴 때, 헌전게를 운운한다.
(4)요즘 여러 절에서 혹, 시왕을 청하기도 전에 전막(錢幕)에서 시왕단으로 이운하고 헌전게를 운운하는 것 같은데 여법한 일이 아니다. 제방에서 혹 시왕단이 있음에도 차례를 넘어 전막에서 직접 고사단에 올리고 헌전게를 한다는데 심히 걱정된다. 이런 규약은 본받지 않기를 바란다.

[요약] ⓐ준비물: 금·은전, 경권, 붓, 벼루, 종이 ⓑ준비된 것을 10개의 소반에 올려 ⓒ시왕 各位 前에 올리고, 헌전게를 지송한다. ⓓ이어 권공의식과 금강경 봉독을 행한다. ⓔ끝나면 고사를 청하여 단에 모시고, 시왕전에 올렸던 물건을 물려 고사단에 올리고 헌전게를 한다. ⓕ주의할 것은, 시왕을 청하기 전에 금은전을 시왕님 앞에 올리고 헌전게를 한다든지 또는 곧바로 고사단으로 올리고 헌전게를 하는 일은 불가하다는 점이다.

---

12) 智還 集『天地冥陽水陸齋梵音刪補集』(동국대 중앙도서관, 도서번호 D-217.5-지96c.2) 卷上, 9張.

*金銀錢移運(금은전이운)[13]
(1)南無摩訶般若波羅蜜引聲繞匝 (2)至十王壇前 止樂 次獻錢偈[14]云云
(1)나무마하반야바라밀을 인성으로 짓고 요잡(繞匝)한다.
(2)시왕단 앞에 이르면 주악을 멈추고 다음 <헌전게>를 한다.
[요약] ⓐ금은전은 이운해서 시왕님 앞에 놓는다.

위 『범음산보집』 전막이운론(錢幕移運論) (2)와 (3)에 의하면 전막이운론의 내용을 정리하면, 헌전(獻錢)은 두 번으로 나누어 거행해야 한다.

우선은, 시왕 각위를 청하는 절차는 「각배」의 ≪대례청≫이나 <시왕도청>에서 있는 일이다. 따라서 「각배」의 ≪대례청≫이나 <시왕도청>을 거행하는 가운데 <다게>를 마치면 <헌전진언>을 지송하면서 시왕 각위에 준비한 금은전을 나누어 올린다.

다음, 시왕 각위에 헌전을 마치면 <진공진언>으로부터 권공의식을 이어나가 <보회향진언>까지 거행한다. 이어 『금강경』을 수 편 독송하여 경권을 봉납하고, 다른 한쪽에서는 ≪고사단작법≫을 거행하여 <안좌진언>을 거행한 후, <헌전진언>을 지송하며 시왕 각위에 올렸던 금은전을 물려서 고사단에 올린다.

한 가지 주의할 것은 일정한 시점에 이르면 대중을 세 개의 조(條)로 나누어 의식을 거행해야 한다는 점이다. ≪대례청≫이나 <시왕도청>이 <보회향진언>에 이르고 나면,

①법주와 대중 일부는 그대로 권공의식을 계속 거행하고,
②일부 대중은 『금강경』을 수 편 독송하여 경권을 봉납하고,
③일부 대중은 ≪고사단작법≫을 거행하여 <안좌진언>에 이르면 시왕 각위에 올렸던 금은전을 물려서 고사단에 올린다. 소청고사------639

이와 같이 역할을 분담하여 의식을 거행하는 일은 일찍이 있어온 일이니, 육번(六番)[15] 가운데 '단(壇)'이 그것이다.

본고에서는 일단 보존회에 보존된 규식에 따르기로 하고, 차후 좀 더 면밀히 검토하여 개선해나가기로 한다.

---

13) 上揭書 卷上, 21張.
14) 본서에서는 제목 '獻錢眞言(헌전진언)'이라 하였음. <6.헌전진언>의 연구②를 참고할 것.
15) 재를 거행함에 있어서 중요한 여섯 개의 직책. 이때 직책을 맡은 스님을 번주(番主)라 한다.
1. 상번(上番): 초할향(初喝香)을 담당한 번주(番主).
2. 중번(中番): 짓소리의 총 책임자로, 소리의 장단(長短)등을 지휘하는 번주.
3. 말번(末番): 흔히 '바라지'라 칭하며, 법주(法主)의 보조 역할을 담당한 번주.
4. 단(壇): 각단(各壇)의 유치(由致)를 책임진 번주.
5. 시식(施食): 대령(對靈), 시식(施食) 거행 시 증명(證明), 국혼(國魂), 승혼청(僧魂請) 등을 책임진 법주인 번주.
6. 회주(會主): 재를 올림에 있어서 법문을 위시해 절차 등 모든 것을 책임지고 지휘하는 번주.

≪(2)金銀錢移運(금은전이운)≫

금은전을 정대하고 이운하는 모습

고금을 통해 은행과 같은 기관에서 많은 액수의 돈이나 귀중품을 운반할 때는 경비를 강화한다. 신앙적 차원에서 볼 때, ≪조전점안≫에 의해 여법히 조성된 지전의 가치는 세상 어느 것과도 견줄 수 없다. 따라서 금은전을 성중의 호위 가운데 단으로 운반하기 위한 엄정한 의식이 있으니 '금은전이운'이 그것이다.

<1.擁護偈(옹호게)> 옹호성중의 강림에 감사드리고 금·은전 이운의 옹호를 발원하는 게송.

造錢點眼 ★金銀錢移運 經函移運 ‖ 1.擁護偈 2.繞匝鈸鑼 3.移運偈 4.散華落 5.擧般若

八部①金剛②護道場 팔부금강호도량	팔부신중 금강역사 도량옹호 하시옵고
空神③速赴報天王④ 공신속부보천왕	허공신은 지체없이 모든天에 알리심에
三界⑤諸天咸來集 삼계제천함래집	三界諸天 성중님네 한달음에 달려오사
如⑥今佛刹⑦補禎祥⑧ 여금불찰보정상	祥瑞로서 繡를놓아 불국토를 이루시네.

【자구해설】

①**八部(팔부)**: 부처님의 가르침을 지키는 신들. 천(天, Ⓢdeva)·용(龍, Ⓢnāga)·야차(夜叉, Ⓢyakṣa)·건달바(乾闥婆, Ⓢgandharva)·아수라(阿修羅, Ⓢasura)·가루라(迦樓羅=金翅鳥, Ⓢgaruḍa)·긴나라(緊那羅=人非人, Ⓢkiṃnara)·마후라가(摩候羅迦=蛇神, Ⓢmahoraga).

②**金剛(금강)**: 금강신(金剛神). 금강수(金剛手, Ⓢvajrapāṇi)라 번역되며, 금강밀적천(金剛密跡天)·집금강신(執金剛神)·금강역사(金剛力士)·인왕(仁王)이라고도 말한다. 여래의 온갖 비밀사적(事蹟)을 알고 5백 야차신(夜叉神)을 시켜 현겁천불(賢劫千佛)의 법을 수호한다는 두 신. 흔히 전신을 벗은 채 허리에만 옷을 걸쳤고, 용맹스러운 모습을 띤 이 두 신의 형상은 절의 입구 문 양쪽에 두어 왼쪽은 밀적금강(密迹金剛. Ⓢguhyapāda vajra, 阿金剛. 손에 금강저를 지니고 늘 부처님을 호위하는 야차신), 오른쪽은 나라연금강(那羅延金剛. Ⓢnārāyaṇa vajra, 吽金剛, 코끼리의 백만 배 힘이 있음)이 각각 위치해서 불법을 수호한다.

③**空神(공신)**: 허공신(虛空神). Ⓢśūnyatā. 순야타(舜若多)라 음역. 허공을 맡은 신.

④**天王(천왕)**: 삼계 28천을 주재하는 천왕.

⑤**三界(삼계)**: 중생이 생사에 유전(流轉)하는 미(迷)의 세계. 욕계(欲界) 6천·색계(色界) 18천·무색계(無色界) 4천.

⑥**如(여)**: 연사(連詞)로서 '이(而)'와 통하고 이어짐을 나타내며, 사어(詞語)와 사어, 구(句)와 구 중간에 쓰인다. 순접은 '다름이 아니라', '곧'으로 해석하고, 역접은 '오히려', '그러나'라고 해석한다.

⑦**佛刹(불찰)**: Ⓢbuddhakṣetra의 음역. 부처님께서 계시며 교화하시는 국토. 불토(佛土)·불국(佛國)·불계(佛界)라고도 하며, 사찰이나 도량을 뜻하기도 함.

⑧**補禎祥(보정상)**: 補(보) '수놓다'/ 禎祥(정상) '좋은 징조, 경사로운 조짐'.

【개요】

이운의식을 위해 내림(來臨)하신 성중께 감사하고 그 뜻을 기리는 의식이다. 다시 말해 성중의 내림을 전제로 그 공능(功能)을 찬탄함으로써 성중의 역할을 내외에 공고(鞏固)히 하려는 의식이다.

【구성 및 내용】

본 게송은 칠언절구로 기·승·전·결의 형태를 보이고 있다.

'기'인 **팔부금강호도량(八部金剛護道場)** —팔부신중 금강역사 도량옹호 하시옵고— 에서는, 천룡팔부와 금강역사의 역할과 덕을 찬탄하고 있다. 즉 일반적인 경우라면 모임의 수장

(首長) 및 귀빈을 모시기 위한 경비가 완료된 것에 비유할 수 있으니, 이로써 금·은전 이운의식을 거행할 수 있는 외적 조건이 갖추어졌음을 내외에 표방한 것이다.

‘승’인 **공신속부보천왕(空神速赴報天王)** —허공신은 지체없이 모든天에 알리심에— 에서는, 허공신(虛空神)의 역할을 찬탄하였다. 정보(情報)는 고금을 막론하고 중요한 것임에 틀림없다. 허공신의 노력으로 삼계의 모든 하늘의 왕에게 이운의식의 소식이 알려졌다 함은 곧 그 백성들에게도 알려졌음을 의미하며, 금일 법회에 동참하고 있는 대중이 옹호성중임을 짐작하게 하는 부분이기도 하다. 「순당(巡堂)」의 <입산게(入山偈)>의 결구인 ‘언전소식변삼천(言詮消息遍三千)’의 주역이 다름 아닌 허공신인 것이다.

‘전’인 **삼계제천함래집(三界諸天咸來集)** —三界諸天 성중님네 한달음에 달려오사— 에서는, 이운의식에 운집한 주인공들이 구체적으로 누구인가를 말하였다. 여기서 삼계는 중생세간 전체를 말하는 것이고, 불법은 중생 모두에게 필요한 것인 만큼, 차원을 달리하는 세계의 중생들이 시공을 초월하여 운집하였음을 일깨우는 대목이다.『화엄경』「세주묘엄품」에서 보현보살(普賢菩薩)을 위시해 수많은 보살대중과 집금강신(執金剛神) 등 세간의 주인들이 권속을 거느리고 모두 부처님 회상에 운집했다 함이 곧 이것이다.

‘결’인 **여금불찰보정상(如今佛刹補禎祥)** —祥瑞로서 繡를놓아 불국토를 이루시네— 에서는, 불찰(佛刹), 즉 불국토는 중생세간과 어떤 차이가 있는가를 노래하고 있다. 지금까지 찬탄한 각 구의 내용을 정리하면 ‘기’구는 사불범정(邪不犯正), ‘승’구는 소식전달(消息傳達=情報傳達), ‘전’구는 성중운집(聖衆雲集) 등이 주제였다. 이는 곧 불찰의 조건이자 성중의 원(願)이며 소임이니, 이상의 조건들이 충족된 세계임을 본 구에서 노래한 것이다. 또 이런 조건의 충족이야말로 이상적인 장엄(莊嚴)이라 하겠다.

【의식】

≪조전점안≫의 <헌전진언>에 이어 ‘쓰는소리’로 거행하며, 대중은 말번(末番)의 태징에 맞추어 함께 거행한다. 태징의 타법은 아래 그림과 같다.

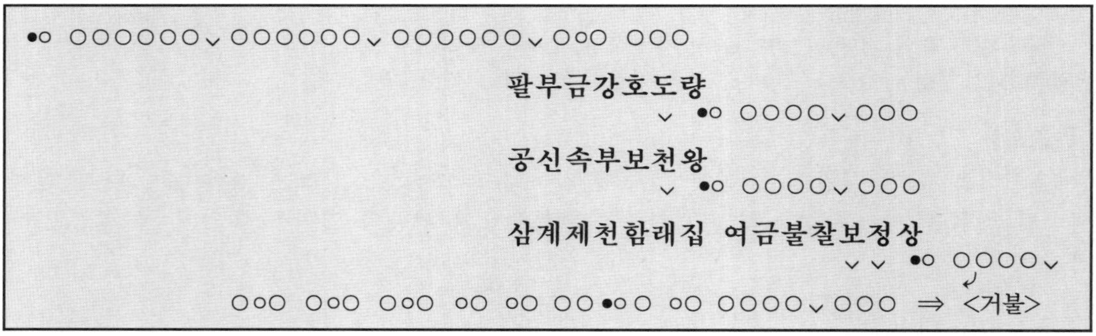

【연구】

1 「신중작법」의 ‘팔금강(八金剛)’과 <옹호게>의 ‘팔부금강(八部金剛)’의 차이에 대해서는 『각론』Ⅲ 소수 「신중조모작법」의 <옹호게>를 참고할 것.

<옹호게>에서의 팔부금강은 '팔부'와 '금강'을 분리해서 살펴야 한다. <옹호게>의 '주(註)' ①과 ②의 내용과 같다.

특히 유념할 것은 <옹호게>에서의 '팔부금강'은 <일백사위(一百四位)>[16] 및 <삼십구위(三十九位)>[17]의 중단(中壇)에 모셔져 있다는 점이다.

이에 비해,「신중작법」의 '팔금강'은 <일백사위(一百四位)>의 상단(上壇)에 모셔진 팔금강 · 사보살(四菩薩) · 십대명왕(十大明王) 가운데 '팔금강(八金剛=八大金剛)'을 가리키며, 주력(呪力)을 지니고 팔방에서 삼보(三寶)의 수호를 원력으로 하고 있다.

다음은 『석문의범』 소수 「신중작법」의 <일백사위(一百四位)>에 보이는 팔금강(八金剛)의 공능(功能)과 존호(尊號)이시다.

(1)消滅衆生 宿災舊殃 靑除災金剛 소멸중생 숙재구앙 청제재금강	중생이 지은 전세(前世)의 재앙을 없애 주시는 '청제재금강'
(2)破除有情 瘟瘽諸毒 碧 毒 金剛 파제유정 온황제독 벽 독 금강	중생의 급성유행병 황달병 등의 모든 독을 없애주시는 '벽독금강'
(3)主諸功德 所求如意 黃隨求金剛 주제공덕 소구여의 황수구금강	모든 공덕을 주재하며 구하는 바를 성취케 해주시는 '황수구금강'
(4)主諸寶藏 破除熱惱 白淨水金剛 주제보장 파제열뇌 백정수금강	모든 보배의 창고를 주재하며 열뇌를 없애주시는 '백정수금강'
(5)見佛身光 如風速疾 赤聲火金剛 견불신광 여풍속질 적성화금강	부처님의 몸에서 나타나는 빛만 보아도 바람처럼 달려가시는 '적성화금강'
(6)慈眼示物 智破災境 定除災金剛 자안시물 지파재경 정제재금강	자비로운 눈으로 중생을 보시며 지혜로써 재앙을 깨뜨리시는 '정제재금강'
(7)披堅牢藏 開悟衆生 紫賢神金剛 피견뇌장 개오중생 자현신금강	굳게 닫힌 마음을 여사 중생을 깨우치시는 '자현신금강'
(8)應物調生 智芽成就 大神力金剛 응물조생 지아성취 대신력금강	근기에 따라 중생을 조절하사 지혜의 싹이 자라게 하시는 '대신력금강'

★각 항 첫머리의 '봉청(奉請)'은 생략하였음.

다시 한 번 의의를 살피면, 팔금강의 역할은 무엇보다도 삼보를 수호함에 있겠으나, 위의 내용으로 보아 제재초복(除災招福)으로 중생을 이롭게 함에도 큰 비중이 있다고 하겠다.

그런데 『대묘금강경(大妙金剛經)』에서는 팔대금강을 팔대금강명왕(八大金剛明王)[18]이라 칭하고 있으며, 이때의 팔대금강명왕은 곧 팔대보살(八大菩薩, Ⓢaṣṭa-upaputra)의 화현(化現)으로 설명하고 있다. 한편 '명왕(明王, Ⓢvidyā-rāja)'에서 명(明)은 명주(明呪=眞言) 또는 광명(光明=智慧) 등의 뜻으로, 대일여래(大日如來, ⓈVairocana)의 교령(敎令)을 받들어 분노신(忿怒身)을 나타내어 악마를 항복시키고 국토·인민을 옹호하며 삼보를 수호함을 공능으로 한다 하니, 중생의 소원과 여기에 응하시는 여래의 위신력이 하나가 되는 '가지(加持)'에 의의가 있다고 하겠다.

16) 安震湖 編『釋門儀範』 卷上 (法輪社, 1931), p.59.
17) 前揭書 p.65.
18)『新修大正藏』19卷 p.340c.

<2.繞匝鈸鑼(요잡바라)> **이운에 즈음한 환희심을 바라를 사용하여 보이는 몸의 율동.**

【개요】

금은전 조성이 원만함에 드디어 법회의 장소까지 이운을 돕기 위해 옹호성중까지 강림하셨다. 이로써 금은전이운에 만전을 기하게 된바, 그 환희로움을 바라를 사용하여 율동으로 나타내는 작법이다.

【의식】

가사(歌詞) 없이 어산에서 일정한 박자로 울리는 태징·목탁·북 등의 장단에 맞추어 둘 또는 넷이나 그 이상의 사미승들이 거행한다.

【연구】

① 요잡바라의 유래와 의식에서의 역할에 대해…

인도에서는 부처님이나 부처님의 사리(舍利)를 모신 탑 쪽으로 오른 쪽 어깨를 향하게 하고 도는데 이것을 선우(旋右)·선잡(旋匝)·우요(右繞) 라고 한다. 단지 한 번만 돌기도 하지만, 보통은 세 번을 돌며 이것을 우요삼잡(右繞三匝)이라 한다. 이와 같은 요불(繞佛)을 행도(行道)라고도 한다.

이렇게 하는 것은 고대 인도에서 귀인에게 존경을 표시할 때의 예법이었으며, 군대가 개선(凱旋)하고 돌아오면 성벽을 오른쪽으로 세 번 돌고 성안으로 들어왔다고 한다. 이런 풍속이 불교에 받아들여지고 부처님께 대한 수행승의 예법이 되었다. 또 의식화되어 각종 법요(法要)[19]시 거행하게 되었다. 그뿐만 아니라 보다 발전하여 행도(行道)하면서 경을 지송하거나 범패를 행하는 등 법요를 장엄스럽게 하는 역할을 담당하게 되었다[20].

이상의 내용을 바탕으로 '요잡바라'를 정의하면, 「수행자가 부처님을 친견하였거나 이에 버금가는 일이 있을 때, 또는 전쟁에서 승리하듯 수행의 일정 목표가 성취되었을 때 그 환희로움을 바라를 사용하여 율동으로 나타내는 신업공양(身業供養)이다.」라고 하겠다.

특히 요잡바라는 법요 가운데 자주 등장하는데, 법요의 한 단원이 완료되었거나 단원 내의 중요의식이 원만히 성취됨에 따른 법열을 나타내는 신업공양이기 때문이다. 즉 이와 같은 법열을 신업으로 표현하고, 또 이로부터 탄력을 얻어 다음 의식이나 수행을 향해 나가게 되는 것이다.

이를 전체 구성면에서 살피면 다음과 같은 비유로 요잡바라의 의의를 살필 수 있다.

안채비로 거행되는 「대령」[21]·「관욕」·<유치>의 경우, 고하자(高下字) 및 짓는 표시에 따라 거행한다. 이때 고하자는 기호 '′'로 나타내고 짓는[22] 표시는 기호 **'a'**로 표시한

19) 불사(佛事)를 할 때 행하는 의식.

20) 中村 元 著 『佛敎語大辭典』(東京書籍株式會社, 昭和56) p.79a, p.1068a 참고.

21) 奉元寺 『要集』 권상 74장./ 「對靈」 의 <着語>. 今日[某靈] 生本′無生 滅′本′無滅′ 生滅′本′虛 實′相′常住′a [某靈] 還會′得′無生滅′底′一句′麽′a [良久] 俯′仰′隱′玄玄 視′聽′明歷′歷′ 若′也′會′得′ 頓′證′法′身 永′滅′飢虛a 其或′未′然 承佛′神力′ 仗′法′加持 赴′此′香壇 受′我′妙′供 證′悟′無生a./ ※ 기호 ′ 는 높은 자(高字)를 나타냄.

22) '짓다'에는 많은 뜻이 있는데, 여기서는 묶거나 꽂거나 하여 매듭을 만든다는 의미다. 즉 쉼표 ','나 마침표 '.'에 해당하는 부분을 기호 'a'로 표시하고, 소리로는 길게 끌어 이를 나타낸다.

다. 안채비의 경우 짓는 기호 'a'가 있으면 이 부분에서 소리를 지으라는 뜻이지만, 문장 해석 차원에서 보면 쉼표 ','나 마침표 '.'에 해당한다. 옛글에 띄어쓰기가 없었음을 감안하면 이 기호는 송문관의(誦文觀義)에 있어서 매우 중요하다 하겠다.

같은 맥락에서 「상주권공」이나 「영산재」 등 하나의 독립된 의식을 긴 문장에 견준다면, 의식 가운데 가사 없이 어산(魚山)에서 일정한 박자로 울리는 태징·목탁·북 등의 장단에 맞추어 거행하는 '요잡바라'는 곧 짓는 표시와 같다.

즉, 대부분의 경전 말미에서 미암(迷闇)이 걷힌 대중의 마음을 '환희용약(歡喜踊躍)'[23]이라 하였듯, '요잡바라' 이전까지 거행된 의식에 수행자 모두가 만족하고 또 환희함을 몸의 율동으로 나타내는 것이 '요잡바라'이다.

이상에서 살펴보았듯 요잡바라는 의미상으로는 찬탄(讚嘆)을, 구성상으로는 하나의 단락이 완료되었음을 나타내는 바라작법이다.

23) 『金剛經』 應化非眞分 第三十二./ 佛說是經已 長老須菩提 及諸比丘比丘尼 優婆塞優婆夷 一切世間天人阿修羅 聞佛所說 皆大歡喜 信受奉行.
『長阿含經』卷一 大本經. (『大正藏』卷1, p.8하19)/ 爾時世尊告梵王曰 吾愍汝等 今當開演甘露法門 是法深妙難可解知 今爲信受樂聽者說 不爲觸擾無益者說 爾時梵王知佛受請 歡喜踊躍遶佛三匝 頭面禮足忽然不現.

<3.移運偈(이운게)> 금은전 이운을 내외에 알리는 게송.

造錢點眼 ★金銀錢移運 經函移運 ‖ 1.擁護偈 2.繞匝鈸鑼 3.移運偈 4.散華落 5.擧般若

造成錢山山競秀 조성전산산경수	조성하온 돈의높이 저산보다 높사옴에
奉獻冥府十王前 봉헌명부시왕전	명부세계 십대왕께 정성스레 올리오니
案列①從官②庫司③衆 안렬종관고사중	실무위해 자리하신 종관고사 어르신도
受此虔誠大因緣 수차건성대인연	선근인연 지으려는 정성심을 살피소서.

【자구해설】

①案列(안렬): 사무를 보기 위해 책상을 앞에 두고 질서 있게 앉음.Ⓢ

②從官(종관): ①임금을 수행하던 벼슬아치. ②임금의 곁에서 문학(文學)으로 보필하던 벼슬아치. ③시종관(侍從官)

③庫司(고사): ①명부의 창고를 맡은 벼슬아치. ②절의 모든 일을 감독하는 직책. 도감사(都監寺). 도관(都管). 도수(都守). 도총(都總).

【개요】

종두를 위시한 대중은 점안을 마친 지전을 명부시왕과 권속 또는 고사단(庫司壇) 쪽으로 옮길 채비를 한다.

【구성 및 내용】

본 게송은 칠언절구로 기·승·전·결의 형태를 보이고 있다.

'기'인 **조성전산산경수(造成錢山山競秀)** ―조성하온 돈의높이 저산보다 높사옴에― 에서는, ≪조전점안≫에 의해 수생전(壽生錢)이 원만히 조성되었음과 그 양(量)이 전생의 빚을 갚음에 부족함이 없음을 말하였다. 여기서 수생전의 양이 산 만큼이라 함은 정성을 다하였음을 의미하는 것이며, 동시에 다음 순서인 이운(移運)으로 진행해도 좋음을 노래한 것이라 하겠다.

'승'인 **봉헌명부시왕전(奉獻冥府十王前)** ―명부세계 십대왕께 정성스레 올리오니― 에서는, 수생전을 바쳐야 할 대상을 언급하였다. 서신(書信)이나 택배(宅配)를 보냄에도 그 대상을 분명히 하는 것이 상례임을 생각한다면 수생전의 헌납에 임해 이를 분명히 함은 지극히 당연한 일이라 하겠다.

'전'인 **안렬종관고사중(案列從官庫司衆)** ―실무위해 자리하신 종관고사 어르신도― 에서는, 실질적으로 일을 처리할 당사자를 언급하였다. 예컨대 공문(公文)을 보낼 때 수신인(受信人) 외에 참고인(參考人)을 명시함과 같다 하겠다.

'결'인 **수차건성대인연(受此虔誠大因緣)** ―선근인연 지으려는 정성심을 살피소서― 에서는, 전생에 진 빚을 갚는다는 사무적인 일 외에 정적(情的)인 면이 드러나 있다. 능례가 아직 몽매(蒙昧)한 중생임을 감안한다면 금일 불사를 거행하는 자체가 매우 기특한 일이라고도 하겠으니 그 정성과 신심을 북돋아 주실 것을 명부시왕과 종관·고사님들께 발원하고 있다.

【의식】

'쓰는소리'로 거행하며, 대중은 말번의 태징에 맞추어 함께 거행한다.

<4.散華落(산화락)> 꽃을 뿌려 금은전의 이운을 경하하는 의식.

造錢點眼 ★金銀錢移運 經函移運 ‖ 1.擁護偈 2.繞匝鈸鑼 3.移運偈 4.散華落 5.擧般若

散華落 三說
산화락 삼설

꽃비가 내립니다.

【개요】

≪조전점안≫에 의해 조성된 수생전(壽生錢)을 명부에 갚게 되었음을 경하(慶賀)하는 순간이다. 무거운 빚을 지고 살던 사람이 천신만고 끝에 돈을 장만하여 드디어 그 빚을 갚으러 감을 생각한다면 다른 사람은 몰라도 당사자는 하늘 가득 꽃비가 내림을 실감할 것이다. 특히 여기서 빚을 갚는다 함은 중생으로서의 삶을 청산함을 가리키는 동시에 보살로서의 새 출발을 의미하는 것이니 이를 환희롭게 제천(諸天)과 대중이 축복의 뜻을 꽃잎에 담아 장도(壯途)에 흩뿌리는 것이라 하겠다.

【구성 및 내용】

특별한 게송이나 진언은 없다. 다만 제목이자 내용인 '산화락'에는 금·은전 이운이 시작되었음을 대중에게 알리고 동시에 '꽃잎을 흩뿌려 경하(敬賀)의 뜻을 나타내시오.'라는 명령의 의미도 함축되어 있다.

【의식】

<이운게> 끝에 치는 말번(末番)의 태징 세 망치를 신호로 대중은 동음으로 '산화락'을 세 번 창화한다.

【연구】

1 <산화게(散華偈)>가 있다고 하던데?

<산화락>에 대해서는 이미「시련(侍輦)」에서 살펴보았다. 다만『작법귀감』의「삼단합송규(三壇合送規)」에 또 하나의 <산화게>가 보이고 있다. 소개하면 다음과 같다.

<散華偈>

我今持呪①此色華(아금지주차색화)	저희가 이제 진언을 외웠고, 이 아름다운 꽃은
加持願成淸淨故 (가지원성청정고)	가지력과 원으로 이루어진 청정한 것이므로
一華供養我如來 (일화공양아여래)	한 송이 꽃을 우리 여래께 공양 올리오니
受華各歸淸淨土 (수화각귀청정토)	화공양을 받으시고 각기 청정토로 돌아가소서.
大悲福智無緣主②(대비복지무연주)	대자대비 복덕지혜로 무연중생 제도하시는 어른
散華普散十方去 (산화보산시방거)	꽃을 뿌림에 널리 시방으로 흩어지듯
一切賢聖盡歸空 (일체현성진귀공)	모든 현성께오선 모두 진공에 돌아가사이다.
散華普願歸來路③(산화보원귀래로)	꽃을 뿌리오며 널리 원하옵나니 돌아가시는 길
我以如來三密門 (아이여래삼밀문)	저희가 여래의 삼밀문으로
已作上妙利益竟 (이작상묘이익경)	이미 최상의 묘한 이익을 지어 마쳤나이다.

唯願穢跡明王衆 (유원예적명왕중)	오직 바라옵나니, 예적명왕과 권속 여러분!
梵釋四王諸天衆 (범석사왕제천중)	대범·제석·사천왕 등 모든 천상의 여러분
空地山河主執神 (공지산하주집신)	공계와 지계 산하를 주재하시는 신중님
閻摩羅界諸王臣 (염마라계제왕신)	염마라 유명계의 모든 대왕님과 병종권속 여러분
亡靈孤魂洎有情 (망령고혼계유정)	망령과 고혼 그리고 모든 중생들
地獄餓鬼及傍生 (지옥아귀급방생)	지옥·아귀 및 방생도의 중생들
咸願身心得自在 (함원신심득자재)	모두가 몸과 마음이 자재케 되길 원하오며,
憑斯勝善獲淸凉 (빙사승선획청량)	이 좋은 인연 의지하여 청량을 얻고
總希俱得不退轉 (총희구득불퇴전)	다함께 불퇴전을 얻기를 바라옵니다.
我於他日建道場 (아어타일건도량)	제가 다른날 도량을 건립케 되오면
不違本誓還來赴 (불위본서환래부)	본래의 서원 저버리지 마시고 달려 오소서.

—『作法龜鑑』 한국불교의례자료총서 591中—

【자구해설】 【연구】의 주

①持呪(지주): 진언다라니(眞言陀羅尼)를 외우는 것.

※持句(지구): 다라니의 언구(言句).

持呪人(지주인): 주법(呪法)을 행하는 사람.

②無緣主(무연주): 모든 중생을 제도의 대상으로 하시는 부처님. 절대의 자비는 대상을 설정하지 않기 때문.

③歸來路(귀래로): 돌아가는 길. '來'는 동작을 재촉하는 조사.

진달래꽃

김소월

나 보기가 역겨워 / 가실 때에는 / 말없이 고이 보내 드리오리다.
영변(寧邊)에 약산(藥山) / 진달래꽃 / 아름따다 가실 길에 뿌리오리다.
가시는 걸음걸음 / 놓인 그 꽃을 / 사뿐히 즈려 밟고 가시옵소서.
나 보기가 역겨워 / 가실 때에는 / 죽어도 아니 눈물 흘리오리다.

<5.擧般若(거반야)> 보살로서의 삶을 서원하는 의식.

造錢點眼 ★金銀錢移運 經函移運 ‖ 1.擁護偈 2.繞匝鈸鑼 3.移運偈 4.散華落 5.擧般若

南無①摩訶②般若③波羅蜜④ 三說
나무마하반야바라밀 삼설

큰지혜로 저언덕에 가고지고 가고지고.

【자구해설】

① **南無(나무)**: Ⓢnamas의 이형태인 namo의 음역. 의귀명(歸命)・귀경(歸敬)・귀예(歸禮)・경례(敬禮)・신종(信從). 진심을 담아 상대에게 귀순(歸順)하여 믿음을 바친다는 뜻.

② **摩訶(마하)**: Ⓢmahā 음막하(莫訶)・마하(摩訶). 의대(大). 대・다・승・묘(大・多・勝・妙)의 뜻으로 이 가운데 대・다・승을 마하의 삼의(三義)라 한다.『智度論』卷三

③ **般若(반야)**: Ⓟpaññā/Ⓢprajñā 음바야(波若)・반라야(般羅若)・발자야(鉢刺若). 의혜(慧)・지혜(智慧)・명(明). 모든 사물의 도리를 분명히 뚫어보는 깊은 지혜를 말한다. 보살이 피안(彼岸)에 도달키 위해 닦는 6종의 행(行)인 육바라밀가운데 반야바라밀은 제불(諸佛)의 어머니라 일컬어지고, 다른 5바라밀을 성립시키는 근거로서 가장 중요한 위치를 차지한다.

④ **波羅蜜(바라밀)**: 음바라밀다(波羅蜜多, Ⓢpāramitā). 의도피안(到彼岸)・도무극(到無極)・도(度)라 번역한다. 미혹(迷惑)의 이 언덕[比岸]에서 깨달음의 저 언덕[彼岸]에 이른다는 뜻. 보살이 행할 바의 의지가 되는 것을 말함.

【개요】

전항(前項) <산화락>이 사적(事的)인 면에서 빚을 갚는 것이었다면, 본항(本項)은 이적(理的)인 면에서 보살로서 새로운 출발을 서원(誓願)하는 것이다. 이렇게 함으로써 이사(理事)가 구족하게 되며 진정한 의미에서 빚을 갚을 수 있는 여건이 마련된다.

【구성 및 내용】

전항(前項) <산화락>의 의의를 설명하면서 '빚을 갚는다 함은 중생으로서의 삶을 청산함을 말하는 것으로 곧 보살로서의 삶의 출발을 의미하는 것'이라 했다. 이런 설명을 가능케 한 대목이 다름 아닌 <귀의반야>이다. 또, ≪경함이운(經函移運)≫의식으로 이어지는 단초(端初)를 제공하는 것도 본항이다.

【의식】

<산화락> 끝에 치는 말번의 태징 세 망치를 신호로 대중은 빙 둘러서서 우물을 짜고 동음으로 '나무마하반야바라밀'을 세 번 엮어서 창화 한 후, 네 번째는 '짓소리'로 거행한다. 이때의 짓소리 창법(唱法)을 '짓는다'고 표현한다.

【연구】

1 굳이 반야(般若)에 귀의해야 하는 까닭은?

반야는 제불지모(諸佛之母)이며 제경지안목(諸經之眼目)이기 때문이다. 특히 반야의 사상은 공(空)으로서 자칫 변견(邊見)에 집착함을 경계하기 위함이다.

≪(3)經函移運(경함이운)≫

불교에는 팔만대장경(八萬大藏經)처럼 수많은 경전(經典)이 있고, 대기설법(對機說法)이신 만큼 내용에 심천(深淺)이 있다. 따라서 종파(宗派)에 따라 교상판석(敎相判釋)의 내용이 다르고 법회의 종류에 따라 교과서 역할을 하는 경전이 다르게 된다. 본 의식은 영산법회를 위해 거행하는 이운의식(移運儀式) 가운데 법보(法寶)이신 『법화경』을 모시는 의식이다.

한편 수생경의 경우에는 점안의식이 보이지 않는다. 이유는 금은전의 경우, 돈으로서의 가치를 부여하기 위해서는 점안작법이 필수적이다. 그러나 경은 이미 수많은 아라한에 의해 결집된 것이다. 환언하면 검증이 끝났다는 말이다. 따라서 점안과 같은 작법이 필요하지 않다.

나전칠모란넝쿨무늬경전함 螺鈿漆牡丹唐草文經函[24)]

보물 제1975호

국립 중앙박물관 소장

나전 칠 모란넝쿨무늬 경전함(螺鈿漆牡丹唐草文經函), 고려 13~14세기, 나무에 칠,

자개높이 22.8cm, 너비 41.9cm, 깊이 20.0cm, 증9291

---

24) 이 함은 불교경전을 보관하기 위해 고려시대에 제작한 함입니다. 몸체는 직사각형 상자 모양이며 뚜껑 윗부분은 네 모서리를 모죽임하여 경사지게 만들었습니다. 표면은 흑칠을 하고 작은 자개로 만든 모란넝쿨무늬[牡丹唐草文]로 장식하였습니다. 각 면의 진한 고동색 테두리는 후대(後代)에 보수를 위해 칠을 한 흔적입니다. 함의 내부는 붉은 칠[朱漆]을 하였습니다. https://www.museum.go.kr/site/main/relic/recommend/view?relicRecommendId=140602

<1.移運偈(이운게)> **경함이운을 내외에 알리는 게송.**

造錢點眼 金銀錢移運 ★經函移運 ‖ **1.移運偈** 2.動經偈 3.拈花偈 4.散華落 5.擧靈山 6.獻錢眞言 7.讚經偈

妙法①何須②別處討③ **묘법하수별처토**	미묘법을 구한다고 다른곳을 엿보리요
花花草草露全機④ **화화초초노전기**	꽃들이며 풀까지도 그속내를 보였거늘.
人人不識圓珠⑤在 **인인불식원주재**	사람들이 제게있는 보배구슬 모른탓에
也使能仁⑥捲蔽衣⑦ **야사능인권폐의**	석존께선 헤어진옷 다시걷어 붙이시네.

【자구해설】

①**妙法(묘법)**: 심원미묘(深遠微妙)한 도리(道理).
②**須(수)**: 바랄, 원할, 구할 '수'.
③**討(토)**: 찾을, 탐구할 '토'.
④**全機(전기)**: 사물의 기능. 생활의 전체. 전분(全分)의 기용(機用)./ 기용(機用): 선사가 초이론적인 방법으로 상대를 선(禪)의 경지로 이끄는 기능./ 전기독로(全機獨露): 기능의 모든 것이 빠짐없이 나타나는 것.
機(기): 기틀. 일의 가장 중요한 고동. 비밀.
⑤**圓珠(원주)**: 완전무결한 불성(佛性)의 비유.
⑥**能仁(능인)**: 서가모니(ⓈŚākyamuni)의 의역.
능인적묵(能仁寂默): 능인은 Śākya, 적묵은 muni의 의역.
⑦**敝衣(폐의)**: 해진 옷./ 폐의(弊衣).

【개요】

불법의 요체는 견성성불(見性成佛)에 있다. 이는 누구에게나 가능한 일이다. 중생 모두에게 불성은 차별 없이 존재하기 때문이다. 그러나 대부분의 사람들은 불성을 마치 신비스럽고 불가사의한 보물인 양 밖에서 또는 특별한 것에서 구하려 하고 있다. 묘법에는 안팎이 없고 특별할 것도 없다. 정작 나 자신이 그 주인공이다. 이런 이치를 담고 있으며 깨우쳐주는 것이 경(經)이요, 경을 모신 것이 경함이니 삼보 가운데 두 번째이시다. 따라서 재의 주빈(主賓)으로 이운(移運)해 모시는 것이다. 중생의 미망(迷妄)이 곧 경전을 필요로 하는 이유이며 동시에 이운의 이유이기도 하다.

【구성 및 내용】

칠언절구로 이루어진 본 게송은 기·승·전·결의 형식을 갖추고 있다.

'기'구인 **묘법하수별처토(妙法何須別處討)** —미묘법을 구한다고 다른곳을 엿보리요— 에서는 묘법의 주처를 어느 곳에서 찾을 것인가에 대한 문제를 제기하고 있다. 우선 '묘법'의 실체를 다음과 같은 과정을 거쳐 확인할 필요가 있다. 「**묘법→**미묘**법→진성**심심극미묘」 즉 묘(妙)는 법(法)을 수식하는 말이며, 법의 내용은 곧 진성(眞性)임을 알 수 있다. 불교에서는 묘법을 진성·불성·심성 등의 동의어로 보고 있으며, 삼라만상의 주인공으로 보고 있다. 따라서 이것을 찾는 것이야말로 삼라만상에 관련된 모든 문제를 해결하는 단서로 믿어진다. 바로 이 묘법을 어디서 찾아야 할지 그 주처와 방법에 착안한 대목이다.

'승'구인 **화화초초노전기(花花草草露全機)** —꽃들이며 풀까지도 그속내를 보였거늘— 에서는 삼라만상 모두가 앞서 말한 묘법의 실체임을 말하여 형이상(形而上)의 문제로 간주하기 쉬운 묘법(妙法)을 형이하(形而下)로 가시화(可視化)하였다. '일체유심조(一切唯心造)'라 하신 『화엄경』의 말씀처럼 모든 것이 마음의 조화라면 한 떨기 꽃이며 이름 모를 한 포기 풀까지도 불성의 모습 아닌 것이 없음을 뜻하는 것이다.

'전'구인 **인인불식원주재(人人不識圓珠在)** —사람들이 제게있는 보배구슬 모른탓에— 에서는 동일한 문제의 해결방법의 방향을 외부로부터 내부 쪽인 각자 자신에게 돌리고 있다. 예컨대 바닷물의 맛이 어찌 다른데 있으랴. 손끝에 묻은 한 방울의 바닷물에도 전체의 맛이 담겨 있겠기 때문이다.

'결'구인 **야사능인권폐의(也使能仁捲蔽衣)** —석존께선 헤어진옷 다시걷어 붙이시네— 에서는 부처님의 은혜로움을 노래하여 성불의 의지를 새롭게 한 대목이다. 부처님은 흔히 나보다 더 나를 사랑하시는 분이라 하거니와, 중생이 남아 있는 한 부처님의 대비원력은 그칠 수가 없는 것, 따라서 중생이 남아 있다 함은 곧 그분으로 하여금 쉬실 틈이 없게 하는 것이 된다. 여기서 '떨어진 옷[폐의(敝衣)]'은 그간에 중생구제를 위하여 얼마나 애를 쓰셨는지를 단적으로 보이는 대목이다.
지은(知恩)이라야 보은(報恩)이라 했으니, 세존은 은혜를 깊이 새겨 각자 성불에 힘쓸 것을 결론으로 말한 것이다.

【의식】
「금은전이운」의 <귀의반야>에 이어 '쓰는소리'로 거행하며, 대중은 말번의 태징에 맞추어 함께 거행한다.

【연구】
1 이운게(移運偈)라는 제목과 게송의 내용이 어울리는지?
이운(移運)은 옮겨가는 것을 의미한다. 그러자면 옮겨갈 무언가가 있어야 한다. 그런데 게송의 내용에서는 경(經)이 외부에 있는 것이 아니라 자신의 내면에 있음을 강조하고 있다. 언뜻 생각하면 이율배반(二律背反)인 듯하다. 그러나 이 역시 <산화락>과 <귀의반야>가 이(理)와 사(事)라는 의미에서 상보적(相補的)인 관계에 있듯이 본 게송은 제목과 내용이 상호 보완하고 있다 하겠다.

2 본 게송의 내용과 의미를 이해함에 있어 도움이 될 게송을 소개하면,
「설법의식」의 ≪거량(擧揚)≫에 다음과 같은 게송이 있다.

我有一卷經(아유일권경)	나에게 한 권의 경책이 있나니
不因紙墨成(불인지묵성)	종이나 먹으로 이루어진 것이 아니라네
展開無一字(전개무일자)	펼쳐 보면 한 글자도 없지만
常放大光明(상방대광명)	언제나 위대한 광명을 놓는다네.

또, 다음과 같은 게송도 있다.

盡日尋春春不得(진일심춘춘부득)	온종일 봄을 찾아 헤메었건만 얻지 못하였다네.
芒鞋遍踏籠頭雲(망혜변답농두운)	발둑으로 아지랑이 잡으려 미투리만 달아졌네.
還來却過梅花下(환래각과매화하)	발길 돌려 돌아오며 매화나무 밑을 지나자니
春在枝頭旣十分(춘재지두기십분)	아! 가지 끝마다 봄은 이미 가득하지 않은가!

3 '전'구의 '원주(圓珠)'를 법화경「오백제자수기품」의 의주유(衣珠喩)에 보이는 구슬로 보아도 되는가?

어떤 사람이 친구 집에 가서 술에 취해 잠들어 있어, 그 친구가 떠나기 전에 보주(寶珠)를 그 사람 옷자락 속에 매어 두었다. 그는 그것을 알지 못하고 빈고(貧苦)에 괴로움을 당했다. 뒷날 친구를 만나 그 사실을 알고 마침내 풍족한 생활을 했다는 일화가 있다. 이는『법화경』「오백제자수기품」의 의주유(衣珠喩)의 내용이다.

즉 우리 역시 각자 풍족하게 지낼 수 있는 보배 구슬이 있건만 그것을 알지 못하고 중생으로서 빈고(貧苦)를 받고 있다는 말씀이다.

그런데 비유가 '구슬'이라는 점에서는 같지만『법화경』에서의 그것은 친구가 준 것이고, 본 게송에서의 그것은 누구나 본래 지니고 있는 것이라는 점에서 차이가 있다.

<2.動經①偈(동경게)> **경함 이운의 시작을 알리는 게송.** ‘珠=藥=經’

造錢點眼 金銀錢移運 ★經函移運 ‖ 1.移運偈 **2.動經偈** 3.拈花偈 4.散華落 5.擧靈山 6.獻錢眞言 7.讚經偈

珠爲山珍登淨案② 주위산진등정안	산중보배 귀한구슬 책상위에 자리하고
藥因療病瀉金甁 약인요병사금병	병마쫓는 좋은약은 금병안에 보존하네./ 瀉(쏟을 사)
大乘法力難思議 대승법력난사의	대승불교 진리의힘 헤아리기 어려우니
若薦亡靈轉此經③ 약천망령전차경	영가천도 거행시엔 대승경전 전독하소.

【자구해설】

①**動經(동경)**: 기경(起經)과 동. 즉 경(經)을 제2의 장소로 옮겨 모심. S

②**淨案(정안)**: 명창정안(明窓淨案). 명창(明窓)은 밝은 창 즉 서재(書齋)를 의미한다. 간경당(看經堂)이나 중료(衆寮)의 창가에 있는 스님들의 경상(經床).

明窓淨几(명창정궤). 밝은 창에 깨끗한 책상이라는 뜻으로 검소하고 정결한 서재(書齋)를 비유하여 이르는 말.

③**轉經(전경)**: 경을 읽는 것.

轉讀(전독): 큰 경전을 읽을 때, 경문(經文) 전체를 차례대로 읽지 아니하고 처음・중간・끝의 몇 줄만 읽거나 책장을 넘기면서 띄엄띄엄 읽는 일. 전경(轉經)・전번(轉飜).

眞讀(진독): 경전을 차례대로 빼지 아니하고 다 읽음.

【개요】

‘구슬이 서 말이라도 꿰어야 보배’ 또는 ‘부뚜막의 소금도 집어넣어야 짜다’라는 속담이 있다. 귀한 구슬도 책상 위에 자리할 때 빛나고, 영약도 보존이 잘 되어있어야 가치를 발휘할 수 있다. 본 게송은 영가천도까지도 가능케 하는 대승경전인 만큼, 이운에 앞서 소중히 모시고 제대로 활용할 것을 당부하고 있다.

【구성 및 내용】

‘기’인 **주위산진등정안(珠爲山珍登淨案)** —산중보배 귀한구슬 책상위에 자리하고— 에서는, 산중 보배로서 진주구슬의 가치, 그렇기에 정갈한 책상 위에 올라가는 것과 같기를 바라는 수행인의 이정표(里程標)가 됨을 노래하였다. 궁극적으로 장차 보배 중에 보배인 대승경전의 소중함과 역할을 일깨우고 그 이운에 각별히 신중해야 함을 보배 구슬에 견주어 경각(警覺)시킨 것이다.

‘승’인 **약인요병사금병(藥因療病瀉金甁)** —병마쫓는 좋은약은 금병안에 보존하네— 에서는, 병을 치료하는 약을 어떻게 보존해야 하는가를 말하였다. 그러나 이는 이어지는 ‘전’구와 ‘결’구에 대승경전의 소중함이 언급되어있지만, 대승경전은 중생의 번뇌병을 다스리는 영약(靈藥)인바 금병(金甁)에 영약을 보존하듯 낭함(琅函)에 정성껏 모셔 이운에 임할 것을 강조한 것이다.

‘전’인 **대승법력난사의(大乘法力難思議)** —대승불교 진리의힘 헤아리기 어려우니— 에서는,

비유가 아니라 대승경전의 중요성과 위대함을 직접 언급하였다. 본「경함이운」의식의 말항 <찬경게(讚經偈)>에서 '산호해묵허공지 일자법문서불함(山毫海墨虛空紙 一字法門書不咸. 삼라만상 모든것을 지필묵을 삼는데도 / 일자법문 공덕조차 표현할길 전혀없네)'라 하였거니와 금일 영산법회를 가능케하는 원동력이 이로부터 나왔으며, 그간 출현하신 성라(星羅)와 같은 선덕(先德) 그리고 이 땅의 빛나는 문화유산 등이 모두 그 증거라 할 것이다.

'결'이 **약천망령전차경(若薦亡靈轉此經)** —영가천도 거행시엔 대승경전 전독하소— 에서는, '전'구에서 언급한 대승경전의 영험이 어디까지인지 말하였다. 종교로서 불교의 수승한 점은 헤아릴 수 없지만, 시공을 초월하여 모든 중생을 제도의 대상으로 하고 있음도 빼놓을 수 없는 점이다. 그런데 대승경전의 법력을 언급함에 있어서 망령의 천도를 운운한 것은 왜일까? 이는 대승경전의 영험이 여타의 종교에서 언급조차 않은 부분까지 미치고 있음을 강조한 것이지 그 부분만을 말한 것은 아니다.

【의식】

'쓰는소리'로 거행하며, 대중은 말번의 태징에 맞추어 함께 거행한다.

【연구】

1 '결'구에서 약천망령전차경(若薦亡靈轉此經)이라 하여 영가천도를 강조하였는데...

영가천도에 관한 중요성은 주변 종교와 비교해 보면 그 가치를 알 수 있다. 예컨대 유교나 기독교의 경우 망자를 추모하는 행사는 있지만 추선(追善) 내지 천도(遷度)를 위한 법요(法要)는 없다. 이에 비해 불교의 경우 망자(亡者)만을 위한 종교로 오해받을 만큼 천도에 관한 부분이 발달되어 있다. 그러나 이런 현상은 영가의 천도까지라는 의미이지 영가의 천도만을 위한다는 것은 아니다. 정리하면 불교는 생령(生靈)과 망령 나아가 육도중생 모두를 위한 종교다. 뿐만 아니라 공간적으로는 시방을 시간적으로는 삼세를 말씀하셨으니 이런 점이 지구뿐만 아니라, 전 우주에서도 가히 비견할만한 종교가 있을 수 없는 이유이다.

<3.拈花偈(염화게)> **경함이운에 앞서 법보님께 화공양을 올리는 게송.**

造錢點眼 金銀錢移運 ★經函移運 ‖ 1.移運偈 2.動經偈 **3.拈花偈** 4.散華落 5.擧靈山 6.獻錢眞言 7.讚經偈

花果一時同妙法 화과일시동묘법	꽃과열매 한때임은 미묘법과 한가지고
染中常淨亦如然 염중상정역여연	흙탕속에 변함없이 청정함도 그러하네
今將①數朶②芙蓉③蘂④ 금장수타부용예	하옵기로 몇송이의 향기로운 부용화를
供養靈山法寶前 공양영산법보전	영산회상 법보님께 공양으로 올립니다.

【자구해설】

①將(장): 동사. 가지다, 쥐다, 청하다, 바라다/ 副. 곧, 막/ 개사(介詞≒前置詞). ~을(를), ~로써.
예)「和尙便問 汝將多少錢 與匠人(화상편문 장다소전 여장인)」 —『祖堂集』九, 羅山道閑章 —
②朶(타): 늘어질, 가지에서 휘늘어진 꽃송이 타.
③芙蓉(부용): '연꽃'의 딴 이름/ 芙(부용 부) 蓉(연꽃 용)
④蘂(예. 蕊의 俗字): 蕊(꽃술 예). 꽃의 생식기관.

【개요】

석존께서 영취산(靈鷲山)에 계실 때 대범천왕(大梵天王)이 올린 꽃 한 송이를 대중에게 보이신 일을 '영축염화(靈鷲拈華)'라 칭한다. 뒤에 이 일은 석존께서 가섭존자에게 세 번에 걸쳐 대법을 상속하신 삼처전심(三處傳心) 가운데 첫 번째 일로 더 유명하게 되었다. 경함이운에 즈음하여 화공양(花供養)을 올리는 것은 석존께서 당신의 뜻을 보이셨다는 점에서 경(經)과 연화(蓮花)는 공통분모를 지니기 때문이며, 연화를 찬탄함은 곧 경전을 찬탄함이 된다.

【구성 및 내용】

'기'인 **화과일시동묘법(花果一時同妙法)** —꽃과열매 한때임은 미묘법과 한가지고— 에서는, 부용화(芙蓉花) 즉 연꽃은 필 때 이미 열매가 맺혀있다. 이 점이 『법화경』의 대표적 사상 가운데 '일승즉삼승 삼승즉일승(一乘卽三乘 三乘卽一乘)'과 같음을 노래하였다. 이처럼 인과(因果)가 동시(同時)임은 비유컨대 묶어 놓은 갈대[蘆]가 서로 의지하고 서 있는 것과 같으며, 이를 인과동시(因果同時)라 한다. 불교에서 연꽃을 귀(貴)히 여기고 소례에게 올리는 공양물로 택하는 이유도 여기에 있다.

'승'인 **염중상정역여연(染中常淨亦如然)** —흙탕속에 변함없이 청정함도 그러하네— 에서는, 연꽃을 최상의 공양물로 삼는 또 하나의 이유를 밝혔다. 즉 연꽃은 진흙탕 속에 있어도 물들지 않음이 그 이유인데, 이 점 역시 『법화경』과 같다는 것이다. 천태지자 스님의 교상판석(敎相判釋)에 의하면 '종담법화우팔년(終談法華又八年)'이라 하였는바 『법화경』은 석존의 본회가 남김없이 설파된 경(經) 가운데 경으로서 오탁악세(五濁惡世, Ⓢpañca kaṣāya loka)에 물들지 않고 정화(淨化)의 이정표로 자리함이 그렇다는 것이다.

'전'인 **금장수타부용예(今將數朶芙蓉蘂)** —하옵기로 몇송이의 향기로운 부용화를— 에서는, 실제로 부용화 몇 줄기를 마련하였음을 노래하였다. 그러나 이는 단순히 연꽃 몇 송이를 마련하였다는 사실을 언급한 것이 아니다. 석존께서 인행시 선혜(善慧)라는 이름으로 지극하신 수행이 제2아승지겁(阿僧祇劫)에 이르렀을 때, 보광여래(普光如來)께서 출현하셨다는 소식을 듣고 칠경화(七莖花)를 장만하시던 것에 버금가는 정성을 기울이고 있음을 노래한 것이다.

'결'인 **공양영산법보전(供養靈山法寶前)** —영산회상 법보님께 공양으로 올립니다— 에서는, 준비된 화공양(花供養)을 올리는 대상이 영산회상의 법보이심을 밝혔다. 즉 묘법연화경이심을 분명히 함으로써 금일 법회의 성격과 경전의 위치를 분명히 하였다.

【의식】

'쓰는소리'로 거행하며, 대중은 말번의 태징에 맞추어 함께 거행한다.

【연구】

1 본 게송과 같은 제목을 지닌 게송이 있다는데.

지환편『천지명양수륙재의범음산보집(天地冥陽水陸齋儀梵音刪補集)』권중(卷中)한국불교의례자료총서 3-45상에 '염화게(拈花偈)'로 되어 있는 게송이 있다. 내용은 다음과 같은데, 『석문의범』의 「시련절차」에는 <영축게>로 제목되어 있다. ☞각론 2권 55쪽을 참고할 것.

靈鷲拈華示上機(영축염화시상기)	영축(취)산에서 꽃을 드사 상근기들에 보이시니
肯同浮木接盲龜(긍동부목접맹귀)	가히 부목이 맹구에 닿음일 새 였나이다.
飮光不是微微笑(음광불시미미소)	가섭존자의 잔잔한 미소가 아니었던들
無限淸風付與誰(무한청풍부여수)	끝없는 맑은 가풍 누구에게 전하였으리요.

2 <선혜선인(善慧仙人)이 보광여래(普光如來)께 올린 칠경청련화(七莖靑蓮花)>

석존인행시 선혜라는 이름으로 지극하신 수행이 제2아승지겁(阿僧祇劫)에 이르렀을 때, 보광여래를 뵙고 일곱 줄기의 연꽃을 올렸으며, 이를 계기로

> "장하도다, 선남자야! 그대의 이러한 행으로 무량아승지겁을 지나 성불하리니, 호가 '서가모니여래 응공 정변지 명행족 선서 세간해 무상사 조어장부 천인사 불세존이리라(善哉善哉 善男子 汝以是行 過無量阿僧祇劫 當得成佛 號釋迦牟尼如來應供正遍知明行足善逝世間解無上士調御丈夫天人師佛世尊)."

라는 수기(受記)를 받으셨다. 또 보광여래께서 지나시는 길에 진흙웅덩이가 있기로 입고 있던 옷을 벗어 그 위를 덮고, 부족하자 머리를 풀어 덮어 지나가시게 하였다. 이로 인해

> **"네가 장차 성불하여 오탁[25]악세를 당하여도 모든 중생들을 제도함에**

어려움이 없음이 반드시 [네가 덮은 옷과 머리칼을 밟고 지나가듯] **나와 같으리라**(汝後得佛當於五濁惡世 度諸天人 不以爲難 必如我也)."[26]

라는 말씀을 듣게 된다.

또 『지도론』9에는 '연등불이 탄생시에 신변(身邊)이 등(燈)과 같았기로 연등태자(燃燈太子)라 하였고, 성불하여서는 연등불(Ⓟdīpaṅkara)이라 불렀다고 하며, 구명(舊名)은 정광불(錠光佛)이라'하였다.[27] 『서응경(瑞應經)』에서는「정광불 때의 서가보살 명(名)은 유동(儒童, Ⓢmāṇava)이다.[28]」라 하였다.

3 본 게송의 '결'구에서 법보(法寶)를 영산(靈山)으로 한정하고 있는 이유는?

여기서 말하는 영산(靈山)은 곧 법화경을 설하신 장소이다.

그런데 작법귀감의「거량식(擧揚式)」에도 나타나 있듯, 본 법회에서 설해질 경은『법화경』이며, 본 법회를 석존께서 법화경을 설하시는 영축산 법회의 연장선상으로 보는, 즉 실제상황으로 보아, 법회대중 모두가 가섭존자와 같이 석존의 본회(本懷)를 깨닫고 파안(破顔)케 되기를 염원하며 올리는 게송이기 때문이다.

4 화공양(花供養)의 의미에 대하여

화(花)에는 등(燈)과 같이 환영의 의미가 있다.『법화경』서품[29]이나『삼국유사』의 월명사 도솔가[30]에서 보듯, 산화 자체는 상대에 대한 존경심이나 환영을 나타내기 위한 인도의 예법이다. 동시에 벽사의 의미도 있다. 꽃이 공양 가운데 자리하게 된 이유를 좀 더 구체적으로 살피면,

첫째, 신앙적인 의미에서 볼 때, 꽃이 피면 그 향기와 빛깔을 따라 불·보살님과 선신(善神)께서 강림하신다고 하는데, 반면 惡鬼들은 꽃의 향기와 빛깔을 분예(糞穢)를 대하듯 싫어한다고 한다.[31] 따라서 꽃을 뿌리면 악귀들의 접근을 막고, 불·보살님과 선신을

---

25) 불교의 말법(末法)사상에서 특히 말세에 나타나는 5종의 혼탁(Ⓢpañca-kaṣāya).
① 겁탁(劫濁, Ⓢkalpa-kaṣāya): 시대의 혼탁·전쟁·전염병 ·기근 등.
② 견탁(見濁, Ⓢdṛṣṭi-kaṣāya): 사상의 혼탁, 즉 그릇된 견해·사상이 만연해지는 것.
③ 번뇌탁(煩惱濁, Ⓢkleśa-kaṣāya): 인간 개개인의 탐욕·분노 등으로 세상이 탁해지는 것.
④ 중생탁(衆生濁, Ⓢsattva-kaṣāya): 인간의 자질이 저하되어 사회악이 증가하는 것.
⑤ 명탁(命濁, Ⓢāyuḥ-kaṣāya): 수탁(壽濁). 환경이 나빠져 생존에 어려움이 따름.
이같은 말기적 현상을 드러내는 시대를 오탁악세(五濁惡世)라고 한다.

26) 過去現在因果經(『大正藏』 卷3, p.622b).

27) 大智度論(『大正藏』 卷25, p.124b). "如燃燈佛生時, 一切身邊如燈故, 名燃燈太子, 作佛亦名燃燈(丹注云: 舊名定光佛也). 寶積佛亦如是, 應當初生時亦多諸寶物生, 或地生、或天雨, 種種寶集故名爲「寶積」."

28) 太子瑞應本起經(『大正藏』 卷3, p.472c). "至于昔者, 定光佛興世, 有聖王名曰制勝治, 在鉢摩大國, 民多壽樂, 天下太平. 時我爲菩薩, 名曰儒童: 幼懷聰叡, 志大包弘, 隱居山澤, 守玄行禪. 聞世有佛, 心獨喜歡, 披鹿皮衣, 行欲入國. 道經丘聚, 聚中道士, 有五百人. 菩薩過之, 終日竟夜, 論道說義, 師徒皆悅. 臨當別時, 五百人各送銀錢一枚, 菩薩受之."

29) 『大正藏』 卷9, p.4a./ 說是經已 卽於大衆中結加趺坐 入於無量義處三昧 身心不動 是時天雨曼陀羅華 摩訶曼陀羅華 曼殊沙華 摩訶曼殊沙華 而散佛上及諸大衆 普佛世界六種震動.

30) 李民樹 譯 『三國遺事』(乙酉文化社, 1983), p.370b./ 今日此矣散花唱良巴, 寶白乎隱花良汝隱, 直等隱心音矣命叱使以惡只, 彌勒座主陪立羅良. 오늘 여기에 산화가를 불러, 뿌린 꽃아 너는 곧은 마음의 명령을 부림이니, 彌勒座主를 모시게 하라.

초청할 수 있다고 보는 것이다. 이러한 인도인들의 믿음이 예법 및 법요의식에 그대로 받아 들여졌음을 이유로 들 수 있다.

둘째, 일반적인 의미에서 살펴보면, 꽃의 아름다운 모습과 향기로운 내음은 사람들이 애호하는 것인바, 고금을 통해 존경하는 상대에게 자신의 마음을 전달하는 매개체로 사용되어 왔음을 이유로 들 수 있다. 또 이러한 예야말로 먼저 살핀 신앙적인 의미로 하여금 보편타당성을 갖게 하는 것이니, 만 가지 선행을 보이신 소례[萬行華]를 모심에 있어서 우선 되는 것이 있다면 다름 아닌 만인이 애호하는 꽃과 같은 능례의 선행(善行)이겠기 때문이다.

31) 禪學大辭典編纂所 編『禪學大辭典』(日本 大修館書店, 1978), p.391c.

<4.散華落(산화락)> 꽃을 뿌려 경함의 이운을 경하하는 의식.

造錢點眼 金銀錢移運 ★經函移運 ‖ 1.移運偈 2.動經偈 3.拈花偈 4.散華落 5.擧靈山 6.獻錢眞言 7.讚經偈

散華落 三說
산화락 삼설

꽃비가 내립니다.

【의식】

<염화게> 끝에 치는 말번의 태징 세 망치를 신호로 대중은 동음으로 '산화락'을 세 번 창화한다.

※ 앞 단원 ≪⑵ 金銀錢移運(금은전이운)≫ 소수 <4.散華落(산화락)>을 참조할 것!

<5. 擧靈山(거령산)> 경함과 금은전을 이운하며 석존의 가피를 되뇌는 의식.

造錢點眼 金銀錢移運 ★經函移運 ‖ 1.移運偈 2.動經偈 3.拈花偈 4.散華落 5.擧靈山 6.獻錢眞言 7.讚經偈

南無①靈山②會上③佛菩薩
나무영산회상불보살

영취산 법화회상의 부처님과 보살님께 귀의하옵니다.

南無靈山會上佛菩薩
나무영산회상불보살

영취산 법화회상의 부처님과 보살님께 귀의하옵니다.

南無靈山會上 一切④諸佛 諸大菩薩摩訶薩⑤
나무영산회상 일체제불 제대보살마하살

영축산 법화회상의 모든 부처님과 모든 보살마하살께 귀의하옵니다.

【자구해설】

①**靈山(영산)**: Ⓟ Gijjha-kūṭa '독수리-고개'. 음 기사굴산(耆闍崛山). 의 영취산(靈鷲山). 고대 인도 마갈타국(摩竭陀國, Ⓢ Magadha)의 왕사성 북동쪽에 있는 산. 석존께서 『법화경』과 『무량수경』을 설하신 곳이다. 이 산에는 신선들이 살았다는 설과 독수리가 많이 있었다는 설이 있고, 또 산의 모습이 수리의 머리와 비슷하다는 설 등이 있어 취두(鷲頭)·취봉(鷲峰)·취대(鷲臺)·취령(鷲嶺) 또는 취산(鷲山)이라 한다. 영(靈)은 높여서 붙인 말. 또, 이때 '취(鷲)'를 '추' 혹은 '축'이라고도 발음한다.

②**南無(나무)**: Ⓢ namas. 의 귀명(歸命)·귀경(歸敬)·귀예(歸禮)·경례(敬禮)·신종(信從). 진심을 담아 귀순하여 믿음을 바친다는 뜻.

③**會上(회상)**: 대중이 모인 법회.

④**摩訶薩(마하살)**: Ⓢ mahāsattva '거룩한 존재'. 보살(菩薩)을 아름답게 이르는 말. 보살의 존칭. 위대한 뜻을 가진 사람. 훌륭한 사람. 대중의 우두머리가 되는 사람. 대보리(大菩提)를 구하는 사람의 통칭.

⑤**一切(일체)**: '모든 것, 완전히, 전부'라는 말이다. '그는 평생 모은 재산 일체[전부]를 기부했다' '그는 자기 집에 관해 일체[모든 것] 내게 맡기고 와국으로 떠났다'처럼 쓰인다.

※ **一切(일절)**: '아주, 전혀, 절대로'의 뜻인데 사실을 부인하거나 행위를 금지할 때 쓰이며 '없다, 않다' 등 부정을 뜻하는 말이 뒤따른다. '무엇을 했는지 일절[절대로] 밝힐 수 없다' '일절[전혀] 언급하지 않았다' 등으로 쓴다.

【의식】

대중이 전체의 내용을 한 번 설하고 이어 중번(中番. 魚丈)의 인도 아래 대중이 함께 짓소리로 거행한다.

<6.獻錢眞言(헌전진언)> 변성된 금은전과 경함을 명부에 올리는 게송과 진언.

化紙成錢兼備數① 화지성전겸비수	조성하온 수생전과 수생경을 갖추옴에
堆堆②正似白銀山 퇴퇴정사백은산	높이높이 쌓고보니 백은산과 같습니다.
今將奉獻冥官衆 금장봉헌명관중	명부명관 여러분께 두손으로 올리오니
勿棄茫茫③曠野④間 물기망망광야간	망망하온 광야중에 내버리지 마옵소서.

唵 阿遮那吽 莎訶 三說
옴 아자나훔 사바하 삼설

【자구해설】

①**備數(비수)**: 일정한 수효를 채움.
②**堆堆(퇴퇴)**: 겹겹이 쌓인 모양. 오래도록 앉아 움직이지 않음의 형용.
③**茫茫(망망)**: 넓고 멀어 아득함.
④**曠野(광야)**: 아득하게 너른 벌판. 광야(廣野)/ 曠(밝을, 들판 광)

【개요】

정성껏 장만한 수생전(壽生錢)을 명부시왕을 보필하는 종관(從官)과 고사(庫司) 님들께 갚는 절차이다. 이른바 이 세상에 나오며 진 빚이기 때문이다. 주의해야 할 것은 본 항이 ≪(3)경함이운≫에 속해있다는 점이다. 즉, 빚에는 '수생전'처럼 물질로써 갚아야 하는 것이 있고, 이에 비해 '수생경(壽生經)'이라야 변재가 가능한 정신적인 빚도 있다. 따라서 앞서 거행한 ≪(2)금은전이운≫으로 이운해온 수생전과 ≪(3)경함이운≫으로 이운한 수생경을 함께 모아 물질적·정신적 빚을 갚는 것이다.

【구성 및 내용】

'**기**'인 **화지성전겸비수(化紙成錢兼備數)** —조성하온 수생전과 수생경을 갖추옴에— 에서는, 조전법(造錢法)에 의해 조성한 지전(紙錢) 즉 수생전(壽生錢)은 전생의 빚을 갚음에 부족함이 없고, 아울러 정해진 수(數)만큼의 수생경(壽生經)도 함께 갖추었음을 노래하였다. 여기서 말하는 전생의 빚이나 정해진 수의 수생경을 갖추었다 함은 신심과 정성을 기울임에 최선을 다하였음을 나타낸 것이다. 종교적 행사에 있어서 신심과 정성을 뺀다면 남는 것이 무엇일까 생각하면 대단히 중요한 대목이라 하겠다.

'**승**'인 **퇴퇴정사백은산(堆堆正似白銀山)** —높이높이 쌓고보니 백은산과 같습니다— 에서는, 본 영산법회에 동참한 단월(檀越)의 수가 많음을 짐작할 수 있다. 『석문의범』상권 217쪽 소수「예수천왕통의(預修薦王通儀)」에 '흰 종이로 된 산이 설악(雪岳)과 같다' 하였다. 이는 그간 남염부제 중생이 예수시왕재(預修十王齋)를 지내면서 조전법(造錢法)에 의하지 않고 조성한 지전(紙錢)을 바쳤기로 명왕(明王)이 수납하지 않은 것이라 한다. 그러나 여기서는 조전법은 물론 모든 것을 여법히 거행하고 있는 만큼 산처럼 쌓여있다는 표현은 동참한 단월(檀越)의 수가 많음을 나타낸 것이다.

'전'인 **금장봉헌명관중(今將奉獻冥官衆)** ―명부명관 여러분께 두손으로 올리오니― 에서는, 명부시왕을 보필하는 종관(從官)과 고사(庫司)님들께 바치고 있다. 다만 '기'구와 '승'구의 내용으로 미루어 제대로 작성한 답안지를 시험관(試驗官)에게 제출하는 듯한 분위기를 느낄 수 있다.

'결'인 **물기망망광야간(勿棄茫茫曠野間)** ―망망하온 광야중에 내버리지 마옵소서― 에서는, 신심과 정성을 다하고 있는 만큼 성취에 대한 욕구가 간절함을 노래하였다. 「예수천왕통의(預修薦王通儀)」에 의하건대 조전법(造錢法)에 의하지 않고 조성한 지전(紙錢)이 버려진 곳이 곧 광야(曠野)였던 만큼 그런 일이 없기를 발원한 것이다. 이적(理的)인 면에서 의의를 찾는다면 무주상(無住相)에 보다 철저를 기하는 대목이라 하겠다.

【의식】

대중은 말번의 태징에 맞추어 '쓰는소리'로 거행하며, 동시에 법주는 요령을 울리며 진언을 세 번 거행한다.

【연구】

1 본항에서 언급한 지전(紙錢=壽生錢)의 유래와 거기에 담긴 사상, 그리고 공덕에 대해 알고 싶은데….

(1)수생전(壽生錢)의 유래.

지전의 유래는 생전예수재의 유래와 연계해서 살펴야 한다. 『석문의범』상권 217쪽 소수 「예수천왕통의(預修薦王通儀)」에 의하면, 생전예수재의 시작은 병사왕(甁沙王)에 의함이고, 병사왕은 역사적 실존인물이며 불교와 인연 깊은 왕으로 중인도 마갈타국의 왕 빈바사라(頻婆娑羅, Ⓢ Bimbisāra)를 말한다.

예컨대 실달태자께서 처음 출가하시어 고행림(苦行林)을 향하시던 중 마갈타국 왕사성에 잠시 머무실 때, 빈바사라(頻婆娑羅)왕은 태자에게 돌아갈 것을 권하였다. 그러나 태자의 뜻이 굳음을 알고 다시 청하였다. 도를 얻으면 제일 먼저 제도해줄 것을…. 이런 인연은 그로부터 6년 후, 현실로 나타나 태자께서는 성불하시자 제자들과 함께 먼저 이곳을 찾으시게 되고, 왕은 가란타장자(迦蘭陀長者)와 함께 불교 최초의 가람인 죽림정사(竹林精舍, Ⓢ veṇuvana)를 지어 부처님과 제자에게 공양한다.

또, 왕은 왕자인 아사세(阿闍世 Ⓢ Ajātaśatru)와 제바달다(提婆達多, Ⓢ Devadatta)의 음모로 폐위된 채 옥에 갇혀 최후를 맞게 되지만, 이 사건이 곧 『관무량수경(觀無量壽經, Ⓢ Amitāyurdhyāna Sūtra)』이 탄생하게 되는 인연이 된다.

이렇듯 불교와 인연 깊은 왕이 중간에 예기치 않은 죽음을 맞이하게 된다. 정신을 차리고 보니 어느새 저승사자와 함께 명부를 향해 가고 있었다. 가는 길에 **눈처럼 흰 산**이 보였는데 명왕에게 바친 재물이지만 법도에 맞지 않게 바친 까닭에 버려진 것이라 했다. 얼마 후, 왕이 도착한 곳은 지옥이었다. 왕은 스스로 바르게 살아왔다고 자부하는 터였는지라 절로 통곡이 나왔다. 왕의 처지를 딱하게 여긴 사자가 일러준 말은 의외였으니, 첫째 명부 관리와 그 권속의 이름을 몰랐고, 둘째 올리는 공양이 법답지 않았음이 그 이유라는 것이다. 왕은 개과천선(改過遷善)의 기회를 빌었고 명도에 받아들여져 다시 인간세상으로 돌아올 수 있게 되었다. 돌아온 왕에 의해 베풀어진 의식이 다름 아닌 생전예수재라는 것이다.

⑵수생전(壽生錢)과 수생경(壽生經)의 내용과 사상. ⇔

※ 본서의 앞 단원인 「1.造錢點眼(조전점안)」을 참조할 것!

⑶예수재의 공덕

행위에는 업(業, Ⓢkarma)이 따른다. 선행에는 선업(white energy)이 악행에는 악업이 따르게 마련이다. 이제 삼법인이나 무주상 등 불법의 골수를 이해한 불자에게 선업이 따름은 당연한 일이다. 『불설관정수원왕생시방정토경(佛說灌頂隨願往生十方淨土經)』에 의하면 대개 다음과 같이 열 가지로 정리하고 있다.

①마음이 항상 즐겁고 희망 차있다. ②전생 내생의 죄업이 소멸된다. ③심신이 경쾌해진다. ④가정이 평안하다. ⑤무병장수한다. ⑥심덕(心德)이 깨끗해진다. ⑦원을 성취한다. ⑧공덕을 쌓게 된다. ⑨깨달음을 얻는다. ⑩극락세계에 태어난다.

정리컨대 생전예수재는, 【누가⇒】 무상·무아(無常·無我)의 이치를 깨달은 불자가/ 【언제⇒】 주로 윤달에/ 【어디서⇒】 예수재를 베푸는 사찰에서/ 【무엇을⇒】 병사왕의 증언을 토대로 수생전(壽生錢)과 수생경(壽生經)등을 조성해/ 【어떻게⇒】 스님의 지도를 받아 명부(冥府)에 바친다/ 【왜⇒】 사후의 왕생극락등 위에 열거한 10종 공덕을 성취하기 위함이다.

2 본 항의 제목을 '헌경게(獻經偈)'나 '헌전게(獻錢偈)'가 아니고 '헌전진언(獻錢眞言)'이라 한 이유는?

경함이운(經函移運)에 속한 본 항의 제목이 '헌전진언'이기는 하지만 수생전(壽生錢)과 수생경(壽生經)을 아우르는 의미를 지닌다. 즉 이 가운데 수생전을 대표격으로 봤기 때문에 '헌전(獻錢)'이라 한 것이다. 또, '~진언'이라 제목을 단 것은 찬탄(讚嘆)의 의미를 지닌 게(偈)보다 의식의 목적을 성취하게 하는 실천적 의미를 지닌 진언(眞言)에 무게를 두었기 때문이다.

3 수생전에는 금전 은전이 있고, 수생전으로 조성한 등(燈)도 있다는데…

<내용> '조전법(造錢法)'sk上232에 의거하여 만든 금전과 은전을 등(燈) 모양으로 꾸며 내걸 수 있게 한 것.

<개요>「금은전이운식(金銀錢移運式)」의 <이운게(移運偈)> —造成錢山山競秀 奉獻冥府十王前 案列從官庫司衆 受此虔誠大因緣(조성전산산경수 봉헌명부십왕전 안열종관고사중 수차건성대인연. 돈으로 산을 조성함에 산의 모습 드높아 / 명부의 십대명왕과 / 종관·고사 여

러분께 올리오니 / 이 정성이 큰 인연이 될 수 있도록 받아 주시옵소서)sk上217— 와 「예수천왕통의(預修薦王通儀)」—南閻浮提人 受生時 冥司下 各借壽生錢 生前預修還納本庫 免于身辺十八般橫災 得三世富貴吉祥如意也(남염부제인 수생시 명사하 각차수생전 생전예수환납본고 면우신변십팔반횡재 득삼세부귀길상여의야. 남염부제의 사람은 / 태어날 때 / 명부의 관리로부터 / 각자 수생전(壽生錢. 이 세상에서 쓸 돈)을 빌리는데 / 살면서 미리 닦아 본래의 창고로 되갚으면 / 신변의 18가지 횡액재앙을 면하고 / 삼세의 부귀를 얻어 상서로움이 뜻과 같으리라)—에 의거하면, 세상에 태어날 때 지은 빚을 명부의 십대왕과 종관 권속들에게 갚는 것이다.

<규격> 일척장지(一尺長紙) 절반에 세로 10문(文) 가로 30문 크기로 조전(造錢)하여, 등틀[대나무를 넓이 2cm 두께 5mm 정도로 만들어 직경 25cm 60cm 80cm 정도로 원형을 만든 것을 그림과 같은 순서로 50cm 정도의 간격을 두어 고정시킨 것)에 늘어뜨린다.

<위치> 금전(金錢)은 대웅전을 바라보며 대웅전 추녀 오른쪽[모란과 대고등 사이], 은전(銀錢)은 왼쪽[작약과 대고등의 사이]에 건다.

<의의> 금·은전은 금강경(金剛經)과 함께 전생의 빚을 갚는 중요한 품목이다.「예수천왕통의(預修薦王通儀)」에 본래 이러한 법이 없었음을 밝히고 있으면서도 오히려 장려하고 있음을 볼 수 있는데, 이는 불교의 업사상(業思想) 및 보시정신과 관계가 있기 때문으로 사료된다.

업사상(業思想)과의 관계란, 곧 세상을 살아감이 오직 자신의 힘만이 아님을 깨우쳐 주고 동시에 사후 세계를 염려케 하여 항상 주위를 돌아보게 하는 등 권선징악(勸善懲惡) 쪽으로 이끌고 있으니, 이와 같이 한다면 모든 환난도 없어지고 만복이 저절로 돌아올 것임이 틀림없겠기 때문으로 생각할 수 있다. 또 보시와의 관계란, 소위 보시에는 재시(財施) 법시(法施) 무외시(無畏施)가 있는데, 누구든지 알게 모르게 이런 은혜를 주위로부터 받고 있는 것이다. 그런데 금·은전을 등(燈) 모양으로 내걸고,『금강경』을 모셔 빚을 갚고자 한다는 것은 곧 수혜자(受惠者)의 입장에서 보시자(布施者)의 입장으로 전환을 표방한 것이라 할 수 있다. 이런 의미에서 금·은전을 내건다는 것은 그 의의가 매우 크다고 하겠으며, 훌륭한 방편이 됨을 알 수 있다.

風送飛錢資逝妹 笛搖明月住姮娥 莫言兜率連天遠 萬德花迎一曲歌(풍송비전자서매 적요명월주항아 막언도솔연천원 만덕화영일곡가. 바람은 종이돈 날려 죽은 누이동생의 노자를 삼게 하고 / 피리는 밝은 달을 일깨워 항아가 그 자리에 멈추었네 / 도솔천이 하늘처럼 멀다고 말하지 말라 / 만덕화 그 한 곡조로 즐겨 맞았네)

–『삼국유사』月明師 兜率歌(월명사 도솔가) 중에서 –

<7.讚經偈(찬경게)> 『법화경』의 공덕을 찬탄하는 게송.

造錢點眼 金銀錢移運 ★經函移運 ‖ 1.移運偈 2.動經偈 3.拈花偈 4.散華落 5.擧靈山 6.獻錢眞言 **7.讚經偈**

妙經①功德說難盡 묘경공덕설난진	법화경의 크신공덕 언설로는 못다하니
佛於臨終最後談 불어임종최후담	세존께서 열반시에 최후말씀 이시라네.
山毫海墨虛空紙 산호해묵허공지	삼라만상 모든것을 지필묵을 삼는데도
一字②法門③書不咸 일자법문서불함	일자법문 공덕조차 표현할길 전혀없네.

【자구해설】

①妙境(묘경): 묘법연화경(妙法蓮華經). '기'구에서 말한 이유가 '승'구의 내용인 '불어임종최후담(佛於臨終最後談)'이며, 천태교판을 근거로 보건대 석존께서 최후에 말씀하신 경은 법화경이다./ 阿含十二方等八 二十一載談般若 終談法華又八年 阿含說始華嚴時

②一字(일자): ⑴한 글자. ⑵짧은 글. 한 마디의 글. 예)일자 소식도 없다. ⑶ '一' 자 모양.

③法門(법문): 진리의 문(門)이라는 뜻이며, 법사가 설하는 내용을 문으로 진리의 세계로 들어가기에 법문이라 함.

【개요】

법보(法寶)를 원만히 모시었기로 대중이 환희하며, 경전의 공덕을 찬탄함을 내용으로 하는 의식이다. 여기서 유념할 것은 백천만겁(百千萬劫)을 지내도 만나 뵙기 어려운 경전을 만나 뵙게 된 다행스러움과 그간의 경위를 함께 상기해야 한다는 점이다.

晉宋齊梁唐代間 진송제양당대간	진송제양 그로부터 당나라에 이르도록
高僧求法離長安 고승구법이장안	법구하실 일념으로 장안떠난 큰스님들
去人成百歸無十 거인성백귀무십	가신분이 백이라면 돌아온분 열도안되
後者安知前者難 후자안지전자난	뒷사람이 어찌알랴 먼저분의 어려움을!

義淨 三藏[32]

【구성 및 내용】

'기'인 **묘경공덕설난진(妙經功德說難盡)** —법화경의 크신공덕 언설로는 못다하니— 에서는, 경함에 모신 경전이 묘법연화경(妙法蓮華經)임을 밝히고 그 공덕을 찬탄하였다.

---

32) 의정(義淨): 635-713. 字는 文明. 俗姓은 張. 제주 혹은 범양 사람으로 어려서 출가함. 法顯·玄奘을 사모하여 인도에 유학함. 27세에 海路로 인도에 가서 30여 국을 유람하면서 各國의 말을 배우고 성지를 순례함. 那蘭陀寺에서 대·소승을 연구하며 지내다 695년 經·律·論 4百部, 金剛座眞容一鋪 舍利 3百顆를 모시고 洛陽에 돌아와 則天武后의 尊崇을 받음. 『華嚴經』 등 56部 230卷을 번역, 특히 律部의 번역이 많음. 개원 1년에 입적. 세수 79. 저서로는 『남해기귀내법전』 4권, 『대당서역구법고승전』 2권 등이 있다.

'승'인 **불어임종최후담(佛於臨終最後談)** —세존께서 열반시에 최후말씀 이시라네— 에서는, 법화경을 설하신 시점을 들어 석존의 본회(本懷)가 갈무려진 최고의 경전임을 거듭 찬탄하였다.

'전'인 **산호해묵허공지(山毫海墨虛空紙)** —삼라만상 모두갖다 지필묵을 삼는데도— 에서는, 법화경의 공덕을 찬탄할 방법을 강구하였다. 물론 방법이 없음을 전제로 쓰여진 것이지만, 그 비유가 돋보인다 하겠으니, 유무위법(有無爲法)을 총동원하였음이 그 증거라 하겠다.

'결'인 **일자법문서불함(一字法門書不咸)** —일자법문 공덕조차 표현할길 전혀없네— 에서는, 무위법(無爲法)

【의식】

'쓰는소리'로 거행하며, 대중은 말번의 태징에 맞추어 함께 거행한다.

【연구】

1 '전'구에서와 같은 방법으로 부처님의 공덕을 찬탄한 게송이 있는데
다음과 같은 게송이 있다.

刹塵心念可數知(찰진심념가수지) 세상티끌 마음으로 헤아릴수 있다해도
大海中水可飮盡(대해중수가음진) 큰바다에 담긴물을 다마실수 있다해도
虛空可量風可繫(허공가량풍가계) 허공크기 알수있고 바람묶는 재주라도
無能盡說佛功德(무능진설불공덕) 부처님의 크신공덕 말로써는 다못하네.

掛 佛 移 運

「2. 掛佛移運(괘불이운)」

괘불을 이운하시는 스님들 모습

괘불은 야단법석(野壇法席) 즉, 야외에서 베풀어지는 법요의식 때 높이 걸어 모시기에 용이하도록 탱화(幢畵) 형태로 조성한 부처님을 의미하며, 법전 내부에 조소(彫塑)로 모신 존상이나 탱화와는 구분된다. 즉 이운이 용이해야 하며, 야외 법회에 운집하는 많은 대중을 고려할 때, 원근에서 모두 첨앙(瞻仰)할 수 있도록 그 규모는 커야 한다.

또 법회의 성격에 따라 괘불에 모셔지는 존상의 내용도 달라져야 하겠지만, 한국불교의 특성상 영취산에서 『법화경』을 설하시는 영산회상도(靈山會上圖)가 주종을 이루고 있다.

'괘불이운'은 감(龕)에 모셔져 있는 괘불소(掛佛所)의 괘불탱(掛佛幀)을 법회 도량으로 옮겨 모심을 의미하며, 의식 전체의 구성 면에서 보면, 법회의 주인공이신 부처님을 모시는 것으로서 의식 전체의 도입부분 가운데 가장 중요한 의식이다.

「괘불이운」의 절차상 구성과 내용을 『석문의범』의 '괘불이운'과 봉원사 영산재보존회에 보존된 괘불이운 의식 그리고 『범음산보집』의 내용을 참고로 정리하면 다음과 같다.

우선, 『범음산보집』의 소수 '괘불이운'에 관한 내용을 소개하여 이운절차를 개관키로 한다.

(1)若有掛佛陪運之計 察衆命諸沙彌及板首 與花甁燈燭威儀一一成雙 預送掛佛所 (2)而又使種頭進於梵音前拜伏云 日已晩矣 請赴掛佛所 (3)中番主及法衆皆會掛佛所 (4)鍾頭再入云法事皆備入座再拜 (5)而出於是擁護偈動鈸云

(1)괘불을 모실 계획이 있으면, 찰중은 사미와 판수들에게 명하여 화병과 등촉 등 위의를 하나하나 쌍을 이루게 하여 미리 괘불소로 보낸다. (2)종두에게 범음 앞에 나가 절하고 이르게 한다. '때가 되었으니 청하옵거니와 괘불소로 나가소서'라고, (3)중번과 법중은 모두 괘불소에 모여 있는다. (4)종두는 다시 들어가 '법사가 다 준비되었사오니 자리에 드시지요'라 하고 거듭 절한다. (5)나와서 <옹호게>를 하고 바라를 울린다.[33]

1 「괘불이운」의 집전(執典)은? [누가]

법주와 바라지 그리고 대중이 함께 거행한다. 단, 괘불님을 직접 모실 스님들은 미리 선정하여 모실 자리에 배치해야 한다. 위 『범음산보집』의 소수 '괘불이운'에 의하면 괘불이운의 책임자는 찰중이다. 외에 사미 판수 종두 범음 중번 등은 괘불이운에 동원되는 직책이다. 이 가운데 의식을 주관하는 직책은 범음이다.

2 「괘불이운」을 거행하는 시점은? [언제]

「신중작법」에 이어 거행한다.

3 「괘불이운」을 거행하는 장소는? [어디서]

평상시 괘불탱은 '감'에 모셔 대웅전이나 대방 뒤편 괘불소(掛佛所)에 대(臺)를 마련하여 봉안한다. 따라서 괘불이운은 괘불소에서 시작하여 <5.산화락>까지 마치고, 짓소리로 <6.거령산>을 지으며 영산단(靈山壇)으로 옮겨 모신다. 이운을 마치면, <7.등상게>를 거행하며 괘불대[간(竿)]에 걸어 모시고, 이어 나머지 의식을 거행한다.

단, 당일 시간이 촉박하고 도량이 복잡한 사정을 감안하여 미리 모시는 경우도 있다. 이런 경우에는 도량에 마련된 어산단에서 이미 괘불님을 모신 영산단을 향해 거행한다.

4 「괘불이운」의 대상은? [무엇을=누구를]

영산작법의 <귀명례>에 '久遠劫中 成等正覺 常住靈山 說法華經 我本師釋迦牟尼佛(구원겁중 성등정각 상주영산 설법화경 아본사석가모니불)'이라 하였듯, 시공을 초월하여 본 도량 그대로가 영축산이 되고, 영산회상의 회주이신 석존과 해회(海會)의 제불보살님 —이하 '석존과 소례제위'— 께 공양을 올리는 의식이다. 이렇듯 성중이 운집하심은 석존께서 『법화경』을 설하시기 때문이다. 따라서 이운의 대상은 주불이신 석존과 협시보살이신 문수·보현 등 영산회상의 제불보살님이시다.

5 「괘불이운」의 거행 방법은? [어떻게]

법주와 말번을 중심으로 전대중이 함께 거행한다. 절차는 <1.옹호게> <2.찬불게> <3.출산게> <4.염화게> <5.산화락> <6.거령산> <7.등상게> <8.사무량게> <9.영산지심> <10.헌좌게> <11.다게> <12.건회소> 순으로 진행한다. 방법은 '장소'에서 언급한 바와 같다.

---

33) 『천지명양수륙재범음산보집』 23장(동국대 중앙도서관)을 정리하면, 괘불이운에 있어서 주장은 찰중이다. 괘불이 모셔진 곳을 '괘불소'라 한다. 찰중 사미 판수 종두 범음 중번 등은 괘불이운에 동원되는 직책이다. 의식을 주관하는 직책은 범음이다.

6 「괘불이운」을 거행하는 이유는? [왜]

본 재의 주인공이시며 『법화경』을 설해주실 서가세존과 공양을 받으실 영산회상의 소례 제위를 모시기 위함이다.

이상으로 「괘불이운」에 대한 개략적 의미를 살펴보았다. 이어 절차에 따른 항목과 내용을 살펴보면, 다음과 같이 모두 12개의 항으로 구성되어 있다. 이들 각항을 해석에 주의하며 그 내용을 살피고, 이어 개요를 정리하여 그곳에 그 항목이 있어야 하는 당위성과 문제점 및 의의를 밝혀보고자 한다.

<1.擁護偈(옹호게)>

옹호성중의 강림에 감사드리고 금·은전 이운의 옹호를 발원하는 게송.

掛佛移運 ‖ 1.擁護偈 2.讚佛偈 3.出山偈 4.拈花偈 5.散華落 6.擧靈山 7.登床偈 8.四無量偈 9.靈山至心 10.獻座眞言 11.茶偈 12.建會疏

八部金剛護道場 팔부금강호도량	팔부신중 금강역사 영산도량 살피시고
空神速赴報天王 공신속부보천왕	허공신은 지체없이 모든天에 알리심에
三界諸天咸來集 삼계제천함래집	三界諸天 성중님네 한달음에 달려오사
如今佛刹補禎祥 여금불찰보정상	祥瑞로서 繡를놓아 불국토를 이루시네.

※ 앞 단원인 ≪(2) 금은전이운≫을 참조할 것!

<2.讚佛偈(찬불게)> 소례이신 서가세존의 공덕을 찬탄하는 게송.

掛佛移運 ‖ 1.擁護偈 **2.讚佛偈** 3.出山偈 4.拈花偈 5.散華落 6.擧靈山 7.登床偈 8.四無量偈 9.靈山至心 10.獻座眞言 11.茶偈 12.建會疏

塵墨劫①前早成佛 진묵겁전조성불	진묵겁전 그옛날에 깨달음을 이루시고
爲度衆生現世間 위도중생현세간	무변중생 제도코자 중생계에 현신하사
巍巍②德相月輪③滿 외외덕상월륜만	드높고도 덕스러운 만월같은 모습으로
於三界中作導師④ 어삼계중작도사	삼계중생 돌보시는 대도사가 되주시네.

【자구해설】

①塵墨劫(진묵겁): 티끌이 쌓여 먹이 될 만큼의 오랜 시간. 터무니없이 긴 무한의 시간.
※ **兆載永劫(조재영겁**. 백만을 조, 십만조를 재라 한다. 즉, 조(兆)×재(載)×겁(劫)인 무한한 시간). **曠劫(광겁**. 과거의 오랜 시간). **兆載永劫(영겁**. 미래의 오랜 시간). **芥子劫(개자겁**, Ⓢsarṣapopama-kalpa. 일유순립방(一由旬立方)의 큰 성에 가득한 개자(芥子)의 수만큼 많은 겁). **磐石劫(반석겁**, Ⓢ parvatopama -kalpa. 가로・세로・높이가 각각 40리씩 되는 큰 바위를 장수천[色界四禪天의 第4無想天의 별명/ 壽命이 500大劫] 사람이 100년마다 한번씩 지나가면서 가벼운 옷자락으로 스쳐 이 바위가 닳아서 없어지는 동안). **三千塵點劫(삼천진점겁**. 삼천대천세계의 모든 것을 갈아서 먹을 만들어 그 한 점씩을 일천 국토마다에 떨어트려 먹물이 다했을 때 지금까지 경과한 모든 세계를 미진(微塵)으로 부수어 그 하나의 미진을 일겁으로 센 총수를 말함). **五百塵點劫(오백진점겁**. 오백 천만억 나유타 아승지 삼천태천 세계를 부수어 티끌을 만들고, 오백 천만억 나유타 아승지 국토를 지나갈 때마다 티끌 하나씩을 떨어뜨리곤 하여 티끌이 다 없어졌을 때에 지나온 국토를 모두 모아 부수어 티끌을 만들고 티끌 하나를 일겁으로 세어, 그 수효를 모두 계산하는 것.)

②**巍巍(외외)**: 높은 산이 우뚝 솟은 모양. 인격이 높고 뛰어남. '위위'라고도 발음함. 외외(嵬嵬)와 같음./ **巍** 높을 '외' 혹은 '위'. **嵬** 높을 '외'.

③月輪(월륜): Ⓢcandra-maṇḍala. 둥근 달. 또는 그 둘레.

④導師(도사): Ⓢbuddha/daiśika/ijya. 어리석은 중생을 일깨워 깨달음의 경지에 들도록 안내하는 스승.

【개요】

본 항은, 영산재에서 소례로 모실 서가세존께서 얼마나 위대한 어른이신지를 노래한 것이다. 따라서 모셔야만 하는 분이라는 점에 대중 모두가 충분히 공감할 수 있도록 최고의 찬사로 이루어졌다는 점이 주목할 만하다.

【구성 및 내용】

영산재 보존사찰인 봉원사 대웅전의 주련 내용이기도 한 본 게송은 칠언절구로 기・승・전・결의 형태를 보이고 있다.

'기'인 진묵겁전조성불(塵墨劫前早成佛) —진묵겁전 그옛날에 깨달음을 이루시고— 에서는, 영산회상의 회주이신 석존께서는 법화경에서 강조하는 구원실성(久遠實成) 즉, 아득한 옛적에 이미 일대사인연(一大事因緣)을 마치신 어른이심을 강조하였다. 석존이야말로 영원한 과거로부터 근원적인 깨달음 그 자체이심을 말하여 소례를 찬탄하는 한편 능례로부터 무한한 신심을 유발하고 있다.

'승'인 **위도중생현세간(爲度衆生現世間)** —무변중생 제도코자 중생계에 현신하사— 에서는, 금일 모시려는 어른이 얼마나 자비로우신 분이신지를 주지시키고 있다. 행복이 행복인줄 모르면 그 자체가 불행이다. 중생을 위해 '백척간두진일보(百尺竿頭進一步)'34)하신 어른이심을 찬탄하는 한편 법회대중이 모두 행복의 주인공임을 깨닫도록 하였다.

'전'인 **외외덕상월륜만(巍巍德相月輪滿)** —드높고도 덕스러운 만월같은 모습으로— 에서는, 인원과만(因圓果滿)이신 영산교주 서가세존의 모습을 찬탄하였다. 성불은 3 아승기(阿僧祇)35) 겁의 공이 원만할 때 가능한 것으로, 감히 올려다 뵐 수 없는 높은 산처럼 위대하시고 그 덕스러우신 모습은 이지러짐 없는 보름달로 밖에 표현할 수 없음을 토로하여 소례이신 그분의 모습을 노래하고 있다. 또, 천착컨대 32상 가운데 마지막 범음상(梵音相)을 괘불이운 의식을 통해 체감할 수 있다는 점에서 '월륜만'의 의미가 돋보인다 하겠다.

'결'인 **어삼계중작도사(於三界中作導師)** —삼계중생 돌보시는 대도사가 되주시네— 에서는, 그 어른과 삼계중생과의 관계를 언급하였다. 타방세계의 부처님 즉, 다른 아이의 어버이가 아니라 사바세계(娑婆世界, Ⓢsahā-loka-dhātu '땅 위의 세상')를 위시해 삼계중생의 길잡이가 되어주실 우리 모두의 어버이이심을 거듭 강조하였다.

【의식】

의식은, 말번의 게송금(偈頌金, 기립쇠)36)에 맞추어 대중은 소사물을 울리며 '쓰는소리'로 함께 창화하며, 각 구 끝에 반배한다.

【연구】

① '승'구를 설명하며 '백척간두진일보(百尺竿頭進一步)'라는 표현이 있는데, 중생을 위해 세간에 몸을 나투셨다는 '위도중생현세간'과 어떤 관계가 있는지.

'백척간두진일보'라는 말씀은 경덕전등록(景德傳燈錄)10 장사경잠장(長沙景岑章)의 "百丈竿頭不動人 雖然得入未爲眞 百丈竿頭須進步 十方世界是全身(백척간두부동인 수연득입미위진 백척간두수진보 시방세계시전신37) // 백척간두에 자리하여 움직이지 않는 사람!/ 비록 경지에 들었다해도 아직은 참이라 못하리라./ 백척간두 그곳에서 걸어 나가야 하나니/ 시방세계 이것이 온전

---

34) 傳燈錄10 長沙景岑章 (Bs1049b). "百尺竿頭不動人 雖然得入未爲眞 百尺竿頭須進步 十方世界是全身/ 백척간두는 불교에서 말하는 깨달음의 최고경계를 말한다. 이 깨달음을 성취한 후 여기에 체착(滯著)하는 일 없이, 다시 말해 지금까지 깨달음을 위해 무한히 위를 향하던 일로부터 중생세계로 방향을 바꾸어 이타행(利他行)을 하는 것을 진일보라 한다. 분별계교(分別計校)하는 자신을 철저히 놓아버리는 것."

35) Ⓢasaṃkhya '헤아릴 수 없는'를 음역한 말로 10^{56}을 뜻한다. 항하사(恒河沙, Ⓢgangā-nadī-vālukā '갠지스강의 모래', 10^{52}')보다 더 큰 수이다. 아승기 다음은 나유타(那由他, Ⓢnayuta), 그다음은 불가사의(不可思議, Ⓟacchariya) 그리고 그다음이 무량대수(無量大數) 등으로 이어진다.

36) 절구(絶句)로 구성된 게송의 各句가 끝났음을 알릴 목적으로 울리는 쇠.
始: ○○○/ 初: ˬ○○○/ 中: ˬ○○○/ 後: ˬˬ○○○
음양설에서 양수는 하나에서 일어나 셋에서 완성된다고 한다. 즉, 신호로서의 역할은 물론, 게송의 한 구절 한 구절의 의미를 체득하고 있음을 3이라는 수로 나타내는 것이다.

37) 傳燈錄10 長沙景岑章 (Bs1049b).

한 몸이니라.)"라는 말씀을 축약한 것이다.

여기서 '백척간두'는 불교에서 말하는 깨달음의 최고경지를 말한다. 이 깨달음을 성취한 후 여기에 체착(滯著)하는 일 없이, 다시 말해 지금까지 깨달음을 위해 무한히 위를 향하던 일로부터 중생세계로 방향을 바꾸어 이타행을 하는 것을 진일보라 한다. 분별계교(分別計校)하는 자신을 철저히 놓아버린다는 의미다. '백척간두진일보'는 그래서 힘 드는 일이다. 이를 실천에 옮긴 분이 오직 서가세존이시기로 '위도중생현세간'의 설명에 인용한 것이다.

② '전'구에서 '32상 가운데 마지막 범음상(梵音相)을 괘불이운 의식을 통해 체감할 수 있다'하였는데 어떤 의미인지?

부처님의 육신이나 전륜성왕(轉輪聖王)의 몸에 갖추어져 있는 거룩한 용모와 형상 중에서, 특히 현저하게 뛰어나 서른두 가지를 가려서 32상(相)이라 한다. 하나의 상(相)을 이룸에는 백 가지 선한 생각을 일으켜 백 가지 복덕을 지어야 한다고 해서 이것을 백사장엄(百思莊嚴) 또는 백복장엄(百福莊嚴)이라 한다. 따라서 여기서 언급된 '월륜만'이란 외적인 모습만을 이르는 것이 아니라 가지가지의 선행을 닦아 불과(佛果)에 이름[至]을 말하는 것이다.

문제는 범음상이 음성인 관계로 조각이나 그림으로는 표현할 수가 없다. 그러므로 성상을 조성하고 부처님의 말씀을 글로 옮긴 경전을 부처님의 음성인 범음상으로 간주하여 복장(腹藏) 가운데 모신다. 여기서는 의식을 범음범패로 거행하고 있는바 '괘불이운 의식을 통해 체감할 수 있다'고 한 것이다.

③ 우주는 무한하다. 그런데 '결'구에서 '어삼계중작도사(於三界中作導師)'라 하여 부처님의 교화 범위를 삼계로 한정하고 있는지.

우주는 무한하지만 부처님 한 분께서 교화하시는 범위는 한정되어 있으며, 이를 일불국토(一佛國土) 혹은 일불세계(一佛世界)라 한다. 즉 삼천대천세계(三千大天世界)를 그 영역으로 하고 계신 데 다음과 같이 설명되어 있다.

> 하나의 해와 달이 각각 비추는 천 개의 해와 천 개의 달이 비추는 세계를 통합해서 '소천세계'라 한다. 소천세계 안에는 천 개의 지옥, 천 개의 수미산, 천 개의 사왕천, 천 개의 도리천, 천 개의 야마천, 천 개의 도솔천, 천 개의 화락천, 천 개의 타화자재천, 천 개의 마천, 그리고 천 개의 범천의 세계들이 있느니라. 이와 같은 소천세계가 다시 천 개가 모여 이룩된 것을 '중천세계'라 하고 중천세계가 다시 천 개가 모여 이룩된 것을 '삼천대천세계'라 한다. 이 삼천세계는 그 속에 한량없는 중생들이 존재하지만 부처님은 단 한 분만 머물기 때문에 '일불국토(一佛國土)'라 하느니라.[38] -경의 내용을 간추림-
>
> ※ 一須彌山 + 四大洲 + 七山 + 八海 + 一鐵圍山 = 一小世界

38) 『장아함경』(대정장 권1, p.114b). "佛告諸比丘:「如一日月周行四天下、光明所照、如是千世界、千世界中有千日月、千須彌山王、四千天下、四千大天下、四千海水、四千大海、四千龍、四千大龍、四千金翅鳥、四千大金翅鳥、四千惡道、四千大惡道、四千王、四千大王、七千大樹、八千大泥犂、十千大山、千閻羅王、千四天王、千忉利天、千焰摩天、千兜率天、千化自在天、千他化自在天、千梵天、是爲小千世界。如一小千世界、爾所小千千世界、是爲中千世界。如一中千世界、爾所中千千世界、是爲三千大千世界。如是世界周匝成敗、衆生所居名一佛刹。"

一小世界 × 1000 = 小千世界
小千世界 × 1000 = 中千世界
中千世界 × 1000 = 大千世界 (= 三千大千世界)

그러나 일불세계의 범위에 대해서는 이설(異說)이 있다. 원시불교에서는 전륜성왕의 지배범위와 같은 사천하(四天下) 즉, 수미산을 중심으로한 사대주(四大洲)라 하고, 대승불교에서는 이를 확대하여 삼천대천세계(三千大千世界) 내지는 무량무수의 세계를 일불세계라고도 일컬었다. [『智度論』50]

또, 상주권공의 <할향>에서는 '奉獻一片香 德用難思議 根盤塵沙界 葉覆五須彌(봉헌일편향 덕용난사의 근반진사계 엽부오수미)'라 하여 다섯 수미산을 부처님 한 분의 교화영역으로 두기도 하였다.

장경(藏經)중에 보이는 오수미의 예를 들면,

眉間白毫 右旋宛轉 如五須彌山[39] / 宛(굽을 완)
미간백호 우선완전 여오수미산

眉間白毫五須彌 紺目弘澄四大海[40] / 紺(감색 감)
미간백호오수미 감목홍징사대해

白毫宛轉五須彌 紺目澄淸四大海[41]
백호완전오수미 감목징청사대해

또,『석문의범』권하 7쪽 <미타청(彌陀請)>에는,

白玉明毫 旋轉五峯山上 光流處處 無不攝生
백옥명호 선전오봉산상 광류처처 무불섭생

이라 하여 오수미를 '오봉산(五峯山)'으로 표현하고 있음도 볼 수 있다.

또,『작법귀감』소수「염향식」에서는 此一片香 根盤塵墨刹土 葉覆百億須彌 云云(차일편향 근반진묵찰토 엽부백억수미 운운)'[42]이라 되어 있다. 여기서 말하는 '진묵찰토'나 '백억수미' 역시 전 우주를 가리키는 말이다.

39)『佛說觀無量壽經』(『大正藏』 卷12, p.343b).
40) 같은 책, p.340b.
41)『釋門儀範』 卷上 p.84.
42)『韓國佛敎全書』 第10冊 p.590a.

<3.出山偈(출산게)>

중생제도를 위해 향하문을 택하신 석존의 자비에 찬탄 올리는 게송.

掛佛移運運 ‖ 1.擁護偈 2.讚佛偈 **3.出山偈** 4.拈花偈 5.散華落 6.擧靈山 7.登床偈 8.四無量偈 9.靈山至心 10.獻座眞言 11.茶偈 12.建會疏

巍巍落落①淨裸裸② 외외낙락정나라	드높고도 빼어나라 청정하온 모습이여
獨步乾坤誰伴我 독보건곤수반아	땅이됐건 하늘이건 내짝될이 누구런가
若也山中逢子期③ 약야산중봉자기	만에하나 산중에서 알아줄이 만났던들
豈將黃葉④下山下 기장황엽하산하	버들잎을 움켜쥐고 세간다시 찾았으랴.

【자구해설】

①**巍巍(외외)**: 뛰어나게 높고 우뚝 솟은 모양. 인격이 높고 뛰어남.

落落(낙락): 뜻이 높고 큰 모양. 또는 도량이 넓고 마음이 탄탄한 모양. 높이 뛰어난 모양.

②**淨裸裸(정나라)**: 몸에 실오라기 하나도 걸치지 않음을 말함. 또는 목욕하여 한 점의 때나 티끌도 없음을 말함. 전(轉)하여 번뇌·망상 등의 진애(塵埃)가 전혀 없어 천진난만한 모습을 말한다. 정나라적쇄쇄(淨裸裸赤灑灑). 전진로현(全眞露現). Bs591a

※**赤裸裸(적나라)**: ①몸에 아무 것도 입지 않고 발가벗은 상태. ②아무 숨김없이 본디 그대로의 모습으로 드러남. ③진리를 구하는 승려의 해탈경지가 마치 모든 분별심이 떨어져 발가벗은 것과 같다는 비유의 말.

③**子期(자기)**: 鍾子期(종자기). 춘추시대 백아(伯牙)라는 거문고의 명인이 있었다. 그의 친구 가운데 종자기(種子期)가 백아의 거문고 타는 소리를 들으면 자기(子期)는 백아의 심경을 그대로 알아맞혔다. 얼마 후, 자기는 병으로 세상을 뜨고 백아는 자기의 죽음 이후 두 번 다시 거문고를 잡지 않았다. 후인들은 이러한 고사를 '백아절현(伯牙絶絃)'이라 했고, '자기'는 얻기 어려운 친구의 대명사가 되었다. 또 지기(知己)를 지음(知音)이라고 하는 것도 이 고사에서 비롯되었다.

④**黃葉(황엽)**: 방편(方便)을 말함. 『열반경』 영아행품(嬰兒行品)에 보이는 고사. 즉 부모가 우는 아이에게 마른 버드나무 잎을 금(金)인 양 줌으로써 울음을 그치게 하듯, 부처님께서 천상(天上)의 낙과(樂果)를 설하시어 인간의 악을 그치게 하심도 그와 같다는 것.

【개요】

지금까지의 내용이 미혹(迷惑)의 경계(境界)에서 깨달음의 경계를 향한 것[向上門]이었다면, 본 게송은 깨달음을 완성한 성자(聖者)가 중생을 제도하기 위해 미혹의 경계로 점차 나아감[向下門]을 노래한 것이다. 향상과 향하를 구비하지 않으면 올바른 깨달음이 아니기 때문이다.

【구성 및 내용】

본 게송은, 칠언절구로서 기·승·전·결의 형식을 갖추고 있다.

'기'구인 **외외낙락정나라(嵬嵬落落淨裸裸)** —드높고도 빼어나라 청정하온 모습이여— 에서는, 수행의 결과가 목전에 드러났음을 노래하였다. '외외'와 '낙락'은 외적으로 이미 따를 자가 없음을 말한 것이고, '정나라'는 『종용록(從容錄)』 31에 보이는 '정나라적쇄쇄(淨裸裸

赤灑灑)'와 같은 뜻으로 번뇌·망상 등의 진애(塵埃)가 전혀 없어 천진난만한 부모미생전(父母未生前)의 소식을 회복하였다는 내적인 면을 말한 것이다.

'승'구인 **독보건곤수반아(獨步乾坤誰伴我)** —땅이됐건 하늘위건 내짝될이 누구런가— 에서는, '기'구에서 말한 경지와 자신의 존재가 어느 정도인지를 보다 분명하게 드러냈다. 자칫 삼세제불조차도 부정하는 대단한 아만으로 오해받을 수도 있다. 그러나 여기서 말한 '독보건곤'은 『벽암록(碧巖錄)』 3에 보이는 '독보단소(獨步丹霄)'와 같은 의미이다. 즉 독보(獨步)란 탁월한 모습을 말하고, 건곤(乾坤) 또는 단소(丹霄. 저녁노을이 낄 때와 같은 붉은 하늘)는 모든 상대적 차원의 세계를 가리키는 말로 여기서 비교 대상은 차별적 관념을 지닌 중생을 가리키는 것이다. 결론적으로 짝할 대상이 없다 함은 절대의 경지에 머물게 된 성자의 위대한 공능을 말한 것이다.

'전'구인 **약야산중봉자기(若也山中逢子期)** —만에하나 산중에서 알아줄이 만났던들— 에서는, 상대적 세계와 절대적 세계의 차이를 말한 것이다. 여기서 말하는 '산(山)'은 외적으로는 석존께서 수행하시던 설산(雪山)과 같은 수행처를 말한 것이지만, 내적으로는 사상(四相)을 산(山)에 비유하듯 차별의 세계를 말한다. 즉 상대적 차별의 관념으로는 깨달음의 세계인 절대적 경지를 도저히 이해할 수 없음을 춘추시대의 고사 '백아절현(伯牙絶絃)'의 주인공인 종자기(種子期)를 예로 노래한 것이다.

'결'구인 **기장황엽하산하(豈將黃葉下山下)** —버들잎을 움켜쥐고 세간다시 찾았으랴— 에서는, 성자(聖者)로서 갖추어야 하는 향상·향하 두 문의 일을 『열반경』 영아행품(嬰兒行品)에 보이는 고사를 예로 노래하였다. 즉 부모가 우는 아이에게 마른 버드나무 잎을 금(金)인양 주어 달래 듯, 수행자로서 제1의 목표였던 깨달음을 이룬 성자는 여러 가지 방편으로 제2의 목표인 중생제도에 나서 중생들로 하여금 생사고해의 윤회에서 벗어나 깨달음을 향하게 해야 함을 말하였다. 진정한 의미의 성불은 중생제도를 마쳐야 완성되기 때문이다.

【의식】

'쓰는소리'로 거행하며, 대중은 말번의 태징에 맞추어 함께 거행한다.

【연구】

1 황엽에 관한 구체적 내용은?

『열반경』의 영아행품(嬰兒行品)에 다음과 같은 내용이 있다.

> 如彼嬰兒 啼哭之時 父母卽以楊樹黃葉 而語之言 莫啼莫啼 我與汝金 嬰兒
> 여피영아 제곡지시 부모즉이양수황엽 이어지언 막제막제 아여여금 영아
>
> 見已生眞金想 便止不啼 然此楊葉實非金也
> 견이생진금상 변지불체 연차양엽실비금야
>
> 어린아이가 울 때 부모가 [마른] 버드나무 잎을 주며 '울지 마라. 울지 마라. 네게 금을 주리라.' 하였다. 어린아이는 [버드나무 잎을] 보고 진짜 금이라고 생각하고 문득 울음을 그쳤다. 그러나 버드나무 잎은 실제로는 금

이 아닌 것과 갔느니라.[43)]

2 '백아절현(伯牙絶絃)'의 내용을 자세히 알고 싶은데?

『열자(列子)』 탕문편(湯問篇)에 다음과 같은 내용이 있다.

춘추시대 때 백아(伯牙)라는 거문고의 명수가 있었다.
친구인 종자기(種子期)는 백아가 거문고를 타서 높은 산의 모습을 표현하려고 하면,
「야, 굉장하다. 높이 치솟는 느낌인데, 마치 태산 같구나.」 하고 칭찬해 주었으며, 흐르는 물의 기상을 표현하려고 하면,
「정말 좋다. 양양하게 물이 흐르는 느낌인데, 마치 장강이나 황하 같구나.」 하고 기뻐해 주었다. 이런 식이라 백아가 마음속으로 생각하고 거문고에 의탁하는 기분을 종자기는 정확하게 들어서 틀리는 법이 없었다.
어느 날 두 사람은 함께 태산 깊숙이 들어간 일이 있었다. 그런데 도중에 갑자기 큰 비를 만나 두 사람은 어느 바위 밑에 은신했으나 아무리 시간이 지나도 비는 그치지 않고 물에 씻겨 흐르는 토사(土砂) 소리만 요란했다. 겁에 질려 덜덜 떨면서도 백아는 언제나 떼어놓는 일이 없는 거문고를 집어들고 서서히 타기 시작했다. 처음에는 임우지곡(霖雨之曲), 다음에는 붕산지곡(崩山之曲), 한 곡을 끝낼 때마다 여전히 종자기는 정확하게 그 곡의 취지를 알아맞히고는 칭찬해 주었다.
그것은 항상 있었던 일이었으나 그런 사태 속에서도 하나도 틀리지 않고 자기의 음악을 알아주는 종자기에게 크게 감격한 백아는 거문고를 내려놓고 말했다.
「아아, 정말 자네의 듣는 귀는 굉장하네. 자네의 그 마음의 깊이는 내 마음 그대로가 아닌가. 자네 앞에 나오면 나는 거문고 소리를 속일 수가 없네.」
두 사람은 그만큼 마음이 맞는 친구였다. 하지만 그로부터 얼마 되지 않아 불행하게도 종자기는 병을 얻어 죽고 말았다.
그러자 백아는 그토록 거문고에 정혼을 기울여 일세의 명인으로 일컬어졌음에도 불구하고, 그 애용하던 거문고를 부숴버리고 줄을 끊어 죽을 때까지 두 번 다시 거문고를 손에 들지 않았다. 그것은 종자기라는 얻기 어려운 친구, 다시 말해서 자기 거문고 소리를 틀림없이 들어주는 친구를 잃은 비탄에서였다고 한다.
또 지기(知己)를 지음(知音)이라고 하는 것도 이 고사에서 비롯되었다.[44)]

---

43) 『大正藏』 卷12, p.485c.
44) 한국고전신서편찬회편 『고사성어(1989)』, p.147.

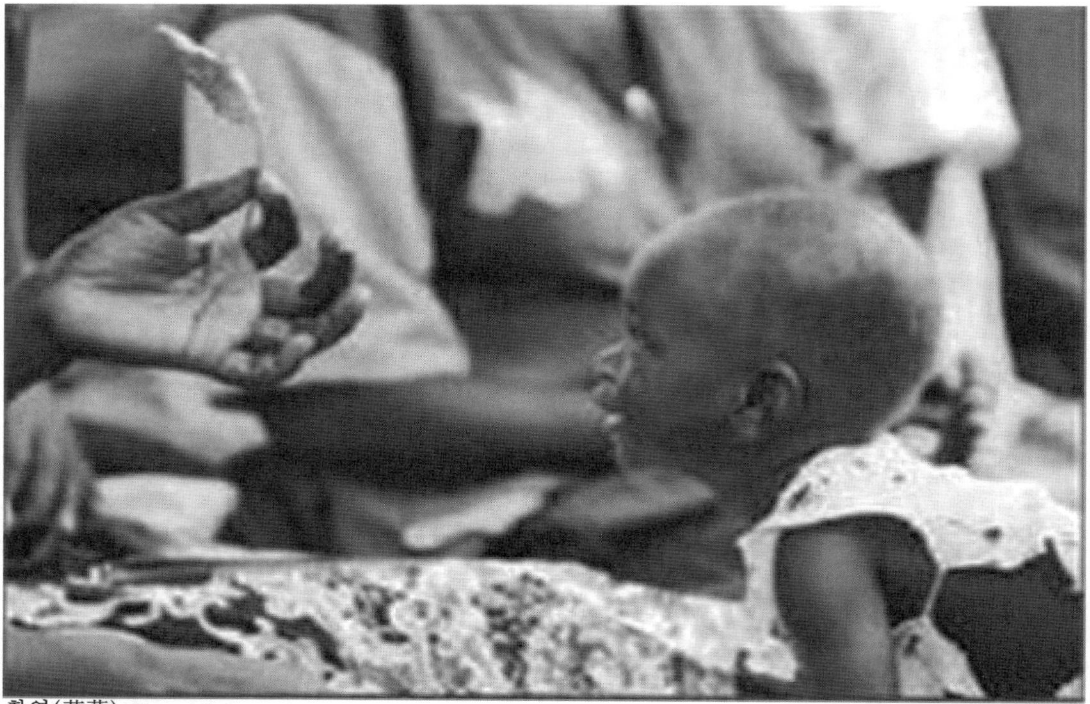

황엽(黃葉)

사진설명. 희망 찾는 '어린 눈빛' 지구 반대편 우간다에 있는 난민촌 무치위니(Muciwini) 마을에서 아기 하나가 나뭇잎에 홀려 맑게 웃는다. 전쟁의 공포를 피해 난민촌에 살고 있지만 아이는 미래를 꿈꿀 권리가 있다.[45]/키트굼(우간다)=박종인 기자

45) http://jin_55.blog.me/70091606187

<4.拈花偈(염화게)>

석존께 자리를 영산회상으로 옮겨주실 것을 청하는 게송.

掛佛移運 ‖ 1.擁護偈 2.讚佛偈 3.出山偈 **4.拈花偈** 5.散華落 6.擧靈山 7.登床偈 8.四無量偈 9.靈山至心 10.獻座眞言 11.茶偈 12.建會疏

菩薩提華①獻佛前 보살제화헌불전	선혜보살 꽃을들어 보광불께 올리오니
由來此法自西天② 유래차법자서천	이런절차 그유래는 서천에서 비롯했네.
人人本具終難恃 인인본구종난시	사람마다 지닌불성 쉽게믿지 아니함에
萬行③新開大福田④ 만행신개대복전	온갖방법 동원하사 대복전을 여시었네.

【자구해설】

①**提華(제화)**: 염화(拈華). 꽃을 집어 듦.

②**西天(서천)**: 서건(西乾). 인도의 별칭.

③**萬行(만행)**: 불자로서 지켜야 할 여러 가지 착한 행동. 장차 불과(佛果)에 이르기 위해 신·구·의 삼업(三業)으로 닦아야 할 많은 선행. 인위(因位)에서 닦아야할 바 행의 총칭.

④**福田(복전)**: Ⓢpuṇya-kṣetra. 선행(善行)의 씨앗을 뿌려서 복을 받는 밭. 이복전(二福田)·삼복전·사복전·팔복전 등 다양한 복전이 생각되었으나, 이 가운데 삼복전(三福田)을 예로 들면, 삼보(三寶)님과 같이 공경의 대상이 되는 경전(敬田), 부모님이나 스승님과 같이 은혜를 베풀어주신 은전(恩田), 빈자나 병자 등 불쌍히 여겨야 할 비전(悲田)이다. 즉, 삼보님께 공양 올리고 부모님이나 스승님의 은혜에 보답하며 가난한 사람에게 베풀면 복이 생긴다는 것이다. 또 이 모두를 합하면 팔복전(八福田. 불·법·승·부모·스승·빈궁자·병자·축생)이 된다.

【개요】

영산회상의 주인공이신 석존을 법회도량으로 모시려는 절차이다. 이때 능례인 대중의 마음을 소례이신 석존께 직접 전달하기 위해 화공양을 올리는 것이다.

【구성 및 내용】

내용 면에서 본 게송은 기·승·전·결로 나누어 볼 수 있다.

'기'인 **보살제화헌불전(菩薩提華獻佛前)** —선혜보살 꽃을들어 보광불께 올리오니— 에서는, 석존인행시 선혜(善慧)라는 이름의 보살로 보광여래(普光如來)께서 출현하셨을 때, 칠경화(七莖花)를 올린 예를 말하고 있다. 여기서 꽃의 역할은 능례의 마음을 소례에게 전하는 매개체이다.

'승'인 **유래차법자서천(由來此法自西天)** —이런절차 그유래는 서천에서 비롯했네— 에서는, 이런 예법의 유래를 말하고 있다. 경전 상에서 말한다면 '기'구에서 언급했듯 과거 보광여래 시절까지 소급해야 할 것이다. 하지만 시대를 현세로 제한한다면 상하(常夏)의 나라인 인도에서 그 유래를 찾을 수 있음을 언급한 것이다.

'전'인 **인인본구종난시(人人本具終難恃)** —사람마다 지닌불성 쉽게믿지 아니함에— 에서는,

화제를 바꾸어 석존께서 본 법회에 강림하셔야 하는 이유를 밝히고 있다. 중생 중생이 각자 자신의 주인이고, 또 부처임에도 이를 깨닫지 못하기 때문이라는 것이다.

'결'인 **만행신개대복전(萬行新開大福田)** —온갖방법 동원하사 대복전을 여시었네— 에서는, 석존이 어떤 분이신지를 노래했다. 중생의 근기에 맞춰 제도하시는 어른으로서 중생을 위한 대복전이 되어주시는 어른이라는 의미다. 응병여약(應病與藥) 혹은 대기설법(對機說法)이라 함이 곧 이를 이르는 말이다.

【의식】

'쓰는소리'로 거행하며, 대중은 말번의 태징에 맞추어 함께 거행한다.

【연구】

[1] 본 게송에서 소례를 석존으로 단언하였는데, 그럴만한 이유라도?

경함이운(經函移運)에도 같은 제목의 게송이 있다. 내용은 아래와 같다.

花果一時同妙法(화과일시동묘법) 꽃과열매 한때임은 미묘법과 한가지고
染中常淨亦如然(염중상정역여연) 흙탕속에 변함없이 청정함도 그러하네
今將數朶芙蓉蘂(금장수타부용예) 하옵기로 몇송이의 향기로운 부용화를
供養靈山法寶前(공양영산법보전) 영산회상 법보님께 공양으로 올립니다.[46]

'결'구에서 보듯이 의식의 주제에 맞게 소례가 법보로 명시되어 있다. 즉, 소례는 의식의 주제에 맞게 설정하는 것이 마땅하다 하겠다. 결론적으로 본 의식은 괘불이운을 목적으로 거행하는 만큼 헌화의 대상 즉 소례는 영취산에 자리하신 석존이시다.

[2] '기'구에서 보살을 선혜보살(善慧菩薩)이라 하였는데?

※ 앞 단원인 ≪(3)경함이운≫ 소수 <3.염화게>의 연구 [2]항을 참조할 것!

46) <拈花偈(염화게)> 경함이운에 앞서 법보님께 화공양을 올리는 게송.

造錢點眼 金銀錢移運 經函移運 ‖ 移運偈 動經偈 拈花偈 散華落 擧靈山 獻錢眞言 讚經偈

- 114 -

<5.散華落(산화락)>

석존을 친견케 되었음을 찬탄하며 꽃을 흩뿌리는 절차.

掛佛移運運 ‖ 11.擁護偈 2.讚佛偈 3.出山偈 4.拈花偈 **5.散華落** 6.擧靈山 7.登床偈 8.四無量偈 9.靈山至心 10.獻座眞言 11.茶偈 12.建會疏

散華落 三說
산화락 삼설

꽃비가 내립니다.

※ 앞 단원인 ≪⑵금은전이운≫ 소수 <4.산화락>을 참조할 것!

【개요】

본 항은, 법회의 구성 요소를 모셔오는 이운의식을 모두 마치고, 마지막으로 영산회상의 주인공이신 석존과 소례제위를 모시게 됨에 이를 환희롭게 여기는 제천과 대중이 경하의 뜻을 꽃잎에 담아 장도에 흩뿌리는 의식이다.

【의식】

<4.염화게> 끝에 치는 말번의 태징 세 망치를 신호로 대중은 동음으로 '산화락'을 세 번 창화하며 반배한다.

<6.擧靈山(거령산)> 불보살님을 영산회상으로 이운해 모심을 내외에 천명하는 절차.

掛佛移運Ⅱ1.擁護偈 2.讚佛偈 3.出山偈 4.拈花偈 5.散華落 6.擧靈山 7.登床偈 8.四無量偈 9.靈山至心 10.獻座眞言 11.茶偈 12.建會疏

南無靈山會上佛菩薩 **나무영산회상불보살**	영취산 법화회상의 부처님과 보살님께 귀의하옵니다.
南無靈山會上佛菩薩 **나무영산회상불보살**	영취산 법화회상의 부처님과 보살님께 귀의하옵니다.
南無靈山會上 一切諸佛 諸大菩薩摩訶薩 **나무영산회상 일체제불 제대보살마하살**	영축산 법화회상의 모든 부처님과 모든 보살마하살께 귀의하옵니다.

※ 앞 단원인 ≪(3)경함이운≫ 소수 <5.거령산>을 참조할 것!

【개요】

본 항은, 평소 괘불님을 모셔놓은 곳으로부터 도량에 마련된 영산단(靈山壇)까지, 나무영산회상불보살 9자를 인성(引聲)을 지으며 이운해 모시는 의식이다.

【의식】

대중이 전체의 내용을 한 번 설하고 이어 중번(中番. 魚丈)의 인도 아래 대중이 함께 짓소리로 거행한다.

이운시 감(龕)에 모셔진 그대로 이운함을 원칙으로 하지만, 괘불의 규모가 감내하기 어려운 경우에는 괘불만 모신다. 모시는 대중의 수는 정해져 있지 않다. 다만 짝수의 대중이 양쪽으로 나뉘어, 좌선우후(左先右後)로 엇갈려 서서 왼편에 자리한 대중은 오른쪽 어깨 위로, 오른쪽에 자리한 대중은 왼쪽 어깨 위로 모시며, 이때 인례 1인이 선두에 서서 일자목탁을 울리며 이운의 완급을 조절한다.

<7.登床①偈(등상게)> 석존과 소례제위를 영산단으로 모시는 게송.

掛佛移運 ‖ 11.擁護偈 2.讚佛偈 3.出山偈 4.拈花偈 5.散華落 6.擧靈山 **7.登床偈** 8.四無量偈 9.靈山至心 10.獻座眞言 11.茶偈 12.建會疏

遍登獅子座② 변등사자좌	영산회상 불보살님 사자좌에 오르시고
共臨十方界 공림시방계	자비로써 모두함께 시방계에 임하시어
蠢蠢③諸衆生 준준제중생	다생겁래 철모르는 삼계육도 어린④중생
引導蓮華界⑤ 인도연화계	무고안온 화장계로 인도하여 주옵소서.

【자구해설】

①**登床(등상)**: 설법상(說法床)에 오름.

②**獅子座(사자좌)**: 예좌(猊座). 부처님께서 앉으시는 자리. 부처님은 인간 세계에서 가장 존귀한 자리에 계시므로 모든 짐승의 왕인 사자에 비유하였다./ **猊** 사자 '예'

③**蠢蠢(준준)**: 준동(蠢動). 미미한 세력이나 행동이 꿈적거리며 활동함을 말한다. 즉, 심령(心靈)을 지니고 있음을 가리키는 말로 중생을 의미한다. 준동함령(蠢動含靈)/ **蠢** 꿈틀거릴 '준'.

④**어리다**: 생각이 모자라거나 경험이 적거나 수준이 낮다.

⑤**蓮華界(연화계)**: 연화장세계(蓮華藏世界, Ⓢpadma garbha lokadhātu). 연장계(蓮藏界). 비로자나불(毘盧遮那佛)과 노사나불(盧舍那佛)의 세계. 광협(廣狹)의 차가 있으므로 비로자나불의 세계를 화장계(華藏界, Ⓢkusuma tala garbha vyūhalaṃkāra lokadhātu samudra), 노사나불의 세계를 연장계(蓮藏界)라 하여 구분하기도 한다.

※ 정토교(淨土敎)에서는 아미타불의 극락세계를 연화장세계라 하고, 동밀(東密)에서는 미타보신(彌陀報身)의 정토를 가지신(加持身)의 연화장세계, 대일법신(大日法身)의 주처(住處)를 본지신(本地身)의 연화장세계, 중생의 간율다심(干栗多心, Ⓢ.hṛdaya. 㗊乾栗陀耶/如來藏心)을 행자(行者)의 연화장세계라 함.

【개요】

본 항은, 석존과 소례제위를 영산단으로 모시면서 그 연유를 소례제위는 물론 일회대중 모두에게 아뢰어 금일 법회가 열려야 하는 목적에 공감토록 하는 의식이다.

【구성 및 내용】

내용 면에서 본 게송은 기·승·전·결로 나누어 볼 수 있다.

'기'인 변등사자좌(遍登獅子座) —영산회상 불보살님 사자좌에 오르시고— 에서는, 석존과 소례제위께서 각자의 사자좌에 오르시는 거룩하신 모습을 노래하였다. 여기서 언급한 '사자좌'는 법을 설하기 위해 마련된 자리이니 곧 영산회상의 모든 불보살님께서 설법에 임하신다는 의미다. 따라서 상상조차 어려운 불국세계가 펼쳐지고 있음을 알 수 있다. '기'구에 주어가 생략되어 있음에도 '영산회상 불보살님'이라 해석 한 것은 '승'구의 '공림'과 함께 '변등'이라는 단어가 있기 때문이다. 그리고 <6. 거령산>에서 '영산회상 일체제불 제대보살마하살'이라 함을 참고한 것이다.

'승'인 **공림시방계(共臨十方界)** —자비로써 모두함께 시방계에 임하시어— 에서는, 영산회상의 불보살님께 한량없는 중생계에 임해주실 것을 간구하고 있다. 중생계가 무변하고 그들의 어리석음과 이로 인한 고통을 생각하면 늦출 수 없는 일이기 때문이다.

'전'인 **준준제중생(蠢蠢諸衆生)** —다생겁래 철모르는 삼계육도 어린중생— 에서는, 제불보살님의 손길을 기다리는 대상을 적시하였다. 무엇보다도 중생을 벌레들의 움직이는 모양이나 미욱하고 어리석어 사리를 판별하지 못하는 자의 움직임을 묘사하는 '준준(蠢蠢)'이라는 단어로 묘사하고 있음에서 제불보살님의 자비가 절실함을 아뢰고 있다.

'결'인 **인도연화계(引導蓮華界)** —무고안온 화장계로 인도하여 주옵소서— 에서는, 금일 법회에 동참하고 있는 능례의 목적지가 연화장세계임을 분명히 하고 있다. 즉 '준준제중생'이라는 '전'구의 내용처럼 어리석고 미련하기는 하지만, 최소한 목적지에 이르고자 하는 의지만큼은 확실함을 시사하고 있다.

【의식】

'쓰는소리'로 거행하며, 대중은 말번의 태징에 맞추어 함께 거행한다.

【연구】

1 '기'구에서 자리를 권함과 '승'구에서 시방계에 임하시라 함이 어떤 의미인지?

'기'구에서 사자좌에 오르시라 함과 '승'구에서 시방계에 임하시라 함은 분명 다른 의미다. 자칫 상반된 내용으로 보일 수 있다. 그러나 세간에서도 직함을 가지고 일을 할 때와 그렇지 않을 경우 차이가 많을 수 있다.

무한한 시공에 무한한 부처님께서 계심은 대승불교권에서는 이미 상식이다. 하지만 아미타불을 소례로 모시려는 의지를 담은 '집주게(執珠偈)'[47]에서도 보이듯 본 법회에서는 서가세존을 소례로 모시려는 의지를 분명히 보인 것이고, 그런 만큼 석존께 소례로서 법회대중을 보살펴주시길 기원하는 것이다. 말을 바꾸어 왕이 될 사람에게 '보위에 오르셔서 백성을 돌보소서.'라 하면 이해에 도움이 될 수 있다.

2 '결'구에서의 화장계는 어떤 세계인가?

불교에서 말하는 세계를 연화에 견준 것으로 연화장세계(蓮華藏世界)의 줄인 말이다.[48] 즉, 연꽃 속에 담겨 있는 세계라는 뜻으로, 그 모습은 교파와 종파에 따라 다르다. 여기서는 불국토 혹은 극락세계 등 무고안온의 세계로 이해하면 된다.

---

47) 我執念珠法界觀 虛空爲繩無不貫 平等舍那無何處 觀求西方阿彌陀.

48) 연화장세계에 대한 관념은 원래 바라문교(Ⓢvaidika dharma '베다의 가르침')에 있었다. 우주의 최초 즉 겁초(劫初, Ⓢkalpa agra)에는 큰물이 있었고, 그 가운데 비슈누(ⓈViṣṇu)神이 나타났으며, 그 신의 배꼽[臍] 가운데서 일천 개의 잎을 지닌 금색연화가 피어났다. 또, 그 가운데서 범천(梵天, Ⓢbrahma)이 출현했으며 급기야 수많은 생류(生類, Ⓢjāti)를 세상에 태어나게 했다고 한다. 이러한 견해를 이어 원용·발전시킨 불교의 우주관이 곧 연화장세계이다.

<8.四無量①偈(사무량게)>[49] 영산단에 자리하실 석존과 소례제위의 공덕과 상호를 찬탄하는 게송.

掛佛移運 ‖ 1.擁護偈 2.讚佛偈 3.出山偈 4.拈花偈 5.散華落 6.擧靈山 7.登床偈 **8.四無量偈** 9.靈山至心 10.獻座眞言 11.茶偈 12.建會疏

大慈大悲愍衆生 대자대비민중생	대자비로 뭇중생을 고루고루 살피시고
大喜大捨濟含識② 대희대사제함식	대희사로 모든중생 빠짐없이 건지시네.
相好③光明以自嚴 상호광명이자엄	삼십이상 팔십종호 광명절로 눈부심에
衆等至心④歸命⑤禮 중등지심귀명례	대중모두 지심으로 귀명례를 올립니다.

【자구해설】

①**四無量(사무량)**: 사무량심(四無量心, [S]catvāry apramāṇāni). 자・비・희・사(慈悲喜捨)의 마음을 무량으로 일으켜 중생들을 깨우침으로 이끄는 것. 전통적인 해석에 의하면, (1)자무량(慈無量, [S]maitry-apramāṇa, [P]mettā-). 자애를 베푸는 것이 한이 없는 것. (2)비무량(悲無量, [S]karuṇā-apramāṇa). 중생의 고통을 제거하는 것이 한이 없는 것. (3)희무량(喜無量, [S][P]muditā-apramāṇa). 중생에게 즐거움이 있는 것을 시샘하지 않는 것이 한이 없는 것. (4)사무량(捨無量, [S]upekṣā-apramāṇa, [P]upekkhā). 원한 등으로 인한 차별의 상을 버리고 평등하게 이룹도록 하는 것이 한이 없는 것. 자애・동정・기쁨・평등심의 네 가지.

②**含識(함식)**: 함령(含靈). 중생(衆生). 심식(心識=心靈)을 가지고 있다는 뜻으로, 중생을 달리 이르는 말.

③**相好(상호)**: 부처님의 화신이나 전륜성왕의 몸에 갖추어져 있는 거룩한 용모와 형상. 이 가운데는 뚜렷해서 보기 쉬운 32가지의 상(三十二相, [S]dvātriṃśal-lakṣaṇa)과 미세해서 보기 어려운 80가지의 호(八十種好, [S]aśīty-anuvyañjana)가 있는데 이를 합해 상호라 한다.

④**至心(지심)**: 더없이 성실한 마음. (1)전념하는 것. (2)진실한 마음[至는 眞, 心은 實]. 진심(眞心). 지심(志心). 일심(一心).

※[부사(副詞)로서] 일심으로, 정성을 담아, 오로지 등으로 해석.

⑤**歸命(귀명)**: [S]namas/namaḥ, [음]나마(南麽)/나막(囊莫), [S]namo, [음]나무(南無). 나모(南謨). [의]경례(敬禮)・귀례(歸禮)・구아(救我)・도아(度我)・굴슬(屈膝).

※귀(歸)는 귀취(歸趣)・귀향(歸向). 명(命)은 자신의 목숨. 즉 자신의 목숨을 바쳐 삼보께 귀향(歸向)하는 것(歸者趣向義 命謂己身性命). —『起信論義記』上—

【개요】

<6.거령산>과 <7.등상게>에서 거명하여 영산단에 소례로 모신 석존과 소례제위를 찬탄하며 귀의를 표명하였다. 소례제위의 내적 공덕을 본 항에서는 크게 자・비・희・사 네 가지 측면에서 찬탄하였고, 외적으로는 상호의 원만하심을 들어 무한한 신뢰와 함께 거듭 찬탄하였다. 또 이를 근거로 귀명례를 올리고 있다.

【구성 및 내용】

내용 면에서 본 게송은 기・승・전・결로 나누어 볼 수 있다.

---

49) 학조 역 『진언권공』에는 <찬례삼보(讚禮三寶)>로 되어 있다. 『한국불교의례자료총서』 권1, p.469상.

'기'인 대자대비민중생(大慈大悲愍衆生) —대자비로 뭇중생을 고루고루 살피시고— 에서는, 영산단의 소례제위께서 사무량심 가운데 자무량(慈無量)과 비무량(悲無量)으로 중생을 연민하심을 먼저 노래하였다.

'승'인 대희대사제함식(大喜大捨濟含識) —대희사로 모든중생 빠짐없이 건지시네— 에서는, 자비에 이어 희무량(喜無量)과 사무량(捨無量)으로 중생을 구제하심을 노래하였다. 단, '기'구의 '자비'는 민(愍, Ⓢkāruṇya)을 특징으로 하는바 마음으로 하는 것이고, '승'구에서의 '희사'는 제(濟, Ⓢtrāṇa)를 특징으로 하는바 행동으로 옮기는 것이라는데 차이가 있다.

'전'인 상호광명이자엄(相好光明以自嚴) —삼십이상 팔십종호 광명절로 눈부심에— 에서는, 소례제위의 삼십이상과 팔십종호를 찬탄하였다. 인원과만(因圓果滿)이라는 말씀처럼 원만한 상호는 수행의 결과로서 귀의의 대상이 된다.

'결'인 중등지심귀명례(衆等至心歸命禮) —대중모두 지심으로 귀명례를 올립니다— 에서는, 본 게송에서 소례제위를 향한 찬탄의 내용에 대중 모두가 공감하고 있음을 '귀명례'라는 몸짓으로 보이고 있다. 「묘경작법」 소수 <14.귀명게>[50]의 앞 내용이 본 게송임을 감안하면 여기서 '중등(衆等)'은 <14.귀명게> '기'구의 '시방(十方)'이라 하겠으니 곧 온 누리의 중생을 가리킨다 하겠다.

【의식】

말번의 게송금(偈頌金)에 맞추어 대중은 소사물을 울리며 '쓰는소리'로 함께 창화하며, 각 구 끝에 반배한다.

【연구】

① 본 항에서 사무량심의 역학관계는?

자·비·희·사 사무량심은 부처님의 공덕을 나타냄에 있어서 온전한 가옥의 네 기둥과 같아 어느 하나도 소홀히 할 수 없다. 그런 가운데 본 게송에서는 사무량심 가운데 자비를 민(愍 근심할 민)에, 희사를 제(濟 건널 제)와 연결 짓고 있다. 민(愍)은 마음으로 하는 것이고, 제(濟)는 행동으로 옮기는 것이라는데 차이가 있다.

---

50) **<14.歸命偈(귀명게)> 聞法으로 새로워진 신심과 견고해진 원을 나타낸 게송.**

靈山作法‖ … 11.補闕眞言 12.收經偈 13.四無量偈 **14.歸命偈** 15.唱魂 16.歸命禮 …

十方盡歸命(시방진귀명) 온누리의 모든중생 지심귀명 올리오니
滅罪生淨信(멸죄생정신) 모든죄업 멸하옵고 맑은신심 생하여서
願生華藏界(원생화장계) 일체중생 모두함께 화장세계 태어나면
極樂淨土中(극락정토중) 극락세계 청정국토 그곳이기 원입니다.

<9.靈山至心(영산지심)> 대중이 영산단에 자리하신 석존께 귀명례를 올리는 절차.

掛佛移運Ⅱ1.擁護偈 2.讚佛偈 3.出山偈 4.拈花偈 5.散華落 6.擧靈山 7.登床偈 8.四無量偈 **9.靈山至心** 10.獻座眞言 11.茶偈 12.建會疏

至心歸命禮① 지심귀명례	지성스런 마음으로 오체투지 하옵니다.
靈山會上拈華示衆 영산회상염화시중	영산법회 회상에서 꽃을들어 보이셨던
是我本師②釋迦牟尼佛a 시아본사서가모니불	저희들의 본사이신 서가세존 여래시여
唯願慈悲受我頂禮③ 유원자비수아정례	자비로써 저희들의 귀명례를 받으소서.

【자구해설】

①拈華示衆(염화시중): 석존께서 영축(취)산에 계실 때, 대범천왕이 올린 꽃 한 송이를 대중에게 보이신 일. 뒤에 이 일은 석존께서 가섭존자에게 대법을 상속하신 일로 알려지고 있다. 『무문관(無門關)』 6에는 다음과 같은 내용이 있다.

「世尊昔在靈山會上 拈華示衆 是時衆皆默然 唯迦葉尊者 破顔微笑 世尊云 吾有正法眼藏
세존석재영산회상 염화시중 시시중개묵연 유가섭존자 파안미소 세존운 오유정법안장
涅槃妙心 實相無相 微妙法門 不立文字 敎外別傳 付囑摩訶迦葉
열반묘심 실상무상 미묘법문 불립문자 교외별전 부촉마가가섭」

또, 이 이야기는 중국에서 찬술된 것으로 생각되는『대범천왕문불결의경(大梵天王問佛決疑經)』에도 보이고 있으며, 송(宋)대 이후 선가(禪家)에서 주로 말하여지고 있다.

②本師(본사): Ⓢārya-guru. ⑴서가모니불. 근본의 스승이라는 뜻. ⑵한 종파의 조사(祖師). ⑶수업사(受業師). 처음 불문에 들어가 승려가 될 때, 삭발하고 계를 내려 주는 스승. 또는 지식과 학문 등을 일러주는 스승.

③頂禮(정례): Ⓢśirasā/namaskāra. 오체투지(五體投地, Ⓢpañcamaṇḍalanamaskāra)·접족례(接足禮, Ⓢpādau vanditvā)·두면례(頭面禮, Ⓢśirasā vanditvā)라고도 함. 극경례(極敬禮)의 하나로 상대의 발에 머리가 닿도록 하는 인도의 절하는 법.

【개요】

대중이 영산단 즉, 영산회상 사자좌에 자리하신 사바세계 일대교주이신 서가모니부처님께 귀명례를 올리는 의식이다.

【구성 및 내용】

내용 면에서 본 게송은 기·승·전·결로 나누어 볼 수 있다.

'기'인 **지심귀명례(至心歸命禮)** —지성스런 마음으로 오체투지 하옵니다— 에서는, 영산회상의 주인공이신 서가모니 부처님께 지극하고 진실된 마음으로 예를 갖추고 있다.

'승'인 **영산회상 염화시중(靈山會上 拈華示衆)** —영산법회 회상에서 꽃을들어 보이셨던— 에서는, 삼처전심(三處傳心)51) 가운데 석존께서 영산회상에 계시며 대범천왕이 올린 꽃 한

51) 三處傳心: 靈山會上拈華微笑 多子塔前分半寶座 沙羅樹下槨示雙趺
영산회상염화미소 다자탑전분반보좌 사라수하곽시쌍부
중요한 것은 삼처전심의 본 뜻이
①'영산회상염화미소'에서 석존의 본회(本懷), 즉 조사관(祖師關)을 타파하여 가섭존자와 같이 파안

송이를 대중에게 보이신 일을 상기시키고 있다. 즉, 참석대중 모두가 가섭존자와 같이 대법(大法)을 상속받는 주인공이 되길 염원하고 있다 하겠다.

'전'인 **시아본사 서가모니불(是我本師 釋迦牟尼佛)** —저희들의 본사이신 서가세존 여래시여— 에서는, 서가모니 부처님이 사바세계 중생들의 본사이심을 거듭 확인하였다. 감인세계로도 표현되는 사바세계에서 서가모니 부처님을 뵙게 된 것은 어린아이가 잃어버렸던 부모님과 재회하게 된 것만큼 벅찬 일이기 때문이다.

'결'인 **유원자비 수아정례(唯願慈悲 受我頂禮)** —자비로써 저희들의 귀명례를 받으소서— 에서는, 귀명의 예를 올리며 응해주실 것을 간구하고 있다. 세간에서도 부모님의 소중함을 알면 철이 들었다고 한다. 석존께 이렇듯 진심으로 극진한 예를 갖추려는 것은 곧 불자로서 수행자로서 자세가 잘 갖추어져 있다고 하겠다.

【의식】

'지심귀명례'로부터 '시아본사 서가모니불'까지 두 번 쓸고, 세 번째 역시 쓰는데 말미의 '유원자비 수아정례'는 대중이 함께 창화한다. 또는 '지심귀명례'로부터 '시아본사 서가모니불'까지 쓸고 '유원자비 수아정례'를 대중이 함께 세 번 반복해 창화한다.

【연구】

① 영산회상(靈山會相)은 법화경을 설하시던 곳이고, '염화시중(拈華示衆)'은 『무문관(無門關)』에서 보듯 선가에서 주로 말하여지고 있는 내용인데…

전자는 교종에서의 일이고, 후자는 선종에서의 일이다. 선종에서 삼처전심은 석존께서 가섭존자에게 3번에 거쳐 대법을 상속하신 일이고, 교종에서 법화경의 위치는 최고 정점에 자리한 경전이다.

이렇듯 양종의 가장 요긴한 내용이 자연스럽게 하나가 될 수 있는 것은 고려 중엽이후 선종을 중심에 둔 원융불교라는 특징을 지니게 되었기 때문이다. 그리고 이런 특징은 의식에 가장 잘 나타나고 있으니, 이른바 이장위종의 입장에 있는 것이 선종이기 때문이다.

(破顔)하기를 염원하고,
②'다자탑전분반보좌'에서 부처님의 대(代)를 잇게 되기를 발원하고,
③'사라수하곽시쌍부'에서 무생법인(無生法忍)을 체득하기를 발원하는데 있다는 점이다.

<10.獻座眞言(헌좌진언)> 석존과 해회성중제위께 자리를 권해 올리는 게송.

掛佛移運 ‖ 1.擁護偈 2.讚佛偈 3.出山偈 4.拈花偈 5.散華落 6.擧靈山 7.登床偈 8.四無量偈 9.靈山至心 **10.獻座眞言** 11.茶偈 12.建會疏

妙菩提座①勝莊嚴② 묘보리좌승장엄	묘하도다 보리좌여 빼어나온 장엄이여.
諸佛坐已成正覺 제불좌이성정각	일체제불 자리하사 바른깨침 이루셨네.
我今獻座亦如是 아금헌좌역여시	제가지금 권하옵는 이자리도 그와같아
自他一時成佛道 자타일시성불도	우리모두 한날한시 성불하게 될지이다.

唵 縛日羅 未那野 娑婆訶
옴 바아라 미나야 사바하

【자구해설】

①**妙菩提座(묘보리좌)**: Ⓢbodhi-maṇḍa. 묘각위(妙覺位)와 같은 의미. 보살수행의 52위(位) 혹은 42지(地)의 단계 가운데 최후의 계위. 등각위(等覺位)를 전(轉)하여 번뇌를 모두 끊고, 지혜가 원만 구족한 위(位)를 '좌(座)'에 견준 것.

②**勝莊嚴(승장엄)**: 장식·배치 등이 수묘(殊妙)하고 장려단엄(壯麗端嚴)하게 장치됨.

⊙**莊嚴(장엄)**: Ⓢśobha/vyūha. 아름다운 것으로 몸이나 국토를 꾸미거나 건립하는 일.

【개요】

「시련」에서 언급했듯, '헌좌(獻座)'는 손님을 맞이하기 위해 자리를 준비하여 예(禮)에 맞도록 권하는 의식이다. 다만 「시련」에서의 <3.헌좌진언>과 다른 점이 있다면, 준비된 자리의 주인공이 영산회상에 자리하신 서가세존과 해회의 제불보살이시라는 점이다.

【구성 및 내용】

내용 면에서 본 게송은 기·승·전·결로 나누어 볼 수 있다.

'기'인 **묘보리좌승장엄(妙菩提座勝莊嚴)** —묘하도다 보리좌여 빼어나온 장엄이여— 에서는, 영산회상의 소례제위께서 계신 자리의 수승함을 말하였다. 즉 석존과 소례제위께서는 이미 정각을 이루셨거나 그에 버금가는 분들이신바, 그 공(功)을 그분께서 계셨던 자리에까지 돌려 정각을 가능케 하는 자리로 보았다. 따라서 석존과 소례제위께서 계시는 자리야말로 최상의 가치를 지닌 자리가 되며, 장엄도 같은 의미에서 무비(無比, Ⓢanupamā)의 것이라 한 것이다. 정리컨대 준비한 자리 자체의 뛰어남을 말하려는 것이 아니라, 석존과 소례제위께서 자리하시겠기로 '묘보리좌'요 '승장엄'일 수 있다는 말이다.

'승'인 **제불좌이성정각(諸佛坐已成正覺)** —일체제불 자리하사 큰깨달음 이루셨네— 에서는, '묘각위(妙覺位)'의 공능을 '좌(座)'에 견주어 노래하였다. 즉 '좌'란 심신을 편하게 하려는 장치이듯 여기서 말하는 '보리좌'는 일체의 번뇌와 미망을 떨치고 정각을 이룰 수 있게 하는 자리다. 따라서 석존과 소례제위께서 이미 이 자리에 앉으셨다 함은 곧 진공과 묘유가 갖추어진 자리로서 일체의 번뇌와 미망을 떨치셨다는 말이며, 정각을 이루셨다 함은 그 자리가 곧 '보리좌'임을 증명하는 것이다.

'전'인 **아금헌좌역여시(我今獻座亦如是)** —제가지금 권하옵는 이자리도 그와같아— 에서는, 금일 법회에 즈음하여 준비한 자리도 정각을 위한 자리가 되기를 발원하고 있다. 즉, 영산회상의 소례제위께 올리고자 마련한 자리이지만, 처처안락국(處處安樂國)이라는 말씀이 있듯이 소례제위께서 자리하심으로 해서 이 자리도 '묘보리좌'가 되고 '승장엄'이기를 발원하는 것이다.

'결'인 **자타일시성불도(自他一時成佛道)** —우리모두 한날한시 성불하게 될지이다— 에서는, 석존과 소례제위를 청해 모시는 본회(本懷)가 드러나는 부분이다. 즉 본 법회에 소례제위를 청해 모시는 것은 기실 본 법회의 대중 모두가 소례제위의 가피력으로 소례제위께서 이루신 것과 같이 정각을 이루고자 하는데 있음을 말한 것이다. 한 가지 유념할 것은 정각을 이루고자 본 게송에서 발하는 능례의 원과 중생을 제도하시려는 소례제위의 원이 상응하기에 본 원의 성취는 개연성을 지닌다는 점이다.

【의식】

홀수 구는 법주 짝수 구는 대중이 맡게 되는데 법주가 '기'구를 선창하면, 그 소리가 끝나기 전에 말번의 태징이 울리고 이를 신호로 대중이 '승'구를 창화한다. 이와 같이 법주의 선창에 이어 대중이 함께 창화하는 것을 일컬어 '소리를 받는다' 고 한다. '전'구와 '결'구도 똑 같은 방법으로 진행된다. 게송 끝의 '진언' 역시 법주와 대중이 엇갈러 가며 세 번씩 총 여섯 번을 창화한다.

단, 세 번째 진언에서 법주는 긴소리로 하며 말번과 대중은 앞에서와 같은 방법으로 소리를 받는다. 또, 선창은 법주 이외의 스님이 대행해도 무방하다. 또 이때 '마지쇠' 세 마루[三宗]를 울려 마지 올릴 것을 알린다. 주의할 것은 부득이한 경우가 아니라면 마지를 미리 올려서는 안 된다는 점이다.

헌좌진언의 소리는 다른 소리와 크게 구별됨으로 '헌좌게성(獻座揭聲)'이라 칭한다.

【연구】

1 괘불이운 소수 <헌좌진언>과 시련절차 소수 <헌좌진언> 내용이 다른데?

두 가지 헌좌진언의 내용을 보면 왜 달라야 하는지에 대한 답이 있다. 즉, '헌좌(獻座)'라 함은 손님을 맞이하기 위해 마련한 자리를 예(禮)에 맞춰서 그 손님에게 권하는 것을 말한다.

그런데 두 가지 절차에서 모시려는 손님의 지위가 다르다. 괘불이운의 경우는 불보살님이시고, 시련절차의 경우는 아래 게송에서 보듯 삼보님과 도량을 옹호해 주실 104위 신중이시다.

<3.獻座眞言(헌좌진언)> 성중의 강림과 도량의 옹호를 발원하는 게송.

시련 ‖ 1.옹호게 2.요잡바라 **3.헌좌진언** 4.다게 5.행보게 6.산화락 7.거인로 8.영축게 9.보례삼보

我今敬設寶嚴座(아금경설보엄좌) 보배롭고 장엄스런 모실자리 마련하와

奉獻一切聖賢前(봉헌일체성현전) 강림하신 성현님께 정성다해 올리오니
願滅塵勞妄想心(원멸진로망상심) 객진번뇌 망상심을 남김없이 멸하시어
速圓解脫菩提果(속원해탈보리과) 한시바삐 보리과를 원만하게 이루소서.

唵 迦摩羅 僧賀 娑婆訶(옴 가마라 승하 사바하) 삼설

그뿐만 아니라 진언의 내용도 전자의 경우는 '옴 바아라 미나야 사바하'인데 비해 후자의 진언은 '옴 가마라 승하 사바하'이다. 조석종송의 경우 역시 게송이나 진언의 내용이 다름에서 선후의 관계에 있음을 일 수 있는 것과 같다.

<1.夕禮鐘頌(석례종송)> 저녁에 종을 울리며 불교 이상향 구현을 발원하는 게송.

석례종송 ‖ 1.종송 2.파지옥진언

聞鐘聲煩惱斷(문종성번뇌단) 이종소리 듣게되면 모든번뇌 끊어지고
智慧長菩提生(지혜장보리생) 불지혜는 자라나며 큰깨달음 생겨나서
離地獄出三界(이지옥출삼계) 모든지옥 멀리하고 중생계를 뛰어넘어
願成佛度衆生(원성불도중생) 원하오니 성불하여 중생제도 하옵소서.

<2.破地獄眞言(파지옥진언)> 지옥을 부수는 진언.

석례종송 ‖ 1.종송 2.파지옥진언

唵 迦羅地野 娑婆訶(옴 가라지야 사바하) 삼설

<1.朝禮鐘頌(조례종송)> 새벽에 종을 울리며 불교 이상향 구현을 발원하는 게송.

조례종송 ‖ 1.종송 2.귀의문 3.파지옥게 4.파지옥진언 5.장엄염불 6.아미타불본심미묘진언 7.자웅금

願此鐘聲遍法界(원차종성변법계) 원하오니 이종소리 온법계에 두루하여
鐵圍幽暗悉皆明(철위유암실개명) 금륜위산 짙은어둠 구석구석 밝아지고
三途離苦破刀山(삼도이고파도산) 삼악도는 고통없고 검수도산 부서져서
一切衆生成正覺(일체중생성정각) 모든중생 남김없이 바른깨침 이루과저.

<4.破地獄眞言(파지옥진언)> 지옥을 부수는 진언.

조례종송 ‖ 1.종송 2.귀의문 3.파지옥게 4.파지옥진언 5.장엄염불 6.아미타불본심미묘진언 7.자웅금

曩謨 阿灑吒 始地喃 三藐三沒馱 鳩致喃 唵 惹左那 縛婆始 地哩地哩 吽
나무 아 따 시지남 삼먁삼못다 구치남 옴 아자나 바바시 지리지리 훔

종송에서 선후의 관계라 함은, 저녁은 하루의 시작이고 아침은 완성에 해당함을 기준으로 한 언급이다. 따라서 저녁의 종송이나 진언은 목표를 설정하고 시작함을 내용으로 하며, 새벽의 종송이나 진언은 설정한 바 목표를 완수함을 내용으로 하고 있다.

<11.茶偈(다게)>

영산단에 자리하신 석존과 성중제위께 다와 다식을 올리는 게송.

掛佛移運 ‖ 1.擁護偈 2.讚佛偈 3.出山偈 4.拈花偈 5.散華落 6.擧靈山 7.登床偈 8.四無量偈 9.靈山至心 10.獻座眞言 **11.茶偈** 12.建會疏

今將①妙藥及茗②茶 금장묘약급명다	묘약에나 견주어질 茶와茶食[52] 마련하여
奉獻靈山大法會 봉헌영산대법회	영산법회 성중님께 두손으로 올리오니
俯鑑③檀那④虔懇⑤心 부감단나건간심	단월들의 정성심을 굽어살펴 주시옵고
願垂慈悲哀⑥納受⑦ 원수자비애납수	대자비를 드리우사 물리치지 마옵소서.

【자구해설】

①**將(장)**: 개사(介詞). ~을(를).

②**茗(명)**: 차 싹 '명'

③**俯鑑(부감)**: 부찰감지(俯察鑑止)의 약(略). 높은 곳에서 내려다봄. 부감(俯瞰). 부관(俯觀). 부시(俯視). 감시(瞰視). 하감(下瞰). 조감(鳥瞰).

※**俯察(부찰)**: 아랫사람의 형편을 두루 굽어살핌.

鑑止(감지): 비추어 봄. 환히 봄. '止'는 조자(助字=語助辭).

④**檀那(단나)**: Ⓢdāna. 음旦那/柁那/拕那/馱曩. ⑴보시. ⑵단월(檀越, Ⓢdāna-pati, 음檀那鉢底 '시주'). 의식주(衣食住) 등을 사원(寺院)이나 승려에게 공급하는 신도(信徒). 단가(檀家).

⑤**虔懇(건간)**: '虔'과 '懇' 두 글자가 모두 '정성'이라는 뜻이다. 즉 매우 간절한 정성을 나타냄.

⑥**哀(애)**: 사랑하다. '哀'는 본래 '슬플 애'자로 '슬프다' '슬퍼하다' '불쌍히 여기다'라는 뜻으로 사용된다. 그러나 여기서는 부모가 철없는 자식을 바라보는 마음을 가리키는 것으로 '애틋이 여김'을 의미한다.

⑦**納受(납수)**: 받아들임. 수납(受納).

【개요】

지금까지의 숨 가쁘게 진행해온 제반절차가 완료됨에 석존과 소례제위께 다(茶)와 다식(茶食)을 올리며 잠시 휴식을 취하시도록 하는 의식이다.

【구성 및 내용】

내용 면에서 본 게송은 기·승·전·결로 나누어 볼 수 있다.

'기'인 **금장묘약급명다(今將妙藥及茗茶)** —묘약에나 견주어질 차와다식 마련하여— 에서는, 석존과 소례제위의 피로를 풀어드리기 위해 정성스럽게 마련한 다(茶)와 다식(茶食)이 준비되어 있음을 아뢰고 있다.

'승'인 **봉헌영산대법회(奉獻靈山大法會)** —영산법회 성중님께 두손으로 올리오니— 에서는, 다공양을 올림에 앞서 소례를 '영산대법회'라 하여 거듭 확인·찬탄하고 있다. 영산대법회는 불교 최고의 경전인 묘법연화경을 설하신 자리이며, 삼처전심의 첫 번째인 '염화시중

---

52) 우리나라 고유 과자의 하나. 녹말·송화·신감채·검은깨 따위의 가루를 꿀이나 조청에 반죽하여 다식판에 박아 만들며, 흰색·노란색·검은색 따위의 여러 색깔로 구색을 맞춘다.

(捻華示衆)' 하신 현장이기도 하다.

'전'인 **부감단나건간심(俯鑑檀那虔懇心)** —단월들의 정성심을 굽어살펴 주시옵고— 에서는, 설판에 있어 누구보다도 정성을 다한 단월들의 마음을 살펴주시기를 염원하고 있다. 특히 '감(鑑)'은 거울을 의미하고, 거울은 가감 없이 사물의 모습을 비춤을 특성으로 하는 만큼 단월의 정성심에 자신이 있음을 엿볼 수 있다.

'결'인 **원수자비애납수(願垂慈悲哀納受)** —대자비를 드리우사 물리치지 마옵소서— 에서는, 정성을 다하면서도 범부인 자신의 입장과 초청인으로서의 겸손을 잊지 않고, 설혹 부족한 점이 있더라도 꼭 받아 주실 것을 기원하고 있다.

【의식】

어산의 1인이 다게성(茶偈聲)으로 '전'구까지 거행한다. '결'구에서 말번의 게송금(偈頌金)에 맞춰 대중이 동음으로 '원수애납수'를 두 번 그리고 다시 '원수자비애납수'를 한 번 '쓰는소리'로 거행한다. 소리 끝에 말번의 회향금(回向金)으로 마친다.

【연구】

1 '기'구 '금장묘약급명다(今將妙藥及茗茶)'에서 '묘약'과 '명다'는 구체적으로?

'묘약'는 곧 '다약(茶藥)'을 말하는 것으로서 선원에서 행다시(行茶時) 다(茶)와 함께 내놓는 과자의 일종인 다식(茶食)을 말한다.[53] 이를 '약(藥)'이라고 표현하는 것은 배고픔을 고친다는 의미다. 또, '명다(茗茶)'는 여타 다게(茶偈)의 내용에서와 같이 '다(茶)'를 말한다. 즉, 약간의 간식과 음료로 육신의 허기를 달래고 마음의 혼침을 다스린다는 의미다.

한편, 용복사 간 『영산작법절차』에는 다게의 제목이 '다약게(茶藥偈)'[54]로 되어있다. 그러나 정작 내용에는 다(茶)만 등장하고 '다약(茶藥)'은 보이지 않는다.

생각건대 음료수인 '다'와 간식인 '다식'은 손님을 접대함에 있어서 일상적으로 함께 내놓는 물건이다. 따라서 어느 한 가지만 언급하였더라도 두 가지를 함께 생각해야 할 것이다.

2 「괘불이운」에서 <11.다게>의 위치와 성격은?

<다게>는 「시련」이나 「관욕」 등에서도 볼 수 있듯 의식 전체의 완료를 나타내거나 「대령」 혹은 「권공의식」 등에서 보듯 의식의 1차적 완료를 나타낸다. 괘불이운」에서의 <다게>는 전자에 해당한다.

53) 『선학대사전』 p.851d.
54) 『한국불교의례자료총서』 권2, p.134하./ 我今持此一椀茶 變成無盡甘露味 奉獻靈山大法會 願垂慈悲哀納受.

<12.建會①疏②(건회소)>

도량의 건립완료를 증명해주실 것을 삼보님께 아뢰는 절차.

掛佛移運 ‖ 1.擁護偈 2.讚佛偈 3.出山偈 4.拈花偈 5.散華落 6.擧靈山 7.登床偈 8.四無量偈 9.靈山至心 10.獻座眞言 11.茶偈 **12.建會疏**

修設③大會疏a 수설대회소	대법회를 베푸오며 글월을 올리나이다.
切以④a 절이	간절히 생각하옵니다.
曇花⑤影裡 堪⑥傾向聖⑦之心 담화영리 감경향성지심	우담바라 꽃그늘 속에서는 능히 성(聖)을 향하는 마음으로 기울게 되고,
覺樹⑧陰中 可植生方之福a 각수음중 가식생방지복	보리수나무 그늘 가운데서는 가히 서방정토에 태어나는 복을 심게 되나이다.
法開經藏 僧集精藍⑨ 법개경장 승집정람	진리는 경장(經藏)에서 열리고 승니는 정람(精藍=수행도량)에 모이오니
乃⑩苾蒭⑪歷鍊⑫之園 實檀那歸投之地 내필추역련지원 실단나귀투지지	바로 승니가 단련하는 동산이며 실로 시주가 귀의하는 땅이옵기로
或爲平安而作供 或乃追薦⑬而修齋a 혹위평안이작공 혹내추천이수재	혹자는 평안을 위하여 공양을 올리고 혹자는 천도를 위하여 재를 올리나이다.
旣依寶坊⑭先陪聖德者a 기의보방 선배성덕자	[하옵기로] 이미 보방(寶坊=사찰)에 의탁하여 먼저 성덕에 참예하옵니다.
盖聞a 개문	[성덕에 대해] 듣자옵건대,
法身湛寂⑮號曰毘盧⑯ 법신담적 호왈비로	법신은 고요하사 비로자나[遍一切處]라 하시오며,
常爾無爲⑰凝然⑱不動a 상이무위 응연부동	언제나 변함없으신 무위(無爲)이시기로 조금도 움직이지 않으신다 하옵니다.
是辰a 시신a	오늘
卽有會首⑲今日祝願云云 즉유회수 금일축원운운	법회의 시작에 있어서 축원하옵나이다. [운운]
右伏以⑳a 우복이	[저희모두] 엎드려 생각하옵건대,
香風散處巍巍身 涖㉑於壇場㉒ 향풍산처외외신 이어단장	향기로운 바람 흩어지는 곳에 웅장하신 모습으로 단장(=수미단)에 임하시어
玉珮㉓鳴時蕭蕭聲㉔傳㉕於紺㉖殿a 옥패명시소소성 전어감전	玉佩가 울릴 때 흔들리는 그 소리 법전에 퍼지게 하옵소서.
恭惟㉗三寶 爲作證明謹疏a 공유삼보 위작증명근소	삼보님께서 증명해주시옵길 바라오며 삼가 글월 올리나이다.

【자구해설】

①**建會(건회)**: 설판재자(設辦齋者)인 시주(施主)의 원(願)에 따라 법회를 준비함.

※ 建散(건산): 계건만산(啓建滿散)의 약(略). 계건(啓建)은 개계(開啓)라고도 한다. 법회를

시작함을 뜻하며, 여러 날 동안 베풀어지는 의식일 경우 그 첫날을 가리킨다. 만산(滿散)은 계산(啓散)이라고도 하며 법회를 끝냄을 뜻한다. BS238a

②**疏(소)**: ㉮선문(禪門)에서는 흔히 사륙병려체(四六騈儷體) —한문체(漢文體)의 한 가지로 중국의 육조와 당나라 때 성행하였음. 4자 또는 6자의 대구(對句)를 많이 써서 읽는 사람에게 미감(美感)을 주는 화려한 문체— 를 이용한 표백문(表白文)을 말함. ㉯경론(經論)의 주석서를 말함./ 疏=疎

※ 宣疏(선소): 소어(疏語)를 읽는 것.

※ 영산재에는 <건회소(建會疏)>·<개계소(開啓疏)>·<대회소(大會疏)>·<삼보소(三寶疏)> 등 4종 소(疏)가 있다.

③**修設(수설)**: 수설재회(修設齋會)의 약칭. 재회를 행하는 것.

④**切以(절이)**: 엎드려 생각하다. 以는 생각하다. 생각해 보다. BS660a

⑤**曇華(담화)**: Ⓢudumbara. 음오담바라(烏曇波羅)·오담발라(鄔曇鉢羅)·우담발화(優曇鉢華). 우담발라화(優曇跋羅華)의 약(略). 학명 Ficus Glomerata. 둥근 모양을 한 무화과나무. 삼천년에 한 번 정도 꽃이 피는 나무라고 하며, 또 여래께서 출현하시거나, 전륜왕이 출현하면 꽃이 핀다고도 한다. 그러므로 경전에서는 희귀한 것의 비유로 쓰이고 있다. BH250左,

⑥**堪(감)**: 뛰어나다. 낫다. ⇒ 堪能 HD460左 ②

※ 堪能(감능): Ⓢśakta/karmaṇya. (1)일을 감당 할 수 있는 능력, 또는 그 능력이 있음. (2)기예나 재능이 뛰어남. 예) 堪入不空敎 ⇐ 堪能通入不空之中道敎 B5-4924下

⑦**聖(성)**: '정(正)'의 뜻. BN725d-②

⑧**覺樹(각수)**: 보리수(菩提樹, Ⓢbodhi-taru/pippala). 정도(正道)를 증(證)함을 말 함. BH15右,

⑨**精藍(정람)**: 정사가람(精舍伽藍)의 약(略). 사원(寺院). 수행도량(修行道場). BN732b,

⑩**乃(내)**: 바로. 곧. 이에. 허사236-4

⑪**苾芻(필추)**: Ⓢbhikṣu. [탁발 걸식하는 자]의 음역. 새로운 음역으로 구역에서는 비구(比丘, Ⓟbhikkhu)라고 음역했음. 수행승(修行僧). 학사(學士).

⑫**歷鍊(역련)**: 연습하다. 경험하다. HH6-722Dd

⑬**追薦(추천)**: 추선(追善). (1)망자의 명복을 빌려고 착한 일을 함. (2)망자의 넋의 괴로움을 덜고 명복을 축원하려고 선근 복덕(善根福德)을 닦아 그 공덕을 회향함. 보통 49일까지는 7일마다, 그 뒤에는 백일과 기일(忌日)에 불사를 베푼다.

⑭**寶坊(보방)**: 사원의 미칭(美稱). 대집경(대)13-2中. BN1246a

⑮**湛寂(담적)**: [湛然常寂(담연상적)] 몸과 마음이 일체의 구속에서 벗어나 항상 고요한 것. 깨달음의 경지를 말함./ 湛 맑을 담.

汝若欲知心要 但一切善惡都莫思量 自然得入清淨心體 <u>湛然常寂</u>妙用恒沙
여약욕지심요 단일체선악도막사량 자연득입청정심체 <u>담연상적</u>묘용항사

—『전등록』5. 육조혜능장(六祖慧能章)—

※ **湛然(담연)**: 물이 깊고 고요한 모습.

⑯**毘盧(비로)**: 비로자나불(毘盧遮那佛). ⓈVairocana. 음비로사나(毘盧舍那)·노사나(盧舍那)·자나(遮那)·베로자나(吠盧遮那)·비로절나(鞞嚧折那). 의변일체처(遍一切處)·광명변조(光明遍照)·변조(遍照). 부처님의 진신(眞身)을 나타내는 칭호. 부처님의 신광(身光)·지광(智光)이 이사무애(理事無礙)의 법계(法界)에 두루 비추어 원명(圓明)한 것을 의미한다. 이를 해석하는 여러 종파의 입장은 일정치 않다.

⑰**無爲(무위)**: (1)아무것도 하는 일이 없음. 또는 이루지 못함. (2)인연을 따라 이루어진 것이 아니며 생멸(生滅)의 변화를 떠난 것. (3)중국의 노장 철학에서, 자연에 따라 행하고 인위를 가하지 않는 것. 인간의 지식이나 욕심이 오히려 세상을 혼란시킨다고 여기고 자연 그대로를 최고의 경지로 본다.

⑱**凝然(응연)**: 선악·시비·득실 등의 잡념을 버리고 정신을 통일시킨 모양. BS228b

⑲**會首(회수)**: 회장(會長). 모임을 대표하고 모임의 일을 총괄하는 사람.

⑳**右伏以(우복이)**: 방금 거명하온 저희들은 엎드려 생각하옵니다.

⊙右(우): 문서 혹은 개소(個所)의 우측에 기록된 문구.

⊙伏以(복이): 伏惟(복유). 엎드려 생각하옵건대. 아랫사람이 웃어른을 대해 말하는 겸사.
㉑蒞(리): 莅의 속자(俗子). 다다를 '리(이)'.
㉒壇場(단장): 불·보살님의 성상(聖像)을 안치한 청정하고 신성한 제단. BS337a
㉓玉珮(옥패): 옥으로 만든 패물./ **珮**=佩 찰, 노리개 '패' HD1224右
㉔蕭蕭聲(소소성): 나무가 흔들리는 소리. HD④
㉕傳(전): 퍼지다. HD235①-㉰
㉖紺(감): 감색 '감' HD1459左
※紺園(감원): 감우(紺宇). 절의 딴이름.
甘殿(감전): 감원(紺園) 과 동(同).
㉗恭惟(공유): 공경하고 생각함. 삼가 생각함. HD707左

【개요】

괘불을 이운해 모신 뒤 대중이 함께 석존의 거룩하신 모습을 우러르며, 이 자리에 모신 연유와 이제 법회를 곧 시작하려 한다는 내용을 글로써 삼보님께 아뢰는 의식이다.

한편, 의식 전체의 구성 면에서 보면 이 소(疏)를 올림으로 해서 「괘불이운」이 완료되었음과 이어 「영산작법」이 곧 시작됨을 대중에게 알린다는 의미도 있다.

【구성 및 내용】

내용 면에서 본 소(疏)는 기·서·결로 나누어 볼 수 있다.

'기'인 **수설대회소 절이 담화영리 감경향성지심 각수음중 가식생방지복 법개경장 승집정람 내필추역련지원 실단나귀투지지 혹위평안이작공 혹내추천이수재 기의보방 선배성덕자(修設大會疏 切以 曇花影裡 堪傾向聖之心 覺樹陰中 可植生方之福 法開經藏 僧集精藍 乃苾蒭歷鍊之園 實檀那歸投之地 或爲平安而作供 或乃追薦而修齋 旣依寶坊 先陪聖德者)** ―대법회를 베푸오며 글월을 올리나이다. // 간절히 생각하옵건대, 우담바라 꽃그늘 속에서는 능히 성도(聖道)를 향하는 마음으로 기울게 되고, 보리수나무 그늘 가운데서는 가히 서방정토에 태어나는 복을 심게 되나이다. / 진리는 경장에서 열리고 승니는 정람(수행도량)에 모이오니 / [지금 이 도량은] 바로 승니가 단련하는 동산이며, 실로 시주가 귀의하는 땅이옵기로 / 혹자는 평안을 위하여 공양을 올리고, 혹자는 천도를 위하여 재를 올리나이다. / [하옵기로] 이미 보방(사찰)에 귀의하여 먼저 성덕에 참예하옵니다.― 에서는, 도를 닦음에 있어서 환경의 중요성을 역설하였다. 즉, 금일 건립하는 도량의 수승함을 시기적으로는 3000년에 한 번 핀다는 우담바라를 만난 것에 그리고 장소로는 석존께서 성불하신 현장 붓다가야(Ⓢ Buddhagayā, 힌디 Bodh-gayā)에 비유하며 찬탄하였다. 따라서 승니나 단월이 각자의 원을 성취할 수 있는 여건이 충분히 갖추어져 있다고 결론지으며 거듭 찬탄하고 있다.

'서'인 **개문 법신담적 호왈비로 상이무위 응연부동(蓋聞 法身湛寂 號曰毘盧 常爾無爲 凝然不動)** ―[성덕에 대해] 듣자옵건대, 법신은 고요하사 비로자나 (遍一切處)라 하시오며, 언제나 변함 없으신 무위(無爲)이시기로 조금도 움직이지 않으신다 하옵니다― 에서는, 법신 비로자나불이 어떤 분이신지 상기토록 하였다. 이는 영산작법을 위한 도량을 개설하며 자칫 기복(祈福)에 치우쳐 불교 본연의 목적에서 어긋남이 없도록 하려는 것이다.

'결'인 **시신즉유회수 금일축원운운 우복이 향풍산처외외신 이어단장 옥패명시 소소성**

전어감전 공유삼보 위작증명근소(是辰 卽有會首 今日祝願云云 右伏以 香風散處巍巍身 莅於壇場 玉珮鳴時蕭蕭聲 傳於紺殿 恭惟三寶 爲作證明謹疏) —오늘 법회의 시작에 있어서 축원하옵나이다. / 엎드려 생각하옵건대, [법신께오선 조금도 움직이지 않으신다 하오나] 향기로운 바람 흩어지는 곳에 웅장하신 모습으로 수미단(須彌壇=壇場)에 임하시어 옥패가 울릴 때 흔들리는 그 소리 법전에 퍼지게 하옵소서. / 삼보님께서 증명해주시옵기를 생각하오며 삼가 글월을 올리나이다— 에서는, 금일 도량을 개설하는 본회를 축원의 형식으로 법신 비로자나불께 아뢰고 있다. 즉, 움직임이 없으신 법신이심을 알면서도 오히려 일체처에 변만하심에 착안하여 도량을 감돌며 끝 간 데 없이 퍼지는 향기처럼 위대하신 모습으로 표현하고, 풍경을 스치며 자신의 존재를 드러내는 바람처럼 아름다우신 음성으로 도량과 법전에 왕림해 주시길 묘사하는 등 이런 이치에 대한 증인으로 삼보님을 내세우며 아뢰고 있다.

【의식】

병법(秉法) 혹은 대독하는 스님이 영산단을 향해 소성(疏聲)으로 거행한다. 이때 사물의 사용은 없다. 먼저 피봉(皮封)에서 수신인을 밝힌 앞부분의 '수건무차법연 봉영시방삼보(首建無遮法筵 奉迎十方三寶 -무차법회 건립 시초에 시방의 삼보님을 [제일 먼저] 받들어 모시옵니다.-)'를 읽고, 이어 소의 내용을 그리고 끝으로 발신인이 적힌 피봉 뒷부분 내용 '서가여래유교제자 봉행가지 법사사문 근소(釋迦如來遺敎弟子 奉行加持 法事沙門 謹疏 -서가여래의 유훈에 따라 출가하온 제자로서 가지를 봉행하옵는 법사사문은 삼가 소를 올리나이다.-)'[55]를 봉독한다. 봉독한 후 소(疏)를 소통(疏筒)에 넣어 영산단 좌측 한편에 둔다. 마치면 말번은 회향금(回向金)을 울린다.

【연구】

1 영산작법에서 '소(疏)'의 위치와 성격은 어떤 것인가?

<건회소>가 현재 「괘불이운」 말미에 자리토록 하였지만 명확히 구분하면 '건회소'는 「괘불이운」과는 별도로 독립된 의식이라 하겠다. '대회등사소론(大會等四疏論)'[56]에서는 '소는 본래 없었던 것'이라 술회하고 있다. 실제로 영산재 의식문이 실려 있는 의식집 가운데 현재로서 최고본인 학조(學祖) 역 『진언권공』(1496)에는 '소'가 없다. 소성을 범패 안채비 사성 가운데 넣지 않는 것도 그런 이유 때문이라 사료된다.

그러나 <12.건회소>는 (1)이운의식인 「괘불이운」과 권공의식인 「영산작법」의 가교 역할을 담당하고 있으며, (2)소례를 모심에 예를 다함으로써 여법한 의식이게 하고, (3)장차 거행할 의식

55) 봉원사 『요집』 157장 '○各疏皮封規式'.
※開啓疏: 淨界無遮道場 奉迎十方三寶 釋迦如來遺敎弟子 奉行加持 法事沙門 謹疏 <u>或 謹封可也.</u>
大會疏: 開建平等大會 十方三寶咸臨 上 同
三寶疏: 召請文疏拜獻 讚請三寶謹疏 上 同

56) 『범음산보집』 권상 3장./ 건회·개계·대회·삼보 등 네 종류의 소는 재전(齋前)에는 맞지 않고, 반드시 재후라야 한다. 예전의 의식집을 찾아보니 영산작법 의식문 가운데는 원래 '소'를 읽는 규약이 없었다. 요즈음 집사자가 재의 규모를 과시하고자 하여 재전에 억지로 4종의 소를 읽으니, 어떻게 금해야 할까? 그리해서 작법이 늦어지면 반드시 사시헌공이란 의례를 잃게 되리니, 어찌 개탄치 않으랴? 식자가 있는 집사자라면 재전에 소를 읽는 규약 모두를 없애도록 하라!
※ 요즘 영산재에서도 <건회소(建會疏)>·<개계소(開啓疏)>·<대회소(大會疏)>·<삼보소(三寶疏)> 등 4종의 '소'를 거행하고 있다.

의 성격을 내외에 명확히 알린다는 점에서 순기능이 인정된다. 다만 시간이 부족해 의식의 일부를 생략해야 한다면 위 '대회등사소론'에 의거해 '소'가 생략 대상 0순위라 할 것이다.

「괘불이운」에 관한 이상의 내용을 요약하면, 영산회상의 회주이신 석존과 소례제위께서는 왕래에 자재하신 분들이시니 격식을 갖추고 못 갖추는 것이 문제가 될 리 없다. 그럼에도 이와 같은 격식과 절차를 갖추는 것은 존귀하신 어른을 모시려는 능례의 마음가짐을 나타낸 것으로 봐야 할 것이다.

그리고 「괘불이운」 절차에는 이운의식 제정 당시의 문화가 그대로 반영이 되어 있음에 틀림없을 것이고, 이를 그대로 전승하고 있는 불자들의 마음도 그와 같을 것이다. 다시 말해 「괘불이운」은 단순히 소례를 모시는 의식이 아니라, 서가세존과 소례제위를 향한 당시 이 땅의 불자들의 마음을 표현한 것이라 해야 할 것이다.

지금까지 진행해 온 「괘불이운」의 구성을 보면 <1.옹호게>는 서론, <2.찬불게>에서 <9.영산지심>까지는 본론 그리고 <10.헌좌진언>와 <11.다게>는 결론에 해당한다. 또 <12.건회소>는 위에서 이미 밝혔듯 별도의 항목으로 취급하기로 한다. 각항의 개요를 간단히 정리하면 다음과 같다.

<1.옹호게> 옹호성중제위에게 '괘불이운'의 때임을 알리고 옹호를 당부함.

<2.찬불게> 영산회상의 회주이신 석존의 위대하심을 찬탄하며 이운해 모시려는 이유를 밝힘.

<3.출산게> 영산회상의 회주이신 석존께 중생제도의 원이 있으심을 밝혀 강림을 간구함.

<4.염화게> 영산회상의 회주이신 석존을 모시려는 대중의 마음을 꽃에 담아 올리며, 영산회상으로 자리를 옮겨주시길 청함.

<5.산화락> 꽃을 뿌려 영산회상의 회주인신 석존과 소례제위를 모시게 됨을 경하함.

<6.거령산> '나무영산회상불보살' 인성(引聲)으로 지으며, 행렬의 주인이 석존과 소례제위이심을 내외에 표방하며 괘불을 이운해 모심.

<7.등상게> 영산단에 도착하신 석존과 소례제위께 사자좌에 오르실 것을 간청함.

<8.사무량게> 영산단 사자좌에 자리하실 석존과 소례제위께서 지니신 사무량심(四無量心)을 찬탄하며 능례 모두의 신심를 표명함.

<9.영산지심> 영산단 사자좌에 자리하실 석존과 소례제위께 먼저 귀명례를 올림.

<10.헌좌진언> 의례적 이운절차를 모두 마치고 석존과 소례제위께 사자좌를 권해 올림.

<11.다게> 영산단의 석존과 소례제위께 다과(茶菓)를 올리며 이운의식을 완료함.

<12.건회소> 이운의식 완료로 도량이 건립되었음과 이를 증명해주실 것을 삼보님께 아룀.

「시련」을 위시한 일련의 이운의식을 마치고 <12.건회소>까지 거행한 바 바야흐로 영산재 전체의 본론에 해당하는 권공의식인 「영산작법」을 거행할 수 있는 토대가 마련되었다. 위에서 말했듯 엄정한 일련의 이운의식은 석존과 소례제위를 모시고자 다지는 능례의 신심표출에 다름 아니다.

靈 山 作 法

「3.靈山作法(영산작법)」

괘불님을 모신 영산단 전경

11세기 후반, 영가천도 의식인 수륙재에 정작 사바세계 일대교주이신 서가세존께 올리는 상단권공절차가 결여되어 있음을 반성하게 된다. 이에 「영산작법」을 보완하여 삼보님께 여법한 공양을 올리게 되고, 망령(亡靈)의 천도만이 아니라 생령(生靈)에게도 성불의 계기를 마련할 수 있도록 함으로써 「영산작법」이라는 모범적 법요가 완성되게 된다.

혹자는 이를 소동파(蘇東坡. 蘇軾, 1036-1101)와 그의 누이 소소매(蘇小妹)의 공[57]이라고도 하였으나, 중국측 관계자료 가운데 이를 뒷받침할 것이 없다. 오히려 고려의 대각국사 의천(義天, 1055-1101) 스님의 작(作)으로 보는 것이 타당할 것으로 생각한다. 고려 숙종 2년(1097) 2월에 국청사(國淸寺)가 완성되고 스님은 같은 해 5월에 제1대 주지가 되면서 처음으로 천태종을 창종(創宗)하기에 이른다.

스님이 본래 화엄종 계통의 승려였다는 사실과 후삼국을 통일하고 건국한 지 얼마 되지 않았다는 시대적 상황을 감안하면, 천태종의 창종에는 다분히 정치적 의도가 있음을 의심하지 않을 수 없다. 어쨌거나 창종 후 스님에게는 새로이 교세를 넓히기 위해 세인의 관심이 집중될 만한 것이 필요했을 것이다. 약간의 상상력을 발휘한다면, 왕실에서 성장한 스님은 「영산작법」을 구성함에 있어서 당신의 성장배경을 한껏 활용하여 모든 예법에 궁중의 그것을 참고했을 가능성이 매우 크다.[58]

이렇게 해서 공전절후의 「영산작법」이 탄생하기에 이르렀으나 당시 건재했던 오교구산(五教九山)의 시선을 감안한다면, 자신의 공을 당시 인지도가 높았고 세간 나이로 20세나 앞섰던 소동파에 가탁(假託)했을 가능성을 배제할 수 없다. 국사께서 송(宋)에 유학 당시 소동파와의 인연[59]이 있었음도 이를 뒷받침 한다.

분명한 것은 중국이나 일본 등 어느 나라의 불교의식에도 「영산작법」 절차가 없다는 점이다. 지금부터 「영산작법」이 얼마나 대단한 절차인지 봉원사영산재 보존회에 보존된 내용을 육하원칙에 의거하여 살피기로 한다.

---

57) 『韓國佛教儀禮資料叢書』 2卷, p.182b./ 此靈山作法乃東坡之作 或云東坡之妹氏之作云云 何以知之 博覽者云 東坡廣尋藏經 撰水陸齋式 其文當於夜設之規 闕書演蓮經法會 故其妹氏 乃作靈山作法節次云云 (이 영산작법은 소동파의 작이라 하고, 혹은 소동파 누이가 지은 것이라고도 한다. 어떻게 이와 같은 줄 아는가. 널리 본 사람이 이르되, 소동파가 널리 장경을 살펴 수륙재의식을 지음에 그 글이 밤에 베푸는 의범에만 해당되는 것으로 주간에 베푸는 법화경법회가 빠져있었다. 고로 그 누이가 영산작법절차를 지었다고 운운하였다.)

58) 이에 대해 본서 부록 가운데 '**영산재 시원(始原)에 대한 고찰**'에서 좀 더 살펴보기로 한다.

59) 『大覺國師外集』 第十, 8장 참고./ 당시 禮部尙書 翰林學士이던 蘇東坡가 대각국사를 국빈으로 예우하여 안내역을 맡았던 楊傑에게 보낸 詩篇 중에 국사를 四海 習鑿齒(?-383)와 彌天 釋道安(314-385)에 比하며 '三韓王子西求法 鑿齒彌天兩勍敵'이라 극찬하였다.
조명기 저 『高麗大覺國師와 天台思想』(경서원, 1962) pp. 16~17./ 高麗寺의 전신은 慧因禪寺이니 이것은 後唐 天成二年에 吳越의 忠武肅王이 創建하여 최초에는 慧因禪院이라고 칭하였다. … 대각국사와 연이 깊은 晋水法師가 三生의 因緣으로 此寺의 住持가 되었다. … 고려의 왕자 義天이 來參함으로부터 막대한 재산도 조성되고 굉장한 전각도 건립되었다. … 伽藍堂은 宋代에 건립한 것인데 처음에는 華光의 一像만 두었으나 후에 소동파의 一像도 增配하게 되었다. … 소동파는 자신이 가람신이 되어 이 절을 수호하겠다고 불전에 발원하고 승려에 부탁하여 자기상을 화광의 右嗣에 增置하기를 命함에 의한 것이다. 여기에 의하면 국사에 대하여 시기가 많은 동파도 도리어 高麗寺의 神威를 畏懼하여 발심한 것이다.

1 「영산작법」의 집전(執典)은? [누가]

병법사문(秉法沙門)[60]의 진두지휘 하에 재시용상방(齋時龍象榜)[61]에 명시된 스님이 거행한

---

60) 智還 集『天地冥陽水陸齋梵音刪補集』(동국대 중앙도서관, 도서번호 D-217.5-지96c.2) 上2 “水陸設辦時秉法師預請式 (1)古集云 大佛事時 勿論遠近 或化主齋者等 懇請有名識法大師 或一月半月 奉接於齋所別房 而化主齋者等 每事一一稟告設辦耳 (2)法師與大衆公議抄出上堂所任則 所任等亦各以所作之事告其法師以從通論耳 (3)且其本寺住持與維那等 雖是成德大師 爲其執事之主人而說主 (4)雖是年少學者別請之賓也 賓主之間 須具禮儀故 維那等 不怠朝暮之禮也云耳(수륙재를 설판할 때 병법사를 미리 청하는 규식 (1)옛 문집에 이르되, 대불사를 할 때에는 원근을 물론하고, 혹 화주나 재자 등은 이름 있고 법을 아는 대사[=병법사]에게 간청하여 혹, 한 달이나 반달동안 재 지내는 곳 별도의 방에 받들어 모시고, 화주나 재자는 매사를 일일이 [병법사에게] 아뢰고 법회를 준비해야 한다. (2)병법사와 대중이 의논하여 뽑아 당에 오른 소임은 맡은 일이나 각자가 해야 할 일을 그 병법사에게 고하고 대중의 뜻을 따라야 한다. (3)또 본사의 주지나 유나 등, 비록 덕이 있는 대사일지라도 일을 집행하는 주인[즉, 병법사]이 설주가 된다. (4)비록 나이 어린 학자일지라도 따로 청한 손님이면, 손님과 주인 사이에는 모름지기 예의를 갖추어야 한다. [따라서] 유나 등은 아침저녁의 예에 게으름이 없어야 한다.)” 즉, 불전(佛前)에서 거행하는 법요의식의 모든 것을 판단하고 결정하는 최고 권위와 책임을 지닌 직위 또는 승려.

61) 『釋門儀範』 卷上, p.164. “證明, 會主, 禪德, 秉法, 魚山, 法音, 梵唄, 衆首, 判首, 鐘頭, 道者, 功鉢, 鳴螺, 陽傘, 威儀, 奉輦, 侍者, 堂佐, 上壇, 中壇, 使壇, 庫壇, 馬壇, 上疏, 中疏, 下疏, 對靈, 靈飯, 獻食, 施食, 書記, 知賓, 察衆, 維那.”

※ 재시용상방의 소임과 역할.

1. 증명(證明): 석존께서 법화경을 설하심에 그 내용이 ‘참’임을 증명하신 분이 다보여래이시다. 즉, 증명에는 공동책임이 따른다. 여기서는 법요의 잘 잘못을 판단하고 책임지는 큰 스님.
2. 회주(會主): 영산회상의 회주(會主)가 석존이시듯 본 법회에서 부처님을 대신하여 법문을 설하고 법회를 총체적으로 주관하는 큰 스님.
3. 선덕(禪德): 참선을 주관하는 소임. 선리(禪理)에 깊이 통하여 덕망이 높은 큰 스님.
4. 병법(秉法): 법요를 주관하는 최고 책임자.
5. 어산(魚山): 착복·바라·법고 등을 맡은 소임./ 사미승.
6. 법음(法音): 짓소리를 담당하는 소임./ 건당한 스님.
7. 범패(梵唄): 홑소리 및 바라지를 담당하는 소임./ 건당한 스님.
8. 중수(衆首): 법요의 시말(始末)을 관장하는 소임.
9. 판수(判首): 대중의 질서를 책임진 소임. 열을 정비할 때는 장군죽비(=禁板)를 사용한다.
10. 종두(鐘頭): 사미 가운데 범종 등 사물을 책임진 소임. 주지나 입승의 명을 수행한다.
11. 도자(道者): 법요에 초대받아 내방한 타사 스님들을 안내하는 소임. 산중 노덕(老德) 스님의 출행 시 길 안내를 맡은 소임.
12. 공발(功鈸): 바라(鈸羅) 울리는 일을 책임진 소임.
13. 명라(鳴螺): 법라(法螺) 울리는 일을 책임진 소임.
14. 양산(陽傘): 이운의식에서 양산을 책임진 소임.
15. 위의(威儀): 이운의식에서 각종 위의를 책임진 소임.
16. 봉련(奉輦): 이운의식에서 연(輦)을 관리하는 소임.
17. 시자(侍者): 대덕스님의 출행 시 부축하는 소임.
18. 당좌(堂佐): 당사소(堂司所=維那所)를 보좌하며 도유나(都維那)의 명을 받드는 소임.
19. 상단(上壇): 「운수상단(雲水上壇)」에서 <유치>·<축원>·<청사> 등을 책임진 소임.
20. 중단(中壇): 명부전의 제반각청(諸般各請)을 책임진 소임.
21. 사단(使壇): 사자단(使者壇)의 제반절차를 책임진 소임. 이때의 담당자를 ‘단(壇)’이라 칭함.
22. 고단(庫壇): 고사단(庫司壇)의 제반절차를 책임진 맡은 소임. 이때의 담당자를 ‘단’이라 칭함.
23. 마단(馬壇): 마구단(馬廐壇)의 제반절차를 책임진 소임. 이때의 담당자를 ‘단’이라 칭함.
24. 상소(上疏): <거불>후 <상소>를 책임진 소임.
25. 중소(中疏): 명부전 <중소>를 책임진 소임.
26. 하소(下疏): 「수륙재」등에서 <하소>를 책임진 소임.
27. 대령(對靈): 재도량에 마련된 감로단(甘露壇)으로 영가 제위를 맞이하여 법문·독경 등으로 법식(法食)을 베푸고, 「관욕」까지 책임진 소임.
28. 영반(靈飯): 영공(靈供). 영가 제위에게 재식을 베풂에 그 과정을 책임진 소임.

다. 그 가운데서도 특히 육번(六番: 上番·中番·末番·壇·施食·會主)[62] 이란 직책을 맡은 스님들이 중심이 된다.

2 「영산작법」을 거행하는 시점은? [언제]

「괘불이운」을 마친 직후.

3 「영산작법」을 거행하는 장소는? [어디서]

괘불님을 모신 도량에서 거행한다. 여기서 도량이라 함은 야외에 특별히 마련된 법석(法席)을 의미하며, 일반적인 경우라면 대웅전 앞 도량이고 특정 장소에 따로 마련되는 경우도 있다. 어쨌거나 법전 내부가 아닌 특별한 장소라는 의미에서 흔히 '야단법석(野壇法席)'이라고도 한다.

4 「영산작법」의 소례는? [무엇을=누구를]

영산재의 특성상 주불이신 석존과 협시보살이신 문수·보현을 위시한 영산회상에 운집하신 삼보님이시다.

5 「영산작법」의 진행은 어떻게? [어떻게]

영산작법은 크게 5개의 의식으로 구성되어 있다. 첫째는 능례의 신심과 정성을 소례께 표명하는 ≪(1)귀의의식(歸依儀式)≫, 다음 소례를 모시기 위해 도량을 구획하고 정토화하는 ≪(2)결계의식(結界儀式)≫, 다음 소례에 대한 찬탄과 귀의를 표하여 도량으로 청해 모시는 ≪(3)소청의식(召請儀式)≫, 다음 재자의 간곡한 신심과 정성이 담긴 공양을 삼보님께 올리는 ≪(4)권공의식(勸供儀式)≫ 등이다.

6 「영산작법」을 베푸는 이유는? [왜]

불교에서 최고의 이상으로 삼는 성불과 해탈은 진리를 알고 실천함으로써만이 가능하다. 영산작법은 『법화경』의 교리와 이를 수용한 한국불교의 사상을 바탕으로 구성된 대규모 진리구현 의식이다. 즉, 영산작법을 인연으로 사생이령(死生二靈)의 성불과 해탈의 계기를 마련하려는 것이다.

『법화경』에서의 교리가 심전(心田)을 일구는 경작법(耕作法)이라면, 영산작법은 몸소 실천으로 옮김이다. 의식을 수반하지 않는 종교는 있을 수 없다.

---

29. 헌식(獻食): 도량 주위에 머물고 있는 잡귀에게 음식을 베풀며 독경하는 소임.
30. 시식(施食): 「관음시식」 등에서 영가에게 법식, 즉 법문·독경·염불 등을 맡은 소임.
31. 서기(書記): 사무처리로부터 장엄의 문안(文案)등 기록에 관한 제반 업무를 맡은 소임.
32. 지빈(知賓): 외빈의 접대를 맡은 소임. 지객(知客). 전객(典客).
33. 찰중(察衆): 대중의 잘 잘못을 자세히 살피는 소임.
34. 유나(維那): 법요 및 사무(寺務)의 대강을 통솔하고 소임을 임명하는 소임.

62) 재를 거행함에 있어서 중요한 여섯 개의 직책을 말함. 이때 직책을 맡은 스님을 번주(番主)라 한다.
1. 상번(上番): 할향(喝香)을 담당한 번주.
2. 중번(中番): 짓소리의 총 책임자로, 소리의 장단(長短)등을 지휘하는 번주.
3. 말번(末番): 흔히 '바라지'라 칭하며, 법주(法主)의 보조 역할을 담당한 번주.
4. 단(壇): 각단(各壇)의 유치(由致)를 책임진 번주.
5. 시식(施食): 시식을 올릴 때 법주인 번주.
6. 회주(會主): 재를 올림에 있어서 법문을 위시해 절차 등 모든 것을 책임지고 지휘하는 번주.

※ 상단권공 전체의 의식구성을 도표로 정리하면 다음과 같다.

제목	의식	구성	삼분(三分)	항 목	총55항
상단권공	귀의의식	도입	서분(序分)	▶소례에 대한 능례의 신심과 정성을 표명함. <1.명발> <2.할향> <3.연향게> <4.할등> <5.연등게> <6.할화> <7.서찬게> <8.불찬> <9.대직찬> <10.중직찬> <11.소직찬> <12.개계소> <13.합장게> <14.고향게>	계14항
	결계의식		정종분(正宗分)	▶도량을 구획·정토화하고 마음을 정화함. <15.개계편> <16.관음찬> <17.관음청> <18.산화락> <19.내림게> <20.향화청> <21.가영> <22.걸수게> <23.쇄수게> <24.복청게> <25.대비주> <26.사방찬> <27.도량게> <28.참회게>	계14항
	소청의식	전개		▶소례에 대한 찬탄과 귀의로써 도량으로 청함. <29.대회소> <30.육거불> <31.삼보소> <32.대청불> <33.삼례청> <34.사부청> <35.단청불> <36.헌좌진언> <37.다게> <38.일체공경> <39.향화게>	계11항
	권공의식	절정		▶간곡한 신심과 정성으로 소례께 공양을 올림. <40.정법계진언> <41.기성가지> <42.사다라니> <43.가지공양> <44.육법공양> <45.각집게> <46.가지게> <47.보공양진언> <48.보회향진언> <49.사대주> <50.원성취진언> <51.보궐진언> <52.예참> <53.탄백>	계14항
		결말	유통분(流通分)	▶성현과 범부가 법왕궁에 함께 자리토록 함. <54.화청> <55.축원화청>	계2항

≪(1)歸依儀式(귀의의식)≫

바라무(鉢羅舞)

일반적으로 신앙행위는 교조·교리·교도에 대한 믿음으로부터 시작된다. 따라서 불교의 경우, 소례이신 삼보님에 대한 귀의는 신앙행위의 기본이 된다.

영산작법은 영산회상의 회주이신 서가세존과 회상에 운집하신 삼보님께 공양을 올리려는데 그 목적이 있지만, 그 발로는 어디까지나 소례이신 삼보님에 대한 귀의의 념(念)에 있다.

따라서 본 작법의 시작은 ≪(1)귀의의식≫으로부터이고, <1.명발>에서 <14.고향게>까지 일련의 의식은 모두 귀의를 주제로 한 의식이다.

<1.鳴鈸(명발)>

법요의 시작을 내외에 알리기 위해 거행하는 작법.

靈山作法 ‖ ★(1)歸依儀式 **1.鳴鈸** 2.喝香 3.燃香偈 4.喝燈 5.燃燈偈 6.喝花 7.舒讚偈 8.佛讚 9.大直讚 10.中直讚 11.小直讚 12.開啓疏 13.合掌偈 14.告香偈 ★(2)結界儀式 15.開啓篇 16.觀音讚 17.觀音請 18.散華落 19.來臨偈 20.香華請 21.歌詠 22.乞水偈 23.灑水偈 24.伏請偈 25.大悲呪 26.四方讚 27.道場偈 28.懺悔偈 ★(3)召請儀式 29.大會疏 30.六擧佛 31.三寶疏 32.大請佛 33.三禮請 34.四府請 35.單請佛 36.獻座眞言 37.茶偈 38.一切恭敬 39.香花偈 ★(4)勸供儀式 40.淨法界眞言 41.祈聖加持 42.四陀羅尼 43.加持供養 44.六法供養 45.各執偈 46.加持偈 47普供養眞言 48.普回向眞言 49.四大呪 50.願成就眞言 51.補闕眞言 52.禮懺 53.嘆白 54.和請 55.祝願和請

大衆齊集 轉鐘①七搥 鳴螺②三旨③鳴鈸④一宗⑤畢梵音喝此偈
대중제집 전종칠추 명라삼지 명발일종 필범음할차게

대중이 모두 모이면, 전종 7추(搥), 명라 3지(旨), 명발 1종(宗)을 거행한다. 마치면, 범음으로 본 게송을 알린다.

【자구해설】

①**轉鐘(전종)**: 당목(撞木)으로 종을 가볍게 자주 침. '전(轉)'은 장구채 따위를 가볍게 자주 침을 의미한다. 예컨대 「식당작법(食堂作法)」의 '전종 18추'는 '◦◦○'을 한 번으로 간주하여 18번을 반복하여 울린다.

②**法螺(법라)**: Ⓢdharma-śaṅkha. 나각(螺角). 소라 껍데기로 만든 옛 군악기(軍樂器). 길이가 40cm 정도인 소라고둥의 위쪽을 깎아 구멍을 뚫고 그 구멍에 혀를 대고 불어 소리를 낸다. 고려 공민왕 때 명(明)나라에서 전래되었다.

③**旨(지)**: 내용으로 보아 구멍에 혀[舌]를 대고 불어 소리를 내는 악기의 경우, 한 번 길게 부는 것을 '일지(一旨)'라 한 것으로 사료된다. 즉 '지(旨)'는 관악기를 부는 횟수를 세는 양사(量詞)라 하겠다. Ⓢ

④**鳴鈸(명발)**: 명발(鳴鉢). 요발(鐃鈸). 직경 36~40㎝정도 되는 원형 동판의 중앙을 발우(鉢盂)의 모양으로 둥글게 융기(隆起)시켜, 그 정수리에 작은 구멍을 내어 끈을 달아 양 손 손목에 한 짝씩 감아쥐고 악기의 입술에 당하는 언저리 부분을 마주 부딪쳐 소리를 낸다.『칙수청규(勅修淸規)』에 의하면 부처님께 향공양을 올릴 때, 설법할 때, 다비의식, 주지 진산식 등 법요에서 시작과 끝을 알리는데 사용하였던 것으로 되어 있다. Bs989d. Bh하1860좌.

鐃鈸 凡維那揖主持兩序 出班上香時 藏殿祝贊轉輪時 行者鳴之 遇迎引送亡時 行者披剃
요발 범유나읍주지양서 출반상향시 장전축찬전륜시 행자명지 우영인송망시 행자피체

大衆行道 接新住持入院時 皆鳴之[63]
대중행도 접신주지입원시 개명지

요발[64]은 무릇 유나가 주지와 양서(兩序)[65]에 읍하고 대표로 나아가 [부처님 전에] 향을 올릴 때, 법당에서 축원하거나 법륜(法輪, Ⓟdhammacakka)을 굴릴 때, 행자가 이를 울리며, 맞이하거나 마지막 보낼 때, 득도식, 행도 및 주지 진산식 등에 모두 발(鈸)을 울린다.

한국 불교의 전통의식에서는 법열(法悅)의 표시로 '바라무'와 '착복무(=나비춤)' 그리고 '법고무' 등을 행하는데, 이를 신업공양(身業供養)이라 한다. 이 가운데 '바라춤'은 춤사위의 빠르기나 박자 그리고 악기의 소리 등이 주는 느낌 때문에 남성적인 춤으로 평가되고 있다.

⑤**宗(종)**: 악기를 울릴 때, 그 세기[强度]를 약하게 시작하여 강하게 하거나 혹은, 강하게 시작하여 약하게 일정한 방향으로 진행하면 정점에 이르게 된다. 정점에 이르는 것을 산의 정상에 비유하여 '종(宗)'이라 한다. 즉 '종'은 타악기를 울리는 마디[小節] 수를 세는 양사(量詞). Ⓢ

---

63)『勅修淸規』8 法器章. (大正藏 권48 p.1156a)

64) 원래는 요(鐃)와 발(鈸)을 이르는 것이었으나, 지금은 동발(銅鈸) 혹은 발(鈸)을 뜻함.

65) 동서(東序)와 서서(西序). 선원(禪院)의 불전(佛殿)에서 의식을 행할 때, 불단을 향하여 오른쪽에 서열하는 도사(都寺)·감사(監寺)·부사(副寺)·유나(維那)·전좌(典座)·직세(直歲)의 육지사(六知事)를 동서(東序), 왼쪽에 서열하는 수좌(首座)·서기(書記)·장주(藏主)·지객(知客)·지욕(知浴)·지전(知殿)의 육두수(六頭首)를 서서(西序)라고 함. (시공 불교사전, 2003. 7. 30. 시공사)

【개요】

영산작법의 시작을 내외에 알리기 위해 제일 먼저 향공양을 올리는데,『칙수청규』에서 언급했듯 향공을 올림에 앞서 거행하는 바라작법이다. 법요의 시작을 알린다는 의미에서 바라작법이 지닌 기본 성격이 가장 잘 드러난 작법이라 하겠다.

※명발(鳴鈸)을 위시한 일체의 작법(作法)은 항목에 계상(計上)하지 않기로 함. 따라서 '명발' 역시 항목으로 계상하지 않는다. 다만 영산재의 시작을 내외에 알리기 위해 의식 서두에 거행하는 작법으로서 그 역할이 중요하고 춤사위가 특이하여서 항목으로 간주하여 구체적으로 살피기로 한 것이다.

【의식】

<1.할향(喝香)> 직전에 거행한다. 춤사위가 매우 특이하여 2인 혹은 4인의 어산(魚山)[66]이 서로 비껴가며 작법을 행한다.[67]

【연구】

1 명발(鳴鈸)에 대해 좀 더 구체적으로…

사원의 하루가 열림을 나타내는데 사용하는 악기는 대종·목어·운판·법고 등 4종의 타악기로 이를 '대사물(大四物)'이라 한다. 이에 비해 특별한 목적으로 거행되는 법요의식에서는 그 시작을 대체로 전종(轉鐘)·명라(鳴螺)·명발(鳴鈸) 등으로 나타낸다.『칙수청규』에 의하면 부처님께 향공양을 올릴 때, 설법할 때, 다비의식, 주지 진산식 등 법요의 시작을 알리는데 보편적으로 사용하였던 것이 명발인 것으로 되어 있다. 이 같은 일면은『작법귀감』의 <대령정의(對靈正儀)>[68]에서도 살필 수 있다.

따라서 명발이라는 명칭만으로 논한다면, 여타의 바라작법은 모두 이를 기본으로 이 땅의 문화적 정서에 맞게 분화·발달된 형태라고 볼 수 있다.

영산작법에서의 <1.명발>은 <2.할향> 직전에 거행하여 재의식의 시작을 내외에 알린다는 의미에서 바라작법이 지닌 기본 성격이 가장 잘 드러난 작법이라 하겠다. 현재는 <2.할향> 직전에만 거행하는 바라작법의 명칭으로 한정하여 사용하고 있고 춤사위도 매우 특이하여 여타의 바라작법과 크게 구별된다.

이처럼 특별한 의미로 사용하게 된 데에는『불본행집경(佛本行集經)』종원환성품(從園還城品) 제7에 보이는 '환희고(歡喜鼓)'[69]의 영향을 배제할 수 없다. 환희고란 태자 실달다(悉達多, ⓈSiddhārtha)께서 탄생하셨다는 전갈을 받은 신하 마하나마(摩訶那摩, Ⓢ

---

66) 여기서는 재시용상방(齋時龍象榜)의 직책 또는 구성원을 말한다. 구성원은 사미승이며, 바라·착복 등 보조적인 역할을 담당함.

67) 拙著,『영산재』p.36. (국립문화재연구소, 2003)

68) 白坡亘璇 編『作法龜鑑』<對靈正儀>. (韓國佛敎全書 10권 p.560中)/ 法衆旣集 設靈魂壇於解脫門外 正中安引路幡 左邊下一寸 安宗室幡 右邊下二寸 安孤魂幡錢後 先擊法堂東禪堂西僧堂鐘閣金 各五槌 於是鍾頭 擊大鍾七槌 或十八槌 法衆卽赴對靈所 各就位 轉鍾七槌 鳴螺三宗 鳴鈸一宗.

69) 歡喜鼓. 기쁨을 알리기 위해 정반왕이 가비라국 문루에 설치해 놓은 북 ↔ 申聞鼓(신문고). 조선 시대에, 백성이 억울한 일을 하소연할 때 치게 하던 북으로 태종 때에 대궐의 문루(門樓)에 달아 놓음.
『大正藏』 卷3, p.689a. "爾時大臣摩訶那摩 聞此語已 卽自思惟 希有希有 於此惡時 而感大士出興於世 我今應當自往淨飯大王之所 奏聞如是希有之事 時彼大臣 取善調馬 行疾如風 駕馭寶車 從嵐毘尼園門外發 徑至於彼迦毘羅城 未見於王. 在先撾打歡喜之鼓 盡其身力 而扣擊之."

Mahānāma)가 이 사실을 정반왕(淨飯王)과 세상에 알리기 위해 울린 북을 말한다. 즉 음성으로 직접 고(告)하기 전에 북을 울렸다는 사실은 「영산재」의 '명발', 「식당작법」의 '목어(木魚)·당상(堂象)', 「대령」의 '전종·명라·명발' 등으로 하여금 의식의 시작을 알린다는 당위성을 지니게 하는 근거도 된다.

또, 『대비로자나성불경소(大毘盧遮那成佛經疏)』 권8 입만다라구연품(入漫茶羅具緣品)에서 사문(沙門) 일행(一行)은,

> 轉法輪者 非爲若干數量衆生而作限劑 乃當覺悟一切衆生 是故吹大法螺[70]
> 전법륜자 비위약간수량중생이작한제 내당각오일체중생 시고취대법라
> 법륜을 굴린다는 것은 몇몇 중생을 위한다는 제한을 두는 것이 아니라, 이는 장차 일체 중생을 깨닫게 하려는 것이다. 그러므로 대법라를 부는 것이다.

고 하였다.

앞서 말한 전종·명라·명발 등이 모두 재의식의 시작을 내외에 알리기 위한 동일한 목적으로 사용되고 있음을 인정한다면, 명발의 거행의미를 일행이 언급한 대법라를 부는 의미와 동일시해도 좋을 것이다.

일설에는 명발의 거행 시점을 「괘불이운」의 말미 혹은 「신중작법」의 말미로 주장하고 있기도 하다. 이는 앞서 밝힌 시점과 차이가 없는 듯하지만, 전자는 의식의 서곡(序曲)으로서의 의미를 지니는 것이고, 후자는 의식의 대미(大尾)를 장식한다는 점에서 차이가 있다. 그런데 학조(學祖)역 『진언권공(眞言勸供)』과 용복사(龍腹寺) 간 『영산대회작법절차(靈山大會作法節次)』등에

> 大衆初入法堂 上香鳴鈸 咽導喝香[71]
> 대중초입법당 상향명발 인도할향
> 대중이 처음 법당에 들면, 향을 올리며 명발을 하고 인도는 할향을 한다.

> 法衆齊會 □□□□囀鍾七下 鳴螺三旨 始香[72]鳴鈸[73]
> 법중제회 □□□□전종칠하 명라삼지 시향명발
> 법중이 일제히 모이면 전종 7번, 명라 3번을 하고 향을 사르며 명발을 한다.

라 하여 명발의 거행시점을 분명히 하고 있다. 즉 전자의 입장에 당위성이 있음을 입증하고 있는바, 더 이상의 논의는 없어도 될 것 같다. 또 이와 같은 작법은 이미 이운의식이라는 일련의 의식이 원만히 성취되었음을 전제로 하는바, 역할로 구분하자면 찬탄에 속한다 하겠다.

---

70) 『大正藏』 卷39, p.666.
71) 박세민 편 『한국불교의례자료총서』 권1 (보경문화사, 1993), p.441하.
72) 작법이 시작되었음을 상징적으로 알리기 위하여 처음으로 향을 사르는 일.
73) 前揭書 2권 p.129상.

<2.喝香(할향)>①

향의 덕을 찬탄함으로써 법요의 시작을 내외에 알리는 게송.

靈山作法 ‖ ★⑴歸依儀式 1.鳴鈸 2.喝香 3.燃香偈 4.喝燈 5.燃燈偈 6.喝花 7.舒讚偈 8.佛讚 9.大直讚 10.中直讚 11.小直讚 12.開啓疏 13.合掌偈 14.告香偈 ★⑵結界儀式 15.開啓篇 16.觀音讚 17.觀音請 18.散華落 19.來臨偈 20.香華請 21.歌詠 22.乞水偈 23.灑水偈 24.伏請偈 25.大悲呪 26.四方讚 27.道場偈 28.懺悔偈 ★⑶召請儀式 29.大會疏 30.六擧佛 31.三寶疏 32.大請佛 33.三禮請 34.四府請 35.單請佛 36.獻座眞言 37.茶偈 38.一切恭敬 39.香花偈 ★⑷勸供儀式 40.淨法界眞言 41.祈聖加持 42.四陀羅尼 43.加持供養 44.六法供養 45.各執偈 46.加持偈 47普供養眞言 48.普回向眞言 49.四大呪 50.願成就眞言 51.補闕眞言 52.禮懺 53.嘆白 54.和請 55.祝願和請

玉斧②削成③山勢聳 옥부삭성산세용	옥도끼로 다듬으니 산의모습 빼어나고
金爐④爇⑤處瑞煙濃 금로설처서연농	금향로에 사르옴에 상서로운 연기가득
撩天鼻孔⑥悉遙⑦聞 요천비공실요문	코가뚫린 사람들은 누구라도 맡을지니
戒定慧香熏法界 계정혜향훈법계	戒定慧등 오분향이 온법계에 배어지네.

【자구해설】

①**喝香(할향)**: 소례에게 봉향(奉香)함을 대중에게 알리는 것. '할(喝)'의 본음은 '갈'이고 '꾸짖음'을 의미한다. 선종에서는 '할'이라 발음하며, 큰 소리로 나무라거나 혹은 칭찬하여 소리 지름을 나타낸다. 즉, '할향'은 향을 피울 순서가 되었음을 큰 소리로 내외에 알리는 것이고, 동시에 향의 덕(德)을 찬탄함을 내용으로 하고 있다.

②**玉斧(옥부)**: 옥으로 만든 도끼. 도끼의 미칭(美稱).

③**削成(삭성)**: ⑴깎아서 만듦. ⑵뾰족하게 깎은 듯한 모양의 산.

④**金爐(금로)**: 금으로 장식하여 만든 향로. 향로의 미칭(美稱).

⑤**爇(설)**: 불사를 '설(열)'

⑥**撩天鼻孔(요천비공)**: 요천비공(遼天鼻孔). 기우(氣宇. 기개와 도량)가 하늘에 닿을 듯한 세력을 말함. ←Bs1288중. 청정한 공덕을 갖춘 비근(鼻根), 즉 성불을 향한 기개와 도량(度量)을 갖춘 사람을 이르는 말. 심향(心香)의 청정한 내음을 맡을 수 있는 청정한 비근(鼻根)의 소유자를 말한다. '撩天'은 조천(朝天)이라고도 하는 데 하늘을 향해 있다는 뜻이다. 즉 비공요천이란, 코가 하늘에까지 뻗었다는 말로 대단히 오만하고 자부심이 넘치는 것을 말한다./ 撩(다스릴 료{요}). 遼(멀 요{료}).

⑦**悉遙(실요)**: 모두 그리고 멀리서도, 즉 빠짐없이 라는 의미.

【개요】

『불모출생삼법장반야경(佛母出生三法藏般若經)』23 상제보살품(常啼菩薩品)74)과 『삼국유사』 권3 아도기라(阿道基羅)75)에 보이듯 향은 삼보님께 올리는 공양 가운데 으뜸이다. 즉

---

74) 『大正藏』 卷8, p.670. "[前略] 於其城中靜住思惟 我欲東行爲求法故 供養法上菩薩摩訶薩 是大利益 我今宣應自賣其身 隨所得價當買香華 自持往彼供養法上菩薩摩訶薩 [後略] [전략] 성 가운데 고요히 머물며 생각했다. 내가 동쪽으로 가고자 하는 것은 법을 구하려 함이니 법상보살마하살께 공양 올림은 커다란 이익이라. 나는 이제 내 몸을 팔아 그만큼의 향과 꽃을 사서 스스로 지니고 가서 법상보살마하살께 공양하리라. [후략]"

75) 『韓國佛敎全書』 권6. p.313c. "新羅本記第四云 第十九 訥祇王時 沙門墨胡子 自高麗至一善郡 郡人毛禮(或作毛祿) 於家中作堀室安置 時梁遣使賜衣著香物(高得相詠史詩云 梁遣使僧曰元表 宣送溟檀及經像)君臣不知其香名與其所用 遣人賫香 遍問國中 墨胡子見之曰 此之謂香也 焚之則香氣芬馥 所以達誠於神聖 神聖未有過於三寶 若燒此發願 則必有靈應(訥祇在晉宋之世而云梁遣使 恐誤)時王女病革 使召墨胡子 焚香表誓 王女之病尋愈 王喜 厚加賚貺 俄而不知所歸. [後略] (신라본기 제4권에 이렇게 말했다.

‘할향’은 법요 거행에 즈음하여 상통(上通)과 하달(下達) 그리고 보훈(普熏)을 공능으로 하는 향을 사르며, 그 덕을 찬탄함으로써 법요의 시작을 소례와 대중에게 알리는 것이다. 따라서 의식에서의 <할향>은 법요의 시작을 내외에 알리는 신호의 역할이 된다. 실제 의식에서도 이때 분향하며, 일회대중의 신심과 귀의를 삼보님 전에 표한다.

특히 『범음산보집』의 ‘대분수작법(大焚修作法)’[76]에서,

> 香標於心法 不啻用於齋設 焚修作法以用亦可 何故 欲懺三業 先告心香 以爲三業之本
> 향표어심법 불시용어재설 분수작법이용역가 하고 욕참삼업 선고심향 이위삼업지본
>
> 향은 심법(心法)의 표시다. 재를 베푸는 데서만이 아니고 분수작법(焚修作法)에서 사용해도 또한 가하다. 왜일까, 삼업(三業)을 참회하려면 먼저 심향(心香)으로 고해야하나니 삼업의 근본이기 때문이다.

고 하였다.

【구성 및 내용】

내용 면에서 본 게송은 다음과 같이 기・승・전・결로 나누어 볼 수 있다.

‘기’인 **옥부삭성산세용(玉斧削成山勢聳)** —옥도끼로 다듬으니 산의모습 빼어나고— 에서는, 삼보님께 올리기 위해 준비한 향의 모습을 찬탄하였다. ‘옥부(玉斧)’는 도끼의 미칭(美稱)이며, 여기서는 귀한 것을 깎고 다듬는 도구의 대명사로 쓰였다. 특히 여기서 ‘산세용(山勢聳)’이라 함은 깎아놓은 향 조각의 모습을 가리켜 찬탄한 것이지만, 내용면에서 보면 높은 산에 진귀한 것이 많듯 향 또한 많은 공능을 지니고 있음을 노래한 것이다.

‘승’인 **금로설처서연농(金爐爇處瑞煙濃)** —금향로에 사르옴에 상서로운 연기가득— 에서는, 향로로부터 피어오르는 향의 기운을 찬탄하였다. ‘금로(金爐)’는 향로의 미칭이니 영산회상에 올리는 향을 사르는 향로이기에 금로라 한 것이다. 또 그 향의 연기를 ‘서연(瑞烟)’이라 함에서 성불을 목적으로 하는 능례의 청정한 신심을 짐작할 수 있으니, 여기서의 향연은 능례의 신심과 정성을 소례께 전함을 그 소임으로 하고 있기 때문이다.

‘전’인 **요천비공실요문(撩天鼻孔悉遙聞)** —코가뚫린 사람들은 누구라도 맡을지니— 에서는, 선지식의 검증을 토대로 준비한 향과 그 공능을 거듭 찬탄하였다. 즉, ‘요천비공(撩天鼻孔)’이라 함은 보통 사람을 가리키는 것으로 제정신을 지닌 사람을 가리키는 것이다. 그

“제19대 눌지왕 때 사문 묵호자가 고구려에서 일선군에 오니 그 고을 사람 모례[혹은 모록이라고도 씀]가 집 안에 굴을 파서 방을 만들어 편안히 있게 했다. 이때 양나라에서 사신을 보내어 의복과 향[고득상의 영사시에는 양나라에서 사자인 중 원표 편에 명단과 불상을 보내왔다고 했다]을 보내왔는데 군신들은 그 향의 이름과 쓰는 방법을 알지 못했다. 이에 사람을 시켜 향을 가지고 두루 나라 안을 돌아다니면서 묻게 했다. 묵호자가 이것을 보고 말했다. 이는 향이라는 것으로 태우면 향기가 몹시 풍기는데 정성이 신성한 곳에까지 이르는 때문입니다. 신성은 삼보에 지나는 것이 없으니 만일 이것을 태우고 축원하면 반드시 영험이 있을 것입니다. [눌지왕은 진・송 때 사람이다. 그런데 양에서 사신을 보냈다고 한 것은 잘못인 듯 싶다] 이때 왕녀의 병이 위중하여 묵호자를 불러 향을 피우고 축원하니 왕녀의 병이 이내 나았다. 왕은 기뻐하여 예물을 후히 주었는데 갑자기 그의 간 곳을 알 수가 없었다. [후략]”

76) 『天地冥陽水陸齋梵音刪補集』 권상 15장.

런데 이분들이 모두 맡으신다 하였으니 향의 공능 가운데 '상달(上達)'에 대한 검증은 이미 마친 셈이 된다. 즉, 보통사람들도 맡을 수 있는 향내음이니 영산회상에 자리하신 삼보님의 감응은 의심할 일이 아니다.

비유컨대, 불법에 뜻을 둔 삼십구위(三十九位)의 화엄성중이 석존께서 성도하셨다는 소식을 듣고 그 권속과 함께 바로 보리도량(菩提道場)으로 운집함으로써 석존께서 성도하셨음이 일차 증명된 것과 같다하겠다.

'결'인 **계정혜향훈법계(戒定慧香熏法界)** —戒定慧등 오분향이 온법계에 배어지네— 에서는, 향의 공능 가운데 '하달(下達)'과 '보훈(普熏)'을 들어 찬탄하였다. 즉, 재를 베풀려는 취지와 공덕이 영산회상뿐 아니라 법계의 모든 중생에게까지도 전달되어 궁극적으로는 중생중생이 스스로에 내재된 오분법신(五分法身)의 회복을 발원하였고, 이런 공능이 향연에 있음을 노래함으로써 향을 찬탄한 것이다. 즉, 상통에 이어 하달의 공능을 지님을 확인함으로써 향의 공능이 완벽함을 찬탄하였다.

한가지, '결'구에서 언급한 것은 계정혜향(戒定慧香)인데 이를 '오분향(五分香)'으로 이해한 것은 계정혜를 모두 갖추면 곧 해탈을 이루고, 해탈을 성취하면 이어서 해탈지견이 열리기 때문이다. 즉 강(綱)을 들면 목(目)은 저절로 따라옴이 이치이다.

【의식】

<1.명발> 끝에 울리는 태징 한 마루를 신호로 상번(上番)이 괘불님 전에 함장하고 서서 홑소리로 거행한다.[77] 이때 상번은 착복(着服)하고 고깔을 쓴 뒤 향 한 줄기, 혹은 지화(紙花) 한 송이를 들고 괘불님을 향해 합장한 자세로 서서 거행한다. 삼현육각 등은 한쪽에서 거상(擧床)[78]을 친다.

【연구】

1 의식으로서의 '할향(喝香)'에는 몇 가지 있다는데?

『영산대회작법절차』에서 다음과 같이 삼수(三首)의 할향을 볼 수 있다. 이 가운데 어떤 것을 사용해도 무방하다는 뜻이다.

Ⅰ. 玉斧削成山勢聳 金爐爇處瑞煙濃 撩天鼻孔悉遙聞 戒定慧香熏法界

Ⅱ. 栴檀木造衆生像 及與如來菩薩形 萬面千頭雖各異 若聞熏氣一般香
전단향목 다듬어서 중생모습 새겨보고 / 부처님과 보살님등 여러상호 조성하니
얼굴모습 만가지요 머리모습 천가진데 / 풍겨오는 그내음은 전단향기 한가지라

Ⅲ. 戒香出在須彌巖畔 常在海藏龍宮 定香耿耿焚香金爐內 上通佛國與人間
수미산 바위 언덕에서 생겨나 / 이제껏 바다 속 용궁에 있더니
금향로 속에서 은은히 타올라 / 위로는 불국과 인간에 통하네.

그러나 후일, 영산재에서 거행하는 <할향>으로는 처음 소개된 것을 주로 사용하게 되었

77) 지선(智禪) 편『오종범음집』에는 게송 전에 '上番喝香'이라는 주(註)가 있고, 지환(智還) 집『범음산보집』에도 같은 내용의 주(註)한불전11-483하가 있다.
78) 큰상을 올리기에 앞서 먼저 울리는 풍악.

다. 그리고 두 번째 내용은 「예수재(豫修齋)」와 「불상점안(佛像點眼)」의 <할향>으로, 세 번째 내용은 「각배(各拜)」 의 <할향>으로 고착되어 활용되고 있다.

한편 『석문의범』 소수 「상주권공」과 휴정(休靜) 찬 「운수단가사(雲水壇謌詞)」에서는 '봉헌일편향 덕용난사의 근반진사계 엽부오수미(奉獻一片香 德用難思議 根盤塵沙界 葉覆五須彌 한조각의 향이오나 정성으로 바치오니 / 빼어나온 그효능은 헤아리기 어려워라 / 뿌리에다 견주오면 온세계에 서리오며 / 잎이라고 생각하면 전우주를 덮습니다)'를 <할향>의 내용으로 하며, 특히 범패 학습에 있어 처음 익히는 소리라 하여 '초할향(初喝香)'이라 부른다. 그 외에도 『작법귀감』 소수 「분수작법」에는 '차안전단무별물 원종청정자심생 약인능이일진소 중기자연개구족(此岸旃檀無別物 元從淸淨自心生 若人能以一塵燒 衆氣自然皆具足 사바의 전단향은 다른 것이 아니니 / 원래 청정한 자신의 마음에서 나는 것 / 누가 조금이라도 사르면 / 맑은 향기가 자연이 충만하도다)'이라는 <할향>이 <찬향(讚香)>이라는 제목으로 실려 있다.

이렇듯 할향의 종류가 많은 것은 향이 법요에서 차지하는 비중이 그만큼 크고 중요함을 나타내는 것이며, 그런 만큼 향을 대하는 그리고 향에 부여하고자 하는 의미가 많다는 뜻으로 이해해도 좋을 것이다.

2 '결'구에서 언급한 것은 계정혜향(戒定慧香)인데 이를 '오분향(五分香)'으로 이해한 것은?

예불시 <헌향게(獻香偈)>[79]를 예로 보면 알 수 있거니와 계정혜(戒定慧, Ⓢśīla samādhi prajñā)를 모두 갖추면 곧 해탈(解脫)을 이루고, 해탈을 성취하면 해탈지견(解脫知見)이 순차적으로 열리기 때문이다. 즉 강(綱)을 들면 목(目)은 저절로 따라오는 것이 이치다.

다시 말해 사적(事的)인 면에서의 '할향'은 향을 올림을 내외에 알리는 의식이지만, 이적(理的)인 면에서 살피면 향은 단순히 물질적인 것을 가리키는 것이 아니다. 번뇌가 제거된 우리자신의 진여법신을 나타내는 것으로서 오분법신향(五分法身香)을 사르며 온 법계를 청정케 하려는 원을 그 내용으로 하고 있음에 근거한 것이다.

또 지선 편 『오종범음집』에는 다음과 같은 주(註)가 있다.

> 香偈時 證明想此香煙 變成五分法身香 燈偈時 觀想此燈悲捨所出 能成菩提心燈 花
> 향게시 증명상차향연 변성오분법신향 등게시 관상차등비사소출 능성보리심등 화
> 偈時 想此三密妙力 無量善事 悉令圓滿 一香一燈一花 皆遍十方 云云[80]
> 게시 상차삼밀묘력 무량선사 실령원만 일향일등일화 개변시방 운운
>
> 향게(=할향)를 거행할 때, 증명법사는 이 향연이 오분법신향으로 변함을 생각한다. 등게를 거행할 때는 이 등이 자비와 희사를 내어 능히 보리심의 등이 됨을 생각하고, 화게(=할화)를 거행할 때는 이 삼밀의 묘력이 무량한 좋은 일이 모두 원만해서 한 조각의 향, 한 줄기의 등, 한 송이의 꽃이 모두 시방에 변만하여 운운

위 내용 가운데 '변성오분법신향(變成五分法身香)'이라 한바 오분향으로 봄이 타당하다 판단된다.

---

79) 戒香 定香 慧香 解脫香 解脫知見香 光明雲臺 周徧法界 供養十方無量佛法僧.
80) 『韓國佛敎儀禮資料叢書』 卷2, p.183하.

[3] 진행 절차에 있어서 옛 법이 오롯이 계승되고 있는지?

표본 조사한 내용 『작법절차(作法節次)』 소수 「영산회(靈山會)」에는 아래와 같은 주(註)가 있다.

> 喝畢 錚鼓齊擊三聲也 向下 喝燈 喝花畢 皆倣此[81]
> 할필 쟁고제격삼성야 향하 할등 할화필 개방차
>
> <할향>이 끝나면 태징과 법고를 일제히 세 번 울린다. 아래 <할등>과 <할화>가 끝나면 모두 이같이 한다.

이로 미루어 보면, 오늘날 거행하는 영산작법과 절차상 다소 차이가 있음을 알 수 있다. 「영산회」에서와 같이 거행한다면, 항목과 항목 사이가 분명해 진다는 점에서 옛 법을 모범 할 필요가 있을 것 같다.

---

81) 『韓國佛敎儀禮資料叢書』 卷4, p.163하.

<3.燃香偈(연향게)> 영산회상에 향을 사르며 오분법신의 회복을 발원하는 게송.

靈山作法 ‖ ★(1)歸依儀式 1.鳴鈸 2.喝香 **3.燃香偈** 4.喝燈 5.燃燈偈 6.喝花 7.舒讚偈 8.佛讚 9.大直讚 10.中直讚 11.小直讚 12.開啓疏 13.合掌偈 14.告香偈 **★(2)結界儀式** 15.開啓篇 16.觀音讚 17.觀音請 18.散華落 19.來臨偈 20.香華請 21.歌詠 22.乞水偈 23.灑水偈 24.伏請偈 25.大悲呪 26.四方讚 27.道場偈 28.懺悔偈 **★(3)召請儀式** 29.大會疏 30.六擧佛 31.三寶疏 32.大請佛 33.三禮請 34.四府請 35.單請佛 36.獻座眞言 37.茶偈 38.一切恭敬 39.香花偈 **★(4)勸供儀式** 40.淨法界眞言 41.祈聖加持 42.四陀羅尼 43.加持供養 44.六法供養 45.各執偈 46.加持偈 47普供養眞言 48.普回向眞言 49.四大呪 50.願成就眞言 51.補闕眞言 52.禮懺 53.嘆白 54.和請 55.祝願和請

戒定慧解知見香① 계정혜해지견향	계정혜해 해탈지견 법신견준 오분향은
遍十方刹常芬馥② 변시방찰상분복	시방세계 두루하며 한결같이 향기롭네.
願此香煙亦如是 원차향연역여시	원커니와 올리옵는 이향연도 그러하여
熏現③自他五分身 훈현자타오분신	훈하옴에 우리모두 오분법신 나투과저④.

戒定打二點 解一點 法衆起立
계정타이점 해일점 법중기립
‘계정(戒定)’에서 태징을 두 번 울리고, ‘해(解)’에서 한 번 울린다. 법중은 일어선다.

【자구해설】

①**戒定慧解知見香(계정혜해지견향)**: 오분향(五分香, Ⓢpañca gandhāḥ). 오분향이란 곧 자신에게 갖추어져 있는 오분법신(五分法身, Ⓢpañca-dharma-skandhāḥ)의 덕을 향에 견준 것이며, 이 향을 삼보님 전에 사르는 것은 능례가 청정무구한 본래 법신으로 돌아가 삼보에 귀의함을 표시하는 것이고, 한편으로는 그렇게 되기를 발원하는 것이다. ☞『각론』Ⅲ 참고.

②**芬馥(분복)**: 향기가 높은 모양. 분분(芬芬).
※ 향기(香氣) = 복기(馥氣/ 芬 향기로울 ‘분’, 馥 향기 ‘복’)

③**熏現(훈현)**: 어떤 기운에 쪼이면 나타나는 현상./ 熏 연기 낄 ‘훈’. 現 나타날 ‘현’.
예) ‘양초’가 배어 있는 종이를 불 위에 쪼이면 초가 배어 있는 부분이 드러난다.
⊙熏: 향을 피우다. 스미다. 스며들다.

④**~과저**: [옛]~고자. 예)平生에 願ᄒᆞ기를 이 몸이 羽化ᄒᆞ여 靑天에 소사올라 뎌 구름을 헤치**과저**.

【개요】

본 게송은 ‘연향(燃香)’을 주제로 하고 있다. 즉, 부처님께 갖추어진 오분법신의 가피력을 훈(熏)을 덕용으로 하는 향에 견주어, 그 덕용으로 중생 각자 각자에게 본래 갖추어진 오분법신이 나타나게 되기를 발원하는 내용으로 되어 있다.

【구성 및 내용】

칠언절구인 본 게송은 기·승·전·결의 형태를 보이고 있다.

‘기’인 **계정혜해지견향(戒定慧解知見香)** —계정혜해 해탈지견 법신견준 오분향은— 에서는, 본 항에서 올리는 ‘향’의 덕용을 부처님의 오분법신이신 계신(戒身, Ⓢśīla-skandha)·정신(定身, Ⓢsamādhi-)·혜신(慧身, Ⓢprajñā-)·해탈신(解脫身, Ⓢvimukti-)·해탈지견신(解脫知見身, Ⓢvimukti-jñāna-darśana-)에 견주어 정의하였다.

‘승’인 **변시방찰상분복(遍十方刹常芬馥)** —시방세계 두루하며 한결같이 향기롭네— 에서는,

‘기’구의 내용을 근거로 본 의식에서 사용하는 향의 덕용이 시공에 구애받지 않고 향기로울 수 있음을 말하였다. 즉, 여기서의 ‘시방’은 횡변시방(橫遍十方)으로서 『천수경』 소수 <오방내외안위제신진언>의 ‘오방내외’와 같고, ‘상(常)’은 수긍삼제(竪亘三際)이니 ‘상분복’은 곧 한결같이 ‘안위제신’의 공능(功能)을 지니고 있음을 노래한 것이라 하겠다.

‘전’인 **원차향연역여시(願此香煙亦如是)** —원커니와 올리옵는 이향연도 그러하여— 에서는, 향의 덕을 오분법신에 견주며 찬탄하는데 그치지 않고 이(理)와 지(智)가 합일되어 이지원융(理智圓融)에 이르듯이 향연 그대로가 우리의 지(智)를 계발한 이(理)의 내용인 오분법신이기를 발원함을 내용으로 하고 있다.

‘결’이 **훈현자타오분신(熏現自他五分身)** —훈하옴에 우리모두 오분법신 나투과저— 에서는, ‘전’구의 내용을 기정화한 가운데 오분법신인 향연의 덕용으로 자신을 포함한 일회대중(一會大衆) 모두가 각자의 오분법신을 회복하게 되어 향상·향하 두 가지 원이 함께 성취되기를 발원하였다.

【의식】

중번(中番) 1인과 대중이 반짓소리로 거행한다. 이때의 소리는 장중하여 짓소리의 특징이 잘 나타난다. 말번의 태징을 신호로 ‘기’구는 중번이 선창하고, ‘승’구는 어산 대중이 동음으로 창화한다. ‘전’구와 ‘결’구도 같은 방법으로 거행한다. ‘계정(戒定)’에서 태징 두 망치, ‘해(解)’에서 한 망치를 친다. 이때 대중은 기립한다.

【연구】

① 본 게송의 전거(典據)는 있는가?

『욕상공덕경(浴像功德經)』에 다음과 같은 게송이 있다.[82]

戒定慧解知見香 遍十方刹常芬馥 願此香煙亦如是 迴作自他五種身
계정혜해지견향 변시방찰상분복 원차향연역여시 회작자타오종신

즉, ‘결’구의 내용만 다르다. 그러나 의미에 있어서는 훈현자타오분신(熏現自他五分身)과 차이가 없는바 『욕상공덕경(浴像功德經)』의 게송을 그 원형으로 보아도 좋을 것이다.

② 진행 절차에 있어서 옛 법이 오롯이 계승되고 있는지?

표본 조사한 내용 『작법절차(作法節次)』 소수 「영산회(靈山會)」에는 <연향게>의 전후로 아래와 같은 주(註)가 있다.

[전] 戒定慧解四字 梵音同唱而 至解字 轉鐘三聲 會主證明起立 自知字衆和擊錚鼓
계정혜해사자 범음동창이 지해자 전종삼성 회주증명기립 자지자중화격쟁고

계정혜해’ 4글자는 범음으로 함께 창하고, ‘해(解)’자에 이르면 전종 세 번 울린다. 회주와 증명은 기립한다. ‘지(知)’자로부터 대중이 창화하고 태징과 법고를 울린다.

82) 『大正藏』 卷16, p.799b.

[후] 偈畢 轉鐘三聲 衆皆一拜 向下 燃燈 舒讚 二偈倣之
게필 전종삼성 중개일배 향하 연등 서찬 이게방지

게를 마치면, 전종을 세 번 울린다. 대중은 모두 일배 한다. 아래 <연등>과 <서찬> 두 게송은 이를 모범한다.

이 내용으로 보아 거행하는 형식에 있어 변화가 있음을 알 수 있다. 무엇보다 아쉬운 점은 무형문화이므로 당시 거행하던 형태를 짐작만 할 뿐, 정확히 알 수 없다는 것이다.

3 '삼할향(三喝香) 삼등게(三燈偈)'라는 말이 있던데?

'봉원사 영산재보존회'에서 「영산작법」 거행시 **'삼할향 · 삼등게'**라는 말이 공식적으로 쓰여지고 있다. 여기서 '삼할향'이란 <할향> <할등> <할화>를 말하고, '삼등게'는 <연향게> <연등게> <서찬게>를 가리킨다.

거행 차서를 보면, <할향> <연향게> <할등> <연등게> <할화> <서찬게> 순으로, <할향>과 <연향게>, <할등>과 <연등게> 그리고 <할화>와 <서찬게>가 각기 쌍(雙)을 이룬다. 즉, 3종의 쌍이 주제와 내용을 각기 달리하면서도 의식의 진행상 **'알리고[喝], 행한다[燃]'**는 동일한 유형으로 이루어지는 점에 착안하여 붙여진 이름이다.

지환(智還) 집(集) 『산보범음집(刪補梵音集)』 6張에 「삼등게론(三燈偈論)」이라는 제목으로 다음과 같은 내용이 있다.83)

◈ **三燈偈論(삼등게론)**

1. 有云 齋後作法時 從容①則俱擧三燈偈 忙迫②則直擧三至心云云 豈無所違乎
   유운 재후작법시 종용 즉구거삼등게 망박 즉직거삼지심운운 기무소위호

   어떤 이는 말하되 재후작법시(**齋後作法時**) 시간적 여유가 있으면 '삼등게'를 모두 들고, 바쁘면 곧바로 삼지심(**三至心**)을 들라고 했으나, 어찌 어그러짐이 없으리오.

2. 盖三燈偈者 表初發心也
   개삼등게자 표초발심야

   이 '삼등게'라는 것은 초발신심(初發信心)을 표하는 것이다.

3. 禮歸三寶者 免三途之苦也
   예귀삼보자 면삼도지고야

   삼보께 예하고 귀의함은 삼도(三途)의 고를 면하는 까닭에서이다.

4. 雖是忙迫 捨此三燈偈不可 詳番無闕焉
   수시망박 사차삼등게불가 상번무궐언

   비록 바쁘더라도 이 '삼등게'를 버림은 불가하니 자세히 살펴 빠트리지 않아야 한다.

※ 띄어쓰기와 번호는 독자의 편의를 도모키 위하여 저자 임의로 행한 것임.

【자구해설】 ☞<삼등게론>의 주.

① **從容(종용)** : 할 일이 없이 유유히 지냄 → 여유가 있는 모양.
② **忙迫(망박)** : 일에 몰리어 몹시 바쁨.

정리컨대, '삼등게'는 초발신심(初發信心)을 표하는 것인바 시간을 이유로 생략하거나 소

83) 智還 集『天地冥陽水陸齋梵音刪補集』. (동국대 중앙도서관, 도서번호 D-217.5-지96c.2)

홀히 해서는 안됨을 강조한 것이 '삼등게론'이다.

4 각 의식집에서 본 게송은 내용과 제목에 있어서 상이점을 보이고 있는데, 현재의 제목 그대로 좋은가?

우선 각종 의식집에 보이는 본 게송의 제목을 살피면 다음 표와 같다.

책(本)	의식명	항 목	비 고
Jk 10-553	三寶通請	燃香偈	Jk : 『작법귀감』 Sb : 『산보범음집』 Sk : 『석문의범』 By : 봉원사 『요집』
Sb 16	大焚修作法	燃香偈	
Sb 17	晨焚修作法	• 香偈	
Sb 26	齋後作法節次	燃香偈	
Sb 38	靈山作法	燃香偈	
Sk 上112	靈山作法	燃香偈	
Sk 上	常住勸供	• 燈偈	
By 別 1	常住勸供	• 燃燈偈	
By 46	靈山作法節次	燃香偈	
By 60	十王各拜節次	燃香偈	
By 168	祝上	燃香偈	

<표 4>

<표 4>에서 듯 본 게송에 대한 제목이 <연향게>와 <연등게> 두 가지로 불리고 있다. 게송의 내용은 향을 주제로 하고 있음이 분명하고, 더구나 봉원사 『요집』의 「영산작법」 권상 46쪽에는 등(燈)을 주제로 한 <연등게>와 여기서 문제시되고 있는 <연향게>가 나란히 실려 있다. <연향게>의 내용은 「상주권공」의 <등게>와 같고, <연등게>의 내용은 다음과 같다.

<燃燈偈(연등게)>
大願爲炷大悲油(대원위주대비유) 크신소원 심지라면 대비심은 기름이요
大捨爲火三法聚(대사위화삼법취) 크게버림 불꽃되어 세가지법 모이오면
菩提心燈照法界(보리심등조법계) 깨달음의 마음등불 온누리를 비추리니
照諸群生願成佛(조제군생원성불) 모든중생 고루비춰 남김없이 성불과저.

게송의 내용에서도 알 수 있듯 '향'은 훈(熏)을, 그리고 '등(燈)'은 조(照)를 각각 특징[用]으로 하고 있는바, 본 게송은 마땅히 '연향게' 혹은 '향게'로 그 제목이 바뀌지 않으면 안될 것이다.

그런데 한 가지 유의할 것은 『범음집』의 삼등게론(三燈偈論)에서 말하는 '삼등게(三燈偈)'는 「영산작법」의 <연향게> <연등게> <서찬게>를 가리키고 있는바, 「영산작법」의 축소형인 「상주권공」에서의 <등게>는 삼등게를 대표한 것이라 사료된다.

또 이와 같은 예가 '삼할향(三喝香)'인데 『범음집』에는 언급되어 있지 않으나, <할향> <할등> <할화> 등을 그 내용으로 하고 있다. 지금도 '봉원사 영산재보존회'에서 「영산작

법」을 행할 때 '**<u>삼할향 · 삼등게</u>**'라는 용어가 공식적으로 쓰이고 있는데, 이는 '삼할향 · 삼등게'가 주제와 내용을 각기 달리하면서도 의식의 진행상 '**알리고[喝], 행한다[爇]**'는 동일한 유형으로 이루어지는 점에 착안하여 붙여진 이름이라 사료된다.

따라서 본 게송의 제목을 '삼등게'의 대표로 혹은 전통적인 면을 고려하여 '등게'로 그냥 둘 것인지, 아니면 내용이 향을 주제로 하고 있을 뿐만 아니라 다른 곳에서 이미 '연향게'로 제목 되어 있는 만큼 '연향게'로 고칠 것인지에 대해서는 좀 더 숙고할 일 이라 하겠다.

다만 제안이 허락된다면 전통적인 면을 고려하고, 지금까지 언급된 내용을 충분히 이해함을 전제로 「상주권공」에서 만큼은 본 게송의 제목을 그대로 두는 것이 좋겠다고 생각한다. 또 이렇게 함으로써 '삼할향'과 '삼등게'의 역학관계를 부각시키는 효과도 있겠기 때문이다.

5 본 게송을 중심으로 이와 관련된 게송이 있다는데?

『작법귀감』 소수 「축상작법(祝上作法)」에는 <삽향게> <할향> <연향게> 순으로 되어 있다. 즉 <할향> 전에 <삽향게>가 자리하고 있으며 주(註)에 보면,

> 時 大衆 點香還位則 引導唱云 '南無西方大敎主 金剛無量壽佛' 引聲繞匝 良久 止樂
> 시 대중 점향환위즉 인도창운 '나무서방대교주 금강무량수불' 인성요잡 양구 지악
> 次鳴螺三旨 鳴鉢一宗後 引導喝香云
> 차명라삼지 명발일종후 인도할향운
> 이 때, 대중이 향을 올리고 자리로 돌아오면 인도는 창하여 이르되 '나무서방대교주 금강무량수불'이라 인성(引聲=짓소리)으로 하고 요잡바라를 춘다. 잠시 후, 음악이 멈추면 다음은 법라를 세 번 울리고, 바라를 한 번 울린 뒤, 인도는 <할향>을 한다.

고 되어 있다. <삽향게>의 내용은 다음과 같다.

<揷香偈(삽향게)>

心香一炷起雲峰(심향일주기운봉) 심향 한 줄기 구름 봉우리 일으키더니
直下淸霄透碧空(직하청소투벽공) 맑은 하늘로 떨어지며 푸른 허공을 뚫는다.
仰請佛法僧三寶(앙청불법승삼보) 우러러 삼보님을 청하오니
降臨千葉寶蓮臺(강림천엽보련대) 일천 잎 보련대에 강림하소서.

[By168「祝上節次」, Sb38「祝上作法節次」, Jk10-581「祝上作法」]

<4.喝燈(할등)>

등공양 올릴 것을 내외에 알리는 게송.

靈山作法 ‖ ★(1)**歸依儀式** 1.鳴鈸 2.喝香 3.燃香偈 **4.喝燈** 5.燃燈偈 6.喝花 7.舒讚偈 8.佛讚 9.大直讚 10.中直讚 11.小直讚 12.開啓疏 13.合掌偈 14.告香偈 ★(2)**結界儀式** 15.開啓篇 16.觀音讚 17.觀音請 18.散華落 19.來臨偈 20.香華請 21.歌詠 22.乞水偈 23.灑水偈 24.伏請偈 25.大悲呪 26.四方讚 27.道場偈 28.懺悔偈 ★(3)**召請儀式** 29.大會疏 30.六擧佛 31.三寶疏 32.大請佛 33.三禮請 34.四府請 35.單請佛 36.獻座眞言 37.茶偈 38.一切恭敬 39.香花偈 ★(4)**勸供儀式** 40.淨法界眞言 41.祈聖加持 42.四陀羅尼 43.加持供養 44.六法供養 45.各執偈 46.加持偈 47普供養眞言 48.普回向眞言 49.四大呪 50.願成就眞言 51.補闕眞言 52.禮懺 53.嘆白 54.和請 55.祝願和請

達摩①傳燈②爲計活③ 달마전등위계활	달마대사 등전함을 일거리로 삼으셨고
宗師④秉燭⑤作家風⑥ 종사병촉작가풍	역대종사 등을들고 청정가풍 지으셨네.
燈燈相續方不滅 등등상속방불멸	등과등은 이어내려 소멸되지 아니하니
代代流通⑦振祖宗⑧ 대대유통진조종	대대손손 유통하며 종지종풍 떨치리라.

【자구해설】

①**達摩(달마)**: Ⓢ Bodhidharma. 음 보리달마(菩提達摩. 菩提達磨). 달마는 약칭. 중국 선종의 시조. 남천축 향지국(香至國)의 셋째 왕자로 출가하여 반야다라(般若多羅, Ⓢ Prajñātārā) 존자의 법통을 이었다. 스승의 가르침대로 뱅골만을 떠나 뱃길로 중국 광주(光州)에 이르렀다. 대사의 세수 이미 130이었다고 하며, 지금의 남경인 금릉에서 불심천자(佛心天子)로 불리는 양무제(梁武帝. 502 - 549재위)를 만났다. 두 사람의 연이 맞지를 않아 달마대사는 숭산 소림사(崇山 少林寺. 효문제가 천축의 불타선사를 위해 건립한 사찰)에 들어가 9년 간 면벽관심(面壁觀心)하였고, 뒤에 혜가(慧可) 스님에게 법을 전해주었다. 이로써 조사선이 동토에 뿌리를 내리게 되니 대사는 인도의 제28조이며 중국 선종의 초조이다.

②**傳燈(전등)**: 불법의 정맥(正脈)을 주고받는 일을 등불을 전해주고 받는 일에 비유하여 이르는 말. 전법(傳法).

③**計活(계활)**: 살아갈 계책. 또는 살릴 계책. 생로(生路). 살길.

④**宗師(종사)**: ㈀종(宗)은 존(尊)의 뜻이니 정법을 전하므로 대중으로부터 존숭을 받는 이. 종지(宗旨)를 체득하여 만인의 사표가 되는 학덕 겸비의 고승. ㈁불심종(佛心宗) 곧 선법을 전하는 고승. 삼장(三藏)의 수득자(修得者)를 법사(法師)·경사(經師)·율사(律師)·논사(論師)라 함에 대하여, 선문(禪門)의 종지(宗旨)를 체득한 사람을 가리키는 말. ㈂각종(各宗)의 조사(祖師)를 가리키는 경우도 있다.

⑤**秉燭(병촉)**: 촛불을 밝힘. 촛불을 손에 잡는다는 뜻으로, 촛불을 켬을 비유적으로 이르는 말.

⑥**家風(가풍)**: 한 집안에 대대로 이어 오는 풍습이나 범절. 가품(家品). 가행(家行). 문풍(門風).

⑦**流通(유통)**: 거침없이 흘러서 통함. 세상에 널리 쓰임.

⑧**祖宗(조종)**: 가장 근본적이며 주요한 것을 비유적으로 이르는 말. 조사(祖師)가 말한 종지(宗旨)를 의미한다. 또는 조(祖)는 시(始)니 선조(先祖)를 의미하고, 종(宗)은 근본(根本)으로 종조(宗祖)를 뜻한다. Bs770a

【개요】

삼보님께 등공양 올림을 내외에 알리는 의식이다. 어둠을 밝히는 것이 등불이라면 무명을 녹이는 것은 법이다. 그러므로 법을 등에 견주어 오늘의 이 법등이 빛나게 된 연유와 경위를 찬탄하였고, 또 길게 이어지기를 염원하는 게송이다.

【구성 및 내용】

내용 면에서 본 게송은 기·승·전·결로 나누어 볼 수 있다.

'기'인 **달마전등위계활(達摩傳燈爲計活)** —달마대사 등전함을 일거리로 삼으셨고— 에서는, 달마대사께서 진리의 등불을 동토에 전하신 업적을 찬탄하였다. 『보림전(寶林轉)』에 의하면 중국 선종의 전래는 교종보다 약 500년이 지난 양나라 보통 8(527) 9월 2일 달마대사께서 광주(光州)에 오시면서 실현되었다고 한다.[84] 교통이 자유롭지 않던 때임을 생각하면, 달마대사께서 감행하신 이 일은 생사를 건 일이기도 했다. 즉, 위법망구(爲法忘軀)를 몸소 실천하신 달마대사의 공덕을 노래한 것이다. 선종의 시각이지만 이로써 심지법(心地法)인 법등이 동토에 전해지게 되었음을 노래한 것이니 본구는 '기'구로서 위치를 지닌다.

'승'인 **종사병촉작가풍(宗師秉燭作家風)** —역대종사 등을들고 청정가풍 지으셨네— 에서는, 달마대사로부터 법등을 이어 일가를 이루고 종풍을 드날리신 스님들을 찬탄하였다. 달마대사의 법맥을 계승한 혜가(慧可)·승찬(僧璨)·도신(道信)·홍인(弘忍)·혜능(慧能) 스님은 물론, 이어 오가칠종(五家七宗)으로 선풍을 진작시키신 직계 및 방계의 제조사와 천하종사 등을 조명하였으니 '승'구로서의 역할이 있다.

'전'인 **등등상속방불멸(燈燈相續方不滅)** —등과등은 이어내려 소멸되지 아니하니— 에서는, 선종 전래 당시로부터 지금까지 법맥이 유지되어 오고 있음을 찬탄하였다. 이른바 법등의 상속은 두 가지 요소가 충족되어야 가능하다. 하나는 내용의 진리성이고, 다른 하나는 전하고자 하는 노력이다. 진리성이 결여되었다면 자연히 도태되었을 것이다. 또 이를 전하려는 제자들의 노력이 없었다면 역사 가운데 화석이 되고 말았을 것이다. 오늘날 법등이 밝게 빛나고 있는 것은 법등의 진리성과 제자들이 노력한 결과이다. 즉, 시선을 법등불멸의 원인으로 돌린바 '전'구로서 소임에 충실하다.

'결'인 **대대유통진조종(代代流通振祖宗)** —대대손손 유통하며 종지종풍 떨치리라— 에서는, 지금까지 그랬듯 앞으로도 계속해 법맥이 이어져 나갈 것을 염원하였다. 현재는 과거의 연속이고, 미래는 현재의 연장이다. 이런 관점에서 법등이 미래로 이어져 나갈 것을 믿고, 또 그렇게 되기를 발원함으로써 '결'구를 삼았다.

【의식】

중번(中番)이 영산단을 향해 홑소리로 거행한다.[85]

【연구】

1 또 다른 내용의 할등(喝燈)이 있다는데?

『영산대회작법절차』에는 본문에 소개된 내용 외에 다음과 같은 일수(一首)의 게송이 있다.

---

84) 『禪學大辭典』(日本 禪學大辭典編纂所, 1978) p.831c.
『佛敎史年表』(日本 法藏館, 1988) p.43에는 520년이라 함.

85) 지선(智禪) 편 『오종범음집』에는 게송 전에 '중번할등(中番喝燈)'이라는 주(註)가 있다.

一點光明照三界(일점광명조삼계) 한 점 밝은 빛은 삼계를 비추시고
三身圓現應十方(삼신원현응시방) 삼신을 원만이 나투사 시방에 응하시네.
清淨慧光皆具足(청정혜광개구족) 청정한 지혜광명 두루 구족하시니
普照幽暗悉皆明(보조유암실개명) 널리 비추사 짙은 어둠 모두 다 밝아지네.

그러나 오늘날에는 본문에 소개된 내용이 주로 쓰이고 있다.

2 '결'구에서 말한 대대유통진조종(代代流通振祖宗)의 역사적 발자취에 대해…

『경덕전등록(景德傳燈錄)』 권3 '보리달마조(菩提達摩條)'에 달마대사의 전법게(傳法偈)로 다음과 같은 게송이 있다.[86]

吾本來茲土(오본래자토) 내가 이 땅에 옴은
傳法救迷情(전법구미정) 법을 전해 중생을 구하고자 함이라.
一花開五葉(일화개오엽) 꽃 한 송이 핌에 잎이 다섯이니
結果自然成(결과자연성) 열매 맺음은 자연히 이루어지리라.

이를 '일화오엽(一花五葉)'이라 하여 본래는 달마의 선(祖師禪)을 하나의 꽃에 비유한 것이었다. 후일, 선종에서 육조 혜능(慧能, 638-713) 스님의 법계(法系)에 위앙(潙仰)·임제(臨濟)·조동(曹洞)·운문(雲門)·법안(法眼) 등 5가(家)가 홍한 것을 지칭하는 의미로 사용하게 되었다.

그 계보를 간단히 표로 보이면 다음과 같다.

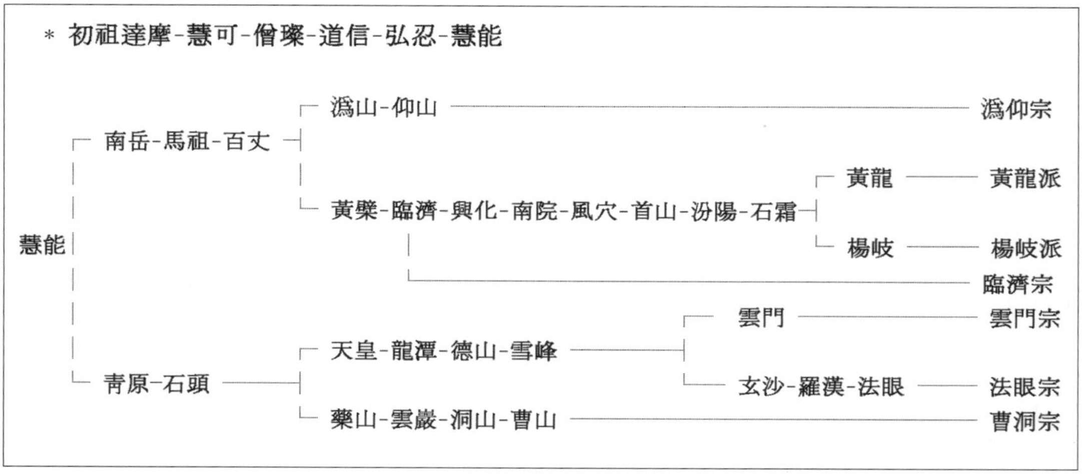

86) 『大正藏』 卷51, p.219c.

<5.燃燈偈(연등게)>

등공양을 올리며 등의 공능을 찬탄하는 게송.

靈山作法 ‖ ★(1)**歸依儀式** 1.鳴鈸 2.喝香 3.燃香偈 4.喝燈 **5.燃燈偈** 6.喝花 7.舒讚偈 8.佛讚 9.大直讚 10.中直讚 11.小直讚 12.開啓疏 13.合掌偈 14.告香偈 ★(2)**結界儀式** 15.開啓篇 16.觀音讚 17.觀音請 18.散華落 19.來臨偈 20.香華請 21.歌詠 22.乞水偈 23.灑水偈 24.伏請偈 25.大悲呪 26.四方讚 27.道場偈 28.懺悔偈 ★(3)**召請儀式** 29.大會疏 30.六擧佛 31.三寶疏 32.大請佛 33.三禮請 34.四府請 35.單請佛 36.獻座眞言 37.茶偈 38.一切恭敬 39.香花偈 ★(4)**勸供儀式** 40.淨法界眞言 41.祈聖加持 42.四陀羅尼 43.加持供養 44.六法供養 45.各執偈 46.加持偈 47普供養眞言 48.普回向眞言 49.四大呪 50.願成就眞言 51.補闕眞言 52.禮懺 53.嘆白 54.和請 55.祝願和請

大願①爲炷大悲②油 대원위주대비유	크신소원 심지라면 대비심은 기름이요
大捨③爲火三法聚 대사위화삼법취	크게버림 불꽃되어 세가지법 모이오면,
菩提心燈照法界 보리심등조법계	깨달음의 마음등불 온누리를 비추리니
照諸群生願成佛 조제군생원성불	모든중생 고루비춰 남김없이 성불과저.

【자구해설】

①大願(대원): Ⓢmahā-praṇidhāna. 서원(誓願). 보살이 처음으로 보리심을 일으켜 수행을 시작함에 세우는 자신과의 약속. 원(願)에는 모든 보살에게 공통되는 **통원(通願)**이 있으니, '사홍서원(四弘誓願)' 같은 것이 그것이다. 또 보살에 따라 각기 다른 **별원(別願)**이 있으니, 보현보살의 십대원·약사여래의 십이대원·아미타불의 사십팔대원 등이 대표적이다.
"舍利弗 當知 我本立誓願 欲令一切衆 與我等無異(사리불아 마땅히 알라. 내가 본래 서원을 세웠으니 일체중생이 나와 같아 차이가 없는 것이니라.)" 『법화경』 방편품[87]

②大悲(대비): Ⓢkaruṇā. 타인의 괴로움을 자신의 것으로 여기고, 이를 제거하려는 마음과 행동. 발고(拔苦, Ⓢduḥkhāpagamāśaya).

③大捨(대사): Ⓢmahopekṣā. 큰 보시. 타인에게 애증원친(愛憎怨親)의 마음 없이 평등하게 대함.

【개요】

'심지'와 '기름' 그리고 '불'이 모여 등불을 이루듯 '대원(大願)'과 '대비(大悲)' 그리고 '대사(大捨)' 등 삼법(三法)으로 법등(法燈)을 이루어 모든 중생이 무명(無明)을 타파하고 성불하게 되기를 발원하는 내용으로 비유법이 돋보이는 게송이다.

【구성 및 내용】

내용 면에서 본 게송은 기·승·전·결로 나누어 볼 수 있다.

'기'인 **대원위주대비유(大願爲炷大悲油)** —크신소원 심지라면 대비심은 기름이요— 에서는, 법등을 구성하는 기본 요소로서 대원과 대비의 역할을 말하였다. 대원은 '사홍서원'이나 아미타불의 원에서 보이듯 불자로서 마땅히 본받고 세워야하는 것이다. 즉, 대원은 세우는 것인바 등잔의 심지에 비유하였고, 대비는 중생의 아픔을 달래주고 낫게 해주시는 어머니의 손길 같은 것으로서 삼보님의 가피력인바 불을 유지하는 기름에 각각 견주었다.

'승'인 **대사위화삼법취(大捨爲火三法聚)** —크게버림 불꽃되어 세가지법 모이오면— 에서는, 위 두 가지 요소 외에 점화의 역할을 하는 대사(大捨)를 말하여 법등의 세 가지 요소가

87) 『大正藏』 卷9, p.7c.

구비되었음을 노래하였다. 즉, 대사(大捨)는 일체 차별심이 없다는 의미로 지혜의 불꽃을 말한다. 설혹 원을 세웠고 자비심을 운운할지라도 그것이 차별심 위에서의 일이라면, 「자경문」에서 '남과 나를 위하는 일이 비록 작은 선일 수는 있으나, 모두 이것은 생사윤회의 원인이니라(爲他爲己雖微善 皆是生死輪回因).'고 지적하신 야운비구의 말씀대로 결국은 생사의 원인이 되기 때문이다.

'전'인 **보리심등조법계(菩提心燈照法界)** —깨달음의 마음등불 온누리를 비추리니— 에서는, 이상 세 가지 요소의 구비로 점화된 지혜의 광명이 법계에 가득하게 되었음을 찬탄하였다. 여기서 말하는 법계는 기세간(器世間, Ⓢbhājana-loka)[88]을 말한 것으로, 무명을 원인으로 빚어진 세간이다. 따라서 그간 진리의 광명이 없었으나 오늘 세 가지 법이 모임에 따라 광명의 세계로 바뀌게 되었음을 찬탄한 것이다.

'결'인 **조제군생원성불(照諸群生願成佛)** —모든중생 고루비춰 남김없이 성불과저— 에서는, 법등을 밝힘에 따른 궁극적 원을 말하였다. 무명을 원인으로 빚어진 또 하나의 세간이 유정세간(有情世間)이며, 이들은 탐진치라는 세 가지 어둡고 독스러운 마음 때문에 삼계육도에 윤회생사하고 있다. 이로부터의 해탈은 지혜광명에 의한 성불이라야만 가능한바 이를 발원한 것이다.

【의식】

대중이 기립해서 동음으로 거행한다. '대원(大願)'에서 태징 두 망치, '주(炷)'에서 한 망치를 친다.

【연구】

1 '기'구와 '승'구에서 대비와 대사만을 언급했는데, 자(慈)와 희(喜)는 필요치 않은 것인가?

『지도론(智度論)』 20에서 '사무량심자 자비희사(四無量心者 慈悲喜捨)'를, 『인왕경(仁王經)』 下에서는 '수사무량 자무량심 비무량심 희무량심 사무량심(修四無量 慈無量心 悲無量心 喜無量心 捨無量心)'을 말씀하셨다. 즉, 이들 네 가지 마음을 사무량심이라 하는데, 보살이 구비해야 할 필수불가결의 네 가지 광대한 마음인바 어느 한 가지도 빠트릴 수 없다. 이런 사실은 이 가운데 어느 한 가지를 들어도[擧] 나머지 3종 무량심이 함께 들림을 말한다.

정리컨대, 대원은 보살로서의 자격조건인 보리심을 발하는 것을 말하는 것이고, 이어 운운한 대비와 대사는 보살로서의 행동강령인 사무량심을 말하는 것이다.

88) 『대지도론』에서 말하는 중생(衆生)・국토(國土)・오온(五蘊) 등 삼종세간(三種世間)의 하나. 모든 중생이 살고 있는 산하(山河), 대지(大地) 따위를 이른다.

<6.喝花(할화)>

진리를 향한 마음을 4종 꽃에 견주어 부처님께 공양올리는 게송.

靈山作法 ‖ ★⑴**歸依儀式** 1.鳴鈸 2.喝香 3.燃香偈 4.喝燈 5.燃燈偈 **6.喝花** 7.舒讚偈 8.佛讚 9.大直讚 10.中直讚 11.小直讚 12.開啓疏 13.合掌偈 14.告香偈 ★⑵**結界儀式** 15.開啓篇 16.觀音讚 17.觀音請 18.散華落 19.來臨偈 20.香華請 21.歌詠 22.乞水偈 23.灑水偈 24.伏請偈 25.大悲呪 26.四方讚 27.道場偈 28.懺悔偈 ★⑶**召請儀式** 29.大會疏 30.六擧佛 31.三寶疏 32.大請佛 33.三禮請 34.四府請 35.單請佛 36.獻座眞言 37.茶偈 38.一切恭敬 39.香花偈 ★⑷**勸供儀式** 40.淨法界眞言 41.祈聖加持 42.四陀羅尼 43.加持供養 44.六法供養 45.各執偈 46.加持偈 47普供養眞言 48.普回向眞言 49.四大呪 50.願成就眞言 51.補闕眞言 52.禮懺 53.嘆白 54.和請 55.祝願和請

牧丹①花王含妙香 목단화는 꽃중의꽃 묘한향기 머금었고 [眞空]
모란화왕함묘향

芍藥③金蕊④體芬芳⑤ 작약화의 금빛꽃술 그대로가 향기롭네. [妙有②]
작약금예체분방

菡萏⑥紅蓮同染淨 봉긋솟은 붉은연꽃 연못속에 아름답고 [志操]
함담홍련동염정

更生黃菊⑦霜後新 다시보는 누른국화 서리뒤에 새로워라. [節槪]
갱생황국상후신

【자구해설】

①**牧丹(모란)**: 목단. 작약과의 낙엽 활엽 관목. 높이는 2미터 정도이고 가지는 굵고 털이 없으며, 잎은 크고 겹잎이다. 늦봄에 붉고 큰 꽃이 피는데 꽃빛은 보통 붉으나 개량 품종에 따라 흰색, 붉은 보라색, 검은 자주색, 누런색, 복숭앗빛을 띤 흰색 따위의 여러 가지가 있다. 뿌리껍질은 두통·요통에 쓰는 약이나 건위제, 지혈제, 진통제의 약재로도 쓴다. 추위에는 강하나 더위에는 약하며 연평균 15℃ 이상의 따뜻한 지방에서는 발육이 불량하다. 인가나 화원에서 관상용으로 재배한다. 원산지는 중국.

②**妙有(묘유)**: 절대의 유(有). 진공묘유(眞空妙有). 있다 없다는 상대적인 일체의 상(相)을 떠나, 사려(思慮)가 끊어져 불가득(不可得)인 반야(般若)의 체(體)를 말함. 진공(眞空)이라 함은 사물이 없음을 말하는 것이 아니고, 상대적인 관념을 떠난 절대계(絶對界)를 말하는 것으로 묘유(妙有)라고도 한다. 비유(非有)의 유(有)인 묘유(妙有)에 대해 비공(非空)의 공(空)을 진공(眞空)이라 한다.

③**芍藥(작약)**: 함박꽃. 미나리아재빗과의 여러해살이풀을 통틀어 이르는 말. 꽃이 크고 아름다워 정원에 관상용으로 재배한다. 백작약, 산작약, 적작약, 호작약 따위가 있다. 작약과의 여러해살이풀. 높이는 50~80cm이며, 꽃은 5~6월에 원줄기 끝에 한 개씩 피고 열매는 골돌과(蓇葖果)로 8월에 익는다. 관상용 또는 약초로 재배한다.

④**蕊(예)**: 꽃술. 꽃의 수술과 암술을 아울러 이르는 말. 꽃의 생식기관으로서 꽃의 중심을 이룬다. 화수(花鬚). 화예(花蕊)./ **蕊** 꽃술 '예'.

⑤**芬芳(분방)**: 꽃다운 향기. 아름다운 것을 비유적으로 이르는 말. 방향(芳香).

⑥**菡萏(함담)**: 연꽃의 봉오리./ **菡** 연꽃 봉우리 '함', **萏** 연꽃 봉우리 '담'.

⑦**黃菊(황국)**: 감국(甘菊)이라고도 한다. 주로 산에서 자란다. 풀 전체에 짧은 털이 나 있고 줄기의 높이는 60~90cm이며 검은색으로 가늘고 길다. 잎은 짙은 녹색이고 어긋나며 잎자루가 있고 달걀 모양인데 보통 깃꼴로 갈라지며 끝이 뾰족하다. 갈라진 조각은 긴 타원형이고 가장자리가 패어 들어간 모양의 톱니가 있다. 9~10월에 줄기 윗부분에 산방꼴로 두화(頭花)가 핀다. 꽃은 지름 2.5cm 정도이며, 설상화(舌狀花)는 노란색이나 흰색도 있다.

【개요】

모란·작약·연꽃·국화 등 4종의 꽃을 들어 꽃의 외양과 특성을 말하였고, 여기에 불교의 진리관과 수행관을 유감(類感)시켜 화공양의 의미를 심화하였다.

'기'구와 '승'구에서 진공과 묘유[本體와 現象]를 들어 보이고, '전'구와 '결'구에서 수행인의 마음자세를 보이고 있다. 특이한 것은 꽃을 예로 들고 있다는 점인데, 이는 부처님께 올리는 공양 가운데 꽃이 들어있기 때문이기도 하지만 꽃이 지닌 특성을 대하며 다지는 불자의 마음자세를 노래한 것이라고도 하겠다.

【구성 및 내용】

내용 면에서 본 게송은 기·승·전·결로 나누어 볼 수 있다.

'기'인 **모란화왕함묘향(牧丹花王含妙香)** —목단화는 꽃중의꽃 묘유향기 머금었고— 에서는, 부처님께 올리는 모란은 꽃 가운데 으뜸임과 그 자태를 노래하였다. 『법화경』 서품(序品)에 보이듯, 꽃은 부처님께 올리는 공양물 가운데 하나다.[89] 그런데 모란은 중국이 원산지이자 '화왕(花王. 體)'이라 함에서 알 수 있듯 중국인들이 가장 애호하는 꽃이다. 따라서 부처님께 올리는 화공양 가운데 으뜸으로 꼽았다. 특히, 모란이 그토록 아름다운 향기를 머금을 수 있는 것은 그 바탕 그렇기 때문이라고 본 것이다. 향기의 바탕을 청정 그 자체인 진공(眞空)으로 평가하여 묘향(妙香, Ⓢsugandha-cūrṇa)을 머금었다 찬탄한 것이다. 비공지공(非空之空, Ⓢaśūnya)이 곧 진공이기 때문이다.

'승'인 **작약금예체분방(芍藥金蕊體芬芳)** —작약화의 금빛꽃술 그대로가 향기롭네— 에서는, 부처님께 올리는 화공양 가운데 모란과 더불어 꽃의 재상(宰相. 用)으로 꼽히는 작약을 찬탄하였다. 의미는 모란과 같다. 다만 그 예찬에 있어서 '금빛 꽃술 그 자체가 향기'라 함은, 작약의 자태와 향기에 대한 극찬이며, 진공(眞空)의 입장에서 모란을 찬탄하였듯 진공의 발현인 묘유의 입장에서 작약을 찬탄한 것이다. 진공은 정지해 있거나 사멸한 것이 아니라 에너지로 충만해 있기 때문이다. 묘유는 비유지유(非有之有, Ⓢabhava)이다.

'전'인 **함담홍련동염정(菡萏紅蓮同染淨)** —봉긋솟은 붉은연꽃 연못속에 아름답고— 에서는, 부처님께 올리는 화공양 가운데 불교의 상징인 연꽃을 찬탄하였다. 연꽃은 일찍부터 인도인들에게 사랑을 받아온 꽃이다. 비슈누 신화에서, 비슈누 신의 배꼽에서 생겨난 연화 속에 범천이 있어 만물을 창조하였다 함이 그 예이다. 불교에서도 불·보살님의 좌대를 연꽃으로 하고, 흙탕물 가운데서도 그 꽃잎이 오염되지 않음[同染淨=處染常淨]을 취해, 오탁악세에 물들지 않는 자성청정심(自性淸淨心)에 견주며 이를 회복할 것을 역설하고 있다. 즉, 청정심을 유감(類感)시킨 연꽃을 올리고 있음을 노래한 것이다.

'결'인 **갱생황국상후신(更生黃菊霜後新)** —다시보는 누른국화 서리뒤에 새로워라— 에서는, 부처님께 올리는 화공양 가운데 절개의 상징인 국화를 찬탄하였다. 오상고절(傲霜孤節)[90] 즉, 다른 식물과 달리 추상(秋霜)에도 지지 않는 것이 국화다. 수행인에게 필요한 것은 어떤 역경에도 굴하지 않는 지조와 절개 즉, 위법망구의 신심이 필요하다. 이런 점을 서리

89) 『大正藏』 卷9, p.2. "佛說此經已 結加趺坐 入於無量義處三昧 身心不動 是時天雨曼陀羅華 摩訶曼陀羅華 曼殊沙華 摩訶曼殊沙華 而散佛上 及諸大衆 普佛世界 六種震動(부처님께서 이 경을 다 설하신 뒤 결가부좌 하시고, 무량의처삼매에 드시니 몸과 마음이 흔들리지 않았다. 그때 하늘에서는 만다라꽃·마하만다라꽃·만수사꽃·마하만수사꽃을 내리어 부처님과 대중들에게 흩으며, 넓은 부처님의 세계가 여섯 가지로 진동하였다.)"

90) 서릿발이 심한 속에서도 굴하지 아니하고 외로이 지키는 절개라는 뜻으로, '국화(菊花)'를 이르는 말. 서리에게조차 거만할 수 있는 고고한 절개./ 傲(거만할, 업신여길 오).

를 맞고도 오히려 그 모습이 새로운 국화에 견주어 찬탄·공양하는 것이다.

【의식】

말번(末番)이 홑소리로 거행한다.[91)]

【연구】

1 여러 종류의 연꽃과 국화 가운데 홍련과 황국을 든 것은?

연꽃의 종류로는 홍련(紅蓮, Ⓢpadma), 백련(白蓮, Ⓢpuṇḍarīka), 청련(靑蓮, Ⓢutpala/nīlotpala), 황련(黃蓮, Ⓢkumuda) 등이 있다. 그럼에도 영산재 전체에서 인로(引路)의 역할을 하시는 어른이 관세음보살(觀世音菩薩, ⓈAvalokiteśvara)님이시고, 홍련이 곧 다음과 같이 관세음보살님을 상징하는 데서 그 이유를 찾을 수 있을 것 같다.

一葉紅蓮在海中(일엽홍련재해중) 붉은연꽃 연잎하나 대해중에 떠있는데
碧波深處現神通(벽파심처현신통) 푸른파도 깊은곳에 신통력을 보이시네.
昨夜寶陀觀自在(작야보타관자재) 어젯저녁 보타산에 계시옵던 관음보살
今日降赴道場中(금일강부도량중) 오늘아침 이도량에 그모습을 나투셨네.
- 소소매(蘇小妹) -

위 게송의 유래가 있다. 중국 당나라 때 어느 절에서 가람을 크게 일구고 주련에 쓸 글을 받기위해 소동파를 찾아갔다. 마침 소동파가 외출하고 없었고, 그의 여동생 소소매가 집을 지키고 있었다. 찾아간 스님이 너무 아쉬워하자, 소소매는 "꼭 오라버니의 글만을 부처님이 좋아하실 일은 아니므로, 기왕에 오셨으니 내가 대신 써드리겠습니다." 라며 일필휘지로 글을 써내려갔다고 한다. 홍련을 취한 이유와 연관되어 생각할 수 있을 것 같아 소개한 것이다.

한편, 황국과 관한 것으로는 조선 명종(明宗) 때의 문신 면앙정 송순(宋純, 1493~1583)이 지은 시조(時調) '자상특사황국옥당가(自上特賜黃菊玉堂歌)' 1수가 『송강가사(松江歌辭)』와 『화원악보(花源樂譜)』에 각각 실려 전해오는데 참고가 될 것 같다. 내용은 다음과 같으며,

『화원악보(花源樂譜)』

상풍(霜風)이 섯거친 날에
갓퓌온 황국화(黃菊花)를
금분(金盆)에 ᄀᆞ득 담아 옥당(玉堂)에 보ᄂᆡ오니
도리(桃李)야 곳인체 마라 님의 ᄯᅳᆺ을 알니라

『송강가사(松江歌辭)』

풍상(風霜)이 섯거친 날에
갓퓌온 황국화(黃菊花)를
은반(銀盤)의 것거 다마 옥당(玉堂)에 보ᄂᆡ오니
도리(桃李)야 곳인체 마라 님의 ᄯᅳᆺ을 알니라

91) 지선(智禪) 편 『오종범음집』에는 게송 전에 '三番花讚(삼번화찬)'이라는 주(註)가 있다.

'황국화가(黃菊花歌)'라고도 한다. 이 시조가 탄생하게 된 유래는 명종이 어원(御苑)의 황국을 분에 담아서 옥당관(玉堂官)[92]에게 주며 시를 지어 올리라 하였다. 그러나 당황한 옥당관이 짓지 못하고 이때 수직(守直)하고 있던 송순(宋純)에게 부탁하여 지어 바쳤다. 임금이 보고 크게 칭찬하였다 한다.

국화는 모두 서리를 이기고 피는 특성을 지니고 있다. 특히 황국은 빛깔로는 중앙이고, 의미로는 위 '자상특사황국옥당가'에서 보듯 임금의 뜻을 나타내는 것으로 볼 수 있다. 부처님은 법왕이시니 법왕께 올리는 황국은 송순이 주상에게 올린 시조와 같은 맥락으로 생각하면 될 것이다.

92) 옥당(玉堂): 조선의 삼사(三司) 가운데 궁중의 경서, 문서 따위를 관리하고 임금의 자문에 응하는 일을 맡아보던 관아.

<7.舒讚偈(서찬게)> 세 가지 인연의 구족으로 성불의 꽃을 피우게 되길 발원한 게송.

靈山作法 ‖ ★⑴歸依儀式 1.鳴鈸 2.喝香 3.燃香偈 4.喝燈 5.燃燈偈 6.喝花 **7.舒讚偈** 8.佛讚 9.大直讚 10.中直讚 11.小直讚 12.開啓疏 13.合掌偈 14.告香偈 ★⑵結界儀式 15.開啓篇 16.觀音讚 17.觀音請 18.散華落 19.來臨偈 20.香華請 21.歌詠 22.乞水偈 23.灑水偈 24.伏請偈 25.大悲呪 26.四方讚 27.道場偈 28.懺悔偈 ★⑶召請儀式 29.大會疏 30.六擧佛 31.三寶疏 32.大請佛 33.三禮請 34.四府請 35.單請佛 36.獻座眞言 37.茶偈 38.一切恭敬 39.香花偈 ★⑷勸供儀式 40.淨法界眞言 41.祈聖加持 42.四陀羅尼 43.加持供養 44.六法供養 45.各執偈 46.加持偈 47普供養眞言 48.普回向眞言 49.四大呪 50.願成就眞言 51.補闕眞言 52.禮懺 53.嘆白 54.和請 55.祝願和請

我今信解①善根②力 아금신해선근력	제가지금 믿사옵고 이해하온 선근력과
乃與法界緣起③力 내여법계연기력	이에더해 온법계의 끊임없는 연기력과
佛法僧寶力加持④ 불법승보가지력	불법승보 삼보님의 돌보시는 큰힘으로
所修善事願圓滿 소수선사원원만	닦사옵는 좋은일들 원만하길 바랍니다.

【자구해설】

①信解(신해): Ⓢadhimokṣa. 승해(勝解). 가르침을 믿고 이해하는 것. 확신하고 요해(了解)하는 것. 가르침을 믿고 이해해서 깨달음의 길로 나아가려는 의욕.

②善根(선근): Ⓢkuśala-mūla. 선보(善報)를 받게 하는 착한 업인(業因). 선을 나무의 뿌리에 견준 것. 좋은 과보를 가져 올 선행(善行). 무탐(無貪, Ⓢalobha)·무진(無瞋, Ⓢadveṣa)·무치(無癡, Ⓢamoha)를 삼선근(三善根, Ⓢtrīṇikuśala-mūlāni)이라 한다.

③緣起(연기): Ⓢpratītya-samutpāda. 모든 현상은 많은 원인(因, Ⓢhetu)과 조건(緣, Ⓢpratyaya)이 상호 관계하여 성립되므로, 독립·자존적인 것은 하나도 없고, 모든 조건·원인이 없으면 결과(果, Ⓢphala)도 없다는 설.

④加持(가지): Ⓢadhiṣṭhāna. 상응하여 관계하는 것. 호념(護念)·가호(加護)라고도 한다. ⑴불·보살이 불가사의한 힘을 가지고 중생을 돌보아 주는 신변가지(神變加持). ⑵밀교에서는 불타가 대비(大悲)와 대지(大智)로 중생에게 응하는 것이 가(加)이고, 중생이 그것을 받아서 지니는 것을 지(持)라고 한다. 요컨대, 불타와 중생이 상응하여 일치하는 것을 말한다. 이 경우 불의 삼밀(三密)과 중생의 삼밀이 상호 상응상교(相應相交)하고, 남을 거두어 보존하여 주고, 마침내 갖가지 호과(好果)를 성취하게 되므로, 그것을 삼밀가지(三密加持)라고 한다.

【개요】

한 송이의 꽃이 피기까지는 종자[理]와 토양[智] 그리고 태양과 풍우[慈悲]의 원만한 조화가 있어야 한다. 마찬가지로 재자가 원하는 의식의 원만한 회향과 불자 모두의 염원인 성불도 능례의 선근력(善根力)과 법계의 연기력(緣起力) 그리고 삼보님의 가지력(加持力) 등 세 가지 힘의 조화로 가능한 것임을 노래하였고, 또 그렇게 되기를 꽃에 유감하여 화공양을 올리며 발원한 게송이다.

【구성 및 내용】

내용 면에서 본 게송은 기·승·전·결로 나누어 볼 수 있다.

'기'인 **아금신해선근력(我今信解善根力)** —제가지금 믿사옵고 이해하온 선근력과— 에서는, 다겁의 선근인연 공덕으로 믿음과 이해에 근거해 지니게 된 참된 신심을 식물의 견실(堅

實)한 뿌리에 견주어 찬탄하였다. 앞서 찬탄한 아름다운 꽃들이 피어날 수 있었던 원인은 뿌리의 견실함에 있다. 마찬가지로 성불에도 전제조건이 있으니, 각자가 우주의 중심이요 주인공임을 일깨워주신 세존의 말씀에 대한 믿음과 철저한 이해를 바탕으로 그 믿음을 견고히 하는 일이다. 화공양을 올리며 자신의 신해선근력(信解善根力) 또한 아름다운 꽃들을 피게 한 그 뿌리와 같기를 찬탄・발원하였다.

'승'인 **내여법계연기력(乃與法界緣起力)** —이에더해 온법계의 끊임없는 연기력과— 에서는, 신해선근(信解善根)의 장양(長養)이 법계연기력에 의해 가능함을 식물의 생성이 토양에 의해 가능함에 견주어 찬탄하였다. 모든 식물이 토양으로부터 제공받는 자양분에 의해 성장하고 잎과 꽃을 피우듯 법계의 연기하는 힘이 곧 성불의 꽃을 피우는 자양분이며 조건임을 들어내고 찬탄하였다.

'전'인 **불법승보가지력(佛法僧寶加持力)** —불법승보 삼보님의 돌보시는 큰힘으로— 에서는, 태양과 풍우의 원만한 조화가 만물을 성숙케 하듯 성불에는 삼보님의 가피력이 소중함을 노래하였다. 종자가 싹을 틔우고 꽃을 피워 열매를 맺을 수 있는 또 하나의 조건이 태양과 풍우의 조화이다. 즉 삼보님의 자비로운 보살핌이야말로 성불에 있어서 불가결의 조건임을 언급하였다.

'결'인 **소수선사원원만(所修善事願圓滿)** —닦사옵는 좋은일들 원만하길 바랍니다— 에서는, 본 권공의 원만회향 그리고 불자 모두의 소원인 성불을 발원하였다. 여기서 말한 선사(善事)란 재자가 올리는 권공이며, 이 권공이 원만하기를 바란다는 것은 권공코자 하는 마음을 유발한 내용이 성취되기를 바라는 것이다. 그런데 그것은 곧 성불을 위한 징검다리와 같은 것이기에 선사(善事)의 범위에는 성불까지 포함된다.

【의식】

대중이 기립해서 동음으로 거행한다. '아금(我今)'에서 태징 두 망치, '해(解)'에서 한 망치를 친다.

【연구】

[1] '승'구에서 말한 '법계연기(法界緣起)'란 어떤 것인지.

법계 곧 우주만유를 일대연기(一大緣起)로 보는 학설. 법계무진연기(法界無盡緣起) 또는 무진연기(無盡緣起)라고도 한다. 화엄철학(華嚴哲學)의 중심이 된다. 만물이 서로 인연이 되고 있으며, 상호 의존하고 있다고 하여 전 우주의 조화와 통일을 말한다. 중생과 부처, 번뇌와 깨달음, 생사와 열반(涅槃, [S]nirvāṇa) 등이 서로 대립되는 것이 아니라, 그대로 전 우주[일즉일체(一卽一切), 일체즉일(一切卽一)]라는 뜻에서 이것은 우주의 기원에 관한 철학이기보다는 우주의 통일성에 관한 철학이라 하겠다.

법성이 무진하므로 법계가 무한하며 법계가 무한하므로 시분(時分)이 무량하다. 시분이 무량하므로 중생이 무변하며, 중생이 무변하므로 자비가 무궁하다. 이렇듯 중중무진한 법계연기의 대원리는 화엄정경(華嚴正經)에 원만구족하였으니, 이는 우주의 근본법칙이며 불타의 구경교칙(究竟敎勅)이다.

<8.佛讚(불찬)>

불보께 귀의해야하는 당위성을 6종의 공덕으로 찬탄한 게송.

靈山作法 ‖ ★(1)**歸依儀式** 1.鳴鈸 2.喝香 3.燃香偈 4.喝燈 5.燃燈偈 6.喝花 7.舒讚偈 **8.佛讚** 9.大直讚 10.中直讚 11.小直讚 12.開啓疏 13.合掌偈 14.告香偈 ★(2)**結界儀式** 15.開啓篇 16.觀音讚 17.觀音請 18.散華落 19.來臨偈 20.香華請 21.歌詠 22.乞水偈 23.灑水偈 24.伏請偈 25.大悲呪 26.四方讚 27.道場偈 28.懺悔偈 ★(3)**召請儀式** 29.大會疏 30.六擧佛 31.三寶疏 32.大請佛 33.三禮請 34.四府請 35.單請佛 36.獻座眞言 37.茶偈 38.一切恭敬 39.香花偈 ★(4)**勸供儀式** 40.淨法界眞言 41.祈聖加持 42.四陀羅尼 43.加持供養 44.六法供養 45.各執偈 46.加持偈 47普供養眞言 48.普回向眞言 49.四大呪 50.願成就眞言 51.補闕眞言 52.禮懺 53.嘆白 54.和請 55.祝願和請

自在①熾盛②與端嚴③ 자재치성여단엄	자재롭고 치성하고 그러면서 단엄하심
名稱④吉祥⑤及尊貴⑥ 명칭길상급존귀	다들알고 상서롭고 또한가지 존귀하심
如是六德⑦皆圓滿 여시육덕개원만	이와같이 여섯가지 크신덕을 갖추시니
應當⑧總號薄伽梵⑨ 응당총호박가범	한마디로 표현하면 바가바트 이옵니다.

【자구해설】

①自在(자재): Ⓢīśvara. 마음대로 무엇이나 자유롭지 않는 것이 없고, 방해될 것이 없음을 일컫는 말. 불・보살이 갖춘 공덕의 하나. 그러므로 부처님을 자재인(自在人)이라고도 일컫는다. 『불지경론(佛地經論)』에서는 '**謂諸如來永不繫屬諸煩惱故 具自在義**(위제여래영불계속제번뇌고 구자재의) 이른바 모든 여래는 영원히 온갖 번뇌에 계박(繫縛)되거나 속해있지 않으니 자재(自在)의 뜻을 갖추었다.'라 했다.

②熾盛(치성): Ⓢjvālā. 불길같이 성하게 일어남. 『불지경론』에서는 '**焰猛智火所燒煉故 具熾盛義**(염맹지화소소련고 구치성의) 지혜의 불길이 맹렬하게 타올라 태우고 단련하므로 치성(熾盛)의 뜻을 갖추었다.'라 했다.

※ **치성광불정(熾盛光佛頂)**: 석존께서 수미산정(須彌山頂)에서 제천(諸天)에게 항복 받은 금륜불정을 말함. 석존께서 교령윤신(敎令輪身)으로 모공(毛孔)에서 치성광염(熾盛光焰)을 유출하신 까닭에 붙여진 이름. 무수한 광명을 놓아 교령(敎令=命令·敎化)하는 것을 치성광이라 함. 무수한 광명을 놓는 까닭은 일월성숙(日月星宿) 등 광명있는 제천(諸天)을 교령하기 위함이라 함.

※ **불정(佛頂)**: Ⓢbuddhoṣṇīṣa. 부처님의 정수리는 다른 어떤 사람에게서도 볼 수 없는 훌륭한 상인데 그 공덕을 인격적으로 표시한 것을 불정존(佛頂尊)이라고 한다. 또 밀교에서는 불정을 부처님의 공덕으로 간주하고 불(佛)을 불정존(佛頂尊)이라고 한다. 불 = 불정 = 불정존

③端嚴(단엄): Ⓢvibhūṣaṇa. 단정하고 엄숙함. 『불지경론』에서는 '**妙三十二大士相等所莊飾故 具端嚴義**(묘삼십이대사상등소장식고 구단엄의) 미묘한 32상 등으로 장엄되었으므로 **단엄(端嚴)**의 뜻을 갖추었다.'라 했다. 또 『법화경』 서품(序品)에서는 문수보살(文殊菩薩)이 일월등명(日月燈明) 부처님께서 무량의처삼매(無量義處三昧)에 드신 가운데 나타나신 많은 여래의 모습을 찬탄하여 '**身色如金山 端嚴甚微妙**(신색여금산 단엄심미묘) 색신(色身)은 금산(金山)과 같고 단엄하며 심히 미묘하다.'[93]라고 하였다.

④名稱(명칭): Ⓢyaśas. 사람이나 사물 따위를 부르는 이름. 『불지경론』에서는 '**一切殊勝功德圓滿無不知故 具名稱義**(일체수승공덕원만무부지고 구명칭의) 온갖 뛰어난 공덕이 원만하여 알지 못하는 자가 없으므로 **명칭(名稱)**의 뜻을 갖추었다.'라 했다.

⑤吉祥(길상): Ⓢśrī. 축하할 만한 것. 좋은 것. 반가운 것. 안온한 마음의 평안. 『불지경론(佛地經論)』에서는 '**一切世間親近供養咸稱讚故 具吉祥義**(일체세간친근공양함칭찬고 구길상의) 온

---

93) 『大正藏』 卷9, p.4c.

세상이 가까이하며 공양하고 함께 찬탄하므로 **길상(吉祥)**의 뜻을 갖추었다.'라 했다.
⑥**尊貴(존귀)**: Ⓢucca. 지위나 신분이 높고 귀함. 『불지경론』에서는 '**具一切德常起方便利益 安樂一切有情無懈廢故 具尊貴義(구일체덕상기방변리익 안락일체유정무해폐고 구존귀의)** 온갖 덕을 갖추고 항상 방편의 이익을 일으켜서 모든 유정을 안락하게 하되 게으르거나 그만두지 않으므로 **존귀(尊貴)**의 뜻을 갖추었다.'라 했다.
⑦**六德(육덕)**: Ⓢṣaḍ-guṇa. 세존의 별호(別號) 가운데 하나인 박가범의 뜻. 곧 자재·치성·단엄·명칭·길상·존귀 등 육의(六義)가 그것.
⑧**應當(응당)**: Ⓢkartavya. 행동이나 대상 등이 일정한 조건이나 가치에 맞게.
⑨**薄伽梵(박가범)**: ⓅBhagavant의 음역. 부처님. 세존(世尊). 뛰어난 자. 번뇌를 타파하는 자. 여러 가지 덕을 지닌 자.

【개요】

앞서 '삼할향·삼등게'를 거행함은 부처님께 귀의하기 위함이었다. 이어 여기서는 왜 그래야 했는지 그 까닭을 노래하였다. 즉, 본 게송은 『불지경론(佛地經論)』에 근거하여 부처님의 덕(德)을 각도를 달리하며 찬탄한 게송으로, 부처님의 명호 가운데 하나인 '박가범(薄伽梵)'에 자재·치성·단엄·명칭·길상·존귀의 여섯 가지 뜻이 들어 있음을 든 것이다.

【구성 및 내용】

내용 면에서 본 게송은 기·승·전·결로 나누어 볼 수 있다.

'기'인 **자재치성여단엄(自在熾盛與端嚴)** —자재롭고 치성하고 그러면서 단엄하심— 에서는, 박가범(薄伽梵)의 육덕 가운데 앞의 세 가지를 들어 찬탄하였다. 즉, 온갖 번뇌에 계박(繫縛)되거나 속해있지 않으시니 완전한 자유인이시기로 자재(自在)이시고, 맹렬한 지혜의 불길로 모든 번뇌를 태우시고 중생의 불심을 단련하시니 치성(熾盛)이시며, 낱낱의 상호가 백복(百福)으로 장엄 되는 32상(相)을 두루 갖추셨으니 단엄(端嚴)이신바 이를 찬탄한 것이다.

'승'인 **명칭길상내존귀(名稱吉祥乃尊貴)** —다들알고 상서롭고 또한가지 존귀하심— 에서는, 박가범의 육덕 가운데 뒤의 세 가지를 들어 찬탄하였다. 자비와 복덕 충만하심에 모르는 자가 없으므로 명칭(名稱)이시고, 뭇 중생이 찬탄·공양 올리니 길상(吉祥)이시며, 온갖 덕을 갖추시고 항상 가지가지 방편으로 모든 유정을 안락하게 하시니 존귀(尊貴)이신바 이 점을 찬탄한 것이다.

'전'인 **여시육덕개원만(如是六德皆圓滿)** —이와같이 여섯가지 크신덕을 갖추시니— 에서는, 박가범이란 명호에는 위에 든 육덕이 구족함을 찬탄하였다. 비유컨대, 삼각형은 세 개의 변(邊)과 세 개의 모서리[角]로 이루어져 있다. 이 가운데 하나라도 부족하면 삼각형이라 할 수 없듯 위에 말한 6종의 덕을 고루 구비하셨음을 확인함으로써 박가범이란 명호를 찬탄한 것이다.

'결'인 **응당총호박가범(應當總號薄伽梵)** —한마디로 표현하면 바가바트 이옵니다— 에서는, 위에 든 6종의 명호가 별호(別號)임에 견주어 박가범(薄伽梵)이란 명호는 총명(總名)임을 거듭 찬탄하였다. 다시 말해 박가범이라는 명호에는 온갖 덕을 모두 거두지만 다른 명호는 그렇지 않음을 말하여 경(經)의 첫머리에 올리는 명호인 박가범을 찬탄한 것이다.

【의식】

중번의 지시로 인도(引導) 가운데 1인이 홑소리로 거행한다.

【연구】

1 위 게송의 전거는?

『불지경론(佛地經論, ⓈBuddhabhūmisūtra-śāstra)』[94]은 친광(親光)보살[95]이 『불지경(佛地經)』[96]의 내용에 주석을 단 논서(論書)이다. 본 게송은 『불지경론』에서 『불지경』의 서분(序分) 중 육성취(六成就) 가운데 '박가범(薄伽梵)'을 찬탄한 것을 각색한 것이다. 논(論)에 등재된 전후 내용은 다음과 같다.

薄伽梵者。謂薄伽聲依六義轉。一自在義。二熾盛義。三端嚴義。四名稱義。五吉祥義。
박가범자。위박가성의륙의전。일자재의。이치성의。삼단엄의。사명칭의。오길상의。

六尊貴義。如有頌言
육존귀의。여유송언

自在熾盛與端嚴　名稱吉祥及尊貴
자재치성여단엄　명칭길상급존귀

如是六種義差別　應知總名爲薄伽
여시육종의차별　응지총명위박가

如是一切如來具有於一切種皆不相離。是故如來名薄伽梵其義云何。謂諸如來永不繫
여시일절여내구유어일절종개부상리。시고여내명박가범기의운하。위제여내영부계

屬諸煩惱故。具自在義。焰猛智火所燒煉故。具熾盛義。妙三十二大士相等所莊飾故。
속제번뇌고。구자재의。염맹지화소소련고。구치성의。묘삼십이대사상등소장식고。

具端嚴義。一切殊勝功德圓滿無不知故。具名稱義。一切世間親近供養咸稱讚故。具
구단엄의。일체수승공덕원만무부지고。구명칭의。일체세간친근공양함칭찬고。구

吉祥義。具一切德常起方便利益。安樂一切有情無懈廢故。具尊貴義。或能破壞四魔
길상의。구일절덕상기방변리익。안낙일절유정무해폐고。구존귀의。혹능파괴사마

怨故。名薄伽梵。四魔怨者。謂煩惱魔蘊魔死魔自在天魔。佛具十種功德名號。何故
원고。명박가범。사마원자。위번뇌마온마사마자재천마。불구십종공덕명호。하고

如來教傳法者。一切經首但置如是薄伽梵名。謂此一名世咸尊重故。諸外道皆稱本師
여내교전법자。일절경수단치여시박가범명。위차일명세함존중고。제외도개칭본사

名薄伽梵。又此一名總攝衆德。餘名不爾是故經首皆置此名。薄伽梵德後當廣說
명박가범。우차일명총섭중덕。여명부이시고경수개치차명。박가범덕후당광설

'박가범'이란, 박가(薄伽)라는 소리가 여섯 가지 뜻에 의하여 전(轉)함을 이른다. 첫째는 자재(自在)이고, 둘째는 치성(熾盛)이고, 셋째는 단엄(端嚴)이고, 넷째는 명칭(名稱)이고, 다섯째는 길상(吉祥)이고, 여섯째는 존귀(尊貴)라는 뜻이다. 게송으로 말할 것 같으면,

자재로우심, 치성하심 그리고 단엄하심
명칭이심, 길상스러우심 그리고 존귀하심
이렇듯 여섯 가지 뜻에 차별 있지만

94) 『大正藏』 卷26, p.291.
95) ⓈBandhu-prabhā. 중인도 마갈타국 나란타사(那蘭陀寺)의 학장으로 호법(護法)보살의 문인(門人).
96) 『大正藏』 卷16, p.720.

총명(總名)이 박가(薄伽)임을 알지니라.

이와 같이 모든 여래는 일체종(一切種)을 갖추어 서로 떠나지 않는다. 이런 까닭에 여래는 박가범이라고 이름 하였는데, 그 뜻은 무엇인가? 이른바 모든 여래는 영원히 온갖 번뇌에 계박(繫縛)되거나 속해있지 않으니 **자재(自在)**의 뜻을 갖추었고, 지혜의 불길이 맹렬하게 타올라 이를 태우고 단련하므로 **치성(熾盛)**의 뜻을 갖추었으며, 미묘한 32상 등으로 장엄하게 되었으므로 **단엄(端嚴)**의 뜻을 갖추었다. 온갖 뛰어난 공덕이 원만하여 알지 못하는 자가 없으므로 **명칭(名稱)**의 뜻을 갖추었고, 온 세상이 가까이하며 공양하고 함께 찬탄하므로 **길상(吉祥)**의 뜻을 갖추었으며, 온갖 덕을 갖추고 항상 방편의 이익을 일으켜서 모든 유정을 안락하게 하되 게으르거나 그만두지 않으므로 **존귀(尊貴)**의 뜻을 갖추었다.
혹은 능히 네 가지 마원(魔怨)을 쳐부수는 까닭에 박가범이라고 이른다. 어떤 것이 네 가지 마원인가? 번뇌마(煩惱魔, Ⓢkleśa-māra)·온마(蘊魔, Ⓢskandha-)·사마(死魔, Ⓢmarana-)·자재천마(自在天魔, Ⓢdeva-)이다.
부처님께서는 열 가지 공덕의 명호를 갖추셨는데 어찌하여 여래의 가르침을 전하는 자는 모두 경의 첫머리에 오로지 이와 같이 박가범이라는 이름만을 두는 것인가? 그것은 이 하나의 이름을 세상이 함께 존중하기 때문이다. 모든 외도들은 다 같이 본사를 일컬어 박가범이라고 한다. 또 이 하나의 이름은 온갖 덕을 모두 거두지만 다른 이름은 그렇지 않으므로 경의 첫머리에는 모두 이 이름을 올리는 것이다. 박가범의 덕에 관해서는 나중에 자세하게 설명한다.

<9.大直讚①(대직찬)> 불보님의 덕을 각별히 찬탄하며 귀의를 표하는 절차.

眞法性② 是其身 진법성 시기신	참된 진리의 본성이 몸이시고
究竟覺③ 爲其智a 구경각 위기지	완전한 깨달음이 지혜이시옵니다.
踞④蓮花臺⑤藏 號毘盧遮那a 거연화대장 호비로자나	연화대에 깊이 계심에 '비로자나'라 하옵거니와
於千百億釋迦⑥ 獨爲其主 어천백억서가 독위기주	천 백억 화신 서가보살[化身]의 유일한 주인이시고
於恒河⑦沙國土 統世居⑧尊a 어항하사국토 통세거존	항하의 모래만큼 많은 국토를 거느리시는 어른이시옵니다.
然乃⑨ 연내	또한
合眞如⑩而不大 합진여이부대	진여와 합하시되 크지 않으사
全在一一毛端 전재일일모단	낱낱의 털끝에도 온전히 계시고,
處微塵而不小 처미진이불소	작은 티끌에 처하시되 작지 않으사
卽遍恢恢⑪法界 즉변회회법계	넓고 넓은 법계에 두루하시며,
盡十方 作大神變⑫ 진시방 작대신변	공간에 구애 없이 신통변화 나투시고
徹三世 放大光明a 철삼세 방대광명	시간에 걸림 없이 대광명을 놓으시나이다.
攝凡聖 十身⑬相作 섭범성 십신상작	중생과 성현을 섭수(攝受)코자, 십신(十身)의 모습을 지으시고
應地位 六根互用⑭a 응지위 육근호용	근기에 맞춰 응하시려, 근(根)마다 육근의 용(用)을 갖추시었나이다.
十刹⑮微塵數菩薩 稽首⑯常隨 십찰미진수보살 계수상수	[하옵기로] 시방세계 티끌 수만큼 많은 보살들이, 고개 숙여 항상 따르옵고
百億阿僧祇⑰諸天 虔心圍繞⑱a 백억아승기제천 건심위요	백만 아승지나 되는 제천(諸天)들이 정성스런 마음으로 둘러있나이다.
★至心信禮佛他耶⑲兩足尊⑳ 지심신례불타야양족존	복덕과 지혜 구족하신 불보님께 지극한 마음으로 믿음의 예를 올리나이다.

三覺㉑圓 萬德㉒具a 삼각원 만덕구	삼각(三覺)이 원만하시고 만덕(萬德)이 구족하시니
天人調御師㉓凡聖大慈父 천인조어사 범성대자부	천상과 인간의 조어사(調御師)이시고 범부와 성인의 자비로우신 아버지이시옵니다.
從眞界㉔等應持 종진계 등응지	진여의 세계로부터 오시어 평등하게 응하시며 도우심에
悲化報a 비화보	자비로운 화신이시며 보신이시니
竪窮三際㉕時 橫徧十方處 수궁삼제시 횡변시방처	세로로는 삼세의 모든 때에 다하시고 가로로는 시방의 모든 곳에 두루 하시나이다.
震法雷㉖鳴法鼓㉗a 진법뢰 명법고	진리의 우레를 떨치시고 진리의 북을 울리시어
廣敷權實敎㉘大開方便路a 광부권실교 대개방편로	널리 권교(勸敎)・실교(實敎)를 펼치사 크게 방편의 길을 여시나이다.
若歸依 能消滅地獄苦a 약귀의 능소멸지옥고	[하옵기로] 귀의하오면 능히 지옥의 고통을 소멸케 하시옵니다.

【자구해설】

①**大直讚(대직찬)**: 부처님의 덕을 각별히 찬탄함. '대(大)'는 삼보(三寶) 가운데 불보(佛寶)를, '직(直)'은 부사(副詞)로서 '특히', '고의로'라는 의미를 지니고 있다.

②**法性(법성)**: Ⓢbhūtatā. 사물의 본성(本性). 진리의 본질. 공무소득(空無所得)의 진제(眞諦).

③**究竟覺(구경각)**: 완전한 깨달음. 깨달음의 극치. 무명(無明)이 사라지고 깨달음의 본체가 나타나는 경지. 현실적으로 다양하게 계속적으로 전개되는 우리들의 마음을 밝혀내, 그 본원을 알아내는 것. 여래지(如來地) 또는 불지(佛地)를 가리킨다.

④**踞(거)**: 웅크릴 '거'. 무릎을 세우고 앉다. 걸터앉다. 기대어 앉다. HD1893右

⑤**蓮花臺(연화대)**: 연화대(蓮華臺). 연화좌(蓮華座). 연대(蓮臺). 연좌(蓮座). 화대(華臺). 연화의 대좌(臺座). 모든 불・보살께서 앉으시는 자리. 연꽃은 진흙 속에서 피어나지만 물들지 않는 덕이 있으므로 불・보살님의 자리를 만든다.

⑥**千百億釋迦(천백억서가)**: 불교의 우주관에 입각해 천화대(千華臺)를 1000개의 소천체(小天體)로 보았을 때, 하나의 소천체에는 다시 태양계(太陽系)와 같은 100억 개의 세계가 존재한다. 현재 우리가 생존하고 있는 세계는 이들 100억의 세계 가운데 하나인 셈이다. 한편 100억 개의 세계 낱낱에는 보살로서 화현(化現)하신 서가모니불께서 중생을 제도하고 계시다고 한다. 즉, 1000×100억의 세계에서 중생을 제도하신다는 의미에서 '천백억화신 서가모니불'이라 하는 것이다.

⑦**恒河(항하)**: ⓈGaṅgā의 음역. 갠지스강(江). 의역으로는 '천당래(天堂來)'라 한다. 천당에서 직접 흘러나온 강이라는 뜻. 히말라야산(山)에서 시작되어 동쪽의 뱅골만(灣)으로 흘러 들어간다. 수천 년간 인도문명의 젖줄이었으며, 불교를 비롯한 많은 종교・철학이 이곳에서 발생했다. 지금도 인도 사람들은 이 강을 신성시하고 있으며, 특히 이 강은 석존께서 머무시던 기원정사(祇園精舍, ⓈJetavana-vihāra) 앞을 흐르고 있었으므로 경(經)에서 드신 비유 가운데도 자주 등장되고 있다. '갠지스'란 영어식 명칭이며, 현지에서는 강가라고 한다.

⑧**世居(세거)**: 한 고장에 대대로 삶. [참고] 구대인(舊代人. 한 동네에 대대로 이어 사는 사람).

⑨**然乃(연내)**: '비로소'. '방금'. 허사279

⑩**眞如(진여)**: Ⓢtathatā. 사물의 있는 그대로의 모습이라는 뜻으로, 우주 만유의 본체인 평등하고 차별이 없는 절대의 진리를 이르는 말. 사물의 있는 그대로의 모습이라는 뜻이다.

⑪恢恢(회회): 넓고 넉넉한 모양. 여유가 있는 모양./ **恢** 넓을 '회'

⑫神變(신변): Ⓢpratihārya/vikurvita. 불・보살님께서 중생을 교화하시려 초인간적이고 불가사의한 힘(神通力)으로 가지가지의 모습과 동작을 나타내시는 것. 사람의 지혜로는 도저히 알 수 없는 신비로운 변화.

⑬十身(십신): Ⓢdaśa-kāya. 『화엄경』에서 설하는 십종(十種)의 불신(佛身). 보통은 『화엄공목장(華嚴孔目章)』에서 보이는 이종(二種)의 십신이 사용됨. ⑴**해경(解境)의 십불(十佛)**. 이것은 보살이 깨달음의 지혜로 모든 것을 부처님으로 본 것으로 『화엄경』 권27에서 드는 중생신(衆生身)・국토신(國土身)・업보신(業報身)・성문신(聲聞身)・벽지불신(辟支佛身)・보살신(菩薩身)・여래신(如來身)・지신(智身)・법신(法身)・허공신(虛空身)을 말함. ⑵**행경(行境)의 십불**. 이것은 보살의 수행이 완성한 부처의 경계를 가리키는 것으로 『화엄경』 권37의 정각불(正覺佛)・원불(願佛)・업보불(業報佛)・주지불(住持佛)・화불(化佛)・법계불(法界佛)・심불(心佛)・삼매불(三昧佛)・성불(性佛)・여의불(如意佛)을 말함. 이러한 행경의 10불은 해경의 10불 가운데 제칠여래신(第七如來身)을 연 것이다.

⑭六根互用(육근호용): 수행의 경지가 팔지(八地) 이상의 단계에 나아가면 번뇌를 여의어 청정하게 되고 이때부터 육근은 각기 다른 근(根)의 작용을 겸한다는 것. 불(佛)의 육근(六根)의 수승함. 범부의 육근은 각기 분(分)에 따라 그 역할이 다르다. 예컨대 안근(眼根)은 색(色)을 경계로 작용하며, 이근은 성(聲)을 경계로 작용하는 등이다. 이에 비해 수행의 경지가 팔지(八地) 이상의 단계에 이르면 번뇌를 여의어 청정하게 되고 이때부터 육근은 각기 다른 근(根)의 작용을 겸한다고 한다.

⑮十刹(십찰): 시방찰(十方刹). 시방세계(十方世界). 온 세계.

⑯稽首(계수): Ⓢvandana. 구배(九拜)의 하나. 머리가 땅에 닿도록 몸을 굽혀 하는 절이다.

⑰阿僧祇/祗(아승지/기) Ⓢasaṁkhya. Ⓟasaṁkhyeyya. ㊀무수(無數). 무앙수(無央數). 수로 표현할 수 없는 가장 많은 수. 또는 그런 시간. ⑴『화엄경』 아승지품(阿僧祇品)에서는 124대수(大數)중 제105. 『대비바사론(大毘婆沙論)』 177, 『대지도론(大智度論)』 4, 『화엄경탐현기(華嚴經探玄記)』 15에 여러 명칭과 설명이 있다. 범어의 원음을 고려하면, '아승기'가 맞겠지만, '아승지'라고 잘못 쓰고 읽고 있다(**祗** 공경할 '지', 토지신 '기'; **祇** 토지신 '기', 공경할 '지'). ⑵수의 단위. 10^{51}. 단, 수의 단위에 60이 있으며, 그 중간의 8개는 잊혀졌다는 설명을 중시하여, 이 단위가 제60번을 나타내는 것으로 하면 10^{59}이 된다.

⑱圍繞(위요): Ⓢparivāra. 요잡(繞匝). 인도에서는 부처님이나 부처님의 사리(舍利)를 모신 탑 등에 대해서 우선 한 번 절하고, 다음에 그 둘레를 오른 쪽 —시계 방향, 즉 오른쪽 어깨를 부처님께서 계신 곳을 향하게 함— 으로 도는데, 이것을 선우(旋右)・선잡(旋匝)・우요(右繞)라고 한다. 단지 한 번만 돌기도 하지만, 보통은 세 번을 돌며, 이것을 우요삼잡(右繞三匝)이라 한다. 또 이와 같은 요불(繞佛)을 행도(行道)라고도 한다.

※ 右繞(우요): ⓅPadakkhiṇā. Ⓢpradakṣiṇa. ⑴고대 인도에서 귀인에게 존경을 표시할 때의 예법. 곧 귀인을 향해서 오른쪽으로 세 번 돈다. 또 군대가 개선하면 성벽을 세 번 우향(右向)한다. ⑵이 풍속이 불교에 들어와 부처님께 대한 수행승의 예법이 되었다.

⑲佛陀耶(불타야): Ⓢbuddhāya '각자(覺者)에게'. 범어 -ya는 a어간 남・중성 단수여격어미임.

⑳兩足尊(양족존): Ⓟdipaduttama. 부처님께서는 두 발을 가진 존재 중에서 가장 높으신 분이라는 말. 양족(兩足)은 복덕과 지혜, 계(戒)와 정(定), 대원(大願)과 수행(修行)을 원만하게 갖추셨다는 뜻으로도 풀이된다.

㉑三覺(삼각): Ⓢtrividham avabodham. 불타를 번역한 이름인 각(覺)에 갖춘 세 가지 뜻. 자각(自覺)・각타(覺他)・각행궁만(覺行窮滿). ⑴**자각(自覺)**. 범부들의 자각이 없는데 대한 것. ⑵**각타(覺他)**. 성문・연각이 자기만 깨닫고자 노력하고 다른 이를 구하지 않음에 대한 것. ⑶**각행궁만(覺行窮滿)**. 보살과 구별하여 부처님의 각(覺)을 밝힌 것.

㉒萬行(만행): 많은 선행과 덕행.

㉓天人調御師(천인조어사): 여래십호(如來十號) 가운데 천인사(天人師)와 조어장부(調御丈夫)를 합친 말.

⊙**天人師(천인사)**. Ⓢśāstā deva-manuṣyāṇāṃ. 음사다제바마누사남(舍多提婆摩㝹沙喃). 부처님께서는 천(天)과 인(人)의 스승이시라는 의미.
⊙**調御丈夫(조어장부)**. Ⓢpuruṣa-damya-sārathi. 음부루사담먁사라제(富樓沙曇藐娑羅提). 부처님께서는 대자·대비·대지로써 중생에 대하여 부드러운 말, 간절한 말 또는 여러 가지 말로 조복(調伏) 제어(制御)하시고 정도(正道)를 잃지 않게 하시는 분이라는 의미.

㉔**眞界(진계)**: 진정계(眞淨界) 즉, 진실하여 맑디맑은 진여(眞如)의 세계. 진법계(盡法界) 즉, 생멸변천의 모습을 초월한 법계(法界. 우주 만법의 본체인 진여(眞如)).

㉕**三際(삼제)**: Ⓢtrailokya. 삼세(三世). 전·현·내세(來世). 과거·현재·미래./ **際** 사이. 때 '제'.

㉖**法雷(법뢰)**: Ⓢdharma-garjita. 불법 또는 법어(法語)를 우레에 비유하여 이르는 말.

㉗**法鼓(법고)**: Ⓢdharma-bherī. ⑴절에서 예불할 때나 의식을 거행할 때에 치는 큰 북. ⑵북소리가 널리 퍼진다는 뜻으로, 불법(佛法)을 비유적으로 이르는 말.

㉘**權實敎(권실교)**: 권교(權敎)와 실교(實敎).

【개요】

<8.불찬(佛讚)>에 이어 삼보 가운데 불보의 덕을 주제로 찬탄·귀의하고 있다. '서론'에서는 법보화 삼신불의 개념을 총체적으로 확인하며 불보께 귀의하였고, '본론'에서는 부처님의 대자대비가 중생에게 어떤 모습으로 다가오시는지를 구체적으로 열거하였다. 또 '결론'에서는 귀의에 따른 공덕으로 참회가 가능함을 제시하여 불보에 대한 믿음을 고양시키고 있으니 『범음산보집』의 편자 지환(智還) 스님은 '재자와 단월은 신구의 삼업의 죄장이 모두 소멸될 것을 크게 원하니 대분수(大焚修)의 시작작법으로 적당한 규약이다'97)라 하였다. 즉, 참회가 모든 불사의 기본임을 강조한 것이다.

【구성 및 내용】

의식을 기준으로 본 <대직찬>의 내용을 기·서·결로 나누어 살피면 다음과 같다.

'서론'인 **진법성 시기신 구경각 위기지 거연화대장 호비로자나 어천백억서가 독위기주 어항하사국토 통세거존 연내 합진여이부대 전재일일모단 처미진이불소 즉변회회법계 진시방 작대신변 철삼세 방대광명 섭범성 십신상작 응지위 육근호용 십찰미진수보살 계수상수 백억아승지제천 건심위요(眞法性 是其身 究竟覺 爲其智 踞蓮花臺藏 號毘盧遮那 於千百億釋迦 獨爲其主 於恒河沙國土 統世居尊 然乃 合眞如而不大 全在一一毛端 處微塵而不小 卽遍恢恢法界 盡十方 作大神變 徹三世 放大光明 攝凡聖 十身相作 應地位 六根互用 十刹微塵數菩薩 稽首常隋 百億阿僧祇諸天 虔心圍繞)** —참된 진리의 본성이 몸이시고[法身. 理] / 완전한 깨달음이 지혜이시옵니다.[報身. 智] // 연화대에 깊이 계심에 '비로자나'라 하옵거니와 / 천 백억 화신 서가보살[化身]의 유일한 주인이시고 / 항하의 모래만큼 많은 국토를 거느리시는 어른이시옵니다.[←**體**] // 또한 / 진여와 합하시되 크지 않으사 / 낱낱의 털끝에도 온전히 계시고 / 작은 티끌에 처하시되 작지 않으사 / 넓고 넓은 법계에 두루하시며 / 공간에 구애 없이 신통변화 나투시고 / 시간에 걸림 없이 대광명을 놓으시나이다.[←**相**] // 중생과 성현을 섭수(攝受)코자 십신(十身)을 지으시고 / 근기에 맞춰 응하시려 근(根)마다 육근(六根)의 용(用)을 갖추셨나이다. // [하옵기로] 시방세계 티끌 수만큼 많은 보살들이 고개 숙여 항상 따르옵고 /

97) 『天地冥陽水陸齋梵音刪補集』(동국대 중앙도서관, 도서번호 D-217.5-지96c.2) 15장. "請衆□齋者檀越等 身口意三業之罪障故 皆消滅之大願 大焚修初作法適當之規."

백만 아승지나 되는 제천(諸天)들이 정성스런 마음으로 둘러 있나이다.[←用]— 에서는, 불보의 덕을 체상용(體相用) 삼대(三大)의 입장에서 찬탄하였다. 여기서 체대(體大)라 함은 불신(佛身) 그 자체이니, 일신(一身)에 법보화(法報化) 삼신(三身, Ⓢtrikāya)을 갖추고 계심이며, 상대(相大)라 함은 불보께서 중생의 원에 응하시는 모습이며, 용대(用大)라 함은 불보께서 중생에게 선(善)을 베푸시고 또한 중생으로 하여금 선업을 지니게 하심을 말한다. 즉, 이와 같이 삼대를 두루 갖추신 불보를 찬탄하였는바 이는 곧 불보께 귀의케 하는 단서가 된다.

'본론'인 **지심신례불타야양족존(至心信禮佛他耶兩足尊)** —복덕과 지혜 구족하신 불보님께 지극한 마음으로 신(信)을 바쳐 예(禮)를 올리나이다.— 에서는, '서론'에서 촉발된 신심을 행으로 옮겨 귀의의 예를 갖추고 있다. 내용은 '서론'이나 '결론'에 비해 간단하지만 귀의의 예를 갖춤에는 문자로 표현한 '서론' 이상의 념(念)을 포함하고 있는바 오히려 절실함이 잘 나타나 있다하겠다. 또 이 부분은 「상주권공」의 <정례(頂禮)>[98]의 내용이니, 「상주권공」이 「영산재」의 축소형임을 생각할 때, 이들 ≪삼직찬(三直讚)≫ 가운데 본론에 당하는 부분을 옮겨 <정례>의 내용으로 한 것임을 알 수 있다. ☞【연구】② 참조.

'결론'인 **삼각원 만덕구 천인조어사 범성대자부 종진계 등응지 비화보 수궁삼제시 횡변시방처 진법뢰 명법고 광부권실교 대개방편로 약귀의 능소멸지옥고(三覺圓 萬德具 天人調御師 凡聖大慈父 從眞界 等應持 悲化報 竪窮三際時 橫徧十方處 震法雷 鳴法鼓 廣敷權實敎 大開方便路 若歸依 能消滅地獄苦)** —삼각(三覺)이 원만하시고 만덕(萬德)이 구족하시니 / 하늘과 인간의 조어사(調御師)이시고 / 범부와 성인의 자비로우신 아버지이시오며 / 진법계(眞法界)로부터 오시어 / 평등하게 응하시며 도우시니 / 자비로운 화신이시며 보신이시옵니다. // 세로로는 삼세의 모든 때에 다하시고 / 가로로는 시방의 모든 곳에 두루 하시나이다. // 진리의 우레를 떨치시고 / 진리의 북을 울리시어 / 널리 권교(勸敎)·실교(實敎)를 펼치사 / 크게 방편의 길을 여시나이다. // [하옵기로] 귀의하오면 / 능히 지옥의 고통을 소멸케 하시옵니다.— 에서는, '서론'에서와 마찬가지로 불보의 덕을 체상용(體相用) 삼대(三大)의 입장에서 거듭 찬탄하였다. 한 가지 주목할 것은 '서론'이 귀의의 단서를 제공하고 있음에 비해 '결론'은 귀의의 예를 올린 후 더욱 깊어지는 신심과 확신 위에 불보를 찬탄하였다는 점과 능례가 얻게 될 공덕까지 언급하고 있다는 점이다.

【의식】

의식은 다음과 같이 4단계로 구분 지어 거행한다.

1. 위 내용 가운데 '진법성(眞法性)'으로부터 '건심위요(虔心圍繞)'까지, 즉 '서론'의 내용을 중번(中番)의 지시를 받은 인도(引導) 1인이 홑소리로 거행한다.
2. 이어 태징 3망치를 울리면 대중은 모두 기립하고, 중번을 중심으로 대중이 '지심신례불타야양족존(至心信禮佛他耶兩足尊)', 즉 '본론'의 내용을 짓소리로 거행한다. 혹 1인이 홑소리로 거행하기도 한다. <중직찬> <소직찬>도 이와 같다.
3. 이어 '삼각원 만덕구(三覺圓 萬德具)'로부터 대중은 우요(右繞)하며 소리를 짓고, 중앙

98) 『釋門儀範』 卷上, p.108: "歸命十方常住佛 歸命十方常住法 歸命十方常住僧."

에서는 착복무를 거행하는데 이를 '삼귀의작법(三歸依作法)'이라 한다. 이때의 작법은 곧 삼보님께 올리는 귀의례인 오체투지(五體投地)와 같은 의미를 지닌다.

4. <9.대직찬>을 마치면 '요잡바라'와 '사방요신'를 행하고, 이어 <10.중직찬>을 거행한다.

【연구】

① <대직찬>에 나타난 불타관(佛陀觀)에 대하여…

<대직찬>의 내용은 이 시대까지 이어오는 한국불교의 불타관을 대변할 수 있는 명문(名文)이다. 『화엄경』과 『범망경』에 보이는 화장세계와 삼신불에 관한 내용과 용수보살 이후 꾸준히 발달되어온 불신론(佛身論) 등을 종합적으로 고찰하고 정리한 내용이라 평가할 수 있다. 특히 원융불교(圓融佛教)를 특징으로 하는 한국불교의 불타관이 그대로 드러나 있는 글이다.

용수보살 이후 발달되어온 불신론에 대해 간단히 살피면 다음과 같다.

용수(龍樹, ⓈNāgārjuna B.C. 2~3세기)는 불타(佛陀)의 본질을 고찰하였는데, 생신(生身, Ⓢjanma-kāya)과 법신(法身, Ⓢdharma-kāya) 즉 이신(二身)에 의해 대승경전에서 설하고 있는 불타관(佛陀觀)을 정리하였다. 생신이란 부모님으로부터 몸을 받아 80세가 되어 구시나가라(拘尸那伽羅, ⓈKuśinagara)에서 입멸(入滅)한 육신의 서가불을 말한다. 『아함경(阿含經)』이나 부파불교(部派佛教)에서 생각하여진 불타는 이 생신불이다. 이 불타를 32상(相)을 갖추고 초절적(超絶的)으로 보고자 한다면 1겁(劫)까지도 생존할 수 있다고 말한데 지나지 않는다. 아직 그 속에 있는 '이불(理佛)'은 생각지 못한 것이다.

그런데 대승경전(大乘經典)에서는 이를 초월한 불타가 말하여지고 있다. 『무량수경(無量壽經, ⓈSukhāvatī vyūha sūtra)』 등에서는 **수명무량(壽命無量, Ⓢamita-āyuḥ) 광명무량(光明無量, Ⓢamitabha)의 아미타불(阿彌陀佛)**이, 『화엄경(華嚴經, ⓈAvataṃsaka sūtra)』에서는 **일체처(一切處)에 변만한 비로자나불(毘盧遮那佛, ⓈVairocana)**이 말하여지며, 『법화경(法華經, ⓈSaddharma puṇḍarīka sūtra)』에는 이 세상에서 깨달음을 얻은 석가불 이외에 **구원겁전(久遠劫前)에 이미 성불한 구원실성(久遠實成)의 불(佛)**을 말하고 있다.

이러한 불(佛)을 용수는 법신불(法身佛)이라 불렀다. 즉 부처가 부처다울 수 있는 점은 깨달은 진리(眞理=理)에 있다. 이 진리를 법·법성·법계(法·法性·法界)라 하는데 이 진리는 영원한 것이다. 그러나 이(理)만으로는 부처라고 할 수 없다. 깨달음의 지(智)가 이(理)와 합체(合體)하는 곳에 인격자로서의 부처가 현성(現成)된다. 이 인격은 '이지불이(理智不二)'인 것이다. 또한 이(理)가 영원하다면 이것과 합체된 지(智) 역시 영원성을 획득했다고 해야 할 것이다.

예컨대 육체가 죽어 없어졌다 해도, 진리와 합체된 지(智)의 영원성은 없어지지 않는다고 할 수 있다. 이 이지불이(理智不二)의 법신불(法身佛)이 생신(生身)인 부처를 부처답게 하는 근거인 것이다. 그러므로 생신불(生身佛)은 이 법신(法身)으로부터 나타난 것이라고도 생각 할 수 있다. 또 법신불을 보신불이라고도 한다. 깨달음의 지(智)는 하루아침에 이루어지는 것이 아니라, 과거로부터의 긴 수행 결과 실현된 것이기에, 과거의 수행에 '응보(應報)로서의 몸'인 것이다. 따라서 보불(報佛)·보신불(報身佛)이라 한다. 후세의 법·보·응 삼신설(法·報·應 三身說)에서는 법신과 보신이 구별되지만 용수(龍樹)는 아미타불이나 비로자나불을 법신 혹은 법성신(法性身)이라 불러, 이것과 생신 즉 이신설(二身說)로써 불타를 해석하고 있다.

후에 출현한 미륵(彌勒, ⓈMaitreya 270?~350?)에 의해 불타의 본질에 대한 고찰도 심화되어 '삼신설(三身說)'이 성립되었다. 미륵이나 무착(無着, ⓈAsaṅga 4~5세기)은 깨닫는 지(智)와 깨달아지는 이(理)를 하나로 보아 '법신(法身)의 불'이라 했고, 교화의 대상을 둘로 나누어 초지(初地)이상의 보살에게 법을 설하는 '응신(應身)'과 범부에게 법을 설하는 '화신(化身)'을 세워 법·응·화(法·應·化) 삼신설을 설하였다. 이것을 **개응합진(開應合眞)의 삼신설**이라 한다.

그러나 세친(世親, ⓈVasubandhu)은 법신의 이(理)와 지(智)를 나누어, 이(理)만을 법신이라 했고, 지(智)는 자수용신(自受用身)과 타수용신(他受用身)으로 나누는 이른바 **개진합응(開眞合應)의 삼신설**을 주장했다.

2 「영산작법」의 ≪삼직찬≫과 「상주권공」의 <정례>와의 관계.

Jb[99]1-575　至心歸命禮　十方法界諸佛法僧　大衆和云　常住三寶　表白執爐振鈴　述淨三業偈呪

Sb 38　**[志磐志心]**
至心歸命禮　十方法界諸佛法僧　衆和　常住三寶　單禮單繞匝後　鳴鈸讀開啓䟽畢　動鈸雷鼓三度　**次合掌偈云**

Jk 10-553　**[普禮偈]**
普禮十方常住佛　普禮十方常住法　普禮十方常住僧　[暫繞匝]

By別1　**[頂禮]**
一心頂禮 十方常住佛 一心頂禮 十方常住法 一心頂禮 十方常住僧

Sk上 108　**[頂禮]**
歸命十方常住佛 歸命十方常住法 歸命十方常住僧

3 '삼지심론(三志心論)'의 내용은?

『산보범음집』에 다음과 같이 삼지심(三志心)에 대한 논(論)이 있다.

<三志心論>

有云 齋後作法時志磐文 至心用之故 至心歸命禮十方法界諸佛法僧 [大衆和云] 常住三寶
유운 재후작법시지반문 지심용지고 지심귀명례시방법계제불법승 [대중화운] 상주삼보
唱和后單請單繞匝可也 年少魚梵欲誇才能 單志心兮爲三志心 各各恣意三繞匝 豈不重
창화후단청단요잡가야 연소어범욕과재능 단지심혜위삼지심 각각자의삼요잡 기부중
疊耶 勿論思之　-Sb 5-
첩야 물론사지

혹자가 이르되, 재후작법시 『지반문』에는 '지심(至心)'이라는 단어를 사용한다고 하는 까닭에 '지심귀명례 시방법계 제불법승'이라 하였고, 대중은 창화하여 '상주

99) Jb.『한국불교의례자료총서』.

> 삼보'라 한다. 창화 후에는 '단청 · 단요잡'이 옳다. 아직 나이 어린 범패승은 재능을 과시코자 '단지심'을 '삼지심'이라 하여 각각 방자하게 삼요잡을 하나니 어찌 중첩됨이 없으랴. 더 말할 것 없이 잘 생각해 볼 일이다.

정리컨대, 의식에 있어서 작법을 지나치게 간소화함도 문제지만, 필요이상으로 번잡하게 함 또한 문제가 된다. 즉, 의식은 정해진 법도에 따라 정중히 거행해야 함을 <삼지심론>에서 강조하고 있다.

※「삼지심론」의 주장이 옳은 것인지에 대해서는 특별히 상고(詳考)할만한 근거를 찾지 못했기로 이에 대한 판단은 유보하기로 한다.

<10.中直讚①(중직찬)> 법보님의 덕을 각별히 찬탄하며 귀의를 표하는 절차.

方廣②了義③ 圓覺④法門a 방광요의 원각법문	모자람 없이 완벽하시며 원만한 깨달음의 법문이시옵니다.
萬億恒沙諸佛 在淨土中 만억항사제불 재정토중	만억의 항하사 모든 부처님께서 정토에 계시면서
同說三世如來之所守護a 동설삼세여래지소수호	이구동성으로 삼세 여래께서 간직하신 바를 설하셨으니
諸經眼目⑤ 圓頓⑥教門⑦a 제경안목 원돈교문	모든 경전(經典)은 안목이며 원교・돈교의 문입니다.
★至心信禮達磨耶離欲尊 지심신례달마야이욕존	욕심을 여의신 법보님께 回2-11하 운수단가사 지극한 마음으로 믿음의 예를 올리나이다.
寶藏聚⑧ 玉函軸⑨a 보장취 옥함축	보배 창고에 수납된 Jk하 분수작법 한불전 10-580하 옥함 속의 경전은
結集⑩於西域⑪阿呵吽 결집어서역 아가훔	서역에서 결집되었고
飜譯傳東土 번역전동토	번역하여 동토에 전하셨나이다.
祖師弘 賢哲⑫判 成章疏⑬a 조사홍 현철판 성장소	조사께서 넓히시고, 현철께서 분별하시여 장(章)과 소(疏)를 이루시니,
三乘⑭分頓漸 五敎⑮定宗趣⑯a 삼승분돈점 오교정종취	삼승은 [이들 경전을] 돈(頓)과 점(漸)으로 나누심이고 오교(五教)는 종취(宗趣=宗旨)를 정하심이옵니다.
鬼神欽 龍天護a 귀신흠 용천호	[하옵기로] 귀신은 공경하고 용과 천신(天神)은 옹호하오니
導迷⑰標月指⑱阿呵吽 도미표월지 아가훔	[법보는] 미륜(迷倫)을 인도하는 표월지(標月指=里程標)요,
除熱⑲斟甘露a 제열짐감로	열뇌를 제거할 음료(飮料)로 감로수(甘露水)이옵니다.
若歸依 能消滅餓鬼苦a 약귀의 능소멸아귀고	[하옵기로] 귀의하오면 능히 아귀의 고통을 소멸케 하시옵니다.

【자구해설】

①中直讚(중직찬): 법보님의 덕을 각별히 찬탄함. '중(中)'는 삼보(三寶) 가운데 법보(法寶)를, '직(直)'은 부사(副詞)로서 '특히', '고의로'라는 의미를 지니고 있다.

②方廣(방광): Ⓢmahā-vaipulyam. ⑴대승경전을 말함. 대방광대(大方廣大), 즉 다다르지 않는 곳이 없음을 말함. ⑵대방광(大方廣=大方等). 부처님께서 깨달으신 진리를 말함. 대(大)는 체(體), 방(方)은 상(相), 광(廣)은 용(用).

※大方廣(대방광) ⇒ 내용적으로 광대함에 초점을 둠. 횡(橫)으로 시방에 두루한 방광보편(方廣普遍)의 실다운 이치.

大方等(대방등) ⇒ 평등한 이치라는 점에 초점을 둠. 수(竪)로 범부나 성인을 포함한 평등한 이치.

③**了義(요의)**: Ⓢvyaktārtha. 불법의 도리를 명백하고 완전하게 나타낸 것. 불법의 진리가 명료하게 모두 서술되어 있는 교(敎)를 요의교(了義敎), 중생의 근기에 맞추기 위해 설한 방편교(方便敎)를 불요의교(不了義敎)라 함.

④**圓覺(원각)**: Ⓢpūrṇabuddha. 부처님의 원만한 깨달음. 일체 유정(有情)의 진심은 본체부터 청정무구하여 밝게 비치고 잘 알아 체(體)로 말하면 일심(一心), 인(因)으로 말하면 여래장(如來藏), 과(果)로 말하면 원각(圓覺)이라 한다.

善男子 無上法王 有陀羅尼門 名爲圓覺 流出一切淸淨眞如菩提涅槃及波羅蜜 教授菩薩
선남자 무상법왕 유다라니문 명위원각 유출일체청정진여보리열반급바라밀 교수보살

선남자야 무상법왕에게 다라니문(門)이 있어 이름하여 원각이라 하는데 일체 청정·진여·보리·열반·바라밀 등을 유출하여 보살을 교수(敎授)한다 『圓覺經(원각경)』

⑤**眼目(안목)**: Ⓢnetra. 사물을 보고 분별하는 견식.

⑥**圓頓(원돈)**: ⑴원만돈족(圓滿頓足)의 뜻. 천태종의 용어. 모든 사물을 빠진 것 없이 원만하게 갖추고, 즉시 깨달아 성불한다고 하는 뜻. 8만성교(八萬聖敎)가 조금이라도 빠지는 것 없는 것을 원돈(圓頓)이라 한다. 천태종에서는 『법화경』을 원돈(圓頓)의 가르침, 천태 궁극의 관법(觀法)을 원융지관(圓融止觀), 천태종을 원돈종(圓頓宗), 그 계를 원돈계(圓頓戒) 등이라고 한다. ⑵원만하고 돈속(頓速. 매우 빠름)한 것.

※ **圓敎(원교)**: 화법사교(化法四敎)의 하나. 원만하고 완전한 교법을 이른다.

※ **頓敎(돈교)**: 화의사교(化儀四敎)의 하나. 단도직입적으로 불과(佛果)를 성취하고 깨달음에 이르는 교법이다.

⑦**敎門(교문)**: ⑴교상문(敎相門). 불교의 이론적 교리 조직의 부문. 석존의 일대교설을 각 종파의 입장에서 분류・판별하여 지혜를 닦고 의리를 구명(究明. 사물의 본질, 원인 따위를 깊이 연구하여 밝힘)한다. ⑵생사해탈의 도에 들어가는 문을 뜻하며, 부처의 가르침을 이르는 말.

⑧**寶藏聚(보장취)**: 진보지고(珍寶之庫) 즉 경율론(經律論) 삼장(三藏)을 가리키니, 중생의 고뇌와 재액을 제거하는 미묘법이 가득하므로 이르는 말.

⑨**玉函軸(옥함축)**: 옥함(玉函)과 옥축(玉軸)을 함께 이르는 말로써 함에 보관된 경전(經典)을 이름.

⊙**옥함(玉函)** : ⑴낭함(琅函). 귀함(貴函). 옥(玉)으로 만든 함(函)이라는 말로 예로부터 진귀한 책은 옥함에 보관하였다고 한다. 여기서는 경전을 보관한 함을 높여 일컫는 말이다. ⑵남의 편지를 높여 이르는 말.

⊙**옥축(玉軸)**은 서화(書畵)의 표구(表具)에 사용하는 옥(玉)으로 만든 축(軸)을 말하는데, 여기서는 권자(卷子=두루마리) 형태로 조성된 경전(經典=經卷)을 가리킨다.

⑩**結集(결집)**: Ⓢsaṃgīti. 석존의 가르침을 정리해 모으는 것. 성전(聖典)을 편집하는 것. 석존께서 열반하신 뒤 이론(異論)을 막고, 교단의 통일을 유지하기 위해 대표자를 모아 유교(遺敎)의 합송(合頌)을 행한 것을 말함. 석존께서 입멸하신 후 모두 4회에 걸쳐 이루어졌다. **제1회 결집[오백결집]**은 불멸 후, 마하가섭(摩訶迦葉, ⓈMahākāśyapa)이 회의를 소집하여 아라한과를 얻은 오백인의 비구가 왕사성(王舍城, ⓈRājagṛha) 교외의 칠엽굴(七葉窟)에 모여 우바리(優婆離, ⓈUpāli)존자가 율(律)을, 아난(阿難, ⓈĀnanda)존자가 경(經)을 송출(誦出)하고 이들 비구가 증명하여 결집하였다. 이것이 현존하는 팔리성전이라고 남방불교에서는 믿고 있다. **제2회 결집[칠백결집]**은 불멸 후 100년경, 계율에 대해 이의가 발생해 비사리(毘舍離, ⓈVaiśāli)에서 야사(耶舍, ⓈYaśas)비구가 상수(上首)가 되어 칠백인의 비구와 함께 율장(律藏)을 편집하였다. **제3회결집[천인결집]**은 불멸 후 200년경 아육왕(阿育王, ⓈAśoka) 아래 수도였던 화씨성(華氏城, ⓈPāṭaliputra)에서 목건련제수(目犍連帝須, Ⓟ Moggaliputta Tissa)가 상수(上首)가 되어 천인의 비구와 함께 경・율・론 삼장을 전부 결집했다. 제1, 2회는 남・북 양측에 알려졌지만, 제3회는 남방에만 전해지고 있다. **제4결**

집은 불멸 후 600년(2세기)경, 까니슈까(ⓢKaniṣka, ⓔ迦膩色伽)왕 아래 협(脇, ⓢPārśva) 및 세우(世友, ⓢVasumitra)존자가 중심이 되어 까슈미르(ⓢKaśmīra)국의 비구 오백 인이 모여, 삼장(三藏)에 해석을 붙였고, 그것이 『대비바사론(大毘婆沙論, ⓢAbhidharma Mahāvibhāṣa Śāstra)』이 되었다고 한다. 그러나 남방불교에서는 이것을 믿지 않는다.

⑪**西域(서역)**: (1)부처님의 나라 인도. (2)중국의 서쪽에 있던 여러 나라를 통틀어 이르는 말. 넓게는 중앙아시아・서부 아시아・인도를 포함하지만, 좁게는 지금의 신강성(新疆省) 천산남로(天山南路)에 해당하는 타림분지를 가리키는데, 한(漢)나라 때에는 36국이 있었으며, 동서 무역의 중요한 교통로로 문화 교류에 공헌이 컸다.

⑫**賢哲(현철)**: 어질고 사리에 밝음. 또는 그런 사람.

⑬**章疏(장소)**: (1)문장(文章)과 소주(疏註. 본문에 대한 주해. 또는 이전 사람의 주해에 대한 주해. 소(疏)는 주(註)를 해석・부연한 것이고, 주(註)는 경(經)을 해석한 것이다). (2)신하가 임금에게 올리던 글.

⑭**三乘(삼승)**: ⓢtri-yāna. 세 종류의 탈 것. 세 종류의 길을 가는 사람. 깨달음에 이르는 세 가지 실천법. 성문・연각・보살에 대한 세 가지 교법을 말함. (1)**성문승(聲聞乘, ⓢśrāvaka-)**. 사제법(四諦法, ⓢcatur-ārya-satya), 곧 불설(佛說)을 듣고 이를 관하여 해탈을 얻음. (2)**연각승(緣覺乘, ⓢpratyekabuddha-)**. 12인연법, 스승에 의하지 않고 스스로 잎이 피고 꽃이 지는 이치를 관하여 깨닫는 것. (3)**보살승(菩薩乘, ⓢbodhisattva-)**. 육바라밀(六波羅蜜), 보살이 이 법에 의하여 스스로 해탈하고, 다른 이도 성불에 이르도록 하는 것.

⑮**五教(오교)**: 제경전(諸經典)의 설해진 형식・순서・의미・내용 등에 의해 교설을 5종으로 분류하여 체계지운 것. 얕은 교설(敎說)로부터 순차적으로 깊이를 더해 간다. 천태종의 오시교(五時教), 화엄종의 오교십종판(五教十宗判)이 대표적이다. 즉 석존의 일대시교를 총칭함.

⑯**宗趣(종취)**: ⓢsiddhānta. (1)취(趣)는 취지, 의도의 의미. 근본적 입장. (2)종지(宗旨)를 체득하기 위한 수행의 방법을 말함.

⑰**導迷(도미)**: 미륜(迷倫) 즉 중생을 인도함.

⑱**標月指(표월지)**: 표월지지(標月之指). 경문(經文)을 달을 표시하는 손가락에 비유해서 말함.

⑲**除熱(제열)**: 열뇌(熱惱)를 제거함.

⊙**熱惱(열뇌)**: ⓢjvara-paridāha. 몹시 심한 마음의 괴로움.

【개요】

삼보 가운데 법보의 덕을 주제로 찬탄・귀의하고 있다. 서론에서 '방광요의 원각법문'이라는 표현으로 대승경전의 진리성에 결함이 없음을 삼세제불을 증명(證明)으로 모시고 찬탄하였다. 본론에서는 법보께 귀의의 예를 올리고, 결론에서는 우리가 대하는 경소(經疏) 등의 결집 및 전파 등의 과정과 그 필요성을 거듭 밝혔으며, 귀의에 따른 공덕을 제시하여 법보에 대한 믿음과 유통을 당부하였다.

【구성 및 내용】

의식을 기준으로 본 <중직찬>의 내용을 기・서・결로 나누어 살피면 다음과 같다.

'서론'인 **방광요의 원각법문 만억항사제불 재정토중 동설삼세여래지소수호 제경안목 원돈교문(方廣了義 圓覺法門 萬億恒沙諸佛 在淨土中 同說三世如來之所守護 諸經眼目 圓頓教門)** —모자람 없이 완전하시며 / 원만한 깨달음의 법문이시옵니다. // 만억의 항하사 모든 부처님께서 / 정토에 계시면서 / 이구동성으로 삼세 여래께서 간직하신 바를 설하셨으니 / 모든 경전(經典)의 안목이며 / 원교・돈교의 문입니다.— 에서는, 소례 가운데 법보의 덕을 찬탄하였다. 법보의 종류는 언급되지 않았으나 본 절차가 영산작법임을 감안하면 일대시교(一代時教) 가운데 특히 『법화경』을 찬탄한 것임을 짐작할 수 있다. 무엇보다 위 내용 가운데 '방광(方廣)' '요의(了義)' '원각(圓覺)' '원돈(圓頓)' '교문(敎門)' 등은 모두 『법화경』의 위대함을 나타내는 말이라 하겠다.

'본론'인 **지심신례달마야이욕존(至心信禮達磨耶離欲尊)** —욕심을 여의신 법보님께 지극한 마음으로 신(信)을 바쳐 예를 올리나이다.— 에서는, '서론'에서의 신심을 행으로 옮겨 귀의의 예를 갖추고 있다. 내용은 <대직찬>의 '본론'를 참고할 것.

'결론'인 **보장취 옥함축 결집어서역아가홈 번역전동토 조사홍 현철판 성장소 삼승분돈점 오교정종취 귀신흠 용천호 도미표월지 제열짐감로 약귀의 능소멸아귀고(寶藏聚 玉函軸 結集於西域阿呵吽 飜譯傳東土 祖師弘 賢哲判 成章疏 三乘分頓漸 五敎定宗趣 鬼神欽 龍天護 導迷標月指 除熱斟甘露 若歸依 能消滅餓鬼苦)** —보배 창고에 수납된 / 옥함 속의 경전은 / 서역에서 결집되었고 / 번역하여 동토에 전하심에 / 조사께서 넓히시고 / 현철께서 분별하시여 / 장(章)과 소(疏)를 이루셨나이다. // 삼승(三乘)은 [이들 경전을] 돈(頓)과 점(漸)으로 나누심이고 / 오교(五敎)는 종취(宗趣=宗旨)를 정하심이옵니다. // [하옵기로] 귀신은 공경하고 / 용과 천신(天神)은 옹호하오니 / [법보는] 미륜(迷倫)을 인도하는 표월지(標月指=里程標)요 / 열뇌를 제거할 음료(飮料)로 감로수(甘露水)이옵니다. // [하옵기로] 귀의하오면 / 능히 아귀의 고통을 소멸케 하시옵니다.— 에서는, 시야를 『법화경』을 위시한 석존의 일대시교와 제조사(諸祖師)의 논소(論疏)에 까지 넓혀 삼장(三藏) 전체의 덕을 찬탄하였다. 그뿐만 아니라 짧은 글이지만, 내용 가운데는 경(經)의 진리성과 결집・전파과정 그리고 교리 및 교세의 발달까지 언급하였고, 말미에서는 경전에의 귀의공덕을 천양(闡揚)하여 크게 찬탄하였다.

【의식】

1. 위 내용 가운데 '방광요의(方廣了義)'으로부터 '원돈교문(圓頓敎門)'까지 중번의 지시를 받은 인도(引導) 1인이 홑소리로 거행한다.
2. 이어 태징 3망치를 울리면 대중은 모두 기립하고, 중번을 중심으로 대중이 '지심신례달마야이욕존(至心信禮達磨耶離欲尊)', 즉 '본론'의 내용을 짓소리로 거행한다. 혹 1인이 홑소리로 거행하기도 한다.
3. 이어 대중은 우요하며 '보장취(寶藏聚)'로부터 홑소리로 거행한다. 중앙에서는 역시 '삼귀의작법(三歸依作法)'을 거행한다.
4. <중직찬>을 마치면 '요잡바라'를 행하고, 이어 <소직찬>를 거행한다.

【연구】

1 【자구해설】 ⑦에서 언급한 교문(敎門)에 대해…

본서(本書)가 영산작법에 관한 것인 만큼 법화경을 중심으로 정리해 보기로 한다. 천태지의(天台智顗: 538~597) 대사께서 법화사상에 의해 일체 경전의 교리심천을 가린 교상판석(敎相判釋)이 있으니 오시팔교(五時八敎)가 그것이다. 이에 대해 고려 제관(諦觀. ?~970) 스님은 저서 천태사교의(天台四敎儀)에서 상술하고 있다. 개략적 뜻을 살피면,

'오시(五時)'는 석존께서 설하신 내용을 시기와 종류별로 나누어 고찰한 것을 말한다. 화엄경을 최초에 설했다고 하여 오시 중에서 첫 번째는 화엄시(華嚴時)요, 두 번째는 아함시(阿含時)며, 세 번째는 방등시(方等時)요, 네 번째는 반야시(般若時)며, 다섯째는 법

화・열반시(法華涅槃時)라고 한다.

'팔교(八敎)'는 화법사교(化法四敎)와 화의사교(化儀四敎)로 나누어 볼 수 있다.

화법사교(化法四敎)는 석존께서 말씀하신 진리의 내용을 네 종류로 나눈 것으로 (1)장교(藏敎)-초보적 단계로 아직 空의 참뜻을 모르는 것, (2)통교(通敎)-삼승(三乘)에 모두 통하는 가르침, (3)별교(別敎)-보살승(菩薩乘)을 위한 가르침, (4)원교(圓敎)-가장 원만하고 완전한 가르침 등이니, 진리와 세계를 종합적으로 보는 것을 말한다.

화의사교(化儀四敎)는 석존께서 중생의 근기가 따라 법을 설하시니[隨機說法] 이를 네 종류로 나눈 것으로 (1)돈교(頓敎)-부처님께서 증득하신 진리를 바로 가르치심 [비약적인 방법], (2)점교(漸敎)-하근기 중생을 위해 점진적으로 가르치심, (3)・(4)비밀부정교(秘密不定敎)-근기가 다른 중생이 자신의 분(分)에 따라 이해하도록[不定. 얻은 바가 같지 않음] 말씀하신 교묘한[秘密. 다른 내용임을 알지 못함] 가르치심 [동청이문(同聽異聞). 호상부지(互相不知)] 등이다.

다음은 『천태사교의』에 보이는 '오시팔교'에 관한 내용이다.

> 天台智者大師。以五時八教。判釋東流一代聖教。罄無不盡。言五時者。一華嚴時。二
> 천태지자대사。이오시팔교。판석동류일대성교。경무불진。언오시자。일화엄시。이
> 鹿苑時(說四阿含)三方等時(說維摩思益楞伽楞嚴三昧金光明勝鬘等經)四般若時(說摩訶
> 록원시(설사아함)삼방등시(설유마사익릉가릉엄삼매금광명승만등경)사반약시(설마가
> 般若光讚般若金剛般若大品般若等諸般若經)五法華涅槃時。是爲五時。亦名五味。言
> 반약광찬반약금강반약대품반약등제반약경)오법화열반시。시위오시。역명오미。언
> 八教者。頓漸祕密不定藏通別圓。是名八教。頓等四教是化儀。如世藥方。藏等四教名
> 팔교자。돈점비밀불정장통별원。시명팔교。돈등사교시화의。여세약방。장등사교명
> 化法。如辨藥味[100]
> 화법。여변약미
>
> 천태지자대사는 오시팔교로써 동쪽으로 온 일대성교를 판석하였으니 다하지 못한 것이 없다〔모두 포함되어 있다〕. 오시란, 一 화엄시요, 二 녹원시〔4아함을 설하신 때〕요, 三 방등시〔유마・사익・능가・능엄・삼매・금광명・승만 등 경을 설하신 때〕요, 四 반야시〔마하반야・광찬반야・금강반야・대품반야 등 모든 반야경을 설하신 때〕요, 五 법화・열반시이니 이를 오시라 한 것이며 또 오미(五味)라고도 이름한다. 팔교는 돈교・점교・비밀교・부정교・장교・통교・별교・원교 등 여덟 가지 가르침이다. 돈교등 사교(四敎)는 화의(化儀)로서 약의 처방과 같고, 장교등 사교는 화법(化法)이라 이름하는데 약의 맛을 분별하는 것과 같다.

---

100) 『大正藏』 卷46, p.774c.

<11.小直讚①(소직찬)> 승보님의 덕을 각별히 찬탄하며 귀의를 표하는 절차.

文殊②是佛之師③ 문수시불지사	문수보살님께서는 칠불(七佛)의 스승으로
主於信解證智 주어신해증지	신·해·증·지(信·解·證·智)의 주(主)이시고,
普賢④表法界體 보현표법계체	보현보살님께서는 법계(法界)의 본체(本體)로
主於悲願理行a 주어비원리행	비·원·이·행(悲·願·理·行)의 주(主)이시옵니다.
十二上首⑤十萬徒屬⑥ 십이상수 십만도속	[이렇듯] 12지(地)의 큰 보살이신 10만의 권속께서
同住如來 平等法會a 동주여래 평등법회	함께 여래의 평등법회에 머무시니
實教⑦三寶 淨土法筵⑧a 실교삼보 정토법연	[이 분들이야 말로] 실교에서의 삼보님이시며 [이 자리야 말로] 정토의 법연이시옵니다.
巍巍乎晃晃⑨焉 외외호황황언	[삼보님과 법연의 모습] 웅장하고 찬란하여
逈出思議⑩之表也a 형출사의지표야	생각으로 헤아려 나타냄을 멀리 벗어났습니다.
★至心信禮僧伽耶衆中尊a 지심신례승가야중중존	무리 가운데 으뜸이신 승보님께 지극한 마음으로 믿음을 바쳐 예를 올리나이다. 回2-11하 운수단가사
五德⑪師 六和⑫侶a 오덕사 육화려	훌륭하신 스승과 Jk하 분수작법 한불전 10-580하 화합대중께오선
利生爲事業阿阿吽 이생위사업아아훔	중생을 이롭게 하심을 일거리로 삼으시고
弘法是家務a 홍법시가무	진리를 넓히심이 가업(家業)이시옵니다.
避搖塵⑬常宴坐⑭寂靜處 피요진 상연좌 적정처	어지러운 티끌[=세상일]을 여의고 항상 고요한 곳에서 좌선하시며
遮身拂毳衣⑮充腸採莘芋⑯a 차신불취의 충장채신우	몸을 가리심에 좋은 옷을 삼가시고 배를 채우심에는 나물뿌리를 캐시옵니다.
鉢降龍⑰錫解虎⑱a 발항룡 석해호	발우로는 용을 항복 받으시고, 지팡이로는 호랑이의 싸움을 말리시며
法燈⑲常遍照 阿呵吽 법등상변조 아가훔	법의 등불을 항상 두루 비추시고
祖印⑳相傳付a 조인상전부	조사의 심인(心印)을 이어 전해 주시나이다.

若歸依 能消滅傍生㉑苦a　　[하옵기로] 귀의하오면
약귀의 능소멸방생고　　능히 방생의 고통을 소멸케 하시옵니다.

【자구해설】

①小直讚(소직찬): 승보님의 덕을 각별히 찬탄함. '소(小)'는 삼보(三寶) 가운데 승보(僧寶)를, '직(直)'은 부사(副詞)로서 '특히', '고의로'라는 의미를 지니고 있다.

②文殊(문수): ⓈMañjuśri. 음문수사리(文殊師利)·만주시리(滿珠尸利)·만수실리(曼殊室利). 대승보살 가운데 한 분. 문수[만수]는 묘(妙)의 뜻이고, 사리[실리]는 두(頭)·덕(德)·길상(吉祥)의 뜻이므로, 지혜가 뛰어난 공덕을 나타낸다. 이 보살님의 명호에는 모두 신·구 6역(譯)이 있는데, 묘덕(妙德)·묘수(妙首)·보수(普首)·유수(濡首)·경수(敬首)·묘길상(妙吉祥)이다. 서가모니불의 보처로서 왼쪽에 계시며 지혜를 맡으심. 머리에 5계(髻)를 맺으신 것은 대일여래의 5지(智)를 나타내신 것이고, 오른손에는 지혜의 칼을 드시고, 왼손에는 꽃 위에 지혜의 그림이 그려 있는 청련화를 쥐고 계신다. 위엄과 용맹을 나타내기 위하여 사자를 타고 계신다. 모양은 각기 달라, 1자(字)문수·5자문수·8자문수·1계(髻)문수·5계문수·아(兒)문수 등이 있으신데, 석존의 교화를 도우려고 일시적인 권현으로 보살의 자리에 계신다고 한다.

현재 북방의 상희세계(常喜世界)에 계신 '환희장마니보적여래(歡喜藏摩尼寶積如來)'라고도 하고, 일찍이 성불하셨다 하여 용존상불(龍尊上佛)·대신불(大身佛)·신선불(神仙佛)이라고도 하며, 미래에 성불하실 것이라 하여 보견여래(普見如來)라고도 한다. 그리고 이 부처님의 명호를 들으면 4중죄(重罪)가 없어진다고 한다.

반야경을 결집 편찬하신 보살로도 알려져 있다. 때에 따라서는 경권(經卷)을 손에 쥐신 모습으로 조각되고 묘사되는 일이 많았다. 『화엄경』에서는 비로자나불의 협시보살로서 보현보살과 더불어 삼존불의 일원이 되어 계신다. 그리하여 보현보살께서 세상 속에 뛰어드시어 실천적 구도자의 모습을 띠고 활동하실 때에 문수보살께서는 사람들의 지혜의 좌표가 되시기도 하였다. 즉 이 보살님은 서가모니불의 교화를 돕기 위하여 일시적인 권현으로 보살의 자리에 계신 것이다. 『화엄경』에서는 문수보살이 중국의 산서성(山西省) 오대산에서 1만 보살과 함께 계신다고도 하는데, 우리나라에서는 강원도 오대산에 계신다고 하여 지금도 그곳의 상원사(上院寺)는 문수보살님을 주존으로 모시고 예배하며 수행하는 도량으로 알려졌다.

③佛之師(불지사): 문수시칠불사(文殊是七佛師). 지혜제일이신 문수보살님은 과거칠불의 스승이시라는 말. 과거칠불은 비바시불(毘婆尸佛, ⓅVipassī)·시기불(尸棄佛, ⓅSikhī-)·비사부불(毘舍浮佛, ⓈViśvabhu)·구류손불(拘留孫佛, ⓈKrakucchanda)·구나함모니불(拘那含牟尼佛, ⓈKanakamuni)·가섭불(迦葉佛, ⓈKāśyapa)·서가모니불(釋迦牟尼佛, ⓈŚākya-muni)이시다. 경전에는 근거가 없고, 선록(禪錄)에서 자주 이렇게 말하여지고 있다. 백장(百丈)스님이 최초로 언급한 장본인이라 한다.

文殊是七佛祖師 亦云 是娑婆世界第一主首菩薩　　-古尊宿語錄二 百丈懺悔章-
문수시칠불조사 역운 시사바세계제일주수보살　　-고존숙어록이 백장참회장-

④普賢(보현): ⓈSamantabhadra·Viśvabhadra. 음삼만다발날라(三曼多跋捺羅)·비수발타(邲輸跋陀). 의편길(遍吉). 문수보살과 함께 서가여래의 협시(脇侍)로 유명하신 보살. 문수보살께서 여래를 왼편에서 모시고 여러 부처님들의 지덕(智德)·체덕(體德)을 맡음에 대하여, 보현보살께서는 오른쪽에서 여래를 모시고 이(理)·정(定)·행(行)의 덕을 맡으셨다. 한편 문수보살과 같이 모든 보살의 으뜸[上首]이 되어 언제나 여래께서 중생제도하시는 일을 돕고 드날린다. 또 중생들의 목숨을 길게 하는 덕을 지니셨으므로 보현연명보살(普賢延命菩薩) 혹은 연명보살이라고도 한다. 모습에는 여러 가지가 있으나 크게 나누면 흰 코끼리를 타고 계신 모습과 연화대(蓮花臺)에 앉으신 모양 2종이 대표적이다. 흰 코끼리에 타신 모습으로 많이 모시며, 대체로 6개의 어금니가 있는 흰 코끼리 등에 앉으셔서 손을 합장하고 계신다. 서가여래를 협시하시는 경우에는 오른손을 여의(如意, Ⓢanuruddha), 왼손을

여인(與印, Ⓢvaradamudrā)으로 결인(結印)하신다. 연화대에 앉으신 모습은 진언밀교에서 모신다. 밀교에서는 금강살타와 같이 생각하여, 태장계만다라의 중대팔엽원(中臺八葉院) 남동 끝에 모시며, 왼손에는 연꽃을 드시고 그 위에 칼을 세우셨다. 오른손은 삼엽묘선(三葉妙善)의 인(印)을 하고 계신다.

⑤**十二上首(십이상수)**: 십이지(十二地)의 보살. 즉, 십지(十地)와 등각(等覺)·묘각(妙覺)의 위(位)에 계신 보살을 말함.

⊙**上首(상수)**: 한자리의 중승(衆僧) 가운데 주위(主位). 집단의 장(長). 상좌(上座)인 자. 우두머리 승단의 장. 상석자. 수뇌. 지도적 중심인물. 주도자. 혹은 그와 같은 자격을 지닌 자를 말함.

⑥**徒屬(도속)**: 뜻을 같이하여 일을 함께 하는 무리.

⑦**實敎(실교)**: ↔권교(權敎). 석존께서 사바세계에 오신 참뜻을 밝히신 대승의 진실한 가르침. 천태종에서는 『법화경』을 실교라 한다. 진실도(眞實道)로서 항상 변함이 없는 것을 의미한다. 불교에서 권실(權實)을 말할 때, 권은 시(始)가 되고 실(實)은 종(終)으로 시종관계이다. 실교는 깊고(深) 권교는 얕은(淺)것이다.

⑧**法筵(법연)**: 법좌(法座). 법석(法席). 설교·독경·강경 등을 하는 장소. 또는 예배하는 곳./ 筵 대자리 '연'.

⑨**晃晃(황황)**: 환희 빛나는 모양. 황황(煌煌)./ 晃 밝을 '황'. 煌 빛날 '황'.

⑩**思議(사의)**: 생각하여 헤아림.

⑪**五德(오덕)**: ⑴비구(比丘)의 5덕. 포마(怖魔)·걸사(乞士)·정계(淨戒)·정명(淨命)·파악(破惡) 등 오덕. ⑵지계사(指戒師)의 5덕. 지계(持戒)·십납(十臘)·해율장(解律藏)·통선사(通禪思)·혜장궁현(慧藏窮玄) 등 5덕. 『천태계소(天台戒疏)』 권상

⑫**六和(육화)**: 육화합(六和合). 육화경(六和敬). 육합념법(六合念法). 여섯 가지 점에 있어 서로에게 온화하게 공경해주는 것. 수행자가 서로에게 행위견해를 같게 하여 화합하고, 서로 경애하는 여섯 가지 방법. 대승에 있어서의 중생의 화경법으로 하여 설명됨. 수행자가 서로 공경키 위한 6종 덕목.

신동업(身同業. 身慈和敬. 禮拜등을 같이함) ┐ 삼업(三業)을 지음에 자비(慈悲)로써
구동업(口同業. 口慈和敬. 讚詠등을 같이함) ┼ 하여 다른 이로 하여금 법(法)을 공경
의동업(意同業. 意慈和敬. 信心등을 같이함) ┘ 케 함.

동 계(同 戒. 同戒和敬. 訓戒등을 같이함) ┐ 청정한 계행(戒行)에 의해 얻어진 덕과
동 시(同 視. 同行和敬. 見解등을 같이함) ┼ 성지에 의해 얻어진 견해를 베푸는 것.
동 견(同 見. 同見和敬. 利로움을 같이함) ┘

⑬**搖塵(요진)**: 어지럽게 움직이는 티끌. 즉 티끌과 같이 부질없는 세상일을 말함.

⑭**宴坐(연좌)**: Ⓢnisdya. 연좌(燕坐). 연(宴)은 안락의 뜻. 안좌(安坐). 좌선. 심신을 적정(寂靜)하게 하여 좌선하는 것. 조용하게 앉는 것. 천천히 앉는 것. 좌선을 하는 것. 근본의 정선(淨禪)에 안주하여, 밖의 추악함이나 더러움을 그치게 하는 것./ **燕** 제비 '연'.

⑮**毳衣(취의)**: Ⓢnamata. 모직물로 만든 가사(袈裟)./ **毳** 솜털 '취',

⑯**莘芋(신우)**: **莘** 족두리풀 '신'. **芋** 토란 '우'

⑰**鉢降龍(발항룡)**: ⑴항용발(降龍鉢). 진(晋)의 승려 보공(步公)이 진왕 부견의 청에 응해 기우재를 올릴 때, 용이 항복하고 스님의 발우에 들어왔고, 곧이어 큰비가 내렸다는 고사(古事). 불도에 통달한 사람의 행주좌와가 자유로움을 나타냄. 대48-396상 BS327d ‖-BS138c BS340a
「降龍鉢 解虎錫 兩鈷鐶鳴歷歷(항용발 해호석 양고환명역력)」 -『증도가(證道歌)』 대48-396상
⑵『과거현재인과경(過去現在因果經)』에 의하면 세존께서 독룡(毒龍)에게 항복을 받으시고 가섭(迦葉) 삼형제를 제도하시는 대목이 보인다. 뜻만 추려 내용을 간략히 살피고 이어 원문을 소개하기로 한다.

그때 세존께서,
「우루빈나가섭(優樓頻螺迦葉)등 삼형제를 제도하리라.」 생각하시고 해가 저물 즈음에 가섭이 있는 석실(石室)에 이르러 말씀하셨다.

「날이 저물었으니 저 석실 안에서 하룻밤 수고 갈 수 있겠오?」하시자 가섭은,
「그 석실 안에서 독룡이 있어서 해를 입기 쉽소.」하였다. 세존께서는,
「독룡이라도 좋으니 그 석실 좀 빌려주시오.」하셨고, 가섭은,
「정 그러시다면 뜻대로 해 보시지요.」하였다.

이렇게 해서 세존께서는 석실 안에 들어가셔서 가부좌하시고 단엄(端嚴)하게 앉으시어 삼매에 드시었다. 그때 독룡은 몸을 들어 연기를 뿜기 시작했다. 세존께서도 화광삼매(火光三昧)에 드시어 역시 연기를 뿜으셨다. 용은 노하여 자기 몸에서 불을 뿜기 시작했고 세존께서도 불을 뿜으시니 불이 치성하여 석실을 다 태워갔다. 가섭이 석실을 들어 가보니 석실이 뻘겋게 달아있으므로 깜짝 놀라며,
「대사문(大沙門)이 존귀하고 단정하였는데 내 말을 듣지 않더니 변을 당한 모양이군.」하며 안타까워하였다. 그리고 제자들을 시켜 물을 퍼다 굴 안에 퍼붓게 했다. 그러나 불은 꺼지지 않고 계속 달아오르기만 했다. 그때 세존께서는 신통력으로 독룡을 항복시켜 삼귀의를 받게 하셨으며 세존의 바릿대 가운에 넣어 두었다.

이튿날 아침에 가섭의 제자들이 세존을 뵙더니,
「용의 맹렬한 불에 다치지 않으셨습니까?」고 물었다. 세존께서는,
「내가 안의 마음이 청정한데 어찌 밖의 재앙이 들어오겠는가.」하시며 바릿대를 열어 보였다. 이에 가섭이 환희하며,
「일찍이 없었던 일이다.」하며 찬탄하였다.

爾時世尊。卽便思惟。我今應度何等衆生。而能廣利一切人天。唯有優樓頻螺迦葉兄弟三人。在摩竭提國。學於仙道。國王臣民。皆悉歸信。又其聰明。利根易悟。然其我慢。亦難摧伏。我今當往而度脫之。思惟是已。卽發波羅奈趣摩竭提國。日將昏暮。往優樓頻螺迦葉住處。于時迦葉。忽見如來相好莊嚴。心大歡喜。而作是言。年少沙門。從何所來。佛卽答言。我從波羅奈國。當詣摩竭提國。日旣晩暮。欲寄一宿。迦葉又言。寄宿止者。甚不相違。但諸房舍。悉弟子住。唯有石室。極爲潔淨。我事火具。皆在其中。此寂靜處。可得相容。然有惡龍。居在其內。恐相害耳。佛又答言。雖有惡龍。但以見借。迦葉又言。其性兇暴。必當相害。非是有惜。佛又答言。但以見借。必無辱也。迦葉又言。若能住者。便住隨意。佛言善哉。卽於其夕。而入石室。結加趺坐。而入三昧。爾時惡龍。毒心轉盛。擧體煙出。世尊卽入<u>火光三昧</u>。龍見是已。火焰衝天。焚燒石室。迦葉弟子。先見此火。而還白師。彼年少沙門。聰明端嚴。今爲龍火之所燒害。迦葉驚起。見彼龍火。心懷悲傷。卽敕弟子。以水澆之。水不能滅。火更熾盛。石室融盡。爾時世尊。身心不動。容顔怡然。降彼惡龍。使無復毒。授三歸依。<u>置於鉢中</u>。至天明已。迦葉師徒。俱往佛所。年少沙門。龍火猛烈。將無爲此之所傷耶。沙門借室。我昨所以不相與者。正爲此耳。佛言。我內淸淨。終不爲彼外災所害。彼毒龍者。今在鉢中。卽便擧鉢。以示迦葉。迦葉師徒。見於沙門。處火不燒。降伏惡龍。置於鉢中。歎未曾有。語弟子言。年少沙門。雖復神通。然故不如我道眞也。 ㉮3-646a

⑱錫解虎(석해호): 해호석(解虎錫). 호책(虎策). 제(齊)의 승려 '조(稠)'가 어느 날 밤 회주(懷州) 왕실산(王室山)에서 좌선하고 있을 때, 두 마리의 호랑이가 무섭게 싸우는 소리를 듣고 석장(錫杖)을 들고 나가 그 싸움을 말렸다는 고사(故事). 즉 쉽게 알 수 없는 일을 요해(了解)하는 일로 전용되어 쓰인다. 또는 크게 깨달은 사람의 신통 묘용을 말할 때 쓰인다.

降龍鉢 解虎錫 兩鈷鐶鳴歷歷
항용발 해호석 양고환명역력　　『증도가(證道歌)』 ㉮48-396상 -BS138c BS340a

⑲法燈(법등): ⑴부처님 전에 올리는 등불. ⑵불법(佛法)을 세상의 어둠을 밝히는 등불에 비유하여 이르는 말. ⑶불법(佛法)을 서로 전하는 전통.

⑳心印(심인): Ⓢcitta-mudrā. 선원에서, 글이나 말로 나타낼 수 없는 내심(內心)의 깨달음을 이르는 말.

㉑傍生(방생): Ⓢtiryagyoni. 몸이 옆으로 되어 있는 생물. 벌레, 날짐승, 물고기 따위를 이른다.

【개요】

삼보님 가운데 승보님의 덕을 주제로 찬탄·귀의하고 있다. 도입부분에서 승려의 사표(師表)로서 문수·보현 대보살님을 예로 들어 승보의 이상형을 제시하는 한편, 진정한 모습은 언어도단 심행처멸(言語道斷 心行處滅)이라 하여 더욱 승화시킨 가운데 귀의를 표명하였고, 전개부분에서는 대승보살의 행할 바와 모범을 제시하였다. 결말부분에서는 불법의 홍포와 전승이 승보의 공이며 임무임을 강조하여 승보에의 귀의가 원만히 성취될 때 고통의 소멸이 약속됨을 강조하였다.

【구성 및 내용】

의식을 기준으로 본 <소직찬>의 내용을 기·서·결로 나누어 살피면 다음과 같다.

'서론'인 **문수시불지사 주어신해증지 보현표법계체 주어비원리행 십이상수 십만도속 동주여래 평등법회 실교삼보 정토법연 외외호황황언 형출사의지표야(文殊是佛之師 主於信解證智 普賢表法界體 主於悲願理行 十二上首 十萬徒屬 同住如來 平等法會 實敎三寶 淨土法筵 巍巍乎晃晃焉 逈出思議之表也)** —문수보살님께서는 칠불(七佛)의 스승으로 / 신·해·증·지(信·解·證·智)의 주(主)이시고 / 보현보살님께서는 법계(法界)의 본체(本體)로 / 비·원·이·행(悲·願·理·行)의 주(主)이시옵니다. // [이렇듯] 12지(地)의 큰 보살이신 10만의 권속께서 / 함께 여래의 평등법회에 머무시니 / [이 분들이야말로] 실교(實敎=妙法蓮華經)에서의 삼보이시며, [이 자리야말로] 정토의 법연이옵니다. // [삼보와 법연의 모습] 웅장하고 찬란하여 / 생각으로 헤아려 나타냄을 멀리 벗어났습니다.— 에서는, 소례 가운데 승보의 덕을 찬탄하였다. 서가여래의 협시(脇侍)로 유명하신 문수·보현 두 보살님과 보살십지(菩薩十地) 및 등각(等覺) 묘각위(妙覺位)에 계시며 두각을 보이시는 훌륭하신 보살님으로서 석존께서 베푸시는 평등법회에 동참하신 많은 보살님을 찬탄하고 있다. 특히 이분들은 모두 대승보살로서 실교(實敎)의 삼보에 속하므로, 그 분들이 계신 자리는 바로 정토가 된다. 이런 이유로 그 모습이 웅장하고 찬란할 수 있고, 범부의 소견으로는 감히 미칠 수 없는바 그 점을 찬탄한 것이다. 특히 주목할 것은 문수보살께서 부처님의 신·해·증·지(信·解·證·智)의 덕을 대표하시고, 보현보살께서는 부처님의 비·원·이·행(悲·願·理·行)의 덕을 대표하신다는 점이다.

'본론'인 **지심신례승가야중중존(至心信禮僧伽耶衆中尊)** —무리 가운데 으뜸이신 승보님께 지극한 마음으로 믿음을 바쳐 예를 올리나이다— 에서는, '서론'에서의 신심을 행으로 옮겨 승보님께 귀의의 예를 갖추고 있다. 내용은 <대직찬>의 '본론'을 참고할 것.

'결론'인 **오덕사 육화려 이생위사업 홍법시가무 피요진 상연좌 적정처 차신불취의 충장채신우 발항룡 석해호 법등상변조 조인상전부 약귀의 능소멸방생고(五德師 六和侶 利生爲事業 弘法是家務 避搖塵 常宴坐 寂靜處 遮身拂毳衣 充腸採莘芋 鉢降龍 錫解虎 法燈常遍照 祖印相傳付 若歸依 能消滅傍生苦)** —훌륭하신 스승과 화합대중께오선 / 중생을 이롭게 하심을 일거리로 삼으시고 / 진리를 넓히심이 가업(家業)이시옵니다. // 어지러운 티끌[=세상일]을 여의고 / 항상 고요한 곳에서 좌선하시며 / 몸을 가리심에 좋은 옷을 삼가시고 / 배를 채우심에는 나물뿌리를 캐시옵니다. // 발우로는 용을 항복 받으시고, 지팡이로는 호랑이의 싸움을 말리시며 / 법의 등불을 항상 두루 비추시고 / 조사의 심인(心印) 전해 주시나이다. // [하옵기로] 귀의하오면 / 능히 방생의 고통을 소멸케 하시옵니다.— 에서는, 수행자가 지녀야 할 5가지 덕목과 서로 공경하기 위한 6가지 덕목을 말하여 여타 범부와 다른 심상(心相)을 말하였고, 이어 자리이타(自利利他)를 위해 보이시는 행상(行相) 가운데 몇 가지를 예로 들어 찬탄하였다. 말미에서는 귀의의 공덕을 천양(闡揚)하며 거듭 찬탄하였다.

【의식】

1. 위 내용 가운데 '문수시불지사(文殊是佛之師)'으로부터 '형출사의지표야(逈出思議之表也)'까지 중번의 지시를 받은 인도(引導) 1인이 홑소리로 거행한다.
2. 이어 태징 3망치를 울리면 대중은 모두 기립하고, 대중이 '지심신례승가야중중존(至心信禮僧伽耶衆中尊)'를 짓소리로 거행한다.
3. 이어 대중은 우요(右繞)하며 '오덕사(五德師)'로부터 홑소리로 거행한다. 중앙에서는 역시 '삼귀의작법(三歸依作法)'을 거행한다.
4. <11.소직찬>을 마치면 '요잡바라'와 '명발'을 차례로 행하고, 이어 <12.개계소(開啓疏)>를 거행한다.

【연구】

1 권교(權敎)와 실교(實敎)에 대해…

권(權, Ⓢupāya '방편')은 저울대 '권'자로 저울추를 말한다. 예전 막대저울로 무게를 달 때, 물건의 무게에 따라 저울추를 이리저리 옮겨 놓았다. 즉 부처님께서 중생의 눈높이를 맞춰주며 말씀하신 것을 권교(權敎)라고 한다. 이에 비해 실교(實敎)는 진실도(眞實道)로서 자내증의 진리를 있는 그대로 말씀하신 것을 의미한다. 불교에서 권실(權實)을 말할 때, 권(權)은 시(始)가 되고 실(實, Ⓢsat)은 종(終)으로 시종관계이다. 권교는 얕고(淺) 실교는 깊다(深).

정리컨대, 권교는 석존께서 중생으로 하여금 진실한 대승의 이치를 깨닫게 하시려는 방편으로 설하신 교리로서 아함(阿含)·방등(方等)·반야경(般若經) 등이 이에 속한다. 실교는 석존께서 사바세계에 오신 참뜻을 밝히신 대승(大乘)의 진실한 가르침. 천태종에서는 『법화경』을 실교라 한다.

<12.開啓疏①(개계소)> 법요의 시작을 서가세존께 아뢰는 절차.

靈山作法 ‖ ★(1)歸依儀式 1.鳴鈸 2.喝香 3.燃香偈 4.喝燈 5.燃燈偈 6.喝花 7.舒讚偈 8.佛讚 9.大直讚 10.中直讚 11.小直讚 **12.開啓疏** 13.合掌偈 14.告香偈 ★(2)結界儀式 15.開啓篇 16.觀音讚 17.觀音請 18.散華落 19.來臨偈 20.香華請 21.歌詠 22.乞水偈 23.灑水偈 24.伏請偈 25.大悲呪 26.四方讚 27.道場偈 28.懺悔偈 ★(3)召請儀式 29.大會疏 30.六擧佛 31.三寶疏 32.大請佛 33.三禮請 34.四府請 35.單請佛 36.獻座眞言 37.茶偈 38.一切恭敬 39.香花偈 ★(4)勸供儀式 40.淨法界眞言 41.祈聖加持 42.四陀羅尼 43.加持供養 44.六法供養 45.各執偈 46.加持偈 47普供養眞言 48.普回向眞言 49.四大呪 50.願成就眞言 51.補闕眞言 52.禮懺 53.嘆白 54.和請 55.祝願和請

修設大會②疏a 수설대회소	대법회를 베푸오며 글월을 올리나이다.
蓋③聞a 개문	듣자옵건대,
覺皇④垂敎⑤賢聖扶持⑥a 각황수교 현성부지	부처님[佛]께오서 가르침[法]을 내리셨고 삼현(三賢)과 십성(十聖)[僧]께서 부지해오셨으니,
欲抛⑦生死之源 須假慈悲之力a 욕포생사지원 수가자비지력	생사의 근원을 버리고자 할진댄 모름지기 [삼보님의] 자비하신 가지력에 의지해야 하옵니다.
由是⑧ 유시	하옵기로,
依經作法⑨準敎加持a 의경작법 준교가지	경(經)에 의거하여 의식을 행하옵고 가르침에 따라 가지(加持)하여,
建無礙之道場 啓宏通⑩之佛事a 건무애지도량 계굉통지불사	무애(無礙)의 도량을 세우고 불법 홍통의 불사(佛事)를 여옵나이다.
召請⑪則 大排⑫幡⑬蓋⑭ 소청즉 대배번개	[삼보님을] 청하오려 번(幡)과 개(蓋)를 크게 배열하였고
邀⑮迎則 廣列香花a 요영즉 광열향화	영접해 모시고자 널리 향과 꽃을 베풀었나이다.
佛聲宣而沙界淸凉 불성선이사계청량	부처님의 옥음(玉音)이 퍼지오면 한량없는 세계는 청량하게 되옵고
法鼓鳴而十方寧靜a 법고명이시방영정	법고가 울리오면 시방세계가 편안하고 고요하게 되나이다.
壇場⑯大啓 軌範⑰弘陳a 단장대계 궤범홍진	설법의 자리를 크게 열고 [법요를] 법답게 널리 베푸옴은
欲尊聖賢之儀 須賴啓白⑱之意a 욕존성현지의 수뢰계백지의	성현의 위의(威儀)를 드높이고 아뢰옵는 뜻을 부탁드리고자 함입니다.
★今有此日 云云 금유차일 운운	지금 오늘 운운
今則a 금즉	이제 곧
道場嚴辦⑲儀軌⑳將行 도량엄판 의궤장행	도량을 엄히 단속하고 의궤를 행하려 하오니
當法筵首建之時 당법연수건지시	[初轉法輪時와 같이] 법연을 막 세우는 때이고

乃佛事初陳之際a 내불사초진지제	바야흐로 불사를 처음으로 베푸는 때이옵니다.
謹具法事㉑開列㉒于后a 근구법사 개열우후	삼가 법사(法事=初轉法輪時와 같은 條件)를 갖추어 세존께 아뢰옵고,
云㉓加持行道㉔法事一席等a 운가지행도 법사일석등	가지(加持)하여 행도(行道)하오면 중생을 제도하시던 자리와 같지 않겠는지요.
右伏以a 우복이	저희 모두는 엎드려 생각하옵나이다.
法音嘹喨㉕上驚九頂之天㉖ 법음요량 상경구정지천	법음의 맑은소리 위로 모든 하늘이 놀라고
螺鈸㉗喧轟㉘下震八寒㉙地獄a 나발훤굉 하진팔한지옥	법라(法螺)와 요발(鐃鈸)이 울리는 소리 아래로 팔한지옥까지 흔들리옵니다.
寬容則遍周沙界㉚ 관용즉변주사계	[하오나] 너그럽게 용납하시기에 모든 세계에 두루하시고
廣包則盈滿十方a 광포즉영만시방	널리 포용하시기에 시방에 가득히 차오니
三途㉛八難㉜以霑恩 삼도팔난이첨은	삼도와 팔난이 은혜를 입사옵고
六趣㉝四生㉞而獲益 육취사생이획익	육취와 사생이 이익을 얻을 것입니다.
仰唯大覺㉟證明 表宣謹疏a 앙유대각증명 표선근소	오직 대각세존께서 증명하시옴을 우러르오며 글월 올리나이다.
某年月日 모년월일	모년 모월 모일
秉法沙門某甲 謹疏a 병법사문모갑 근소	병법사문 모는 삼가 올리나이다.

【자구해설】

①開啓疏(개계소): 법요의식이 시작됨을 알리는 문소(文疏. 문장에 나타난 말). '啓' 사뢰다(웃어른에게 말씀을 올리다).

⊙**開啓(개계)**: 법회가 시작됨을 본존(本尊)께 사뢰고, 도량을 특별히 청정(淸淨)·장엄(莊嚴)하게 함. 개백(開白). 계백(啓白). 표백(表白). 계건(啓建).

⊙疏(소): ㉮선문(禪門)에서는 흔히 사륙병려체(四六騈儷體)를 이용한 표백문(表白文)을 말함. ㉯경론(經論)의 주석서.

※**罷散文疏(파산문소)**: 법요의식이 끝나는 것을 알리는 문소.

②修設大會(수설대회): 재식(齋食)을 마련하고 거행하는 대법회.

⊙修設(수설): 수설재회(修設齋會)의 약칭. 재회(齋會)를 행하는 것.

⊙大會(대회): 대법회(大法會)의 뜻.

③蓋(개): 이것. 어조를 높이는데 사용. 예)개문. ※ 대개. 대략.

④覺皇(각황): 깨달음의 가장 높은 위치에 있다는 뜻으로, 세간의 주인인 황제에 견주어 부처님을 달리 이르는 말. 법왕(法王). 각왕(覺王). 각제(覺帝).

⑤垂教(수교): 가르침을 주거나 받음. 수시(垂示).

⑥扶持(부지): 상당히 어렵게 보존하거나 유지하여 나감. 고생을 참고 어려움을 버티어 나감. 여기

서는 포교(布敎)와 전법(傳法)을 위해 위법망구(爲法忘軀)하는 노고를 말함. 부지(扶支). 지탱(支撐).

⑦拋(포): 던질 '포'.

⑧由是(유시): 연사성(連詞性) 개빈사조(介賓詞組)로서 결과나 결론을 나타내고 분구(分句)나 구의 맨 앞에 쓰인다. '이로 인하여', '따라서'라고 해석한다.

⑨作法(작법): 일상의 행주좌와(行住坐臥)나 의식(儀式) 등에 있어서 지켜야 할 예법. 법도 있는 행동. 의식 등에는 정해진 법도가 있는 바 이에 따라 진행한다.

⑩宏通(굉통): 불법(佛法)이 널리 퍼짐. 불법을 널리 폄.

※청나라 고종(高宗)의 휘(諱. 돌아가신 높은 어른의 생전의 이름자)가 '홍력(弘曆)'이었기 때문에 청대(淸代)에는 '홍(弘)'자의 사용을 피하고 대신 '굉(宏)'자를 쓰도록 했다.

⑪召請(소청): 제불을 권청(勸請)함. 의뢰(依賴)함.

⑫排(배): 밀칠 '배'. 여기서는 '늘어서다'의 뜻.

⑬幡(번): 불보살님의 성덕(盛德)을 나타내는 깃발. 꾹대기에 종이나 비단 따위를 가늘게 오려서 단다.

⑭蓋(개): 불좌(佛座) 또는 높은 좌대(座臺)를 덮는 장식품. 나무나 쇠붙이로 만들어 법회 때 법사의 위를 덮는다. 원래는 인도에서 햇볕이나 비를 가리기 위하여 쓰던 우산 같은 것이었다. 대산(大傘)·산개(傘蓋)·입개(笠蓋)·주산(朱傘)·현개(縣蓋).

⑮邀(요): 맞을, 초대할 '요'.

⑯壇場(단장): 제사를 지내기 위해 땅을 높게 돋운 곳. 대장을 맞기 위해 땅을 높게 돋운 곳. 설법하는 곳.

⑰軌範(궤범): Ⓢācāra. 남의 본보기가 될 만한 기준. 모범.

⑱啓白(계백): 아룀. 편지의 머리에 쓴다. 법회를 열 때, 그 뜻을 삼보님과 대중에게 알림.

⑲嚴辦(엄판): 임금의 거둥에 시중(侍中. 국정을 총괄하던 대신(大臣))이 아뢰는 말. 경호가 엄중히 이루어졌음을 의미함.

⑳儀軌(의궤): ①의례(儀禮)의 본보기. 의범(儀範) ②예전에, 나라에서 큰일을 치를 때 후세에 참고를 위하여 그 일의 처음부터 끝까지의 경과를 자세하게 적은 책. ③ Ⓢtantra. 밀교의 의식(儀式)에 관한 방법과 규칙 또는 그 방법과 규칙을 기록한 책. 밀교의 본경(本經)에서 말하는, 불·보살·하늘·신 등에게 염불·공양하는 방법과 규칙을 기록하였다. 공양법.

㉑法事(법사): ①부처님께서 중생을 교화하시는 일. ②불가에서 행하는 모든 일, 불사(佛事). 법업(法業).

㉒開列(개열): 써내다.

※ **開列具題(개열구제)**: 천자가 관리를 보임(補任. 어떤 직(職)에 보충하여 임명함)할 때, 형식상 이부(吏部)로부터 후보자의 씨명(氏名)을 열기(列記)하여 천자에게 아뢰는 것.

㉓云(운): 연사(連詞)로서 가설(假說)을 나타내고, 편구(偏句)의 첫머리에 쓰이면 '만일 ~하다면'으로 해석.

㉔行道(행도): Ⓢīryāpatha. ①도(道)를 행함. ②돌아다니는 일. ③경행(經行). ④요불(繞佛). ⑤경문(經文)을 외면서 걷는 일.

㉕嘹喨(요량): 맑은 소리./ **嘹** 울 '료(요)'. **喨** 소리 맑을 '량(양)'.

※嘹**亮(요량)**: 멀리까지 들리는 소리./ **亮** 밝을 '양(량)'.

㉖九頂之天(구정지천): **九天(구천)** ①가장 높은 하늘. 구민(九旻) ②불교에서 지구를 중심으로 회전하는 아홉 개의 천체. 일천(日天), 월천(月天), 수성천(水星天), 금성천(金星天), 화성천(火星天), 목성천(木星天), 토성천(土星天), 항성천(恒星天), 종동천(宗動天)이다. ③하늘을 아홉 방위로 나누어 이르는 말. 중앙을 균천(鈞天), 동쪽을 창천(蒼天), 서쪽을 호천(昊天), 남쪽을 염천(炎天), 북쪽을 현천(玄天)이라 하고 남동쪽을 양천(陽天), 남서쪽을 주천(朱天), 북동쪽을 변천(變天), 북서쪽을 유천(幽天)이라 한다. 구중천(九重天). 구현(九玄).

㉗螺鈸(나발): 나각(螺角. 소라의 껍데기로 만든 옛 군악기)과 동발(銅鈸. 바라 보다 작은 악기).

㉘喧轟(훤굉): 시끄러움. 시끄럽게 울림./ **喧** 시끄러울 '훤'. **轟** 울릴 '굉'.

※ **建散(건산)**: 계건만산(啓建滿散)의 약.

㉙**八寒地獄(팔한지옥)**: Ⓢaṣṭau-śīta-narakāḥ. 팔한나락가(八寒捺落迦)라고도 함. 남섬부주 아래 500유순(由旬, Ⓢyojana) 되는 곳에 팔열 지옥이 있고 그 옆에 있는 지옥이며, 매우 심한 추위로 고통을 주는 여덟 지옥. 『구사론(俱舍論)』2에 알부타(頞部陀, Ⓢarbuda), 니랄부타(尼剌部陀, Ⓢnirarbuda), 알찰타(頞哳吒, Ⓢaṭaṭa), 확확파(嚯嚯婆, Ⓢhāhava), 호호파(虎虎婆, Ⓢhuhuva), 올발라(嗢鉢羅, Ⓢutpala), 발특마(鉢特摩=紅蓮, Ⓢpadma), 마하발특마(摩訶鉢特摩=大紅蓮, Ⓢmahāpadma) 등 팔한지옥(八寒地獄)을 말하였다. Bs1026a末

※ **八熱地獄(팔열지옥)**: Ⓢaṣṭa-uṣaṇa-narakāḥ. 뜨거운 불길로 고통을 받는 여덟 지옥. **등활**(等活, Ⓢsaṃjīva. 철봉이나 날카로운 칼로 죄인의 살을 자르고, 죽어서는 다시 살아나 고통이 계속됨. 살생의 죄를 범한 자가 떨어짐), **흑승**(黑繩, Ⓢkālasūtra. 뜨거운 철포승으로 묶임), **중합**(衆合, Ⓢsaṃghāta. 빨갛게 달궈진 주둥이의 독수리나 잎이 칼로 만들어진 숲에 들어가 고통 받음. 살생·투도·사음한 사람이 떨어짐), **규환**(叫喚, Ⓢraurava. 불에 달궈진 쇠로 만든 방에서 고통 받음. 살생·투도·사음·음주한 사람이 들어감), **대규환**(大叫喚, Ⓢmahā-raurava. 인간의 8백년이 화락천(化樂天)의 일일일야(一日一夜), 화락천의 8천년이 이 지옥의 일일일야로, 살생으로부터 망어 죄를 범한 자가 떨어짐), **초열**(焦熱, Ⓢtapana), **대초열**(大焦熱, Ⓢpratāpana), **무간**(無間, Ⓢavīci. 아비(阿鼻) 또는 무구(無救). 가장 고통스러운 지옥으로, 7겹의 철성(鐵城)이 있고 끓는 구리물이 죄인을 태워 죽임. 오역죄(五逆罪) 외에 대승(大乘)을 비방한 자가 떨어짐) 등.

※ **八大地獄(팔대지옥)**: 팔한 및 팔열지옥 모두를 이름. 또는 팔열지옥을 달리 이르는 말.

㉚**沙界(사계)**: ①갠지스 강의 모래처럼 수많은 세계. ②무량(無量)하고 무수한 것.

㉛**三塗(삼도)**: Ⓢapāya. 악업의 결과로 태어나는 고통을 당하는 3종 세계. 화도(火塗=地獄)·도도(刀塗=餓鬼)·혈도(血塗=畜生). 지옥은 맹렬한 불길에 타는 곳이므로 화도(火塗)라 하고, 아귀는 칼과 막대기로 박해 당하는 곳이므로 도도(刀塗)라 하며, 축생은 서로 잡아먹는 곳이므로 혈도(血塗)라 함. 삼악도(三惡道). 삼악취(三惡趣). 삼도(三途). 삼도(三道).

㉜**八難(팔난)**: Ⓢaṣṭākṣaṇāḥ. ㈎부처님을 뵙지 못하고, 불법을 듣지도 못하는 경계가 8종이 있다. ①지옥 ②아귀 ③축생[이상의 삼악도는 고통이 많기 때문에] ④장수천(長壽天. 장수를 즐기기 때문에 구도심이 일어나지를 않는다) ⑤변지(邊地. 이곳은 즐거움이 많다고 하며, 때문에 구도심이 일어나지 않는다) ⑥맹농음아(盲聾瘖瘂. 감각기관의 결함) ⑦세지변총(世智辯聰. 세속지뿐이라 正理에 따르지 못하는 것) ⑧불전불후(佛前佛後. 부처님께서 세상에 안 계실 때) ㈏팔종의 고통. 병(病)·왕(王)·재(財)·수(水)·화(火)·의발(衣鉢)·명(命)·망행(莣行) -십송율- ㈐수계(受戒)·자자(自恣) 등을 행할 때에 줄여서 간단히 함을 허락하는 8종의 어려운 일. 왕난(王難)·적난(賊難)·화난(火難)·수난(水難)·병난(病難)·인난(人難)·비인난(非人難)·독충난(毒蟲難) 등.

㉝**六趣(육취)**: Ⓢṣaḍgatīḥ. 육도(六道. 六途)라고도 함. 지옥(地獄, Ⓢnaraka)·아귀(餓鬼, Ⓢpreta)·축생(畜生, Ⓢtiryañc)·수라(修羅, Ⓢasura)·인간(人間, Ⓢmanuṣya)·천도(天道, Ⓢdeva). 중생이 사집(邪執)·유견(謬見)·번뇌·선악업 등으로 인하여 중생으로서 머물게 되는 장소를 여섯 가지로 나눈 것.

㉞**四生(사생)**: Ⓢcatvāro yonayaḥ. 중생이 태어나는 네 가지 형태. 태·난·습·화(胎卵濕化). 태생(胎生. 모태에서 태어나는 것으로서 사람을 위시한 포유류), 난생(卵生. 알에서 태어나는 것으로서 조류 등), 습생(濕生. 습기에서 태어나는 것으로서 벌레 등), 화생(化生. 업력에 의하여 갑자기 화하는 것으로서 극락·지옥 등) 등.

㉟**大覺(대각)**: Ⓢbodhiranuttarā. ①도를 닦아 크게 깨달음. ②부처님을 달리 이르는 말. 스스로 깨닫고 남을 깨닫게 하시므로 이렇게 이른다. ③부처님께서 깨달으신 지혜.

【개요】

'개계소'는 법요의식을 시작하려 함과 본존을 법연으로 모시려는 뜻을 글월로써 아뢰는 절차이다.

내용은, 부처님의 가르치심과 삼현십성(三賢十聖)101)께서 수고하시는 목적이 중생으로 하여금 생사의 근원을 버리게 하시려 함에 있다는 자각에 근거하여 이 법회가 베풀어지게 되었다는 '법회에 대한 연기(緣起)'와 '부처님을 모시는 방법' 그리고 '부처님의 공덕'과 '대중의 마음자세' 등을 주제로 나열하였다.

끝으로 법회의 공덕이 삼도팔난(三塗八難)과 사생육취(四生六趣)의 중생에게 회향되기를 그리고 이 모든 것을 부처님께서 증명하여 주실 것을 발원하였다.

【구성 및 내용】

본 개계편은 내용 면에서 서론·본론·결론으로 나누어 볼 수 있다.

'서론'인 **수설대회소 개문 각황수교 현성부지 욕포생사지원 수가자비지력 유시 의경작법 준교가지 건무애지도량 계굉통지불사 소청즉 대배번개 요영즉 광열향화 불성선이사계청량 법고명이시방영정 단장대계 궤범홍진 욕존성현지의 수뢰계백지의(修設大會疏 蓋聞 覺皇垂敎 賢聖扶持 欲抛生死之源 須假慈悲之力 由是 依經作法 準敎加持 建無礙之道場 啓宏通之佛事 召請則 大排幡蓋 邀迎則 廣列香花 佛聲宣而沙界淸凉 法鼓鳴而十方寧靜 壇場大啓 軌範弘陳 欲尊聖賢之儀 須賴啓白之意)** —대법회를 베푸오며 글월을 올리나이다. // 듣자옵건대 / 부처님께오서 가르침을 내리셨고 / 삼현(三賢)과 십성(十聖)께서 [이 가르침을] 부지해오셨으니 / 생사의 근원을 버리고자 할진댄 / 모름지기 [삼보님의] 자비하신 가지력에 의지해야 하옵니다. // 하옵기로 / 경(經)에 의거하여 의식을 행하옵고 / 가르침에 따라 가지(加持)하여 / 무애(無礙)의 도량을 세우고 / 불법 홍통(弘通)의 불사(佛事)를 여옵나이다. // [삼보님을] 청하오려 / 번(幡)과 개(蓋)를 크게 배열하였고 / 영접코자 / 널리 향과 꽃을 베풀었나이다. // 부처님의 옥음(玉音)이 퍼지시면 한량없는 세계가 청량하게 되옵고 / 법고가 울리오면 시방세계가 편안하고 고요하게 되나이다. // 설법의 자리를 크게 열고 / [법요를] 법답게 널리 베푸옴은 / 성현의 위의(威儀)를 드높이고 / 아뢰옵는 뜻을 부탁드리고자 함입니다.— 에서는, 부처님께서 밝히신 법등(法燈, Ⓢdharmadīpa)에 힘입어 사바의 실체를 깨닫고 열반을 희구하여 실천에 옮기고자 함을 밝히고 있다. 그 일환으로 대법회를 열어 소례이신 삼보님의 존귀하심을 거듭 새기며 능례의 신심을 고양하였다. 이어 이런 믿음을 실천에 옮김에 앞서 도량건립의 중요성을 천명하고 궁극적 목적이 영산교주이신 대각세존을 모시고 불일(佛日, Ⓢbuddha-sūrya)을 더욱 밝게 함에 있음을 아뢰었다.

'본론'인 **금유차일운운(今有此日云云)** —지금 오늘 운운— 에서는, 여타 축원에서와 같이 동참인원의 명단과 이들이 발원하는 내용을 소례께 아뢴다. 이때의 축원은 단순히 세속적이고 기복적인 데 머무는 것이 아니다. 장차 성불하기까지의 중간과정, 즉 향상문(向上門)의 입장에서 발원하는 것이며, 또 그래야만 한다.

'결론'인 **금즉 도량엄판 의궤장행 당법연수건지시 내불사초진지제 근구법사 개열우후운가지행도 법사일석등 우복이 법음요량 상경구정지천 나발훤굉 하진팔한지옥 관용**

101) 대승에서 세운 것. 십주·십행·십회향의 삼위(三位)가 삼현이 되고, 초지 이상 십지까지의 보살이 십성이 된다. 『인왕경』에 '삼현과 십성은 인(忍) 가운데 행하고, 오직 부처님 한 분 만이 능히 그 근원을 다하여 안다' 하였고, 또한 '삼현과 십성은 과보에 주(住)하고, 오직 부처님 한 분만이 능히 정토에 주한다'하였음.

즉변주사계 광포즉영만시방 삼도팔난이첨은 육취사생이획익 앙유대각증명 표선근소 모년월일 병법사문모갑 근소(今則 道場嚴辦 儀軌將行 當法筵首建之時 乃佛事初陳之際 謹具法事 開列于后 云加持行道 法事一席等 右伏以 法音嘹喨 上驚九頂之天 螺鈸喧轟 下震八寒地獄 寬容則遍周沙界 廣包則盈滿十方 三塗八難以霑恩 六趣四生而獲益 仰唯大覺證明 表宣謹疏 某年月日 秉法沙門某甲 謹疏) —이제 곧 / 도량을 엄히 단속하고 / 의궤를 행하려 하오니 / [석존의 초전법륜시와 같이] 법연을 막 세우는 때이고 / 바야흐로 불사를 처음으로 베푸는 때이옵니다. // 삼가 법사[=초전법륜시와 같은 조건]를 갖추어 / 세존께 아뢰옵고, / 가지(加持)하여 행도(行道)하오면 / [석존께오서] 중생을 제도하시던 자리와 [어찌] 같지 않겠는지요. // 엎드려 생각하옵건대 / 법음의 맑은소리 / 위로 모든 하늘이 놀라고 / 법라와 요발이 울리는 소리 / 아래로 팔한지옥까지 흔들리옵니다. // [하오나] 너그럽게 용납하시기에 모든 세계에 두루하시고 / 널리 포용하시기에 시방에 가득히 차시니 / 삼도와 팔난이 / 은혜를 입사옵고 / 사생과 육도가 이익을 얻을 것입니다. // 오직 대각세존께오서 증명하시옴을 우러르오며 / 글월 올리나이다. / 모년 모월 모일 병법사문 모는 삼가 올리나이다. — 에서는, 영산교주이신 석존을 모실 도량을 건립함에 있어서 의궤에 충실하였음을 아뢰고 있다. 또 그 점검을 과거 석존께서 법륜을 굴리시며 보여주신 상서로움에 기준을 두었음을 밝히고 끝으로 석존께서 증명해 주실 것을 기원하였다.

【의식】

병법(秉法) 혹은 대독하는 스님이 영산단을 향해 소성(疏聲)으로 거행한다. 이때 사물의 사용은 없다. 먼저 피봉(皮封)에서 수신인을 밝힌 앞부분의 '정계무차도량 봉영시방삼보(淨界無遮道場 奉迎十方三寶. 청정한 세계 무차도량으로 시방의 삼보님을 받들어 모시고자 하옵니다.)'를 읽고, 이어 소의 내용을 그리고 끝으로 발신인이 적힌 피봉 뒷부분 내용 '서가여래유교제자 봉행가지 법사사문 근소(釋迦如來遺敎弟子 奉行加持 法事沙門 謹疏 -서가여래의 유훈에 따라 출가하온 제자로서 가지를 봉행하옵는 법사사문 모은 삼가 소를 올리나이다.-)'[102]를 봉독한다. 봉독한 후 소(疏)를 소통(疏筒)에 넣어 영산단 우측 한편에 둔다. 마치면 말번은 회향금(回向金)을 울린다.

【연구】

1 본 소(疏)의 거행근거를 경전 가운데서 찾아볼 수 있는지?

본 소(疏)는 정각을 이루신 후 곧 열반에 드시려는 석존께 중생을 위해 법륜을 굴려주실 것을 청한 대범천왕의 삼청(三請)을 모범한 절차라 하겠다. 『장아함경(長阿含經, Ⓟdīgha-nikāya/Ⓢdīrghaāgama)』과 『불본행집경(佛本行集經, ⓈAbhiniṣkramaṇa-sūtra)』 등에서 그 전거를 찾을 수 있다.[103]

그 대강을 정리하면 다음과 같다.

---

102) 奉元寺『要集』157張. '○各疏皮封規式'

※ 開啓疏: 淨界無遮道場 奉迎十方三寶　釋迦如來遺敎弟子 奉行加持 法事沙門 謹疏　<u>或 謹封可也.</u>

大會疏: 開建平等大會 十方三寶咸臨　　上 同.

三寶疏: 召請文疏拜獻 讚請三寶謹疏　　上 同.

103) 『長阿含經』(大正藏 卷1 p.8c.) "爾時 世尊三聞梵王慇懃勸請 即以佛眼觀視世界."

『佛本行集經』(大正藏 卷3 p.687a.) "如來得成於佛道已 創爲娑婆世界之主 大梵天王 於先勸請如來說法."

12월 8일 새벽, 수행자 고타마는 마침내 모든 번뇌의 사슬로부터 벗어나 다시는 윤회하지 않는 대자유를 얻었으니 일체지자(一切知者)요, 일체승자(一切勝者)요, 무상(無上)의 정각자가 되었다. 이때 부처님께서는 선정에 깊이 들어가 생각하셨다.
'나는 이곳에서 바라던 도를 이루었다. 내가 얻은 법은 매우 깊고 커서 중생들이 이해하기 어렵다. 오직 부처님만이 알 수 있다. 일체중생은 다섯 가지로 흐린 세상[五濁惡世]에서 탐내고 교만하고 아첨하기 때문에 그에 가리고 막혀 있으며 복이 엷고 근기가 둔하며 지혜가 없어 나의 법을 이해하기 어렵다. 내가 법륜을 굴리면 그들은 반드시 정신이 혼미하여 믿지 않고 오히려 비방할 것이다. 바른 법을 비방한 죄업으로 인하여 그들은 장차 나쁜 세계에 떨어져 온갖 고통을 받을 것이다. 차라니 잠자코 열반에 드는 것이 좋으리라' 하셨다.
그때 대범천왕은 부처님 앞에 나타나 합장하고 엎드려 예배하고서 아뢰었다.
"세존이시여, 먼 옛날부터 무수한 생사의 고해에 나시어 모든 것을 버려 보시하면서 도 이루기를 원하셨고, 그것은 오직 중생을 위하시는 자비심에서 나온 것이었습니다. 지금 세존께서는 도를 이루셨는데 어찌하여 법을 설하시지 않으시나이까? 중생은 오랫동안 생사에 빠져 있고 무명의 어둠에 빠져 있으며 뛰쳐나올 기약이 없습니다. 세존이시여, 많은 중생 가운데는 그래도 지난 세상에 선한 벗을 가까이 하여 덕의 근본을 삼는 이들이 있습니다. 부디 이들을 가엾이 여기시어 미묘한 법륜을 굴려 주십시오."
이와 같이 세 번을 간청하니 드디어 부처님께서는 허락하시고 대법륜을 굴리시어 중생교화의 길을 열어 보이셨다.

2 「괘불이운」 말미의 <12.건회소>, 「영산작법」 소수 ≪Ⅰ.귀의의식≫의 <12.개계소>와 ≪Ⅱ.결계의식≫의 <1.개계편>의 차이는?

「괘불이운」 말미의 <u><12.건회소></u>가 법회준비의 완료를 아뢰는 절차였음에 비해
「영산작법」 소수 ≪Ⅰ.귀의의식≫의 <u><12.개계소></u>는 영산교주이신 석존을 본법회의 회주로 모시고 법회를 시작하려는 뜻을 석존께 직접 아뢰는 절차다.
또 ≪Ⅱ.결계의식≫에서의 <u><1.개계편></u>은 결계의식 전체의 지문에 해당하는 글로서 '법수(法水)'를 찬탄함을 내용으로 하고 있다.

<13.合掌①偈(합장게)> 삼업의 청정을 전제로 삼보님의 강림을 청하는 게송.

合掌以爲②花 합장이위화	곱게모은 이두손을 연꽃인양 여기오면
身爲供養具③ 신위공양구	이몸또한 님의큰뜻 받드옵는 공양구라.
誠心眞實相 성심진실상	정성스런 이마음과 진실하온 모습으로
讚歎香烟覆 찬탄향연부	향연충만 큰법회를 거듭찬탄 하옵니다.

【자구해설】

①**合掌(합장)**: ⓈⓅañjali. 인도 경례법의 하나. 두 손바닥을 가지런히 합하여 상대에게 존경의 뜻을 나타내는 예법. 『대당서역기(大唐西域記)』 2에는 인도예법에 9단계가 있음을 소개하고 있는데, 그중 네 번째에 해당함. 밀교에서는 합장의 의의를 정혜상응(定慧相應)·이지불이(理智不二)라 하여 그 공덕이 광대무변하다 함.

※**합장법**: 『상기전(象器箋)』 10, 「예즉문(禮則門)」 등에 의하면 두 손바닥을 합치고 팔은 가슴과 겨드랑이로부터 떨어지게 하며, 합장한 손끝은 코끝과 나란히 하라고 되어 있다. 그러나 합장에는 종파(宗派)에 따른 가풍(家風)이 인정되고 있는바, 한 가지 만을 주장할 수 없음이 실정이다.

※ **蓮花合掌(연화합장)** : 두 손의 손가락을 모두 펴서 합치는 것. 합장의 기본으로 마음이 한결같음을 나타내는 인도의 경례법. 12합장 가운데 견실심합장(堅實心合掌)이 이것이다. 兩掌間無空虛(양장간무공허).

②**以爲…(이위)**: '以~爲…'와 같음. 고대 한어(漢語)에서 자주 보이는 형식으로 '…라고 생각하다', '~을 …으로 하다' 등으로 해석함.

③**供養具(공양구)**: 공양을 올리기 위한 기구(器具).

【개요】

능례 스스로 삼업을 청정히 하여 법회에 참례하려는 적극적 자세를 보임을 노래한 의식이다. 의식 전체적인 면에서 보면 성불을 향해 심화되어 가는 구도자의 점층적 심리변화를 읽을 수 있다.

【구성 및 내용】

오언절구인 본 게송은 기·승·전·결의 형태를 보이고 있다.

'기'인 **합장이위화(合掌以爲花)** —곱게모은 이두손을 연꽃인양 여기오면— 에서는, 모은 두 손을 처렴상정(處染常淨)을 특징으로 하는 연꽃인 양하여 속진(俗塵)을 여읠 것과 법회대중 모두가 정토로 인도되길 발원하며, 자세를 가다듬어 예의를 갖추고 있다.

'승'인 **신위공양구(身爲供養具)** —이몸또한 님의큰뜻 받드옵는 공양구라— 에서는, 자신의 몸 전체를 공양구(供養具)로 삼는, 이른바 청정한 신업(身業, Ⓟkāyakamma)으로 구도(求道)에 임하고 있음을 나타내고 있다.

'전'인 **성심진실상(誠心眞實相)** —정성스런 이마음과 진실하온 모습으로— 에서는, 의업(意業→誠心)과 신업(身業→眞實相), 즉 정신과 육신이 구도의 일념 가운데 하나로 승화되어 있음을 보이고 있다.

'결'인 **찬탄향연부(讚歎香烟覆)** —향연충만 큰법회를 거듭찬탄 하옵니다— 에서는, 꽃봉오리가 때를 만남에 절로 터지듯이 구도의 일념으로 성숙된 의업(意業, Ⓟmanokamma)과 신업(身業)에 다시 청정한 구업(口業, Ⓟvacīkamma)이 보태지며 거룩한 법회를 찬탄하기에 이르렀음을 노래하였다.

【의식】

사미 1인이 영산단을 향해 합장하고 서서 홑소리로 거행한다.

【연구】

① 의식집마다 내용에 약간의 차이가 있다.

<13.합장게>에 대하여 특별히 논의된 곳은 없으며, 각종 의식집에 실려 있는 본 게송의 제목이나 내용에도 출입(出入)이 없다. 다만 몇 군데 글자가 다른 곳이 보이기는 하지만,[104] 오자(誤字)인 경우를 제외하면 내용에 영향을 미치지 않는다. 따라서 여기서는 『석문의범』 소수 <합장게>를 취하기로 하였다.

---

104) <合掌偈> *By*
合掌以爲花
身爲共養具
誠心眞實相
讚歎香烟覆

<合掌偈> *Sk108*
合掌以爲花 ─┬─ (身)
身爲供養具 ─┘
誠心眞實相 ──── (意)
讚歎香烟覆 ──── (口)

<合掌偈> *Bs28*
合掌以爲花
身爲供養具
誠心眞實相
讚歎香烟覆

<合掌偈 亦名 供養偈> *Jk10-553*
合掌以爲華
身爲供養具
善心眞實香
讚歎香烟覆

<14.告香①偈(고향게)> 향을 사르며 삼보님의 강림과 가지(加持)를 발원하는 게송.

靈山作法 ‖ ★**(1)歸依儀式** 1.鳴鈸 2.喝香 3.燃香偈 4.喝燈 5.燃燈偈 6.喝花 7.舒讚偈 8.佛讚 9.大直讚 10.中直讚 11.小直讚 12.開啓疏 13.合掌偈 **14.告香偈** ★**(2)結界儀式** 15.開啓篇 16.觀音讚 17.觀音請 18.散華落 19.來臨偈 20.香華請 21.歌詠 22.乞水偈 23.灑水偈 24.伏請偈 25.大悲呪 26.四方讚 27.道場偈 28.懺悔偈 ★**(3)召請儀式** 29.大會疏 30.六擧佛 31.三寶疏 32.大請佛 33.三禮請 34.四府請 35.單請佛 36.獻座眞言 37.茶偈 38.一切恭敬 39.香花偈 ★**(4)勸供儀式** 40.淨法界眞言 41.祈聖加持 42.四陀羅尼 43.加持供養 44.六法供養 45.各執偈 46.加持偈 47普供養眞言 48.普回向眞言 49.四大呪 50.願成就眞言 51.補闕眞言 52.禮懺 53.嘆白 54.和請 55.祝願和請

香烟②遍覆三千界③ **향연변부삼천계**	향의연기 두루하여 삼천세계 덮었으며
定慧能開八萬門④ **정혜능개팔만문**	고요하고 밝은마음 팔만법문 여옵나니
唯願三寶大慈悲 **유원삼보대자비**	애오라지⑤ 바라옴은 삼보님의 대자대비
聞⑥此信香⑦臨法會 **문차신향임법회**	信香임을 헤아리사 큰법회에 임하소서.

【자구해설】

①**告香(고향)**: 수행자가 종사가(宗師家)에게 향을 사르면서 설법을 간청하는 것.

②**香烟(향연)**: 여기서의 향은 <등게>에서의 '오분향'을 가리키고 있으나 제2구에 등장하는 정(定)·혜(慧)와 대비하여 생각하면 오분향 가운데서도 특히 계향(戒香)을 가리킨 것으로 사료됨.

③**三千界(삼천계)**: Ⓢtrisāhasra-mahāsāhasra lokadhātu. 三千大千世界(삼천대천세계). <초할향>에서의 '오수미(五須彌)', <등게>에서의 '시방찰(十方刹)'과 같이 온 우주를 가리킴.

※ 一須彌山 + 四大洲 + 七山 + 八海 + 一鐵圍山 = 一小世界
一小世界 × 1000 = 小千世界
小千世界 × 1000 = 中千世界
中千世界 × 1000 = 大千世界 (= 三千大千世界)

④**八萬門(팔만문)**: 팔만(八萬)은 팔만 사천의 약(略)으로 무수(無數)의 뜻을 나타내고, 문(門)은 법문(法門)의 약(略).

⑤**애오라지**: (1)'오로지'를 강조하여 이르는 말. (2)'겨우'를 강조하여 이르는 말.
예) 애오라지 자식 잘되기를 비는 어버이의 마음.

⑥**聞香(문향)**: Ⓢgandhaṃ. ㉮냄새를 맡음. ㉯향기를 맡아 구별하는 유희(遊戲).

⑦**信香(신향)**: ㉮입원개법시(入院開法時) 법을 전해 준 스승의 은혜에 감사함을 표하여 사르는 향. ㉯일반적으로 삼보님께 올리는 향을 가리키기도 함. 즉 신앙의 대상에게 자신의 신심을 대신 전하는 것이 향이라 하여 '신향'이라 함. [여기서는 ㉯의 뜻]

【개요】

의식의 진행상, <2.할향>으로부터 <13.합장게>까지 모든 절차를 원만히 거행하였음을 전제로 삼보님의 강림과 가지하심을 발원하며 향을 올리는 의식이다.

【구성 및 내용】

칠언절구인 본 게송은 기·승·전·결의 형태를 보이고 있다.

'기'인 **향연변부삼천계(香烟遍覆三千界)** —향의연기 두루하여 삼천세계 덮었으며— 에서는, 대중의 신심과 정성을 삼보님께 전하는 공능이 향연에 있음을 인정한 가운데 그 향연이 삼천대천세계에 가득함을 말하여 수행은 물론 신심과 정성이 극에 달해 있음을 나타내었다. 특히 '변부(遍覆)'라는 표현이 의미하듯 수행에 있어서 외적 경계가 청정하여졌다는 외식제연(外息諸緣=滅諸染緣)의 경지를 노래하였다.

'승'인 **정혜능개팔만문(定慧能開八萬門)** —고요하고 밝은마음 팔만법문 여옵나니— 에서는, 향연(香煙)의 공능과 수행에 의해 법회 대중의 '정'과 '혜'가 원만하여졌음을 알 수 있다. 또 의천수의 <개경게> 및 <개법장진언>에서와 같이 진리의 창고를 열고자 하는 의지를 밝히고 있으니, '능개(能開)'라는 표현은 수행에 있어서의 내적 경계가 이미 청정해졌음을 강조하는 이른바 내심무천(內心無喘=去識心限碍)의 경지를 나타낸 것이다.

'전'인 **유원삼보대자비(唯願三寶大慈悲)** —애오라지 바라옴은 삼보님의 대자대비— 에서는, 스스로 할 수 있는 일은 이미 마쳤고, 이제 남은 것은 삼보님의 증명과 가지(加持)하심 뿐임을 시사하였다. '진인사 대천명(盡人事 待天命)!' 앞서 【개요】에서도 언급했듯 예·복습에 충실한 학생일수록 선생님의 눈길을 기다리는 것과 같다 하겠다.

'결'인 **문차신향임법회(聞此信香臨法會)** —信香임을 헤아리사 큰법회에 임하소서— 에서는, '개회선언'에 해당하는 <개계(開啓)>에 앞서 삼보님의 강림을 간구(懇求)한 나머지 언어가 아닌 '신향'임을 강조하여 법회대중의 마음을 헤아려 주실 것을 호소력 있게 표현하였다. 특히 향에 배어 있는 신심과 정성을 헤아려주시길 바라는 의미에서 '문향(聞香)'[105]이란 표현을 쓰고 있음에 주목할 필요가 있다.

【의식】

<등게>와 비슷한 특징을 지닌 본 게송은 법주가 요령을 울리며 진행한다.

단, '기'구의 향연(香煙)은 법주가 요령을 울리며 홑소리[독창(獨唱)]로 봉행하고, '기'구의 변부삼천계(遍覆三千界)부터 '승'구까지는 대중이 함께 제창(齊唱)한다.

'전'구와 '결'구는 같은 방법으로 거행한다. 이때 태징은 대중이 동음으로 창화할 때 정해진 위치에서 울린다.

【연구】

1 '기'구 '향연변부삼천계(香烟遍覆三千界)'에서 '遍'의 발음을 '편'이라 해야 하지 않는지?

'遍'자와 '徧'자는 통자(通字)라 해서 같은 글자이다. 동사로 쓰일 경우에는 '두루 미치다'는 의미로서 '편'이라 발음하고, 부사일 경우에는 '두루'라는 의미로서 '변'으로 발음한다. 여기서는 부사로 쓰였기 때문에 '변'이라 해야 한다.

설문해자(說文解字) 권2 彳부의 반절법[106]에도 '比薦切'이라 하여 '변'으로 발음한 것으로 되어 있다.

---

105) 『法華經論』(大正藏 卷26 p.10a.)/ 六根互用(육근호용): 수행의 경지가 팔지(八地) 이상의 단계에 나아가면 번뇌를 여의어 청정하게 되고 이때부터 육근은 각기 다른 근(根)의 작용을 겸한다는 것.

106) 중국의 음운학(音韻學) 용어. 한자(漢字)의 자음(字音)을 완전히 표시하기 위하여 두 글자를 합하여 한 글자의 음을 나타낸 것이다. 이는 후한(後漢) 때 불교와 함께 전래된 범자(梵字)의 표음법을 응용한 것으로, 이를 학술적인 표음 방법으로 채택하기 시작한 것은 중국 삼국시대 위(魏)나라의 손염(孫炎)이라고 한다.

≪소결(小結) -(1)귀의의식-≫

≪귀의의식≫은 모두 14개의 항으로 구성되어 있다. <1.명발>부터 <7.서찬게>까지는 서론, <8.불찬>부터 <11.소직찬>까지는 본론 그리고 <12.개계소>부터 <14.고향게>까지는 결론에 해당한다.

'서론'에서는 귀의를 위한 준비, 즉 능례의 마음을 소례에게 어필(appeal)할 신물(信物)을 마련하고 대중과 함께 공감대를 형성하였고,

'본론'에서는 여행을 준비하는 사람이 목적지를 확인하듯 <8.불찬>으로 목적지를 확인하고, 다시 삼직찬(三直讚)으로 세부사항까지 점검하여 만전을 기하였다.

'결론'에서는 소례제위를 모시고자 글월을 올리고, 이 같은 능례의 간절한 소망을 게송으로 거듭 찬탄하고 아뢰었다.

각항의 개요를 간단히 정리하면 다음과 같다.

• 서론

<1.명 발> 영산재의 시작을 바라작법으로 내외에 알림.
<2.할 향> 법요의 시작을 소례께 아뢰기 위해 향공양 올릴 것을 알림.
<3.연향게> 향을 사르며 오분법신(五分法身)의 회복을 발원함.
<4.할 등> 삼보님의 강림을 환영키 위해 등공양 올릴 것을 알림.
<5.연등게> 등을 밝히며 그 구성요소를 말하여 마음자세를 가다듬게 함.
<6.할 화> 진리를 4가지 꽃에 견주어 화공양 올릴 것을 알림.
<7.서찬게> 화공양을 올리며 금일 법회가 꽃처럼 원만성취되길 기원함.

• 본론

<8.불 찬> 삼귀의의 당위성을 불보의 6종 공덕을 들어 표함.
<9.대직찬> 불보의 덕을 각별히 찬탄하며 귀의를 표함.
<10.중직찬> 법보의 덕을 각별히 찬탄하며 귀의를 표함.
<11.소직찬> 승보의 덕을 각별히 찬탄하며 귀의를 표함.

• 결론

<12.개계소> 본존을 법연(法筵)으로 모시려는 뜻을 글월로써 본존께 아뢺.
<13.합장게> 지금까지 거행한 삼귀의의 내용을 삼업으로 거듭 표현함.
<14.고향게> 신향(信香)을 사르며 삼보께 강림해 주실 것을 아뢺.

한 가지 유념할 것이 있으니, 귀의는 강제적일 수 없다는 사실이다. 「관욕」의 <29.괘전게(掛錢偈)>[107]의 내용과 같을 때라야 진정한 귀의라 할 것이다.

107) 諸佛大圓鏡(제불대원경) 시방삼세 부처님의 한결같은 대원경지
畢竟無內外(필경무내외) 필경에는 안도밖도 존재하지 않나이다.
爺孃今日會(야양금일회) 어버이신 부처님을 오늘에야 뵙게되니
眉目正相撕(미목정상시) 환희에찬 파안미소 그칠줄을 모릅니다.

≪(2)結界儀式(결계의식)≫

도량게 작법(중앙에는 착복, 대중은 우요)

불사의 거행에는 불사의 목적이나 규모에 따라 일정한 공간[道場]이 필요하다. 이때 그 공간의 확보는 작법(作法)에 의해 일정지역을 구획하여 정토화하고, 능례의 마음을 정화하여 소례를 모실 준비를 하게 되는데 이를 '결계(結界, Ⓢsīmā-bandha)'라 한다. 영산작법은 영산회상의 삼보님을 소례로 모시고 공양 올리는 의식인 만큼 이에 상응하는 결계가 필요하다.

영산작법 전체의식 가운데 아래 열거한 <15.개계편>으로부터 <28.참회게>까지 일련의 의식은 관세음보살님을 청해 모시고 보살님의 가지력으로 도량을 결계하고 마음의 정화를 주제로 거행하는 의식이다.

<15.開啓篇(개계편)>　법요의 시작을 본존께 아뢰는 글.

靈山作法 ‖ ★(1)**歸依儀式** 1.鳴鈸 2.喝香 3.燃香偈 4.喝燈 5.燃燈偈 6.喝花 7.舒讚偈 8.佛讚 9.大直讚 10.中直讚 11.小直讚 12.開啓疏 13.合掌偈 14.告香偈 ★(2)**結界儀式** **15.開啓篇** 16.觀音讚 17.觀音請 18.散華落 19.來臨偈 20.香華請 21.歌詠 22.乞水偈 23.灑水偈 24.伏請偈 25.大悲呪 26.四方讚 27.道場偈 28.懺悔偈 ★(3)**召請儀式** 29.大會疏 30.六擧佛 31.三寶疏 32.大請佛 33.三禮請 34.四府請 35.單請佛 36.獻座眞言 37.茶偈 38.一切恭敬 39.香花偈 ★(4)**勸供儀式** 40.淨法界眞言 41.祈聖加持 42.四陀羅尼 43.加持供養 44.六法供養 45.各執偈 46.加持偈 47普供養眞言 48.普回向眞言 49.四大呪 50.願成就眞言 51.補闕眞言 52.禮懺 53.嘆白 54.和請 55.祝願和請

切以①a 절이	엎드려 생각하옵니다.
法筵廣啓 誠意精虔a 법연광계 성의정건	법연을 널리 여옵고 지극한 마음으로 정성을 다하오며
欲迎諸聖以來臨② 욕영제성이내림	제성(諸聖)을 맞이하여 모시고자 할진댄
須假八方之清淨a 수가팔방지청정	모름지기 팔방이 청정해야만 하옵니다.
是水也③ 시수야	[하온데] 이 물은,
崑崙④朶秀 河漢⑤流芳⑥a 곤륜타수 하한유방	곤륜산에서 드리워진 것으로 특별하오며 은하수의 꽃다움이 있사옵니다.
蓮花香裡碧波寒 연화향리벽파한	연꽃 향기 가운데는 푸른 파도의 찬 기운이 있사오며
楊柳梢頭甘露灑a 양류초두감로쇄	버드나무 가지 끝에서는 감로수 되어 뿌려지옵니다.
蓬島⑦之⑧三山⑨對揖⑩ 봉도지삼산대읍	[때문에] 봉래·[방장·영주]산 등 삼신산은 서로 읍하오며
曹溪⑪之一波長流a 조계지일파장류	조계(曹溪)의 한 물결 길이 흐르는 것입니다.
鼓祥風⑫而玉皺千江 고상풍이옥추천강	[보시지요!] 상서로운 바람 불면 옥이 천강에 물결치오며
飜驟雨⑬而銀堆四瀆⑭a 번취우이은퇴사독	소나기 내려 넘쳐흐르면 백은이 네 강에 쌓인답니다.
禹門⑮春暖 魚透三層 우문춘난 어투삼층	우문의 봄 따듯하오면 잉어가 삼단의 폭포를 뚫고 [용이 되오며],
莊海秋高 鵬⑯搏萬里a 장해추고 붕박만리	장엄한 바다에 가을하늘 높사오면 붕새는 홰를 쳐 구만리를 나옵니다.
七寶池中標玉子 칠보지중표옥자	칠보의 연못 가운데서는 옥동자를 태어나게 하옵고
九龍⑰口裡浴金身 구룡구리욕금신	아홉 용 입 속에 들어서는 [태자님의] 금빛 나는 옥체를 목욕시켜 드렸나이다.
群生籍此潤焦枯 군생적차윤초고	[이에] 뭇 중생도 이 물을 의지하오면 메마름이 윤택해지옵고

天地因茲消垢穢a
천지인자소구예

세상은 이 물을 인하여
티끌과 더러움을 없애게 되나이다.

故憑法水⑱普灑法筵
고빙법수 보쇄법연

하옵기로 법수를 의지하고
널리 법연에 흩뿌려

滌除萬劫之昏懜⑲
척제만겁지혼몽

만겁토록 흐린 정신을
씻어내

永獲一眞之淸淨a
영획일진지청정

영원히 한결같고 참된 청정함을
얻으려 하나이다.

【자구해설】

①**切以(절이)**: 엎드려 생각하다./ **以.** 생각하다.

②**來臨(내림)**: 왕림(枉臨). 남이 자기 있는 곳으로 찾아옴을 높여 이르는 말. 내림(來臨)·분림(賁臨)·왕가(枉駕)·왕고(枉顧)·왕굴(枉屈)·욕림(辱臨).

③**也(야)**: 어기사(語氣詞)로서 구(句) 중에 쓰여 멈춤을 나타내며, 여기서는 주격조사 '~은(는)'으로 해석한다.

④**崑崙(곤륜)**: 곤륜산(崑崙山). 중국 전설의 영산(靈山). 중국의 서쪽에 있으며, 미옥(美玉)이 난다고 한다. 전국(戰國) 시대 말기부터는 서왕모(西王母. 중국 신화에 나오는 신녀(神女)의 이름. 불사약을 가진 선녀라고 하며, 음양설에서는 일몰(日沒)의 여신이라고도 한다)가 살며 불사(不死)의 물이 흐른다고 믿어졌다. 또, 황하(黃河)는 여기서부터 시작된다고 하며, 선종(禪宗)에서는 불법(佛法)의 오저(奧底)·근본(根本)의 의미로 사용한다.

⑤**河漢(하한)**: ①은하수(銀河水). ②황하(黃河)와 한수.

⑥**流芳(유방)**: 유방백세(流芳百世). 꽃다운 이름이 후세에 길이 전함. 명예로운 이름을 후세에 남김. 또는 그 명예.

⑦**蓬島(봉도)**: 봉래산(蓬萊山). 중국 전설에서 나타나는 가상적 영산(靈山)인 삼신산(三神山) 가운데 하나. 동쪽 바다의 가운데에 있으며, 신선이 살고 불로초와 불사약이 있다고 한다. 봉구(蓬丘)·봉산(蓬山)·봉래(蓬萊)·봉호(蓬壺).

⑧**之(지)**: 연사(連詞)로서 '與(여)'에 상당하고 연합을 나타낸다.

⑨**三山(삼산)**: 삼신산(三神山). 중국 전설에 나오는 봉래산(蓬萊山), 방장산(方丈山), 영주산(瀛州山)을 통틀어 이르는 말. 진시황(秦始皇)과 한무제(漢武帝)가 불로불사약(不老不死藥)을 구하기 위하여 동남동녀 수천 명을 보냈다고 한다. 이 이름을 본떠 우리나라의 금강산을 봉래산, 지리산을 방장산, 한라산을 영주산이라 이르기도 한다. 삼산(三山)·삼호(三壺).

⑩**對揖(대읍)**: 쌍방이 서로 마주 읍함.
※ **揖(읍)**: 상대방에게 공경의 뜻을 나타내는 예의 한 가지.

⑪**曹溪(조계)**: 중국 광동성 소주부의 동남으로 30리 쌍봉산 아래 있는 땅이름. 그곳에 조계라는 강(江)이 있다. 677(당 의봉 2년)에 육조 혜능스님이 조숙량(曺叔良)으로부터 이 땅을 얻어 보림사를 짓고, 선풍을 크게 드날렸다. 뒤에 혜능스님의 유골을 이곳에 안치했다.

⑫**祥風(상풍)**: 상서로운 바람. 서풍(瑞風).

⑬**驟雨(취우)**: Ⓢdhārā. 소나기./ **驟** 달릴 '취'.

⑭**四瀆(사독)**: ①중국의 네 강. 장강(江)·황하(河)·회수(淮)·제수(濟). ②우리나라에서 해마다 제사를 지내던 네 방위의 강(江). 동독(東瀆)인 낙동강, 남독(南瀆)인 한강, 서독(西瀆)인 대동강, 북독(北瀆)인 용흥강./ **瀆** 도랑 '독'

⑮**禹門(우문)**: 용문현(龍門縣)[산서성(山西省)] 용문산(龍門山)의 문.
※ **禹門三級浪(우문삼급랑)**: 하(夏)의 우왕(禹王)이 그곳의 폭포를 3단(段)으로 끊고 물을 배제(排除)하여 황하(黃河)의 범람을 막았다고 한다. 속설에 매년 3월 3일에 잉어가 그곳을 거슬러 우문을 통과하면 뿔이 생겨나며 용(龍)이 된다고 한다.「三級浪高魚化龍 癡人猶

犀夜塘水(삼급랑고어화용 치인유호야당수)」-벽암록 7- 즉, 어리석은 사람은 잉어가 용으로 화(化)한 것을 모르고 밤중에 우문의 폭포 가에 서서 잉어를 찾았다는 이야기에서, 학인이 스승이 준 공안(公案)의 본의를 모른 채 쓸데없이 지해분별(知解分別)하려는 그릇된 짓을 이르는 말이 되었다.

※ **龍頭魚身(용두어신)**: 목어(木魚, Ⓟgaṇḍikī)의 모습이 여의주(如意珠, Ⓢcintā-maṇi)를 문 용의 머리에 물고기의 몸을 하고 있다는 뜻.

※ **魚變成龍(어변성룡)**: 『후한서(後漢書)』'이응전(李應傳)'에 보이는 고사(故事)로, 복사꽃이 필 무렵 황하의 물살을 거슬러 용문(龍門)을 통과한 잉어는 용이 된다는 말.

⑯**鵬(붕)**: 大鵬(대붕). 하루에 구만 리(里)를 날아간다는, 매우 큰 상상(想像)의 새. 북명(北溟. 북쪽의 큰 바다)에 곤(鯤)이라는 물고기가 있는데 그 크기가 수 천리에 달하며, 변하여 새가 되면 그 이름이 붕새다. 붕새의 등은 역시 수 천리에 달하는데, 노하여 날면 그 날개가 하늘을 가리는 구름과 같다. 바다를 날아 남명(南溟. 남쪽의 큰 바다)으로 간다.

⑰**九龍(구룡)**: 구룡토수(九龍吐水).

九龍吐水 洗金軀於雲面, 四蓮敷花 奉玉足於風端, 蹇蹇七步 哦哦數聲, 毘藍降生相 我本師
구룡토수 세금구어운면, 사련부화 봉옥족어풍단, 건건칠보 아아수성, 비람강생상 아본사
釋迦牟尼佛
석가모니불

구룡은 물을 내어 태자의 금빛 나는 옥체를 흰 구름처럼 목욕시켜 드리고 / 청황적백 연꽃은 곱게 피어 태자의 옥 같은 발을 바람 끝처럼 받드올제 / 아장아장 일곱 걸음 옮기시고 노래하듯 내려 주신 몇 말씀 / 가비라성 룸비니원에 탄생하시던 모습이여! / 과연 이 몸의 본사이신 서가모니불 이십니다. -『釋門儀範』上15「大禮懺禮」-

⑱**法水(법수)**: Ⓢdharma-megha. 법성수(法性水)라고도 함. 불법(佛法)을 물에 견준 것.

※'법수(法水)'의 이해에 도움이 될 내용으로 <쇄수게(灑水偈)>의 '灑濯魔雲生瑞氣 消除熱惱獲淸涼(쇄탁마운생서기 소제열뇌획청량)'이 있다. 즉, 마의 구름을 없애고 서기를 나게 하며, 열뇌를 씻어내고 청량함을 얻게 하는 것이 곧 법수이다.

또, 다음과 같은 내용이 『현우경(賢愚經)』'찬제파리품(羼提波梨品)'에 있다.

仙人告曰。汝以女色。刀截我形。吾忍如地。我後成佛。先以慧刀。斷汝三毒。[中略] 爾時仙
선인고왈。여이여색。도절아형。오인여지。아후성불。선이혜도。단여삼독。[중략] 이시선
人。見其如是。卽時立誓。我今修忍。爲於群生。積行不休。後會成佛。若佛道成。先以法水。
인。견기여시。즉시립서。아금수인。위어군생。적항부휴。후회성불。야불도성。선이법수。
洗汝塵垢。除汝欲穢。永令淸淨。
세여진구。제여욕예。영령청정。㊅4-360상.

선인이 말하였다. 그대는 여자로 말미암아 칼로 내 몸을 헤쳤지마는 내 참음은 땅과 같습니다. 나는 뒤에 부처가 되면 먼저 지혜의 칼로 당신의 세 가지 독을 끊을 것입니다.〔중략〕그때 선인이 이런 광경을 보고 곧 서서 서원하기를, 나는 지금 이 인욕을 수행하여 중생들을 위해 쉬지 않고 그 행을 쌓으면 뒤에는 반드시 부처가 될 것이다. 만일 불도를 성취하면 먼저 법의 물로써 너희들의 티끌과 때를 씻고 탐욕의 더러움을 없애어 영구히 청정하게 할 것이다.

이상의 내용은 석존께서 초전법륜시(初轉法輪時) 교진여(憍陳如)등 오비구(五比丘)를 제일 먼저 제도하시고智慧劍, 이어 가섭(迦葉) 삼형제를 위시한 천명의 비구를 상수제자(常隨弟子)로 맞이하시게 된法水 인연담(因緣談)이기도 하다.

⑲**惛懜(혼몽)**: 정신이 흐릿하고 가물가물함.

【개요】

소례(所禮)를 모시고 법회를 열어 마음의 청량함을 얻기 위한 내용으로 의식의 진행상에서 보면 <개계편>은 일반 의식의 개회선언(開會宣言)에 해당하는 부분이다.

특징적인 것이 있다면 그 방법이 매우 종교적이면서도 상징적인 면이 강하다는 점을 들 수 있다. 즉, 만물을 청정히 하는 물의 공능(功能)을 높이 평가하고 물을 법수(法水)라 하여 개계의식의 도구(道具)로 사용하고 있다. 특히 물만이 지닌 공능을 여러 가지 예시하

여 신뢰감을 높인 가운데 도량을 엄정(嚴淨)히 함으로써 법요의 시작을 본존을 위시하여 소례 제위와 대중에게 알린다는 점이 그렇다.

【구성 및 내용】

내용 면에서 본 <개계편>은 서론·본론·결론으로 나눌 수 있고, 이 가운데 본론은 다시 기·서·결의 구조를 보이고 있다.

전문(全文)의 '서론'인 **절이 법연광계 성의정건 욕영제성이내림 수가팔방지청정(切以 法筵廣啓 誠意精虔 欲迎諸聖以來臨 須假八方之淸淨)** —엎드려 생각하옵니다 ‖ 법연을 널리 여옵고 / 지극한 마음으로 정성을 다하오며 / 제성(諸聖)을 맞이하여 모시고자 할진댄 / 모름지기 팔방이 청정해야만 하옵니다.— 에서는, 장차 성중 제위를 영접함에 필수 조건을 말하였다. 무엇보다도 성중을 영접함에 부족함이 없는 공간 확보가 그 첫째요, 정성을 다함이 그 둘째며, 확보된 공간을 청정케 함이 그 셋째임을 강조하였다.

전문(全文)의 '본론'은 **시수야 곤륜타수(是水也 崑崙朶秀)**로부터 **군생적차윤초고 천지인자소구예(群生籍此潤焦枯 天地因玆消垢穢)**까지로, 법수(法水)의 발원지(發源地)를 밝히고, 이어 각도를 달리하며 그 공능을 찬탄하여 법회대중의 공감 도출을 도모하였다. 또 이를 바탕으로 금일 법회에 법수를 사용할 수 있게 된 다행스러움을 노래하였다. 전문의 본론은 다시 기·서·결로 나누어 볼 수 있으니 다음과 같다.

'기'인 **시수야 곤륜타수 하한유방 연화향리벽파한 양류초두감로쇄(是水也 崑崙朶秀 河漢流芳 蓮花香裡碧波寒 楊柳梢頭甘露灑)** —[하온데] 이 물은 / 곤륜산에서 드리워진 것으로 특별하오며 / 은하수의 꽃다움이 있사옵니다 / 연꽃 향기 가운데 푸른 파도의 찬 기운이 있사오며 / 버드나무 가지 끝에서는 감로수 되어 뿌려지옵니다— 에서는, 도량을 청정케 할 법수(法水)를 찬탄하였다. 우선 법수의 발원지가 황하(黃河)의 근원이자 서왕모(西王母)[108]가 사는 영산(靈山)이며, 동시에 선종(禪宗)에서 불법의 근본으로 비유하는 곤륜(崑崙)임을 말하였다. 좋은 물에서 육신과 정신의 건강을 얻을 수 있음을 생각하면 이로써 이미 법수에 대한 검증은 끝난 것이다. 그런데 이에 더해 은하수의 정기(精氣)가 어려 있다 하였음에랴! 그러므로 연꽃 향기와 같은 자비가 그리고 푸른 파도에서 느껴지는 찬 기운, 즉 열뇌(熱惱)를 식혀줄 지혜가 있다 하였으니, 법수[감로수=자비+지혜]로 충분한 공능을 지니고 있음을 노래하였다.

'서'인 **봉도지삼산대읍 조계지일파장류 고상풍이옥추천강 번취우이은퇴사독 우문춘난 어투삼층 장해추고 붕박만리(蓬島之三山對揖 曹溪之一波長流 鼓祥風而玉皺千江 飜驟雨而銀堆四瀆 禹門春暖 魚透三層 莊海秋高 鵬搏萬里)** —[때문에] 봉래·[방장·영주]산 등 삼신산은 서로 읍(揖)하오며 / 조계(曹溪)의 한 물결 길이 흐르는 것입니다. / [보시지요!] 상서로운 바람 불면 옥이 천 강에 물결치고 / 소나기 내려 넘쳐흐르면 백은(白銀)이 네 강에 쌓인답니다 ‖ 우문의 봄 따듯하면 / 잉어가 삼단의 폭포를 뚫고 [용이 되오며] / 장엄한 바다에 가을하

108) 중국 신화에 나오는 신녀(神女)의 이름. 불사약을 가진 선녀라고 하며, 음양설에서는 일몰(日沒)의 여신이라고도 한다.

늘 높으면 / 붕새 홰를 쳐 구만리를 나옵니다— 에서는, 각도를 달리하며 법수의 공능을 찬탄하여 법회대중의 공감도출을 도모하고 있다. 봉래산(蓬萊山)・방장산(方丈山)・영주산(瀛州山) 등 삼신산은 불로불사약(不老不死藥)이 있는 신령스러운 산이라고 한다. 그러나 이는 모두 세속적인 입장에서의 영산(靈山)이므로 출세간법(出世間法)인 불법의 근원인 곤륜산에 읍(揖)을 한다고 하였으니, 이는 불법의 수승함을 찬탄한 것이다. 이런 가운데 곤륜에서 발원(發源)하여 조계(曹溪)로 길게 흐름에 물결은 옥(玉)과 같고 강변에는 눈부신 백사장이 있어 아름다우며, 잉어와 붕새는 이 물을 만나 용이 되고 공중으로 날아오른다 하였다. 즉, 눈 푸른 납자(衲子)가 속출함을 노래한 것이며, 이 모든 공을 법수에 돌려 찬탄한 것이다.

'결'인 **칠보지중표옥자 구룡구리욕금신 군생적차윤초고 천지인자소구예(七寶池中標玉子 九龍口裡浴金身 群生籍此潤焦枯 天地因茲消垢穢)** —칠보의 연못 가운데서는 옥동자를 태어나게 하옵고 / 아홉 용 입 속에 들어서는 [태자님의] 금빛 나는 옥체를 목욕시켜 드렸나이다 / [이에] 뭇 중생도 이 물을 의지하면 메마름이 윤택해지옵고 / 세상은 이 물을 인하여 티끌과 더러움을 없애게 되나이다— 에서는, 법수의 공능을 불법 가운데서 거듭 증명하며 찬탄하였다. 즉, 극락세계에 왕생은 구품연지(九品蓮池)의 연화(蓮華)를 말미암는다고 하는데, 이 때 못을 채우고 있는 물은 다름 아닌 징정(澄淨)・청냉(淸冷)・감미(甘美)・경연(輕軟)・윤택(潤澤)・안화(安和)・제기갈(除饑渴)・장양제근(長養諸根) 등을 특질로 하는 팔공덕수(八功德水, Ⓢaṣṭāṅgopeta vāri)다. 또 석존께서 탄생하심에 아홉 마리의 용이 목욕을 시켜드렸는데, 이 또한 법수로 행한 일이다. 따라서 중생이 정보(正報)인 몸과 마음을 윤택하게 하려하거나 의보(依報)인 국토를 청정하게 하기 위해서는 반드시 의지해야함을 말함으로써 법수의 공능을 찬탄한 것이다.

전문(全文)의 '결론'인 **고빙법수 보쇄법연 척제만겁지혼몽 영획일진지청정(故憑法水 普灑法筵 滌除萬劫之昏懜 永獲一眞之淸淨)** —하옵기로 법수를 의지하고 / 널리 법연에 흩뿌려 / 만겁토록 흐린 정신을 씻어내오며 / 영원히 한결같고 참된 청정함을 얻으려 하나이다— 에서는, 전문(全文)의 서론과 본론에서 언급한 내용을 근거로 법수를 뿌려 마음 가운데 혼몽과 법연의 부정을 척제함을 노래하였다.

【의식】

중번의 지시를 받은 인도(引導) 1인이 홑소리로 거행한다. 마치면 말번이 태징 세 망치를 울린다.

【연구】

1 '영산대개계(靈山大開啓)'라는 표현이 있던데…

「상주권공」과 「각배」에도 각기 법수(法水)의 공능을 찬탄하며 법요의 시작을 본존을 위시하여 소례 제위와 대중에게 알리는 <개계>가 있다. 「영산작법」의 <개계편>까지 모두 3종의 '개계'가 있는 셈이다. 어범(魚梵) 사이에는 이들 삼종의 개계를 구분하기 위해 「상주권공」 소수 <개계>[109]의 내용이 '상부(詳夫)'로 시작하는 점에 착안하여 <상부개계>로,

「각배」 소수 <개계>110)의 내용이 '원부(原夫)'로 시작하는 점에 착안하여 <원부개계>로, 본 영산작법의 <개계편>은 의식의 규모를 감안하여 <영산대개계>로 각각 불러 구분하여왔다.

[2] 본론의 '서'에서 '우문춘난 어투삼층 장해추고 붕박만리(禹門春暖 魚透三層 莊海秋高 鵬搏萬里)'는 구체적으로 무엇을 의미하는가?

(1)잉어가 이 물을 만나 용이 되고, 붕새는 공중으로 나라 오른다 함은, 눈 푸른 납자가 속출함을 노래한 것이다. 즉, 이 모든 공을 법수에 돌려 찬탄한 것이다.

[3] 곤륜산(崑崙山)과 삼신산(三神山)의 역학관계는?

봉래산(蓬萊山)・방장산(方丈山)・영주산(瀛州山) 등 삼신산이 불법의 근원인 곤륜산에 읍(揖)한다고 하였으니, 이는 불법이 세간법보다 수승함을 찬탄한 것이다.

---

109) 『釋門儀範』 卷上, p.108. "詳夫 水含淸淨之功 香有普熏之德 故將法水 特熏妙香 灑斯法筵 成于淨土(자세히 헤아리옵건대 물은 청정의 공을 머금었고 향은 보훈(普熏)의 덕을 지녔사옵기로 짐짓 법수(法水)를 특별히 묘향에 훈하여 이 법연에 흩뿌려 정토를 이루나이다.)"

110) 같은 책, p.134. "原夫 凡峙法筵 先使方隅嚴淨 恭依科敎 全仗加持 所以 水含淸淨之功 法有神通之用 將法備水 用水潔心 灑斯法筵 成于淨土 淨土結界眞言 唵 素魯素魯吽(근본을 논하옵건대, 무릇 법연을 마련 하옴에는 먼저 사방과 사우를 엄정히 해야하옵는바, 삼가 법령과 교명에 따르고 전적으로 가지력에 의지해야만 하옵니다. 하옵기로, 물은 청정의 공을 머금었고 법에는 신통의 용이 있사옴에, 법(法)을 물에 갖추어 [그] 물로 마음을 청결히 하옵고, 이 법연에도 흩뿌려 정토를 이루나이다. 정토건립을 위한 구획을 정하는 진언. 옴 소로소로훔)"

<16.觀音讚(관음찬)> 관세음보살님을 모시기에 앞서 덕을 찬탄하는 게송.

靈山作法 ‖ ★(1)歸依儀式 1.鳴鈸 2.喝香 3.燃香偈 4.喝燈 5.燃燈偈 6.喝花 7.舒讚偈 8.佛讚 9.大直讚 10.中直讚 11.小直讚 12.開啓疏 13.合掌偈 14.告香偈 **★(2)結界儀式** 15.開啓篇 **16.觀音讚** 17.觀音請 18.散華落 19.來臨偈 20.香華請 21.歌詠 22.乞水偈 23.灑水偈 24.伏請偈 25.大悲呪 26.四方讚 27.道場偈 28.懺悔偈 **★(3)召請儀式** 29.大會疏 30.六擧佛 31.三寶疏 32.大請佛 33.三禮請 34.四府請 35.單請佛 36.獻座眞言 37.茶偈 38.一切恭敬 39.香花偈 **★(4)勸供儀式** 40.淨法界眞言 41.祈聖加持 42.四陀羅尼 43.加持供養 44.六法供養 45.各執偈 46.加持偈 47普供養眞言 48.普回向眞言 49.四大呪 50.願成就眞言 51.補闕眞言 52.禮懺 53.嘆白 54.和請 55.祝願和請

返聞聞性①悟圓通②
반문문성오원통
듣는성품 되들으사 깨달음이 원통함에

觀音佛③賜觀音號
관음불사관음호
관음여래 이보살을 관음이라 부르셨네.

上同慈力下同悲
상동자력하동비
자력부터 비심까지 빠짐없이 동일하사

三十二應④遍塵刹⑤
삼십이응변진찰
삼십이종 응신으로 진찰토에 임하시네.

【자구해설】

①**返聞聞性(반문문성)**: 대경(對境)의 소리를 듣는 그것을 돌이켜 듣는 성품.

②**圓通(원통)**: 널리 두루 통함으로 방해됨이 없는 것.

※ **圓通教主(원통교주)**: 관세음보살을 가리킴. 『수능엄경(首楞嚴經, Ⓢśūraṃgama-sūtra)』에서 말하는 25보살 가운데 25번째 등장하시는 분이 관세음보살이시며, 이분은 이근원통(耳根圓通), 즉 중생의 소리를 빠짐없이 들으시는 공능을 지니시기로 이와 같이 일컬음.

※ **教主(교주)**: 교화주(敎化主)의 약(略)으로 중생을 위해 교설(敎說)을 베푸시는 어른이라는 뜻.

③**觀音佛(관음불)**: ⓈAvalokiteśvara. 『수능엄경(首楞嚴經)』권6에서 말씀한 '관세음여래(觀世音如來)'.

世尊 由我供養觀音如來 蒙彼如來授我如幻聞熏聞修金剛三昧 與佛如來同慈力故 令我身成三十二應 入諸國土
세존 유아공양관음여래 몽피여래수아여환문훈문수금강삼매 여불여래동자력고 영아신성삼십이응 입제국토

세존이시여, 저는 관세음여래께 공양하옵고, 그 여래께서 '여환문훈문수금강삼매(如幻聞熏聞修金剛三昧)'를 일러주심을 입사와, 불·여래로 더불어 자력(慈力)이 동일한 고로, 제 몸이 삼십이응신을 이루어 여러 국토에 들어가나이다. -『首楞嚴經(수능엄경)』六-

※ **관자재왕여래(觀自在王如來)**: 밀교에서 아미타불을 일컫는 말. 아미타의 덕칭(德稱).

※ **정법명왕여래(正法明王如來)**: 『천수다라니경』등의 설(說)㉠20-110a.에 의하면 관세음보살님은 과거세(過去世)에 이미 성불하신 분으로 불호(佛號)는 '정법명왕'이시라 한다.

④**三十二應身(삼십이응신)**: **三十二妙應之身(삼십이묘응지신)**. 관세음보살이 중생을 제도하기 위하여, 중생의 근기에 따라 여러 모습으로 나타내시는 몸(Ⓢnirmāṇakāya).

1.불 2.독각(獨覺=辟支佛) 3.연각 4.성문 5.범왕 6.제석 7.자재천 8.대자재천 9.천대장군(天大將軍) 10.사천왕[비사문(毘沙門)] 11.사천왕태자 12.인왕(人王=小王) 13.장자(長者) 14.거사 15.재관(宰官) 16.바라문 17.비구 18.비구니 19.우바새 20.우바니 21.여주(女主=國夫人·命婦·大家) 22.동남 23.동녀 24.천 25.용 26.야차 27.건달바 28.아수라 29.긴나라 30.마후라가 31.인(人) 32.비인(非人) 등을 말함. 이상은 『수능엄경』에 따름.[111]

※위 [ ] 안의 내용은 『법화경』「관세음보살 보문품」에 나타난 명호.

⑤**塵刹(진찰)**: 티끌 같은 세계라는 뜻으로, 무수한 세계를 이르는 말.

---

111) 우리나라에서 관세음보살을 원통교주(圓通教主)라 칭하고, 33응신(應身)이라 표현하는 것은 ≪법화경≫이 아닌, ≪능엄경≫의 영향에서 비롯된 것이다.

【개요】

지금부터의 의식은 영산작법의 도량을 구획하고 청정히 하는 절차이다. 그러나 중생의 능력으로는 불가능한바 관세음보살님의 위신력에 의지해야 한다. 따라서 당연히 관세음보살님을 도량으로 청해 모셔야 하는데, 이에 앞서 보살님의 공덕을 게송으로 찬탄하는 절차이다.

【구성 및 내용】

내용 면에서 본 게송은 기·승·전·결로 나누어 볼 수 있다.

'기'인 **반문문성오원통(返聞聞性悟圓通)** —듣는성품 되들어서 깨달음이 원통하사— 에서는, 관세음보살께서 조사관(祖師関)과 같은 '반문문성'이라는 최후의 관문을 통과하셨음과 그 결과 이근이 원통하신 경지에 이르셨음을 찬탄하였다.

'승'인 **관음불사관음호(觀音佛賜觀音號)** —관음여래 이보살을 관음이라 부르셨네— 에서는, 관음불께서 인행이 원만한 보살에게 '관음'이란 호를 내리심을 찬탄하였다. 이는 곧 수기와 같은 것이다. 특히 호를 '관음'이라 내리셨으니 보살께서 어떤 목적으로 수행하셨는지 잘 드러나 있다.

'전'인 **상동자력하동비(上同慈力下同悲)** —자력부터 비심까지 빠짐없이 동일하사— 에서는, 관세음보살께서 수기를 받으시게 된 이유를 노래하였다. 여기서 노래한 관세음보살의 모범은 곧 관음불이시니 중생을 향한 보살의 마음이 '자'와 '비'라는 면에서 스승이신 관음불과 동일한 경지에 이르러 있음을 알 수 있다. 가지(加持)의 궁극은 하나가 되는데 있다.

'결'인 **삼십이응변진찰(三十二應遍塵刹)** —삼십이종 응신으로 진찰토에 임하시네— 에서는, 관세음보살께서 수기를 받으신 후 나타난 행(行)의 변화를 노래하였다. 즉, 모든 부처님께서 그러셨듯이, 중생이 있는 곳이 곧 대비보살[112]의 수행처이기 때문이다.

【의식】

<1.개계편> 끝에 말번이 울리는 태징 세 망치를 신호로 게송금을 울리며 대중이 함께 '쓰는 소리'로 거행한다.

【연구】

① <16.관음찬>을 위시한 결계의식의 대부분이 관세음보살님을 소례로 하고 있는 이유는?

중국에서는 255년 『법화삼매경(法華三昧經)』이 최초로 한역된 이후 관음신앙이 널리 성행하였다. 우리나라에 관음신앙이 전래된 시기는 6세기 말경의 삼국시대로 보인다. 고구려로 유학 온 일본 승 행선(行善)이 고구려에서 관음보살을 염송하였다는 기록을 남겼고, 부여 군수리사지(軍守里寺址)에서 출토된 금동관음보살입상이 6세기 후반의 것으로 추정

112) 중생을 불쌍히 여겨 괴로움을 덜어 주려는 여러 보살 가운데 특히 관세음보살을 일컬음.

됨에 근거한 것이다. 또 삼국유사에서 자장율사(590~658)의 탄생설화에서 보듯 관음신앙의 형태를 볼 수 있고, 특히 「백화도량발원문(白華道場發願文)」의 저자인 의상대사(625~702)는 관음신앙을 확산시킨 주인공이기도 하다. 이상은 이 땅에서 관음신앙의 맹아를 언급한 것이고, 이로부터 관음신앙은 여러 가지 영험과 설화를 남기며 한반도의 주 신앙으로 자리 잡아 오늘에 이르고 있다.

관음신앙은 『화엄경』『법화경』『아미타경』『능엄경』『천수경』 등에서 설해지고 있다. 이 가운데 관음신앙의 소의경전이라 할 수 있는 것은 『법화경』이고, 경 가운데서도 신앙적인 면이 가장 두드러진 관세음보살보문품 제25(觀世音菩薩普門品 第二十五)이다. 본 품에서는 주로 관세음보살의 명호와 서원이 그렇듯 일심으로 칭명하면 큰 불도 능히 태우지 못하고, 홍수에도 떠내려가지 않으며, 모든 악귀도 괴롭힐 수 없고, 칼과 몽둥이는 부러지고 수갑과 항쇄·족쇄는 끊어지고 깨어진다고 설하고 있다. 그뿐만 아니라 중생의 마음속에 있는 불안과 두려움을 제거하고 삼독(三毒)을 여의게 하며, 뜻에 따라 자식을 얻게 하는 등 33가지 응신으로 중생을 제도하여 현세의 온갖 고난으로부터 벗어날 수 있음을 설파하고 있다.

영산재는 영산회상의 소례제위께 공양을 올리는 권공의식이다. 한편 권공의식에는 목적이 있게 마련이다. 그 목적에 다가가기 위해서는 반드시 인도해 주는 분이 있어야 한다. 그런데 그 1차적 목적의 대부분은 세간적인 것이고, 보문품에서 벗어나는 것이 없다. 즉, 영산재라는 명칭에서 알 수 있듯 소의경전은 『법화경』이고, 목적지까지 인도해 주실 분은 보문품의 주인공이신 관세음보살이 으뜸이시기 때문이다.

<17.觀音請(관음청)> 주수(呪水)를 가지(加持)해 주실 관세음보살님을 청하는 절차.

南無一心①奉請a 나무일심봉청	귀의하오며, 일심으로 받들어 청하옵나이다.
千手千眼② 천수천안	천수천안이시며
大慈大悲 대자대비	대자대비하옵신
觀世音自在③菩薩摩訶薩a 관세음자재보살마하살	관세음자재보살 위대하신 보살님이시여!
唯願不違本誓④ 유원불위본서	오직 바라옵건대 본래의 서원을 저버리지 마시고
哀愍⑤有情⑥ 애민유정	중생들을 불쌍하고 가엽게 여기사
降臨⑦道場⑧ 강림도량	도량에 강림하시어
加持呪水⑨a 가지주수	주수(呪水)를 가지(加持)하여 주옵소서.

【자구해설】

①**一心(일심)**: (1)하나로 합쳐진 마음. (2)한쪽에만 마음을 씀. (3)여러 사람이 한마음으로 일치함. (4)단 하나의 심성(心性)이라는 뜻으로, '진여(眞如)'를 이르는 말. (5)단 하나의 근본식(根本識). 곧 온갖 것을 변화시키는 마음으로서의 '아뢰야식(阿賴耶識)'을 이른다. (6)오로지 하나의 대상에 집중하여 생각을 어지럽게 아니하는 마음. 여기서는 (6)의 뜻.

②**千手千眼(천수천안)**: ⓈSahasra-bhuja Sahasra-netra. 일천수안(一千手眼). [⇒천수관음(千手觀音)] 갖추어 말하면 천수천안관세음보살(千手千眼觀世音菩薩) 혹은 천안천비관세음보살(千眼千臂觀世音菩薩)이라 함. 전신이 황금색으로 27면(面) 42수(手)의 형상이신데, 중앙의 2수(手)를 제하고 좌우 각 20수는 자비의 실천으로 1수(手) 마다 이십오유(二十五有, Ⓢpañca-viṃśati-bhava. 중생이 윤회하는 생사의 세계를 25종으로 나눈 것)를 구제하시므로 40수에 25를 곱하면 천수(千手)가 되며, 매수(每手)에 1안(眼)을 갖추고 계시므로 총 천안(千眼)이 된다. 때문에 천수천안(千手千眼)이라 일컫는 것이다. 즉 관세음보살께서 자비광대(慈悲廣大)하사 일체 중생을 제도하시는 위대한 모습을 형상으로 나타낸 것이다.

③**觀世音自在(관세음자재)**: ⓈAvalokiteśvara. 관자재(觀自在)·광세음(光世音)·관세자재(觀世自在)·관음(觀音)이라 번역함. 대자대비를 근본 서원(誓願)으로 하시는 보살의 명호. 『무량수경』에 의하면 이 보살님은 미타삼존(彌陀三尊)의 한분으로 아미타불의 좌보처(左補處)로서 부처님의 교화를 돕고 계시다. **관세음**이란 세간의 음성을 관(觀)하는 분이란 뜻으로 사바세계의 중생이 괴로울 때 그 명호를 일심으로 부르면, 그 음성을 들으시고 곧 구제해 주신다고 한다. **관자재**라 함은 지혜로 관조(觀照)하시므로 자재한 묘과(妙果)를 증득하신 분이란 뜻이다. 또 중생에게 일체의 두려움이 없는 무외심(無畏心)을 베푸신다다는 뜻으로 시무외자(施無畏者)라 하고, 자비를 위주로 하신다는 뜻으로 대비성자(大悲聖者)라 하

며, 세상을 구제하시므로 구세대사(救世大士)라고도 한다. 이 보살님께서 세상을 교화하심에는 중생의 근기에 맞추어 여러 가지 형체를 보이시므로, 이를 보문시현(普門示現)이라 하며, 삼십삼신(三十三身)이 계시다고 한다. 왼손에 드신 연꽃은 중생이 본래 갖춘 불성(佛性)을 표시하고, 그 꽃이 핀 것은 불성이 드러나서 성불한 뜻을 나타내며, 그 봉오리는 불성이 번뇌에 물들지 않고 장차 필 것을 나타낸다.

④**本誓(본서)**: Ⓢpraṇidhāna. 본원(本願). 성불(成佛) 이전 보살로서 수행할 때에 세운 서원(誓願).

⑤**哀愍(애민)**: Ⓢanukampā/karuṇā. 불쌍하고 가엾게 여김.

⑥**有情(유정)**: Ⓢsarva-sattva. 중생(衆生). 마음을 가진 살아 있는 존재.

⑦**降臨(강림)**: Ⓢavatāra. 하늘에서 인간세상으로 내려옴. 귀한 신분이 자신 쪽으로 옴을 높인 말.

⑧**道場(도량)**: Ⓢbodhi-maṇḍa. 도량에는 다음과 같은 여러 의미가 있다.

㈀석존께서 깨달음을 성취하신 장소. 붓다가야 보리수 하의 금강좌(金剛座, Ⓢvajrāsana).

㈁깨달음의 자리. 각오(覺悟)의 단상(壇上).

㈂학도(學道)・수행(修行)・수법(修法)을 이루는 장소. 수행의 자리. 법이 설해지고 구현되는 장소.

㈃지상의 핵심부. 보살의 도량으로 세계의 중심.

㈄불도를 수행하는 자리. 흔히 사원을 가리킴. 본존을 모시고 수행하는 장소.

⑨**呪水(주수)**: 주(呪)는 기원(祈願)의 의미. 즉 기원의 의미가 담긴 물을 말한다. 예로 공양시(供養時) '천수물'이나 점안시(點眼時) '길상수(吉祥水)' 등을 들 수 있다.

【개요】

관세음보살님께서 중생의 원(願)을 따라 본 재도량에 강림해 주실 것과 특히 주수(呪水)를 주수답게 해 주실 것을 청하는 내용이다. 여기서 '주수'란 중생의 열뇌(熱惱)와 도량의 부정(不淨)을 제거 할 수 있는 공능을 지닌 감로수(甘露水, Ⓢmadhu)를 의미한다.

【구성 및 내용】

내용 면에서 본 청사(請詞)는 기・결로 나누어 볼 수 있다.

'기'인 **나무일심봉청 천수천안 대자대비 관세음자재보살마하살(南無一心奉請a 千手千眼 大慈大悲 觀世音自在菩薩摩訶薩a)** —귀의하오며, 일심으로 받들어 청하옵나이다. ‖ 천수천안이시며 / 대자대비하옵신 / 관세음자재보살 위대하신 보살님이시여!— 에서는, 관세음보살님의 공능을 찬탄하고 있다. 간결한 듯 보이지만 '천수천안'과 '대자대비'는 앞서 <16.관음찬>에서 살폈듯 보살님의 지고지순한 서원과 다겁의 인행이 원만함으로써 성취된 것이니 어떤 찬사보다도 값질 수 있다 하겠다.

'결'인 **유원불위본서 애민유정 강림도량 가지주수(唯願不違本誓 哀愍有情 降臨道場 加持呪水a)** —오직 바라옵건대 본래의 서원을 저버리지 마시고 / 중생들을 불쌍하고 가엽게 여기사 / 도량에 강림하시어 / 주수(呪水)를 가지(加持)하소서.— 에서는, 관세음보살님의 본서에 호소하며 도량의 결계을 위해 마련한 물이 감로수가 될 수 있도록 가지하여 주실 것을 간구하고 있다.

【의식】

상번, 중번, 말번 세 스님이 차례로 법주가 되어 요령을 울리며 거행한다. 첫 번째와 두 번째 <3.관음청>이 끝나면 그때마다 말번은 태징을 울리고 이를 신호로 대중은 함께 <6.향화청>을 창화한다. 단, 세 번째 <3.관음청>을 마치면 <4.산화락> <5.내림게> <6.향화청> <7.가영> 순으로 거행한다.

【연구】

1 위 청사의 내용 가운데 '천수천안'에 대하여…

관세음보살께서 천수천안을 갖추시게 된 인연은 과거 인행시(因行時) "내가 장차 일체 중생을 이익 되고 안락하게 할 수 있다면, 나로 하여금 몸에 천 개의 손과 천 개의 눈을 구족하게 하여지이다."라는 서원을 성취하심에 따른 것이다.

가범달마(伽梵達摩, ⓢBhagavaddharma) 역 『천수경』에 의하면, 본 경의 원래 설주(說主)는 '천광왕정주여래(千光王靜住如來)'이시고, 석존의 회상에서 관세음보살에 의해 비로소 알려지게 되었다. 경명(經名)은 '광대원만무애대비심다라니(廣大圓滿無礙大悲心陀羅尼)'이다.

경 가운데 해당 내용과 함께 대비주(大悲呪, ⓢmahā-karuṇika-citta-dhāraṇī)의 공덕을 소개하면 다음과 같다.

> (1)爾時觀世音菩薩從座而起整理衣服向佛合掌。白佛言。(2)世尊。我有大悲心陀羅尼咒今當欲說。(3)①爲諸衆生得安樂故。②除一切病故。③得壽命故得富饒故。④滅除一切惡業重罪故。⑤離障難故。⑥增長一切白法諸功德故。⑦成就一切諸善根故。⑧遠離一切諸怖畏故。⑨速能滿足一切諸希求故。惟願世尊慈哀聽許。(4)佛言善男子。汝大慈悲安樂衆生欲說神咒。今正是時宜應速說。如來隨喜諸佛亦然。(5)觀世音菩薩重白佛言。世尊我念過去無量億劫。有佛出世。名曰千光王靜住如來。彼佛世尊憐念我故。及爲一切諸衆生故。說此廣大圓滿無礙大悲心陀羅尼。(6)以金色手摩我頂上作如是言。善男子汝當持此心咒。普爲未來惡世一切衆生作大利樂。(7)我於是時始住初地。一聞此咒故超第八地。(8)我時心歡喜故卽發誓言。若我當來堪能利益安樂一切衆生者。令我卽時身生千手千眼具足。發是願已。應時身上千手千眼悉皆具足。十方大地六種震動。十方千佛悉放光明照[113]
>
> (1)그때 관세음보살이 자리에서 일어나 의복을 정리하고 부처님을 향하여 합장하고 사뢰었다.
>
> (2)"세존이시여! 제게 대비심다라니주가 있어 지금 설하고자 하나이다.
>
> (3)①모든 중생이 안락을 얻게 하고자 함이며, ②모든 병을 없애고자 함이며, ③오래 살고 넉넉히 살게 하고자 함이며, ④모든 악업과 중죄를 없애고자 함이며, ⑤어려움을 없애고자 함이며, ⑥모든 좋은 일과 공덕을 증장하게 하고자 함이며, ⑦모든 선근을 성취하게 하고자 함이며, ⑧모든 공포와 두려움을 멀리 여의게 하고자 함이며, ⑨구하고자 하는 모든 것을 속히 만족하게 하고자 함이옵니다. 오직 세존께서 자애로 받아 들이사 허락하시옴을 바라옵나이다."
>
> (4)부처님께서 말씀하셨다. "선남자야, 그대가 대자비로 중생을 안락하게 하고자 신주(神呪)를 설하려 하는구나. 지금이 바로 적당한 때이니 속히 설하도록 하라." 여래께서 기뻐하셨고, 제불께서도 그와 같으셨다.
>
> (5)관세음보살께서 거듭 부처님께 사뢰었다. "세존이시여 제가 과거 무량억겁을 생각하오니, 부처님께서 세상에 출현하셨는데, 명호가 '천광왕정주여래'이셨습니다. 그 부처님께서 저를 어여삐 여기시고 또, 모든 중생을 위하시어 이 '광대원만

113) 伽梵達摩 譯『千手千眼觀世音菩薩廣大圓滿無礙大悲心陀羅尼經』(大正藏, 卷20 p.106b).

무애대비 심다라니'를 설하셨습니다.

⑹금색의 손으로 이마를 만져주시며 이렇게 말씀하셨습니다. '선남자야 네가 마땅히 이 심주(心咒)를 지니고 널리 미래 악세의 일체중생을 위하여 큰 이익을 지으라' 하셨습니다.

⑺저는 그때 비로소 초지(初地)에 머물고 있었는데, 한 번 이 주를 들음으로써 제8지(第八地)로 뛰어올랐습니다.

⑻저는 그때 마음이 환희하여 곧 서원을 발했습니다. '내가 장차 일체 중생을 이익되고 안락하게 할 수 있다면, 나로 하여금 몸에 천 개의 손과 천 개의 눈을 구족하게 하여지이다.'라고 이렇게 발원하자 바로 몸 위에 천 개의 손과 천 개의 눈을 모두 갖추게 되었고, 시방의 대지는 육종(六種)으로 진동[114]하였으며, 시방의 천불께서 모두 빛을 놓으사 밝게 비추셨나이다."

2 주수(呪水)란?

주수란 기원의 내용을 성취할 수 있는 공능을 지닌 물을 의미한다. 결계(結界)에서의 '법수(法水)', 공양 시 '천수물', 점안 시 '길상수(吉祥水)' 등이 그것이다.

※ **천수물[千手水]**: 사찰에서 대중공양시 밥과 반찬을 돌리기 전에 먼저 돌리는 맑은 물. 진지(進止=配食) 전에는 이 물로 발우와 수저를 헹구고, 공양이 끝나면 이 물로 수저와 발우를 씻는다. 공양의 마지막 순서로 대중의 천수물을 한데 모아서 아귀에게 베푼다. 이 물을 천수물이라 부르는 이유는 대방 천정에 『천수경』의 다라니인 대비주(大悲呪)를 범서로 써 붙여두어 초관의 물에 비치게 함으로써 대비주의 주력이 그 물에 더하여지도록 하였기 때문이다. 이렇게 해야 아귀들이 마시고 주린 고통을 쉴 수 있다고 한다. 아귀는 무엇이나 먹으려 하면 불로 변하여 먹을 수 없는데, 천수물이 그들에게는 감로수와 같기로 '감로미'라 한 것이다.

다음은 공양의식 「반야심경」 소수 <절수게(絶水偈)>이다.

我此洗鉢水(아차세발수)	지금이물 공양후에 파뜨라를 씻은물로
如天甘露味(여천감로미)	주린고통 아귀에겐 천상세계 감로수라.
施汝餓鬼衆(시여아귀중)	이렇듯이 귀한것을 그대들에 베푸나니
皆令得飽滿(개령득포만)	모두함께 맘껏들고 주린고통 쉴지어다.

唵 摩休羅洗 沙婆訶(옴 마휴라세 사바하) 삼설

※**길상수(吉祥水)**: 불상점안작법에서 제불보살님의 존상(尊像)을 관욕(灌浴)한 물. 이 물에는 중생을 성불로 이끄는 특별한 주력(呪力)이 있다고 보아, 법사는 이 물을 찍어 동참 대중의 정수리를 적셔주며 점안의 주인공이신 불·보살님과 같이 정각에 이를 것을 축원한다.

다음은「점안작법」소수 <시수진언(施水眞言)>이다.

我今持此吉祥水(아금지차길상수)	저희이제 관불예를 모시었던 길상수로
灌注一切衆生頂(관주일체중생정)	중생들의 정수리를 정성스레 적시오니
塵勞熱惱悉消除(진로열뇌실소제)	온갖고뇌 온갖고통 씻은듯이 없어지고
自他紹續法王位(자타소속법왕위)	모두함께 法王位를 이어가게 하옵소서.
唵 度尼度尼 加度尼 娑婆訶	(옴 도니도니 가도니 사바하)

114) 부처님의 설법을 알리는 조짐. ㉠동(動)-한쪽으로 움직이는 것. ㉡기(起)-흔들려 일어나는 것. ㉢용(涌)-솟아나는 것. [이상은 땅이 흔들림을 말한 것이며, 이하는 그 소리를 가리킴.] ㉣각(覺) 또는 격(擊)-큰 소리. ㉤진(震)-은은한 소리. ㉥후(吼)-부르짖는 소리.

<18.散華落(산화락)> 꽃을 뿌려 소례이신 관세음보살님의 강림을 환영함.

靈山作法 ‖ ★⑴**歸依儀式** 1.鳴鈸 2.喝香 3.燃香偈 4.喝燈 5.燃燈偈 6.喝花 7.舒讚偈 8.佛讚 9.大直讚 10.中直讚 11.小直讚 12.開啓疏 13.合掌偈 14.告香偈 ★⑵**結界儀式** 15.開啓篇 16.觀音讚 17.觀音請 **18.散華落** 19.來臨偈 20.香華請 21.歌詠 22.乞水偈 23.灑水偈 24.伏請偈 25.大悲呪 26.四方讚 27.道場偈 28.懺悔偈 ★⑶**召請儀式** 29.大會疏 30.六擧佛 31.三寶疏 32.大請佛 33.三禮請 34.四府請 35.單請佛 36.獻座眞言 37.茶偈 38.一切恭敬 39.香花偈 ★⑷**勸供儀式** 40.淨法界眞言 41.祈聖加持 42.四陀羅尼 43.加持供養 44.六法供養 45.各執偈 46.加持偈 47普供養眞言 48.普回向眞言 49.四大呪 50.願成就眞言 51.補闕眞言 52.禮懺 53.嘆白 54.和請 55.祝願和請

散華落 三說 **산화락** 삼설		꽃비가 내립니다.

※ 앞 단원인 ≪⑵금은전이운≫ 소수 <4.산화락>을 참조할 것!

【개요】

<17.관음청>에서의 내용과 같이 천수천안이신 관세음보살님께서 오심에 그 반가움과 감사함 그리고 환영의 뜻을 꽃을 흩뿌리며 나타내는 절차다.

【구성 및 내용】

모두 3자로 구성된 본 의식은 환영의 뜻을 담은 꽃을 흩뿌리는 행동과 함께 대중이 동음으로 창화하는 의식이며 달리 구성을 논할 것은 없다.

법요의식에서의 산화공양은 그 목적과 방법에 따라 몇 가지로 세분화되어 행하여진다. 그 가운데 <17.관음청> 후에서와 같이 불·보살님의 내림(來臨)을 청한 후 꽃을 뿌리는 것은 불·보살님의 내림을 기정화하여 환희로움을 표현하기 위한 것으로 『삼국유사(三國遺事)』의 월명사(月明師) '도솔가(兜率歌)'에 '오늘 여기에 산화가를 불러, 뿌린 꽃아 너는 곧은 마음의 명령을 부림이니, 미륵좌주(彌勒座主)를 모시게 하라.'는 내용이 여기에 해당한다 하겠다.

【의식】

현행 의식에서는 꽃잎을 뿌리지 않고 바라지의 태징을 신호로 대중이 '산화락'을 가사(歌詞)로 3번 동음창화한다. 하지만 의식의 흐름이나 내용으로 볼 때, 이에 상응하는 행동이 함께 이루어지지 않으면 안 된다. 또 문화의 정체현상(停滯現狀)을 보이고 있는 일본(日本)의 불교의식에서는 지금도 종이로 만든 꽃잎[紙花]을 사용하고 있는바, 참고하여 되살려야 할 의식이라 생각한다.

'산화락'을 삼설하고 나면, 다시 태징을 세 번 울리고 바로 <19.내림게(來臨偈)>로 이어진다. 이때 <19.내림게>의 내용인 '원강도량 수차공양'을 삼설하고, <19.내림게> 바라태징을 울리며, 바라작법을 거행한다.

단, <17.관음청>을 삼설할 경우에는 <20.향화청>의 **【의식】**에서처럼 거행해야 한다.

【연구】

※『불교의식각론Ⅱ』 소수 「시련」과 「관욕」의 <산화락> 참조할 것!

<19.來臨偈(내림게)> 소례께서 내림하사 법수(法水)를 가지해 주시길 청하는 게송.

靈山作法 ‖ ★(1)**歸依儀式** 1.鳴鈸 2.喝香 3.燃香偈 4.喝燈 5.燃燈偈 6.喝花 7.舒讚偈 8.佛讚 9.大直讚 10.中直讚 11.小直讚 12.開啓疏 13.合掌偈 14.告香偈 ★(2)**結界儀式** 15.開啓篇 16.觀音讚 17.觀音請 18.散華落 **19.來臨偈** 20.香華請 21.歌詠 22.乞水偈 23.灑水偈 24.伏請偈 25.大悲呪 26.四方讚 27.道場偈 28.懺悔偈 ★(3)**召請儀式** 29.大會疏 30.六擧佛 31.三寶疏 32.大請佛 33.三禮請 34.四府請 35.單請佛 36.獻座眞言 37.茶偈 38.一切恭敬 39.香花偈 ★(4)**勸供儀式** 40.淨法界眞言 41.祈聖加持 42.四陀羅尼 43.加持供養 44.六法供養 45.各執偈 46.加持偈 47普供養眞言 48.普回向眞言 49.四大呪 50.願成就眞言 51.補闕眞言 52.禮懺 53.嘆白 54.和請 55.祝願和請

願降道場 加持呪水 三說　　관음보살 큰보살님 이도량에 강림하사
원강도량 가지주수 삼설　　煩惱식힐 이呪水를 가지하여 주옵소서.

【개요】

<17.관음청> 결구의 내용 -**唯願** 不違本誓 哀愍有情 降臨道場 加持呪水- 을 8자로 압축하여 대중이 동음으로 창화하며 관세음보살님의 내림을 간절히 바라고 있음을 나타낸 것이다.

【구성 및 내용】

총 8자로 구성된 본 의식은 <17.관음청>의 마지막 부분을 압축한 것으로 달리 구성을 논할 것은 없다.

내용은 세 번의 <17.관음청> 말미에 '가지주수(加持呪水)'라 하여 주수를 가지해 주시길 발원하였다. 그러나 그때의 발원은 법주 일인(一人)이 거행한 의식이었고, 지금 거행하는 의식은 동참대중 모두가 법주가 올린 내용에 동의하고 있음을 동음으로 창화하며 나타내는 절차이다.

부연하면, "금일 재에 동참한 저희 모두는 방금 법주가 말씀올린 내용과 같이 당신의 강림을 바라고 있사오니, 부디 이 도량에 강림하사 주수(呪水)를 가지(加持)하여 주옵소서." 가 될 것이다.

【의식】

바라지의 태징을 신호로 전 대중이 동음으로 세 번 반복해서 창화한다. 이때의 소리는 '쓰는소리'이다. 소리에 이어 <19.내림게> 바라작법으로 이어진다. 작법은 <요잡바라>와 같다.

【연구】

1 본 게송이 권공의식에서 차지하는 위치를 명확히 한다면…?

<18.산화락>과 <19.내림게> 그리고 <20.향화청>은 <17.관음청>에서 모시고자 하는 소례를 청하고 맞이함에 즈음하여 대중의 뜻을 환호(歡呼)와 행동으로 표현하는 대목이다. <19.내림게> 소리에 이어 바라가 이어짐이 그 증거이다.

<20.香花請(향화청)> 향과 꽃으로 관세음보살님의 강림을 환영하는 절차.

靈山作法 ‖ ★(1)**歸依儀式** 1.鳴鈸 2.喝香 3.燃香偈 4.喝燈 5.燃燈偈 6.喝花 7.舒讚偈 8.佛讚 9.大直讚 10.中直讚 11.小直讚 12.開啓疏 13.合掌偈 14.告香偈 ★(2)**結界儀式** 15.開啓篇 16.觀音讚 17.觀音請 18.散華落 19.來臨偈 **20.香華請** 21.歌詠 22.乞水偈 23.灑水偈 24.伏請偈 25.大悲呪 26.四方讚 27.道場偈 28.懺悔偈 ★(3)**召請儀式** 29.大會疏 30.六擧佛 31.三寶疏 32.大請佛 33.三禮請 34.四府請 35.單請佛 36.獻座眞言 37.茶偈 38.一切恭敬 39.香花偈 ★(4)**勸供儀式** 40.淨法界眞言 41.祈聖加持 42.四陀羅尼 43.加持供養 44.六法供養 45.各執偈 46.加持偈 47普供養眞言 48.普回向眞言 49.四大呪 50.願成就眞言 51.補闕眞言 52.禮懺 53.嘆白 54.和請 55.祝願和請

香華①請 三說 향사르고 꽃을뿌려 청하고자 아룁니다.
향화청 삼설

【자구해설】

①**香華(향화)**: Ⓢgandha-mālya. 향과 꽃. 뜻을 상대에 전하는 공능(功能)이 있다고 한다.

예)殺豬狗牛羊祭祀鬼神　長有憎惡終無利益　不如破魔屬佛懸繒幡蓋燒香散華歌詠讚歎115)(돼지·개·소·양 등을 잡아 귀신에 제사지내는 것은 오래도록 증오만 있고 마침내 이익은 없으니, 마군을 부수고 부처님께 부탁드리며 비단으로 된 번이나 개를 달고 향을 사르며 꽃을 뿌리고 가영 찬탄하는 것만 못하다.)

【개요】

<17.관음청>를 올린 결과 소례께서 이 도량에 오셨음을 전제로 향을 사르고 꽃을 뿌리며 관세음보살님의 강림을 환영하는 의식이다.

【구성 및 내용】

총 3자로 되어 있으며 <향화청> 단독으로의 구성은 논할 것이 없고, 앞의 <18.산화락> <19.내림게>와 연계해서 살피면,

<18.산화락>은 서론 격으로, 소례의 강림을 간절히 전하며 대중이 그 뜻을 꽃잎에 담아 흩뿌리는 의식이다. 단, 현행 의식에서 실제로는 행하지 않고 소리만 남아있음이 실정이다. **[←來臨 前]**

<19.내림게>는 본론 격으로, 소례께서 강림하고 계심을 기정화하여 바라작법으로 환영의 뜻을 나타내는 의식이며, **[←來臨]**

<20.향화청>은 결론 격으로, 소례를 미리 준비된 보리좌(菩提座)로 모시기 위해 거듭 향을 사르고 꽃을 뿌리며 안내하는 의식이다. **[←來臨 後]**

【의식】

<17.관음청>은 모두 3번 거행하는데, 첫 번째와 두 번째의 끝 부분인 '유원(唯願)'에 이르면 법주는 그때까지 울리던 요령을 잠깐 멈추어 바라지에게 보내는 신호를 대신한다. 바라지는 이를 신호로 <20.향화청>을 '영산향화청'116) 소리로 받는다.

세 번째 <17.관음청>에서는 청사가 끝나기를 기다려, 바라지는 태징을 울리며 대중과 함께 <18.산화락>을 3번 창화하고, 이어 <19.내림게> 바라작법을 거행한다. 작법이 끝나

---

115) 『大悲經』(大正藏, 卷85 p.1368b).

116) <20.향화청> 소리에는 세 가지가 있다. 쓰는소리로 하는 경우, 긴소리로 하는 경우 그리고 「영산작법」에서와 같이 좀 더 긴소리로 거행하는 '영산향화청' 소리가 있다.

면 대중은 <20.향화청>을 역시 ‘영산향화청’ 소리로 창화한다.

【연구】

1 두 번의 <17.관음청> 말미에서도 ‘향화청’을 거행하였는데, 세 번째 <19.내림게> 바라 후에 거행하는 <20.향화청>과 차이는…?

앞서 언급한 바와 같이, <18.산화락> <19.내림게> <20.향화청>은 신앙의 대상을 모시는 일련의 의식이다.

한 가지 주의할 것은 <17.관음청> 말미에서 두 번 거행한 ‘향화청’의 시점이나 내용이 <19.내림게> 다음에 행해지는 <20.향화청>과 어떤 차이가 있느냐하는 점이다. 거행하는 시점이 다른 만큼 의미에 있어서도 분명 차이가 있다. 전자의 경우는 주로 말번(末番) 일인(一人)이 행하는 것으로 대중의 뜻을 전달하는 형태이고, 후자의 경우는 대중이 동음으로 창화하며 직접 아뢰는 것이다.

따라서 의미에 있어서도 전자의 경우는 상대의 의사가 확인되지 않은 상황이기로,

향사르고 꽃을뿌려 [도량으로] 청하고자 아룁니다.

가 되고, 후자의 경우는 의식상의 일이기는 하지만, <19.내림게> 바라에 의해 이미 강림하심이 기정화된 상황이므로,

향사르고 꽃을뿌려 [보리좌로] 청하고자 아룁니다.

가 된다.

<21.歌詠(가영)>

관세음보살님의 공덕을 찬탄하며 귀명례를 올리는 계송.

靈山作法 ‖ ★(1)歸依儀式 1.鳴鈸 2.喝香 3.燃香偈 4.喝燈 5.燃燈偈 6.喝花 7.舒讚偈 8.佛讚 9.大直讚 10.中直讚 11.小直讚 12.開啓疏 13.合掌偈 14.告香偈 **★(2)結界儀式** 15.開啓篇 16.觀音讚 17.觀音請 18.散華落 19.來臨偈 20.香華請 **21.歌詠** 22.乞水偈 23.灑水偈 24.伏請偈 25.大悲呪 26.四方讚 27.道場偈 28.懺悔偈 **★(3)召請儀式** 29.大會疏 30.六擧佛 31.三寶疏 32.大請佛 33.三禮請 34.四府請 35.單請佛 36.獻座眞言 37.茶偈 38.一切恭敬 39.香花偈 **★(4)勸供儀式** 40.淨法界眞言 41.祈聖加持 42.四陀羅尼 43.加持供養 44.六法供養 45.各執偈 46.加持偈 47普供養眞言 48.普回向眞言 49.四大呪 50.願成就眞言 51.補闕眞言 52.禮懺 53.嘆白 54.和請 55.祝願和請

一葉紅蓮①在海中 일엽홍련재해중	붉은연꽃 연잎하나 대해중에 떠있는데
碧波深處現神通② 벽파심처현신통	푸른파도 깊은곳에 신통력을 보이시네.
昨夜寶陀③觀自在 작야보타관자재	어젯저녁 보타산에 계시옵던 관음보살
今日降赴④道場中 금일강부도량중	오늘아침 이도량에 그모습을 나투셨네.
故我一心歸命頂禮 고아일심귀명정례	하옵기로 저희모두 귀명례를 올립니다.

【자구해설】

①**紅蓮(홍련)**: 붉은 빛깔의 연꽃.

※ **蓮華(연화)**: 소택(沼澤)에서 생(生)하는 숙근초본식물(宿根草本植物). 꽃의 색향(色香)이 사랑스럽고, 또 진흙 가운데 나서 청정한 꽃을 피우는 것으로[처염상정(處染常淨)], 인도에서는 고래(古來)로 진중(珍重)한 보배로 여기고, 불교에서도 높여서 부처님이나 보살의 좌(座)를 흔히 연꽃[연대(蓮臺)]으로 한다.

※ puṇḍarīka-백련(白蓮). padma-홍련(紅蓮). kumuda-황련(黃蓮). utpala-청련(靑蓮).

②**神通(신통)**: Ⓟabhiññā/Ⓢabhijñā. 신통력(神通力). 신력(神力)·통력(通力)·통(通)이라 한다. 선정(禪定)을 닦음으로써 얻는 무애자재하고 초인적이며 부사의한 작용. 여기에는 신족(神足, Ⓟiddhi-vidhā)·천안(天眼, Ⓟdibba-akkhu)·천이(天耳, Ⓟdibba-sota)·타심(他心, Ⓟceto-pariya)·숙명(宿命, Ⓟpubbe-nivāsanussati)의 오신통(五神通, Ⓟpañcābhiññā)이 있다. 또 누진통(漏盡通, Ⓟāsavakkhaya)을 합해서 육신통(六神通, Ⓟchaḷabhiññā)이라 한다.

③**寶陀(보타)**: 보타락가산(普陀洛迦山). ⓈPotalaka. 음補陀落(보타락)·普陀洛迦(보타락가). 남인도에 있다고 전설적으로 믿어지고 있는 관세음보살의 영장(靈場). 티벳의 라싸(拉薩, Ⓣ Lhasa)과 중국의 보타산(普陀山) —오대산(五臺山)·아미산(峨眉山)·구화산(九華山)과 더불어 사대명산으로 불리움— 이 여기에 견주어지고 있다.

※《중국의 보타산》 중국 절강성(浙江省) 주산열도(舟山列島)에 있는 불교의 영지. 팔각형의 산. 인도의 '보타낙가(補陀洛迦)'라는 이름을 모방한 것으로, 그 기원은 당대(唐代)부터였다고 한다. 남송(南宋)이래 역대왕조에서 재물을 바쳐 기도를 행했다. 옛날 신라·고려·일본 등은 모두 이곳에서 중국상륙허가를 받았던 해상교통의 요지였고, 고래(古來)로 항해의 안전을 기원하는 일이 많았다. 또 일반신자들의 순례도 끊이지 않았다. 보제사(普濟寺) 등 대찰(大刹)과 범음동(梵音洞) 등 영적(靈蹟)도 많다.

※강원도 양양 낙산 홍련암(紅蓮庵). 강화도 보문사(普門寺). 남해 보리암(菩提庵).

④**降赴(강부)**: 강림(降臨). 불·보살께서 인간 세상으로 오심. / **降** 내릴 '강'. **赴** 나아갈 '부'.

【개요】

관세음보살님께서 그간 보이신 많은 영험 가운데 하나를 예로 들어 금일 법회도량에도 강림하셨으리라는 확신으로 찬탄하였다.

【구성 및 내용】

내용 면에서 본 게송은 기·승·전·결로 나누어 볼 수 있다.

'기'인 **일엽홍련재해중(一葉紅蓮在海中)** —붉은연꽃 연잎하나 대해중에 떠있는데— 에서는, 홍련, 그것도 온전한 한 송이가 아니라 연잎 하나가 넓디넓은 바다에 떠있음을 노래하였다. 넓은 바다와 연잎 하나의 대비가 절묘하다. 그런데 여기서 연잎 하나는 불교의 우주관으로서 천 개의 연잎을 지닌 연화장세계 그리고 그 한 잎 한 잎에 자리한 보신의 세계 가운데 하나를 의미한다. 화사(畵師)들이 하나의 붉은 연잎 바탕 위에 관세음보살을 모시는 경우가 많은데 바로 이 점을 강조하기 위해서이다.

'승'인 **벽파심처현신통(碧波深處現神通)** —푸른파도 깊은곳에 신통력을 보이시네— 에서는, 어떤 거친 상황에서도 중생의 원에 응해주시는 관세음보살님의 원력과 신통력을 묘사하고 있다. 여기에는 예로부터 회자되어 오는 유명한 영험설화가 있다.[117] 이런 설화가 생명력을 지니는 것은 『법화경』 관세음보살보문품에서 말씀하셨듯이 신앙에는 깊은 신심이 요구되기 때문이다. 즉, 불교가 철학적이면서도 궤를 달리하는 대목이기도 하다.

'전'인 **작야보타관자재(昨夜寶陀觀自在)** —어젯저녁 보타산에 계시옵던 관음보살— 에서는, 관세음보살님의 주처(住處)가 보타낙가산(普陀落伽山)임을 밝히고 있다. 태양이나 달이 늘 제자리를 지키고 있듯, 또 어머니께서 항상 집에 계신 것처럼 그곳에 머물고 계심을 말한 것이다. 그래서 중생들은 어려움이 있을 때마다 그 쪽을 바라보고 관세음보살님을 염하는 것이다.

'결'인 **금일강부도량중(今日降赴道場中)** —오늘아침 이도량에 그모습을 나투셨네— 에서는, 보살님의 명호가 관세음이신 것처럼 우리 곁에 함께하심을 노래하였다. 어찌 보면 그분께서는 내 곁을 떠나신 적이 없다. 오히려 내가 그분을 잊고 지냈거나 짐짓 모른 체한 것이다. 정신을 차리고 보니 그 분께서 내 곁을 떠나신 적이 없었음을 비로소 깨닫게 되었음을 노래한 것이다. 여기서 도량은 특정 사찰을 지칭하는 것이 아니라, 관세음보살님의 자비를 간구하는 현장을 말하는 것이다.

【의식】

중번의 지시를 받은 인도 1인이 '가영성'으로 결구까지 거행한다. 이어 대중이 동음으로 후렴인 '고아일심귀명정례'를 창화하는데, 이를 '고아게(故我偈)'라 한다.

【연구】

① '승'구에서 운운한 설화의 내용은?

설화의 내용을 김대은(金大隱) 저 『관음경강화』에 설화의 내용이 있기로 약간의 윤색을 가하여 소개하기로 한다.

> 옛날 발해국(渤海國) 변방에 고을이 있었는데, 고을 군수는 어느 날 다음과 같은 보

117) <6.喝花(할화)>의 연구①에서 소개한 설화 외에 또 하나의 설화를 본 항 연구①에 소개한다.

고를 들었다.

「외국 배 한 척이 바닷가에 와 무단히 정박(碇泊)하였사옵니다. 배의 주위에는 휘장을 둘러치고 그 안에는 현란하게 치장을 하였사온데 악사들도 있어 연주(演奏) 소리가 들리옵니다. 수 십 명의 무희들은 일찍이 보지 못한 옷을 입고 춤을 추며 혹 노래도 하고 있습니다. 고장 사람들도 호기심에 남녀노소 없이 일손을 멈추고 몰려가 구경하고 있나이다.」 하였다.

이 말을 들은 군수도 호기심이 발동하여 직접 바닷가로 나가 보았다. 과연 보고의 내용과 같았다. 그런데 갑자기 음악 소리가 뚝 그치더니 한사람이 군수가 있는 언덕으로 올라와 군수에게 공손히 절을 하였다. 군수가 누구냐고 묻자,

「저희들은 멀리 해중(海中)에 있는 나라 사람이옵니다. 하온데 일 년에 한차례씩 봉래산(蓬萊山) 신선이 처녀들을 데리고 내려오시어 우리나라에 착한 사람을 몇 골라 상(賞)으로 연분을 맺어주십니다. 이번에는 예기치 않은 풍파를 만나 귀국 해안에 이른 것입니다. 하온데 신선이 말씀하시기를, 귀국에도 연분이 있는 사람이 한 분 있다 하시며 대인을 배 안으로 모셔 오라 하십니다. 하오니 들어가셔서 잠시 구경이라도 하심이 어떠하실지요.」 하였다.

군수는 이 말을 듣고 생각했다.

「대체 신선이란 것이 있다는 말인가? 있다면 어떤 모습일까 한번 만나 보아야겠다.」 하고 군수는 주위의 사람들이 위험하다고 만류하는 것도 듣지 않고 그 사람을 따라 배에 올랐다. 그러자 갑자기 배 안에 있던 사람들이 군수를 둘러싸며 꼼짝 못하게 하였고, 동시에 배는 쏜살 같이 바다 가운데로 달리는 것이었다. 군수는 말할 것도 없고 지켜보던 백성들도 놀라 소리쳤으나 아무 소용이 없었다. 그 배는 하루 밤낮을 쉼 없이 달려 어느 섬나라에 닿았다. 항구에 이르자 뱃사람들은 무엇인가 대단한 일을 한 듯 기다리던 사람들로부터 성대한 환영을 받았다. 그러자 곧 군수는 그 나라 서울로 끌려가서 왕 앞에 꿇리었다. 왕은,

「놀라게 해 대단히 미안하게 생각한다. 그대를 데려옴은 공주가 병이 들어 좋다는 약을 다 써 보았으나 전혀 효력이 없기 때문이다. 어의(御醫)에 의하면 인황(人黃)을 써야만 고칠 수 있다하는데, 우리나라에는 인황을 가진 사람이 없고 오직 그대 한 사람에게만 있다 함을 들었다. 그래서 그대를 데려온 것이다. 따라서 그대의 죽음은 이미 정해져 있는 일이니 원망하지 말고 차라리 마음을 편안케 하라. 또, 죽은 후에는 벼슬을 주어 후세에 이름을 전하게 하리라.」 고 하는 것이다. 이에 군수가 대답하기를,

「외신(外臣)은 그런 줄 모르고 공연히 두려운 마음만 가졌었나이다. 충성을 받치는데 자국 타국이 있겠습니까. 외신의 황(黃)을 써서 공주님의 병환에 차도만 있으시다면 이 몸이 만 번 죽사온들 무슨 여한이 있겠나이까. 하오나 한 가지 여쭐 말씀이 있습니다. 사람의 황은 우황(牛黃)과 달라 놀라거나 고생을 하면 말라붙는다 하옵니다. 외신이 잡힐 때 너무 놀라고 그간 고생을 하여서 황이 거의 마른 듯하옵니다. 외신이 죽은 뒤에 황이란 것이 온전하여 공주님께서 드시고 병이 쾌차하신다면 온 나라의 경사이고 외신도 한이 없겠사오나 만일 황이 말라붙어 병도 못 고치고 목숨만 헛되이 버리게 되오면 죽은 저도 억울 하옵고, 공연히 사람만 죽였다는 소문이 나게 되오면 폐하의 어지신 성덕에 어찌 흠이 가지 아니하겠나이까. 외신에게 한가지 좋은 방법이 있사오니 들어주시기를 바랍니다.」 고 하였다. 왕이,

「그 좋은 방법이 대체 무엇이냐?」 고 물었다. 군수는,

「예, 한 이레 동안 이 몸을 조용한 곳에서 외부인의 간섭 없이 편히 쉴 수 있게 해주시고 산해진미(山海珍味)로 허기를 면케 해주시기 바랍니다. 이렇게 해서 외신의 몸조리가 잘 되오면 그 황이 다시 번성하여 약이 될까 하옵니다.」 라고 했다. 왕은,

「그도 그럴듯하다.」 하며 흔연히 허락한 뒤에 칙령하길,

「별처(別處)를 마련하여 이 사람을 편히 쉬게 하고 좋은 음식으로 잘 대접하라. 또 집 주위에는 근위대를 두어 물샐 틈 없이 잘 지켜 달아나지 못하게 하되 내부를 엿보는

일은 없도록 할 것이다.」고 엄명하였다.
군수는 지극한 불자(佛子)로 소년시절부터 『관음경(觀音經)』을 하루에 세 번씩 독송하고, 붉은 연꽃 바탕에 관세음보살님의 성상(聖像)을 그려 항상 가슴에 모시고 지내왔다.
군수는 이레 동안 불철주야(不撤晝夜) 『관음경』을 외우기로 결심하며,
「만일 성력(聖力)을 입어 살아나면 다행이고, 설혹 죽더라도 송경(誦經)한 공덕으로 정토(淨土)에 왕생하기를 발원하나이다.」라고 발원한 후, 침식도 잊은 채 정성을 다하여 정진하였다. 마침내 이레를 눈앞에 둔 날 밤 자신도 모르는 사이에 곤히 잠이 들고 말았다. 그러자 비몽사몽간에 한 소복(素服)한 부인이 앞치마가 절반이나 젖은 몸으로 말하기를,
「웬 잠을 그다지 곤하게 자느냐. 그만 일어나거라.」하였다. 군수가 깜짝 놀라 깨어보니 부인은 온데간데없고 동창(東窓)은 이미 밝아 있었다. 정신을 가다듬고 좌우를 살펴보니 다른 곳이 아니라 군수 자신이 항상 집무하던 발해국 변방 고을 동헌(東軒)이었다. 너무나 놀랍고 신기한 일이었다.
그 순간 혹시 하는 마음으로 군수는 가슴에 모신 관세음보살님의 성상을 꺼내 조심스럽게 꺼내 살펴보았다. 아! 이 어찌된 일인가?! 바다를 건너 왔다는 표시인가 허리 아래로는 온통 젖어 있는 것이 아닌가. 사지(死地)에서 꿈같이 살아온 군수는 기쁜 생각을 걷잡을 수 없어 상(床) 위에 모셔놓고 무수히 절을 하였다. 그리고 관세음보살님의 불가사의하신 신통력에 감탄하며 당시의 심경을 글로 남겼으니 앞서 <가영>이 그것이다.118)

[2] 본 게송은 소소매(蘇小妹)의 작이라 하던데…

※ 앞 단원 「靈山作法)」의 (1)귀의의식 소수 <6.喝花>의 연구[1]을 참조할 것!

[3] '가영(歌詠)'과 '탄백(嘆白)'의 차이는?

양자 모두 신앙의 대상이신 소례의 공덕을 게송으로 찬탄한다는 점에서 같다. 그러나 양자 사이에는 거행하는 '사람'과 '형태' 그리고 '시점'과 '장소' 등이 다르다.

첫째, 거행하는 인물을 보면 <가영>은 말번(末番)인 바라지가 거행하고, <탄백>은 대중이 동음으로 거행한다.

둘째, 형태면에서 양자 모두 절구(絶句)인 게송의 형태를 띠고 있지만 <가영>에는 '고아일심귀명정례'라는 <고아게>가 뒤 따르고 <탄백>에는 없다.

셋째, 시점 면에서 <가영>은 소례와의 가지(加持)가 이루어지기 전임에 비해, <탄백>은 소례와의 가지가 충분히 이루어진 후에 거행한다.

넷째 장소 면에서 일견 같은 장소처럼 보일 수 있다. 그러나 의미면에서 본다면 <가영>은 소례를 맞이해 모시는 곳이고, <탄백>은 공양을 올리는 장소 즉, 연회장소라는 점에서 차이가 있다.

논구가 필요한 대목은 두 번째 '형태'에서 <탄백>에는 왜 <고아게>가 따르지 않는가 하는 점이다.

<고아게>는 게송의 내용에 대중이 동의하고 한 걸음 나아가 소례에게 귀의의 념(念)을 표하는 절차이다. 그런데, 위 '시점'에서 보았듯 <가영>이 거행되는 시점은 능소(能所)가

118) 김대은(金大隱) 저 『관음경강화』 pp.177-181.

분명히 나뉘어져 있음을 알 수 있다. 따라서 소례에게 귀의의 념을 나타내기 위한 능례의 <고아게>가 필요했다. 이에 비해 <탄백>은 예정대로라면 공양과 정근(精勤)을 매개로 능례와 소례 사이에 삼밀가지가 충분히 이루어져 능소의 구분이 없어진 시점이라는 것이다. 다시 말해 귀의할 주체와 대상의 구분이 없어진 지경 즉, <고아게>가 필요치 않은 상황에 이르렀기 때문이다.

수행의식 말미에 대중이 동음으로 창화하는 <유심게(唯心偈)>의 내용이 삼밀가지의 구체적 내용에 다름 아니다.

唯心淨土(유심정토)	이내마음 그대로가 서방정토 극락이요
自性彌陀(자성미타)	자기자신 성품중에 아미타불 계시오니
蓮池海會(연지해회)	지금이곳 다름아닌 구품연지 회상이며
諸佛諸菩薩(제불제보살)	마주보는 우리들이 보살이고 부처라네.

또, 이상의 내용을 근거로 '탄백(嘆白)'은 '찬탄고백(讚嘆告白)'의 줄인 표현이고, '탄백(歎白)'은 '감탄고백(感歎告白)'의 줄인 표현임을 알 수 있다. 탄백(歎白)과 탄백(嘆白)은 혼용되어 쓰이고 있다.

④ <탄백>이 삼밀가지의 경지에서 거행하는 것이라면 <탄백> 후에 <축원>은 왜 거행하는지?

'퇴설삼승(退說三乘)'이라는 말씀이 있다. 부처님께서 성불하심으로써 모든 중생의 일대사인연(一大事因緣)도 모두 끝난다면 모르거니와 그렇지 않기에 석존께서도 아함(阿含)으로부터 중생을 위해 대기설법을 하셨다.

즉, 앞서 말한 삼밀가지는 이적(理的)인 면에서 그렇다는 말이고 아직 사적(事的)인 면에서의 수행은 진행 중이다. 따라서 <축원>은 그 사적인 면에서 성불을 향해가는 능례의 수행과정이 원만하기를 발원하는 내용을 의례화 한 것이라 하겠다.

https://search3.kakaocdn.net/argon/0x200_85_hr/KKBiHtGJjhi

<22.乞水偈(걸수게)> 감로수를 구하기 위해 관세음보살님께 간청하는 게송.

靈山作法 ‖ ★(1)**歸依儀式** 1.鳴鈸 2.喝香 3.燃香偈 4.喝燈 5.燃燈偈 6.喝花 7.舒讚偈 8.佛讚 9.大直讚 10.中直讚 11.小直讚 12.開啓疏 13.合掌偈 14.告香偈 ★(2)**結界儀式** 15.開啓篇 16.觀音讚 17.觀音請 18.散華落 19.來臨偈 20.香華請 21.歌詠 **22.乞水偈** 23.灑水偈 24.伏請偈 25.大悲呪 26.四方讚 27.道場偈 28.懺悔偈 ★(3)**召請儀式** 29.大會疏 30.六擧佛 31.三寶疏 32.大請佛 33.三禮請 34.四府請 35.單請佛 36.獻座眞言 37.茶偈 38.一切恭敬 39.香花偈 ★(4)**勸供儀式** 40.淨法界眞言 41.祈聖加持 42.四陀羅尼 43.加持供養 44.六法供養 45.各執偈 46.加持偈 47普供養眞言 48.普回向眞言 49.四大呪 50.願成就眞言 51.補闕眞言 52.禮懺 53.嘆白 54.和請 55.祝願和請

金爐①氛氣②一炷③香 금로분기일주향	금향로에 짙은기운 한줄기의 향으로써
先請觀音降道場 선청관음강도량	제일먼저 관음보살 강림하심 청하오니
願賜甁中甘露④水 원사병중감로수	지니시온 병가운데 감로수를 내리시어
消除熱惱獲淸凉⑤ 소제열뇌획청량	온갖열뇌 씻어내고 청량함을 얻으이다.

【자구해설】

①**金爐(금로)**: 금으로 장식하여 만든 향로. 금으로 된 향로. 향로의 미칭(美稱).

②**氛氣(분기)**: 공중에 보이는 운하(雲霞)같은 기운. 해미[해매(海霾). 바다 위에 낀 아주 짙은 안개] 혹은 그 기운./ 氛(기운 분)

③**一炷(일주)**: '주(炷)'는 소향(燒香)의 뜻. 소향일주(燒香一炷)·상향일주(上香一炷) 등에 사용. 즉 한 줄기 혹은 한 조각의 향을 사르는 것./ 炷(심지 주)

④**甘露(감로)**: Ⓢamṛta. 音아밀리다(阿密哩多). 意불사(不死)·천주(天酒). 불교 이전 베다시대부터 제천(諸天)의 음료로서 소마(Soma)를 '감로'라 하였고, 이를 마시면 불로장생을 얻는다 하여 천주(天酒)라고도 했다. 후에는 이를 비유화·정신화하여, 불사열반(不死涅槃)의 이상경(理想境)을 말하게 되었고, 불교에서도 주로 열반을 감로라고 하였다. 감로법문이라 하면 열반에의 법문·설법을 말하는 것이었고 이러한 법문을 자우(慈雨)에 비유하여 감로법우(甘露法雨, Ⓟamata-vuṭṭhi)라고도 하였다.

※ **甘露王(감로왕)**: Ⓢamṛta-rāja. 아미타불의 별호./ 甘露法(감로법, Ⓢamṛta-dharma): 부처님의 가르침./ 甘露法雨(감로법우): 부처님의 가르침이 모든 중생을 차별 없이 교화하심을 비에 비유하여 이르는 말.

※ Amṛta '감로'와 Amita '불호'

⑤**淸凉(청량)**: 날씨나 마음 혹은 입맛이 맑고 시원함.

【개요】

도량의 결계에 반드시 필요한 것이 '감로수'와 '대비주(大悲呪)'인데 이 가운데 감로수 내려주실 것을 관세음보살께 간구하는 의식이다. 감로수는 관세음보살님의 지물(持物) 가운데 대표적인 것이다.

【구성 및 내용】

내용 면에서 본 게송은 기·승·전·결로 나누어 볼 수 있다.

'기'인 **금로분기일주향(金爐氛氣一炷香)** —금향로에 짙은기운 한줄기의 향으로써— 에서는, 법회대중의 입장에서 관세음보살님께 간구하려는 것이 있음을 알 수 있다. 향은 능례의 소원을 소례에게 전함을 공능으로 하는 것으로서 공양물 가운데서도 으뜸으로 꼽는 것이다. 향로를 '금로(金爐)'라 하고, 그 연기를 짙은 안개를 나타내는 '분기(氛氣)'라고 표현함에서 능례의 간절함을 엿볼 수 있다. 특히 '일주'는 일편단심과도 같은 표현으로 관세음보살님을 향한 소례의 마음이 잘 나타나 있다 하겠다.

'승'인 **선청관음강도량(先請觀音降道場)** —제일먼저 관음보살 강림하심 청하오니— 에서는, 청해 모시려는 분이 관세음보살님이심을 표명하였다. 많은 불보살님 가운데 딱히 한 분의 명호를 들고 있음에서 영산작법에서 차지하시는 위치를 짐작할 수 있다.

'전'인 **원사병중감로수(願賜甁中甘露水)** —지니시온 병가운데 감로수를 내리시어— 에서는, 관세음보살님을 청해 모시려는 본회를 드러내 보이고 있다. 보살님의 특징이 늘 감로수병을 지니고 있으심인데, 그 감로수를 베풀어주시길 부탁드리려는 것이다.

'결'인 **소제열뇌획청량(消除熱惱獲淸凉)** —온갖열뇌 씻어내고 청량함을 얻으이다.— 에서는, 감로수의 용도를 밝히고 있다. 중생이란 명칭은 번뇌를 지니고 있음으로 인해 얻은 이름인데 다름 아닌 감로수로써 번뇌를 씻어내고 청량함을 얻으려는 것이다.

【의식】

<22.걸수게> 끝에 바라지가 울린 태징 세 망치를 신호로 중번의 지시를 받은 인도(引導) 1人이 홑소리로 거행한다. 마치면 바라지는 다시 태징 세 망치를 울린다.

【연구】

1 본 게송을 '내걸수게(內乞水偈)'라고 부른다는데…

「영산작법」에서 이르는 표현이다. 도량의 결계를 위해 관세음보살님께 감로수를 구하는 게송으로 두 가지가 있으니 <22.걸수게>와 <23.쇄수게>이다. 이 가운데 <22.걸수게>를 '내걸수게(內乞水偈)'라 하고 <23.쇄수게>를 '외쇄수게(外灑水偈)'라 하여, 자고로 이들 두 게송을 안팎의 관계로 보아 불가분임을 강조해오고 있다.

<23.灑水偈(쇄수게)> 감로수로 도량의 결계를 도모하려는 의지를 표명하는 게송.

靈山作法 ‖ ★**(1)歸依儀式** 1.鳴鈸 2.喝香 3.燃香偈 4.喝燈 5.燃燈偈 6.喝花 7.舒讚偈 8.佛讚 9.大直讚 10.中直讚 11.小直讚 12.開啓疏 13.合掌偈 14.告香偈 ★**(2)結界儀式** 15.開啓篇 16.觀音讚 17.觀音請 18.散華落 19.來臨偈 20.香華請 21.歌詠 22.乞水偈 **23.灑水偈** 24.伏請偈 25.大悲呪 26.四方讚 27.道場偈 28.懺悔偈 ★**(3)召請儀式** 29.大會疏 30.六擧佛 31.三寶疏 32.大請佛 33.三禮請 34.四府請 35.單請佛 36.獻座眞言 37.茶偈 38.一切恭敬 39.香花偈 ★**(4)勸供儀式** 40.淨法界眞言 41.祈聖加持 42.四陀羅尼 43.加持供養 44.六法供養 45.各執偈 46.加持偈 47普供養眞言 48.普回向眞言 49.四大呪 50.願成就眞言 51.補闕眞言 52.禮懺 53.嘆白 54.和請 55.祝願和請

觀音菩薩大醫王① 관음보살대의왕	대자대비 관음보살 의사중에 의사시며
甘露甁中法水香 감로병중법수향	감로수병 가운데는 향기로운 법수가득,
灑濯魔②雲生瑞氣 쇄탁마운생서기	뿌리오면 마의구름 벗겨지고 서기나며
消除熱惱獲淸凉 소제열뇌획청량	온갖열뇌 씻어내어 청량함을 얻습니다.

【자구해설】

①大醫王(대의왕): Ⓢmahā-vaidya-rāja. 부처님을 일컬음. 부처님께서 일체중생의 번뇌업고(煩惱業苦)를 제거해 주심이 마치 의사가 병을 치료해 주는 것과 같음에서 이르는 말. 이와 같은 비유는 『무량의경(無量義經)』 덕행품(德行品), 『별역잡아함경(別譯雜阿含經)』 및 『허당록(虛堂錄)』 등 도처에 보이고 있다.

醫王大醫王 分別病相 曉了藥性 隨病授藥 令衆樂服[119] —『무량의경(無量義經)』
의왕대의왕 분별병상 효료약성 수병수약 영중요복

佛是大醫王 善觀衆病 衆生信而服之 則病無不療[120] —『허당록(虛堂錄)』
불시대의왕 선관중병 중생신이복지 즉병무불료

②魔(마): ⓈⓅmāra. 음마라(魔羅)·말라(末羅). 약하여 마(魔). 의살자(殺者)·악자(惡者)·능탈명(能奪命)·장애(障碍)·요란(擾亂)·악마(惡魔). 사람의 몸과 마음을 어지럽히고 선을 방해하며 지혜의 목숨을 앗아가는 것.

【개요】

관세음보살님의 '대비주(大悲呪=千手呪)'를 지송하기에 앞서 우선 관세음보살님과 관세음보살님의 공능(功能) 및 법수(法水)를 찬탄하는 것이다. 즉 '대비주'를 지송하는 까닭을 대중에게 주지시킴을 목적으로 거행하는 의식이다.

또, 이 부분은 원천수(原千手)나 의천수(儀千手)의 <계수문(稽首文)>에 해당하는 부분이기도 하다.

【구성 및 내용】

칠언절구의 게송으로 기·승·전·결의 형태를 보이고 있다.

'기'인 **관음보살대의왕(觀音菩薩大醫王)** —대자대비 관음보살 의사중에 의사시며— 에서는, 소례이신 관세음보살님을 뛰어난 의사에 견주었다. 즉, 관세음보살께서 일체중생의 번뇌업고(煩惱業苦)를 제거해 주심이 마치 명의가 병의 원인과 처방 등을 잘 알아 환자의 병

119) 『大正藏』 卷9, p.384c.
120) 같은 책 卷47, p.1011c.

을 치료해 주는 것과 같음에 비유하여 찬탄한 것이다.

'승'인 **감로병중법수향(甘露瓶中法水香)** —감로수병 가운데는 향기로운 법수가득— 에서는, '감로수병'과 그 안에 담긴 '법수(法水)'를 말하여 '대의왕'의 상징적인 모습을 말하고 있다. 비유컨대 '감로병'과 '법수'는 의사에게 있어서 '청진기'나 '약'과 같은 것이기 때문이다.

'전'인 **쇄탁마운생서기(灑濯魔雲生瑞氣)** —뿌리오면 마의구름 벗겨지고 서기나며— 에서는, 대의왕이신 관세음보살님의 실질적 자비행과 법수의 공능을 말하여, 관세음보살께서 중생의 곁에 계시다는 사실을 구체적으로 묘사하고 있다. 비유컨대 '수술칼'이나 '주사기' 등을 지니고 시술(施術)에 임하는 의사의 모습이라 하겠다.

'결'인 **소제열뇌획청량(消除熱惱獲淸凉)** —온갖열뇌 씻어내어 청량함을 얻습니다— 에서는, 전 삼구(三句)의 내용을 증명·찬탄하고 있다. 즉 의사가 명의냐 아니냐는 의사 자신이 판단하는 것이 아니라, 환자나 제삼자가 판단하는 것이기 때문이다.

관점을 달리하여 '쇄수게'의 구성을 선경후정(先境後情)으로 볼 수도 있다. 제1구와 제2구는 '선경'으로서 관세음보살님의 위대하심을 찬탄하였고, 다음 제3구와 제4구는 '후정'으로서 그 위대하심이 우리 중생에게 어떤 모습으로 다가오는가에 대한 것으로 관세음보살님과 법수의 공능(功能)을 찬탄하고 있다.

【의식】

홑소리로 거행한다. <22.결수게> 끝에 울리는 태징 세 망치를 신호로 시작하고 끝나면 다시 세 망치를 울린다.

【연구】

1 위 【개요】에서 <23.쇄수게>는 원천수나 의천수의 <계수문(稽首文)>[121]에 해당한다고 했는데…?

【개요】에서 언급했듯 <23.쇄수게>는 내용 면이나 위치 면에서 볼 때 다음과 같은 관점에서 『천수경』의 <계청문>에 당하는 부분으로 판단된다.

<23.쇄수게>와 <계청문>의 내용 및 상관관계를 살피면 다음과 같다.

- **觀音菩薩大醫王(관음보살대의왕)**

稽首觀音大悲主(계수관음대비주)	대비주께 정성다해 계수례를 올립니다.
願力弘深相好身(원력홍심상호신)	넓고깊은 대원력과 원만상호 갖추신몸
千臂莊嚴保護持(천비장엄보호지)	일천의팔 장엄하사 고해중생 거두시며
天眼光明遍觀照(천안광명변관조)	일천의눈 광명으로 시방세계 살피시네.

<계청문>에서 이 부분의 내용은 한결같이 고해중생을 구제하는 대자대비의 주인공으로서 관세음보살님을 찬탄하고 있다. 즉 <23.쇄수게>에서 말한 '대의왕'의 구체적 내용이라 하겠다.

---

121) 不空 譯『千手千眼觀世音菩薩大悲心陀羅尼』(大正藏 卷20 p.115b).

• 甘露甁中法水香(감로병중법수향)

眞實語中宣密語(진실어중선밀어)	진실하온 말씀중에 다라니를 베푸시고
無爲心內起悲心(무위심내기비심)	함이없는 마음안에 대자비심 일으키사
速令滿足諸希求(속령만족제희구)	중생들은 가진소원 바로바로 만족하고
永使滅除諸罪業(영사멸제제죄업)	모든죄업 영원토록 사라지게 하십니다.

<계청문>의 '진실어중선밀어'와 '무위심내기비심'은 『금강경(金剛經)』 무득무설분 제칠(無得無說分 第七)에서 '개이무위법 이유차별(皆以無爲法 而有差別)'[122]이라 하신 내용과 통하며, 표현방법에 있어서는 <23.쇄수게>의 '감로병중법수향'과 유사하다. '속령만족제희구'와 '영사멸제제죄업'을 포함하여 그 뜻을 음미컨대, 대의왕(大醫王)이신 관세음보살님의 공능(功能)을 찬탄한 것으로 볼 수 있다.

• 灑濯魔雲生瑞氣(쇄탁마운생서기)

天龍衆聖同慈護(천룡중성동자호)	천룡팔부 호법성중 모두함께 보살피사
百千三昧頓薰修(백천삼매돈훈수)	백천가지 온갖삼매 일념중에 닦아지니
受持身是光明幢(수지신시광명당)	이법지닌 이내몸은 대광명의 깃발되고
受持[123]心是神通藏(수지심시신통장)	이법지닌 이내마음 육신통의 寶庫라네.

<계청문>의 천룡중성동자호는 <23.쇄수게>에서 말하는 '마운(魔雲)'을 사라지게 함이며, 그 결과가 <23.쇄수게>에서 말하는 '생서기(生瑞氣)'이다. <계청문>에서는 동일한 내용이 '백천삼매돈훈수' '수지신시광명당' '수지심시신통장'으로 묘사하고 있다.

• 消除熱惱獲淸凉(소제열뇌획청량)

洗滌塵勞願濟海(세척진로원제해)	온갖번뇌 씻어내고 생사고해 건너가서
超證菩提方便門(초증보리방편문)	모든방편 뛰어넘어 방편문을 증득하며,
我今稱誦誓歸依(아금칭송서귀의)	관음보살 칭송하고 귀의함을 서원하면
所願從心悉圓滿(소원종심실원만)	바라는바 뜻과같이 이루도록 하십니다.

<계청문>의 '세척진로원제해 초증보리방편문'과 <23.쇄수게>의 '소제열뇌획청량'은 동일한 내용으로 볼 수 있다. 특히 주의할 것은 '아금칭송서귀의 소원종심실원만'을 '~하옵소서'가 아닌 '~하십니다'라는 찬탄형으로 해석해야 한다는 점이다.

이상에서 살펴본 바와 같이 『천수경』의 <계청문>과 「영산작법」의 <쇄수게> 내용은 서로 통하고 있음을 확인할 수 있다.

122) 『大正藏』 卷8, p.749b.
123) 수지(受持): 從師所學曰受 解義修行曰持(종사소학왈수 해의수행왈지) -六祖-.

<24.伏請偈(복청게)> 감로수의 가지를 위해 대중의 대비주 동음창화를 부탁하는 게송.

靈山作法 ‖ ★⑴**歸依儀式** 1.鳴鈸 2.喝香 3.燃香偈 4.喝燈 5.燃燈偈 6.喝花 7.舒讚偈 8.佛讚 9.大直讚 10.中直讚 11.小直讚 12.開啓疏 13.合掌偈 14.告香偈 ★⑵**結界儀式** 15.開啓篇 16.觀音讚 17.觀音請 18.散華落 19.來臨偈 20.香華請 21.歌詠 22.乞水偈 23.灑水偈 **24.伏請偈** 25.大悲呪 26.四方讚 27.道場偈 28.懺悔偈 ★⑶**召請儀式** 29.大會疏 30.六擧佛 31.三寶疏 32.大請佛 33.三禮請 34.四府請 35.單請佛 36.獻座眞言 37.茶偈 38.一切恭敬 39.香花偈 ★⑷**勸供儀式** 40.淨法界眞言 41.祈聖加持 42.四陀羅尼 43.加持供養 44.六法供養 45.各執偈 46.加持偈 47普供養眞言 48.普回向眞言 49.四大呪 50.願成就眞言 51.補闕眞言 52.禮懺 53.嘆白 54.和請 55.祝願和請

伏請①大衆 복청대중	청정승보 여러분께 엎드려서 청하오니
同音②唱和③ 동음창화	동음으로 정성다해 지송하여 주옵소서.
神妙④章句⑤ 신묘장구	관음보살 일러주신 신비하고 묘하온글
大陀羅尼⑥ 대다라니	중생의願 성취케할 위대하온 다라니를.

【자구해설】

①**伏請(복청)**: 엎드려 청함. ※ 복망(伏望) : 웃어른의 처분을 삼가 바람.

②**同音(동음)**: 같은 음성. 같은 소리.

③**唱和(창화)**: 한쪽에서는 부르고 다른 한쪽에서는 화답함. 남의 시운(詩韻)에 맞추어 시를 지음. 연주에 맞추어 노래를 부름. 여기서는 제창(齊唱)의 뜻.

④**神妙(신묘)**: 신통하고 아주 묘함. '신(神)'은 헤아리지 못하는 것을 말하며, '묘(妙)'는 불가사의한 것을 말함.

⑤**章句(장구)**: 글의 장(章, 시가나 문장 등의 뜻으로 나누어지는 부분)과 구(句, 두 개 이상의 단어가 모여 절이나 문장의 한 부분이 되는 토막).

⑥**陀羅尼(다라니)**: Ⓢdhāraṇī. 총지(摠持)·능지(能持)·능차(能遮)라 번역.

⊙총지: 능히 무량무변한 이치를 섭수(攝受)해 지녀 잃지 않는 염혜(念慧)의 힘을 말함.

⊙능지: 가지가지의 선법을 능히 지닌다.

⊙능차: 가지가지의 악법을 능히 막는다.

【개요】

영산회상의 소례제위를 모시기 위해서는 도량의 정토화(淨土化=三變土淨)가 선결조건이고, 정토화를 위해서는 결계(結界)가 우선되어야 한다. 즉, 본 게송은 결계를 목적으로 『천수천안 관세음보살 광대원만 무애대비 심다라니경(千手千眼 觀世音菩薩 廣大圓滿 無礙大悲 心陀羅尼經)』[124]의 주(呪)인 '대비주(大悲呪)'를 동음으로 창화해 줄 것을 대중에게 정중히 청하는 일종의 청문(請文)이다.

---

124) 대장경에 보이는 『천수경』과 역자(譯者)와 경명(經名).

역자(譯者)	경명(經名)	출처(出處)
의식용「천수경」	千手千眼觀自在菩薩廣大圓滿無碍大悲心大陀羅尼	Sk上 p.94
가범달마(伽梵達摩)	千手千眼觀世音菩薩廣大圓滿無礙大悲心陀羅尼經	大正藏 20-106
불공(不空)	千手千眼觀世音菩薩大悲心陀羅尼	大正藏 20-115
금강지(金剛智)	千手千眼觀自在菩薩廣大圓滿無礙大悲心陀羅尼咒本	大正藏 20-112
보리유지(菩提流志)	千手千眼觀世音菩薩姥陀羅尼身經	大正藏 20-96b
지통(智通)	千眼千臂觀世音菩薩陀羅尼神咒經	大正藏 20-83

이어지는 '천수바라'는 대비주의 주력으로 도량의 결계를 실천으로 옮기는 절차이다.

【구성 및 내용】

제목이 '복청게(伏請偈)'로 되어 있고, 외적(外的)인 형태 역시 사언절구로 되어 있으나, 내용은 단순한 서술문과 같은 느낌을 준다. 하지만 그 전개를 보면 오히려 세심한 주의가 깃들어 있는 전형적인 게송임을 알 수 있다.

'기'인 **복청대중(伏請大衆)** —청정승보 여러분께 엎드려서 청하오니— 에서는, 본 법요에 있어서 대중의 역할이 얼마나 중요한 것인가를 알 수 있게 했다. 즉, 다라니는 '약속된 언어'인바 대중이 함께 창화함으로써 다라니의 정확도를 높일 수 있기 때문이다.

'승'인 **동음창화(同音唱和)** —동음으로 정성다해 지송하여 주옵소서— 에서는, 본 법요에 있어서 대중의 역할이 무엇인가를 분명히 하였다. 특히 '동음(同音)'이라는 대목에서 모든 불사(佛事)는 대중의 화합을 무엇보다도 근본으로 하고 있음도 알 수 있다.

'전'인 **신묘장구(神妙章句)** —관음보살 일러주신 신비하고 묘하온글— 에서는, 동음으로 창화해야 할 내용의 성격을 부연하여 신비감과 궁금증을 유발시키고 있다.

'결'인 **대다라니(大陀羅尼)** —중생의원 성취케할 위대하온 다라니를— 에서는, 수험(受驗) 뒤 정답을 확인하듯 다라니 앞에 '대(大)'자를 더하여 대중에게 방향을 제시하였다.

【의식】

사미 1인이 어산단(魚山團) 중앙에 서서 상단을 향해 합장을 하고 홑소리로 거행하며, 이때 청(請)을 받는 입장인 대중은 모두 본 게송이 끝날 때까지 평좌하고 자기 자리에 앉아 있는다.

끝나면 바로 태징의 박자를 주(主)로 하고 여타의 사물을 함께 울리며, 어산단에서는 박자에 맞추어 대비주를 지송한다. 이때 2인 혹은 4인 혹은 그 이상의 사미승들은 재장(齋場) 중앙으로 나가 바라를 사용하여 '천수바라작법'을 거행한다.

【연구】

[1] <24.복청게(伏請偈)>에서의 소례는?

의식의 대상이 삼보(三寶) 가운데 '승보'임에 주목할 필요가 있는 부분이다. 즉 「상주권공」의 의식문 대부분이 설판재자의 원에 따른 특정의 불보이시거나 승보일 경우는 거의 보살을 대상으로 하고 있는데, 여기서는 승보 전체를 대상으로 하고 있으며, 특히 그 가운데서도 감각적으로 확인할 수 있는 주지삼보(住持三寶)[125] 가운데 승보인 법회 참석 대중

---

125) 四種三寶(사종삼보).
(1)일체삼보(一切三寶): 동체삼보(同體三寶)·동상삼보(同相三寶)라고도 함. 불·법·승 삼보가 일체라는 뜻. 부처님께 깨달음의 의미가 있는 것이 불보(佛寶), 궤범(軌範)의 의미가 있는 것이 법보(法寶), 계(戒)를 범함이 없고 싸움이 없는 것이 승보(僧寶)임. 이와 같이 승려에게 관지(觀智)가 있는 것이 불보, 궤범이 있는 것이 법보, 화합이 있는 것이 승보임.
(2)이체삼보(理體三寶): 진여(眞如) 그 자체에 각성(覺性)·법상(法相)·무위쟁과(無違諍果)의 3가지 덕이 있음을 들어 삼보라고 한 것.
(3)화상삼보(化相三寶): 별체삼보(別體三寶)·진실삼보(眞實三寶)라고도 함. 대승의 삼보에서는, 제불의

임에 유의해야 한다.

2 <25.대비주> 전에 <24.복청게>를 거행하는 이유는?

진언이나 다라니의 생명은 신심과 정확도에 있다. 진언이나 다라니가 지닌 가지력에 대한 신심을 물론이려니와 정확도의 중요성은 아무리 강조해도 부족하다.

특히 '대비주'와 같이 그 내용이 긴 경우에는 내용을 잘못 지송하거나 빠트릴 수 있는 위험도 역시 그만큼 높기에 더욱 긴장해야 한다.

그런데 진언의 내용에 박자를 넣으면 그 정확도는 높아지게 되고, 춤사위를 곁들이면 금상첨화라 하겠으니, 이런 요구를 수용하며 탄생한 것이 '천수바라' 작법무(作法舞)이다.

또 혼자 지송하는 것보다는 둘 혹은 그 이상의 대중이 함께 지송하는 것이 정확도를 높이는데 효과적이다. 그러므로 <24.복청게>에서 '복청대중 동음창화(伏請大衆 同音唱和)'라 했고, 이를 게송으로 표현한 것이 <24.복청게>이다.

삼신을 불보, 육도(六度)를 법보, 성자를 승보라 하고, 소승에서는 육신을 지니신 화신(化身)을 불보, 사제(四諦)·십이인연(十二因緣)의 법을 법보, 사과(四果)·연각(緣覺)을 승보로 한 것을 말함.

(4)주지삼보(住持三寶): 불멸후(佛滅後)에 있는 삼보에 대해서 말함. 목불(木佛)·화상(畵像)을 불보, 삼장(三藏)의 문구를 법보, 체발염의(剃髮染衣)를 승보라 함.

<25.大悲呪(대비주)> 대중이 함께 대비주를 지송하여 감로수를 가지하는 진언의식.

神妙章句大多羅尼(신묘장구대다라니)[126]

- 나모라。ᄃᆞ나。ᄃᆞ라야야。

  삼보께 귀의합니다.

- 나막。알약。바로기뎨。ᄉᆡ바라야。모디。사ᄃᆞ바야。마하。사ᄃᆞ바야。마하。가로니가야。

  크나큰 자비의 성관자재 보살마하살께 귀의합니다.

- 옴。살바。바예수。ᄃᆞ라나。가라야。다사명。나막。

  아! 모든 두려움 가운데 피난처 되어지는 그에게 귀의합니다.

- ᄭᅵ리ᄃᆞ바。이맘。알야。바로기뎨。ᄉᆡ바라。다바。이라간타。나막。

  이것을 청경青頸의 명호인 성관자재 찬가를 기억하면서,

- ᄒᆞ리나야。마발다。이샤미。살발타。사다남。슈반。애예염。살바。보다남。바바말아。미수다감。

  저는 마음을 닦겠습니다. 일체의 이익 성취와 복과 필승과, 일체 중생들의 삶의 길의 청정을,

- 다냐타。

  앞의 예例는 다음과 같다.

- 옴。아로계。아로가。마디로가。디ᄀᆞ란뎨。혜혜。하례。

  아! 관하여 보는 자이시여! 출세간의 마음, 세속을 초월한 자이시여! 오소서. 오소서 관자재시여!

- 마하모디。사ᄃᆞ바。ᄉᆞ마라。ᄉᆞ마라。ᄒᆞ리나야。

  마음을 기억하소서, 기억하소서. 대보살이시여!

- 구로。구로。갈마。사다야。사다야。

  의식을 행하소서, 행하소서. 목표가 달성케 되기를…

- 도로。도로。미연뎨。마하。미연뎨。

  수호하소서, 수호하소서! 승리자시여! 대승리자시여!

- 다라다라。다린ᄂᆞ례。ᄉᆡ바라。

  지지支持하소서, 지지하소서, 능히 대지를 지지하는 신이시여!

---

126) 본 <대비주>의 음(音)은 망월사 판『진언집(眞言集)』22장을, 해석은 정각 저『천수경연구』의 내용을 참고하여 옮긴 것임.

- **자라자라。마라。미마라。아마라。몰뎨。**

  움직이소서, 움직이소서. 말라신神이시여! 부정을 여윈 청정한 무르떼신神이시여!

- **예혜혜。로계。식바라。라아。미사미。나사야。ᄂᆞ베。사미。사미。나사야。모하。자라。미사미。나사야。**

  오소서, 오소서. 세자재世自在시여! 탐욕의 독을 파괴하시고, 진에의 독을 파괴하시고, 치암의 얽혀짐의 독을 파괴하소서!

- **호로。호로。마라。호로。하례。바ᄂᆞ마。나바。**

  기쁘도다! 말라신神이시여! 기쁘도다! 관자재이시여, 파드마나바시여!

- **사라。사라。시리。시리。소로소로。몯댜몯댜。모다야。모다야。**

  이리 저리 좌우로 움직이소서, 흐르소서! 비추어 식별함으로써 깨닫게 하소서!

- **믹ᄃᆞ리야。니라간타。가마샤。놀사남。ᄇᆞ라。ᄒᆞ라。나야。마낙。ᄉᆞ바하。**

  정이 깊은 청경이시여! 즐거움의 마음을 성찰함으로써 쁘라흐라다신께 영광이 있기를!

- **싣다야。ᄉᆞ바하。마하。싣다야。ᄉᆞ바하。싣다유예。식바라야。ᄉᆞ바하。**

  성자께 영광이 있기를! 대성자께 영광이 있기를! 성자, 요가의 주主께 영광이 있기를!

- **니라。간타야。ᄉᆞ바하。**

  청경青頸께 영광이 있기를!

- **바라하。목카。싱하。목카야。ᄉᆞ바하。**

  멧돼지의 용모, 사자의 용모를 갖춘 자께 영광이 있기를!

- **바ᄂᆞ마。하짜야。ᄉᆞ바하。**

  연꽃을 쥔 자에게 영광이 있기를!

- **자ᄀᆞ라。욕다야。ᄉᆞ바하。**

  챠크라를 손에 쥔 자에게 영광이 있기를!

- **샹카。셥나네。모다나야。ᄉᆞ바하。**

  소라고둥 소리를 듣는 자에게 영광이 있기를!

- **마하라。구타。다라야。ᄉᆞ바하。**

  큰 방망이를 지닌 자에게 영광이 있기를!

- **바마。ᄉᆞ간타。니샤。시톄다。ᄀᆞ릿나。이나야。ᄉᆞ바하。**

  왼쪽 공격자 쪽에 있는 흑색 성자께 영광이 있기를!

- **먀ᄀᆞ라。잘마。니바。사나야。ᄉᆞ바하。**

  호랑이 가죽을 착용한 자에게 영광이 있기를!

- **나모라。ᄃᆞ나ᄃᆞ라。야야。나막。알야。바로기뎨。시바라야。ᄉᆞ바하。**

  삼보께 귀의합니다. 성관자재께 귀의합니다. 영광이 있으소서!

【개요】

대비주는 본명이 ‘광대원만무애대비심다라니(廣大圓滿無礙大悲心陀羅尼)’로서 관세음보살께서 과거 인행시 ‘천광왕정주여래(千光王靜住如來)’로부터 구한 다라니이다. 공능 면에서 본다면 대비주는 만병통치약에 견줄 만큼 중생이 원하는 바를 모두 성취하게 하는 다라니이다.

특히 「의천수」에서는 사명사문(四明沙門) 지례(智禮)가 열거한 대비주의 열 가지 공덕127) 가운데 세 번째인 ‘결계(結界)’를 목표로 거행하는 진언의식이다.

【의식】

앞서 봉독한 의식문에 이어 동일한 박자로 법주와 대중이 함께 제목은 한 번, 다라니는 세 번 지송한다. 이때 사용하는 사물(四物)은 소사물(小四物)이다.

<25.대비주> 이전의 절차가 <24.복청게>인 데서 알 수 있듯이 여기서는 ‘천수바라’를 거행한다. 천수바라의 태징타법은 【연구】 후미에 소개하였다.

【연구】

1 대비주(大悲呪)를 삼편(三遍) 지송(持誦)하는 이유는?

우선 『작법귀감』 소수 「삼보통청」에서 ‘신묘장구대다라니’에 대해 언급된 주(註) 내용을 살펴보면 다음과 같다.

> (1)法衆同諷㉠三遍㉡一邊㉢梵音 進入卓㉣前揷香 左手執水盂㉤右手執楊枝 滴水㉥熏香三度 因
> 법중동풍삼편 일변범음 진입탁전삽향 좌수집수우 우수집양지 적수훈향삼도 인
>
> 攪㉦其水三度而灑之 始匝堂內一巡 次匝庭中一巡 終匝廊㉧外一巡 以擬㉨三變淨土 或堂
> 교기수삼도이쇄지 시잡당내일순 차잡정중일순 종잡랑외일순 이의삼변정토 혹당
>
> 內三巡亦可
> 내삼순역가
>
> (2)千手必須三遍者 初滅諸染緣 次去識心限碍㉩後擴㉪周法界也
> 천수필수삼편자 초멸제염연 차거식심한애 후확주법계야
>
> (3)又或有三遍 而初遍 通㉫誦一呪 後二遍 但誦末後一句 未知其可
> 우혹유삼편 이초편 통송일주 후이편 단송말후일구 미지기가
>
> (4)又終遍時 更擧神妙章句大陀羅尼題者 非也 思之128)
> 우종편시 갱거신묘장구대다라니제자 비야 사지
>
> (1)법중은 함께 [대비주를] 세 번 외운다. 한쪽에서는 범음으로 하고 탁자 앞에 나

---

127) 사명사문 지례 집(集) 『천수안대비심주행법(千手眼大悲心呪行法)』㊅46-973a에 의하면 『천수경』에서 ‘대비주’를 지송하는 목적을 ①엄도량(嚴道場) ②정삼업(淨三業) ③결계(結界) ④수공양(修供養) ⑤청삼보제천(請三寶諸天) ⑥찬탄신성(讚歎伸誠) ⑦작례(作禮) ⑧발원지주(發願持呪) ⑨참회(懺悔) ⑩수관행(修觀行) 등 10종으로 정리하고 있다. 따라서 현행 한국불교의 각종 의식에서 원용하고 있는 ‘대비주’를 한 가지 목적으로 이해하려 함에는 무리가 따르게 된다. 즉, 같은 내용의 ‘대비주’일지라도 원용된 곳이 「송주(誦呪)」인지, 「권공의식」인지, 아니면 「시식(施食)」인지 의식의 종류를 보아 평가해야 한다.

128) 『韓國佛敎全書』 第10冊 p.554a.

아가 향을 꼽는다. 왼손에는 물그릇을, 오른손에는 양지를 쥐고 [양지를] 물에 적셔 향에 쪼이기를 세 번 한다. [쪼인 다음] 계속해서 그 물에 섞어서[=휘저어] 세 번에 걸쳐 이를 뿌린다. [이런 다음] 비로소 당내를 한 번 돌고, 다음에는 뜰 가운데를 한 번 돌고, 끝으로 회랑 밖을 한 번 돈다. [이와 같이 하는 것은] 삼변토정(三變土淨)을 본뜬 것이다. 혹 당내(堂內)에서 세 번 돌아도 또한 괜찮다.

⑵천수다라니를 반드시 세 번 지송하라 함은, 첫 번째는 모든 염연(染緣)을 멸하는 것이고[=외식제연(外息諸緣)], 다음은 식심(識心)의 제한됨[=욕심 때문에 욕심의 대상에 오히려 붙잡히는 부자유스러움]을 물리치는 것이고[=내심무천(內心無喘)], 끝으로는 [식심이] 진여법계에 퍼져 두루하게[=합일되게] 함이다[=심여장벽 가이입도(心如墻壁 可以入道)].

⑶또 혹 세 편을 하되, 첫 번은 어떤 경우든 일주(一呪=대비주의 처음부터 끝까지 한 번)를 외우고, 다음 두 번은 다만 말구인 '나모라 다나다라 야야 나막알야 바로기제 새바라야 사바하'만을 한다고 한다. [그러나] 그렇게 해서 옳은지는 알 수 없다.

⑷또 [대비주 전문을 모두 독송할 경우] 한 편을 마치고 나서 다시 '신묘장구대다라니'라는 제목을 읊은 잘못된 것이니 이를 생각할 것이다.

【자구해설】 ☞상기 내용의 주

㉠諷(풍): 외다. 안보고 읽다./ 諷(욀 '풍')
㉡遍(편): 처음부터 끝까지 한차례 하는 일. 횟수(回數)를 세는 말./ 遍(두루 '편')
㉢一邊(일변) : 한편. 한쪽.
㉣卓(탁): 책상. 탁자./ 卓 높을 '탁'
㉤盂(우): 盂 바리 '우'
㉥滴水(적수): 물을 방울지게 떨어뜨림. 또는 그 물방울./ 滴 물방울 '적'
㉦攪(교): 뒤섞다. 휘젓다. 攪 어지러울 '교'
㉧廊(랑): 廊 복도 '랑[낭]'
㉨擬(의): 비기다. 비교하다. 본뜨다. 흉내내다./ 擬 헤아릴 '의'
㉩限碍(한애): 제한하고 금지함.
㉪擴(확): 擴 넓힐 '확'
㉫通(통): 오로지. 두루. 모두.

이상의 내용에서 몇 가지 중요한 점을 발견할 수 있다.

첫째, 여기서 말하는 일변범음(一邊梵音)을 요즈음 행하여지고 있는 '천수바라'로 본다면, 천수바라가 행해질 때 향을 올리고 세 번에 걸쳐 쇄수(灑水)를 행해야 할 것이다. 이른바 『법화경』에서 말씀하고 있는 삼변토정(三變土淨)을 위한 결계의식으로서 삼잡(三匝)이 함께 이루어져야 한다는 것이다. 단, 현행의식에는 소리만이 남아있고 '사방찬(四方讚)'이 곧바로 이어지고 있는바, 이를 어떻게 볼 것인가는 문제로 남는다. 또 '사방찬'에 이어지는 '도량게(道場偈=嚴淨偈)'에서 삼잡에 준하는 법요가 이루어지고 있는바, 이 역시 그 방법과 의의를 생각해야 한다.

정리컨대, 위 주(註)에서는 범음(梵音)과 쇄수(灑水) 그리고 삼잡(三匝)이 동시에 이루어지는 것 같이 설명되고 있지만, 실제에 있어서는 이 세 가지 작법이 시간차를 두고 행하여지는 것으로 보아야 할 것이다. 또 유의할 점은 작법으로서의 '쇄수'를 되살리지 않으면 안 된다는 것과 대중은 어떤 형태로든 '대비주'를 반드시 세 번 지송해야 한다는 것이다.

둘째, 대비주는 반드시 삼편을 모시도록 말하고 있는데, 그 이유로 든 것이 다름 아닌

'멸제염연 거식심한애 확주법계(滅諸染緣 去識心限碍 擴周法界)'이다. 이는 매우 설득력이 있는 것으로, 초조 달마스님께서 이조 혜가(慧可)스님에게 내리신 '외식제연 내심무천 심여장벽 가이입도(外息諸緣 內心無喘 心如墻壁 可以入道)'라는 말씀과도 통한다.

한편 영산재 보존사찰인 봉원사에서 '단타징' —약례로서 일반 불공과 상주권공의 중간에 해당하는 의식— 으로 거행하는 의식에서는, 먼저 「천수경」의 첫 항목인 <보례진언>부터 시작하여 <대비주> 이전까지 봉행하고, 이어 <대비주>를 2편 지송한 후, <복청게(伏請偈)>[129]를 하고 계속해서 '천수바라'를 거행한다.

이는 곧 '천수필수삼편(千手必須三遍)'의 의의를 소중히 하고 지키려는 것이라 하겠다.

셋째, 의식을 봉행하는 스님에 따라 조금씩 차이를 보이고 있어 약간의 혼선을 야기했던 것 가운데 하나가 '대비주' 지송 방법이다. 즉, '대비주'를 삼 편 지송해야 함에도 불구하고 마지막 부분인 '나모라 다나다라 야야 나막알약 바로기제 새바라야 사바하'라는 부분만 두 번 더 지송하는 경우도 있고, 또 삼 편을 지송할 때 일편이 끝난 뒤 처음부터 다시 반복함을 여타의 대중에게 주지시키려고 다라니의 제목인 '신묘장구대다라니'를 붙이는 경우도 많이 있다.

그러나 『작법귀감』의 주(註)에는 이 두 가지를 모두 불가한 것으로 보고 있다. 전자의 경우는 다라니를 삼편 지송하는 의미가 퇴색됨을 우려한 것으로 이의가 있을 수 없다. 후자의 경우는 제목을 붙여 읽는다 하여 잘못될 것은 없다고 생각하기 쉬우나, 의식에는 이른바 전통성이 있어야 하고 또 통일되지 않으면 안 된다. 또 일반적으로도 '진언'의 경우는 제목을 한 번 그리고 내용을 세 번 지송함을 원칙으로 하고 있음을 생각할 때, 『작법귀감』의 주장을 존중함이 옳다 하겠다.

129) 伏請大衆 同音唱和 神妙章句 大陀羅尼(복청대중 동음창화 신묘장구 대다라니).

千手鈸鑼(천수바라)

※ 다음 표의 부호에 주의할 것.
○: 태징을 크게 울림. / ○∘: 한 번은 크게 다음은 작게 울림. / ●●●⌄: 바라를 돌림.
⌄: 점을 찍듯이 바라를 울림. / ○○•∘○: 진언의 시작·전환·끝 등을 의미함.

나모라 다나 다라 야야 나막 알약 바로 기제 새바라야
○○•∘○ ○ ○∘ ○∘ ○∘ ○∘ ○∘ ○∘ ○∘ ○○○⌄ ○○•∘○

모디 사다 바야 마하 사다 바야 마하가로 니가야 옴 살바 바예수 다라나 가라야
○ ○∘ ○∘ ○∘ ○∘ ○∘ ●●●⌄ ○○ ○ ○⌄ ○○ ○○ ○○

다사명 나막 까리 다바 이맘 알야 바로기제 새바라 다바 이라 간타 나막 하리나야
○○ ○ ○∘ ○∘ ○∘ ○∘ ●●●⌄ ○○ ○ ○∘ ○∘ ○∘ ●●●⌄

마발다 이샤미 살발타 사다남수반 아예염살바 보다남 바바 말아 미수다감 다냐타옴
○○ ○○ ○○ ●●●●⌄ ●●●●⌄ ○○ ○∘ ○∘ ●●●⌄ ●●●●⌄

아로계 아로가 마지 로가 지가 란제 혜혜 하례 마하모지 사다바 사마라 사마라
○○ ○○ ○ ○∘ ○∘ ○∘ ○∘ ○∘ ●●●⌄ ○○ ○○ ○○

하리 나야 구로 구로갈마 사다야 사다야 도로도로 미연제마하 미연제 다라 다라
○ ○∘ ○∘ ●●●⌄ ○○ ○○ ●●●⌄ ●●●●⌄ ○○ ○∘ ○∘

다린나례 새바라 자라 자라마라 미마라 아마라몰제 예혜혜로계 새바라라아 미사미
●●●⌄ ○○ ○ ●●●⌄ ○○ ●●●●⌄ ●●●●⌄ ●●●●⌄ ○○

나사야 나베 사미사미 나사야 모하자라 미사미 나사야 호로 호로 마라 호로하례
○○ ○ ●●●⌄ ○○ ●●●⌄ ○○ ○○ ○ ○∘ ○∘ ●●●⌄

바나마 나바 사라 사라 시리 시리 소로 소로 못댜못댜 모다야 모다야 매다 리야
○○ ○ ○∘ ○∘ ○∘ ○∘ ○∘ ○∘ ●●●⌄ ○○ ○○ ○ ○∘

니라간타 가마사 날사남 바라하라 나야마낙 사바하 싯다야 사바하마하 싯다야
●●●⌄ ○○ ○○ ○ ○∘ ●●●⌄ ○○ ○○ ●●●●⌄ ○○

사바하 싯다 유예 새바라야 사바하니라 간타야 사바하 바라하 목카싱하 목카야
○○ ○ ○∘ ●●●⌄ ●●●●⌄ ○○ ○○ ○○ ●●●⌄ ○○

사바하 바나마 하따야 사바하 자가라 욕타야 사바하상카 섭나네 모다나야 사바하
○○ ○○ ○○ ○○ ○○ ○○ ●●●●⌄ ○○ ●●●⌄ ○○

마하라구타 다라야 사바하바마 사간타이사 시체다 가릿나 이나야 사바하 먀가라
●●●●⌄ ○○ ●●●●⌄ ●●●●⌄ ○○ ○○ ○○ ○○ ○○

잘마이바 사나야 사바하
●●●⌄ ○○ ○○

※ 바라춤 시작하는 곳.
↳ 옴 살바
○ ○⌄

나모라 다나 다라 야야 나막 알야 바로 기제 새바라야 사바하
○○ ○∘ ○∘ ○∘ ○∘ ○∘ ○∘ ○∘ ●●●⌄ ○ ○•∘○ ○○

※ 위 <대비주(大悲呪)>의 음(音)은 『석문의범』 권상 96쪽을 모범하였음.

<26.四方讚(사방찬)> 法水를 사방에 뿌림으로써 結界의 완성을 찬탄하는 의식.

靈山作法 ‖ ★(1)**歸依儀式** 1.鳴鈸 2.喝香 3.燃香偈 4.喝燈 5.燃燈偈 6.喝花 7.舒讚偈 8.佛讚 9.大直讚 10.中直讚 11.小直讚 12.開啓疏 13.合掌偈 14.告香偈 ★(2)**結界儀式** 15.開啓篇 16.觀音讚 17.觀音請 18.散華落 19.來臨偈 20.香華請 21.歌詠 22.乞水偈 23.灑水偈 24.伏請偈 25.大悲呪 **26.四方讚** 27.道場偈 28.懺悔偈 ★(3)**召請儀式** 29.大會疏 30.六擧佛 31.三寶疏 32.大請佛 33.三禮請 34.四府請 35.單請佛 36.獻座眞言 37.茶偈 38.一切恭敬 39.香花偈 ★(4)**勸供儀式** 40.淨法界眞言 41.祈聖加持 42.四陀羅尼 43.加持供養 44.六法供養 45.各執偈 46.加持偈 47普供養眞言 48.普回向眞言 49.四大呪 50.願成就眞言 51.補闕眞言 52.禮懺 53.嘆白 54.和請 55.祝願和請

一灑東方潔道場 일쇄동방결도량	동방에다 뿌리오니 법도량이 청정하고
二灑南方得淸凉 이쇄남방득청량	남방에다 뿌리오니 청량함을 얻사오며,
三灑西方俱①淨土 삼쇄서방구정토	서방에다 뿌리오니 불국정토 구현되고
四灑北方永安康② 사쇄북방영안강	북방에다 뿌리오니 영원토록 편안하네.

【자구해설】

①**俱(구)**: 함께 하다. 갖추다. 같다. 동일하다. **俱現(구현)**: 내용이 모조리 드러남.
cf.구현(具現): 구체적으로 나타냄. 실제로 나타냄. 또는 나타난 그것.
②**安康(안강)**: 평안하고 무사함. 아무 탈이 없음.

【개요】

도량의 정토화(淨土化=三變土淨)를 위한 결계의식이 원만히 성취되었음을 찬탄하는 의식이다. 이로써 도량은 불・보살님을 위시한 제성중을 영접할 일차적 준비는 일단 완료된 셈이다.

【구성 및 내용】

칠언절구인 본 게송은 기・승・전・결의 형태를 보이고 있으며, 내용적으로는 정토의 완성을 향한 점층적(漸層的)인 구조를 띠고 있다.

'기'인 **일쇄동방결도량(一灑東方潔道場)** —동방에다 뿌리오니 법도량이 청정하고— 에서는, 현상적인 면에서 도량이 깨끗해졌음을 찬탄하였다. 즉, 『작법귀감』의 '신묘장구대다라니'의 주(註)에서 말한 '멸제염연(滅諸染緣=外息諸緣)'의 덕이 성취되었음을 찬탄하였다.

'승'인 **이쇄남방득청량(二灑南方得淸凉)** —남방에다 뿌리오니 청량함을 얻사오며— 에서는, 심리적인 면에서의 변화를 말하고 있다. 즉, 청량함을 얻었다 함은 번뇌로부터 야기된 번민과 이로 인한 열뇌(熱惱)가 사라졌음을 말하는 것으로, '멸제염연'에 이은 '거식심한애(去識心限碍=內心無喘)'의 경지에 이르렀음을 찬탄하였다.

'전'인 **삼쇄서방구정토(三灑西方俱淨土)** —서방에다 뿌리오니 불국정토 구현되고— 에서는, 위의 경지가 더욱 더 심화되고 있음을 말하였으니, 이는 사바세계가 남김없이 정토화되었음을 찬탄한 것이다. 이는 또한 '신묘장구대다라니'의 주(註)에서 말하는 '확주법계(擴周法界=心如墻壁)'의 경지이다.

'결'인 **사쇄북방영안강(四灑北方永安康)** —북방에다 뿌리오니 영원토록 편안하네— 에서는, 바야흐로 열반의 경지가 눈앞에 전개되기를 염원하며, 도량의 정토화를 위한 결계작법의 완료[可以入道]를 찬탄하였다.

【의식】

중번의 지시를 받은 인도 1人이 어산단 중앙에 서서 상단을 향하여 합장을 하고 홑소리로 거행한다. 끝나면 바라지는 태징을 세 망치 울린다.

【연구】

[1] 동·남·서·북의 순서로 쇄수(灑水)를 하는 이유는?

본래 인도의 예법에 우요(右繞)가 있음을 들 수 있다. 즉, 시작을 동쪽으로 보았을 때, 우요의 방향은 남·서·북으로 이어지게 된다.

또 동양의 오행(五行) 가운데 상생법(相生法)에서 중방(中方)인 토(土)는 쇄수를 행하는 사람이 서 있는 위치이기로 생략된 것으로 보면, 쇄수의 방향은 상생법과도 일치된다.

※ 東-春-木, 南-夏-火, 西-秋-金, 北-冬-水.
木生火, 火生[土], [土生]金, 金生水, 水生木

다시 한 번 강조하거니와 본 게송에서는 쇄수(灑水)의 결과를 노래한 것이지만, 정작 쇄수는 <25.대비주>에서 대비주 지송 시 함께 거행하는 것이라는 점에 주의해야 한다.

[2] '법수(法水)'에 대한 유래가 있다는데?

『현우경(賢愚經)』 찬제파리품(羼提波梨品)에 당시 인욕선인(忍辱仙人)을 괴롭히던 천명의 바라문에게 선인은 다음과 같이 말했다.

> 我今修忍。爲於群生。積行不休。後會成佛。若佛道成。先以法水。洗汝塵垢。除汝欲穢。永令淸淨[130]
> 나는 지금 이 인욕을 수행하여 중생들을 위해 쉬지 않고 그 행을 쌓으면 뒤에는 반드시 부처가 될 것이다. 만일 불도를 성취하면 먼저 법의 물(法水)로써 너희들의 티끌과 때를 씻고 탐욕의 더러움을 없애어 영구히 청정하게 할 것이다.

이들이 다름 아닌 부처님의 제자 가운데 가섭 삼형제를 위시한 천명의 비구다.

130) 『大正藏』 卷4, p.360a.

<27.道場偈(도량게)> 청정해진 도량에 삼보님과 천룡께서 강림하심을 찬탄한 게송.

靈山作法 ‖ ★⑴**歸依儀式** 1.鳴鈸 2.喝香 3.燃香偈 4.喝燈 5.燃燈偈 6.喝花 7.舒讚偈 8.佛讚 9.大直讚 10.中直讚 11.小直讚 12.開啓疏 13.合掌偈 14.告香偈 ★⑵**結界儀式** 15.開啓篇 16.觀音讚 17.觀音請 18.散華落 19.來臨偈 20.香華請 21.歌詠 22.乞水偈 23.灑水偈 24.伏請偈 25.大悲呪 26.四方讚 27.道場偈 28.懺悔偈 ★⑶**召請儀式** 29.大會疏 30.六擧佛 31.三寶疏 32.大請佛 33.三禮請 34.四府請 35.單請佛 36.獻座眞言 37.茶偈 38.一切恭敬 39.香花偈 ★⑷**勸供儀式** 40.淨法界眞言 41.祈聖加持 42.四陀羅尼 43.加持供養 44.六法供養 45.各執偈 46.加持偈 47普供養眞言 48.普回向眞言 49.四大呪 50.願成就眞言 51.補闕眞言 52.禮儀 53.嘆白 54.和請 55.祝願和請

道場淸淨無瑕穢 　　법도량은 청정하여 한티끌도 없아옵고
도량청정무하예

三寶天龍①降此地 　　삼보님과 천룡님도 이곳으로 오십니다.
삼보천룡강차지

我今持誦②妙眞言③ 　　저희이제 묘한진언 지니옵고 외우오니
아금지송묘진언

願賜慈悲密加護 　　대자비를 베푸시어 구석구석 살피소서.
원사자비밀가호

【자구해설】

①天龍(천룡): Ⓢdeva-nāga. 팔부중(八部衆) 가운데 천(天)과 용(龍)./ 여기서는 천룡팔부의 약. → 천룡팔부.

⊙천룡팔부(天龍八部): Ⓢaṣṭa-senā. 팔부(八部). 팔부중(八部衆). 팔대신장(八大神將). 팔부귀중(八部鬼衆)이라고도 함. 불법을 수호하는 천(天, Ⓢdeva)・용(龍, Ⓢnāga)・야차(夜叉, Ⓢyakṣa)・건달바(乾闥婆, Ⓢgandharva)・아수라(阿修羅, Ⓢasura)・가루라(迦樓羅, Ⓟgaruḷa)・긴나라(緊那羅, Ⓟkinnara)・마후라가(摩睺羅伽, Ⓢmahoraga) 등 팔부의 이류(異流)를 말함.

爾時娑婆世界 菩薩聲聞天龍八部人與非人 皆遙見彼龍女成佛 普爲時會人天說法
이시사바세계 보살성문천룡팔부인여비인 개요견피용녀성불 보위시회인천설법
-『법화경』 제바달다품-

②持誦(지송): 수지독송(受持讀誦). 경전 및 다라니 등을 잘 받들어 읽고 외우는 것.

③妙眞言(묘진언): 원하는 일을 성취케 하고, 궁극의 묘리(妙理)를 깨우치게 하는 힘을 지닌 진언.

【개요】

앞서 <26.사방찬>에서 찬탄했듯이 도량이 청정해졌음을 전제로 삼보님과 천룡팔부(天龍八部)등 호법성중(護法聖衆)의 강림을 기정화하였고, 여기에 대중이 신심과 정성으로 지송한 '대비주'를 전제로 삼보님의 자비로우신 가호를 기원하였다. 그뿐만 아니라 이상으로 도량의 정토화(淨土化=三變土淨)를 위한 결계(結界)의 완료를 확인하기에 이르게 되었다.

【구성 및 내용】

본 게송은 칠언절구로 기・승・전・결의 형태를 보이고 있다.

'기'인 **도량청정무하예(道場淸淨無瑕穢)** —법도량은 청정하여 한티끌도 없아옵고— 에서는, <26.사방찬>에서 찬탄했듯이 청정도량의 성취를 완료형으로 찬탄하고 있다. 이와 같은 찬탄은 강한 의지의 표명으로서 삼보님과 호법성중을 도량으로 모시는 준비의 제1보이기 때문이다.

'승'인 **삼보천룡강차지(三寶天龍降此地)** —삼보님과 천룡님도 이곳으로 오십니다— 에서는, '기'구를 전제로 볼 때 본 '승'구의 내용은 당연한 귀결임을 노래하였다. 비유컨대, 물이

맑으면 달그림자가 저절로 드러나듯이 도량이 청정하면 삼보님은 자연히 강림하시기 때문이다.

'전'인 **아금지송묘진언(我今持誦妙眞言)** —저희이제 묘한진언 지니옵고 외우오니— 에서는, 내적인 정화(淨化)를 희구·찬탄하였다. 자고로 '대비주'는 모든 업장을 소멸하고 많은 공덕을 성취케 하는 공능이 있다고 알려진만큼 이 다라니의 지송이 곧 자성의 청정함을 회복하는 결과를 가져옴을 예상할 수 있기 때문이다.

'결'인 **원사자비밀가호(願賜慈悲密加護)** —대자비를 베푸시어 구석구석 살피소서— 에서는, 삼보님이 곧 '자비'의 주인공이심을 들어 가호 있으시길 바라고 있다. 한 가지 시선을 끄는 것은 본 '결'구의 내용 가운데 은밀할 '밀(密)'자 인데, 이로써 중생의 모든 면을 빠짐없이 보살펴주시는 삼보님의 은근하시면서도 따듯하신 '자비'를 유감없이 나타냈다는 점이다.

【의식】

참석 대중 모두가 바라지의 태징에 맞추어 함께 우요(右繞)하며 제창으로 거행한다. 이때 '작법(作法=着服)'을 진행한다. 우요가 끝나면 도량의 결계(結界)가 완료되었음을 찬탄하는 의미에서 몸의 율동인 요잡바라(繞匝鈸鑼)와 사방요신(四方搖身)으로 이어진다.

【연구】

① 본 게송의 해석에 있어서 '시제(時制)'는? 그리고 '전'구에서 말하는 '묘진언(妙眞言)'은 보이질 않는데?

본 게송 '전'구의 해석에 있어서 시제(時制)가 문제가 된다. 또, 본 게송에는 첨부된 진언이 없고, 이어지는 게송에도 진언은 보이지 않는다. 따라서 '천수바라'가 거행된 직후인 점으로 미루어 여기서 말하는 진언이 '대비주(大悲呪)'임을 알 수 있다. 해석에 있어서는 '저희 이제 묘한 진언을 지송하였사오니'로 하여 시제를 '과거'로 봐야 될 것 같으나, 다음과 같은 점을 고려하면 그 해석과 시제가 달라진다.

'신묘장구대다라니'의 협주에 보이는 내용은 '대비주'의 지송과 '쇄수(灑水)' 그리고 '삼잡(三匝)'을 함께 거행하는 것으로 되어 있다.131)

그러나 실제 의식에 있어서는 시간차를 두고 진행할 수밖에 없다. 그러므로 의식 진행은 <25.대비주(천수바라)> → <26.사방찬> → <27.도량게>의 순으로 거행하지만, 이들 일련의 의식은 동일한 목적으로 동시에 이루어지고 있는 것으로 간주해야 하고, 시제는 현재로 보아야 한다. 따라서 해석도 '저희이제 묘한진언 지니옵고 외우오니'가 된다.

---

131) 白坡亘璇 編 『作法龜鑑』. (韓國佛敎全書 卷10, p.554c.)/ 法衆同諷三遍 一邊梵音 進入卓前揷香 左手執水盂右手執楊枝 滴水熏香三度 因攪其水三度而灑之 始匝堂內一巡 次匝庭中一巡 終匝廊外一巡 以擬三變淨土 或堂內三巡亦可 [해석은 <복청게>【연구】② 참조].

<28.懺悔偈(참회게)> 청정해진 도량처럼 참회로 마음의 청정을 도모하는 게송.

靈山作法 ‖ ★⑴**歸依儀式** 1.鳴鈸 2.喝香 3.燃香偈 4.喝燈 5.燃燈偈 6.喝花 7.舒讚偈 8.佛讚 9.大直讚 10.中直讚 11.小直讚 12.開啓疏 13.合掌偈 14.告香偈 ★⑵**結界儀式** 15.開啓篇 16.觀音讚 17.觀音請 18.散華落 19.來臨偈 20.香華請 21.歌詠 22.乞水偈 23.灑水偈 24.伏請偈 25.大悲呪 26.四方讚 27.道場偈 **28.懺悔偈** ★⑶**召請儀式** 29.大會疏 30.六擧佛 31.三寶疏 32.大請佛 33.三禮請 34.四府請 35.單請佛 36.獻座眞言 37.茶偈 38.一切恭敬 39.香花偈 ★⑷**勸供儀式** 40.淨法界眞言 41.祈聖加持 42.四陀羅尼 43.加持供養 44.六法供養 45.各執偈 46.加持偈 47普供養眞言 48.普回向眞言 49.四大呪 50.願成就眞言 51.補闕眞言 52.禮懺 53.嘆白 54.和請 55.祝願和請

我昔所造諸惡業① 아석소조제악업	까마득한 옛날부터 지어온바 나쁜일들
皆由無始貪嗔癡 개유무시탐진치	예외없이 뿌리없는 삼독심이 원인으로
從身口意之所生 종신구의지소생	몸과입과 마음으로 끊임없이 저지름에
一切我今皆懺悔② 일체아금개참회	저희이제 이모두를 참회하고 있나이다.

예로부터 지금까지 지어온 모든 악업 / 알고 보니 헛된 꿈속 몸부림이었나이다.
몸도 꿈, 입도 꿈, 마음도 꿈이었으니 / 미련도 꿈도 버려 이 모두를 참회하옵니다.

【자구해설】

①**惡業(악업)**: Ⓟpāpa-kamma. 신·구·의(Ⓢkāya-vāk-citta) 삼업(三業, Ⓢkarma-traya)으로 짓는 행위 가운데 장차 삼악도(三惡道, Ⓢnaraka-tiryak-preta) 등의 괴로운 결과를 초래하게 될 나쁜 행위. 대표적인 것으로 십악(十惡, Ⓢdaśa-aśubhāḥ)을 들 수 있다. 십악은 살생(殺生, Ⓢhiṃsā)·투도(偸盜, Ⓢadattādāna)·사음(邪淫, Ⓢkāma-mithyācārāt)·망어(妄語, Ⓢmṛṣāvādāt)·기어(綺語, Ⓢsaṃbhinna-pralāpa)·양설(兩舌, Ⓢpaiśunya)·악구(惡口, Ⓢparuṣa-vāc)·탐애(貪愛, Ⓢtṛṣṇā)·진에(瞋恚, Ⓢdveṣa)·치암(癡暗, Ⓢmoha) 등이다.

②**懺悔(참회)**: Ⓢkṣama. 음참(懺)과 의회(懷)의 합성어로 뉘우치고 용서를 청하는 것을 말한다. 육조 혜능스님은 기왕(旣往)의 죄를 뉘우치는 것을 '참(懺)'으로, 같은 잘못을 되풀이하지 않을 것을 맹세함을 '회(懷)'라 정의했다.[132]

【개요】

'사참(事懺)'이라 불리는 본 게송에서는 '십이연기(十二緣起, Ⓢdvādaśa-nidānāni)'의 역관(逆觀, Ⓢpratiloma)에서 나타나듯 바람직하지 못한 현실은 곧 자신이 지은 악업의 결과였음을 직시하고, 또 그 근원에 삼독(三毒)과 삼업(三業)이 있음을 정확히 파악하여 자성청정심(自性淸淨心)을 회복할 것을 발원하는 의식이다.

【구성 및 내용】

본 게송은 칠언절구로 기·승·전·결의 구성을 보이고 있다.

'기'인 **아석소조제악업(我昔所造諸惡業)** —까마득한 옛날부터 지어온바 나쁜일들— 에서는, 중생으로 유전(流轉, Ⓢpravṛtta)하고 있는 자신의 현실이 바람직하지 못한 것임을 직시하고 있음을 밝히고 있다. 이는 『대보적경(大寶積經, ⓈMahāratnakūṭa-sūtra)』 57에 '가령

132) 『六祖大師法寶壇經』(T48, 354a1.): 善知識 已上是爲無相懺悔 云何名懺 云何名悔 懺者 懺其前愆 從前所有惡業 愚迷憍誑嫉妬等罪 悉皆盡懺 永不復起 是名爲懺 悔者 悔其後過 從今以後 所有惡業 愚迷憍誑嫉妬等罪 今已覺悟 悉皆永斷 更不復作 是名爲悔 故稱懺悔.

백겁이 지나더라도 지은 바 업은 없어지지 않아 인연이 모이면 과보를 스스로 받아야 하느니라(假使經百劫 所作業不亡 因緣會遇時 果報還自受).'[133] 하였듯 자신의 업을 인정함이니, 이는 곧 수행인으로서의 올바른 자세일 뿐 아니라, 장차 이를 소멸할 계기도 되는 것이다.

'승'인 **개유무시탐진치(皆由無始貪嗔癡)** —예외없이 뿌리없는 삼독심이 원인으로— 에서는, 모든 악업의 원인이 탐·진·치 등에 있음을 간파하였다. 병을 다스림에 있어서 우선해야 할 일은 병의 원인을 파악하는 것[134]인데, 지금껏 자기 자신의 주인공이며 동시에 자신을 존재 가능케 한다고 생각하던 중생으로서의 마음을 경전에서 밝히셨듯이 삼독심(三毒心, Ⓢtriviṣa)으로 보는 바른 지견(知見=正見)을 갖게 된 것이다.

'전'인 **종신구의지소생(從身口意之所生)** —몸과입과 마음으로 끊임없이 저지름에— 에서는, 삼독심(三毒心)이 현실적으로 어떻게 표출되고 있었는지에 대한 반성을 하고 있다. '[누구나] 눈은 가로로 코는 세로로(眼橫鼻直)'라 하였듯 부처와 중생이 본래부터 차별이 있을 리 없지만, 중생이 중생인 까닭은 신·구·의 삼업(三業)이 중생스러움에 기인하는 것이다. 여기에 대한 반성이 이루어지고 있음은 실로 중생의 길에서 부처의 길로의 일대 방향전환이 아닐 수 없다.[135]

'결'인 **일체아금개참회(一切[136]我今皆懺悔)** —저희이제 이모두를 참회하고 있나이다— 에서는, 성불을 향한 첫걸음을 내딛고 있음을 밝히고 있다. 참회가 수반되지 않는 수행은 참된 수행일 수 없다. 명시되어 있지는 않지만, 참회란 자신의 본래면목인 자성청정(自性淸淨, Ⓢprakṛti-pariśuddha)에로의 회귀를 염원함이며 용단이 필요한 대목이기도 하다. 그 방법의 일환으로써 본 항의 존재가치가 있는 것이다.

진보적 입장에서 생각한다면, 일체(一切, Ⓢsarva)라는 단어에는 선악을 물론하고 차별적인 모든 업(業)이 포함됨을 기억해야 한다.

【의식】

법주가 '기'구를 선창하면 대중은 '승'구를 받아 창화한다. 같은 방법으로 '전'구와 '결'구가 이어진다. 또 본 게송에는 명시되어 있지 않지만, '결'구 후로 '참회개참회 참회실참회 참회영참회 참회개실영참회 참회대발원이 종신귀명례삼보(懺悔皆懺悔 懺悔悉懺悔 懺悔永

---

133) 『大正藏』 卷11, p.335b.

134) 『禪要』: 獅子咬人 韓盧逐塊(사자교인 한로축괴).
※ 韓盧(한로): 한나라 개는 춘추전국시대 한나라의 털이 검은 맹견으로 '한로'라 부른다.

135) 背覺合塵(배각합진) ↔ 背塵合覺(배진합각).

136) **野雲比丘 述 「自警文」: 其八은 莫交世俗하야 令他憎嫉이어다.**
離心中愛曰沙門이요 不戀世俗曰出家니라 旣能割愛揮人世어니 復何白衣로 結黨遊리요 愛戀世俗은 爲饕餮어니 饕餮은 由來로 非道心이니라 人情이 濃厚하면 道心疎니 冷却人情永不顧니라 若欲不負出家志인댄 須向名山窮妙旨호대 一衣一鉢로 絶人情하고 飢飽에 無心하면 道自高니라
頌曰 爲他爲己雖微善이나 皆是輪廻生死因이니 願入松風蘿月下하야 長觀無漏祖師禪이어다.
※ 饕餮(도철): 짐승의 이름이니 양(羊)의 몸에 사람의 얼굴이요, 눈은 겨드랑이에 달렸고, 호랑이 이빨에 사람의 손톱을 지니고 있으며, 음성은 어린아이와 같고 성품이 욕심스러워 먹기만을 좋아하여 마침내 몸을 망친다./ 악수(惡獸)의 이름. 옛날 종정(鐘鼎. 종과 솥) 등에 그 모양을 조각하여 꾸미었다. 바뀌어 '악인(惡人)'의 비유.

懺悔 懺悔皆悉永懺悔 懺悔大發願已 終身歸命禮三寶)'가 이어진다. '참회개참회'와 '참회실참회'는 법주와 대중이 같은 내용을 주고받는다. 세 번째 '참회영참회'는 법주가 '참회개실영참회'는 대중이 받는다. 단, '참회대발원이 종신귀명례삼보'는 법주가 단독 거행하며, 대중은 받지 않는다.

소리는 <36.헌좌진언>과 비슷한데 좀 더 길고, <조례종성> 소리와 유사한 점이 많다. 이와 같은 차이점을 인정하여 어산(魚山)에서는 본 게송의 소리를 '참회게성(懺悔偈聲)'이라 하여 다른 소리와 구분한다.

【연구】

1 본 게송의 출처는?

계빈국삼장(罽賓國三藏) 반야(般若) 역 『대방광불화엄경(大方廣佛華嚴經)』 권40 입부사의해탈경계보현행원품(入不思議解脫境界普賢行願品)[137]에 보인다.

2 참회에는 '사참(事懺)'과 '이참(理懺)'이 있다.

『화엄경』에는 보이고 있지 않으나 참회에는 '이참(理懺)'[138]이라 불리는 또 한 가지의 <참회게>가 있다. 내용은 아래와 같다.

罪無自性從心起(죄무자성종심기) 죄의자성 본래없어 마음에서 일어나니
心若滅時罪亦亡(심약멸시죄역망) 그마음이 사라질때 죄업또한 없어지며
罪亡心滅兩俱空(죄망심멸양구공) 죄와마음 없어져서 둘이함께 공해야만
是則名爲眞懺悔(시즉명위진참회) 이를일러 참회중에 참회라고 이름하리.

137) 『大正藏』 卷10, p.847a.
138) 『大藏一覽』 卷第五 懺悔品 509b02.: 罪無自性從心起 心若滅時罪亦亡 罪亡心滅兩俱空 此卽是名眞懺悔.

≪소결(小結) -⑵결계의식-≫

≪⑵결계의식≫은 크게 외결계(外結界)와 내결계(內結界)로 나누어진다.

외결계는 <15.개계편>부터 <27.도량게>까지이며, 이 가운데 <15.개계편>은 서론, <16.관음찬>부터 <26.사방찬>까지는 본론 그리고 <27.도량게>는 결론에 해당한다.

내결계는 <28.참회게> 1개 항이다. 이는 작법의 거행시간을 감안하여 1개 항만 두어 상징적 의미를 지니게 하였다.[139] 내결계의 보다 구체적인 절차는 「식당작법」에 이어 거행하는 「묘경작법」에서 펼쳐진다.

≪⑵결계의식(結界儀式)≫ 각항의 개요를 간단히 정리하면 다음과 같다.

• 서론

<15.개계편> 결계의 필요성과 이를 위한 법수(法水)의 유래와 공능을 밝힘.

• 본론

<16.관음찬> 법수의 주인이시며 인로왕이신 관세음보살님을 찬탄함.
<17.관음청> 법수를 가지해 주실 관세음보살님의 내림을 청함.
<18.산화락> 관세음보살님께서 내림해 주시기를 꽃을 뿌리며 기원함.
<19.내림게> 관세음보살님께서 내림해 주심에 바라작법으로 찬탄 영접함.
<20.향화청> 향기로운 꽃을 올려 준비한 보좌(寶座)로 관세음보살님을 안내함.
<21.가　영> 내림하신 관세음보살님의 공덕을 찬탄함.
<22.걸수게> 관세음보살님께 결계에 필요한 법수 내려주실 것을 기원함.
<23.쇄수게> 쇄수(灑水)에 앞서 관세음보살님의 법력과 법수의 공능을 찬탄함.
<24.복청게> 결계를 위한 '대비주(大悲呪)'의 창화를 대중에게 청함.
<25.대비주> '대비주'를 지송하며 바라작법으로 결계를 실행에 옮김.
<26.사방찬> <25.대비주> 더불어 쇄수작법으로 결계를 실행에 옮기며 동시에 도량의 정토화를 찬탄함.

• 결론

<27.도량게> 삼보천룡께서 강림하실 외적여건[依報]이 마련되었음을 찬탄함.

※내결계

<28.참회게> 의보(依報)인 도량의 정화에 이어 정보(正報)인 삼업을 정화함.

청정하고 고요한 물을 준비하면 달그림자가 내려앉음은 당연한 일이다. 삼보님께서 우리 곁으로 오시는 것은 처음부터 끝까지 능례인 우리 자신에게 달린 문제라 하겠다.

---

139) 「상주권공」의 경우 '설법절차'를 <12.참회게>에 이어 밑줄 친 내용과 같은 순서로 거행한다.
<1.喝香> <2.燈偈> <3.頂禮> <4.合掌偈> <5.告香偈> <6.開啓> <7.灑水偈> <8.伏請偈> <9.千手鈸鑼> <10.四方讚> <11道場偈> **<12.懺悔偈> <13.頂戴偈> <14.十念> <15.擧揚> <16.請法偈> <17.說法偈> <18.拈香> <19.入定> <20.說法> <21.精勤 및 補闕眞言> <22.收經偈> <23.歸命偈>** <24.准提讚> <25.淨法界眞言 I > ….

≪(3)召請儀式(소청의식)≫

대회소 봉독하는 사진

'소청의식'이라 함은, 본 작법에서의 소례를 청하고 영접함에 즈음하여 능례의 간절한 뜻을 소례께 아뢰고, 소례께서 능례의 청에 응하사 내림하셨음을 전제로 환호하는 대중의 뜻을 게송과 몸동작으로 표현하는 일련의 의식이다.

「영산작법」 가운데 <29.대회소>로부터 <39.향화게>까지 일련의 절차는 소청을 주제로 거행하는 의식이다.

<29.大會疏(대회소)>

영산대법회의 서막을 알리며 소례제위를 청하는 글월.

靈山作法 ‖ ★⑴**歸依儀式** 1.鳴鈸 2.喝香 3.燃香偈 4.喝燈 5.燃燈偈 6.喝花 7.舒讚偈 8.佛讚 9.大直讚 10.中直讚 11.小直讚 12.開啓疏 13.合掌偈 14.告香偈 ★⑵**結界儀式** 15.開啓篇 16.觀音讚 17.觀音請 18.散華落 19.來臨偈 20.香華請 21.歌詠 22.乞水偈 23.灑水偈 24.伏請偈 25.大悲呪 26.四方讚 27.道場偈 28.懺悔偈 ★⑶**召請儀式** 29.大會疏 30.六擧佛 31.三寶疏 32.大請佛 33.三禮請 34.四府請 35.單請佛 36.獻座眞言 37.茶偈 38.一切恭敬 39.香花偈 ★⑷**勸供儀式** 40.淨法界眞言 41.祈聖加持 42.四陀羅尼 43.加持供養 44.六法供養 45.各執偈 46.加持偈 47普供養眞言 48.普回向眞言 49.四大呪 50.願成就眞言 51.補闕眞言 52.禮懺 53.嘆白 54.和請 55.祝願和請

修設大會疏a 수설대회소	대법회를 베푸오며 글월을 올리나이다.
蓋①聞a 개문	듣자옵건대,
眞空②本寂 妙有繁興③a 진공본적 묘유번홍	진공은 본래 고요하여 묘유가 번거롭게 일어나기는 하였으나
依正④互融⑤ 聖凡⑥交徹⑦a 의정호융 성범교철	의보와 정보는 서로 화합하고 성인과 범부도 구분이 없다 하옵니다.
旣悟迷之派列 기오미지파열	[그런데 어쩌다보니] 깨달음과 미(迷)함으로 나뉘고
遂苦樂之昇沈a 수고락지승침	[중생들은] 마침내 낙방과 고륜을 오르내리게 되었나이다.
般若⑧現前⑨寶位⑩立齊於四聖 반야현전 보위입제어사성	[하지만 그런 가운데 다행히] 반야지혜가 일어나면 법왕의 자리에 四聖과 나란히 서게 되려니와
塵勞⑪未息 輪回⑫永墜於六凡a 진로미식 윤회영추어육범	진로(塵勞=번뇌)를 쉬지 못하면 윤회하며 영원히 六凡에 떨어지옵나이다.
業海茫茫⑬甘受立竛竮⑭之苦 업해망망 감수입령병지고	[그렇게 되면] 업의 바다는 끝이 없어 가눌 수 없는 고통을 감수해야하고
幽道⑮擾擾⑯曾無拯救⑰之方a 유도요요 증무증구지방	[그 중에서도] 삼악도는 더욱 어지러워 일찍이 구제의 방법조차 없었나이다.
不有至人⑱誰爲法事⑲a 불유지인 수위법사	만일 성인이 계시지 않았더라면 누가 법회를 열 수나 있었겠나이까?
是以⑳ 시이	하옵기로
釋迦如來 首設㉑光明之呪㉒ 서가여래 수설광명지주	서가여래께오서 처음으로 광명의 주문을 베푸셨고
面燃大士㉓助開甘露之門㉔a 면연대사 조개감로지문	면연대사께서는 감로의 문 엶을 도왔나이다.
梁武帝㉕感逢㉖神僧㉗齋修水陸 양무제 감봉신승 재수수륙	양나라 무제는 꿈속에서 신승을 만나 재를 수륙에 베풀었고
英禪師 文傳儀濟 福彼幽冥a 영선사 문전의제 복피유명	영선스님은 의제스님으로부터 글을 받아 유명계의 중생들을 복되게 하였나이다.
惟玆勝會 設大無遮 유자승회 설대무차	이렇듯 수승한 법회임을 생각하며 무차대법회를 베푸오면

河沙可算 功德難量a 하사가산 공덕난량	강가의 모래는 가히 셀 수 있을지라도 그 공덕은 헤아릴 수 없을 것입니다.
★今有此日 云云 금유차일 운운	지금 오늘 운운
由是㉘ 유시	하옵기로,
水陸會㉙首啓㉚大悲心 수륙회 수계대비심	수륙회를 위해 먼저 대비심을 열었고
屆斯追薦之辰㉛a 계사추천지신	이 천도일에 이르러
邀㉜命大乘法師㉝一位 요명대승법사일위	대승법사 일위
秉法㉞闍梨㉟一員 병법사리일원	병법아사리 한 분과
法事僧衆一壇 법사승중일단	법사승 일단을 모시었나이다.
擇定㊱今月某日夜 택정금월모일야	금월 모일 하루를 택하고 정하여
就於某處 취어모처	모처에 나아가
啓建㊲天地冥陽㊳水陸大道場 계건천지명양수륙대도량	하늘・땅・명계・양계・물・뭍 등 [고혼과 아귀를 위한] 대도량을 건립하여
幾晝夜 依法加持 기주야 의법가지	며칠 밤낮을 법에 의하여 가지(=기도)하고
潔方隅界 嚴備香花 修疏 결방우계 엄비향화 수소	모든 곳을 정결히 하며, 향과 꽃을 엄숙히 갖추고 글월을 올리나이다.
奉請大聖大悲法報化三身㊴諸佛 봉청대성대비법보화삼신제불	위대하신 성현이시오며 대자대비하옵신 법신・보신・화신 삼신 등 모든 부처님,
八大菩薩㊵五十二位㊶諸菩薩衆 팔대보살 오십이위제보살중	문수・보현 등 팔대보살님, 十信 등 52보살계위에 계신 모든 보살님,
三乘五敎㊷甚深法藏㊸ 삼승오교 심심법장	삼승에게 설하신 오교 등 더없이 깊으신 법보님,
五果㊹四向㊺羅漢㊻辟支㊼ 오과사향 나한벽지	사향(四向)・사과(四果)에 벽지불 등 9종의 소승 성자님,
十大明王㊽金剛密跡㊾ 십대명왕금강밀적	열 분의 위대하신 명왕과 금강밀적 등
護法善神 호법선신	호법선신님을 받들어 청하옵나이다.
次當召請㊿三界51諸天 차당소청 삼계제천	다음, 욕계・색계・무색계의 모든 천상과

釋梵四王[52]諸天仙[53]衆 석범사왕 제천선중	대범 · 제석 · 사천왕님과 모든 하늘의 신선님과
五方上帝[54]二十八宿[55] 오방상제 이십팔수	오방의 상제님 28종 별자리의
九曜[56]星君 日月二宮[57]天子 구요성군 일월이궁천자	일요성(日曜星)등 9개의 천체(天體) 해와 달을 다스리는 천자
乃至虛空藏菩薩[58]之統攝[59] 내지허공장보살지통섭	내지 허공장보살께서 다스리시고
熾盛光如來[60]之所降 치성광여래지소강	치성광여래께서 강림하시는
周天列曜[61]一切聖賢 주천열요 일체성현	허공의 밝은 별들의 모든 성현님을 청하옵니다.
次當奉請 大地神龍 차당봉청 대지신룡	다음, 대지의 신과 용신으로
五岳聖帝[62]四海龍王[63] 오악성제 사해용왕	[우선] 다섯 명산의 산신님 네 바다의 용왕님
三光[64]水府[65]諸龍神衆 삼광수부 제용신중	일월성신 등 모든 용왕과 신중님
主風主雨之尊[66]主苗主稼之宰[67] 주풍주우지존 주묘주가지재	바람과 비를 주관하시는 어른 곡식을 주관하시는 신중님
守彊護界 堅牢地神[68] 수강호계 견뢰지신	굳게 지키고 세계를 보호하며 대지를 받들고 굳게 지키시는 신중님,
及邀閻魔羅[69]界 地府諸王[70] 급요염마라계 지부제왕	및 염마라 유명계의 십대왕님과
百官宰僚 諸鬼王衆 백관재요 제귀왕중	만조백관과 재상 등 관리 귀계의 제왕(諸王)
盡陰府[71]界 一切神祇[72] 진음부계 일체신기	모든 저승세계의 모든 신령
地獄受苦 諸有情衆 지옥수고 제유정중	지옥에서 고통 받는 모든 유정 여러분을 받들어 청하옵니다.
次及古往人倫[73]明君[74]帝王 차급고왕인륜 명군제왕	다음, 예전에 가신 조상님 명군이셨던 황제와 국왕
補弼[75]臣僚 三貞九烈[76] 보필신료 삼정구열	[황제와 국왕을] 보필하던 신료 순결과 신념을 소중히 여긴 많은 여인
孝子順孫[77]爲國亡身 효자순손 위국망신	효자며 효성스러운 자손 나라를 위해 몸 바친
先賢後凡[78]人道之中 선현후범 인도지중	선후배 되시는 여러분, 사람 가운데
九流[79]百家[80]一切人衆 구류백가 일체인중	유가 · 도가 등 구가와 백가(百家) 모든 사람들,

並及九種橫夭[81]十類孤魂[82] 병급구종횡요 십류고혼	구종횡사와 젊은 나이에 돌아가시는 등 열 가지 종류의 외로우신 넋,
三惡道中 諸有情衆a 삼악도중 제유정중	지옥 등 세 가지 악도 가운데 있는 모든 중생들이시여!
仍及十方法界[83]意言不盡[84] 잉급시방법계 의언부진	여전히 시방세계에 언설이나 마음으로 헤아릴 수 없을 만큼
昇沈不一 苦樂萬端 승침불일 고락만단	오르내림이 한결같지 않아 고락이 만 가지요
未悟心源[85]同祈解脫a 미오심원 동기해탈	마음의 근원을 깨닫지 못함에 한가지로 해탈을 기원하오며 청하나이다.
據此水陸會首 主靈檀那[86] 거차수륙회수 주령단나	이 수륙재 모임의 서두에 주인공인 영가와 시주자가
所伸意者 濟拔各人 소신의자 제발각인	아뢰고자 하옵는 것은 각자 각자의
祖先[87]父母 三代家親[88] 조선부모 삼대가친	윗대의 어르신과 부모님 삼대의 가친,
失諱[89]亡名 一切眷屬[90] 실휘망명 일체권속	이름조차 잊혀진 모든 권속님들을 제도하고 구하고자 함이옵니다.
揔願不滯 총원불체	[하옵고] 총원에는 빠짐이 없어야 하나니
冥司[91]超生淨界 명사초생정계	[아직 언급하지 않은] 명부의 관리님들도 극락에 태어나시기를 바라오며
先當啓開者a 선당계개자	우선 법회가 시작됨을 소례제위께 아뢰나이다.
右伏以a 우복이	삼가 깊이 생각하옵나이다.
阿難[92]興教 武帝遺風a 아난흥교 무제유풍	아난존자께서 가르침을 일으키셨고 양무제께서 가풍을 남기심에
宣金剛頂[93]之揔持[94] 선금강정지총지	금강회상의 다라니를 베풀어
建曼拏羅[95]之勝地[96]a 건만나라지승지	만다라의 빼어난 도량을 건립하였나이다.
由是a 유시	하옵기로,
寃親不擇 開平等之法 원친불택 개평등지법	원친(寃親)을 가리지 않고 무차평등 법회를 개설하오니
筵追薦生天 建水陸之妙[97]會a 연추천생천 건수륙지묘회	추선으로 천상에 태어나게 하는 자리로 수륙에 통하는 신묘한 법회를 건립하였나이다.

上命三乘之聖衆 道眼希垂 상명삼승지성중 도안희수	[본존께서] 위로 삼승이신 성중에 명하사 도안을 특별히 드리우게 하시옵고
下沾五趣之靈祇 威光克備a 하첨오취지영기 위광극비	아래로는 오취의 영가에까지 위광을 장하게 갖추게 하옵소서.
今者會首 意望所生 금자회수 의망소생	지금 법회의 서두에 소망을 나게 하온 바,
開啓[98]功德良有薦 개계공덕양유천	개계의 공덕에는 참으로 천거할 능력이 있어
先亡以生天 선망이생천	선망부모께서는 천상에 태어나게 하옵고
保現存之吉慶a 보현존지길경	현존사친에게는 길하고 경사스러움을 보존케 하옵나이다.
然冀孤魂具識具形[99]a 연기고혼 구식구형	하옵기로 고혼께서도 [극락에 이를 수 있는] 식견과 모습을 갖추시길 바라나이다.
盡十方[100]三界世間 진시방 삼계세간	모든 세계 [즉] 삼계 세간의
應六道四生含識[101]者a 응육도사생함식자	육도 사생 등 모든 중생에게
焚香稽首 向佛傾心[102]a 분향계수 향불경심	향을 사르오며 머리를 조아리오니 부처님을 향해 마음을 기울이소서.
赴無遮[103]無碍之道場 부무차무애지도량	[그리하여] 막음 없고 걸림 없는 도량에 이르사
受有分有全[104]之功德a 수유분유전지공덕	부분 혹은 온전한 공덕을 받으소서.
同求聖果 共結洪緣 동구성과 공결홍연	[그리고] 함께 성스러운 성과를 구하시고 함께 큰 인연을 맺으시어
俱沐良因 齊登覺岸a 구목양인 제등각안	함께 좋은 인연을 입어 나란히 깨달음의 언덕에 오르소서.
今當開啓 仰望[105]聖慈[106] 금당개계 앙망성자	지금 법회의 시작을 본존께 아뢰오며 우러러 성스러우신 자비를 바라옵고
敬對[107]金容[108]表宣謹疏[109]a 경대금용 표선근소	공경히 금빛 나는 용안을 대하오며 삼가 글월을 올리나이다.

【자구해설】

①蓋(개): 이것. 어조를 높이는데 사용. 예)개문. ※대개. 대략.

②眞空(진공): Ⓢśūnyatā/ākāśa. 있다 없다는 상대적인 일체의 상(相)을 떠나, 사려(思慮)가 끊어져 불가득(不可得)인 반야(般若)의 체(體)를 말함. 진공(眞空)이라 함은 사물이 없음을 말하는 것이 아니고, 상대적인 관념을 떠난 절대계(絶對界)를 말하는 것으로 **묘유(妙有)**라고도 한다.

비유(非有, Ⓢabhāva)의 유(有)인 묘유(妙有)에 대해 비공(非空, Ⓢaśūnyatā)의 공(空)을 진공(眞空)이라 하며, 이것은 대승지극(大乘至極)의 진공을 뜻한다. 『기신론』의 공진여(空眞如), 『유식론』의 이공진여(二空眞如), 또 화엄종에서 세운 삼관(三觀) 가운데 진공관(眞空觀)을 가리킨다. 진여의 실성(實性)은 중생의 미망(迷妄)된 소견으로 보는 일체상[現象]을 여읜 자리이므로 진공이라 한다. ⊙**妙有(묘유)**: 모든 것이 실체가 없으면서 존재하고 있는 모양.

③**繁興(번흥)**: 번영하고 흥성함.

④**依正(의정)**: 의보(依報)와 정보(正報). 몸과 마음이 의지할 나라, 집, 의식(衣食) 등 의보(依報)와 과거의 업인(業因)에 따라 받는 몸인 정보(正報).

⑤**互融(호융)**: 서로 화합함.

⑥**聖凡(성범)**: 사성육범(四聖六凡). 십류군생(十類群生). 십계(十界) 즉, 범부와 성현의 생존영역을 10종으로 나누었을 때, 각 세계에 속한 범성(凡聖)의 총칭. 십계는 지옥계(地獄界)·아귀계(餓鬼界)·축생계(畜生界)·아수라계(阿修羅界)·인간계(人間界)·천상계(天上界)·성문계(聲聞界)·연각계(緣覺界)·보살계(菩薩界)·불계(佛界) 등. 지옥계부터 천상계까지 6종의 세계는 미혹의 범부계(凡夫界)이고, 성문계부터 불계까지 4종의 세계는 깨달음의 성자계(聖者界)이다. 이를 합해 사성육범(四聖六凡) 혹은 육범사성(六凡四聖)이라 한다. 『법화경』에서는 일체성불(一切成佛) 사상에 의해 십계에 각각 십계가 있음[**십계호구(十界互具)**]을 말한다.

⑦**交徹(교철)**: 서로 통함.

⑧**般若(반야)**: Ⓟpaññā. Ⓢprajñā. 대승불교에서, 만물의 참다운 실상을 깨닫고 불법을 꿰뚫는 지혜. 온갖 분별과 망상에서 벗어나 존재의 참모습을 앎으로써 성불에 이르게 되는 마음의 작용을 이른다.

⑨**現前(현전)**: ①눈으로 볼 수 있는 아주 가까운 곳. 목전(目前). 안전(眼前). ②아주 가까운 장래. ③앞에 나타나 있음.

⑩**寶位(보위)**: 왕위(王位). 임금의 자리.

⑪**塵勞(진로)**: Ⓢsaṃkleśa. 번뇌(煩惱). 마음이나 몸을 괴롭히는 노여움이나 욕망 따위의 망념(妄念). 마음을 더럽히고[塵] 피로[勞]하게 한다는 뜻. 또 진(塵)은 육경(六境, Ⓢṣaḍ viṣayāḥ)의 뜻으로 육경에 의해서 번뇌가 일어나므로 번뇌를 진로라고 한다.

⑫**輪回(윤회)**: 輪廻. Ⓢsaṃsāra. 원 뜻은 흐르는 것. 수레바퀴가 끊임없이 구르는 것과 같이, 중생이 번뇌와 업에 의하여 삼계육도(三界六道)의 생사 세계를 그치지 아니하고 돌고 도는 일.

⑬**茫茫(망망)**: 넓고 멀어 아득함. 한없이 크고 넓음.

⑭**跉跰(영병)**: 쓰러질 듯이 비틀거리며 걸음./ **跉** 걸음 비실거릴 '령', **跰** 비틀거릴 '병'

⑮**幽道(유도)**: 유도(幽塗). 유도(幽途). 삼악도(三惡道) 즉 지옥(地獄)·아귀(餓鬼)·축생(畜生)의 삼도(三途)를 말함. 어둡고 몽매한 세계.

⑯**擾擾(요요)**: ①어지러운 모양. 소란한 모양. ②부드러운 모양./ **擾** 어지러울 '요'.

⑰**拯救(증구)**: Ⓟsamuddharaṇa. 건져내어 구함./ **拯**: 건질 '증'.

⑱**至人(지인)**: Ⓢnarottama. 덕을 닦아 지극한 경지에 이른 사람. 성인(聖人). 진인(眞人).

⑲**法事(법사)**: ①부처님께서 중생을 교화하시는 일. ②불가에서 행하는 모든 일. 불사(佛事). 법업(法業). 여기서는 영산재(靈山齋)를 말함.

⑳**是以(시이)**: 이런 때문에. 그래서. '이시(以是)'가 도치된 것으로 결과나 결론을 나타내고, 분구나 구의 첫머리에 쓰인다. 원인을 설명한 분구나 구를 잇고, '이로써', '때문에'라고 해석한다.

㉑**首設(수설)**: 처음으로 배풂.

㉒**光明之呪(광명지주)**: 여기서는 아난존자의 청으로 석존께서 설하신 '변식진언'을 의미한다.

※ **광명진언(光明眞言)**. 불공관정광진언(不空灌頂光眞言). 대일여래의 진언. 또 모든 부처님과 보살의 총주(總呪)라고도 함. 『불공견색비로자나불대관정광진언경(不空羂索毘盧遮那佛大灌頂光眞言經)』에 의하면, "옴 아모가 미로자나 마하모나라 마니 바나마 아바라 바라말다야 훔[140](唵 阿謨伽 尾嚧左曩 摩訶母捺囉 麽抳 鉢納麽 入縛囉 鉢囉襪哆野 吽)"이 그 전문(全文)이다. 이 진언을 계속 유지하는 사람은 광명을 얻어 여러 가지의 중죄를 멸하고 숙업(宿業)·병장(病障)을 제거하고 지혜와 변재·장수복락을 얻는다. 또 이 진언으로 가지(加持)한 토사(土砂)를 죽은 사람에게 흩뜨리면, 이고득락(離苦得樂)한다고 함. 천태·진언 내지 모든 종(宗)에서 일상의 필요 혹은 시아귀(施餓鬼) 등의 의식에 사용하고, 또 탑파에도 기재한다.

---

140) 망월사본 중간진언집(정조 24년, 1800), 滅惡趣眞言(본문 p.11)
:옴 :아·모·가 :미·로자·나 ·마·하·모:느·라(二合) ·마:니 바:느·마(二合) :ᄋ:바(二合)라 ᄫ·라(二合)·말다:야 :훔

옴	[唵	oṃ	귀명(歸命)]
아모가	[阿謀伽	amogha	불공(不空)]
미로자나	[尾嚧左囊	vairocana	변조(遍照)]
마하모나라	[摩訶母捺囉	mahāmudrā	대인(大印)]
마니	[麽抳	maṇī	여의보(如意寶)]
바나마	[鉢納麽	padma	연화(蓮華)]
아바라	[入縛囉	jvāla	광명(光明)]
바라말다야	[鉢囉襪哆野	pravarttaya	발생(發生)]
훔	[吽	hūṃ	공포(恐怖)]

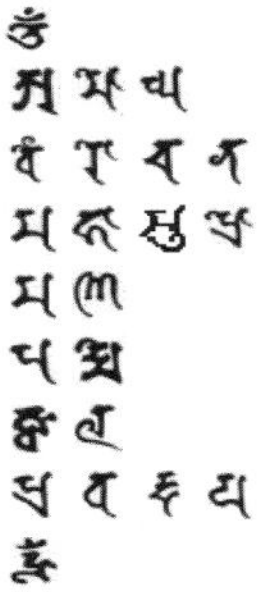

㉓**面燃大士(면연대사)**: 아난존자(阿難尊者). 당 불공(不空)삼장 역 『불설구발염구아귀다라니경(佛說救拔焰口餓鬼陀羅尼經, ⓈPretamukhāgnivālāyaśarakāra-dhāraṇī)』과 동본으로 당 실차난타(實叉難陀, ⓈŚikṣānanda) 역 『불설구면연아귀다라니신주경(佛說救面然餓鬼陀羅尼神咒經)』이 있다. 이들 경에 의하면, 어느 날 갠지스 강가에서 만난 염구아귀(焰口餓鬼, Ⓢpretamukhāgni)가 아난(阿難)존자에게 무수한 아귀와 바라문(婆羅門, Ⓢbrāhmaṇa)에게 먹을 것을 베풀어 줄 것을 요구한다. 아난은 부처님께 도움을 청하는데, 이때 부처님께서는 "한 그릇의 음식을 마련하여 「무량위덕자재광명수승다라니(無量威德自在光明殊勝陀羅尼)」를 염송(念誦)하면 그 음식의 양이 무량하여지고, 일체의 아귀와 바라문은 이로써 배가 부를 뿐 아니라 고통을 벗어날 수 있게 되리라"고 말씀하셨다. 이것이 곧 시식(施食)의 연기(緣起)이며, 면연아귀를 구한 대사(大士)가 다름 아닌 아난존자이시기로 아난존자를 면연대사라 부른다. 면연대사(面燃大士=面然大士).

㉔**甘露之門(감로지문)**: 감로문(甘露門). ①열반의 경지에 이르는 문호(門戶). ②부처님의 가르침. ③영가를 부처님의 품안으로 이끄는 문.

㉕**梁武帝(양무제)**: 양나라 무제. 이름은 소연(蕭衍 464~549). 중국 남조(南朝) 양(梁)나라 황제(502~549). 난릉(蘭陵) 출신. 아버지는 남제왕조(南齊王朝)의 건국자 소도성(蕭道成)의 동생이다. 남제(南齊) 말기에 옹주자사(雍州刺史)로 낭양(囊陽)에 있었으나, 형이 폭군 동혼후(東昏侯)에게 피살당한 것을 계기로 남제를 멸망시키고 양나라를 세웠다. 그는 관제(官制)를 개혁하고 퇴폐한 남조의 귀족제 개혁에 힘써, 비교적 안정된 시대를 이룩했다. 저술을 많이 한 지식인이기도 하며 남조불교의 황금시대를 가져오게 하였다. 불법을 깊이 신봉하여 수많은 불상과 탑사를 세웠다. 일생을 통해 모신 부처님이 3십만, 보수한 부처님이 100만, 건립한 사찰이 2십만. 수륙재 방생재 천도재는 매일 봉행하다시피 하였다. 반승(飯僧)을 위해 절의 종복(從僕)이 되기도 했다. 그러므로 그에게는 불심천자(佛心天子)라는 별호가 있다. 그러나 달마대사를 몰라보는 허물도 있었으며, 정치를 돌보지 않아 북조(北朝)의 반신 후경(侯景)에게 유폐 당해 죽게 된다. 유폐되어 임종에 이르러 숙명통(宿命通)이 열렸고, 후손에게 유칙(遺勅)을 내려 반신 후경을 오히려 부모처럼 섬기게 했다고 한다. 묘호(廟號)는 고조(高祖), 시호(諡號)는 무제(武帝).

㉖**感逢(감봉)**: 다음 주(註) '㉗신승(神僧)'의 내용을 살피건대, '꿈속에서의 만남'을 의미하는 듯.

㉗**神僧(신승)**: ①꿈속 따위에 나타나는 신비스러운 스님. ②정신이 신령(神靈)에 통하여 모르는 것이 없이 잘 아는 스님.

『석문의범』 권상 237쪽 ≪第四 水陸齋儀≫ '緣起 序言'에 다음과 같은 내용이 있다.

「爲汝宣揚勝會儀 阿難創設爲神飢 若非梁武重陳設 鬼趣何緣得便宜
위여선양승회의 아난창설위신기 약비양무중진설 귀취하연득편의
그대들을 위하여서 대법회를 베푸나니 / 그시작은 아귀주림 달래주신 아난존자
이를아사 거듭베푼 양무제가 아니런들 / 귀취들이 무슨수로 편리함을 얻으리요.」

라는 게송(偈頌)은 수륙(水陸) 연기(緣起)의 강령(綱領. 일의 근본이 되는 큰 줄거리)을 말한 것이다. 이를 자세히 알려면, 『사물기원(事物起源)』 제8을 보면 된다. 거기에 이르기를 양무제(梁武帝. 蕭衍)가 법운전(法雲殿)에 거처할 때, 어느 날 저녁 꿈에 어떤 신승(神僧)이 나타나,

"육도사생(六道四生)의 고통이 무량하거늘 어찌 수륙재(水陸齋)를 베풀어서 법계함령(法界含靈)을 널리 구제하시지 않습니까? 모든 공덕 중에 이것이 으뜸입니다." 하였다. 무제는 꿈을 깬 후

이일을 이상히 여기 다음날 모든 승려를 모이게 하고 물어보았으나 아는 사람이 없었다. 오직 지공(誌公) 법사가 무제에게 아뢰되,

“널리 불경에서 찾아보시면 반드시 인연이 있으오리다.”하였다.

무제는 그의 말을 듣고 대장경(大藏經)을 법운전에 모셔놓고 주야로 열람하다가 『불설구호염구아귀다라니경(佛說救護焰口餓鬼陀羅尼經)』과 『불구면연아귀신주경(佛救面燃餓鬼神呪經)』을 발견하였다. 경의 내용은,

‘아난존자가 갠지스 강가에서 염구아귀(焰口餓鬼)를 만나 아귀로부터 3일 후에 죽으리라는 예언과 장차 다시 태어날 때는 아귀의 몸을 받으리라는 말을 듣게 되었다. 이로부터 아난에게는 떨칠 수 없는 두려운 마음이 생겼고, 급기야 이를 세존께 말씀 드렸다. 이에 세존께서는 즉시 다라니(多羅尼)를 말씀하셔서 한편으로는 아난의 두려움을 없애주시고, 다른 한편으로는 염구아귀에게 평등곡식(平等斛食)을 베풀고 구호(救護)하게 하셨다’는 것이었다.

무제는 경의 이런 내용을 보고 이에 의거하여 수륙의문(水陸儀文)을 스스로 지어 3년 만에 완성하였다. 어느 날 밤 의문(儀文)을 손수 들고 모든 향촉(香燭)을 꺼버린 후 부처님께 고하였다.

“만일 이 의문의 이취(理趣. 진실한 것에의 권유. 진리의 향취. 도리)가 성범(聖凡)에 협당(協當)하거든 한번 절할 동안에 꺼진 등촉이 스스로 밝아지고, 만일 잘못된 검이 있거든 어두운 그대로 있게 하소서.” 하였다. 그리고 한번 절하니 등촉이 모두 밝아지고, 두 번 절하니 궁전이 진동하고, 세 번 절하니 천상에서 가지가지 꽃비가 내렸다. 무제는 감격하여 천감(天監) 4년 2월 15일 금산사(金山寺)에 나아가 의문(儀文)대로 재(齋)를 설하고 친히 오체투지하며 부처님께 절하기를 그치지 않았다. 한편 승우(僧祐 444-518) 율사(律師)로 하여금 문의(文義)를 선독(宣讀. 여러 사람 앞에서 낭독함)하게 하였으니 이것이 수륙재의 시초다.

그 후 당나라 함형(咸亨) 연간(年間)에 서경(西京) 법해사(法海寺) 영선(英禪) 스님의 꿈 가운데 태산부군(泰山府君)의 청을 받아 법문을 설해주고 돌아와 방장(方丈)에 홀로 앉아 있는데, 문득 한 사람이 앞에 와서 고하기를,

“태산부군의 처소에서 존의(尊儀)를 뵈었습니다. 하온데 듣자오니, 세상에는 수륙재라는 것이 있어 가히 유명(幽冥)을 이익되게 한다하오며, 그 의문은 양무제의 선집(選集)으로 지금 대각사(大覺寺)에 있는 오(吳)나라 승려 의제(儀濟)가 지니고 있다하옵니다. 원컨대 존사(尊師)께서 그것을 구해 법답게 수설(修設)하여 주시기 바랍니다.” 하는지라 영사(英師)가 승낙하고 그 길로 대각사에 가서 그 의문을 구해 가지고 그 달 보름날 재를 설하였다. 그랬더니 전에 왔던 사람이 도속(徒屬) 수십 인을 거느리고 다시 와서 사례하며,

“제자는 진(秦)나라 장양왕(莊襄王. 진 시황의 아버지)입니다.”하더니 도속을 가리키며,

“이 사람들은 범유(范唯), 양후(穰侯), 백기(白起), 왕전(王翦), 장의(張儀), 진진(陣軫) 등입니다. 모두 진나라 신하들로서 다 같이 본죄(本罪)에 의(擬)하여 음부(陰府=저승)에 유수(幽囚. 잡아 가둠)되어 있었습니다. 예전에 양무제가 금산사에서 재를 베풀었을 때, 전대(前代) 봉왕(封王. 황제가 신하를 왕으로 봉함. 또는 그런 일)들의 군신은 모두 탈면(脫免)을 얻었으며, 제자도 그때 잠시 식고(息苦)는 되었습니다. 다만 옥정(獄政)이 미결(未決)되었으므로 아직 해탈을 얻지 못하였었습니다. 이번에 재참(齋懺)의 공덕으로 제자와 이 사람들 그리고 많은 나라의 군신(君臣)이 모두 법력을 입어 인간으로 태어나게 되었습니다. 하고는 인홀불견(因忽不見)이었다. 그로부터 영법사(英法師)가 항상 수륙재를 베푸니 그 법이 천하에 유통되었다.

또 송조(宋朝) 소동파(蘇東坡)는 ‘수륙법상찬(水陸法像贊)’을 거듭 짓고 송(宋) 희영(熙寧) 연중에 동천(東川) 양악(楊鍔)이 의문(儀文) 삼권을 다시 지었으며, 우리나라에는 고려 광종(光宗) 21년에 수원 갈양사(葛陽寺)에다 수륙도량을 베풀었고, 선종(宣宗)은 보제사(普濟寺)에 수륙당(水陸堂)을 지었으며, 충목왕(忠穆王)도 수륙재를 올렸고, 이태조도 진관사(津寬寺)·견암사(見巖寺)·석왕사(釋王寺) 등에서 수륙재를 베풀었다.

그 후로 수륙재가 점차 쇠미(衰微)하기는 하였으나 꾸준히 계속되어왔다. 그런데 수륙(水陸)은 무엇을 의미하는 것일까? 대개 제선(諸仙)은 흐르는 물에서 음식을 구하고, 귀신은 깨끗한 땅에

서 구함을 말하는 것이다. 그러면 가람(伽藍) 안에서나 혹은 고봉정상(高峰頂上)일지라도 그 의문에 준하여 의식을 행하면 곧 수륙재이다. 그럼으로 수륙의식을 만든 양무제는 금산사(金山寺)에서, 고려 광종(光宗)은 귀법사(歸法寺)에서, 조선 태조는 진관사(津寬寺)에서 행하였던 것이다. 근자에 수륙재를 강이나 바다로 나가서 거행하며, 수륙의문은 행하지도 않고 상주권공(常住勸供) 등으로만 대신한다 하니 이 무슨 고견(高見)이란 말인가? 그뿐만 아니라 오늘날까지도 수륙재를 강이나 바다에 나가 배를 모으고 행함은 왜일까? 이는 수륙에서 '수(水)'자 만을 중히 여기고 정작 고혼을 위로하는 '육(陸)'자는 등한시 한 것이며, 또 물고기들에게 먹이를 주는 방생재(放生齋)의 일종을 남용(濫用)한 것이라 하겠다.

※ **水陸齋(수륙재)**: 물이나 뭍에 있는 고혼과 아귀에게 공양하는 법회. 양나라 무제(武帝) 1년(502) 무제가 처음으로 제정.

※ **僧祐(승우)**: 중국 승려. 건업 사람으로 어려서 건초사(建初寺)에 가서 승범(僧範)을 섬기고, 뒤에 율학(律學)의 고승인 법현(法顯)에게 공부하여 율부에 정통함. 양나라 무제가 매우 숭배하였다고 함. 나이가 들어 쇠약해지자 가마를 타고 내전(內殿)에 들어감을 허락 받음. 천감 17년 건초사에서 세수 74세로 입적함. 저서로 『출삼장기집』15권, 『서가보』5권, 『홍명집』14권 등이 있음.

※ **泰山府君(태산부군)**: 중국 타이산(泰山)의 산신. 사람의 수명(壽命)과 복록(福祿)을 다스린다고 하여 도가에서 모신다.

※ **方丈(방장)**: 화상(和尙), 국사(國師) 등의 고승(高僧)이 거처하는 처소.

※ **尊儀(존의)**: ①부처님이나 보살님의 형체. ②귀인의 위패나 초상 따위를 높여 이르는 말.

※ **修設(수설)**: 수설재회(修設齋會)의 약칭. 재회를 행하는 것.

㉘**由是(유시)**: 연사성(連詞性) 개빈사조(介賓詞組)로서 결과나 결론을 나타내고 분구(分句)나 구(句)의 맨 앞에 쓰인다. '이로 인하여', '따라서'라고 해석.

㉙**水陸會(수륙회)**: 수륙재(水陸齋)와 동(同).

㉚**首啓(수계)**: 처음으로 엶.

㉛**追薦之辰(추천지신)**: 칠칠재(七七齋) 내지 기일 등 망자의 명복을 축원하기 위해 정해진 날.

※ **追薦(추천)**: 추선(追善). ①망자의 명복을 빌려고 착한 일을 함. ②영가의 괴로움을 덜고 명복을 축원하려고 선근복덕(善根福德)을 닦아 그 공덕을 회향함. 보통 사십구일까지는 매 7일마다, 그 뒤에는 백일과 기일에 불사를 베푼다. 추선공양(追善供養)·추수(追修).

㉜**邀(요)**: 맞을, 기다릴 '요(료)'

㉝**大乘法師(대승법사)**: 의미로 보아 사무(寺務)의 대강(大綱)을 통솔하고 승중(僧衆)의 잡무 관장 및 법요(法要)를 선도하는 유나(維那) 스님을 의미하는 듯.

㉞**秉法(병법)**: ①불전(佛前)에서 예식·기도·재(齋) 등을 집행하는 스님의 직명(職名). ②수계(受戒)·참회(懺悔) 등에서 행하는 갈마작법(羯磨作法). 수계·참회·결계(結界) 등 계율에 관한 행사를 할 경우, 그 의지가 몸의 동작과 말로 나타나게 되는데, 이에 의해 지악작선(止惡作善)하는 의식상의 작법을 말한다. 갈마의 내용을 법(法. 갈마의 방법)·사(事. 갈마를 하는 행사)·인(人. 갈마에 관계하는 사람)·계(界. 갈마를 하는 장소)의 넷으로 나누어 이것을 갈마사법(羯磨四法)이라 한다.

※ **羯磨師(갈마사, Ⓢkarma-vāc-ācārya=秉法沙門)**: 구족계(具足戒)를 받을 때 수계자(受戒者)를 위해 백사갈마작법(白四羯磨作法)을 주재하는 사람. http://blog.daum.net/511-33/12370192

㉟**阿闍梨(아사리)**: Ⓢācārya. Ⓟacariya. 교단의 스승. 제자의 행위를 바르게 교육할 만한 덕이 높은 승려. 계율에 밝고, 갈마(羯磨, Ⓢkarma)에 능한 사람이 아사리가 되어 제자를 가르치도록 되어 있다. 수계의 스승. 인도에선 일반적으로 스승이라는 의미로 쓰인다.

※ **一壇(일단)**: 기원(幾員). 몇 사람. 같은 내용이 <함합소(緘合疏)>에는 '謹命秉法闍梨一員 及法事僧幾員'으로 되어 있음.

※ **壇(단)**: 특수 사회의 구성원.

㊱**擇定(택정)**: 선정(選定). 여럿 가운데서 어떤 것을 뽑아 정함.

㊲**啓建(계건)**: 개계(開啓)라고도 하며, 법회를 시작함을 뜻한다. 즉 여러 날 동안 베풀어지는 의식일 경우 그 첫날을 가리킨다.

㊳**天地冥陽(천지명양)**: 하늘·땅·명계(冥界)·양계(陽界) 등 눈에 보이고 보이지 않는 모든 세계.

㊴**三身(삼신)**: Ⓢtrikāya. 불신(佛身)을 셋으로 나눔. (1)법신(法身, Ⓢdharma-kāya). 법(法)은 영원불변한

만유의 본체이고, 신(身)은 적취(積聚)의 뜻으로, 본체에 인격적 의의를 붙인 불신. ⑵보신(報身, Ⓢsaṃbhoga-kāya). 인연에 따라 나타난 불신으로, 아미타불과 같은 부처님. 곧 보살위(菩薩位)의 어려운 수행을 닦으며, 정진·노력한 결과로 얻은 불신. ⑶화신(化身) 혹은 응신(應身, Ⓢ nirmāṇa-kāya). 보신불을 친견하지 못한 이를 제도하기 위해 나타나는 불신으로 역사적 존재인 서가모니부처님과 같은 불신.

㊵**八大菩薩(팔대보살)**: 정법(正法)을 지키고 중생을 옹호하는 여덟 보살. 경(經)에 따라 다르다. 관음, 세지, 문수, 보현, 지장, 미륵, 금강장, 제장애보살. 『약사경(藥師經)』에서는 문수사리보살, 관세음보살, 득대세지보살, 무진의보살, 보단화보살, 약왕보살, 약상보살, 미륵보살을 이르며, 『팔대보살만다라경(八大菩薩曼荼羅經)』에서는 관세음보살, 미륵보살, 허공장보살, 보현보살, 금강수보살, 문수보살, 제개장보살, 지장보살을 이른다.

㊶**五十二位(오십이위)**: 구도자의 수행의 단계를 52개로 나눈 것. 순차적으로 십신(十信)·십주(十住)·십행(十行)·십회향(十廻向)·십지(十地)·등각(等覺)·묘각(妙覺)이 있다. 십신(十信)에서 십회향까지는 범부(凡夫)이고, 초지(初地) 이상으로부터 성자(聖者)의 위에 들어간다. 십신(十信)을 외범(外凡)이라 하고, 십주·십행·십회향의 삼십위를 내범(內凡) 또는 삼현(三賢)이라 칭한다. 『영락경』에서는 42위만을 말하였는데 천태 스님은 여기에다 십신(十信)을 더해 52위로 하였다.

㊷**五敎(오교)**: 제경전(諸經典)의 설해진 형식·순서·의미·내용 등에 의해 교설을 5종으로 분류하여 체계 지운 것. 얕은 교설(敎說)로부터 순차적으로 깊이를 더해 간다. 천태종의 오시교(五時敎), 화엄종의 오교십종판(五敎十宗判)이 대표적이다. 즉 석존의 일대시교(一代時敎)를 총칭함.

㊸**法藏(법장)**: 장(藏)은 범어 삐따까piṭaka의 번역으로, 용기(容器)·곡창(穀倉)·롱(籠)·암기(暗記)된 것 등의 뜻. 법장(法藏)이라 함은 경장(經藏)·율장(律藏)·논장(論藏) 등 셋으로 불교성전을 총칭한 것이다. 한편 불교성전을 3류(類)로 나누어 모았다는 뜻으로부터 총칭하여 삼장(三藏, Ⓢtri piṭaka) 또는 삼법장(三法藏)이라고도 한다.

㊹**五果(오과)**: Ⓢpañca-phalāni. 소승(小乘)의 깨달음을 5종으로 분류한 명칭. 수다원과(須陀洹/預流果. Ⓟ sota-āpanna)·사다함과(斯陀含/一來果. Ⓟsakadāgāmī)·아나함과(阿那含/不還果. Ⓟanāgāmi)·아라한과(阿羅漢/無學果. Ⓟarahatta)·벽지불과(辟支佛/緣覺果. Ⓟpacceka buddha).

㊺**四向(사향)**: 소승(小乘)의 4果(과)를 향해서 수행하고 있는 동안을 말한다. 예컨대 아라한과를 향해서 수행하는 동안이 아라한향(阿羅漢向)이고, 확실히 그 과에 도달한 때가 아라한과(阿羅漢果)이다.

㊻**羅漢(나한)**: 아라한(阿羅漢)의 준말. ①소승불교의 수행자 가운데서 가장 높은 경지에 오른 이. 온갖 번뇌를 끊고, 사제(四諦)의 이치를 바로 깨달아 세상 사람들의 존경을 받을 만한 공덕을 갖춘 성자를 이른다. ②생사를 이미 초월하여 배울 만한 법도가 없게 된 경지의 부처. 흔히 응공(應供, Ⓢ pūjya)·살적(殺賊, Ⓢkṣīṇāsrava)·불생(不生, Ⓢajāta)을 아라한의 삼의(三衣, Ⓢtrai-cīvarika)라 한다. 외에도 무학(無學)·무생(無生)·응진(應眞)·진인(眞人) 등으로도 이른다.

㊼**辟支(벽지)**: 벽지불(辟支佛). 연각(緣覺). 부처님의 가르침에 의지하지 않고 스스로 도를 깨달은 성자(聖者). 그 지위는 보살의 아래, 성문(聲聞)의 위이다.

㊽**十大明王(십대명왕)**: '일백사위' 가운데 상단(上壇)에 자리하신 열 분의 명왕. 『작법귀감』 및 『석문의범』 소수 「신중작법」에서 ①동방염만다가대명왕(東方焰曼怛迦大明王), ②남방바라이야다가대명왕(南方鉢羅抳也怛迦大明王), ③서방바랍마다가대명왕(西方鉢納摩怛迦大明王), ④북방미거라다가대명왕(北方尾仡羅怛迦大明王), ⑤동남방탁기라야대명왕(東南方托枳羅惹大明王), ⑥서남방이라나나대명왕(西南方尼羅能拏大明王), ⑦서북방마하마라대명왕(西北方摩訶摩羅大明王), ⑧동북방아좌라나타대명왕(東北方阿左羅曩他大明王), ⑨하방바라반다라대명왕(下方縛羅播多羅大明王), ⑩상방오니새자가라바리명왕(上方塢尼灑作仡羅縛里明王) 등 십대명왕의 명호를 볼 수 있다. ☞『각론Ⅵ』 p.70 <십대명왕본존진언>의 【연구】를 참고할 것.

⊙**明王(명왕)**: 강강난화지중생(强剛難化之衆生), 즉 교화하기 어려운 중생을 구제하기 위해 분노의 상(相)을 나타내는 존(尊)이므로 분노존(忿怒尊)·위노왕(威怒王)이라고도 하며 삼종윤신(三種輪身) 가운데 여래의 대지(大智)로부터 현신(顯身)한 교령윤신(敎令輪身)을 가리킨다.

㊾**金剛密跡(금강밀적)**: 금강밀적(金剛密迹). 밀적금강(密迹金剛). 밀적역사(密迹力士). 금강역사(金剛力士).

금강수(金剛手). 집금강(執金剛). 밀적이란 항상 부처님을 모시고 부처님의 비밀한 사적(事迹)을 기억한다는 뜻. 또 부처님의 3밀(密)을 알고 자취를 드리워 신이 되었다는 뜻. 모두 손에 금강저(金剛杵)를 들고 큰 위엄을 나타내어 불법을 옹호하는 천신(天神)의 통칭.

㊿**召請(소청)**: 제불을 권청(勸請)하는 것.

⊙普請(보청): 널리 대중을 청하여 근로(勤勞)케 하는 것.

⊙普召請(보소청): 보청(普請)과 소청(召請)의 합성어. 의식에서는 신앙행위의 대상이 되는 특정 불·보살을 청하게 되는데, 이때 그 권속을 함께 청함으로 '보소청'이라 한다.

㉛**三界(삼계)**: Ⓟtiloka. 중생이 생사에 유전(流轉)하는 미(迷)의 세계. 욕계(欲界, Ⓟkāmabhava) 6천·색계(色界, Ⓟrūpabhava) 18천·무색계(無色界, Ⓟarūpabhava) 4천.

52**釋梵四王(석범사왕)**: 제석천왕(帝釋天王)·대범천왕(大梵天王)·사천왕(四天王).

⊙**大梵天王(대범천왕)**: Ⓟbrahma. 몰라함마(沒羅含摩)·범마(梵摩)라 음역하며, 범천왕(梵天王), 대범천왕(大梵天王)이라 번역한다. 색계초선천(色界初禪天)의 주(主)로 부처님께서 출세하실 때면 항상 제일 먼저 설법을 청한다고 하며, 언제나 부처님을 오른편에 모시고 손에는 흰 불자(拂子)를 들고 있다고 한다.

⊙**帝釋天王(제석천왕)**: Ⓟjara-sakka. 제석은 33天(忉利天)의 주격(主格)인 천(天)의 王이다. 제석천은 사천왕을 거느리고 있으며, 부처님을 수호하고 불법을 보호하여 후세에 전하는 것을 임무로 하고 있다.

⊙**四天王(사천왕)**: Ⓟcatumahārāja. 욕계(欲界) 육천(六天)의 제일인 사왕천(四王天)의 주인으로서 수미(須彌)의 사주(四洲)를 수호하는 신(神).

53**天仙(천선)**: Ⓢdeva-ṛṣi. 하늘 위에 산다는 신선(神仙).

54**五方上帝(오방상제)**: 동남서북 사방과 중방의 天界(천계)를 다스리는 상제.

55**二十八宿(이십팔수)**: Ⓢaṣṭā-viṃśati nakṣatrāṇi. 천구(天球. 천체의 시위치(視位置)를 정하기 위하여 관측자를 중심으로 하는 무한 반경의 큰 구면(球面). 모든 천체가 실지 거리와는 관계없이 이 구면 위에 투영되어 있는 것으로 본다.)를 황도(黃道. 태양의 둘레를 도는 지구의 궤도가 천구(天球)에 투영된 궤도. 천구의 적도면(赤道面)에 대하여 황도는 약 23도 27분 기울어져 있으며, 적도와 만나는 두 점을 각각 춘분점, 추분점이라 한다.)에 따라 스물 여덟으로 등분한 구획. 또는 그 구획의 별자리. 동쪽에는 각(角)·항(亢)·저(低)·방(房)·심(心)·미(尾)·기(箕), 북쪽에는 두(斗)·우(牛)·여(女)·허(虛)·위(危)·실(室)·벽(壁), 서쪽에는 규(奎)·누(婁)·위(胃)·묘(昴)·필(畢)·자(觜)·삼(參), 남쪽에는 정(井)·귀(鬼)·유(柳)·성(星)·장(張)·익(翼)·진(軫)이 있다.

56**九曜(구요)**: 구집(九執, Ⓢnava-graha). 9개의 천체(天體). 일곱 요일[일요성·월요성·화요성·수요성·목요성·금요성·토요성]에 일월식(日月蝕)을 일으키는 식성(蝕星)인 라후성(羅睺星. Ⓢrāhu.)과 혜성(彗星)인 계도성(計都星, Ⓢketu. 묘성(昴星). 이십팔수(二十八宿)의 열여덟째 별자리의 별들. 황소자리의 플레이아데스성단에서 가장 밝은 6~7개의 별로, 주성(主星)은 황소자리의 이타성이다. 구요성(九曜星)의 하나로, 청룡을 타고 손으로 해와 달을 떠받들고 분노하는 신상(神象)의 모습이다.)을 합친 것. 인도의 달력에 나타낸 일종의 역법(曆法)으로 그 당일에 대한 길흉을 점침. 힌두교에서는 구요(九曜)가 존중되고, 그 신상(神像)이 사원에 안치되어 있다. 밀교에서는 태장계만다라외금강부원(胎藏界曼荼羅外金剛部院)의 사방에 배치하고 있다.

57**日月二宮(일월이궁)**: 해와 달 속에 있다는 궁전.

58**虛空藏菩薩(허공장보살)**: Ⓢākāśagarbha-bodhisattva. 허공처럼 무한의 자비를 나타내는 보살. 복과 지혜의 이장(二藏)의 무량함이 너른 하늘과 마찬가지로 광대무변하기 때문에 이렇게 칭함. 태장계만다라허공장원의 중존(中尊)으로, 연화좌(蓮華座)에 앉아 오지보관(五智寶冠)을 받고, 오른손에 지혜의 보검, 왼손에 복덕의 연화와 여의보주를 갖는다. 또 오른손을 시원인(施願印)으로 하는 등 형상은 여러 가지임. 구문지법(求聞持法)을 닦는 본존과 오대허공장보살(五大虛空藏菩薩)도 있음.

59**統攝(통섭)**: 전체를 도맡아 다스림.

60**熾盛光如來(치성광여래)**: Ⓢjvālā tathāgata. 금륜불정(金輪佛頂)=치성광불정(熾盛光佛頂).

⊙**佛頂(불정)**: Ⓢbuddhoṣṇīṣa. 부처님의 정상(頂上)에는 다른 어떤 사람에게서도 볼 수 없는 훌

륭한 상(相) —팔십종호(八十種好) 가운데 하나인 무견정상상(無見頂上相)— 이 있다. 밀교(密敎)에서는 이를 부처님의 공덕으로 간주하고 불(佛)을 불정존(佛頂尊)이라고 한다.

⊙**熾盛光佛頂(치성광불정)**: 석존께서 수미산정(須彌山頂)에서 제천(諸天)에게 항복 받은 금륜불정을 말함. 석존께서 교령윤신(敎令輪身)으로 모공(毛孔)에서 치성광염(熾盛光焰)을 유출하신 까닭에 붙여진 이름. 무수한 광명을 놓아 교령(敎令=命令·敎化)하는 것을 치성광이라 함. 무수한 광명을 놓는 까닭은 일월성숙(日月星宿)을 권속으로 하여 이에 교령하기 위함이라 함.

(형상) 除災敎令法輪云 熾盛光佛頂 身諸毛孔放大光明. 又云 熾盛佛相儀 毛孔飛光散 首冠五佛相 二手如釋迦(제재교령법륜운 치성광불정 신제모공방대광명. 우운 치성불상의 모공비광산 수관오불상 이수여석가.)

※ **금륜불정(金輪佛頂)**에는 대일금륜(大日金輪)과 서가금륜(釋迦金輪)이 있다. 전자는 색구경천(色究竟天)에서 성도하신 보관상(寶冠相). 후자는 수미산정(須彌山頂)에서 성도하신 나발상(螺髮相).

㉑**周天列曜(주천열요)**: 하늘에 늘어서서 빛남. '주천(周天)'은 천체(天體)가 각자의 궤도를 따라 한 바퀴 도는 일을 말하고, '열요(列曜)'는 늘어서서 빛남을 이른다.

㉒**五岳聖帝(오악성제)**: 우리나라의 이름난 다섯 산을 주관하는 다섯 산신. 오악은 동(東)의 금강산(金剛山), 서(西)의 묘향산(妙香山), 남(南)의 지리산(智異山), 북(北)의 백두산(白頭山), 중앙의 삼각산(三角山)을 이른다. 단, 시대에 따라 차이가 있으므로 확실치 않다. 예컨대 신라시대에는 동의 토함산, 서의 계룡산, 남의 지리산, 북의 태백산 그리고 중앙의 북악산으로 오악(五岳)을 삼았고, 고려 후대에는 동 금강산, 서 묘향산, 남 지리산, 북 오대산, 중 삼각산을 오악이라 했다. 또 조선의 태조는 동 오대산, 서 묘향산, 남 속리산, 북 장백산, 중 백악산을 오악이라 했다.

성제(聖諦)는 신(神)을 높이어 이르는 말, 또는 존귀한 신선(神仙)을 이르는 말로서 여기서는 산신을 말한다.

※ ⑴중국의 오악은 태산(泰山), 화산(華山), 형산(衡山), 항산(恒山), 숭산(嵩山)을 이른다. ⑵사람의 얼굴에서 이마, 코, 턱, 좌우 광대뼈를 오악이라고도 한다.

㉓**四海龍王(사해용왕)**: 동서남북의 네 바다 가운데 있다고 하는 용왕.

㉔**三光(삼광)**: 해와 달과 별의 세 가지를 이르는 말. 별은 특히 북두칠성을 이른다.

㉕**水府(수부)**: 용궁(龍宮). 물을 맡아 다스린다는 신의 궁전.

㉖**主風主雨之尊(주풍주우지존)**: 바람과 비를 주관하는 신. 이 가운데 주풍신(主風神)은 『화엄경』에는 무려광명(無礪光明)·보현용업(普現勇業)·풍격운당(豊擊雲幢)·정광장엄(淨光莊嚴)·역능갈수(力能渴水)·대성편후(大聲徧吼)·수초수계(樹抄垂髻)·보행무애(普行無礙)·종종궁전(種種宮殿)·대광보조(大光普照) 등 열 분의 신이 등장하고 있으며, 화엄에서 설한 보살 52계위 가운데 10행(行)의 제6이치란행(離痴亂行. 어리석고 어지러움이 없이 행동하는 지위)에 해당한다.

㉗**主苗主稼之宰(주묘주가지재)**: 곡식을 주관하는 신. 『화엄경』에는 유연승미(柔軟勝味)·시화정광(時華淨光)·색력용건(色力勇建)·증익정기(增益精氣)·보생근과(普生根果)·묘엄환계(妙嚴環髻)·윤택정화(潤澤淨華)·성취묘향(成就妙香)·견자애락(見者愛樂)·이구광명(離垢光明) 등 열 분의 신이 등장하고 있으며, 화엄에서 설한 보살 52계위 가운데 10행(行)의 제1환희행(歡喜行. 기쁜 마음으로 중생을 환희롭게 하는 지위)에 해당한다.

㉘**堅牢地神(견뢰지신)**: 대지를 받들고 굳게 지키는 신. 붉은 살색의 몸에 왼손에는 아름다운 꽃을 심은 화분을 받들고 있다고 한다.

㉙**閻摩羅(염마라)**: 유명계(幽冥界, Ⓢtamondhakāra)의 왕으로 흔히 염라(閻羅, ⓅⓈYamarāja)-대왕이라 하는데, 이는 겹말표기(pleonasm)임. ㉭염마라사(閻摩羅社)·염마라염(琰摩羅閻)·염마(炎摩/琰魔/閻魔). ㉦**박**(縛. 죄인을 결박한다는 뜻)·**쌍세**(雙世. 세간에 있으면서 항상 苦·樂二報를 받는다는 뜻. 중생과 더불어 고락을 같이한다는 뜻)·**쌍왕**(雙王. 兄과 妹 두 사람이 모두 王이라는 뜻.)·**평등왕**(平等王. 平等하게 죄를 벌한다는 뜻.)·**차지**(遮止. 죄악을 멈추게 하고 더 이상 짓지 않게 한다는 뜻.)·**쟁식**(諍息. 다툼을 그치게 하고 악을 쉬게 한다는 뜻.). 본래는 인도의 신화에서는 정법(正法)의 신 혹은 광명(光明)이라고 하는 야마(ⓈYama)와 쌍둥이 여동생인 야미(ⓈYamī) 두 신이 인류최초의 사자(死者)라고 하는 것으로부터 점차 죽음의 신으로 인식되었고 급기야 명계(冥界)를 지배한다고

생각되어졌다. 이러한 생각이 불교에 받아들여져 한편으로는 상계(上界)의 광명세계(光明世界), 즉 야마천(夜摩天, Ⓢsuyāma-deva) —욕계육천(欲界六天)의 하나. 공거사천(空居四天)의 하나— 의 주(主)로, 다른 한편으로는 하계의 암흑세계(暗黑世界), 즉 아귀계(餓鬼界, Ⓟpetti-visaya)와 지옥의 주(主)로, 또 다른 한편으로는 지장보살의 화신 등으로 이해되었다. 후세에 발달된 밀교에서는 태장계(胎藏界) 만다라 외금강부(外金剛部)중에 있어서 호세팔천(護世八天)·시방호법신왕(十方護法神王)·십이천(十二天)의 하나로 자리하게 되었다.

한편 중국에 와서는 당말(唐末) 도교의 사상과 혼합되어 시왕(十王)의 하나가 되었고, 혼합된 형태가 한반도에 유입되어 명부신앙으로 정착되었다. 때문에 명부전의 제5염라대왕은 도복(道服)을 입고 **홀(笏)**을 쥔 형상을 하게 되었다. 결국 중생의 죄를 감시하고, 죄를 범하는 것이 얼마나 어리석으며, 또 그 결과는 얼마나 괴로운 것인가를 알리는 것이 명계(冥界)의 총사령염마(總司令閻摩)의 역할이다.

※ **笏(홀)**: 관복(官服)을 입었을 때 손에 드는 수판(手板). 길이는 33㎝ 정도, 나비는 아래가 3.5㎝, 위가 5㎝ 정도이다. 왕은 규(圭)를 잡고, 대부(大夫)나 사(士)들이 '홀'을 잡았다. 쓰임새는 원래 왕의 교명(敎命) 등을 적어 잊지 않게 하려는 목적이었으나, 뒤에는 단순히 의례용 도구가 되었다. 품계에 따라 1~4품은 상아(象牙)홀을, 5~9품은 목제(木製)홀을 들었다. 당(唐)나라의 제도를 신라시대에 도입한 것으로 조선말기까지 사용되었다.

※ **笏記(홀기)**: 혼례나 재례의 의식 때에 그 순서를 적은 글.

⑳**地府諸王(지부제왕)**: 염라대왕을 위시한 십대왕(十大王). 저승에서 죽은 사람을 재판하는 열 명의 대왕. 진광대왕(秦廣大王), 초강대왕(初江大王), 송제대왕(宋帝大王), 오관대왕(五官大王), 염라대왕(閻羅大王), 변성대왕(變成大王), 태산대왕(泰山大王), 평등대왕(平等大王), 도시대왕(都市大王), 전륜대왕(轉輪大王)이다. 임종 일로부터 49일까지는 7일마다, 그 뒤에는 백일(百日)·소상(小祥)·대상(大祥) 때에 차례로 이들에 의하여 심판을 받는다고 한다.

⊙**地府(지부)**: 저승. 사람이 죽은 뒤에 그 혼이 가서 산다고 하는 세상. 구원(九原). 명국(冥國). 명조(冥曹). 시왕청(十王廳). 유계(遺界). 유도(幽都). 유명(幽冥). 천대(泉臺). 현택(玄宅). 황양(黃壤). 황천(黃泉). 황토(黃土). 구천(九泉). 명도(冥途).

㉑**陰府(음부)**: 저승.

㉒**神祇(신기)**: 천신지기(天神地祇). 천신(天神)과 지기(地祇)를 아울러 이르는 말. 곧 하늘의 신령과 땅의 신령을 이른다./ **祇** 토지신 '기'.

㉓**人倫(인륜)**: ⑴군신·부자·형제·부부 따위 상하 존비(尊卑)의 인간관계나 질서. ⑵모든 사람. 인류(人類). 륜(倫)은 무리의 뜻. 여기서는 인륜으로서의 영가 제위.

㉔**明君(명군)**: 명주(明主). 총명한 임금.

※ **名君(명군)**: 명주(名主). 훌륭한 치덕으로 이름이 높은 임금.

㉕**補弼(보필)**: 보필(輔弼). 윗사람의 일을 도움. 또는 그런 사람. '모심', '도움'으로 순화.

㉖**三貞九烈(삼정구열(三貞九烈))**: 정절(貞節)이 매우 높은 여인. 삼(三)은 다수(多數)를 나타내고, 구(九)는 수(數)의 극(極)을 말한다.

⊙**三貞(삼정)**: 의부(義婦. 절개가 굳고 의로운 여자)·절부(節婦. 절개를 지키는 여자)·열부(烈婦. 절개가 굳은 여자)./ 貞 곧을 '정'. 정조. 여인이 지켜야할 순결과 신념을 의미.

⊙**烈女(열녀)**: 열부(烈婦). 절개가 굳은 여자./ 烈 세찰 '열(렬)'. 강하고 곧다는 의미.

㉗**順孫(순손)**: 조부모를 잘 받들어 모시는 손자

㉘**先賢後凡(선현후범)**: 선배와 후배. 선현(先賢)은 본래 옛날의 어질고 사리에 밝은 사람이란 뜻이고, 후범(後凡)이란 그 뒤를 따르는 평범한 인물이라는 말이다. 그러나 여기서는 현철(賢哲)과 범부(凡夫)를 가리는 말이 아니고 선배와 후배 즉 모든 사람을 가리키는 의미로 쓰였다.

㉙**九流(구류)**: 중국 한(韓)나라 때의 학파를 아홉 가지로 나누어 이르던 말. 유가(儒家)·도가(道家)·음양가(陰陽家)·법가(法家)·명가(名家)·묵가(墨家)·종횡가(縱橫家)·잡가(雜家)·농가(農家)를 이른다.

㊵**百家(백가)**: 여러 가지 학설이나 주장을 내세우는 많은 학자 또는 작자(作者)

㊶**九種横夭(구종횡요)**: 구종횡사(九種横死). 구횡(九横) 또는 구횡사(九横死)라고도 함. '횡사(横死)'란 비

명(非命)에 죽음을 당하는 것이며 여기에 9종류가 있다고 한다.

『구횡경(九橫經)』에 의하면 (1)먹지 못할 밥을 먹음. (2)음식의 양을 조절치 않음. (3)먹어 보지 못한 것을 먹음. (4)소화되기 전에 또 먹음. (5)억지로 대소변을 참음. (6)제정된 규모를 지키지 않음. (7)악한 벗을 가까이 함. (8)때 아닌 때에 시정(市井)에 들어감. (9)피할 것을 피하지 아니함 등이다. 또, 『약사경(藥師經)』에 의하면 (1)병에 걸렸을 때 훌륭한 의사나 좋은 약이 없음. (2)국법에 저촉되어 죽음. (3)주색(酒色)에 빠져 헛것에게 정기를 빼앗김. (4)뜨거운 불에 타는 것. (5)깊은 물에 빠짐. (6)사나운 짐승에게 먹힘. (7)높은 절벽에서 떨어져 죽음. (8)독약·저주(詛呪) 등에 해를 입음. (9)기갈(飢渴)로 죽음.

⊙**橫夭(횡요)**: 젊은 나이에 죽음. 요절(夭折).

㉜**十類孤魂(십류고혼)**: (1)구횡(九橫)+횡요(橫夭) (2)10종 보특가라(補特伽羅, Ⓢpudgala '유정(有情), 사람[人]'). 『지장십륜경(地藏十輪經)』에서 볼 수 있는데, 중생을 열 가지로 나눈 것이 곧 '10종 보특가라'이다. 또 '십'은 만수(滿數)의 의미인바 '모든 중생'이라는 뜻도 된다. 한편 '고혼(孤魂)'은 본래 의지할 곳 없이 떠돌아다니는 외로운 넋이라는 뜻이지만 여기서는 중생을 통칭하는 의미로 쓰였다. 성불 이전의 중생은 모두 외로운 나그네와 같은 존재이기 때문이다.Ⓢ

㉝**法界(법계)**: Ⓢ(dharma-)dhātu. 법계에는 여러 가지 의미가 있으나 여기서는 전세계(全世界)·전우주(全宇宙)·모든 장소(場所)를 뜻한다.

㉞**意言不盡(의언부진)**: 언어도단 심행처멸(言語道斷 心行處滅)의 뜻. 말할 길이 끊어지고, 마음의 작용이 미치지 못하는 경지를 말한다. 즉 언설이나 사고 분별로 헤아리기 어려움을 나타낸 말.Ⓢ

㉟**心源(심원)**: 일체의 의식(意識) 활동이 발생하는 근원이라는 뜻으로, 마음 당체(當體)를 말함.

㊱**檀那(단나)**: 앞 단원 「2.궤불이운」 소수 <11.다게>의 자구해설 ④를 참조할 것!

㊲**祖先(조선)**: Ⓟgotta. 조상(祖上). 상종(上宗). 돌아간 어버이 위로 대대의 어른.

㊳**三代家親等衆(삼대가친등중)**: 삼대는 흔히 아버지와 아들과 손자의 삼대를 말하나, 여기서는 아버지·할아버지·증조부 그리고 그 배위(配位) 까지를 가리킴.

⊙**家親(가친)**: 남에게 대하여 자기 아버지를 일컫는 말.

㊴**諱(휘)**: 돌아가신 높은 어른의 생전의 이름. 휘자(諱字).

㊵**眷屬(권속)**: Ⓢbāndhava. 권솔(眷率). 한집에 거느리고 사는 식구.

㊶**冥司(명사)**: 명부(冥府)의 관청(官廳) 혹은 관리(官吏).

㊷**阿難(아난)**: ⓈⓅĀnanda. 음아난타(阿難陀). 의무염(無染)·환희(歡喜)·경희(慶喜). 석존 10대제자의 한 사람. 석존의 사촌동생으로서 가비라성의 석가종족[부왕에 대해서는 곡반왕·감로반왕·백반왕 등의 이설이 있다.]의 집에서 태어나 8세에 출가함. 수행하는데 미남(美男)인 탓으로 여자의 유혹이 여러 차례 있었으나, 지조가 굳어 몸을 잘 지키며 수행을 완성하였음. 그의 전기에 의하면, 부처님께서 법륜(法輪)을 굴리신지 20년쯤 되었을 때, 여러 제자들 중에서 선출되어 친근(親近)한 시자(侍者)가 됨. 모든 제자 가운데 다문제일(多聞第一)이기로 석존께서 입멸하신 후 대가섭(大迦葉)을 중심으로 제1차 결집 때에 경장(經藏)을 송출(誦出)함. 석존의 이모이신 교담미의 출가에 진력한 일이 있음. 『증일아함경(增壹阿含經, Ⓢekottarika-āgama)』3에 「나의 성문(聲聞) 가운데 제일 비구는 때를 알고 사물에 밝으며 모든 것에 의심이 없고 기억한 바를 잊지 아니하며 다문(多聞)하고 잘 참고서 윗사람을 받드는 아난비구이다.」라고 했다.

㊸**金剛頂(금강정)**: Ⓢvajraśekhara. 금강계의 모든 제경제회(諸經諸會)의 일반에 통하는 이름.

※ **金剛界(금강계)**: Ⓢvajra-dhātu. 태장계(胎藏界, Ⓢgarbha-dhātu)의 상대어. 대일여래(大日如來)의 지혜를 나타내며, 이법(理法)을 나타내는 부문. 여래의 깨달음의 지덕(智德)은 견고하여, 일체의 번뇌를 깨부수는데 뛰어난 작용을 하므로, 금강(金剛)이라 이름지었음. 계(界)는 그 작용을 말함. 이것을 그림으로 나타낸 것이 금강계만다라이다.

㊹**總持(총지)**: Ⓢdhāraṇī. 선(善)을 지켜 잃지 않도록 하고[能持], 악(惡)은 발생하지 않도록 하는 의미[能遮]. 제불께서 말씀하신 바를 잘 지켜 잃지 않는 것. 뛰어난 기억(력). 법문을 번역하지 아니하고 음(音) 그대로 외는 일. 자체에 무궁한 뜻이 있어 이를 외는 사람은 한없는 기억력을 얻고, 모든 재액에서 벗어나는 등 많은 공덕을 받는다고 한다. 선법(善法)을 갖추어 악법을 막는다는 뜻이다. 달리 번역하여 능지(能持)·능차(能遮)라고도 한다.

⑮曼拏羅(만나라): Ⓢmaṇḍala. 음曼荼羅(만다라). 의단(壇). 단장(壇場). 윤원구족(輪圓具足)[141]. 윤원(輪圓)의 뜻으로 인도(印度)에서 비법(秘法)을 닦을 때, 마중(魔衆)의 침입을 막기 위해 원형이나 방형(方形)을 그려 놓는 것. 이렇게 구획한 지역을 만다라(曼荼羅)라 하며, 율(律)에는 부정(不淨)을 피하기 위해 여러 가지 경우에 만다라를 만든다.
⑯勝地(승지): 경승지(景勝地). 경치가 좋은 곳.
⑰妙(묘): Ⓢpraṇīta. 이것저것 헤아려볼 수 없는 것. 절대적으로 비교할 수 없는 것. 대단히 뛰어난 것. 우리들의 생각을 넘어서 있는 것. 감각으로 잡을 수 없는 것. 보통 수식어로 쓰이면 최상의·최고의·각별한 등의 뜻을 지님.
⑱開啓(개계): 계건(啓建). 법회를 시작함을 뜻한다. 즉 여러 날 동안 베풀어지는 의식일 경우 그 첫날을 가리킨다.
⑲識荊(식형): 식한(識韓). 훌륭한 분을 만나 뵙고 자기 이름이 그에게 알려지기를 원함을 비유적으로 이르는 말. 형주(荊州)의 자사(刺史)인 한조종(韓朝宗)의 명성이 매우 높아서 모든 사람이 그를 만나 보기를 원하였다는 고사에서 유래한다.
⑳盡十方(진시방): 진시방세계(盡十方世界). 진시방계(盡十方界). 모든 세계. 전세계. 전우주.
101含識(함식): Ⓢsattva. 함령(含靈). 심령(心靈)을 가지고 있다는 뜻으로, 중생을 달리 이르는 말.
102傾心(경심): 전심(專心). 마음이 쏠림.
103無遮(무차): Ⓢnirargaḍa/nirargala. 매우 관대하여 막히는 것이 없음.
104有分有全(유분유전): 부분 내지 전부.Ⓢ
105仰望(앙망): Ⓟapalokita. 자기의 요구나 희망이 실현되기를 우러러 바람. 주로 편지 글에서 쓴다.
106聖慈(성자): 임금이 베푸는 은혜. 담은(覃恩). 성은(聖恩). 우은(優恩).
107敬對(경대): 공경하여 대접함.
108金容(금용): 황금빛이 나는 부처님이나 보살님의 얼굴을 말함.
109表宣謹疏(표선근소): 선소(宣疏. 宣疎). 소어(疏語)를 공손히 소리 내어 읽는 것.Ⓢ

【개요】

본 항 <29.대회소>는 삼보님을 위시하여 대법회에 초청해 모실 소례제위께 초청의 뜻을 일시에 전하는 공문과 같은 글로서 「영산작법」 세 번째 절차인 ≪Ⅲ.소청의식≫의 서막에 해당한다. 목적은 천지명양수륙무차평등법회[수륙회]를 열어야 하는 이유와 그 유래 및 공덕 등을 자세히 밝히고, 삼신불을 위시하여 삼악도의 중생까지도 널리 초청하고자 하는 것이다. 본 소에는 범성(凡聖)을 고루 청하려는[和請] 수륙재의 성격이 잘 드러나 있다.

【구성 및 내용】

본 항의 전문(全文)은 크게 서론·본론·결론으로 구분되며, 서론·본론·결론은 다시 각각 기·서·결의 구조를 보이고 있다.

전문(全文)의 '서론'은 **'수설대회소(修設大會疏)'**로부터 **'하사가산 공덕난량(河沙可算 功德難量)'**까지로, 주로 중생들이 처한 바람직하지 못한 현실을 불교의 입장에서 분석하여 피력하였다. 그리고 이를 바탕으로 자력적 방법을 제시하였고, 더불어 타력신앙 역시 불가결임을 강조하여 수륙재 개설의 필요성을 천명하였다. 이 부분은 다시 기·서·결로 나누어 볼 수 있으니 다음과 같다.

'기'인 **수설대회소 개문 진공본적 묘유번홍 의정호융 성범교철 기오미지파열 수고락지승침(修設大會疏 蓋聞 眞空本寂 妙有繁興 依正互融 聖凡交徹 旣悟迷之派列 遂苦樂之**

141) 윤(輪)은 거륜(車輪). 수레바퀴가 각(轂)·망(輞)·폭(輻)의 모든 상을 원만히 구족한 것처럼 만다라에는 모든 여래의 진실한 공덕을 원만히 구족하여 모자람이 없다는 것.

昇沈) —대법회를 베푸오며 글월을 올리나이다. / 듣자옵건대, 진공은 본래 고요하여 / [이를 바탕으로] 묘유는 번거롭게 일어나기는 하였으나 / 의보와 정보는 서로 화합하고 / 성인과 범부도 구분이 없다 하옵니다. / [그런데 어쩌다보니] 깨달음과 미(迷)함으로 나뉘고 / [중생들은] 마침내 낙방과 고륜을 오르내리게 되었나이다.— 에서는, 고통으로 가득한 현실세계의 실상과 이런 현실이 존재하게 된 원인을 밝히고 있다. 『대승기신론』에서의 삼세육추(三細六麤)나 십이연기(十二緣起)에서의 유전문(流轉門)에서와 같이 고통스러운 현실의 원인을 말하고 있다. 이는 『천수경』의 십원(十願)의 첫째 덕목인 일체법(一切法=有爲法+無爲法)을 아는 것과 같아 작법을 시작하며 반드시 확인해 두어야 하는 내용이다. 즉 진공은 무위법이니 돌아가야 할 목적지가 열반(涅槃)임을 아는 것이고, 여타의 내용은 유위법인바 사바에 자리하고 있는 능례 자신의 현주소가 사바(娑婆)임을 안다는 것이다.

'서'인 **반야현전 보위입제어사성 진로미식 윤회영추어육범 업해망망 감수입영병지고 유도요요 증무증구지방 불유지인 수위법사(般若現前 寶位立齊於四聖 塵勞未息 輪回永墜於六凡 業海茫茫 甘受立令娾之苦 幽道擾擾 曾無拯救之方 不有至人 誰爲法事)** —[그런 가운데] 반야지혜가 일어나면 / 법왕의 자리에 사성과 나란히 서게 되고 / 진로[=번뇌]를 쉬지 못하면 / 윤회하며 영원히 육범에 떨어지옵나이다. / 업의 바다는 끝이 없어 / 가눌 수 없는 고통을 감수해야하고 / [그 중에서도] 삼악도는 더욱 어지러워 / 일찍이 구제의 방법조차 없었나이다. / 만일 성인이 계시지 않았더라면 / 누가 법회를 열 수나 있었겠나이까?— 에서는, 반야지혜를 말하여 환멸문에로의 방향전환을 언급하였다. 혹 소홀히 여길 것을 염려하여 윤회의 길에서 맞닥뜨리는 삼악도의 괴로움을 말하였고, 특히 구제의 방법[불법]을 만날 수 없음을 강조하여 수행에 박차를 가하도록 주의를 환기시키고 있다. 한편 자력적 방법이 여의치 않을 경우를 예상하여 성현의 가호라는 타력적 방법, 즉 수륙재의 필요성을 언급하였다.

'결'인 **시이 서가여래 수설광명지주 면연대사 조개감로지문 양무제 감봉신승 재수수륙 영선사 문전의제 복피유명 유자승회 설대무차 하사가산 공덕난량(是以 釋迦如來 首設光明之呪 面燃大士 助開甘露之門 梁武帝 感逢神僧 齋修水陸 英禪師 文傳儀濟 福彼幽冥 惟茲勝會 設大無遮 河沙可算 功德難量)** —하옵기로, 서가여래께오서 / 처음으로 광명의 주문을 베푸셨고 / 면연대사께서는 / 감로의 문 엶을 도왔나이다. / 양나라 무제는 / 꿈속에서 신승을 만나 / 재를 수륙에 베풀었고 / 영선(英禪)스님은 / [吳나라] 의제(儀濟)스님으로부터 글을 받아 / 유명계의 중생들을 복되게 하였나이다. / 이렇듯 수승한 법회임을 생각하며 / 무차대법회를 베푸오면 / 강가의 모래는 가히 셀 수 있을지라도 / 그 공덕은 헤아릴 수 없을 것이옵니다.— 에서는, 수륙재가 구성되어 오늘에 이르기까지의 연원과 과정을 밝히고, 이와 같은 역사성과 생명력을 지니고 있음은 곧 수륙재의 공덕을 증명하는 것으로서 갠지스강의 모래를 세는 것 보다 어렵다는 표현으로 찬탄하였다.

전문(全文)의 '본론'인 **금유차일운운(今有此日云云)** —지금 오늘 운운— 에서는, 여타 축원에서와 같이 동참인원의 명단과 이들이 발원하는 내용을 소례께 아뢴다. 이때의 축원은 단순히 세속적이고 기복적인 데 머무는 것이 아니다. 장차 성불하기까지의 중간과정, 즉 향상문(向上門)의 입장에서 발원하는 것이다.

전문(全文)의 '결론'은 '유시(由是)'로부터 '엄비향화 근소(嚴備香花 修疏)'까지이다. 수륙재를 실천에 옮김에 있어서 어떤 준비와 절차 그리고 차서에 따른 소례제위를 거명하여 초청의 의사를 전달하였다. 끝으로 능례의 간절한 소망이 성취되길 영산회상의 교주이신 석존께 아뢰는 것으로 본 소의 대미를 장식하고 있다. 이 부분 역시 기・서・결로 나누어 볼 수 있으니 다음과 같다.

'기'인 **유시 수륙회 수계대비심 계사추천지신 요명대승법사일위 병법사리일원 법사승중일단 택정금월모일야 취어모처 계건천지명양 수륙대도량 기주야 의법가지 결방우계 엄비향화 수소(由是 水陸會 首啓大悲心 屆斯追薦之辰 邀命大乘法師一位 秉法闍梨一員 法事僧衆一壇 擇定今月某日夜 就於某處 啓建天地冥陽 水陸大道場 幾晝夜 依法加持 潔方隅界 嚴備香花 修疏)** —하옵기로 / 수륙회를 위해 / 먼저 대비심을 열었고 / 이 천도일에 이르러 / 대승법사 일위 / 병법아사리 일원 / 법사승 일단을 모시었나이다. / 금월 모일 하루를 택하고 정하여 / 모처에 나아가 / 하늘・땅・명계・양계 등 / [고혼과 아귀를 위한] 수륙대도량을 시작하여 / 며칠 밤낮을 / 법에 의하여 가지(加持=기도)하고 / 모든 곳을 정결히 하며 / 향과 꽃을 엄숙히 갖추고 / 글월을 올리나이다.— 에서는 수륙재를 실천에 옮김에 있어서 어떤 준비와 절차가 있어야 하는지를 말하고 있다. 무엇보다 설판자의 자비로운 마음이 전제가 되어야 함을 설파하였고, 이어 법요를 거행할 구성인원을 갖춘 후 도량을 건립・장엄한 후 소례를 모실 소(疏)를 정중히 올려야 함을 강조하였다.

'서'인 **봉청대성대비 법보화삼신제불 팔대보살 오십이위제보살중 삼승오교심심법장 오과사향나한벽지 십대명왕금강밀적 호법선신 차당소청 삼계제천 석범사왕 제천선중 오방상제 이십팔수 구요성군 일월이궁천자 내지허공장보살지통섭 치성광여래지소강 주천열요 일체성현 차당봉청 대지신룡 오악성제 사해용왕 삼광수부 제용신중 주풍주우지존 주묘주가지재 수강호계 견뢰지신 급요염마라계 지부제왕 백관재요 제귀왕중 진음부계 일체신기 지옥수고 제유정중 차급고왕인륜 명군제왕 보필신료 삼정구열 효자순손 위국망신 선현후범 인도지중 구류백가 일체인중 병급구종횡요 십류고혼 삼악도중 제유정중 잉급시방법계 의언부진 승침불일 고락만단 미오심원 동기해탈 거차수륙회수 주령단나 소신의자 제발각인 조선부모 삼대가친 실휘망명 일체권속 총원불체 명사초생정계 선당계개자(奉請大聖大悲 法報化三身諸佛 八大菩薩 五十二位諸菩薩衆 三乘五敎甚深法藏 五果四向羅漢辟支 十大明王金剛密跡 護法善神 次當召請 三界諸天 釋梵四王 諸天仙衆 五方上帝 二十八宿 九曜星君 日月二宮天子 乃至虛空藏菩薩之統攝 熾盛光如來之所降 周天列曜 一切聖賢 次當奉請 大地神龍 五岳聖帝 四海龍王 三光水府 諸龍神衆 主風主雨之尊 主苗主稼之宰 守彊護界 堅牢地神 及邀閻魔羅界 地府諸王 百官宰僚 諸鬼王衆 盡陰府界 一切神祇 地獄受苦 諸有情衆 次及古往人倫 明君帝王 補弼臣僚 三貞九烈 孝子順孫 爲國亡身 先賢後凡 人道之中 九流百家 一切人衆 並及九種橫夭 十類孤魂 三惡道中 諸有情衆 仍及十方法界 意言不盡 昇沈不一 苦樂萬端 未悟心源 同祈解脫 據此水陸會首 主靈檀那 所伸意者 濟拔各人 祖先父母 三代家親 失諱亡名 一切眷屬 摠願不滯 冥司超生淨界 先當啓開者)** —위대하신 성현이시오며 대자대비하옵신 / 법신・보신・화신 삼신 등 모든 부처님 / [문수・보현 등] 팔대보살님 / 십신(十信)등 52보살계위(菩薩階位)에 계신 모든 보살님 / 삼승에게 설하신 오교 등 더없이 깊으신 법보님 / 사향(四向)・사과(四果)에 벽지불 등 9종의 소승 성자님 / 열 분의 위대하신 명왕님과 금강밀적님 등 / 불법을 옹호하시는 선신님을 받들어 청하옵나이다. // 다음, 욕계·색계·무색계의 모든 천상과 / 대범·제석·사천왕님과 / 모든 하늘의 신선님과 / 오방의 상제님 / 28종 별자리의 / 일요성(日曜星)등 9개의 천체(天體) / 해와 달을 다스리는 천자 / 내지 허공장보살께서 다스리시고 / 치성광여래께서 강림하시는 / 허공의 밝은 별들의 / 모든 성현님을 청하옵니다. // 다음, 대지의 신과 용신으로 / [우선] 다섯 명산의 산신님 / 네 바다의 용왕님 / 일월성신과 용궁의 / 모든 용신님 / 바람과 비를 주관하시는 어른 / 곡식을 주관하시는 신중님 / 굳게 지키고 세계를 보호하며 / 대지를 받들고 굳게 지키시는 신중님 / 및 염마라 유명계의 / 십대왕님과 / 만조백관과 재상 등 관리 / 귀계의 제왕(諸王) / 모든 저승세계의 / 모든 신령 / 지옥에서 고통받는 / 모든 유정 여러분을 받들어 청하옵니다. // 다음, 예전에 가신 조상님 / 명군이셨던 황제와 국왕 / [황제와 국왕을] 보필하던 신료 / 순결과 신념을 소중히 여기고 지킨 많은 여인 / 효자며 효성스러운 자손 / 나라를 위해 몸 바친 / 선후배 되시는 여러분 / 사람 가운데 / [진리 탐구에 진력하시던] 유가(儒家)·도가(道家) 등 구가(九家)와 자신의 학설이나 주장을 내세우시던 많은 학자 여러분 등 / 모든 사람들 / 및 비명(非命)에 죽음을 당하거나 젊은 나이에 돌아가시는 등 / 열 가지 종류의 외로우신 넋 / 지옥 등 세 가지 악도 가운데 있는 / 모든 중생들이시여! // 여전히 시방세계에 / 언설이나 마음으로 헤아려 다할 수 없으리만큼 / 오르내림이 한결같지 않아 / 고락이 만가지요 / 마음의 근원을 깨닫지 못함에 / 한가지로 해탈을 기원하오며 청하나이다. // 이 수륙재 모임의 서두에 / 주인공인 영가와 시주자가 / 아뢰고자 하옵는 것은 / 각자 각자의 / 윗대의 어르신과 부모님 / 삼대의 가친 / 이름조차 잊혀진 / 모든 권속 님들을 제도하고 구하고자 함이옵니다. // [하옵고] 총원에는 빠짐이 없어야 하나니 / [아직 언급하지 않은] 명부의 관리 님들께서도 극락에 태어나시기를 바라오며 우선 법회가 시작됨을 소례제위께 아뢰나이다.— 에서는, 수륙도량에 청해 모실 소례제위를 차서에 따라 거명하였다. 위로는 법보화 삼신불을 위시하여 아래로는 삼악도의 제유정까지 낱낱이 거명하여 말 그대로 무차법회임을 강조하고 있다. 또 거명을 끝으로 본 수륙재에 모시려는 간절한 뜻을 부연하며 다시 한 번 초청의 뜻을 소례제위께 아뢰고 있다.

'결'인 우복이 아난흥교 무제유풍 선금강정지총지 건만나라지승지 유시 원친불택 개평등지법 연추천생천 건수륙지묘회 상명삼승지성중 도안희수 하첨오취지영기 위광극비 금자회수 의망소생 개계공덕양유천 선망이생천 보현존지길경 연기고혼 구식구형 진시방 삼계세간 응육도사생함식자 분향계수 향불경심 부무차무애지도량 수유분유전지공덕 동구성과 공결홍연 구목양인 제등각안 금당개계 앙망성자 경대금용 표선근소(右伏以a 阿難興敎 武帝遺風a 宣金剛頂之摠持 建曼拏羅之勝地a 由是a 寃親不擇 開平等之法 筵追薦生天 建水陸之妙會a 上命三乘之聖衆 道眼希垂 下沾五趣之靈祇 威光克備a 今者會首 意望所生 開啓功德良有薦 先亡以生天 保現存之吉慶a 然冀孤魂 具識具形a 盡十方 三界世間 應六道四生含識者a 焚香稽首 向佛傾心a 赴無遮無碍之道場 受有分有全之功德a 同求聖果 共結洪緣 俱沐良因 齊登覺岸 今當開啓 仰望聖慈 敬對金容 表宣謹疏a) —삼가 깊이 생각하옵나이다 / [일찍이] 아난존자께서 가르침을 일으키셨고 / 양무제께서 가풍을 남기심에 / 금강회상의 다라니를 베풀어 / 만다라의 빼어난 도량을 건립하였나이다 / 하옵기로 / 원친(寃親)을 가리지 않고 / 무차평등 법회를 개설하오니 / 추선으로 천상에 태어나게 하는 자리로 / 수륙에 통하는 신묘한 법회를 건립하였나이다. // [본존께서] 위로 삼승이신 성중에 명하사 / 도안을 특별히 드리우게 하시옵고 / 아래로는 오취의 영가에까지 / 위광을 장하게 갖추게 하옵소서. // 지금 법회의 서두에 / [벌써] 소망을 나게 하는 만큼 / 개계의 공덕에는 참으로 천거할 능력이 있어 / 선망부모께서는 천상에 태어나게 하시고 / 현존사친께서는 길하고 경사스러움을 보존케 하옵나이다. // 하옵기로 고혼께서도 / [극락에 이르실 수 있다는] 식견과 모습을 갖추시길 바라나이다. / 모든 세계 / [즉] 삼계 세간의 / 육도 사생 등 모든 중생에게 / 향을 사르오며 머리를 조아리오니 / 부처님을 향해 마음을 기울이소서. // [그리하여] 막음 없고 걸림 없는 도량에 이르사 / 부분 혹은 온전한 공덕을 받으소서 / [그리고] 함께 성스러운 성과를 구하시고 / 함께 큰 인연을 맺으시어 / 함께 좋은 인연을 입어 / 나란히 깨달음의 언덕에 오르소서. / 지금 법회의 시작을 본존(本尊)께 아뢰오며 / 우러러 성스러우신 자비를 바라옵고 / 공경히 금빛 나는 용안을 대하오며 / 삼가 글월을 올리나이다.— 에서는, 대중의 운집을 위해 무차평등법회의 유래와 과정을 거듭 밝히고, 삼보님의 역할을 강조하고 있다. 아울러 대회소의 공능, 즉 초청장으로서의 역할과 소청자(召請者) 각자각자에게 돌아갈 공덕을 나열하며 능례의 간절한 소망이 성취되길 영산회상의 교주이신 석존께 아뢰고 있다.

【의식】

병법 혹은 대리인이 영산단을 향해 소성으로 거행한다.

【연구】

1 본 소에 수륙재에 관한 내용으로 점철되어 있는데?

영산재라 함은 수륙작법에 곁여된 불보께 올리는 상단권공인 「영산작법」과 승보께 올리는 '반승(飯僧)'인 「식당작법(食堂作法)」 그리고 중생을 위해 법화경을 설하는 「묘경작법(妙經作法)」 등을 보강하여 정리된 재의식의 명칭이다. 즉, 영산재란 일찍이 없었던 것이 수륙재에 영산작법 등이 보강되면서 새롭게 탄생한 재의식의 명칭이다. 그럼에도 영산재를 수륙재의 동의어로 간주할 수 없는 것은 수륙작법[142] 외에 예수작법, 각배작법 또는 관음시식 거행 시에도 영산작법이 우선되어야 하기 때문이다.

그러나 영산작법을 거행하기 시작한 단초는 어디까지나 수륙재에 있음을 영산작법 <29. 대회소>의 내용에서 확인할 수 있다. 즉, 「영산작법」이 수륙재를 열기 위한 법요임이 강조되어 있음이 그것이다.

한편, 의식의 제목인 '대회소'에서 대회는 대법회로서 영산대법회를 일컫는 것이다. 소의 내용은 영산대법회인 영산작법을 거행하기에 앞서 그 개요를 밝히고 초청해 모실 소례제위를 낱낱이 거명해 적시한 글을 삼보님을 위시하여 소례제위에게 보내는 것으로 되어 있다.

소의 피봉 전면에는 '개건평등대회 시방삼보함림(開建平等大會 十方三寶咸臨)'라 적는데 이는 '개건①<u>수륙무차</u>평등대회 시방삼보②<u>여일체함령</u>함림(開建①<u>水陸無遮</u>平等大會 十方三寶②<u>與一切含靈</u>咸臨)'을 줄인 것이라 하겠다. 밑줄 친 내용 ①은 의식집 『수륙무차평등재의촬요(水陸無遮平等齋儀撮要)』에서 보듯 지금 베풀려는 대회의 목적이 다름 아닌 장차 수륙재를 위한 것이고, 밑줄 친 ②는 소의 내용에서 알 수 있듯 초청의 대상이 삼보님으로 한정하는 것이 아니라, 위로는 삼보님을 위시해 아래로는 삼계육도의 일체함령도 그 대상으로 하고 있기 때문이다.

---

142) 영산재 탄생이후 수륙재는 그 일부로 자리함으로써 '수륙작법'이라 부른다. 즉 재의 하위개념이 '작법'이고, 그 다음이 '절차', 그 다음이 '편'이다. (<u>재 > 작법 > 절차 > 편)</u>

<30.六擧佛①(육거불)> 영산회상의 소례를 거명해 내외에 표명하는 절차.

靈山作法 ‖ ★(1)歸依儀式 1.鳴鈸 2.喝香 3.燃香偈 4.喝燈 5.燃燈偈 6.喝花 7.舒讚偈 8.佛讚 9.大直讚 10.中直讚 11.小直讚 12.開啓疏 13.合掌偈 14.告香偈 ★(2)結界儀式 15.開啓篇 16.觀音讚 17.觀音請 18.散華落 19.來臨偈 20.香華請 21.歌詠 22.乞水偈 23.灑水偈 24.伏請偈 25.大悲呪 26.四方讚 27.道場偈 28.懺悔偈 ★(3)召請儀式 29.大會疏 30.六擧佛 31.三寶疏 32.大請佛 33.三禮請 34.四府請 35.單請佛 36.獻座眞言 37.茶偈 38.一切恭敬 39.香花偈 ★(4)勸供儀式 40.淨法界眞言 41.祈聖加持 42.四陀羅尼 43.加持供養 44.六法供養 45.各執偈 46.加持偈 47普供養眞言 48.普回向眞言 49.四大呪 50.願成就眞言 51.補闕眞言 52.禮懺 53.嘆白 54.和請 55.祝願和請

南無證聽妙法②多寶如來佛③ 증청묘법 다보여래 지성귀의 하옵니다.
나무증청묘법다보여래불

南無靈山敎主④釋迦牟尼佛 영산교주 서가세존 지성귀의 하옵니다.
나무영산교주서가모니불

南無極樂導師⑤阿彌陀佛⑥ 극락도사 아미타불 지성귀의 하옵니다.
나무극락도사아미타불

南無文殊⑦普賢⑧大菩薩 문수보현 양대보살 지성귀의 하옵니다.
나무문수보현대보살

南無觀音⑨勢至⑩大菩薩 관음세지 양대보살 지성귀의 하옵니다.
나무관음세지대보살

南無靈山會上佛菩薩 영산회상 불보살님 지성귀의 하옵니다.
나무영산회상불보살

【자구해설】

①六擧佛(육거불): 영산재를 거행함에 즈음하여 다보여래·서가모니불·아미타불·문수·보현·관음·세지 등 불·보살님을 거명하여 영산회상으로 청해 모시려는 능례의 의지를 표명하는 의식. 본래 거불(擧佛)은 거불보살명(擧佛菩薩名) 혹은 거명불보살(擧名佛菩薩)의 약(略)으로 의식을 거행함에 즈음하여 소례이신 불·보살님의 명호를 들어[擧] 의식의 성격을 밝히고, 동시에 귀의를 표명하는 의식이다. ☞『불교의식각론Ⅱ』「재대령(齋對靈)」의 <거불> 참조.

②證聽妙法(증청묘법): 『법화경』이 묘법(妙法)임을 증명하고자 들음. 『법화경』 견보탑품(見寶塔品)에 의하면 다보여래께서는 과거 인행시 '만약 내가 성불하여 멸도(滅度)한 뒤에 시방국토 그 어디든 『법화경』을 설하는 곳이 있으면, 내 탑이 이 경을 듣기 위하여 그 앞 솟아나 증명해 좋다고 찬탄하리라!'고 발원하셨고, 성불하신 뒤에는 원과 같이 시방세계 그 어디든 『법화경』이 설해지는 곳이면 다보여래의 보탑(寶塔)이 땅으로부터 출현하셔서 '좋고 좋도다!'하고 증명하신다고 한다. ☞【연구】참조

③多寶如來(다보여래): ⓈPrabhūta-ratna. 시아귀법(施餓鬼法)의 5여래 가운데 한 분으로 보생불(寶生佛)·보승여래(寶勝如來)와 동체(同體). 범어(梵語)의 바라보다(鉢羅步多)는 다(多)·생(生)의 의미이고, 또 관리(管理)·지배(支配) 등의 의미가 있다. 따라서 승(勝)이라 번역한다. 라다나(羅怛曩)는 보(寶)이다. 따라서 시아귀의궤(施餓鬼儀軌)에서는 보승여래(寶勝如來)라 하고, 구발염구경(救拔焰口經)에서는 다보여래(多寶如來)라 칭한다. 이분은 남방보부(南方寶部)이시기로 간탐업(慳貪業, Ⓢmātsarya-rāga)을 없애시고 복덕을 원만하게 하신다. 동경(同經)에는 지덕(智德)을 겸비하였다는 뜻으로 바라보다라다나(鉢羅步多羅怛曩)를 바라지냐보다라다나(鉢孃枳孃步多羅怛曩, ⓈPrajñā-bhūta-ratna '지혜를 성취케 하는 보배')라 한다. 『법화경』의 다보불(多寶佛)도 같은 분이시다. 따라서 위 '자구해설②'에서 언급했듯 석존께서 영취산에서 법화경을 설하셨을 때, 땅속에서 다보탑과 함께 솟아오르시어 석존의 설법이 참이라고 증명하셨다고 한다. 염구의궤(焰口儀軌)에는 보승(寶勝)을 진로업화실개소멸(塵勞業火悉皆消滅)의 덕(德)으로, 다보(多寶)를 구족재보수용무진(具足財寶受用無盡)의 덕으로 하여 이불(二佛)을 달리 한다.

④靈山敎主(영산교주): 교주이자 설주(說主)로서 영취산에서 『법화경』을 설하신 서가모니불.

⊙**教主(교주)**: 교조(敎祖). 어떤 종교나 종파를 처음 세운 사람.

⑤**極樂導師(극락도사)**: 극락교주이신 아미타불의 용(用)을 표현한 말. 도사(導師)는 지도자나 길잡이를 의미한다. 즉, 극락의 주인이신 아미타불께서 몸소 중생을 극락으로 이끌어 맞이하심을 나타낸 것.

⊙**導師(도사)**: 사람을 인도하는 스승이라는 뜻. 지도자. 사람들의 길잡이. 사람들을 정도로 이끄는 사람. 부처님 및 보살의 경칭.

⑥**阿彌陀佛(아미타불)**: Ⓢ Amitā-yus '無量-壽'/Amitā-bha '無量-光'. 즉 영원한 생명이라는 시간적 의미와 무한한 빛이라는 공간적 의미로 해석할 수 있다. 시간과 공간을 초월하여 중생을 구제하시는 무연대비(無緣大悲, Ⓢ niṣkārạna-karuṇā)의 결정체로서 서방극락세계에 계시며, 그분의 본원력(本願力)으로 사바의 중생들을 불국토로 이끌어 제도하시는 부처님.

※ **法藏(법장)**: 『무량수경』 등에 의하면 과거 먼 옛날 정광여래불(定光如來佛=燃燈佛)께서 출현하셨을 때 발심하셨고, 이후에도 여러 부처님의 회상에서 수행하셨다고 한다. 최후에 세자재왕불(世自在王佛, Ⓢ lokeśvara-rāja)께서 출현하시어 중생을 제도하시고 계실 때, 한 국왕이 보리심을 일으켜 국왕의 자리를 버리고 출가하여 비구가 되었다. 부처님의 가르침을 따라 모든 불국토의 일을 남김없이 배우고 보살로서 48대원을 세워 무량한 세월 동안 수행을 쌓아 마침내 서방극락세계에서 성불하시니 호(號)를 아미타라 하셨고, 지금도 설법하고 계시다고 한다.

⑦**文殊菩薩(문수보살)**: Ⓢ Mañjuśri. 음 문수사리(文殊師利)·만주시리(滿珠尸利)·만수실리(曼殊室利). mañju는 묘(妙), śri는 두(頭)·덕(德)·길상(吉祥)의 뜻이므로, 지혜가 뛰어난 공덕을 가리킨다. 대승보살 가운데 한 분. 이 보살님의 명호에는 묘덕(妙德)·묘수(妙首)·보수(普首)·유수(濡首)·경수(敬首)·묘길상(妙吉祥) 등 모두 신·구 6역(譯)이 있다. 서가모니불의 좌보처이시며 지혜를 맡으셨다. 머리에 5계(髻)를 맺으신 것은 대일여래의 5지(智)를 나타내는 것이고, 오른손에는 지혜의 칼을 드시고, 왼손에는 꽃 위에 지혜의 그림이 그려 있는 청련화를 쥐고 계시다. 위엄과 용맹을 나타내기 위하여 사자를 타고 계시며, 모습은 각기 다르나, 1자(字)문수·5자문수·8자문수·1계(髻)문수·5계문수·아(兒)문수 등이 있는데, 석존의 교화를 돕기 위하여 일시적인 권현으로 보살의 자리에 계시다고 한다. 이 부처님의 명호를 들으면 4중죄(重罪)가 소멸된다고 한다. 현재 북방의 상희세계(常喜世界)에 계신 '환희장마니보적여래'이시라고도 하고, 일찍이 성불하셨다 하여 용존상불(龍尊上佛)·대신불(大身佛)·신선불(神仙佛)이라고도 하며, 미래에 성불하실 것이라 하여 보견여래(普見如來, Ⓢ samanta-darśin)라고도 한다.

반야경을 결집 편찬한 보살님으로도 알려져 있다. 따라서 경권(經權)을 손에 쥐신 모습으로 조각되고 묘사되는 일이 많았다. 화엄경에서는 비로자나불의 협시보살로서 보현보살과 더불어 삼존불의 일원으로 계신다. 그리하여 보현보살께서 세상 속으로 뛰어드셔서 실천적 구도자의 모습을 띠고, 활동하실 때에 문수보살께서는 사람들의 지혜의 좌표가 되시기도 하였다. 즉 이 보살님께서는 서가모니불의 교화를 돕기 위하여 일시적인 권현으로 보살의 자리에 계신 것이다. 『화엄경』에서는 문수보살이 중국의 산서성(山西省) 오대산에서 1만 보살과 함께 있다고도 하는데, 우리나라에서는 강원도 오대산에 계시다고 하여 지금도 그곳의 상원사(上院寺)는 문수보살님을 주존(主尊)으로 모시고 예배하며 수행하는 도량으로 알려져 있다.

⑧**普賢菩薩(보현보살)**: Ⓢ Samantabhadra·Viśvabhadra. 음 사만다바나라(三曼多跋捺羅)·필수발다(邲輸跋陀). 의 편길(遍吉). 문수보살과 함께 서가여래의 협시(脇侍)로 유명한 보살. 문수보살이 여래를 왼편에서 모시고 여러 부처님의 지덕(智德)·체덕(體德)을 맡음에 대하여, 이 보살은 오른쪽에서 여래를 모시고 이(理)·정(定)·행(行)의 덕을 맡았다. 또 문수보살과 같이 모든 보살의 으뜸[上首]이 되어 언제나 여래께서 중생 제도하시는 일을 돕고 드날린다. 또 중생들의 목숨을 길게 하는 덕을 가졌으므로 보현연명보살(普賢延命菩薩) 혹은 연명보살이라고도 한다. 모양에는 여러 가지가 있으나 크게 나누면 흰 코끼리를 타신

모습과 연화대(蓮花臺)에 앉으신 모습 2종이 있다. 흰 코끼리에 앉으신 모습을 많이 그렸으며, 그 모습은 6개의 어금니가 있는 코끼리 등에 앉으셔서 손을 합장하고 계시다. 서가여래를 협시하시는 경우에는 오른손을 여의(如意)로, 왼손을 여인(與印)으로 결인(結印)하신다. 연화대에 앉으신 모습은 진언밀교에서 조성한다. 밀교에서는 금강살타와 같이 생각하여, 태장계만다라의 중대팔엽원(中臺八葉院) 남동 끝에 안치하며, 왼손에는 연꽃을 들고 그 위에 칼을 세웠다. 오른손은 삼엽묘선(三葉妙善)의 인(印)을 지니고 계시다.

⑨**觀音菩薩(관음보살)**: ⓈAvalokiteśvara. 의관자재(觀自在)·광세음(光世音)·관세자재(觀世自在)·관세음자재(觀世音自在)·관음(觀音). 대자대비를 본원(本願)으로 하시는 보살님의 명호. 『무량수경, ⓈSukhāvatīvyūhaḥ Sūtra』에 의하면 이 보살께서는 미타삼존(彌陀三尊)의 한 분으로 아미타불의 좌보처(左補處)로서 부처님의 교화를 돕고 계시다. **관세음**이란 '세간의 음성을 관(觀)하는'이란 뜻으로 사바세계의 중생이 괴로울 때, 보살님의 명호를 일심으로 부르면, 그 음성을 듣고 곧 구제해주신다고 한다. **관자재**라 함은 지혜로 관조(觀照)하시므로 자재한 묘과(妙果)를 증득하신 분이란 뜻이다. 또 중생에게 일체의 두려움이 없는 무외심(無畏心)을 베푸신다는 뜻에서 시무외자(施無畏者, Ⓢabhayaṃ-dada)라 하고, 자비를 위주로 하신다는 의미로 대비성자(大悲聖者)라 하며, 세상을 구제하시므로 구세대사(救世大士)라고도 한다. 이 보살께서 세상을 교화하심에는 중생의 근기에 맞추어 여러 가지 형체를 보이시므로 이를 보문시현(普門示現)이라 하며, 삼십삼신(三十三身)이 있으시다 한다. 왼손에 드신 연꽃은 중생이 본래 갖춘 불성을 표시하고, 그 꽃이 핀 것은 불성이 드러나서 성불한 뜻을 나타내며, 그 봉오리는 불성이 번뇌에 물들지 않고 장차 필 것을 나타낸다. 그 종류로는 육관음(六觀音. 聖·千手·馬頭·十一面·準提·如意輪)이 보통이다. 그중 성관음(聖觀音)이 본신(本身)이시고, 기타는 보문시현의 변화신(變化身)이다.

⑩**勢至菩薩(세지보살)**: ⓈMahāsthāmaprāpta. 음마하사다마바라바다(摩訶薩馱摩鉢羅鉢路). 의대정진(大精進, Ⓢmahā-vīrya)/득대세(得大勢). 아미타불께서는 자비문(慈悲門)과 지혜문(智慧門)이 있으니, 오른쪽 보처보살(補處菩薩, ⓈEka-jāti-pratibaddha)이신 대세지보살님은 지혜문(智慧門)을, 왼쪽 보처보살인 관세음보살님은 자비문(慈悲門)을 나타내신다. 대세지보살님의 지혜 광명이 모든 중생을 비추어 삼도(三途)를 여의고 위없는 힘을 얻게 하시므로 대세지라 한다. 또 발을 디디시면 삼천세계와 마군의 궁전이 진동하므로 대세라 하며, 형상은 정수리에 보배 병(瓶)을 얹으시고 아미타불의 오른쪽에 계시며 염불하는 수행자를 맞이하실 때는 합장하시는 것이 통례이다. ☞ 『각론Ⅲ』 '▣안락국 태자전(安樂國 太子傳)'을 참조.

【개요】

거불은 거불보살명의 약(略)으로 진행 중인 의식에 있어서 신앙의 대상이 되시는 불·보살님의 존함을 낱낱이 들어 귀의함을 표명하고, 이로서 법회의 성격이 규정된다. 본 거불에는 다보여래(多寶如來)께서 등장하심으로 미루어 『법화경(法華經)』의 내용이 의식의 핵심을 이루고 있음을 알 수 있다.

【구성 및 내용】

내용 면에서 본 게송은 기·서·결로 나누어 볼 수 있다.

'기'인 **나무증청묘법다보여래불 나무영산교주서가모니불 나무극락도사아미타불(南無證聽妙法多寶如來佛 南無靈山敎主釋迦牟尼佛 南無極樂導師阿彌陀佛)** —증청묘법 다보여래 지성귀의 하옵니다. 영산교주 서가세존 지성귀의 하옵니다. 극락도사 아미타불 지성귀의 하옵니다.— 에서는, 영산회상의 소례 가운데 『법화경』을 증명하시는 다보여래, 『법화경』을 설하심으로써 본회를 남김없이 내보이신 서가여래, 장차 「수륙작법」 등 천도의식에서 귀의

처가 되어주실 아미타불 세 분의 부처님을 거명하였다. 즉, 세 분의 부처님께서 계심으로써 금일의 법회가 성립될 수 있는바 이 대목은 '기'로서 위치하게 된다.

'서'인 **나무문수보현대보살 나무관음세지대보살(南無文殊普賢大菩薩 南無觀音勢至大菩薩)** —문수보현 양대보살 지성귀의 하옵니다. 관음세지 양대보살 지성귀의 하옵니다.— 에서는, 문수·보현 등 영산회상의 회주이신 서가모니불의 보처보살님과 관음·세지 등 극락교주이신 아미타불의 보처보살을 거명하였다. 좌우에 보처보살이 계심은 곧 불보께서 중생구제를 위해 적극적 활동을 전개하시려는 의지를 보이시는 것이기에 이 대목이 '서'로서 의미를 갖는다.

'결'인 **나무영산회상불보살(南無靈山會上佛菩薩)** —영산회상 불보살님 지성귀의 하옵니다.— 에서는, '기'와 '서'에서 거명한 불보살님을 위시한 시방삼세의 제불보살님을 통거하는 절차이다. 대법회이기에 많은 불보살께서 운집해 주심은 당연한 일인 만큼 일일이 거명하며 귀의를 표명해야 할 것이다. 그러나 시간의 제약으로 통거하는 것이다. 그런데 이처럼 많은 불보살님께서 동참해 주셔야 하는 더 중요한 이유는 중생의 근기가 제각기이기 때문이다.

【의식】

바라지의 거불금(擧佛金)을 신호로 대중이 함께 창화하며 한 대목이 끝날 때마다 반배한다.

【연구】

1 위 주② '증청묘법(證聽妙法)'에서 '『법화경』 견보탑품(見寶塔品)에 의하면' 이라 하였는데 구체적으로 어떤 내용인지?

내용 가운데 해당 부분만을 소개하면 다음과 같다.

1. 爾時佛前有七寶塔。高五百由旬。縱廣二百五十由旬。從地踊出住在空中。種種寶物而莊校
이시불전유칠보탑 고오백유순 종광이백오십유순 종지용출주재공중 종종보물이장교
之。五千欄楯龕室千萬。無數幢幡以爲嚴飾。垂寶瓔珞。寶鈴萬億而懸其上。四面皆出多摩羅跋
지 오천난순감실천만 무수당번이위엄식 수보영낙 보령만억이현기상 사면개출다마나발
栴檀之香。充遍世界。其諸幡蓋。以金銀琉璃車渠馬腦眞珠玫瑰七寶合成。高至四天王宮。三十
전단지향 충변세계 기제번개 이금은유리자거마노진주매괴칠보합성 고지사천왕궁 삼십
三天。雨天曼陀羅華供養寶塔。餘諸天龍夜叉乾闥婆阿修羅迦樓羅緊那羅摩睺羅伽人非人等千萬
삼천 우천만다라화공양보탑 여제천룡야차건달바아수라가루라긴나라마후라가인비인등천만
億衆。以一切華香瓔珞幡蓋伎樂。供養寶塔恭敬尊重讚歎。
억중 이일체화향영락번개기악 공양보탑공경존중찬탄

그때 부처님 전에 칠보로 조성된 탑이 있었다. 높이는 오백 유순이요 가로와 세로는 이백오십 유순인데 땅에서 솟아 나와 공중에 머물렀다. 갖가지 보물로 치장하였으며 오천 개의 난간이 있고 감실(龕室)은 천만이었다. 무수한 당(幢)과 번(幡)으로 이를 꾸미고, 보배로 된 영락을 드리웠으며, 만 억의 보배 방울을 그 위에 걸었는데, 사면에서는 모두 다마라발(多摩羅跋)과 전단향이 나서 온 세상을 채웠고, 번과 개(蓋)는금·은·유리·자거·마노·진주·매괴의 칠보로 만들어졌으니 높이는 사천왕의 궁전에 닿았다. 삼십삼천의 천인들이 하늘의 꽃인 만다라화를 비오게 하여 탑에 공양하였으며, 여타 여러 천과 용, 그리고 야차·건달바·아수라·가루라·긴나라·마후라가· 인비인 등 천 만 억 무리들이 온갖 꽃과 향 그리고 영락(瓔珞)·번개(幡蓋)·음악으로 칠보탑에 공양하고 공경하며 존중·찬탄하였다.

2. 爾時寶塔中出大音聲歎言。
이시보탑중출대음성탄언

그때, 보탑 가운데서 큰 음성으로 찬탄하여 말씀하였다.

3. 善哉善哉。釋迦牟尼世尊。能以平等大慧敎菩薩法佛所護念妙法華經爲大衆說。如是如是。
선재선재 서가모니세존 능이평등대혜교보살법불소호념묘법화경위대중설 여시여시
釋迦牟尼世尊。如所說者。皆是眞實。
서가모니세존 여소설자 개시진실

"좋고 좋도다! 서가모니세존께서 평등하신 큰 지혜로써 보살을 가르치시는 법이요, 부처님께서 호념하시는 법화경을 대중을 위해 설하시니 이와 같고 이와 같도다. 서가모니세존께서 설하심이 모두 진실하시오이다."

4. 爾時四衆見大寶塔住在空中。又聞塔中所出音聲。皆得法喜怪未曾有。從座而起恭敬合掌却
이시사중견대보탑주재공중 우문탑중소출음성 개득법희괴미증유 종좌이기공경합장각
住一面。
주일면

그때 사부대중은 큰 보탑이 공중에 머물러 있음을 보았고, 또 탑 가운데서 나는 음성을 듣고 모두 법의 즐거움 얻었으며, [한편] 일찍이 없었던 일이라 기이하게 생각하며 자리에서 일어나 공경·합장하고 물러나 한쪽에 서 있었다.

5. 爾時有菩薩摩訶薩。名大樂說。知一切世間天人阿修羅等心之所疑。而白佛言。
이시유보살마하살 명대요설 지일체세간천인아수라등심지소의 이백불언

그때 위대한 보살이 있었으니 이름이 '대요설'이었다. [이 보살은] 온갖 세상 천신·사람·아수라 등이 마음속으로 의심하는 바를 알고 부처님께 여쭈었다.

6. 世尊。以何因緣有此寶塔從地踊出。又於其中發是音聲。
세존 이하인연유차보탑종지용출 우어기중발시음성

"세존이시여, 무슨 인연으로 이 보탑이 땅에서 솟아났으며, 또 그 속에서 음성이 들려오나이까?"

7. 爾時佛告大樂說菩薩。
이시불고대요설보살

그때, 부처님께서 대요설보살에게 이르셨다.

8. 此寶塔中有如來全身。乃往過去東方無量千萬億阿僧祇世界。國名寶淨。彼中有佛。號曰多
차보탑중유여래전신 내왕과거동방무량천만억아승지세계 국명보정 피중유불 호왈다
寶。其佛行菩薩道時。作大誓願。
보 기불행보살도시 작대서원

"이 보탑 안에는 여래의 전신(全身)이 계시느니라. 옛날 동쪽으로 무량 천만 억 아승지 세계를 지나 보정(寶淨)이라는 나라가 있었고, 그 나라에 부처님께서 계셨으니 호가 다보이셨느니라. [그런데] 그 부처님께서 보살도를 닦으실 때에 [다음과 같은] 큰 서원을 세우셨느니라."

9. 若我成佛。滅度之後。於十方國土。有說法華經處。我之塔廟。爲聽是經故。踊現其前爲作
약아성불 멸도지후 어시방국토 유설법화경처 아지탑묘 위청시경고 용현기전위작
證明。讚言善哉。
증명 찬언선재

"만약 내가 성불한다면, 멸도한 뒤에 시방국토 [그 어디든] 법화경을 설하는 곳이 있으면, 내 탑이 이 경을 듣기 위하여 그 앞 솟아나 증명하며 좋다고 찬탄하리라."

10. 彼佛成道已。臨滅度時。於天人大衆中告諸比丘。
피불성도이 임멸도시 어천인대중중고제비구

"그 부처님께서 성도(成道)하셨고, 멸도에 즈음하사 천인(天人)을 위시한 대중 가운데 비구들에 이르셨다."

11. 我滅度後。欲供養我全身者。應起一大塔。
아멸도후 욕공양아전신자 응기일대탑

"내가 멸도한 후에 나의 전신에 공양하려거든, 하나의 큰 탑을 일굴지니라."

12. 其佛以神通願力。十方世界在在處處。若有說法華經者。彼之寶塔皆踊出其前。全身在於塔
기불이신통원력 시방세계재재처처 야유설법화경자 피지보탑개용출기전 전신재어탑
中。讚言善哉善哉。大樂說。今多寶如來塔。聞說法華經故。從地踊出。讚言善哉善哉。
중 찬언선재선재 대요설 금다보여래탑 문설법화경고 종지용출 찬언선재선재

"[그후] 그 부처님[=다보여래]의 신통과 원력으로 시방세계 그 어디든 법화경을 설하시는 곳만 있으면 저 보탑이 그 앞에 솟아나며, 부처님의 전신은 탑 안 계시면서 '좋고 좋도다.'라 찬탄하시느니라. 대요설아 [그렇기 때문에] 지금도 다보여래의 보탑이 법화경 설하심을 듣고자 땅에서 솟아 찬탄해 이르시되, '좋고 좋도다.'라 하심이니라."

『妙法蓮華經』見寶塔品第十一 ㊅9-32중

2 거불의 순서에 원칙이 있는지?

『석문의범』에는 소례의 순서가 '다보여래' '서가여래' 순으로 되어 있다. 그러나 학조 역 『진언권공』이나 『영산작법』에는 모두 '서가여래' '다보여래' 순으로 되어있다. 서가여래께서 사바세계의 교주이시자 영산회상의 회주이심을 생각하면 당연히 '서가여래'를 제일 먼저 거명함이 마땅하다 하겠다.

그런데 다보여래의 역할이 영산회상의 회주이신 석존께서 설하시는 『법화경』의 내용을 증명하시는 데 있음을 감안하면, '증명' '회주'를 순서로 하는 용상방(龍象榜)의 예를 모범하여 '다보여래', '서가여래' 순으로 거(擧)하는 것이 마땅하다 하겠다. 불국사에 모셔진 다보탑과 석가탑에서도 이런 예를 볼 수 있다. 즉, 본전을 중심으로 체(體)의 방위인 왼쪽[東]에 다보탑이, 용(用)의 방위인 오른쪽[西]에 서가탑이 모셔져 있음이 그것이다.

한편, 아미타불을 세 번째 거명하는 것은 『화엄경』을 위시한 여러 경전에서 보듯 아미타불의 존재가 서가모니부처님에 의해 알려진 분이시기 때문이다.

또 이어 거명되는 네 분 보살님의 순서 역시 석존의 좌우보처이신 문수·보현보살님을 먼저 거명하고 이어 아미타불의 좌우보처이신 관음·세지 양대 보살님을 거명한 것이다.

3 본 거불에 법보(法寶)는 거명되고 있지 않은데?

항의 제목에서와 같이 모두 6번에 걸쳐서 소례를 거명하고 있다. 이 가운데 앞의 3번은 다보여래·서가여래·아미타불 등 3분의 불보님을 차례로 거명하였고, 가운데 2번은 문수·보현과 관음·세지 등 4분의 보살님을 2분씩 짝을 지어 거명하였다. 그리고 6번째에는 '영산회상불보살'이라 하여 영산회상의 제불보살님을 함께 거명하였다. 정작 법보님은 거명하고 있지 않다.

그러나 모든 부처님들로 하여금 부처다울 수 있게 하는 단서가 진리인 법에 있고, 중생에게 일러 주시고자 하는 내용도 곧 이것이며, 중생이 희망을 가질 수 있음도 이것에 의해서이다. 따라서 이를 깨닫고 또 일러주시고자 하는 불보님과 불보님을 본받아 실천 수행하는 승보님을 거명하는 가운데 법보님은 이미 포함되어 있다고 할 것이다.

예불의식 가운데 ≪향수해례≫에서도 소례는 불보와 승보뿐이신데 마지막 대목에서 '유원 무진삼보 대자대비'라 하여 삼보를 운운하고 있다. 이른바 '여백의 미'를 느낄 수 있는 부분이니, 운운하지 않음으로써 오히려 우주에 변만(遍滿)한 무한한 법보를 느낄 수 있다

는 말이다.

4 소례(所禮) 가운데 '아미타불'이 계신데?

『아미타경』 등 정토삼부경 외에도 『화엄경』을 위시해 여러 경전에서 이분의 존재와 불국토에 관한 말씀이 도처에 보이고, 이 부처님을 소례로 한 신앙이 강조되어 있다. 아미타불은 시간과 공간을 초월하여 중생을 구제하시는 무연대비(無緣大悲)의 결정체로서 서방극락세계에 계시며, 그분의 본원력(本願力)으로 사바의 중생들을 불국토로 이끌어 제도하시는 부처님이시다.

한반도에서의 정토신앙은 신라의 원광(圓光)·자장(慈藏)·원효(元曉) 등에 의해 전개되면서 전성기를 이루었다. 중국의 정토교는 『관무량수경』이 중심인 반면 한국은 『무량수경』을 중심으로 발전하였다. 자장은 『아미타경소(阿彌陀經疏)』·『아미타경의기(阿彌陀經義記)』등을 지어 신라에서 처음으로 정토사상을 체계적으로 논하였다. 법위(法位)는 48원 하나하나에 최초로 원명(願名)을 붙였고, 신라의 정토사상과 일본의 정토교에 큰 영향을 끼쳤다. 정토사상의 대중화에 힘쓴 원효는 염불은 순정심(淳淨心)을 가져야 하고, 관불(觀佛)과 칭념(稱念)을 아울러 갖춘 칭관염불(稱觀念佛)이어야 한다고 하였다.

그럼에도 한국은 중국·일본과는 달리 정토교를 중심으로 한 별도의 종단은 성립되지 않았다. 역설적으로 한국의 정토신앙은 여러 형태의 신앙과 결합되어 보편성을 갖춘 특징을 지니게 되었다. 선종이 한국불교의 중심에 자리하면서도 이런 흐름은 이어졌다.

고려시대 후기 지눌(知訥)이 선(禪)의 입장에서 '유심정토(唯心淨土)'[143]를 역설하였고, 천태종계의 요세(了世)는 '정토구생(淨土求生)'을 역설하여 죄악범부중생을 정토문으로 섭수(攝受)하려는 사상을 나타냈으며, 보우(普愚) 역시 염불선(念佛禪)을 주장하였다.

조선 중기의 보우(普雨)는 불유융합(佛儒融合)의 「일정론(一正論)」을 주장한 사상가로서 선지(禪旨)를 논하면서 정토를 주장하였다. 기화(己和)는 선정양립(禪淨兩立) 아래 선사상과 정토사상을 동시에 수용하는 입장을 보였다. 그 뒤 조선 중기의 대표적 불교사상가인 휴정(休靜)은 선에 기초를 둔 정토사상을 중시하면서, 정토는 오직 마음에 있다는 '유심정토설(唯心淨土說)'을 주장하였는데, 이는 조선후기까지 많은 영향을 미쳤다.

이런 역사적 배경이 아니더라도 「영산작법」에 이어 거행하는 「수륙작법」을 위시한 영가천도를 위한 작법을 감안할 때, 미타신앙의 주인공이신 아미타불께서 영산회상 소례의 한분으로 자리하심은 지극히 당연한 일이다.

---

143) 자각종색선사(慈覺宗賾禪師)는 「권참선인겸수정토(勸參禪人兼修淨土)」에서 '유심정토 자성미타 개해탈지요문(唯心淨土 自性彌陀 蓋解脫之要門)'이라 述하였음. (大正藏 卷47, p.284b.)

<31.三寶疏(삼보소)> 삼보님을 영산회상으로 청해 모시는 글월.

修設大會疏a 수설대회소	대법회를 베푸오며 글월을 올리나이다.
聞a 문	듣자옵건데,
薄伽至尊①甚深法藏a 박가지존 심심법장	박가범(薄伽梵)! 지극히 존귀하신 어른과 더없이 깊은 진리의 보고(寶庫)께오선,
爲衆生之怙恃③ 위중생지호시	중생의 어버이이시고
作人天之福田a 작인천지복전	인간과 천상의 복 밭이 되어주시옵니다.
歸投④者 皆蒙利益 귀투자 개몽이익	신심을 바쳐 진력하는 사람은 모두 이로움을 입게 하시옵고
懇禱⑤者 齊亨吉祥a 간도자 제형길상	정성스럽게 기도하는 사람은 모두 길조를 만나게 하시는 등,
宿願⑥不違 悲憐六趣⑦a 숙원불위 비련육취	숙세의 원을 어기지 않으시고 자비로 육도중생을 불쌍히 여기시옵나이다.
由是a 유시	하옵기에,
江水淨而秋月來臨 강수정이추월내림	강물이 맑으면 가을달이 내려오듯
信心生而諸佛悉降a 신심생이제불실강	신심이 일어나면 제불께서 강림하시옵니다.
★娑婆世界 云云 사바세계 운운	사바세계 [운운]
特爲追薦 前項靈魂 특위추천 전항영혼	특히 명복을 빌고 있는 [대회소 등] 앞서 열거한 영혼들이
以憑佛力 度脫⑧施行⑨ 이빙불력 도탈시행	부처님의 힘을 의지하여 생사를 벗어날 불사를 행하고자
嚴備香花 然⑩塗⑪茶果 엄비향화 연도다과	엄숙히 향과 꽃을 갖추옵고 또 다과를 많이 장만하여
供養之儀 召請十方法界 공양지의 소청시방법계	공양의 의식으로 시방법계와
過現未來 常住三寶 과현미래 상주삼보	과거 현재 미래에 상주하시는 삼보님,

金剛密跡 十大明王 금강밀적 십대명왕	[그리고] 금강밀적과 십대명왕 등
諸大聖衆 제대성중	제대성중님,
帝釋梵王 天龍八部⑫ 제석범왕 천룡팔부	제석천왕·대범천왕과 천룡팔부 등
一切護法 神祇等衆a 일체호법 신기등중	법을 옹호하는 모든 신중님을 청하옵나이다.
勤具慈尊⑬開列如後a 근구자존 개열여후	삼가 자비하신 세존을 모시려는 이유를 열거하오면 다음과 같나이다.
右伏以a 우복이	삼가 엎드려 생각하옵건대,
慈悲普廣 喜捨⑭無窮a 자비보광 희사무궁	자비하심이 넓고 넓으시며 희사하심은 다함이 없으사
應物現形⑮印千江之秋月 응물현형 인천강지석월	중생에 따라 모습을 나투심이 천개의 강에 내리비친 가을 달이시며
隨心滿願 秀萬卉⑯之春風a 수심만원 수만훼지춘풍	중생의 마음에 따르사 원을 채워주심은 만 가지 초목에 피어나는 봄바람이시옵니다.
愍此群情 願垂加護a 민차군정 원수가호	이 많은 유정들을 연민하시어 원컨대 가호하심을 드리우사
今夜今時 降臨道場 금야금시 강림도량	오늘 이때에 도량에 강림하옵소서.
冒觸慈容 無任⑰懇禱 모촉자용 무임간도	감히 자비로우신 모습을 뵙고 싶어 견디지 못하고 간절히 기도하오며
激切⑱之至a 격절지지	더없이 절실히
欽惟覺皇 表宣謹疏a 흠유각황 표선근소	각황님을 공경하고 생각하옵기로 마음을 드러내 삼가 글월을 올리나이다.

【자구해설】

①**薄伽至尊(박가지존)**: 바가바(婆伽婆). [S]Bhagavat. [의]世尊(세존). 제불통호(諸佛通號)의 하나. 박가범(薄伽梵, [P]Bhagavant)이라고도 쓰며, 세상에서 가장 존귀하신 어른이라는 의미. 행복한 것. 영광스러운 것. 복과 덕이 있는 사람. 존경스러운 사람. 스승이나 존경스러운 사람을 뜻하며, 권력(權力, [S]aiśvarya)·정의(正義, [S]dharma)·이예(離譽, [S]vairāgya)·행복(幸福, [S]śrī)·명예(名譽, [S]yaśas)·해탈(解脫, [S]mokṣa)의 6가지 의의가 있다고 한다. 불교에서는 모든 부처님을 부르는데 공통적으로 이 말을 사용하고 부처님이 덕을 갖추고, 분별을 갖고, 많은 사람들로부터 존경을 받고, 번뇌를 깨뜨리기 때문에 『대지도론(大智度論)』에서는 이 말에 유덕(有德)·교분별(巧分別)·유명성(有名聲)·능파(能破) 등 4가지 뜻이 있다고 하고, 또 『불지경론(佛地經論)』에서는 자재(自在)·치성(熾盛)·단엄(端嚴)·명칭(名稱)·길상(吉祥)·존귀(尊貴) 등 6가지 뜻이 있다고 한다.

☞ <8.불찬(佛讚)> 참고할 것.

②**法藏(법장)**: [P]āgama/[S]dharma-garbha. 온갖 진리를 갈무리한다는 뜻에서 불경(佛經)을 달리 이르는 말.

③**怙恃(호시)**: 믿고 의지한다는 뜻으로 부모를 이르는 말./ **怙** 믿을 '호'. **恃** 믿을 '시'.
④**歸投(귀투)**: 귀의투성(歸依投誠)의 약(略). 귀의하여 정성을 다함.
⑤**懇禱(간도)**: 간절기도(懇切祈禱)의 약(略). 간절한 마음으로 기도함.
⑥**宿願(숙원)**: Ⓢpraṇidhāna. 숙세(宿世)의 원(願). 다년간의 원(願).
⑦**六趣(육취)**: Ⓢṣaḍgati. 「영산작법」의 ≪⑴귀의의식≫소수 <12개계소>의 자구해설 ㉝참조.
⑧**度脫(도탈)**: Ⓢvimukti/vimokṣa. 해탈(解脫). 생사의 고통을 초월하여 번뇌를 벗어나는 것.
⑨**施行(시행)**: ⑴실지로 행함. ⑵보시를 행함.
⑩**然(연)**: 또, 그 위에(=且).
⑪**塗(도)**: 두텁고 많다.
⑫**天龍八部(천룡팔부)**: ≪⑴귀의의식≫소수 <27.道場偈(도량게)>의 자구해설 ①참조.
⑬**慈尊(자존)**: Ⓢmaitraka. ⑴대자대비하신 세존(世尊)이시라는 뜻으로 부처님을 말함. ⑵'미륵보살'을 높여 이르는 말.
⑭**喜捨(희사)**: Ⓢprīty-upekṣaṇa. 사무량심(四無量心, Ⓢcatvāry-apramāṇāni) 가운데 희무량심(喜無量心, Ⓢmuditāpramāṇa)과 사무량심(捨無量心, Ⓢupekṣāpramāṇa)을 말함.
⑮**應物現形(응물현형)**: 부처님께서 중생의 근기(根機)에 응(應)하시며 모습을 나투시고 교화하심을 말함. 물(物)은 중생의 의미. 응기접물(應機接物). 응병여약(應病與藥).
⑯**萬卉(만훼)**: 여러 가지 풀./ **卉** 풀, 초목 '훼'.
⑰**無任(무임)**: 참고 견딜 수 없음.
⑱**激切(격절)**: 말이 격렬(激烈)하고 절실(切實)함. 격려하여 연마함.

【개요】

대회소가 포괄적이었음에 비해 삼보님과 호법성중께 초점을 맞춰 거듭 초청의 의지를 밝히는 절차이다. 내용은, 삼보님 가운데서도 본존이신 석존의 대자대비를 갈망하는 재자의 신심과 정성을 아뢰는 것으로 되어있다.

【구성 및 내용】

제목은 '삼보소(三寶疏)'이지만 주로 불보님께 올리는 글이다. 또 재를 올리는 목적이 이미 열거한 영가의 천도에 있음을 특별히 밝히고 있으며, 부처님의 가피를 추월(秋月)과 춘풍(春風)에 그리고 신자의 절대적 귀의를 천강(千江)과 만훼(萬卉풀'훼')에 견주어 종교적 의례가 아니면 감히 생각 할 수 없는 적극적인 귀의의 태도와, 부처님의 자·비·희·사가 잘 나타나 있는데, 마치 연인을 그리는 듯한 착각이 들 정도로 아름답고 애절함이 돋보이는 글이다.

본 항의 전문(全文)은 크게 서론・본론・결론으로 구분되며, 서론・본론・결론은 다시 각각 기・서・결의 구조를 보이고 있다.

전문(全文)의 '서론'은 '**수설대회소(修設大會疏)**'로부터 '**신심생이제불실강(信心生而諸佛悉降)**'까지로, 주로 중생의 입장에서 바라본 삼보님에 대한 견해와 기대를 피력하였다. 이 부분은 다시 기・서・결로 나누어 볼 수 있으니 다음과 같다.

'기'인 —**수설대회소 문 박가지존 심심법장 위중생지호시 작인천지복전(修設大會疏 聞 薄伽至尊 甚深法藏 爲衆生之怙恃 作人天之福田)** —듣자옵건데 / 박가범(薄伽梵)! 지극히 존귀하신 어른과 / 더없이 깊은 진리의 보고(寶庫)께오선 / 중생의 어버이이시고 / 인간과 천상의 복 밭이 되어주시옵니다.— 에서는, 중생의 입장에서 불보님과 법보님에 대한 견해를 밝히고 있다. 즉, 중생들의 어버이로서 귀의처가 되어주시는 분이시고 소원을 이루게 하시는 존재이심을 밝혀 귀의의 근거로 삼았다. 이는 곧 신앙의 시발점이기도 하다.

'서'인 **귀투자 개몽이익 간도자 제형길상 숙원불위 비련육취(歸投者 皆蒙利益 懇禱者 齊亨吉祥 宿願不違 悲憐六趣)** —신심을 받쳐 진력하는 사람은 / 모두 이로움을 입게 하시옵고 / 정성스럽게 기도하는 사람은 / 모두 길조를 만나게 하시는 등 / 숙세의 원을 어기지 않으시고 / 자비심으로 육도중생을 불쌍히 여기시옵나이다.— 에서는, '기'에서의 내용과 소례의 본원에 근거하여 그분의 가피를 말하여 능례의 귀의심을 유발하고 있다.

'결'인 **유시 강수정이추월내림 신심생이제불실강(由是 江水淨而秋月來臨 信心生而諸佛悉降)** —하옵기에 / 강물이 맑으면 가을달이 내려오듯 / 신심이 일어나면 제불께서 강림하시옵니다.— 에서는, 소례의 자비와 능례의 신심, 즉 삼밀가지(三密加持)를 맑은 강물에 비추는 가을 달에 비유하여 소례의 가피를 입는 일이 어려운 일이 아님을 강조하였다.

전문(全文)의 '본론'은 **'사바세계운운(娑婆世界云云)** —사바세계 [운운]— 에서는, 설판재자의 명단과 그들이 원하는 바를 소례이신 삼보님께 아뢰고 의지하려는 이른바 '축원'을 주제로 하고 있다. 중요한 것은 이때 축원의 내용과 능례의 정성과 신심은 소례제위께서 도량에 강림하실 만한 것이어야 한다는 점이다. 즉, 욕심이 아닌 원(願)이어야 한다.

전문(全文)의 '결론'은 **'特爲追薦(特爲追薦)'**으로부터 **'표선근소(表宣謹疏)'**까지이다. 삼보님을 청해보시려는 이유 목적 방법 대상 등을 구체적으로 밝히는 한편, 철저한 귀의의 념을 표명하고 있다. 이 부분의 내용을 기·서·결로 나누어 살피면 다음과 같다.

'기'인 **특위추천 전항영혼 이빙불력 도탈시행 엄비향화 연도다과 공양지의 소청시방 법계 과현미래 상주삼보 금강밀적 십대명왕 제대성중 제석범왕 천룡팔부 일체호법 신기등중(特爲追薦 前項靈魂 以憑佛力 度脫施行 嚴備香花 然塗茶果 供養之儀 召請十方法界 過現未來 常住三寶 金剛密跡 十大明王 諸大聖衆 帝釋梵王 天龍八部 一切護法 神祇等衆)** —특히 명복을 빌고 있는 / [대회소 등] 앞서 열거한 영혼들이 / 부처님의 힘을 의지하여 / 생사를 벗어날 불사를 행하고자 / 엄숙히 향과 꽃을 갖추옵고 / 또 다과를 많이 장만하여 / 공양의 의식으로 / 시방법계와 / 과거 현재 미래에 / 상주하시는 삼보님 / [그리고] 금강밀적과 / 십대명왕 등 / 제대성중 / 제석천왕·대범천왕과 / 천룡팔부 등 / 법을 옹호하는 모든 / 신중님을 청하옵나이다.— 에서는, 영산작법을 거행하는 주인공이 재의식을 통해 성취하려는 목적과 방법 그리고 청해 모시려는 소례제위를 거명하고 있다. 대회소와 다른 것은 소례의 범위를 반드시 모셔야 하는 분들로 제한하고 있다는 점이다. 주목할 것은 본 절차의 제목이 '삼보소'임에도 옹호성중제위까지 언급되고 있다는 점인데, 이것은 벼리를 들면 그물은 자연히 따르는 것처럼 삼보님이 계신 곳이면 옹호성중은 의례이 그곳을 옹호하게 마련이기 때문이다.

'서'인 **근구자존 개열여후 우복이 자비보광 희사무궁 응물현형 인천강지석월 수심만원 수만훼지춘풍(勤具慈尊 開列如後 右伏以 慈悲普廣 喜捨無窮 應物現形 印千江之秋**

月 隨心滿願 秀萬卉之春風) —삼가 대자대비하신 세존을 모시려는 이유를 / 열거하오면 다음과 같나이다 / 삼가 엎드려 생각하옵건대 / 자비하심이 넓고 넓으시며 / 희사하심은 다함이 없으사 / 중생에 따라 모습을 나투심이 / 천개의 강에 내리비친 가을 달이시며 / 중생의 마음에 따르사 원을 채워주심은 / 만 가지 초목에 피어나는 봄바람이옵니다.— 에서는, 능례가 이해하고 있는 소례를 찬탄하고 있다. 우선 삼보님의 사무량심을 들어 추월이나 춘풍처럼 능례의 원에 반드시 응해 주심을 확신하고 있다. 이는 맹목적인 신앙이 아니다. 아는 만큼 보인다는 말이 있듯 단순한 찬탄이 아니라, 능례 자신의 수행정도와 마음가짐 그대로가 척도이기 때문이다.

'결'인 **민차군정 원수가호 금야금시 강림도량 모촉자용 무임간도 격절지지 흠유각황 표선근소(愍此群情 願垂加護 今夜今時 降臨道場 冒觸慈容 無任懇禱 激切之至 欽惟覺皇 表宣謹疏)** —이 많은 유정들을 연민하시어 / 원컨대 가호하심을 드리우사 / 오늘 이때에 / 도량에 강림하소서. / 감히 자비로우신 모습을 뵙고 싶어 / 견디지 못하고 간절히 기도하오며 / 더없이 절실히 / 각황님을 공경하고 생각하옵기로 / 저희들의 마음을 드러내 펼치고자 삼가 글을 올리나이다.— 에서는, 소례를 모시고자 하는 뜻을 거듭 나타내고 있다. 신앙이 아니면 있기 어려운 단심(丹心)으로 내 보이는 절절함이 잘 나타나 있다.

【의식】

병법이 영산단(靈山壇)을 향해 소성(疏聲)으로 거행한다.

【연구】

1 영산작법의 주목적은 영가천도에 있는 것인가?

전문(全文)의 결론에 '특위추천 전항영혼 이빙불력 도탈시행 엄비향화 연도다과 공양지의(特爲追薦 前項靈魂 以憑佛力 度脫施行 嚴備香花 然塗茶果 供養之儀). 특히 명복을 빌고 있는 / [대회소 등] 앞서 열거한 영혼들이 / 부처님의 힘을 의지하여 / 생사를 벗어날 불사를 행하고자 / 엄숙히 향과 꽃을 갖추옵고 / 또 다과를 많이 장만하여 / 공양의 의식으로' 운운한 대목이 있다. 이로서 재의식을 올리는 목적이 영가의 천도에 있음을 뚜렷이 밝히고 있다. 그러나 이것 역시 '영가의 천도만을'이라는 의미가 아니라, <29.대회소>에서도 보았듯 '영가의 천도까지'라는 의미로 이해하면 된다.

<32.大請佛(대청불)> 영산교주이신 석존께 법연에 광림해 주시길 청하는 절차.

靈山作法 ‖ ★(1)**歸依儀式** 1.鳴鈸 2.喝香 3.燃香偈 4.喝燈 5.燃燈偈 6.喝花 7.舒讚偈 8.佛讚 9.大直讚 10.中直讚 11.小直讚 12.開啓疏 13.合掌偈 14.告香偈 ★(2)**結界儀式** 15.開啓篇 16.觀音讚 17.觀音請 18.散華落 19.來臨偈 20.香華請 21.歌詠 22.乞水偈 23.灑水偈 24.伏請偈 25.大悲呪 26.四方讚 27.道場偈 28.懺悔偈 ★(3)**召請儀式** 29.大會疏 30.六擧佛 31.三寶疏 **32.大請佛** 33.三禮請 34.四府請 35.單請佛 36.獻座眞言 37.茶偈 38.一切恭敬 39.香花偈 ★(4)**勸供儀式** 40.淨法界眞言 41.祈聖加持 42.四陀羅尼 43.加持供養 44.六法供養 45.各執偈 46.加持偈 47普供養眞言 48.普回向眞言 49.四大呪 50.願成就眞言 51.補闕眞言 52.禮懺 53.嘆白 54.和請 55.祝願和請

覺照①圓明②運他心③而鑑④物 각조원명 운타심이감물	깨치심이 원만하고 밝으심에 타심통으로 중생을 살피시고,
慈悲廣大 開彼岸⑤以渡人a 자비광대 개피안이도인	자비하심이 넓고 크심에 피안을 여사 사람들을 제도하시나이다.
投機⑥而塵刹俱臨 투기이진찰구림	근기에 맞추시려 티끌 같은 세계에 모두 임하시고
應念而河沙徧集⑦a 응념이하사변집	마음에 응하시고자 수 없는 중생에게 두루 미치십니다.
是日 시일	오늘,
祥雲⑧密布⑨瑞氣盈空a 상운밀포 서기영공	꽃구름은 빽빽이 펼쳐지고 상서로운 기운은 허공에 가득하오며,
一縷⑩眞香⑪周法界 일루진향주법계	한 줄기 향내음은 법계에 두루하옵고
數聲淸磬⑫透玄關⑬a 수성청경투현관	몇 번인가 맑은 경쇠소리 현묘한 관문을 꿰뚫사옵니다.
重伸激切 益勵精勤⑭ 중신격절 익려정근	거듭 절실히 아뢰고 더욱 정근에 힘써
仰想慈雲⑮之容 앙상자운지용	우러러 자비로운 모습을 생각하오며
將陳甘露之味a 장진감로지미	감로의 공양을 올리나이다.
虔誠⑯禮請 望賜光臨⑰ 건성예청 망사광림	삼가 정성을 다해 절하오며 청하오니 바라옵건대 참례하시는 자비를 베푸사
滿我願心 利濟⑱群品⑲a 만아원심 이제군품	저의 원하옵는 마음도 채워주시며 뭇 중생을 이롭게 하시고 제도하소서.

【자구해설】

①**覺照(각조)**: 심지(心地)를 각오(覺悟)하는 것.
'唯能覺照 是報師恩(유능각조 시보사은)' -『勅修淸規』附著 百丈禪師塔銘 -

②**圓明(원명)**: 훌륭하고 완전한 것. 원만명랑(圓滿明朗)의 약(略).

③**他心(타심)**: Ⓢpara-citta. 육신통(六神通) 가운데 하나인 타심통(他心通)을 가리킴. 타인의 마음 상태를 자유롭게 아는 것. 지타심통(知他心通)·타심지통(他心智通, Ⓢparacittajñāna)·타심지증통(他心智證通)이라고도 함.

※ **六神通(육신통)**: Ⓢṣaḍ-abhijña. 불·보살이 정혜(定慧)의 힘으로 얻는 6종의 신통력.

신족통(神足通)・천안통(天眼通)・천이통(天耳通)・타심통(他心通)・숙명통(宿命通)・누진통(漏盡通)을 말함. 이 가운데 천안・숙명・누진 등 3통을 특별히 삼명(三明, Ⓢtisrovidyāḥ)이라 부른다. 때문에 육신통을 삼명육통(三明六通)이라 칭하기도 한다. 신족통(神足通)을 제한 나머지를 5신통(Ⓢpañcābhijña) 또는 5통이라 한다. ⑴**타심통(他心通)**. 위 주③번. ⑵**숙명통(宿命通**, Ⓢjāti-smara**)**. 숙명지통(宿命智通). 과거세의 일을 아는 지혜의 작용. 아미타불의 48원 가운데 제5원. ⑶**천안통(天眼通)**. 천안지통(天眼智通, Ⓢakṣy-abhijñā). 원근조세(遠近粗細)의 형색(形色)과 육도중생들이 나고 죽는 곳 등을 걸림 없이 아는 지혜의 작용. ⑷**천이통(天耳通**, Ⓢdivyaṃ-śrotram**)**. 천이지통(天耳智通). 세간의 모든 언어는 물론 짐승・귀신의 말에 이르기까지 듣지 못할 것이 없는 자재한 지혜의 작용. ⑸**신족통(神足通**, Ⓢṛddhi-prātihārya**)**. 신여의통(身如意通). 때와 장소에 따라 크고 작은 몸을 나타내고, 자유자재로 날아다니는 신통력. ⑹**누진통(漏盡通**, Ⓢāsrava-kṣaya**)**. 누진지증통(漏盡智證通). 번뇌를 소멸시키는 지혜. 번뇌를 끊는 지혜를 체득(體得)하는 신통. 육통(六通)의 6번째 신통. 육통 가운데 앞의 다섯 가지는 누구나 얻을 수 있으나, 6번째 신통인 누진통은 성인(聖人)만이 얻을 수 있다고 한다.

④**鑑(감)**: 살피다. 성찰하다.

⑤**彼岸(피안)**: Ⓢpāramitā. 이상의 세계. 이상의 경지. 미혹의 차안(此岸)에 대하여 깨달음의 세계를 말함. 생사의 바다를 건넌 깨달음의 언덕. 열반의 경지. 궁극의 경지. 무위의 언덕.

⑥**投機(투기)**: ⑴끝까지 크게 깨달아 부처님의 심기(心機)에 합함. 크게 깨달아 불조(佛祖)의 요기(要機)에 계합하는 것. ⑵사가(師家)의 기(機)와 학인의 기가 서로 계합하여 일치하는 것. ⑶사가의 기를 학자의 기에 맞추는 것.

⑦**集(집)**: 이르다. 도착하다.

⑧**祥雲(상운)**: 복되고 좋은 일이 있을 조짐이 보이는 구름. 상서로운 구름. 꽃구름.

⑨**密布(밀포)**: 틈이 없이 매우 빽빽하게 퍼짐.

⑩**縷(루)**: 포승 '루'. 밧줄 '라'

⑪**眞香(진향)**: 고품질의 좋은 향. 여기서는 향기가 법계에 두루 할 공능을 지닌 향이라는 뜻.

⑫**清磬(청경)**: 맑은 소리를 내는 좋은 경쇠. 여기서는 번뇌를 쉬게 하고 깨달음으로 나아갈 마음을 내게 하는 공능(功能)을 지닌 경쇠라는 뜻.

⑬**玄關(현관)**: 현묘(玄妙. 이치나 기예의 경지가 헤아릴 수 없이 미묘함)한 도(道)에 들어가는 문.

⑭**精勤(정근)**: Ⓢvīrya/abhiyoga. 일이나 공부 또는 수행에 부지런히 힘씀. 정성스럽고 부지런함.

⑮**慈雲(자운)**: 자비나 은혜가 구름처럼 널리 미침을 비유적으로 이르는 말.

⑯**虔誠(건성)**: 삼가고 정성스러운 일.

⑰**光臨(광림)**: 광반(光伴). 광래(光來). 광(光)은 영광의 뜻. 법의시(法儀時) 서로 함께 참석하는 것. 또는 그 사람.

⑱**利濟(이제)**: 이익제도(利益濟度)의 약(略).

⑲**群品(군품)**: Ⓢsattvāḥ. 군생(群生). 군류(群類). 여러 종류의 중생. 모든 생물. 또는 모든 사람.

【개요】

영산회상의 회주이신 서가세존의 수승하신 공덕을 찬탄하고, 한편으로는 엄정해진 도량과 능례의 지극한 정성을 나타내어 바야흐로 기연(機緣)이 성숙되었음을 아뢰며 부처님의 광림을 청하는 절차이다.

【구성 및 내용】

내용 면에서 본 <32.대청불>은 기・서・결로 나누어 볼 수 있다.

'기'인 **각조원명 운타심이감물 자비광대 개피안이도인 투기이진찰구림 응념이하사변집(覺照圓明 運他心而鑑物 慈悲廣大 開彼岸以渡人 投機而塵刹俱臨 應念而河沙徧集)**

—깨치심이 원만하고 밝으심에 / 타심통으로 중생을 살피시고 / 자비하심이 넓고 크심에 / 피안[으로 가는 길]을 여사 사람들을 제도하시나이다. / 근기에 맞추시려 티끌 같은 세계에 모두 임하시고 / 마음에 응하시고자 수 없는 중생에게 두루 미치십니다.— 에서는, 영산교주이신 서가세존의 지혜와 자비가 특별하심을 찬탄하고 있다. 의례적인 찬탄이 아니라 그분께서 모든 국토와 모든 중생의 눈높이에 응해 주심이 곧 그 증거임을 노래하였다.

'서'인 **시일 상운밀포 서기영공 일루진향주법계 수성청경투현관 중신격절 익려정근 앙상자운지용 장진감로지미(是日 祥雲密布 瑞氣盈空 一縷眞香周法界 數聲淸磬透玄關 重伸激切 益勵精勤 仰想慈雲之容 將陳甘露之味)** —오늘 / 꽃구름은 빽빽이 펼쳐지고 / 상서로운 기운은 허공에 가득하오며 / 한 줄기 향내음은 법계에 두루하옵고 / 몇 번인가 맑은 경쇠소리 현묘한 관문을 꿰뚫사옵니다. / 거듭 절실히 아뢰고 / 더욱 정근에 힘써 / 우러러 자비로운 모습을 생각하오며 / 감로의 공양을 올리나이다.— 에서는, 부처님을 모시고 공양을 올리게 되었음에 능례의 마음이 온통 설렘으로 가득함을 노래하며, 마음으로 느끼는 벅찬 환희로움으로 감로의 공양을 올리려 하고 있다.

'결'인 **건성예청 망사광림 만아원심 이제군품(虔誠禮請 望賜光臨 滿我願心 利濟群品)** —삼가 정성을 다해 절하오며 청하오니 / 바라옵건대 참례하시는 자비를 베푸사 / 저의 원하옵는 마음도 채워주시고 / 뭇 중생을 이롭게 하시며 제도하여 주옵소서.— 에서는, 석존의 가피력으로 능례의 소원이 성취될 수 있도록 간청하고 있다. 일견 무모하다는 느낌이 들기도 하지만 이처럼 적극적으로 발하는 원이라면 필시 그분의 마음에 들 그런 내용의 원임에 틀림없음을 짐작할 수 있다.

【의식】

중번이나 중번의 지시를 받은 인도 1인이 게탁성으로 거행한다.

【연구】

[1] 본 항의 제목 대청불(大請佛)을 '석존의 광림을 청함'이라 했는데…

<32.대청불>은 '청불(請佛)' 즉 부처님을 청해 모신다는 의미다. 그런데 '대(大)'자가 붙은 것은 <35.단청불(單請佛)>과 구분하기 위해서이다. 즉, <32.대청불>은 이어지는 <33.삼례청> <34.사부청>과 짝을 이루면서 <32.대청불>에서는 영산교주이신 석존을, <33.삼례청>에서는 시방삼세의 삼보님을, <34.사부청>에서는 보리심을 발한 호법성중을 청해 모신다. 이에 비해 <35.단청불>은 앞서 3개 항의 '가영'으로서의 역할을 지니고 있으며, 동시에 시간이 부족할 경우 <35.단청불>로써 앞의 3개 항을 대신할 수 있도록 했다. 즉, <32.대청불>에서 대(大)는 '성대히'라는 의미로서, <35.단청불>에서의 '간단히'라는 단(單)과 상대적 의미를 지닌다.

참고로 본 항에 대한 그간의 제목들을 소개하면 『진언권공』에서는 '차청불(次請佛)'[144]로 되어 있다. 여기서 '차(次)'는 일의 순서를 나타낸 것이라 하겠는바 제목은 '청불' 두 글자라 해야 할 것이다. 또 『영산대회작법절차』에서는 '청불기두(請佛起頭)'[145]라 하였는데 청

144) 『한국불교의례자료총서』 권1, p.453b.
145) 같은 총서, 권2, p.133b.

불 뒤에 붙은 '기두(起頭)'는 '글의 첫머리'를 의미하는 것으로 진행상 특별한 역할을 찾기는 어렵다. 따라서 이때에도 제목은 '청불' 두 글자라 할 것이다. 『범음산보집』과 『석문의범』에는 '대청불(大請佛)'146)로 되어있다.

2 바로 전항인 <31.삼보소>에서 소례를 초청할 의사를 고한 바 다시 고하는 것은 중복되는 일이 아닌지?

그것은 이른바 격식에 관한 문제다. 알린다는 점에서는 이미 의사가 충분히 전달되었다 하겠으나, 의식의 규모나 상대에 대한 예의의 일환으로 소(疏)로써 고했던 초청의사를 이번에는 직접 아뢰며 정성을 다하려는 것이다. 같은 생일이라도 회갑과 같이 특별한 때에는 그 격식이 복잡해지는 것과 같은 이치라 할 수 있다.

146) 『한국불교의례자료총서』 권3, p.113a./『釋門儀範』 卷上, p122.

<33.三禮請(삼례청)> 시방삼세의 모든 삼보님을 영산회상으로 청해 모시는 절차.

靈山作法 ‖ ★⑴**歸依儀式** 1.鳴鈸 2.喝香 3.燃香偈 4.喝燈 5.燃燈偈 6.喝花 7.舒讚偈 8.佛讚 9.大直讚 10.中直讚 11.小直讚 12.開啓疏 13.合掌偈 14.告香偈 ★⑵**結界儀式** 15.開啓篇 16.觀音讚 17.觀音請 18.散華落 19.來臨偈 20.香華請 21.歌詠 22.乞水偈 23.灑水偈 24.伏請偈 25.大悲呪 26.四方讚 27.道場偈 28.懺悔偈 ★⑶**召請儀式** 29.大會疏 30.六擧佛 31.三寶疏 32.大請佛 **33.三禮請** 34.四府請 35.單請佛 36.獻座眞言 37.茶偈 38.一切恭敬 39.香花偈 ★⑷**勸供儀式** 40.淨法界眞言 41.祈聖加持 42.四陀羅尼 43.加持供養 44.六法供養 45.各執偈 46.加持偈 47普供養眞言 48.普回向眞言 49.四大呪 50.願成就眞言 51.補闕眞言 52.禮懺 53.嘆白 54.和請 55.祝願和請

一心禮請 일심예청	일심으로 예를 올리며 청하옵나이다.
南無 盡虛空①徧法界② 나무 진허공 변법계	허공이 다하도록 법계에 가득하시며
十方常住 一切佛陀耶衆③ 시방상주 일체불타야중	시방세계에 항상 계옵신 모든 부처님,
達磨耶衆 僧伽耶衆 달마야중 승가야중	달마님, 승가님께 귀의하옵나이다.
[衆和(중화)]	[함께]
唯願慈悲 光臨法會 유원자비 광림법회	오직 원하오니 자비를 베푸사 함께 법회에 참석하시옵소서.

【자구해설】

①盡虛空(진허공): '제한 없는 광대한 허공의 끝까지'라는 의미.

②徧法界(변법계): Ⓢdharmadhātu-vipula. '법계(法界. 전 우주)에 두루 미치다'라는 의미.

※盡虛空=徧法界: 허공 구석까지 고루 미치듯 전 우주에 두루함.

③耶衆(야중): 원래 Ⓢ-ya는 a어간 남・중성 단수여격어미이나, 여기서는 -衆 과 더불어 '~들에게'를 나타내는 범한(梵漢) 혼성어로 쓰인 듯함.

【개요】

불법승 삼보님을 법회에 모시는 의식으로 시간과 공간이 끝이 없다면, 삼보님 역시 그러할 것임을 상정하여 일체의 삼보님을 모두 법회 도량에 청하는 의식이다. 1불 1보살만을 인정하는 남방불교와 달리 대승불교의 불타관이 잘 나타나 있다.

【구성 및 내용】

내용 면에서 본 게송은 기・승・전・결로 나누어 볼 수 있다.

'기'인 **일심예청(一心禮請)** ―일심으로 예를 올리며 청하옵나이다― 에서는, 귀의의 념(念)을 먼저 표명하고 있다. 이는 이미 소례제위에 대한 깊은 이해와 탄탄한 믿음이 수반되었을 때 가능한 일이다.

'서'인 **나무 진허공 변법계 시방상주 일체불타야중 달마야중 승가야중(南無 盡虛空 偏法界 十方常住 一切佛陀耶衆 達磨耶衆 僧伽耶衆)** ―허공이 다하도록 / 법계에 가득하시며 / 시방세계에 항상 계옵신 / 모든 부처님 / 달마님 / 승가님께 귀의하옵나이다.― 에서는, 영산회상에 모시려는 소례제위가 다름 아닌 불법승 삼보님이심을 거듭 확인하며 귀의의 예를 올리고 있다.

'결'인 **[衆和(중화)] 유원자비 광림법회(唯願慈悲 光臨法會)** —[함께] 오직 원하오니 자비를 베푸사 / 함께 법회에 참석하시옵소서.— 에서는, 진심으로 삼보님의 광림을 간청하며 대중이 함께 예를 올린다.

【의식】

상번, 중번, 말번이 차례로 요령을 울리며 거행하되 상번은 '불타야중'을, 중번은 '달마야중'을 그리고 말번은 '승가야중'을 홑소리로 거행하며, 대중은 한 번 마칠 때마다 동음으로 '유원자비 광림법회'를 창화하며 오체투지의 예를 행한다.

【연구】

1 본 항의 제목을 '삼례청'이라 하였는데?

'삼례'라 함은 불법승 삼보께 각각 예를 갖추어 청해 모신다는 의미에서 붙여진 항목이다. 『범음산보집』 '삼예청론(三禮請論)'의 내용과 같다.

<34.四府請(사부청)> 삼계에 속한 천부 등 사부의 성중을 영산회상으로 청하는 절차.

靈山作法 ‖ ★(1)**歸依儀式** 1.鳴鈸 2.喝香 3.燃香偈 4.喝燈 5.燃燈偈 6.喝花 7.舒讚偈 8.佛讚 9.大直讚 10.中直讚 11.小直讚 12.開啓疏 13.合掌偈 14.告香偈 ★(2)**結界儀式** 15.開啓篇 16.觀音讚 17.觀音請 18.散華落 19.來臨偈 20.香華請 21.歌詠 22.乞水偈 23.灑水偈 24.伏請偈 25.大悲呪 26.四方讚 27.道場偈 28.懺悔偈 ★(3)**召請儀式** 29.大會疏 30.六擧佛 31.三寶疏 32.大請佛 33.三禮請 **34.四府請** 35.單請佛 36.獻座眞言 37.茶偈 38.一切恭敬 39.香花偈 ★(4)**勸供儀式** 40.淨法界眞言 41.祈聖加持 42.四陀羅尼 43.加持供養 44.六法供養 45.各執偈 46.加持偈 47普供養眞言 48.普回向眞言 49.四大呪 50.願成就眞言 51.補闕眞言 52.禮懺 53.嘆白 54.和請 55.祝願和請

一心禮請 三界①四府②[147] 일심예청 삼계사부	일심으로 예를 올리오며 청하옵나이다. 욕계 · 색계 · 무색계의 사부에서
主執③陰陽 權衡④造化 주집음양 권형조화	음양을 주재하시고 조화를 이루어 나가시며,
已發菩提心⑤一切聖衆 이발보리심 일체성중	이미 보리심을 일으키신 모든 성중이시여!
[衆和(중화)]	[함께]
唯願慈悲 光臨法會 유원자비 광림법회	오직 원하오니 자비를 베푸사 함께 법회에 참석하시옵소서.

【자구해설】

①**三界(삼계)**: 「영산작법」의 ≪(3)소청의식≫소수 <29.개계소>의 자구해설 ⑸ 참조.

②**四府(사부)**: (1)네 개의 창고. 府(곳집 '부')는 물건을 저장하거나 발생케 하는 곳. 春爲生物之府 夏爲長物之府 秋爲收物之府 冬爲藏物之府(춘위생물지부 하위장물지부 추위수물지부 동위장물지부) Hh3-38b (2)학조(學祖)스님 역 『진언권공(眞言勸供)』에서는 사부(四府)를 '천부(天府) · 수부(水府) · 지부(地府) · 음부(陰府)'라 하였다.[148]

※ 學祖(학조) 역 『진언권공(眞言勸供)』: 본서는, 서울대학교 안병희(安秉禧)교수에 의하면 1496년(연산군 2)에 인수대비(仁粹大妃)가 학조 스님에게 명하여 교정(校訂) 번역하도록 하여 간행한 목활자본(木活字本)이라 한다. 현재 서울대학교 중앙도서관 소장본은(도서번호 古貴294 · 315-1563)으로서 반엽(半葉) 8행(行) 17자(字), 반곽(半郭) 25×15.4㎝이다. 내용은 불가에서 상행(常行)하는 권공(勸供) · 시식절차(施食節次) 등을 서술한 것으로, 그 순서를 보면 진언권공(眞言勸供) · 작법절차(作法節次) · 관음청(觀音請) · 삼단시식문(三壇施食文) · 수행육도편(修行六度篇) 등으로 구성되어 있으며, 한자 원문 옆에 한글로 음을 달고 이를 다시 번역한 것이다. 일권일책(一卷一冊)으로 총 121장(張)이다. 단 제23장은 필사(筆寫)로 보입(補入)되어 있다.[149]

※學祖(학조): 조선 전기의 승려. 금강산 유점사(楡岾寺)를 중창한 이. 호는 등곡(燈谷). 황악산인(黃岳山人). 세조 때 고승들과 함께 경전을 국역 간행했으며, 1464년(세조 10) 속리산 복천사(福泉寺)에서 왕을 모시고 혜각신미(慧覺信眉) · 학열(學悅) 등과 함께 대법회를 열었음. 1467년(세조 13) 왕명으로 금강산 유점사의 중창을 시작했으며, 1487년(성종 180 정희(貞喜)왕후의 명으로 해인사의 대장경 판각(版閣)을 중창함. 1500년(연산군 6) 신비(愼妃)의 명으로 해인사의 대장경 3부를 간인하고 그 발문을 썼으며, 『남명집(南明集)』을 언해했음. 1520년(중종 15) 왕명으로 다시 해인사의 대장경 1부를 간인함.

③**主執(주집)**: 취급하여 유지시키다. 담당하여 보존하다. 어떤 일을 힘써 행하다. 주재(主宰).

④**權衡(권형)**: ①저울추와 저울대라는 뜻으로, '저울'을 이르는 말. 권칭(權秤). ②사물의 경중을 재는 척도나 기준. ③사물의 균형./ **權** 저울추 '권'. **衡** 저울대 '형'.

---

147) ⑬*中壇侍輦論(중단시련론) 上6에서는 天仙二部 神部 冥府라 하였음.
참고: Sk상 p.33. "上界敎主 天藏菩薩 陰府敎主 地持菩薩 幽冥敎主 地藏菩薩."

148) 『한국불교의례자료총서』 권1, p.455하.

149) 같은 책, p.436.

⑤發菩提心(발보리심): Ⓢbodhi-citta-utpāda. 발심(發心)이라고도 함. 위로 불타의 지혜를 구하고 아래로 중생을 교화하는 상구보리 하화중생의 보리심을 일으켰다는 뜻. 『유마경혜원소(維摩經慧遠疏)』에 '期求正眞道名爲發心(기구정진도 명위발심)' 즉 바르고 참된 진리를 구하고자 하는 것을 발심이라 한다 하였다.

【개요】

욕계・색계・무색계 등 삼계에 소속되어 있으며 이미 보리심을 발한 천부(天府)・수부(水府)・지부(地府)・음부(陰府)의 성중을 영산회상으로 청하는 절차이다.

【구성 및 내용】

내용 면에서 본 게송은 기・승・전・결로 나누어 볼 수 있다.

'기'인 **일심예청(一心禮請)** —일심으로 예를 올리오며 청하옵나이다.— 에서는, <33.삼례청> 에서와 같이 귀의의 념(念)을 먼저 표명하고 있다. 이 역시 소례제위에 대한 깊은 이해와 탄탄한 믿음이 수반되었음을 의미한다.

'서'인 **삼계사부 주집음양 권형조화 이발보리심 일체성중(三界四府 主執陰陽 權衡造化 已發菩提心 一切聖衆)** —욕계・색계・무색계의 사부에서 / 음양을 주재하시고 / 조화를 이루어 나가시며 / 이미 보리심을 일으키신 / 모든 성중이시여!— 에서는, 삼계의 사부중 가운데 이미 보리심을 발한 성중으로서 진리와 순리를 거스르지 않고 선도해 나가는 성중제위를 소례로 거명하여 청하고 있다.

'결'인 **[衆和(중화)] 유원자비 광림법회(唯願慈悲 光臨法會)** —[함께] 오직 원하오니 자비를 베푸사 / 함께 법회에 참석하시옵소서.— 에서는, 진심으로 삼계사부의 성중님의 광림을 간청하며 대중이 함께 예를 올린다.

【의식】

삼번(三番) 가운데 1인이 홑소리로 거행하며, '유원자비 광림법회'는 대중이 동음으로 창화한다.

【연구】

1 본 항의 제목을 '사부청(四府請)'이라 하였는데?

삼계의 성중을 청함을 감안하면 제목이 마땅히 '삼계청'이어야 한다. 그럼에도 '사부청'이라 한 것은 '기'의 내용 가운데 '삼계사부(三界四府)'에서 보듯 '삼계'가 '사부'의 수식어로 쓰였음을 의미한다. 즉, '삼계와 사부'가 아니라 '삼계의 사부'라는 뜻이다. 『진언권공(眞言勸供)』에서 학조(學祖) 스님이 '사부(四府)를 천부(天府)・수부(水府)・지부(地府)・음부(陰府)라 주석했거니와 이는 욕계・색계・무색계에 각각 사부가 있음을 의미한다.

<35.單請①佛(단청불)> 한 번의 청사로 삼보님을 영산회상으로 청해 모시는 절차.

奉請十方三世佛 봉청시방삼세불	다함없는 시공간에 한량없는 부처님과
龍宮海藏②妙萬法 용궁해장묘만법	깊은바다 용궁속에 고이모신 묘만법과
菩薩緣覺聲聞衆 보살연각성문중	보살연각 성문님을 일심으로 청하오니
不捨慈悲願降臨 불사자비원강림	대자비를 드리우사 물리치지 마옵소서。

【자구해설】

①**單請(단청)**: 전체의식 진행상 시간이 부족할 경우 <대청불(大請佛)>·<삼례청(三禮請)>·<사부청(四府請)>을 생략하고 소례를 간단히 청하는 의식이라는 의미.

②**龍宮海藏(용궁해장)**: 용장(龍藏, Ⓢhasti-garbha). 대승경전(大乘經典)을 말함. 불멸후 대승경전이 용궁(龍宮, Ⓢnāgānāṃ bhavanāni)에 진장(鎭藏)되었다는 고사(故事)에 근거한 것.

"僧問 如何是妙勝境 師曰 龍藏開時 貝葉分明" 『傳燈錄』23 妙勝臻藏

용수보살(龍樹菩薩)께서 『화엄경』을 용궁에서 꺼내 오셨다는 설이 있다. 또 바다를 뭇 생명을 잉태하는 모태에 비유하기로 용궁에는 세상에 밝혀지지 않은 무궁무진한 묘법이 있을 것으로 짐작되므로, '용궁해장묘만법(龍宮海藏妙萬法)'이라 한 것이다.

당(唐)의 징관(澄觀) 저 『화엄경소(華嚴經疏)』2에 의하면 용수보살께서 용궁에서 확인하신 『화엄경』은 다음과 같이 모두 십류(十類)라 하였고, 『석문의범』 대예참례(大禮懺禮)에는 다음과 같이 정리되어 있다.

(1)**약본화엄경(華嚴經)**: 십조구만 오천사십팔자 사만오천게 삼십구품 약본화엄경(十兆九萬五千四十八字 四萬五千偈 三十九品 略本華嚴經)/ 10조 9만 5천 48자(字), 4만 5천게(偈), 39품(品)이신 약본화엄경. [※ 여기 기술된 약본화엄경의 내용은 80권본 화엄경의 범본(梵本)을 말한 것이다. 60권본 화엄경의 범본은 3만 4천게 34품이다]

(2)**하본화엄경(下本華嚴經)**: 십만게 사십팔품 하본화엄경(十萬偈 四十八品 下本華嚴經)/ 10만게 48품이신 하본화엄경.

(3)**중본화엄경(中本華嚴經)**: 사십구만팔천팔백게 일천이백품 중본화엄경(四十九萬八千八百偈 一千二百品 中本華嚴經)/ 49만 8천 8백게, 1천 2백품이신 중본화엄경.

(4)**상본화엄경(上本華嚴經)**: 십삼천대천세계미진수게 일사천하 미진수품 상본화엄경(十三千大千世界微塵數偈 一四天下 微塵數品 上本華嚴經)/ 열 개의 삼천대천세계에 있는 티끌 수만큼의 게, 하나의 사천하에 있는 티끌 수만큼의 품(品)이신 상본화엄경.

(5)**보안화엄경(普眼華嚴經)**: 대해량묵 수미취필 서차법문 부득소분 보안화엄경(大海量墨 須彌聚筆 書此法門 不得小分 普眼華嚴經)/ 대해로 먹을 삼고 수미산으로 붓을 삼아 이 법문을 쓴대도 소분(少分)에도 미칠 수 없는 보안화엄경.

(6)**동설화엄경(同說華嚴經)**: 변어허공 용모단처 이언설성 무유궁진 동설화엄경(遍於虛空 容毛端處 以言說聲 無有窮盡 同說華嚴經)/ 모든 허공에 털끝이라도 용납하는 곳이면 언설로써 다할 수 없는 시방삼세 모든 부처님들께서 이구동성으로 설하신 동설화엄경.

(7)**이설화엄경(異說華嚴經)**: 세계기이 중생역별 여래어피 현신입교 시설부동부류난량 이설화엄경(世界旣異 衆生亦別 如來於彼 現身立敎 示設不同部類難量 異說華嚴經)/ 세계가 다

르고 중생 또한 [근기]에 차별이 있음에 여래께서 그곳에 현신하시어 가르침을 베푸심에 한량없는 중생의 근기와 언어에 따라 달리 설하신 이설화엄경.

⑻**주반화엄경(主伴華嚴經)**: 수변법계연여제불 호위주반 시방내증 제언아국 개설차경 주반화엄경(雖遍法界然與諸佛 互爲主伴 十方來證 齊言我國 皆說此經 主伴華嚴經)/ 비록 법계에 두루 하신 많은 부처님이시지만 [모든 부처님께서] 서로 주(主)와 반(伴)이 되시어, 시방에서 왕림하사 증명하시고 동일한 이 땅의 언어로 함께 설하신 주반화엄경.

⑼**권속화엄경(眷屬華嚴經)**: 위여근기 불능문차 통방지설 수기설교 영입차문 권속화엄경(謂餘根器 不能聞此 通方之說 隨機說敎 令入此門 眷屬華嚴經)/ 능력이나 소질의 차이로 이 법문을 듣지 못함에 제방에 통하는 말씀으로 근기에 따라 설하시어 이 문에 들도록 하신 권속화엄경.

⑽**원만화엄경(圓滿華嚴經)**: 총융위 일대수다라 일회일품 일구일문 개섭일체무유분한 원만화엄경(摠融爲 一大修多羅 一會一品 一句一文 皆攝一切 無有分限 圓滿華嚴經)/ 글과 뜻이 원만하여 부족함이 없는 경으로, 일회 · 일품 · 일구 · 일문이 모두 전체를 포섭하여 양으로 따질 수 없는 원만화엄경.

이 가운데 한역(漢譯) 3본[三大部]은 '⑴약본화엄경(略本華嚴經.)'을 번역한 것이라 한다.

【개요】

영산회상에 자리하신 소례제위를 찬탄하는 절차로서 <32.대청불> <33.삼례청> <34.사부청>의 내용을 찬탄하는 '가영'으로서의 위치와 성격을 지니는 게송이다. 제목에서 짐작할 수 있듯 시간이 부족할 경우 본 항만으로 <32.대청불> <33.삼례청> <34.사부청>을 대신 할 수 있다.

【구성 및 내용】

내용 면에서 본 게송은 기 · 승 · 전 · 결로 나누어 볼 수 있다.

'기'인 **봉청시방삼세불(奉請十方三世佛)** —받들어 청하옵나이다. 시방삼세의 모든 부처님과— 에서는, 시방삼세의 부처님을 영산회상으로 청해 모시려하고 있다. 이는 곧 본 법회가 시방삼세의 부처님을 청해 모실 만큼 떳떳함을 말하는 것이니, 능례 스스로 신심과 정성을 다하고 있음을 표명하는 것이기도 하다.

'승'인 **용궁해장묘만법(龍宮海藏妙萬法)** —바다 속 용궁에 갈무려진 미묘하고 무궁한 법보님과— 에서는, 화엄경을 위시한 모든 경전을 영산회상으로 청해 모시려하고 있다. 법보를 '용궁해장묘만법'이라 한 것은 바다를 뭇 생명을 잉태하는 모태에 비유하기로 용궁에는 세상에 밝혀지지 않은 무궁무진한 묘법이 있을 것으로 짐작되어 오고 있기 때문이다.

'전'인 **보살연각성문중(菩薩緣覺聲聞衆)** —보살님 · 연각님 · 성문님 등 수많은 승보님이시여! — 에서는, 보살 연각 성문 등 일체승보를 영산회상으로 청해 모시려하고 있다. 보살 연각 성문에 포함되지 않는 승보는 있을 수 없는바 성대한 법회임을 알 수 있다. 이미 '기'구에서 언급했듯이 능례 스스로 신심과 정성을 다하고 있음을 표명하는 것이기도 하다.

'결'인 **불사자비원강림(不捨慈悲願降臨)** —버림 없으신 자비로 강림하시옵소서— 에서는, 자비에 본래 버림이 없기도 하려니와 능례가 정성을 다하고 있다는 점을 들어 꼭 강림해 주실 것을 간청하고 있는 것이다.

【의식】

삼번(三番) 가운데 1인이 홑소리로 거행한다. 전체의식 진행상 시간이 부족할 경우 <대청불>·<삼례청>·<사부청>을 생략하고 본 항으로써 소례를 간단히 청하는 것이 허용되어 있다. 그러므로 이 항목은 '~게(偈)'로 제목을 하지 않은 것이다.

【연구】

1 본 항의 제목을 '단청불(單請佛)'이라 하였는데?

위치나 내용으로 보면, 본 항은 「상주권공」이나 「사시불공」의 '가영(歌詠)'에 해당한다. 제목에서 '단청(單請)'은 삼보님을 격에 따라 별도의 게송으로 찬탄하지 않고, 간단히 한 번의 게송으로 찬탄하였다는 의미이다. 끝에 '불(佛)'은 소례이신 삼보님의 대표로서 목적어를 삼은 것이다.

『영산대회작법절차』에서는 본 항의 제목을 '소례단청불즉(小禮單請佛則)'이라 하였다.[150] 여기서도 제목은 '단청불'이고, 그 앞에 붙은 '소례'는 <32대청불>과 상대적인 의미로서 '간단히 올리는 예(禮)'라 하겠다. 또 끝에 붙은 '則'은 부사로서 '곧' 혹은 '즉'이라 보면 된다.

150) 『한국불교의례자료총서』 권2, p.134a.

<36.獻座眞言(헌좌진언)> 영산회상의 **제성중에게 자리를 권하는 게송과 진언.**

靈山作法 ‖ ★(1)**歸依儀式** 1.鳴鈸 2.喝香 3.燃香偈 4.喝燈 5.燃燈偈 6.喝花 7.舒讚偈 8.佛讚 9.大直讚 10.中直讚 11.小直讚 12.開啓疏 13.合掌偈 14.告香偈 ★(2)**結界儀式** 15.開啓篇 16.觀音讚 17.觀音請 18.散華落 19.來臨偈 20.香華請 21.歌詠 22.乞水偈 23.灑水偈 24.伏請偈 25.大悲呪 26.四方讚 27.道場偈 28.懺悔偈 ★(3)**召請儀式** 29.大會疏 30.六擧佛 31.三寶疏 32.大請佛 33.三禮請 34.四府請 35.單請佛 36.獻座眞言 37.茶偈 38.一切恭敬 39.香花偈 ★(4)**勸供儀式** 40.淨法界眞言 41.祈聖加持 42.四陀羅尼 43.加持供養 44.六法供養 45.各執偈 46.加持偈 47普供養眞言 48.普回向眞言 49.四大呪 50.願成就眞言 51.補闕眞言 52.禮懺 53.嘆白 54.和請 55.祝願和請

妙菩提座①勝莊嚴② 묘보리좌승장엄	묘하도다 보리좌여 빼어나온 장엄이여
諸佛坐已成正覺 제불좌이성정각	일체제불 자리하사 바른깨침 이루셨네.
我今獻座亦如是 아금헌좌역여시	제가지금 권하옵는 이자리도 그와같아
自他一時成佛道 자타일시성불도	우리모두 한날한시 성불하게 되지이다.

唵 縛日羅 未那野 娑婆訶
옴 바아라 미나야 사바하

※ 앞 단원 「2.궤불이운」 소수 <10.獻座眞言(헌좌진언)>을 참조할 것!

【연구】

1 위 진언을 확인할 수 있는 곳은?

唵 嚩日羅(二合) 尾羅野 莎(二合)訶
옴ₒ바ᄋ락ₒ미라야ₒᄼ바하 『진언집』상4 「결수문」

唵 嚩日羅 尾羅野 莎訶 『작법귀감』상6 ≪삼보통청≫

<37.茶偈(다게)>

보리좌에 자리하신 삼보님과 제성중께 茶를 올리는 의식.

靈山作法 ‖ ★(1)**歸依儀式** 1.鳴鈸 2.喝香 3.燃香偈 4.喝燈 5.燃燈偈 6.喝花 7.舒讚偈 8.佛讚 9.大直讚 10.中直讚 11.小直讚 12.開啓疏 13.合掌偈 14.告香偈 ★(2)**結界儀式** 15.開啓篇 16.觀音讚 17.觀音請 18.散華落 19.來臨偈 20.香華請 21.歌詠 22.乞水偈 23.灑水偈 24.伏請偈 25.大悲呪 26.四方讚 27.道場偈 28.懺悔偈 ★(3)**召請儀式** 29.大會疏 30.六擧佛 31.三寶疏 32.大請佛 33.三禮請 34.四府請 35.單請佛 36.獻座眞言 **37.茶偈** 38.一切恭敬 39.香花偈 ★(4)**勸供儀式** 40.淨法界眞言 41.祈聖加持 42.四陀羅尼 43.加持供養 44.六法供養 45.各執偈 46.加持偈 47普供養眞言 48.普回向眞言 49.四大呪 50.願成就眞言 51.補闕眞言 52.禮懺 53.嘆白 54.和請 55.祝願和請

我今持此一椀①茶 아금지차일완다	저희이제 지성으로 한잔의茶 마련하와
奉獻靈山大法會 봉헌영산대법회	영산법회 성중님께 두손으로 올리오니
俯鑑②檀那③虔懇④心 부감단나건간심	단월들의 정성심을 굽어살펴 주시옵고
願垂慈悲哀納受 원수자비애납수	대자비를 드리우사 물리치지 마옵소서.

【자구해설】

※ 앞 단원 「2.궤불이운」 소수 <11.다게>의 자구해설을 참조할 것!

【개요】

<36.헌좌진언>의 절차를 거치며 보리좌에 자리하신 서가세존을 위시한 영산회상의 성중제위께 '다(茶)'를 올리는 절차이다.

【구성 및 내용】

내용 면에서 본 게송은 기·승·전·결로 나누어 볼 수 있다.

'기'인 **아금지차일완다(我今持此一椀茶)** —저희이제 지성으로 한잔의茶 마련하와— 에서는, 정성스레 마련한 다(茶)가 준비되어 있음을 말하였다. 자고로 차는 향과 함께 능례의 신심과 정성을 소례에게 전하는 매개물로서의 역할이 있다고 믿고 있다. 따라서 차를 준비했다 함은 소례께 아뢰고자 하는 것이 있음을 의미하는 것이기도 하다.

'승'인 **봉헌영산대법회(奉獻靈山大法會)** —영산법회 성중님께 두손으로 올리오니— 에서는, 법회가 거행되고 있는 지금 이곳이 석존께서 법화경을 설하고 계신 영산회상임을 분명히 하고 있다. 진리는 시공을 초월하는 것인바 금일의 의식이 재현이 아닌 현재진행형임을 알게 하는 대목이다.

'전'인 **부감단나건간심(俯鑑檀那虔懇心)** —단월들의 정성심을 굽어살펴 주시옵고— 에서는, 소례께 능례의 정성스러운 마음을 굽어 살펴주시기를 발원하고 있다. 여기서 말하는 정성은 주인을 향한 충성심을 말하는 것이 아니라 자식을 걱정하고 보살펴주시려는 부모님의 심정을 이해하는 그런 것을 말하는 것이다.

'결'인 **원수자비애납수(願垂慈悲哀納受)** —대자비를 드리우사 물리치지 마옵소서— 에서는, 정성으로 마련한 다를 소례께서 받아주시기를 갈망하고 있다. 삼보님께서 물리치실 리 없지만 애달도록 원하는 것은, 석존께서 인행시 당신의 스승이신 불사불(弗沙佛)을 7일 7야

동안 우러르며 찬탄하심에야 견줄 수 없겠으나 이제 조금이나마 철이 들면서 삼보님의 소중함과 감사함을 깨닫게 되었다는 표증이기도 하다.

【의식】

중번의 지시를 받은 인도(引導) 1인이 홑소리로 거행한다. 후렴에 당하는 '원수애납수' '원수애납수' '원수자비애납수'는 말번의 태징에 맞추어 대중이 함께 창화한다. 한편, 이때의 소리를 '다게성(茶偈聲)'이라 부른다.

【연구】

1 『석문의범』의 주(註)에 '약즉 보공양주 회향주 급퇴공진언 광즉향화게운운(略則 普供養呪 回向呪 及退供眞言 廣則香花偈云云. 간략히 하는 경우에는 <보공양지언> <보회향진언> 및 <퇴공진언>을 하고, 제대로 하는 경우에는 <향화게>부터 거행하라)'[151]이라 하였는데?

『석문의범』의 주(註) 내용은 영산재 구성 및 진행의 이해에 매우 중요한 정보를 제공하고 있다. 영산작법은 석존을 위시한 영산회상의 소례제위께 공양 올림을 목적으로 거행하는 의식이다. 따라서 사시(巳時)라는 때를 어기면 안 된다. 작법절차의 내용이 정선된 것인 만큼 중요하기는 하지만 헌공시간에 문제가 될 경우에는 생략해야 한다. 이에 대해 간접적 언급이지만 위에 언급한 『석문의범』의 주 내용이 이런 사안에 대한 입장정리에 열쇠가 된다.

151) 『釋門儀範』 卷上, p.123.

<38.一切恭敬(일체공경)> 능례 전원이 한마음으로 향화를 매개로 공경례를 올리는 절차.

靈山作法 ‖ **★(1)歸依儀式** 1.鳴鈸 2.喝香 3.燃香偈 4.喝燈 5.燃燈偈 6.喝花 7.舒讚偈 8.佛讚 9.大直讚 10.中直讚 11.小直讚 12.開啓疏 13.合掌偈 14.告香偈 **★(2)結界儀式** 15.開啓篇 16.觀音讚 17.觀音請 18.散華落 19.來臨偈 20.香華請 21.歌詠 22.乞水偈 23.灑水偈 24.伏請偈 25.大悲呪 26.四方讚 27.道場偈 28.懺悔偈 **★(3)召請儀式** 29.大會疏 30.六擧佛 31.三寶疏 32.大請佛 33.三禮請 34.四府請 35.單請佛 36.獻座眞言 37.茶偈 **38.一切恭敬** 39.香花偈 **★(4)勸供儀式** 40.淨法界眞言 41.祈聖加持 42.四陀羅尼 43.加持供養 44.六法供養 45.各執偈 46.加持偈 47普供養眞言 48.普回向眞言 49.四大呪 50.願成就眞言 51.補闕眞言 52.禮懺 53.嘆白 54.和請 55.祝願和請

一心頂禮a 일심정례	시방세계에 항상 계옵신 삼보님께
十方常住佛法僧a 시방상주불법승	일심으로 정례하옵니다.
是諸衆等 各各胡跪① 시제중등 각각호궤	모든 대중은 저마다 무릎을 꿇고
嚴備香花 如法②供養③a 엄비향화 여법공양	엄정하게 갖춘 향과 꽃 등 여법하온 공양을
供養十方 法界三寶[152]a 공양시방 법계삼보	시방 법계에 계옵신 삼보님께 공양 올리나이다.

【자구해설】

①胡跪(호궤): Ⓢutkuṭuka-stha. 호인(胡人)이 경례하기 위해 두 무릎을 꿇어 땅에 대고 두 다리를 세우고 몸을 버티는 것.

※ 互跪(호궤): 두 무릎을 번갈아 땅에 대고 꿇어앉는 것. 수계(受戒)에서와 같이 장시간을 요하는 경우에는 땅에 대는 무릎과 세우는 무릎을 바꿈을 허락하며, 이런 경우 '호궤(互跪)'라 한다.

②如法(여법): Ⓢdhārmika. 법(法)과 이치에 합당함. 여래(如來)의 교훈에 맞음.

③供養(공양): Ⓢpūjā. ⑴웃어른을 모시어 음식 이바지를 함. ⑵삼보(三寶)님이나 영가에게 음식·꽃 따위를 바치는 일. 또는 그 음식. ⑶절에서, 음식을 먹는 일.

【개요】

영산회상에 자리하신 시방세계의 모든 삼보님께 다(茶)에 이어 전 대중이 꿇어앉아 향과 꽃을 공양 올리며, 공경의 뜻을 나타내는 절차이다.

【구성 및 내용】

내용 면에서 본 게송은 기·승·전·결로 나누어 볼 수 있다.

'기'인 **일심정례 시방상주불법승(一心頂禮 十方常住佛法僧)** —시방세계에 항상 계옵신 삼보님께 일심으로 정례하옵니다.— 에서는, 이상의 절차에 의해 모신 시방에 항상 계신 삼보님께 마음을 오로지 하여 예를 올리고 있다.

'서'인 **시제중등 각각호궤 엄비향화 여법공양(是諸衆等 各各胡跪 嚴備香花 如法供養)** —모든 대중은 저마다 무릎을 꿇고 엄정하게 갖춘 향과 꽃 등 여법하온 공양을— 에서는, 객관적으로는 증명할 수 없는 신심과 정성을 대신하여 향과 꽃을 마련하였음을 언급하였다.

---

152) 본 항의 내용은 봉원사 『요집』 52 上의 내용을 모범한 것이다. 『釋門儀範』 卷上 123쪽의 내용에는 '공양' 두 글자가 빠져있다.

'결'인 **공양시방 법계삼보(供養十方 法界三寶)** —시방 법계에 계옵신 삼보님께 공양 올리나이다.— 에서는, 당연한 일이지만 소례가 다름 아닌 시방법계에 계시고 동시에 영산법회에 자리하신 삼보님이심을 확인하며 공양 올리고 있다.

【의식】

중번의 지시를 받은 인도(引導) 1인이 홑소리로 거행한다.

【연구】

1 의식집에 따라 본 항의 내용에 출입이 있는 것 같은데 문제가 없는지?

시대별 대표적 의식집 가운데

『진언권공』에는 재전재후초야후야통용별례향화공양[153]일체공경(齋前齋後初夜後夜通用別例香花供養一切恭敬)을 제목으로 '일심정례시방상주불 일심정례시방상주법 일심정례시방상주승 시제중등 각각호궤 엄지향화 여법공양 공양시방법계삼보(一心頂禮十方常住佛 一心頂禮十方常住法 一心頂禮十方常住僧 是諸衆等 各各胡跪 嚴持香花 如法供養 供養十方法界三寶)'라 하였다.

『영산대회작법절차』[154]에는 본 항 자체가 없고,

『범음산보집』에는 '일심정례 시방상주불법승 시제중등 각각호궤 엄지향화 여법공양 공양시방법계삼보(一心頂禮 十方常住佛法僧 是諸衆等 各各胡跪 嚴持香花 如法供養 供養十方法界三寶)'[155]로 되어 있으며,

『석문의범』에는 '일심정례 시방상주불법승 시제중등 각각호궤 엄지향화 여법공양 시방법계삼보(一心頂禮 十方常住佛法僧 是諸衆等 各各胡跪 嚴持香花 如法供養 十方 法界三寶)'[156]로 되어있다.

외에 봉원사 『요집』에는 '일심정례 시방상주불법승 시제중등 각각호궤 엄비향화 여법공양 공양시방 법계삼보(一心頂禮 十方常住佛法僧 是諸衆等 各各胡跪 嚴備香花 如法供養 供養十方 法界三寶)'[157] 라 하여 내용에 출입이 있음을 볼 수 있다.

그러나 자구의 출입은 있으나 내용에 영향을 주는 것은 아닌 것으로 판단된다.

---

153) 『한국불교의례자료총서』 권1 p.466하. 밑줄 친 부분은 '협주'로서 뜻은 '재전이나 재후, 초야(16~21시)나 후야(1~5시)에 두루 쓰이는 별도의 예로서 향화공양'이다.

154) 『한국불교의례자료총서』 권2 p.129~.

155) 같은 총서, 권3, p.113하.

156) 『釋門儀範』 卷上, p.123.

157) 奉元寺 『要集』 52장.

<39.香花偈(향화게)>

향화의 질적·양적 변화가 중생 모두의 성불로 이어지길 발원한 게송.

願此香花①遍法界 원차향화변법계	원하옵은 향과꽃이 온법계에 두루하여
以爲微妙光明臺② 이위미묘광명대	미묘하게 빛나옵는 수미단이 되옴이며,
諸天音樂天寶香 제천음악천보향	뛰어나온 하늘음악 보배향이 되옴이고
諸天餚饍③天寶衣 제천효선천보의	빼어나온 하늘음식 보배옷이 되옴이며,
不可思議妙法塵④ 불가사의묘법진	헤아리기 어렵사온 미묘법진 되옴이고
一一塵出一切佛 일일진출일체불	낱낱법진 그위에서 제불출현 하심이며,
一一塵出一切法 일일진출일체법	낱낱법진 그위에서 일체법문 나옴이고
旋轉⑤無碍互莊嚴 선전무애호장엄	수레돌듯 걸림없이 서로서로 장엄하며,
遍至一切佛土中 변지일체불토중	널리널리 두루하온 일체불국 그가운데
十方法界三寶前 시방법계삼보전	시방법계 다함없는 삼보전에 이르과저.
皆有我身修供養⑥ 개유아신수공양	그세계에 이몸있어 정성다해 공양하되
一一皆悉遍法界 일일개실변법계	어디한곳 빠짐없이 온법계에 두루하며,
彼彼無雜無障碍 피피무잡무장애	저들모두 분수지켜 아무장애 없사옵고
盡未來際作佛事 진미래제작불사	미래제가 다하도록 원만불사 이루과저.
普熏一切諸衆生 보훈일체제중생	그런후에 널리널리 모든중생 훈습하여
蒙熏皆發菩提心 몽훈개발보리심	훈습받은 사람모두 보리심을 발하오며
同入無生⑦證佛智 동입무생증불지	모두함께 무생법인 불지혜를 증득과저.

[繞匝(요잡)]

供養已歸命禮三寶
공양이귀명례삼보

법공양을 올리옵고 귀명례를 올립니다.

【자구해설】

①**香花(향화)**: Ⓢgandha-mālya. 부처님께 올리는 공양물 가운데 대표적인 것으로 향과 꽃을 말한다. 향과 꽃의 아름다운 모습과 향기로운 내음은 사람들이 애호(愛好)하는 것인 바, 고금을 통해 존경하는 상대에게 자신의 마음을 전달하는 매개체로 사용되어 왔다.

②**光明臺(광명대)**: 광명운대(光明雲臺)의 약(略). 광명운은 광명자운(光明慈雲)의 약. 광명(光明)과 자운(慈雲)은 모두 극락정토의 서상(瑞相). 특히 광명과 자운은 각기 대(臺)의 질적인 면과 양적인 면을 강조하는 바, 시방삼세의 부처님을 모시기에 조금도 부족함이 없는 대(臺)를 의미한다. 사원의 본전(本殿) 정면에 부처님을 모시는 단을 '수미단(須彌壇)'이라 함을 참고하여 광명대를 수미단으로 번역하였다.

③**餚饍(효선)**: Ⓢbhojana. 효선(肴膳). 술과 안주./ **餚** 반찬 '효'. **肴** 안주 '효'. **饍** 반찬 '선'.

④**法塵(법진)**: Ⓢdharma. 법진(法塵)에 대한 통상적인 개념은, (1)육진(六塵, Ⓢṣaḍ-bāhyāyatana)의 하나로 의근(意根, Ⓢmanendriya)의 대상인 여러 가지의 법(法)을 가리킨다. 십이처(十二處) 중에서는 법처(法處, Ⓢdharma-āyatana), 십팔계(十八界) 중에서는 법계(法界)라고 한다. (2)인간에게 집착하는 마음을 일으키게 하는 현상을 말한다. (3)수행자가 불법에 붙잡히고, 불교에 집착하여 마음에 미혹을 생기게 하는 경우를 말한다. 즉, 부정적인 의미를 지니고 있다. 그러나 여기서는 '일일진출일체불 일일진출일체법(一一塵出一切佛 一一塵出一切法)'이라 하여 부처님께서 출현하시고 진리를 베푸는 티끌이라 하였는바 긍정적인 의미로 쓰였다. 다시 말해서 여기서의 법진(法塵)은 한량없는 기세간(器世間)과 중생세간(衆生世間, Ⓢsattva-loka)을 대처하는 기틀 —어떤 일의 가장 중요한 계기나 조건— 의 수를 의미하는 것이라 하겠다.

⑤**旋轉(선전)**: Ⓟparivattana. 빙빙 돌아서 굴러감. 또는 굴러가게 함.

⑥**修供養(수공양)**: 공양을 수행(修行. 실천하는 일) 함.

⑦**無生(무생)**: 무생법인(無生法忍, Ⓢanutpattika-dharma-kṣānti)의 약(略). 무생의 법리(法理). 곧 불생불멸의 진여를 깨달아 알고, 거기에 안주하여 움직이지 않는 것. 보살이 초지(初地, Ⓢādi-bhūmi/prathamā)나 7・8・9지에서 얻는 깨달음. 인(忍)은 인가(忍可)・인인(認忍)의 뜻으로, 확실히 그렇다고 인정하는 것. 진실의 이치를 깨달은 마음의 평온. 무생인(無生忍, Ⓢanutpāda-kṣānti).

【개요】

무량한 불세계와 부처님을 상정하여 불전에 올리는 향과 꽃의 질적·양적 변화를 염원하였고, 다시 능례인 자신의 변화까지도 발원하여 급기야 모든 중생을 성불하게 하려는 대승적 원으로 향과 꽃의 의미를 승화시켜 찬탄하였다.

【구성 및 내용】

내용 면에서 본 게송은 기・승・전・결로 나누어 볼 수 있다.

'기'인 **원차향화변법계 이위미묘광명대 제천음악천보향 제천효선천보의 불가사의묘법진 일일진출일체불 일일진출일체법 선전무애호장엄 변지일체불토중 시방법계삼보전(願此香花遍法界 以爲微妙光明臺 諸天音樂天寶香 諸天餚饍天寶衣 不可思議妙法塵 一一塵出一切佛 一一塵出一切法 旋轉無碍互莊嚴 遍至一切佛土中 十方法界三寶前)** —원하옵은 향과꽃이 온법계에 두루하여 / 미묘하게 빛나옵는 수미단이 되옴이며, / 뛰어나온 하늘음악 보배향이 되옴이고 / 빼어나온 하늘음식 보배옷이 되옴이며, / 헤아리기 어렵사온 미묘법진 되옴이고 / 낱낱법진 그위에서 제불출현 하심이며, / 낱낱법진 그위에서 일체법문 나옴이고 / 수레돌듯 걸림없이 서로서로 장엄하며, / 널리널리 두루하온 일체불국 그가운데 / 시방법계 다함없는 삼보전에 이르옵고,— 에서는, 부처님께 올린 향과 꽃의 질적·양적 변화를 추구하고 있다. 질적이라 함은 수미단, 보배로운 향, 하늘음식, 보배로운 옷 등으로의 변화를 추구함을 말하는 것이다. 이에 비해 양적 변화라 함은 시방법계의 티끌과 같이 많은 세계 그리고 그곳에 자리하신 삼보님께 공양 올림에 [그 옛날 선혜행자가 올린 칠경화가 그랬듯] 수레바퀴처럼 돌며 장엄함에 모자람이 없기를 발원하는 것이다. 주의할 것은 내용이 길게 이어지지만 주어는 제1구의 '향화'라는 점이다.

'서'인 **개유아신수공양 일일개실변법계 피피무잡무장애 진미래제작불사(皆有我身修供養 一一皆悉遍法界 彼彼無雜無障碍 盡未來際作佛事)** —그세계에 이몸있어 정성다해 공양하되 / 어디한곳 빠짐없이 온법계에 두루하며, / 저들모두 분수지켜 아무장애 없사옵고 / 미래제가 다하도록 원만불사 이루과저.— 에서는, 향상문의 입장에서 소례를 향한 능례의 신심과 정성을 표출하고, 사바세계의 교주이신 석존을 모범하여 불사에 소홀함이 없기를 발원하고 있다. 눈에 띄는 것은 '아(我)'를 '피(彼)'로 객관화 시키고 있음인데, 이는 마치 법신 서가모니부처님께서 천 백억의 세계에 몸을 나투신 것을 모범하려는 것으로 이해할 수 있다.

'결'인 **보훈일체제중생 몽훈개발보리심 동입무생증불지(普熏一切諸衆生 蒙熏皆發菩提心 同入無生證佛智)** —그런후에 널리널리 모든중생 훈습하여 / 훈습받은 사람모두 보리심을 발하오며 / 모두함께 무생법인 불지혜를 증득과저.— 에서는, '서'의 내용이 원만함을 기정사실화한 가운데 입장을 향하문으로 전환하여 자신의 공덕을 일체중생에게 회향하려는 원을 보이고 있다. 왜냐하면 사홍서원의 으뜸인 '중생무변서원도'가 성취되지 않으면 자신의 성불도 원만할 수 없기 때문이다.

'귀의문'인 **공양이귀명례삼보(供養已歸命禮三寶)** —법공양을 올리옵고 귀명례를 올립니다.— 에서는, 삼보님께서 공양에 응해주셨음을 상정하여 감사와 발원의 념(念)을 담아 귀명례를 올린다. 왜냐하면 일보일배(一步一拜)라는 말이 있듯이 향화공양을 원만히 성취했다면, 이는 수행의 단계에서 장족의 발전을 의미하기 때문이다.

【의식】

중번을 위시해 총 16명으로 구성된 인도(引導)스님들이 각기 지화(紙花)를 한 송이씩 들고 거행하며, 이때 착복(着服)을 수한 두 스님이 '향화게작법(香花偈作法)'을 거행한다.

【연구】

1 본 항 '기'에서 향화공양의 질적 변화를 언급하고 있는데 가능한 일인지?

극락세계의 사성께 예를 올리는 ≪사성례(四聖禮)≫의 첫 항 <연향게(燃香偈)>를 예로 보면, 향공양을 올리면서 다음과 같이 발원하고 있다.

我今持此一炷香(아금지차일주향)　제가이제 정성다해 일주향을 사르옴에
變成無盡香雲蓋(변성무진향운개)　변화하여 다함없는 향운개가 됐나이다.
奉獻極樂四聖前(봉헌극락사성전)　극락세계 사성님께 두손으로 올리오니
願垂慈悲哀納受(원수자비애납수)　대자비를 드리우사 물리치지 마옵소서.

여기서 ‘향운개’라 함은 아래 소개된 『대방광불화엄경』 입부사의해탈경계보현행원품의 내용을 참고로 할 때, 단순히 향운개(香雲蓋)만을 가리키는 것이 아니라, 궁전(宮殿)·원장(垣牆)·누각(樓閣) 등을 포함 내지는 대표하는 의미로서 이해해야 할 것이다.

善男子 我欲供養然此香時 從一一香 出無量香 遍滿十方一切法界一切如來道場海中 化爲種種香宮殿 香垣牆 香樓閣 香欄楯 香却敵 香門戶 香窓牖 香半月 香羅網 香形像 香圓光 香嚴具 香光明 香雲雨 香幢 香帳 香幡 香蓋 莊嚴十方一切法界 處處充滿 以爲供養[158]
선남자 아욕공양연차향시 종일일향 출무량향 변만시방일체법계일체여래도량해중 화위종종향궁전 향원장 향루각 향난순 향각적 향문호 향창유 향반월 향나망 향형상 향원광 향엄구 향광명 향운우 향당 향장 향번 향개 장엄시방일체법계 처처충만 이위공양　※垣 담 ‘원’

또 이와 같은 예는 ≪오분향례(五分香禮)≫의 <헌향게(獻香偈)>[159]에서 언급한 ‘광명운대(光明雲臺)’의 ‘운대(雲臺)’에서도 볼 수 있다.

정리컨대, 삼보님을 존경하는 만큼 좋은 것을 공양 올리고 싶어 하는 중생의 신심에 삼보님의 가피가 드리워져 질적인 변화가 가능하다고 보는 것이다. 흔히 어른께 선물을 올리며 “소례를 대례로 받아주십시오!”라고 하는 것과 같은 맥락으로 이해가 가능할 것 같다. 기실 삼보님께서 바라시는 것은 중생들이 올리는 물질적 공양은 아니겠기에 이런 논리가 가능하리라 보는 것이다.

2 <39.향화게>를 마치고 ‘법문(法門)’을 거행해야 하지 않는지.

지금까지 있어온 그간의 절차를 보면, <39.향화게>를 마치고 인도(引導)는 <참회게>를 ‘참회게성’으로 거행한다. 의식이 진행되는 동안 한쪽에서는 법문을 설할 준비를 한다. 준비가 완료되면 다음 <정대게> 등 설법의식과 법문을 거행한다. 혹, 법문을 생략할 경우에는 <보궐진언>을 염불성으로 지송하고 그 이후의 순서로 이어나간다.

이상의 내용은 그간 있어온 규약이다. 그러나 사시에 맞춰 상단권공을 원만히 올리기 위해서는 많은 시간을 필요로 하는 법문이 이때 있어서는 안 된다. 더구나 오시중공(午時衆供), 즉 「식당작법」 후 천도작법까지는 여유 시간이 많고, 장차 영가를 천도하기 위한 공덕을 조성하기 위해서는 「식당작법」 후로부터 「천도작법」 전까지 법문을 설해야 한다. 즉, 「묘경작법」을 거행해야 한다는 의미이다.

거듭 강조하거니와 ‘사시불공(巳時佛供)’ ‘오시중공(午時衆供)’이라는 말이 있듯 공양을

158) 『釋門儀範』 卷10, p.712a.
159) 같은 책, 卷上, p.6. “戒香 定香 慧香 解脫香 解脫知見香 光明雲臺 周徧法界 供養十方無量佛法僧(계향 정향 혜향 해탈향 해탈지견향 광명운대 주변법계 공양시방무량불법승).”

올림에 있어 소례에 따른 시간을 지킴은 매우 중요한 일임을 명심해야 한다.

③ 본 항의 주제인 '향화'는 향기로운 꽃을 의미하는가? 아니면 향과 꽃을 뜻하는가?

'향화(香花=香華)'를 해석함에 있어서 두 가지 의미는 모두 타당하다. 무엇보다도 향과 꽃은 모두 이쪽의 뜻을 상대에 전하는 공능(功能)이 있음에 주목해야 한다. 그런데 앞서 ≪사성례≫의 <연향게>와 ≪오분향례≫의 <헌향게>에서 보았듯 향의 질적 변화가 이미 의식(儀式)에서 일반화되어 있고, 다음 예에서 보듯 '소향산화(燒香散華)'가 관용구처럼 쓰여 지고 있음을 참고하여 본 항에서는 '향과 꽃(Ⓢgandha-mālya)'의 의미로 본 것이다.

殺豬狗牛羊祭祀鬼神 長有憎惡終無利益 不如破魔屬佛懸繒幡蓋燒香散華歌詠讚歎[160]
살저구우양제사귀신 장유증오종무리익 불여파마속불현증번개소향산화가영찬탄
돼지·개·소·양 등을 잡아 귀신에 제사지내는 것은 오래도록 증오만 있고 마침내 이익은 없으니, 마군을 부수고 부처님께 부탁드리며 비단으로 된 번이나 개를 달고 향을 사르며 꽃을 뿌리고 가영 찬탄하는 것만 못하다.

燒香散華讚歎供養 王言仁者 如來迦葉入般涅槃 自我多殃悉不覩見 尊若滅度唯願垂告 阿難曰善[161]
소향산화찬탄공양 왕언인자 여래가섭입반열반 자아다앙실불도견 존약멸도유원수고 아난왈선
향을 사르고 꽃을 뿌리며 찬탄하고 공양하며 왕이 말했다. "인자여 여래와 가섭 존자께서 열반에 드실 때, 내가 여러 가지 재앙으로 모두 뵙지를 못했습니다. 존자께서 멸도하실 때는 바라옵거니와 말씀해 주소서." 아난존자께서 "좋다."고 하였다.

160) 『大悲經』(大正藏, 卷85 p.1368b).
161) 『付法藏因緣傳』(大正藏, 卷50 p.302b).

≪소결(小結) -(3)소청의식-≫

≪(3)소청의식≫은 모두 11개의 항으로 구성 되어 있다. 이 가운데 <29.대회소>와 <30.육거불> 2개 항은 서론, <31.삼보소>로부터 <37.다게>까지 7개 항은 본론, <38.일체공경>과 <39.향화게> 2개 항은 결론에 해당한다.

'서론'에서는 법회의 시작을 회주이신 석존께 글월로써 아뢰고, 회상의 소례제위를 거명하며 귀의를 표명한다.

'본론'에서는 소례제위께 법회도량에 임하시도록 소청의 뜻을 거듭 아뢰고 청한다.

'결론'에서는 소청에 응해 자리하신 소례제위께 공양에 앞서 향화로서 귀의를 표명한다.

이들 일련의 의식 각항의 개요를 다시 한 번 정리하면 다음과 같다.

• **서론**

<29.대회소> 법회의 시작을 본존이신 석존께 아뢰기 위해 글월을 올림.
<30.육거불> 영산회상의 불·보살님 명호를 거명하여 귀의를 표명함.

• **본론**

<31.삼보소> 상위(上位) 삼보님의 강림을 발원하며 거듭 글월을 올림.
<32.대청불> 영산회상의 교주이신 서가모니부처님의 강림을 청함.
<33.삼례청> 시방법계에 상주하신 삼보님의 강림을 청함.
<34.사부청> 천(天)·지(地)·수(水)·명부(冥府) 등 4부(府)의 성중을 청함.
<35.단청불> 삼보님과 제성중을 청해 모시려는 뜻을 거듭 밝힘.
<36.헌좌진언> 강림하신 삼보님과 제성중께 자리를 권함.
<37.다게> 자리하신 삼보님과 제성중께 다공양을 올림.

• **결론**

<38.일체공경> 삼보님과 제성중께 향화공양(香花供養)을 올리며 귀의를 표함.
<39.향화게> 향화공양의 양적·질적 변화로 공양이 원만하길 기원함.

「영산작법」이 권공의식인 이상, 가장 중요한 절차는 영산회상의 소례제위께서 능례의 청에 부응하여 도량에 내림하시는 것이다. 무엇보다도 소례제위의 내림여부는 곧 작법절차의 성패를 가늠하는 중대한 사안이기에 신심과 정성을 기울임에 소홀함이 없어야 한다.

≪⑷勸供儀式(권공의식)≫

사다라니 작법

≪권공의식≫은 능례의 신심과 정성이 담긴 공양을 소례제위께 올리는 권공의식이다. 따라서 일련의 「영산작법」 절차 가운데 가장 중요한 위치에 있다.

주의해야 할 것은 물질로서의 공양보다도 공양이 원만히 성취되기 위해 어떤 조건을 갖추어야 하는가 하는 점이다. 그 조건은 다름 아닌 능례와 소례 사이에 형성되는 가지(加持), 즉 공감대를 말하는 것이다.

「영산작법」 가운데 다음 소개하는 <40.정법계진언>부터 <55.축원화청>까지 일련의 절차가 권공을 주제로 거행하는 의식이다.

공양주의 마지이운

<40.淨法界眞言(정법계진언)> 소례를 모실 법계를 청정하게 하는 진언.

欲建蔓拏囉 욕건만나라	삼보님께 공양위한 만다라를 건립코자
先誦 淨法界眞言 선송 정법계진언	정법계란 진언먼저 지송코자 하옵니다.
唵 覽 三七遍 옴 람 삼칠편	

【개요】

의식의 주제가 '소청(召請)'에서 '권공(勸供)'으로 바뀐 만큼 재장(齋場) 역시 공양을 위한 단(壇=曼拏羅)을 새롭게 마련해야 한다. 이를 위해 필요한 의식이 세 번째로 등장하는 <정법계진언>이며, 이로써 삼변정토(三變淨土)도 완료된다.

【구성 및 내용】

본 의식은 지문(地文)에 해당되는 '욕건만나라 선송'과 진언의 제목인 '정법계진언' 그리고 진언인 '옴 남'으로 구성되어 있다.

여기서 지문과 진언의 제목을 함께 해석하면, '만다라를 건립코자 먼저 법계를 청정히 하는 진언을 지송하나이다'가 된다.

【의식】

홑소리로 거행하며, 난이도가 높은 소리에 속한다. 특히 욕건(欲建)의 '건(建)'에는 사구성(四句聲)이 들어 있으며, 지문을 포함한 총 14자 모두를 소리로 거행한다. 간단히 모실 경우에는, 지문과 진언의 제목을 아래의 표와 같이 충충 읽고, 진언 역시 아래의 표와 같은 방법으로 거행한다.

○○•○○ ○ ○○ ○ ○ ○○○⌄ ○○•○○ [한 번]
욕건만나라 선송정 법계진언

○○○ ○○○ ○○○⌄ ○○•○○ [두 번]
옴람옴람 옴람옴람 옴람옴람

○○○ ○○○ ○○○⌄ ○○•○○ ○○○ [한 번] ⇒ <다게>
옴람옴람 옴람옴람 옴람옴람

【연구】

1 안진호 스님은 『석문의범』의 '범례(凡例)'에서 "一,「欲建曼拏羅先誦」七字가 解釋文句이고 眞言名이 아니기에 本書는 此로 括弧하야 正文이 아닌 것을 明示함"이라 하였는데, 본고에서는 의식문으로 취급한 이유는?

본 의식에서 '욕건만나라 선송(欲建蔓拏囉 先誦)'을 의식문의 일부로 취급할 것인지, 아니면 단순히 설명문으로 볼 것인지에 대해 그간 혼선이 있어 왔다.

그 발단은 질문의 내용과 같이 『석문의범』의 '범례'에서 비롯됐다. 그러나 『범음집』 등 이전의 의식집에서 이를 문제시한 곳은 없었다. 그뿐만 아니라 이 의식문에 대한 범패의 곡(曲)까지 있어 오늘날에도 '봉원사 영산재보존회'에서는 그대로 봉행해 오고 있다.

그렇다면 과연 이 부분을 어떻게 보아야 할 것인가? 우선 다음과 같은 몇 가지의 경우를 상정하여 해석해 보기로 하자.

우선 『석문의범』의 '범례'에서 밝힌 대로 '욕건만나라선송' 7자를 해석문구로 보면 그 해석은 「[만다라를 건립코자 먼저 지송함] 정법계진언 옴 남」이 된다.

그러나 이때 문제시되는 것은 본 「상주권공」에 있어서 이런 식으로 표시된 부분이 <40.정법계진언> 이외에 전혀 없다는 점이다.

다음은 지문으로 보는 경우인데 이때는 괄호로 묶을 필요가 없다. 왜냐하면 선가(禪家) 의식집의 비조(鼻祖)라 할 『선원청규(禪苑淸規)』에는 '지문'에 당하는 부분을 의식의 일부로 취급하고 있고, 『석문의범』 가운데 「다비문」을 비롯, 「대령」·「관욕」 등에도 이런 유형은 도처에서 볼 수 있기 때문이다. 또 이런 지문을 괄호로 묶어 처리한 곳도 없다.

어쨌거나 이 부분을 지문으로 처리했을 경우의 해석은 다음과 같다.
「[만다라를 건립코자 하거든 먼저 정법계진언을 지송하시오.] 옴 남」이 된다.

하지만 이때도 문제가 되는 것은 앞에서와 마찬가지로 본 「상주권공」에 있어서 이렇게 처리한 부분이 전혀 없다는 점이다.

세 번째는 본고의 입장으로 가급적 무리한 방법을 버리고 자연스럽게 있는 그대로 해석해 보고자 하는 것이다. 이때의 해석은,
「만다라를 건립코자 먼저 정법계진언을 지송하나이다. '옴 남'」이 된다.

이렇게 해석하면 자연스럽기도 하거니와 「상주권공」 전체의 흐름에 순(順)하게 된다. 예컨대 해석에 있어서 「천수경」 소수 <삼귀의>의 '원이발원이 귀명례삼보 —원을 세웠습니다. 원을 발해 마쳤사옵기로 / 삼보님께 귀명의 예를 올리나이다—'에서와 같은 입장에 있다고 하겠다.

무엇보다도 본고의 입장을 강력히 뒷받침하는 것은 본 의식문에 난이도 높은 범패의 곡(曲)이 있다는 사실이다.

2 위 진언을 확인할 수 있는 곳은?

欲建蔓拏囉先誦淨法界眞言 唵囕 三七遍 『작법귀감』 권상 6장

欲建蔓拏羅先誦淨法界眞言 唵囕　　　　봉원사『요집』

(欲建蔓拏囉先誦) 淨法界眞言 唵 喃
(욕건만나라선송) 정법계진언 옴 남　　　　『석문의범』권하 p.4

唵 囕
옴。람　　　　『진언집』권하 5장「점안문」소수

3 진언을 총 삼칠편(三七遍) 모실 것을 말하였으나 표에 의하면 총 18편 밖에는 안 된다.

의식을 음악적으로 거행함에 따른 일종의 착시현상이라 하겠다. 즉, 일곱 번째와 열네 번째 그리고 스물한 번째 진언이 태징의 장단에 가려진 것일 뿐이다.

○○●○○　○ ○○ ○ ○ ○○○∨ ○○●○○　**[한 번]**
욕건만나라 선송정 법계진언

○○○ ○○○ ○○○∨ ○○●○○　**[두 번]**
옴남옴남 옴남옴남 옴남옴남 **오—ㅁ남**
1 2 3 4 5 6 7　← 진언의 횟수
8 9 10 11 12 13 14

○○○ ○○○ ○○○∨ ○○●○○ ○○○ **[한 번] ⇒ <다게>**
옴남옴남 옴남옴남 옴남옴남 **오—ㅁ남**
15 16 17 18 19 20 21

실제 의식에 있어서는 위 표에서와 같이 총 21편의 진언을 7편씩 나누어 거행하는데 이 때 일곱 번째, 열네 번째 그리고 스물한 번째 진언이 태징의 장단에 가려지게 된다. 이렇게 거행하는 것은 진언을 음악적으로 다루려는 의도와 정확히 21편 봉독하려는 목적 때문이다.

<41.祈聖加持(기성가지)> 삼보님의 가지력으로 소례께 올릴 공양을 준비하는 의식.

香羞①羅列② 향수나열	향기로운 공양물을 준비하고 진설함은
齋者虔誠a 재자건성	재자들의 정성어린 성의표시 이옵니다.
欲求供養之周圓③ 욕구공양지주원	하옵지만 이공양이 원만키를 바랄진댄
須仗④加持之變化a 수장가지지변화	모름지기 가지변화 의지해야 하옵니다.
仰惟三寶 앙유삼보	하옵기로 삼보님께 우러르며 바라오니
特賜⑤加持a 특사가지	각별하신 가지력을 베푸시어 주옵소서.
南無十方佛 나무시방불	시방세계 불보님께 지성귀의 하옵니다.
南無十方法 나무시방법	시방세계 법보님께 지성귀의 하옵니다.
南無十方僧 나무시방승	시방세계 승보님께 지성귀의 하옵니다.

【자구해설】

①羞(수): 맛있는 음식./ **羞** 바칠 '수'.
②羅列(나열): 죽 늘어놓음.
③周圓(주원): 무사히 일을 마치는 것. 원성(圓成).
④仗(장): 의지하다. 기대다.
⑤賜(사): 은혜를 베풀다./ **賜** 줄 '사'.

【개요】

준비된 공양물이 재자의 정성으로 마련된 것이기는 하지만, 소례이신 시방삼세의 삼보님과 그 권속을 상정하면 질(質)과 양(量)에 있어서 아직 부족한 점이 턱없이 많다.

따라서 본 의식은 그 부족함과 문제점의 해결 방안을 삼보(三寶)님의 가지(加持)하심인 ≪사다라니≫에서 찾아야 함을 대중에게 주지(周知)시키고, 또 공감을 얻고 나아가 성취를 위해 삼보님께 귀의하는 지문 형식의 의식이다.

【구성 및 내용】

지문의 성격을 띤 본 의식문은 구성 면에서 기·승·전·결의 형태를 보이고 있다.

'기'인 **향수나열 재자건성(香羞羅列 齋者虔誠)** —향기로운 공양물을 준비하고 진설함은 / 재자들의 정성어린 성의표시 이옵니다.— 에서는, 재자들의 정성으로 공양이 준비되어 있음을 나타냄으로써 공양을 올리고자 하는 의지를 표명하였다. 그러나 다음 '승'구와 연계해 그 내용을 살피면 무언가 부족한 것이 있음을 알 수 있다.

'승'인 **욕구공양지주원 수장가지지변화(欲求供養之周圓 須仗加持之變化)** —[하옵지만 이공양이 원만키를 바랄진댄 / 모름지기 가지변화 의지해야 하옵니다.— 에서는, '기'구에서 언급한 부족함을 채우고 공양을 원만히 성취하도록 하려면 준비된 공양의 질적·양적 변화가 선행돼야함을 노래하였다. 또 그러려면 삼보님의 가지력이 필수적임을 강조하고 있다.

'전'인 **앙유삼보 특사가지(仰惟三寶 特賜加持)** —하옵기로 삼보님께 우러르며 바라오니 / 각별하신 가지력을 베푸시어 주옵소서.— 에서는, 생각이 아닌 실천의 단계에서 삼보님께서 자비를 베푸시어 가지해 주실 것을 발원하고 있다.

'결'인 **나무 시방불·법·승(南無 十方佛·法·僧)** —시방세계 불보님께 지성귀의 하옵니다. / 시방세계 법보님께 지성귀의 하옵니다. / 시방세계 승보님께 지성귀의 하옵니다.— 에서는, '전'구에서의 발원 내용을 행동으로 보이는 단계이다. 즉, 삼보님께 철저히 귀의함만이 곧 그 방법임을 노래한 것이다.

【의식】

하나의 항목에 홑소리와 짓소리가 함께 들어 있는 특이한 형태의 의식이다. 진행은 어산(魚山) 가운데 1인이 '기'구의 '향수나열'로부터 '전'구의 '앙유삼보'까지 홑소리로 거행한다. 이때 대중은 자리에 앉아 <기성가지>의 의미를 관(觀)한다. 선창의 소리가 '앙유삼보'에 이르면 소리가 끝나기 전에 대중은 일제히 자리에서 일어나 우물을 짜고,[162] '전'구의 후반부인 '특사가지'로 소리를 받는데 이 부분의 소리가 짓소리이다. 단, 간단히 거행하는 경우에는 우물을 짜지 않고 제자리에 서서 거행하며 소리도 짧다. 소리가 끝나면 곧 ≪사다라니≫의 4종 바라무(鈸羅舞)로 이어진다.

약례인 경우는 대중이 동음으로 목탁 등 사물의 박자에 맞춰 염불성으로 지송한다. 주의할 것은 범패로 거행할 경우 '결'에 당하는 부분을 세 번 창화하되 그 가사를 '나무시방불·법·승'으로 해서 세 번 반복하며, 약례로 모실 경우에는 '나무시방불 나무시방법 나무시방승'을 한 소절로 하여 세 번 반복해 모신다는 점이다.

【연구】

1 <진언권공(眞言勸供)>과 <기성가지(祈聖加持)>의 차이는?

『작법귀감』 소수 「삼보통청(三寶通請)」에는 <기성가지>로, 『석문의범』 소수 「제불통청

162) '우물을 짠다'함은 짓소리를 하는 방법의 일환으로 참석 대중이 일제히 일어나 합장하고 동그랗게 서는 것을 말한다.

(諸佛通請)」에는 <진언권공>[163]으로 제목 되어 있다. 즉, 내용과 역할이 동일함을 알 수 있다. 그럼에도 항목을 달리한 것은 나름 강조하고자 하는 내용이 있어서라 하겠다. 『작법귀감』에서는 공양물의 질적 양적 변화를 도모하기 위해서는 삼보님의 가지하심이 필수적임을 강조한 것이고, 『석문의범』에서는 사다라니의 중요함을 강조한 것이라 하겠다.

한편 『작법귀감』의 주(柱)에서는 '혹명가지변공(或名加持變供)'[164]이라 하여 혹 '가지변공(加持變供)'이라고도 한다 하였다.

본고에서는 본 항의 주제가 삼보님의 가지를 기구(祈求)하는데 있고, 이어지는 항목에 '사다라니'가 있기로 『작법귀감』의 입장을 따르기로 하였다.

※ 기성가지(祈聖加持) = 진언권공(眞言勸供) = 가지변공(加持變供)

163) 『釋門儀範』 卷下, p.4.
164) 『한국불교전서』 권10, p.555c.

<42.四陀羅尼(사다라니)> 공양의 양과 질에 있어서 원만을 기하는 4종 다라니.

一、無量威德①自在光明②勝妙力變食眞言(무량위덕자재광명승묘력변식진언)

—무량한 위덕과 자재한 광명, 그리고 빼어나고 묘한 힘으로 일체의 소례(所禮)께서 부족 함이 없이 공양하실 수 있도록 음식의 양(量)을 변케 하는 진언—

那莫 薩婆多陀 我多 婆路其帝 唵 三婆羅 三婆羅 吽 三七遍
나막 살바다타 아다 바로기제 옴 삼바라 삼바라 훔 삼칠편

【자구해설】

①**威德(위덕)**: Ⓢbhairava. 대위덕(大威德). 대위신력(大威神力, Ⓢanubhāva). 악을 제지시키는 세(勢)가 있음을 대위(大威)라 하고, 선을 수호하는 공(功)이 있음을 대덕(大德)이라 함.

②**光明(광명)**: Ⓢacris. 불・보살의 몸에서 나오는 광염(光焰)을 말한다. 그러나 단순한 빛을 말하는 것이 아니라, 『방광반야경(放光般若經, ⓈPañcavijśatisāhasrikā-prajñāpāramitā)』「1.방광품(放光品)」이나 『관무량수경』 등에 보이듯 가지가지 변화를 일으켜 불사(佛事)를 나타내어 중생에게 이익을 주는 것을 말한다.

【개요】

모든 진언의 용도는 그 제목에 의해 짐작할 수 있다. 본 진언의 제목이 '무량한 위덕과 자재한 광명 그리고 빼어나고 묘한 힘으로 일체의 소례께서 공양하실 수 있도록 음식을 변하게 하는 진언'이듯이 소례의 지위와 수에 맞게 공양물의 질(質)과 양(量)을 변화시키는 진언이다.

【구성 및 내용】

본 진언의 구성은 여타의 진언과 마찬가지로 '제목'과 '진언'으로 이루어져 있다. 내용은 【개요】에서 살핀 것 외에 달리 살필 것이 없으므로 생략한다.

【의식】

본 진언을 위시한 ≪사다라니≫에 관한 내용은 『불교의식각론Ⅲ』 소수 「화엄시식」의 ≪사다라니≫를165) 참고하기로 하고, 진언만 소개하기로 한다.

단, 지송의 횟수에 주의해야 하는데, 상단권공의 경우 ≪사다라니≫의 각 진언을 각각 3・7편을 모셔야 하며, ≪사다라니≫를 가사로 '바라'를 거행할 때는 다음 표시에 따라 행한다. 이때는 각 진언을 3편씩만 모시며 바라를 거행한다.

---

165) 【연구】 1 본 다라니의 연기(緣起)는…? 2 진언의 제목은 어디서부터 어디까지인가? 3 본 다라니는 석존께서 창안(創案)하신 것인가?

향수나열 시주건성 욕구공양지주원 수장가지지변화 앙유삼보 특사가지 ☜ 범패
나무 시방 불 법 승　나무 시방 불 법 승　나무 시방 불 법 승
○ ○ ○ ○ ○　○ ○ ○ ○ ○　○ ○ ○ ○ ○⌄

○ : 태징을 크게 울림.
●●●⌄ : 바라를 돌림.
↑ : 바라를 올림.
↓ : 바라를 내림.
○○•○○ : 하나의 진언이 끝남.

<무량 위덕 자재 광명 승묘력 변식 다라니>
○ ○ ○ ○ ⌄ ⌄ ○ ○ ○⌄

나아마악 살바다타 아다야 바로기제 오옴 삼마 레애 삼마 라아 후움
○○○○ ●●●⌄ ○○ ○ ○○ ○○ ○○ ○○ ○○ ○○ ○○

나막 살바다타 아다야 바로기제 오옴 삼마 레애 삼마 라아 후움
○○ ●●●⌄ ○○ ○ ○○ ○○ ○○ ○○ ○○ ○○ ○○

나막 살바다타 아다야 바로기제 오옴 삼마 레애 삼마 라아 후움
○○ ●●●⌄ ○○ ○ ○○ ○○ ○○ ○○ ○○ ○○ ○⌄ ○○•○○

<시감로수진언>
○

나무소로 바아야 다타 아다 혜혜 다냐 타아오옴 소로오 소로바라 소로오 바라소로 사바하
●●●⌄ ○○ ○ ○○ ○○ ○○ ●●●⌄ ○○ ● ●⌄ ○○ ○ ○○ ○○

나무소로 바아야 다타 아다 혜혜 다냐 타아오옴 소로오 소로바라 소로오 바라소로 사바하
●●●⌄ ○○ ○ ○○ ○○ ○○ ●●●⌄ ○○ ● ●⌄ ○○ ○ ○○ ○○

나무소로 바아야 다타 아다 혜혜 다냐 타아오옴 소로오 소로바라 소로오 바라소로 사바하
●●●⌄ ○○ ○ ○○ ○○ ○○ ●●●⌄ ○○ ● ●⌄ ○○ ○ ○○ ○○•○○

<일자수륜관진언>
○

오옴 바음바암 밤바암 ■옴 바음바암 밤바암 ■옴 바음바암 밤바암
○ ●●●⌄ ○○ ○ ●●●⌄ ○○ ○ ●●●⌄ ○○•○○

<유해진언>
○

나무 사만다 못다남오옴 바예염■무 사만다 못다남오옴 바예염■무 사만다 못다남오옴
○⌄ ○○ ●●●●⌄ ●●●●⌄ ○○ ●●●●⌄ ●●●●⌄ ○○ ●●●●●

바예염
●●••⌄ ○○•○○

【연구】

[1] 공양은 반드시 올려야 하는 것인가?

「권공의식」에는 단순히 음식을 제공하고 취한다는 이상의 의미가 있다. 예컨대 자신의 힘만으로는 이루기 어려운 일도 능력 있는 사람에게 의지하면, 쉽게 성취하는 경우는 얼마든지 있다. 이때 통과의례와 같이 필수적인 일이 있으니, 다름 아닌 연회(宴會)다. 이는 음식이나 규모의 대소에 의미가 있는 것이 아니라, 같은 음식을 같은 자리에서 함께 나눔으로써 얻어지는 공감대를 중요시하는 때문이다. 의식에서 성현께 공양을 올림도 이와 같아 성현을 뵙고 직접 소원을 아뢰어 성취하고자 하는 의미가 있는 것이다.

[2] 밀교의 의식은 삼밀(三密)을 기본으로 하는데, 신밀(身密)과 의밀(意密)에 관한 내용은 없는지?

『산보범음집』 권상 89에 '三壇變供儀(삼단변공의)'라는 제목 하에 다음과 같은 내용이 있다.

①誦淨法界呪時 證明舒右手無名指 寫梵書唵囕二字於空中 想囕字光明遍照法界 丘陵坑坎平坦無碍 皆得淸淨也
②誦變食呪時 證明舒右手無名指 寫唵滿二字於供具上 想滿字威神能變一粒之食 爲無量粒食 能變器器之食爲無量器食 粒粒如是 器器如是 充滿法界
③誦甘露呪時 證明立壇前焚香卽 以左手執水盂 右手執楊枝 以楊枝熏香烟 熏於盂水三度
④誦水輪觀時 以楊枝寫唵鑁二字 於水盂因攪其水三度 使香烟合於水 想鑁字神力 能流出香海妙水 遍灑於空中也
⑤誦乳海呪時 以楊枝灑香水於供具上三度 灑於空中 又三度畢 合掌當胸 小退立呪訖就位如上 作觀證明通三壇爲之 下壇則 甘露呪水輪觀乳海呪時 多少節次鍾頭爲之也 證明若不作觀則 雖能諷經誦呪 有何所益 徒勞口舌耳

①<정법계진언>을 염송할 때, 증명법사는 오른손 무명지를 펴서 범어 '옴'과 '람' 두 자를 공중에 쓰되, '람'자의 광명이 법계를 두루 비춤에 언덕진 곳이나 패인 곳이 평탄케 되어 걸림이 없고 모두 청정함을 생각하라.
②<변식진언>을 염송할 때, 증명법사는 오른손 무명지를 펴서 범어 '옴'과 '만' 두 자를 공양구 위에 쓰되, '만'자의 위신력이 능히 한 알의 음식을 무량한 음식으로 변케 하고, ['만'자의 위신력이] 능히 그릇 그릇의 음식을 무량한 그릇의 음식으로 변케 하여 낱낱의 곡식과 그릇마다의 음식이 이와 같아 법계에 충만함을 생각하라.
③<시감로수진언>을 염송할 때, 증명법사는 단 앞에 서서 향을 사르고, 왼손에는 물그릇을 오른손에는 버드나무 가지를 쥔다. 버드나무 가지를 향의 연기에 쪼이고 그릇의 물에 쪼이기를 세 번한다.
④<일자수륜관진언>을 염송할 때, [증명법사는] 버드나무 가지로 [범어] '옴'과 '밤' 두 자를 물그릇에 써서 물에 섞기를 세 번하여 향의 연기가 물에 합치게 한다. [이때] '밤'자의 위신력이 능히 향수해의 묘한 물을 흘러나오게 함을 생각하며 두루 공중에 뿌린다.
⑤<유해진언>을 염송할 때, [증명법사는] 버드나무 가지로 향수를 공양구 위에 세 번 뿌리고, 공중에 세 번 뿌린다. 또, 세 번 거행해 마치고는 합장하여 가슴에 대고 조금 물러서서 진언을 마치고 먼저 위치[=증명법사의 자리]로 간다. 관법과 증명을

행하는 것은 [상·중·하] 삼단 모두에 행하는 것이다. [그러나] 하단의 경우 감로수 진언·일자수륜관진언·유해진언을 행할 때 약간의 절차는 종두가 한다. 증명법사가 만일 관법을 행하지 않는다면 비록 경(經)과 진언을 염송한들 무슨 이익이 있겠는가?! 한낱 입과 혀만이 수고로울 뿐이다.

※원문의 띄어쓰기와 번호는 저자 임의로 행한 것임.

이상에서 살펴보았듯 <정법계진언>과 ≪사다라니≫ 등 제진언(諸眞言)은 신·구·의 삼밀이 함께 이루어져야 한다. 근자에 들어 신밀(身密)과 의밀(意密)이 행하여지지 않음은 반성할 일임에 틀림없다.

한편, 『산보범음집』 권상 7에 '사다라니론(四多羅尼論)'에는 다음과 같은 내용이 있다.

⑴偏覽諸方上古中禮結手板本 四陀羅尼呪 上壇則各擊三七遍 中壇則各繫二七遍 下壇則各繫一七遍之規 已知正法矣
⑵今時板本 四陀羅尼呪 爲上壇 初呪繫三七遍 餘三呪 各繫一七遍 亦爲中壇 初呪繫二七遍 餘三呪 各繫一七遍之規 今時勸供者 皆用此規 未詳孰是也
⑶焰口經云 中國有萬僧者 四陀羅尼呪 減略云云故 元祐初 官使 至睿州見 僧荷鐵枷甲士數十輩 繫縛北去 遣人問之 士曰 是僧減略眞言遍數故 天神及鬼神等 不蒙呪力利益故 攝入地獄 以治重罪云云 豈不畏哉
⑷盖此三呪 但擊七遍則 運觀者 何暇 以淸淨水變爲甘露水 自一器水變爲萬億器 充滿法界中 供養於 諸佛諸菩薩及三藏侍衛百億眷屬衆乎
⑸以此觀之 餘數俱擊可也

⑴제방에 있는 예전의 중례·결수 등의 판본을 살피니, 사다라니의 주는 상단의 경우 각각 3·7편을 치고, 중단에는 2·7편, 하단에는 1·7편을 침을 규칙으로 하고 있는 바 이미 바른 법[이 어떤 것인지]을 알 것이다.
⑵요즈음 판본에는 사다라니의 주(呪)를 상단에는 초주(初呪=無量威德自在光明勝妙力變食眞言)만 3·7편 치고, 나머지 3주는 각각 1·7편을 치라 했고, 또 중단에는 초주만을 2·7편을 치고 나머지 3주는 각각 1·7편을 침을 규칙으로 하고 있으며, 요즈음 권공을 모시는 사람들은 모두 이 규칙을 사용하고 있으나 어느 쪽이 옳은지 잘 모르겠다.
⑶[그러나] 염구경(焰口經)에 이르되, 중국의 많은 스님들이 사다라니의 주를 감략(減略)한 연고로 원우(元祐 : 宋 哲宗의 年號)초에 한 관리가 예주에 이르러 보니 스님들이 쇠로 된 칼을 멘 채 갑옷을 입은 군사 수십 인에게 나뉘어 묶여감으로 사람을 보내 그 연유를 물었다. 군사가 대답하기를 이 승려들은 진언의 편수(遍數)를 감략했기로 천신과 귀신들이 주력의 이익을 입지 못하여 지옥으로 잡아들여 중죄로 다스리려 한다고 하였다. 어찌 두렵지 않으랴.
⑷여타의 주를 다만 7편만을 친다면 운관(運觀)하는 사람이 어느 여가에 청정수를 감로수로 변케 하고, 한 그릇의 물을 만억(萬億)의 그릇[의 물]으로 변케 하여 법계에 충만케 하며 제불보살[佛·僧二寶]및 삼장[法寶]을 시위하는 백억 권속에게 공양하리오.
⑸이렇게 생각컨대 편수를 갖추어 침이 가하다 하겠다.

즉, 사다라니의 지송에서 반드시 지켜야 할 것이 있으니, 다름 아닌 편수라는 것이다. 이는 비단 여기서만 강조하고 있는 것이 아니라 『불설구발염구아귀다라니경(佛說救拔焰口

餓鬼陀羅尼經)』에서 확인할 수 있듯 불설(佛說)로써 정하신 것이다.[166]

二、施甘露水眞言(시감로수진언) —소례(所禮)께 감로수를 올리는 진언—

南無 素魯縛耶 怛他揭多耶 怛姪他 唵 素魯素魯 縛羅素魯 縛羅素魯 莎訶
나무 소로바야 다타아다야 다냐타 옴 소로소로 바라소로 바라소로 사바하

三七遍(삼칠편)

三、一字水輪觀眞言(일자수륜관진언) —'밤' 일자(一字)로부터 대지(大地)를 받치고 있는 물만큼 많은 감로제호(甘露醍醐)가 유출(流出)됨을 관하는 진언—

唵 鍐鍐鍐鍐 三七遍
옴 밤밤밤밤 삼칠편

四、乳海眞言(유해진언) —소례께 감로제호(甘露醍醐)를 올리는 진언—

南無 三滿多 沒陀喃 唵 鍐 三七遍
나무 사만다 못다남 옴 밤 삼칠편

166) 『大正藏』 卷21, p.464./ 佛告阿難。若有善男子善女人。欲求長壽福德增榮。速能滿足檀波羅蜜。每於晨朝及一切時悉無障碍。取一淨器盛以淨水。置少飯麨及諸餅食等。以右手加器。誦前陀羅尼滿七遍。然後稱四如來名號 [중략] 若欲施諸婆羅門仙等。以淨飮食滿盛一器。卽以前密言加持二七遍。[중략] 若比丘比丘尼優婆塞優婆夷。若供養佛法僧寶。應以香華及淨飮食。以前密言加持二十一遍奉獻三寶。

<43.加持供養(가지공양)> 가지를 마친 공양을 소례제위께 올리는 절차.

靈山作法 ‖ ★(1)歸依儀式 1.鳴鈸 2.喝香 3.燃香偈 4.喝燈 5.燃燈偈 6.喝花 7.舒讚偈 8.佛讚 9.大直讚 10.中直讚 11.小直讚 12.開啓疏 13.合掌偈 14.告香偈 ★(2)結界儀式 15.開啓篇 16.觀音讚 17.觀音請 18.散華落 19.來臨偈 20.香華請 21.歌詠 22.乞水偈 23.灑水偈 24.伏請偈 25.大悲呪 26.四方讚 27.道場偈 28.懺悔偈 ★(3)召請儀式 29.大會疏 30.六擧佛 31.三寶疏 32.大請佛 33.三禮請 34.四府請 35.單請佛 36.獻座眞言 37.茶偈 38.一切恭敬 39.香花偈 ★(4)勸供儀式 40.淨法界眞言 41.祈聖加持 42.四陀羅尼 43.加持供養 44.六法供養 45.各執偈 46.加持偈 47普供養眞言 48.普回向眞言 49.四大呪 50.願成就眞言 51.補闕眞言 52.禮懺 53.嘆白 54.和請 55.祝願和請

上來① 상래	지금까지 [=사다라니로써]
加持已訖 供養將進② 가지이흘 공양장진	가지를 이미 마쳤사옵고, 공양을 받들어 올리고자 하옵니다.
願此香爲解脫知見③ 원차향위해탈지견	바라옵건대 이 향은 해탈지견이 되고,
願此燈爲般若智光④ 원차등위반야지광	바라옵건대 이등불은 반야지광 되고,
願此水爲甘露醍醐⑤ 원차수위감로제호	바라옵건대 이 물은 감로제호가 되고,
願此食爲法喜禪悅⑥ 원차식위법희선열	바라옵건대 이 음식은 법희선열이 되오소서.
乃至 내지	하옵고,
幡花⑦互列⑧茶果交陳⑨ 번화호열 다과교진	번과 꽃이 번갈아 놓여 있고 차와 과일이 엇갈려 있사오니
卽世諦⑩之莊嚴 즉세제지장엄	곧 세상의 더 없는 장엄이고
成妙法之供養 성묘법지공양	묘법인 공양을 이루었나이다.
慈悲所積 定慧所熏 자비소적 정혜소훈	[이들 공양은] 자비가 쌓인 바요 정과 혜가 훈한 것으로
以此⑪香羞⑫特伸⑬供養 이차향수 특신공양	향기로운 음식이옵기에 각별히 공양 올리나이다.

【자구해설】

①**上來(상래)**: 지금까지 운운(云云)하여 온 바. 여기서는 「상단권공」에서 거행된 가지를 말함. 그러나 ≪신중청(神衆請)≫을 갖추어 행하는 경우라면, ≪사다라니≫를 2·7편 거행하는 등 「상단권공」에 준하는 의식을 행해야 한다.

②**將進(장진)**: 받들어 올리다. '將'은 받들다의 뜻. '進'은 바치다, 올리다의 뜻.

③**解脫知見(해탈지견)**: Ⓢvimukti-jñāna-darśana. 解脫智見이라고도 씀. ⑴나는 해탈했다라고 확인할 수 있는 지혜[知와 見]. 혼자서 해탈했다고 하는 것을 증명하는 것. 해탈했다고 하는 자각. ⑵오분법신(五分法身)의 다섯 번째. 계(戒)로부터 정(定: 三昧)을 만들고, 정(定)에 의해 지혜를 얻으며, 지혜에 의해 해탈에 도달하고 해탈에 의해 해탈지견을 안다. 부처님께서는 이 공덕에 의해 불신(佛身)을 형성하시기 때문에, 이것을 오분법신이라고 한다.

④**般若智光(반야지광)**: 지혜의 광명. 지혜는 어두운 무명(無明)을 파(破)하는 것이므로 광명에 비

유한다.

⑤**甘露醍醐(감로제호)**: Ⓢamṛta. 생명수인 감로수(甘露水, Ⓢmadhu)와 천하일미인 소락제호(酥酪醍醐, Ⓢghṛta), 즉 자양(滋養)과 맛이 뛰어난 음식을 말함.

⑥**法喜禪悅(법희선열)**: 법희식(法喜食, Ⓢdharma-prīty-āhāra)과 선열식(禪悅食, Ⓢdhyāna-prīty-). 가르침과 관상(觀想, Ⓢvibhāvana)에 의한 절실한 기쁨.

※ **法喜禪悅食(법희선열식)**: 법을 [배우는 것을] 기뻐한다고 하는 식(食)과, 선정을 [배우는 것을] 기뻐한다고 하는 식(食)이라는 뜻. 이 두 가지는 깨달음[법신]의 생명을 길러 지키는 것이므로 식(食)이라고 일컬어지며, 출세간식(出世間食)이라 칭해짐. 수행자의 마음을 기르기 위한 정신적인 음식물이라는 뜻.

⑦**幡花(번화)**: 번(幡, Ⓢpatākā. 불·보살님의 성덕(盛德)을 나타내는 깃발. 꼭대기에 종이나 비단 따위를 가늘게 오려서 단다)과 꽃.

⑧**互列(호열)**: 종류가 다른 두 가지 이상의 것을 순서를 정해 차례로 번갈아 가며 늘어놓음.

⑨**交陳(교진)**: 상동(上同).

⑩**世諦(세제)**: Ⓢloka-vyavahāra. 속제(俗諦). 세속제(世俗諦) 세간의 도리(道理). 세간의 사실. 세속 사람이 아는 도리. ↔ 진제(眞諦). 제일의제(第一義諦, Ⓢparamārtha)

⑪**以此(이차)**: '……때문에', '……까닭에'

⑫**香羞(향수)**: 香供(향공). 청정한 공양. 삼보님께 올리는 공양을 존숭(尊崇)하여 이르는 말./ **羞** 맛있는 음식 '수'.

※ **香積饌(향적찬)**: 향적반(香積飯). 향반(香飯). 유마거사(維摩居士)가 향적불(香積佛)의 세계로부터 가져와 중승(衆僧)에게 공양했다고 하는 식사. "於是香積如來 以衆香鉢 盛滿香飯 與化菩薩(어시향적여래 이중향발 성만향반 여화보살)" -『維摩經』香積佛品-

⑬**特伸(특신)**: 각별한 정성으로 마련함.

⊙**特(특)**: 부사로서 보통을 뛰어넘는 것을 나타내며, 동사나 형용사 앞에 쓰이고 '특별히', '각별히', '특히'라고 해석한다.

⊙**伸(신)**: Ⓢprasāraṇa. 여기서는 준비한 공양을 진설(陳設)한다는 의미. 예) 伸理(신리): 이치를 폄. 이유를 설명함./ **伸** 펼 '신'.

【개요】

<41.기성가지>에서 삼보님 전에 공양을 올리고자 하는 의지와 방법 등을 제시하였고, 제시된 방법으로는 ≪42.사다라니≫에 의해 가지(加持), 즉 질적·양적변화를 이루었기에 여기서는 가지를 마친 각종 공양을 삼보님께 올리는 이른바 실천에 옮기는 절차이다.

【구성 및 내용】

내용 면에서 본 게송은 기·승·전·결로 나누어 볼 수 있다.

'기'인 **상래 가지이흘 공양장진(上來 加持已訖 供養將進)** —지금까지 / [=사다라니로써] 가지를 이미 마쳤사옵고 / 공양을 받들어 올리고자 하옵니다— 에서는, <祈聖加持>와 <四陀羅尼> 등의 절차를 원만히 거치며, 마련한 공양을 소례 제위께 올리려는 의지를 밝히고 있다.

'서(1)'인 **원차향위해탈지견 원차등위반야지광 원차수위감로제호 원차식위법희선열(願此香爲解脫知見 願此燈爲般若智光 願此水爲甘露醍醐 願此食爲法喜禪悅)** —바라옵건대 이 향은 해탈지견이 되고 / 바라옵건대 이등불은 반야지광 되고 / 바라옵건대 이 물은 감로제호가 되고 / 바라옵건대 이 음식은 법희선열이 되오소서.— 에서는, 향·등·다·미 등 4종 공양이 소례 제위의 취향과 기호에 알맞도록 질적 변화를 거듭 축원하고 있다. 왜냐하면 정성을 다한 공양이라도 상대의 취향과 기호에 맞지 않으면 안 되기 때문이다.

'서(2)'인 **내지 번화호열 다과교진 즉세제지장엄 성묘법지공양(乃至 幡花互列 茶果交陳 卽世諦之莊嚴 成妙法之供養)** —하옵고 / 번과 꽃이 번갈아 놓여 있고 / 차와 과일이 엇갈려 있사오니 / 곧 세상의 더 없는 장엄이고 / 묘법인 공양을 이루었나이다— 에서는, 불보살님의 위의를 보이는 번과 앞서 열거한 공양에 빠진 꽃과 과실까지 언급하며 정성심을 거듭 표명하였다. 불교에서의 장엄은 곧 불국토의 건립이다. 진설된 각종 공양은 삼보님을 모시고자 나열한 것이요, 삼보님께서 공양에 응하사 강림하신다면 곧 이 도량이 곧 불국토로 화함이니, 공양을 나열함이 곧 건립인 까닭이 여기에 있다 할 것이다.

'결'인 **자비소적 정혜소훈 이차향수 특신공양(慈悲所積 定慧所熏 以此香羞 特伸供養)** —[이들 공양은] 자비가 쌓인 바요 / 정과 혜가 훈한 것으로 / 향기로운 음식이옵기에 / 각별히 공양 올리나이다.— 에서는, 삼보님께 올리는 공양이 참으로 떳떳한 것임을 밝히며 공양을 올리고 있다. 공양을 장만하며 기우린 정성이 막연한 것이 아니라, 삼보님의 가르침을 실천에 옮기면서 저절로 우러난 것이고, 삼학을 실천에 옮기는 가운데 마련된 것으로서 감히 '향수'라 부를 수 있다는 자부심으로 삼보님께 올리고 있다.

【의식】

중번의 지시로 인도 가운데 한 사람이 홑소리로 거행한다.

<44.六法供養(육법공양)> 여섯 가지 법다운 공양을 소례께 올리는 절차

靈山作法 ‖ ★⑴**歸依儀式** 1.鳴鈸 2.喝香 3.燃香偈 4.喝燈 5.燃燈偈 6.喝花 7.舒讚偈 8.佛讚 9.大直讚 10.中直讚 11.小直讚 12.開啓疏 13.合掌偈 14.告香偈 ★⑵**結界儀式** 15.開啓篇 16.觀音讚 17.觀音請 18.散華落 19.來臨偈 20.香華請 21.歌詠 22.乞水偈 23.灑水偈 24.伏請偈 25.大悲呪 26.四方讚 27.道場偈 28.懺悔偈 ★⑶**召請儀式** 29.大會疏 30.六擧佛 31.三寶疏 32.大請佛 33.三禮請 34.四府請 35.單請佛 36.獻座眞言 37.茶偈 38.一切恭敬 39.香花偈 ★⑷**勸供儀式** 40.淨法界眞言 41.祈聖加持 42.四陀羅尼 43.加持供養 **44.六法供養** 45.各執偈 46.加持偈 47普供養眞言 48.普回向眞言 49.四大呪 50.願成就眞言 51.補闕眞言 52.禮懺 53.嘆白 54.和請 55.祝願和請

'육법공양'은 여섯 가지 법다운 공양이란 뜻으로 「영산작법」에서만 볼 수 있는 명칭이다. 여섯 가지란 향·등·화·과·다·미를 가리키며, 법답다 함은 <40,정법계진언> 이후로 이어지는 <41.기성가지> ≪42.사다라니≫ <43.가지공양>에서 보듯 삼보님의 자비에 의해 가지된 공양이란 뜻이다. 즉, 이와 같은 육종의 여법한 공양을 삼보님께 올린다는 뜻에서 붙여진 제목이다.

육법공양을 구성면에서 보면 여섯 가지의 공양 모두가 찬(讚)과 공양예배문(供養禮拜文)으로 이루어져 있으며, 내용면에서 살피면 주제로 삼은 공양의 특징과 여기에 따른 설화(說話)등을 예시하여 공통분모를 도출한 후 여기에 불교적 상징성을 부여하여 삼보님께 올리는 형식을 갖추며 신앙으로써 승화시켜 나가고 있음을 볼 수 있다.

[香-解脫 / 燈-般若 / 花-萬行 / 果-菩提 / 茶-甘露 / 米-禪悅]

一、讚香(찬향) 향의 덕용을 찬탄하는 게송.

曾祝萬年①天子②壽 증축만년천자수	일찍부터 한결같이 천자장수 축원하고
重成五分法王身③ 중성오분법왕신	다섯가지 덕성갖춘 법왕신을 조성했네.
栴檀④林裡占都魁⑤ 전단림리점도괴	전단향은 숲에서도 타의추종 불허하니
蘭麝⑥叢中居上品 난사총중거상품	난향사향 모인중에 제일위에 자리했네.

【자구해설】

①**萬年(만년)**: ⑴영원히 삶. ⑵언제나 변함없이 한결같은 상태. 오랜 세월.

②**天子(천자)**: 천제(天帝)의 아들. 하늘의 뜻을 받아 하늘을 대신하여 천하를 다스리는 사람이라는 뜻으로, 군주 국가의 최고 통치자를 이르는 말.

③**五分法王身(오분법왕신)**: 오분법신(五分法身, Ⓢpañca-dharma-skandhāḥ). ⑴계(戒)·정(定)·혜(慧)·해탈(解脫)·해탈지견(解脫知見)이라는 5가지의 법(法. 德性)을 신체로 삼는 자. 궁극의 깨달음에 달한 성자(聖者. 無學位의 羅漢)와 부처님이 이 5가지를 갖추고 계시다고 함.

④**旃檀(전단)**: Ⓢcandana. ㊐전단(栴檀)/전단(旃檀·栴檀). 인도에서 나는 향나무의 일종. 백(白)·적(赤)·자(紫) 등이 있고, 목재는 불상을 만드는 재료로 쓰고, 뿌리는 가루로 만들어 단향(檀香)으로 쓰이며, 고열·풍종(風腫) 등의 병에도 효과가 있다고 함.

⑤**都魁(도괴)**: 우두머리. 한말(漢末), 교만하고 방자한 사람을 일컫던 말./ **魁** 으뜸 '괴'.

⑥**蘭麝(난사)**: 난초와 사향(麝香. 사향노루의 사향샘을 건조하여 얻는 향료. 어두운 갈색 가루로 향기가 매우 강하다. 강심제, 각성제 따위에 약재로 쓴다). 향기가 아름답고 강렬한 것의 비유.

【개요】

여기서의 향은 '전단향'으로 난향·사향과 견주어도 단연 으뜸이 된다. 때문에 일찍이 이 향으로 천자의 수명장수를 축원했고, 또 오분법신을 이루게 한다고 했던 것이다. 한마디로 향공양을 올리기에 앞서 향의 덕용을 찬탄한 게송이다.

【구성 및 내용】

내용 면에서 본 게송은 기・승・전・결로 나누어 볼 수 있다.

'기'인 **증축만년천자수(曾祝萬年天子壽)** —일찍부터 한결같이 천자장수 축원하고— 에서는, 전단의 사용처 가운데 하나로서 천자의 장수를 축원하는데 쓰임을 말하였다. 천자는 지존(至尊)인데 그의 장수를 축원한다 함에서 그 공능과 귀함을 짐작할 수 있다. 여기서 '만년(萬年)'은 '만세(萬歲)'와 같은 의미로 향이 한결같이 애용되고 있음을 나타낸 것이다.

'승'인 **중성오분법왕신(重成五分法王身)** —다섯가지 덕성갖춘 법왕신을 조성했네— 에서는, 전단의 사용처 가운데 또 한 가지 중요한 것이 있음을 말하였으니, 법왕이신 부처님의 존상을 조성함을 말하였다. 일찍이 부처님께서 당신의 어머님이신 마야부인을 위해 도솔천궁으로 거처를 옮겨 법을 설하신 적이 있다. 그동안 부처님에 대한 사모의 정을 이기지 못한 우전왕(優塡王)이 전단향나무로 부처님의 존상을 조성하였음[167]을 언급하여 그 존귀함을 나타낸 것이다.

'전'인 **전단림리점도괴(栴檀林裡占都魁)** —전단향은 숲에서도 타의추종 불허하니— 에서는, 전단향의 존귀함을 숲 속에서 으뜸이라는 표현으로 노래하였다. 숲은 기화요초(琪花瑤草)로 가득한 곳을 말하는데, 그 어느 것과도 비교할 수 없는 가치를 지녔다는 의미다.

'결'인 **난사총중거상품(蘭麝叢中居上品)** —난향사향 모인중에 제일위에 자리했네— 에서는, 다시 한 번 전단향의 존귀함을 아름다운 향기의 대명사인 난향과 사향과 비교하여 구체적으로 말하였다. 난(蘭)은 꽃 중에서 그리고 사(麝 사향노루 '사')는 동물 가운데서 뛰어난 향을 지니고 있지만, 그런 정도의 향으로는 비교할 수 없으니 '기'구와 '승'구에서 보았듯 그 쓰임새부터가 다르다는 의미라 하겠다.

【의식】

중번의 지시로 인도 1인이 가영성(歌詠聲)으로 거행한다.

【연구】

1 오분법신(五分法身)에 대해 구체적으로 알고 싶은데?

모든 중생들에게는 본래부터 갖추어진 불성(佛性)이 있으며, 이 불성을 법신(法身)으로 생각하면 중생의 몸이 오온(五蘊)에 의해 이루어져 있듯 법신 또한 계·정·혜·해탈·해탈지견(戒·定·慧·解脫·解脫知見) 등으로 구성되었다고 한다. 따라서 이들 법신의 구성 요소

167) 『佛光大辭典』 卷2, p.1470下.【木佛】"於印度, 佛在世時優塡王延請巧匠, 取栴檀香木雕造佛像, 爲木佛製作之始."

를 '오분법신(五分法身)'이라 부르며, '부처님이나 아라한이 자체에 갖추고 있거나 중생 중생의 불성에 갖추어져 있는 5종의 덕성(德性, Ⓢguṇa)'이라 정의할 수 있다.

정리컨대 계(戒)로부터 정(定)을 얻고, 정에 의해 지혜를 얻고, 지혜의 작용으로 해탈을 얻고, 해탈에 의해 법신의 진실된 모습인 공상(空相, Ⓢśūnyatā-lakṣaṇa)을 달관하는 지견(知見, Ⓢjñāna-darśana)이 생긴다. 또 이렇게 함으로 해서 불신(佛身)이 형성된다.

그러나 깨달음의 입장에서 본다면 오분법신은 개별적인 것이 아니라, 일법신(一法身) 가운데 집약되어 있는 것이다. 소향행사(燒香行事)에 의해 만덕을 갖춘 법신을 성취한다고 해서 '심향(心香)' 또는 '일심향(一心香)'이라고도 한다.

표로 보면 다음과 같다.

◉오분법신과 오온색신(五分法身과 五蘊色身)

불신(佛身) 오분법신(五分法身) 무루오온(無漏五蘊)	중생신(衆生身) 오온색신(五蘊色身) 유루오온(有漏五蘊)

※온(蘊, Ⓟkhandha/Ⓢskandha): 신(身)·중(衆)·품(品)과 같은 뜻이며 복수를 의미함.
루(漏, Ⓟāsava/Ⓢāsrava): 번뇌(煩惱)를 뜻함.

(1) 무학위(無學位)의 성자(聖者)와 부처님께 갖추어진 5종의 법(法=德性)

(2) 중생 각자에게 본래부터 갖추어져 있는 불성(佛性)을 가리킴.

①계신(戒身): 계를 지킴에 의해 얻어진 몸.

②정신(定身): 선정을 닦음에 의해 얻어진 몸.

③혜신(慧身): 지혜에 의해 증득한 몸.

④해탈신(解脫身): 성문·연각이 번뇌를 벗고 얻은 몸.

⑤해탈지견신(解脫知見身): 이상의 4신(身)이 성취됨으로 해서 사물(事物)과 법신(法身)의 진실된 모습[空相]을 달관하는 지견(知見)이 생긴다. 또 이렇게 함으로 해서 불신(佛身)이 형성된다.

※오분향(五分香)=오분법신향(五分法身香). 부처님의 오분법신을 본받아 자신의 오분법신을 회복할 것을 서원하며 사르는 향.

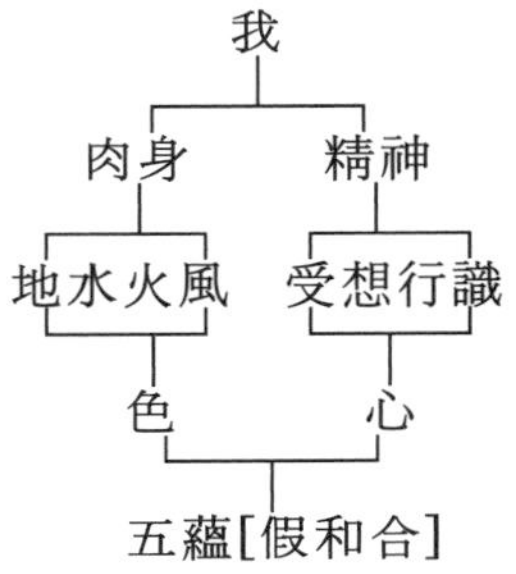

(1) 육신(肉身)

지(地): 견고함을 본질로 하고 유지 보존의 작용이 있음.

수(水): 습성을 본질로 하고 적시고 윤택하게 하는 작용이 있음.

화(火): 열을 본질로 하고 태우는 작용이 있음.

풍(風): 움직임을 본질로 하고 이동성장의 작용이 있음.

(2) 정신(精神)

수(受): 감수작용(感受作用)

상(想): 표상작용(表象作用)

행(行): 의지작용(意志作用)

식(識): 인식작용(認識作用)

• 拜獻解脫香(배헌해탈향) 삼가고 공경히 소례께 향공양을 올림.

戒定眞香①芬氣②衝天③上 계정진향 분기충천상	계향 정향 등 진실 된 향의 향기로운 기운은 천상으로 솟습니다.
施主虔誠 爇在金爐④傍 시주건성 설재금로방	[다행히] 시주의 정성으로 금향로 가에 두고 사르오니
頃刻⑤芬氳⑥卽遍滿十方 경각분온 즉변만시방	잠깐사이에도 그 향기 곧바로 시방세계에 가득 하옵니다.
昔日耶輸⑦免難除災障 석일야수 면난제재장	[하옵기로] 옛적 야수다라는 어려움을 면하고 재앙과 장애를 제거하였나이다.

[衆和(중화)]

唯願慈悲 哀愍受此供 유원자비 애민수차공	오직 원하옵건대 자비로 어여삐 여기사 이 공양을 물리치지 마옵소서.

【자구해설】

①**眞香(진향)**: 오분향(五分香). 오분법신향(五分法身香). 부처님의 오분법신을 본받아 자신의 오분법신을 회복할 것을 서원하며 사르는 향.

②**芬氣(분기)**: 향기(香氣). 좋은 향기./ **芬** 향기로울 '분'.

③**衝天(충천)**: 하늘을 찌를 듯이 공중으로 높이 솟아오름.

④**金爐(금로)**: ⑴금으로 장식하여 만든 향로. ⑵돌이나 나무 등으로 만든 향로에 대하여 쇠로 만든 향로를 가리킴. ⑶향로의 미칭(美稱).

⑤**頃刻(경각)**: Ⓟlaya/Ⓢlava. 눈 깜빡할 사이. 또는 아주 짧은 시간.

⑥**芬氳(분온)**: 향기(香氣). 좋은 향기./ **氳** 기운 성할 '온'.

⑦**耶輸(야수)**: 㳟야수다라(耶輸陀羅, ⓈYaśodharā '명/영예(Yaśas)를 지닌 여인(dharā)')의 약(略). 㕡지칭(持稱)/구칭(具稱)/지예(持譽)/명문(名聞). 구리성주 선각왕(善覺王, ⓅSuppabuddha/ⓈSuprabuddha)의 따님. 석존께서 출가하시기 전 실달(悉達, ⓅSiddhāttha Gotama) 태자로 계실 때 19세에 맞이하신 비(妃). 나후라(羅睺羅. Rāhula-mātṛ) 존자의 생모.

【개요】

향을 사루면 그 내음은 어디까지 미칠까? 또 어떤 공능이 있을까? 그 향이 '오분향'이라면 그리고 정성으로 마련한 것이라면, 그 내음은 천상에 오르고 시방에 가득할 것이며, 일체의 장애를 사라지게 하리라는 정의를 내림으로 해서 지금 올리는 향이 바로 그 것임을 간접 시사하였고, 삼보님께서 감응하시기를 발원하고 있다.

【구성 및 내용】

본 항 끝부분의 내용 **'유원자비 애민수차공(唯願慈悲 哀愍受此供)'**을 별도로 하면, 기·승·전·결의 형태를 보이고 있다.

'기'인 **계정진향 분기충천상(戒定眞香 芬氣衝天上)** —계향 정향 등 진실 된 향의 / 향기로운 기운은 천상으로 솟습니다.— 에서는, 계향 정향 등 오분법신향의 공능을 찬탄하였다. 오분법신향(五分法身香)인 심향이 아니고서는 천상에 이를 수 있는 향이 없는바, 삼보님께 올리는 향은 물질로서의 향이 아니라 능례의 신심이 투영된 향임을 알 수 있다.

'승'인 **시주건성 설재금로방(施主虔誠 爇在金爐傍)** —[다행히] 시주의 정성으로 / 금향로가에 두고 사르오니— 에서는, 시주의 공덕이 신앙행위의 원동력이 됨을 언급하였다. 신앙을 실천으로 옮길 수 있음에는 이에 상응하는 정성이 뒷받침 되어야 함을 말한 것이다.

'전'인 **경각분온 즉변만시방(頃刻芬氳 卽遍滿十方)** —잠깐사이에도 그 향기가 / 곧바로 시방세계에 가득 하옵니다.— 에서는, 인연의 성숙으로 실천에 옮기고 있음을 노래하였다. 마치 홰에 불을 당긴 것 같아 순식간에 일어나는 변화가 어떤 것인지 짐작할 수 있다.

'결'인 **석일야수 면난제재장(昔日耶輸 免難除災障)** —[하옵기로] 옛적 야수다라는 / 어려움을 면하고 재앙과 장애를 제거하였나이다.— 에서는, 예전 야수다라 태자비께서 겪으신 일을 예로 들어 향의 공능을 증언하였다. 즉, 지극히 당연한 결과이지만, 인지도가 높은 역사적 인물의 경험을 예로 듦으로써 보다 많은 사람들의 신뢰를 유발하려는 것이다.

【의식】

중번의 지시로 인도(引導) 1人이 홑소리 거행하면, 대중은 '유원자비 애민수차공'을 함께 창화한다. 이하 '육법공양'의 거행 방법은 모두 같다.

【연구】

1 예전 야수다라(耶輸陀羅) 태자비(太子妃)께서 겪으신 어려움이 어떤 것이었는지?

예전에 나후라 존자의 어머니 야수다라 비께서 겪으신 어려움으로 나후라 존자의 탄생에 관한 일화가 있다. 내용은 야수다라 비께서 나후라 존자를 회임하신지 6년 만에 그러니까 부처님께서 성불하시던 그날 밤에 출산을 하셨다는 것이다. 이로 인해 주변 사람들에게 의심을 받게 되었다.

그리고 의심하는 사람들 특히 석가 종족들은, 가문을 욕보였다 하여 비(妃)와 나후라 존자를 불구덩이에 던졌다는 것이다. 일반인이라면 마땅히 죽음을 면치 못했겠지만, 두 분 모자께서는 털끝만큼의 이상이 없으심으로 해서 의심을 벗고 오히려 존경을 받게 되었다는 말씀이 『잡보장경(雜寶藏經)』 권10 나후라인연(羅睺羅因緣)[168]에 소개되어 있다.

이런 위기 상황 하에서 야수다라 비께서는 필시 천신의 도움을 기원하셨을 것이다. 그리고 당시의 풍습으로 보아 분명 향을 피우셨을 것이다. 문제는 경전의 내용에 향을 피우셨다는 대목이 보이지 않아 현재로서는 추정에 그칠 수밖에 없다는 점이다.

2 '기'구에서 '계정진향(戒定眞香)'을 오분법신향(五分法身香)으로 이해하였는데…

벼리를 들면 나머지는 따라 올라오게 마련이다. 오분향, 즉 오분법신향 가운데 처음에 자리한 계향을 언급하면 나머지는 더불어 운운되는 것이다. '오분향'에 대한 내용이 『육조단경』 전향참회(傳香懺悔) 제5에 자세하다. 소개하면 다음과 같다.

> 衆胡跪 師曰 一戒香 卽自心中無非無惡 無嫉妬無貪瞋無劫害 名戒香 二定香 卽覩諸善惡境相自心不亂 名定香 三慧香 自心無礙 常以智慧觀照自性不造諸惡 雖修衆善心不執著 敬上念下矜恤孤貧 名慧香 四解脫香 卽自心無所攀緣 不思善不

168) 『大正藏』 卷4, p.496b.

思惡 自在無礙 名解脫香 五解脫知見香 自心旣無所攀緣善惡 不可沈空守寂 卽須廣學多聞 識自本心達諸佛理 和光接物無我無人 直至菩提眞性不易 名解脫知見香 善知識 此香各自內熏 莫向外覓169)

대중이 모두 꿇어앉으니 대사께서 말씀하셨다.

첫째는 계향이니, 곧 자기 마음 가운데 잘못이 없고 악이 없으며 질투함이 없고 욕심과 성내는 마음이 없으며 겁말의 재해가 없는 것을 계향이라 하느니라.

둘째는 정향이니, 곧 모든 선하고 악한 경계의 모습들을 보고도 자기 마음이 어지럽지 않음을 정향이라 하느니라.

셋째는 혜향이니, 자기 마음에 걸림이 없어서 항상 지혜로써 자기 성품을 비춰 보고 모든 악을 짓지 아니하며 비록 뭇 선을 닦더라도 마음에 집착하지 않고 윗사람을 공경하고 아랫사람을 생각해 외롭고 가난한 이를 불쌍히 여기는 것을 혜향이라 하느니라.

넷째는 해탈향이니, 곧 자기 마음에 반연함이 없어서 선도 생각하지 않고 악도 생각하지 아니하며 자재해서 걸림이 없음을 해탈향이라 하느니라.

다섯째는 해탈지견향이니, 자기 마음에 이미 선악의 반연이 없으나 공에 빠져서 고요함만 지키지 않고 모름지기 널리 배우고 많이 들어서 자기의 본 마음을 알며 모든 부처의 진리를 통달해서 빛이 티끌과 조화하듯 객관을 대함에 있어 나도 없고 남도 없어서 바로 보리의 참 성품이 바뀌지 않는데 이르는 것을 해탈지견향이라 하느니라.

선지식이여, 이 향은 각각 안으로 훈습할 것이요 밖으로 찾지 말지니라.

二、讚燈(찬등)　　등공양의 덕용을 찬탄하는 게송.

一點①八風吹不動② 일점팔풍취부동	일점이나 지혜심등 팔풍에도 부동이듯
寸心③萬劫鎭長明 촌심만겁진장명⑦	이마음도 만겁토록 그광명을 지켜왔네.
西天佛祖④遞相傳 서천불조체상전	서천불조 서로서로 이어가며 전하시니
大地⑥衆生消黑暗⑤ 대지중생소흑암	이땅위의 중생들은 무명번뇌 소멸하네.

【자구해설】

①**一點(일점)**: 지혜심등(智慧心燈) 즉 지혜로운 마음의 등불을 말함.

⊙**點(점)**: 양사(量詞). 주로 수관형사(數冠形詞) '한' 뒤에 쓰여 아주 적은 양을 나타냄. 예) 바람 한 점 없는 날씨 / 하늘에는 구름 한 점 없다. / 하늘을 우러러 한 점 부끄럼이….

169)『大正藏』卷48, p.353c.

②八風吹不動(팔풍취부동): 팔풍(八風, Ⓢaṣṭalokadharmāḥ)이란 이·쇠·훼·예·칭·기·고·락(利·衰·毁·譽·稱·譏·苦·樂)이니, 이(利)란 자신의 뜻에 맞음을, 쇠(衰)란 자신의 뜻에 어김을, 훼(毁)란 면전에서 훼방함을, 예(譽)란 칭찬함을, 칭(稱)은 면전에서 칭찬함을, 기(譏)는 비방하는 것을, 고(苦)란 身心을 괴롭힘을, 락(樂)이란 身心을 기쁘게 하는 것을 가리킨다. 즉 '팔풍'가운데 이·예·칭·락(利·譽·稱·樂)은 자신의 뜻에 순(順)하는 것이고, 쇠·훼·기·고(衰·毁·譏·苦)는 역(逆)하는 것이다.

③寸心(촌심): (1)속으로 품은 작은 뜻. (2)말하는 이가 자기의 생각을 낮추어 이르는 말.

④佛祖(불조): 불교의 개조(開祖)이신 석가모니부처님. 부처님과 조사(祖師)를 아울러 이르는 말.

⑤相傳(상전): Ⓟparamparā. 대대로 이어져 전함. 또는 서로 전함.

⑥大地(대지): Ⓟmahāpaṭhavī/Ⓢmahāpṛthivī. 여기서는 불조(佛祖)께서 머무시는 서천(西天=西乾, Ⓢsukhāvatī)의 상대어로 중생이 사는 동토(東土=唐土)를 가리킴.

예) 南無 西乾四七 唐土二三 五派分流 歷代傳燈 諸大祖師 天下宗師 一切微塵數 諸大善知識
나무 서건사칠 당토이삼 오파분류 역대전등 제대조사 천하종사 일체미진수 제대선지식
석존의 부촉을 이어오신 천축국 이십팔조·동토의 육조, 다시 오파로 법손을 창성시켜 법등(法燈)을 전하신 천하의 조사·종사·선지식 여러 어른께 귀의하옵니다.
『석문의범』상 2쪽 「향수해례(香水海禮)」

⑦黑暗(흑암): Ⓟandhakāra. 매우 껌껌하거나 어두움. 여기서는 무명(無明), 즉 진리의 빛이 없음을 말함.

【개요】

"하나의 등불은 천년의 어두움을 제거하고, 하나의 지혜는 만년의 어리석음을 없앤다(一燈能除千年暗 一智能滅萬年愚)." 『법보단경』의 말씀이다. 부처님께서 밝히시고 역대조사께서 전해 오신 것이 다름 아닌 '반야등(般若燈)'이며, 오늘 영산회상에 밝히는 등이 곧 이를 의미하는 것임을 드러내 등의 덕용을 찬탄한 게송이다.

【구성 및 내용】

내용 면에서 본 게송은 기·승·전·결로 나누어 볼 수 있다.

'기'인 **일점팔풍취부동(一點八風吹不動)** —일점이나 지혜심등 팔풍에도 부동이듯— 에서는, 중생 각자 각자가 지닌 불성은 어떤 환경에 처해도 불변임을 노래하였다. 우주법계의 입장에서 보면 하나의 개체로서의 중생은 아주 미미한 존재임에 틀림없다. 그러나 불성에 있어서는 대소나 원근 등 어떤 차별도 없다. 한 중생이 지닌 불성을 예로 들어 '일점'으로 표현하였고 불변(不變)을 체성(體性)으로 하고 있기에 '팔풍취부동'이라 하였다.

'승'인 **촌심만겁진장명(寸心萬劫鎭長明)** —이마음도 만겁토록 그광명을 지켜왔네.— 에서는, '기'구의 내용이 객관적인 것이었음에 비해 여기서는 자기 자신 쪽으로 시선을 돌려 실증하려 하고 있다. 즉 연(緣)에 따르다 보니 중생의 모습을 하고 있지만 그 내면에는 연에 따르지 않는 진여 즉 불성이 빛나고 있음을 노래하였다.

'전'인 **서천불조체상전(西天佛祖遞相傳)** —서천불조 서로서로 이어가며 전하시니— 에서는, 불교의 성립과 법맥의 유지를 언급하여 불법의 진리성을 설파하였다. 석존께서 깨치심을 횃불을 드심에 견주었고, 삽삼조사(卅三祖師)께서 그 빛을 이어오심을 들날린 것이다. 이처럼 장구한 역사를 지닐 수 있음은 그 횃불이 진리의 횃불이기 때문이다.

'결'인 **대지중생소흑암(大地衆生消黑暗)** —이땅위의 중생들은 무명번뇌 소멸하네.— 에서는, 반야등(般若燈)의 덕화를 입은 중생들의 다행스러움을 말하였다. 약(藥)은 환자가 있음으로써 그 가치가 드러나는 것이다. 사바의 중생들이 무명번뇌로 인한 온갖 고통으로부터 벗어날 수 있음은 지혜의 등불을 밝히신 석존 그리고 전등(傳燈)을 일거리로 삼으신 역대조사 스님들의 은혜이니 그저 감사할 다름이다.

【연구】

① '기'구에 보이는 '팔풍취부동'

「대승무생방편문(大乘無生方便門)」과 『종용록(從容錄)』33 등에 보이는 말로, '사람의 마음을 동요케 하는 8종(種)의 바람이 어떤 방향에서 어떤 세기로 불어와도 정법(正法)에 안주하여 결코 동요하지 않는다.'란 뜻이다.

팔풍을 기억하기에 좋은 일화로 소동파와 불인요원 선사에 얽힌 일화가 있다.

> 소동파는 당송팔대가(唐宋八大家) 가운데 한 사람으로 아버지 순(洵)과 아우 철(轍)과 더불어 삼소(三蘇)라고 불렸다. 그가 황주(黃州)에 머물 때 귀종사(歸宗寺)의 불인요원(佛印了元. 1032~1098)선사와 교분이 있었다. 소동파는 문득 다음과 같이 부처님을 찬탄하는 게송을 짓고 불인요원 선사라야 그 진가를 알아줄 것 같아 정성껏 써서 서동(書童)에게 들려 강북쪽에 자리한 귀종사 불인요원 선사께 보냈다.
>
> 稽首天中天(계수천중천) 천중천인 부처님께 깊이머리 숙이오니
> 豪光照大千(호광조대천) 옥빛백호 밝은광명 대천세계 비추시네.
> 八風吹不動(팔풍취부동) 어떤바람 불어와도 미동조차 않으시고
> 端坐紫金蓮(단좌자금련) 자색금빛 연꽃위에 그림같이 앉으셨네.
>
> 선사께서는 받아보시고 서동에게 일렀다. "가서 '방비(放屁, 방귀소리)'라 일러라."고 했다. 선사의 칭찬을 기대하고 있던 소동파는 뜻밖의 소리를 접하고 진심(嗔心)이 불같이 일어났다. 만사를 제쳐두고 강을 건너 귀종사를 향했다. 단단히 따져 볼 참이었다.
>
> 그런데, 스님 방 앞에 이르니 출타하고 계시지 않았다. 대신 문 앞에 소동파를 수신인으로 한 봉투가 하나 놓여 있었다. 열어보니,
>
> 八風吹不動(팔풍취부동) 팔풍이 불어와도 움직이지 않는다더니
> 一屁彈過江(일비탄과강) 방귀란 한마디에 쏜살같이 강을 건넜네.
>
> 라는 간단한 문구가 적혀 있었다. 소동파는 기가 막혔다. 도(道)란 말이 아니라 실천인 것을…. 내 수행이 너무 부족하구나! 하며 탄식하곤 정진을 더하는 계기로 삼았다 한다.

팔풍(八風. 利衰毁譽稱譏苦樂) 사람의 마음을 선동하여 수행을 방해하는 여덟 가지 경계				
사순(四順) 긍정적 평가	이(利) 순조롭게 성공하거나 물질적인 이익을 얻음	⇔	쇠(衰) 이을 이루지 못하거나 복덕이 소멸함	사역(四逆) or 사위(四違) 부정적 평가
	예(譽) 뒤에서 칭찬함		훼(毁) 뒤에서 흉을 봄	
	칭(稱) 앞에서 칭찬함		기(譏) 앞에서 욕하고 공격함	
	락(樂) 즐거움을 누림		고(苦) 괴로움에 처함	

• 拜獻般若燈(배헌반야등) 삼가고 공경히 소례께 등공양을 올림.

燈光①層層 遍照於大千② 등의 광명이 높이를 더해가며
등광층층 변조어대천 삼천대천세계를 두루 비춥니다.

智慧心燈 明了得自然 지혜로운 마음의 등불도
지혜심등 명료득자연 자연히 명료해지고

我今自然 滿盞照長天③ 나도 이제는 자연스레
아금자연 만잔조장천 등잔을 채워 장천을 비칩니다.

光明破暗 滅罪福無邊 광명이 암흑을 깨뜨리니
광명파암 멸죄복무변 죄는 멸하고 복은 가邊가 없습니다.

[衆和(중화)]

唯願慈悲 哀愍受此供 오직 원하옵건대 자비로
유원자비 애민수차공 어여삐 여기사 이 공양을 물리치지 마옵소서.

【자구해설】

①燈光(등광): Ⓢarcis/jvala. 등불의 빛.
②大千(대천): Ⓢmahāsāhasra. 삼천대천세계(三千大千世界, Ⓢtrisāhasramahāsāhasralokadhātu). 천 개의 세계를 3회(回) 합한 것이며, 이 안에는 소·중·대(小·中·大) 삼종의 천(千)세계가 있으므로 '삼천세계(三千世界)' 혹은 '삼천대천세계(三千大千世界)'라 부른다.
※ **一世界(일세계)**: 수미산을 중심으로하여 사주(四洲)·사천왕(四天王)·야마천(夜摩天)·도솔천(兜率天)·화락천(化樂天)·타화자재천(他化自在天)·색계초선(色界初禪)과 일월을 포함한 세계를 말함.
一世界×1000=小千世界 / 小千世界×1000=中千世界 / 中千世界×1000=三千大千世界
③長天(장천): 끝없이 잇닿아 멀고도 넓은 하늘.

【개요】

반야등 그리고 그 빛은 본래부터 자신에게 갖추어져 있는 것이다. 삼천세계를 비출 뿐 아니라 죄를 없애고 복을 가져오는 것임도 상기시켜 자연스럽게 지혜광명의 회복을 호소하고 있다. 또 이런 반야등을 올리기에 앞서 등의 덕용을 찬탄한 게송이다.

【구성 및 내용】

‘기’인 **등광층층 변조어대천(燈光層層 遍照於大千)** —등의 광명이 높이를 더해가며 / 삼천대천세계를 두루 비춥니다.— 에서는, 영산회상을 밝히고 있는 등불의 외적 모습을 표현하고 있다. 이는 분위기의 고조로 이해할 수 있으며, 동시에 장엄과 공양물의 중요성과 필요성을 실감할 수 있는 대목이기도 한다.

‘승’인 **지혜심등 명료득자연(智慧心燈 明了得自然)** —지혜로운 마음의 등불도 / 자연히 명료해지고— 에서는, 등불을 바라보는 능례의 마음이 밝은 등불을 따라 자연스럽게 명료해지고 있음을 노래하였다. 부딪히는 경계에 따라 변하는 것이 마음의 작용인바 자신에 내재되어 있는 지혜가 서서히 들어나고 있음을 토로하고 있다.

‘전’인 **아금자연 만잔조장천(我今自然 滿盞照長天)** —나도 이제는 자연스레 / 등잔을 채워 장천을 비칩니다.— 에서는, 수행에 적극적인 자세를 보이고 있는 능례의 심적변화를 읽을 수 있다. 즉, 지금까지 수동적인 자세에서 등공양을 올리던 능례의 자세가 능동적이고 적극적으로 전환되어 감을 알 수 있는 대목이다.

‘결’인 **광명파암 멸죄복무변(光明破暗 滅罪福無邊)** —광명이 암흑을 깨뜨리니 / 죄는 멸하고 복은 가邊가 없습니다.— 에서는, 등공양을 올림으로써 기대되는 긍정적 결과를 노래하였다. 광명이 어둠을 몰아내듯 죄를 없애고 얻은 복이라면 과연 어떤 것일까? 깨달음과 해탈임을 어렵지 않게 짐작할 수 있다.

【연구】

1 ‘결’구에서 언급한 죄와 복은 구체적으로 어떤 것인지?

『관정경(灌頂經)』에 다음과 같은 내용이 있다.

> 普廣菩薩白佛言 [中略] 燈四十九 照諸幽冥苦痛衆生 <u>蒙此光明皆得相見</u> 緣此福德拔彼衆生悉得休息170)
> 보광보살이 부처님께 말씀 드렸다. “[중략] 마흔아홉 개의 등이 모든 유명에서 고통 받는 중생을 비추면 <u>이 광명을 받아 모두 서로 볼 수 있게 되며,</u> 이런 복덕으로 저 중생들을 구제하여 모두 쉴 수 있게 될 것입니다.

내용 가운데 ‘<u>광명을 받아 모두 서로 볼 수 있게 되며</u>’라는 의미는 빛이 없던 그간은 서로 볼 수 없었다는 것이다. 그리고 서로 볼 수 없었다는 말은 다름 아니라, 각자 각자가 아집(我執)에 잡혀 자신만을 생각했기 때문이고, 그것이 곧 고통의 원인이 되었음을 시사하는 것이다.

이런 가운데 광명이 비춤으로써 서로 볼 수 있게 되었다는 것은 그 광명이 곧 지혜의 광명이라는 뜻이며, 아집으로부터 벗어나 서로를 존중하게 되었음을 의미하는 것이다. 즉, 49개의 등은 ‘반야등(般若燈)’에 다름 아니다.

---

170)『佛說灌頂隨願往生十方淨土經)』(大正藏 卷21, p. 530a).

三、讚花(찬화)　　화공양의 덕용을 찬탄하는 게송.

七寶池①中呈國色② 칠보지중정국색	칠보연못 가운데에 고운자태 돋보이고
一枝月裏③占天香④ 일지월리점천향	저달속에 계화같은 향내음을 머금었네.
世尊拈起⑤示諸人 세존염기시제인	세존께서 집어드사 뭇중생에 보이시니
達摩傳來開五葉 달마전래개오엽	달마께서 전해오사 다섯잎이 피어났네.

【자구해설】

①**七寶池(칠보지)**: 금(金)·은(銀)·유리(琉璃) 등 세간(世間)에서 귀하게 여기는 보배로 꾸며진 연못. 불국세계인 정토에 있는 연못.
⊙**七寶(칠보)**: Ⓟsatta ratana. 금·은·유리·산호·호박·자거·마노(金·銀·琉璃·珊瑚·琥珀·硨磲·瑪瑙). -『무량수경』 대12-270상- 경전에 따라 이설이 있으나 대체로 위에 든 것과 같은 7종의 보(寶)를 말함.
②**國色(국색)**: 國色天香의 약(略). (1)나라 안에서 으뜸가는 미인. (2)모란꽃을 아름답게 이르는 말이지만, 여기서는 연꽃을 가리키고 있다.
③**一枝月裏(일지월리)**: 월중계수(月中桂樹), 즉 달 속에 있는 한 그루의 계수나무를 가리키며, 동시에 뭇 향기 가운데 가장 뛰어난 향기를 지닌 계수나무의 꽃인 계화(桂花)를 말한다.
④**天香(천향)**: 뛰어나게 좋은 향기. 세상에는 없는 천상의 향기.
⑤**拈起(염기)**: 염출(拈出). 비틀어냄. 손에 집어 듦.

【개요】

'국색' 혹은 '일지월리' 등으로 묘사된 꽃은 세존께서 영산회상에 계실 때, 대범천왕이 올린 금바라화(金波羅花)171)를 말한다. 당시 세존께서 그 가운데 한 송이를 들어 대중에게 보이신 일이 있다. 그러나 중요한 것은 석존의 본회 즉 조사관을 부수고 가섭존자처럼 파안(破顔)케 되기를 염원하는데 의미가 있다는 점이다. 그래야 공양물로서 의미를 지니게 된다. 그런 마음으로 그런 화공양을 영산회상에 올리려는 의지를 나타낸 게송이다.

【구성 및 내용】

내용 면에서 본 게송은 기·승·전·결로 나누어 볼 수 있다.

'기'인 **칠보지중정국색(七寶池中呈國色)** —칠보연못 가운데에 고운자태 돋보이고— 에서는, 아름다운 연못 가운데 피어난 연꽃의 자태를 찬탄하였다. 즉, 그 자태가 국색이라 표현할 만큼 세존께 올리는 공양물로서 첫 번째 외적조건은 충족한 셈이다.

'승'인 **일지월리점천향(一枝月裏占天香)** —저달속에 계화같은 향내음을 머금었네— 에서는, 더없이 아름다운 꽃의 향기를 계화의 그것에 견주어 묘사하였다. 이제 아름다운 향기마저 지녔다 했으니 세존께 올리는 공양물로서 두 번째 내적조건도 충족하였다.

---

171) 바라(波羅)는 Ⓢutpala '청련화'의 음역이며, 金波羅花/華는 金蓮(Musella lasiocarpa)의 꽃을 뜻함.

'전'인 **세존염기시제인(世尊拈起示諸人)** —세존께서 집어드사 뭇중생에 보이시니— 에서는, 화공양의 진정한 의미는 꽃 자체에 있다고 하기보다는 이를 매개로 전달하려는 내용에 있음을 설파하였다. 여기서는 삼처전심(三處傳心) 가운데 하나인 '영산회상거염화(靈山會上擧拈華)'로써 의미를 함축하였다. 즉, 화공양을 올리던 당시의 일을 상기하며 가섭이 보인 미소의 주인공이 되기를 발원하라는 의미라 하겠다.

'결'인 **달마전래개오엽(達摩傳來開五葉)** —달마께서 전해오사 다섯잎이 피어났네— 에서는, 달마대사의 행업을 본받을 것을 요구하고 있다. '전'구가 향상문의 입장에서 가섭존자와 같기를 발원하는 것이었다면, '결'구는 향하문의 입장에서 달마대사와 같이 전법(傳法)으로 일거리를 삼도록 당부하는 내용이라 하겠다.

【연구】

1 '결'구에서 언급한 '오엽(五葉)'에 대해 구체적으로…

『경덕전등록(景德傳燈錄)』 3 보리달마장(菩提達磨章)에 다음과 같이 달마스님의 전법게(傳法偈)[172]가 실려 있다.

吾本來茲土(오본래자토) 내가 본래 이 땅에 온 것은
傳法救迷情(전법구미정) 법을 전해 미한 중생을 구하려 함이니라.
一華開五葉(일화개오엽) 한 송이 꽃에 다섯 잎이 열리면
結果自然成(결과자연성) 열매 맺힘은 자연히 이루어지리라.

예로부터 달마스님의 예언으로 더 알려져 있는데, 달마스님으로부터 혜가(慧可)·승찬(僧璨)·도신(道信)·홍인(弘忍)·혜능(惠能) 등 오대(五代)의 조사를 경유하여 선종의 가르침이 피어나게 됨을 예언하신 것이라고도 하고, 또 아래의 표처럼 선종이 위앙(潙仰)·임제(臨濟)·운문(雲門)·법안(法眼)·조동종(曹洞宗) 등 5가(家)로 나뉘어 흥성할 것을 예언하신 것이라고도 한다.

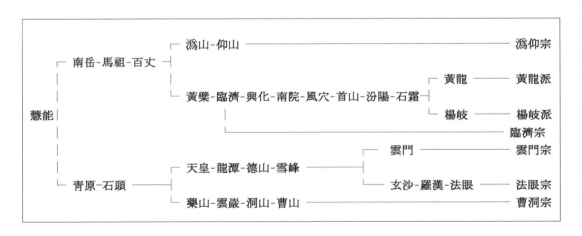

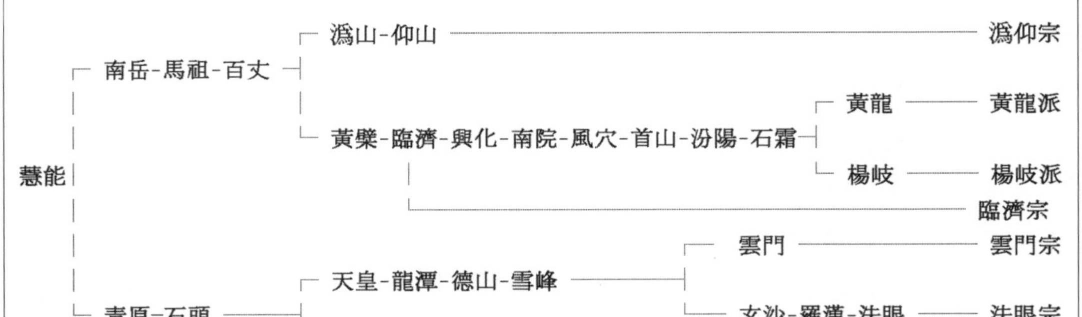

172) 『大正藏』 卷51, p.219c.

• 拜獻萬行花①(배헌만행화) 삼가고 공경히 소례께 화공양을 올림

牧丹芍藥 蓮花爲尊貴 모란작약 연화위존귀	모란 · 작약 운운하나 연화가 존귀하나니
曾與如來 襯足②眞金體③ 증여여래 친족진금체	일찍이 여래의 옥체를 모셨사오며,
九品池④中 化生⑤菩提子⑥ 구품지중 화생보리자	구품의 연못 가운데서는 깨달은 사람으로 거듭나게 하옵는바
不惜金錢 買獻龍華會⑦ 불석금전 매헌용화회	금전이 문제가 아니옵기로 구하여 용화회상에 올리나이다.

[衆和(중화)]

唯願慈悲 哀愍受此供 유원자비 애민수차공	오직 원하옵건대 자비로 어여삐 여기사 이 공양을 물리치지 마옵소서.

【자구해설】

①**萬行華(만행화)**: 연화(蓮華). 모든 부처님의 좌대(座臺)가 연화이고, 염불행자(念佛行者)가 극락세계 구품연지에 화생(化生)할 때에도 연화대(蓮華臺)를 의지해서 태어나는 등 그 역할이 만행에 해당하므로 이렇게 이름.

⊙**萬行(만행)**: 불자로서 지켜야 할 여러 가지 착한 행동. 장차 불과(佛果)에 이르기 위해 신 · 구 · 의 삼업(三業)으로 닦아야 할 많은 선행. 인위(因位)에서 닦아야할 바 행의 총칭.

②**襯足(친족)**: 친족의(襯足衣). 좌구(坐具). **襯** 속옷. 가까이 할 '친'

汝今坐具者 梵語尼師壇 此云隨足衣 唐言敷具 亦名襯足衣
여금좌구자 범어니사단 차운수족의 당언부구 역명친족의 『弘戒法儀(홍계법의)』

③**眞金體(진금체)**: 불신(佛身)의 별칭. 금의 성질이 불변이듯 불신은 진리의 화신이심과 아울러 무량한 광명을 갖추고 계심을 나타낸 말. 옥체(玉體). 존체(尊體). 귀체(貴體).

※**眞金山(진금산)**: 譬稱佛身. Bk4216중.

佛身具有無量之光明 一如金山 故稱爲眞金山
불신구유무량지광명 일여금산 고칭위진금산 『十住毘婆沙論(십주비바사론)』 권5

④**九品池(구품지)**: 구품연지(九品蓮池). 극락세계에 있다는 상품상생(上品上生)에서 하품하생(下品下生)에 이르는 9종류의 연못.

⑤**化生(화생)**: Ⓟopapātika/Ⓢupapāduka. ⑴태란습화(胎卵濕化) 사생(四生, Ⓢcatur-yoni)의 하나. 다른 물건에 기생하지 않고 스스로 업력에 의하여 갑자기 화성(化成)하는 생물을 이른다. ⑵극락왕생하는 방식의 하나. 부처의 지혜를 믿는 사람이 9품의 행업(行業)에 따라 아미타불의 정토에 있는 칠보연화(七寶蓮華) 속에 나서 지혜와 광명과 몸이 모두 보살과 같이 되는 왕생이다.

⑥**菩提子(보리자)**: ⑴보리수의 열매. 이 열매로 염주를 만든다. 일설에는 서장어(西藏語)의 보디시(Bo-di-ci)열매를 말함. 설산(雪山) 지방에서 나는 보데(Bode)라는 나무의 열매라고도 함. ⑵여기서는 각자(覺者=覺子)의 의미로 쓰였다. 단, 이때 '자(子)'는 공자(孔子)나 맹자(孟子)에서와 같이 학덕(學德)이 높은 스승의 의미로 성(姓) 밑에 붙인 존칭이다.

⑦**龍華會(용화회)**: 용화회상(龍華會上). 용화삼회(龍華三會). 미륵보살께서 성불하신 후, 중생을 제도하시는 법회. 미륵보살께서는 석존 입멸(入滅)로부터 56억7천만년 후에 용화수(龍華樹) 아래서 성불하시고, 화림원(華林園)에 모인 상 · 중 · 하근의 사람들에게 법을 설하시는데, 첫 번 설법에 의하여 아라한과(阿羅漢果)를 얻는 사람이 96억, 제2회의 설법에서 94억, 제3회 설법에서 92억 등으로 석존의 교화에서 빠진 모든 중생을 제도하신다고 함.

『미륵하생경(彌勒下生經)』 ㉰14-422중.하.

【개요】

연꽃에 대한 불교적인 사상은 대체로 '진속불이', '처염상정'등으로 압축할 수 있지만, 여기에 담겨진 이야기는 수 없이 많다. 그 가운데 석존강탄시와 극락왕생시 연꽃의 역할을 들어 찬탄하였고, 과거 인행시 선혜비구가 연등불께 올린 칠경화(七經華)를 모범하여 용화회상에 공양하려는 내용이다.

【구성 및 내용】

'기'인 **모란작약 연화위존귀(牧丹芍藥 蓮花爲尊貴)** ―모란·작약 운운하나 / 연화가 존귀하나니― 에서는, 세간에서 구할 수 있는 꽃 가운데 연화가 제일임을 천명하였다. 모란이나 작약 역시 귀하고 훌륭하지만, '승'구와 '전'구에서 보듯 불교에서는 가장 훌륭한 꽃으로 꼽고 있음을 말한 것이다.

'승'인 **증여여래 친족진금체(曾與如來 襯足眞金體)** ―일찍이 여래의 / 옥체를 모셨사오며― 에서는, 연꽃이 불교의 상징이자 공양물인 이유 가운데 하나로서 부처님께서 탄생하실 때의 고사를 들고 있다. 『불본행집경(佛本行集經, ⓈAbhiniṣkramaṇa-sūtra)』에 의하면 여래께서 강탄하시자 사방으로 일곱 걸음을 옮기시는데, 그때마다 연꽃이 땅위로 피어오르며 여래의 발을 받혀드렸다[173] 한다.

'전'인 **구품지중 화생보리자(九品池中 化生菩提子)** ―구품의 연못 가운데서는 / 깨달은 사람으로 거듭나게 하옵는바― 에서는, 극락세계에 수생할 때 연꽃을 역할을 들어 찬탄하였다. '승'구에서 일생보처보살의 탄생 시 연꽃의 역할이 있었듯 극락세계에 수행하는 성중들 역시 화생(化生), 즉 연꽃에 실려 태어남을 예로 연꽃의 존귀함을 거듭 강조하였다.

'결'인 **불석금전 매헌용화회(不惜金錢 買獻龍華會)** ―금전이 문제가 아니옵기로 / 구하여 용화회상에 올리나이다― 에서는, 공양을 올림에 있어서 재물을 아끼지 않음을 말하였다. 이는 유위법과 무위법에 관한 문제로서, 석존께서 과거 인행 시 선혜(善慧)라는 수행자로 계시며 연등불께 화공양을 올리기 위해 구리선녀로부터 꽃을 구함에 돈을 아끼지 않으신 과거현재인과경(過去現在因果經)의 고사[174]를 든 것이다.

---

173) 『大正藏』 卷3, p.669b. "阿難 彼蓮花上佛初生時 兩足蹈地 其地處處皆生蓮花 面行七步 東西南北所踐之處 悉有蓮花 故號此佛爲蓮花上. (아난아, 저 연화상 부처님께서 처음 탄생하시며 두 발로 땅을 밟으시려 하자 그 땅 곳곳에서 모두 연꽃이 피어났느니라. 앞을 바라보시며 일곱 걸음을 동서남북으로 옮기실 때, 모두 연꽃이 있었으니 그래서 이 부처님의 호가 '연화상'이시니라.)".

174) 『過去現在因果經』 卷1. (大正藏 卷3 p.621c) 善慧至前 見王家人 平治道路 香水灑地 列幢幡蓋 種種莊嚴 卽便問言 何因緣故而作是事 王人答言 世有佛興 名曰普光 今燈照王 請來入城 所以忽忽莊嚴道路 善慧卽復問彼路人 汝知何處有諸名花 答言 道士 燈照大王 擊鼓唱令國內 名花皆不得賣 悉以輸王 善慧聞已 心大懊惱 意猶不息 苦訪花所 俄爾卽遇王家青衣 密持七莖青蓮花過 畏王制令 藏著瓶中 善慧至誠感其蓮花踊出瓶外 善慧遙見 卽追呼曰 大姊且止 此花賣不 青衣聞已 心大驚愕 而自念言 藏花甚密 此何男子 乃見我花 求索買耶 顧看其瓶 果見花出 生奇特想 答言 男子 此青蓮花當送宮內 欲以上佛 不可得也 善慧又言 請以五百銀錢 雇五莖耳 青衣意疑 復自念言 此花所直不過數錢 而今男子 乃以銀錢五百求買五莖 卽問之言 欲持此花用作何等 善慧答言 今有如來 出興於世 燈照大王 請來入城 故須此花 欲以供養 大姊當知 諸佛如來 難可值遇 如優曇鉢花時乃一現 青衣又問 供養如來 爲求何等 善慧答曰 爲欲成就一切種智 度脫無量苦衆生故 爾時青衣 得聞此語 心自念言 今此男子 顔容端正 披鹿皮衣 纔蔽形體 乃爾至誠 不惜錢寶 卽語之曰 我今當以此花相與, 願我生生常爲君妻 선혜보살 앞에서 왕이 부린 사람들이 길을 깨끗이 치우고 향수를 뿌리며, 당과 번과 개를 열 지어 놓는 등 가지가지로 장엄하였

【연구】

1 '승'에서 수생식물(水生植物)인 연꽃이 땅위에 피었다 했는데…

위에 든 예 외에도 연꽃이 땅위에 피었다는 예는 또 있다. 『과거현재인과경(過去現在因果經)』에는

> 時彼林外 有一牧牛女人 名難陀波羅 時淨居天 來下勸言 太子今者在於林中 汝可供養 女人聞已 心大歡喜 于時地中 自然而生千葉蓮花 花上有乳糜 女人見此 生奇特[175)]心[176)]
>
> 그때 숲 밖에는 한 사람의 목우녀가 있었으니 '난타파라(Ⓢ Nandabalā)'라는 여인이었다. 정거천이 내려와 그녀에게 권해 이르기를 "태자께서 지금 숲 속에 계신데 그대가 공양올림이 좋지 않겠는가? 목우녀는 그 말을 듣고 마음으로부터 크게 환희하였다. 그때 땅 가운데서 자연히 천 개의 잎을 지닌 연화가 피어나더니 꽃 위에 유미죽이 있었다. 목우녀는 이를 보고 드물고 특이하다는 마음을 내었다.

연꽃이 수생식물임을 감안하면 당연히 못에서 피어야 할 것이다. 그러나 『불본행집경』이나 『과거현재인과경』에서 보듯 종교상의 일이기는 하지만, 신이함을 보일 때는 땅위에서도 피어난다고 한다.

2 '전'에서 구품지중 화생보리자(九品池中 化生菩提子)라 하였는데, 어디에 근거한 것인지?

'구품(九品, Ⓢ nava-prakāra)'은 정토에 왕생하는 이가 앉는 9종의 연화대(蓮花臺)로서 '구품연대'라고도 한다. 서방정토에 태어나는 이는 임종시 성중의 마중을 받아 그들이 가

다. 선혜보살이 물었다. "무슨 일이 있어서 이렇게 합니까?" 사람들이 답하기를 "명호가 보광이신 부처님께서 세상에 출현하셨는데 등조왕이 청하여 성 안으로 오시기에 부지런히 길을 장엄하는 것입니다." 선혜보살이 다시 사람들에게 물었다. "좋은 꽃을 어디에서 구할 수 있습니까?" 답하기를 "도사여! 등조대왕께서 북을 울리고 나라 안에 명령하길 꽃을 팔아서는 안 된다. 모두 왕인 내가 사리라."고 하였다 했다. 선혜보살이 이 말을 듣고 마음으로 크게 근심하였으나 더욱 꽃이 있는 곳을 찾아다녔다. 그때 갑자기 일곱 송이의 청련을 숨겨가지고 가는 푸른 옷을 입은 왕가의 사람을 만났다. 왕의 명령이 두려워 병 가운데 감추고 있었다. 선혜보살이 지극히 정성스러워서였을까. 연화가 병 밖으로 나왔다. 선혜보살이 이를 보고 따라가 불러 세웠다. "누이여, 멈추시오. 이 꽃을 파시기 않겠소?" 푸른 옷을 입은 여인이 듣고 마음으로 크게 놀라며 혼잣말을 했다. "꽃을 은밀히 감추었는데 이 남자가 어떻게 알아보고 팔라고 하는 것인가?"하며 병을 살펴보았다. 과연 꽃이 나와 있었다. 기이하다는 생각을 하며 답했다. "선남자여, 이 청련화는 궁안으로 가져가 부처님께 올리려는 것으로 팔 수 없습니다." 선혜보살이 또 말했다. "은전 500냥을 드릴 터이니 다섯 송이만이라도 파시오." 푸른 옷을 입은 여인이 의심하며 혼잣말을 했다. "이 꽃은 값으로 얼마 되지 않는데 이 사람이 은전 500냥으로 5송이의 꽃을 사려하다니…." 그러면서 다시 물었다. "이 꽃을 어디에 쓰시려 하는지요?" 선혜보살이 답했다. "지금 여래께서 출현하사 등조대왕의 청으로 성으로 들어오신다 합니다. 그래서 이 꽃을 구해 공양올리려 합니다. 누이여 제불여래를 만나 뵙기가 어려우니 우담발화가 필 때 한 번 출현하신다 합니다." 하였다. 푸른 옷을 여인이 스스로 "지금 이 남자는 얼굴이 단정하다. 사슴가죽 옷으로 겨우 몸을 가렸음에도 지극한 정성으로 돈을 아끼지 않는다."고 생각하고 말하기를 "제가 지금 이 꽃을 당신께 드리려니와 세세생생 당신의 부인이 되기를 원합니다."고 하였다.

175) 본 뜻은 부처님께서 이 세상에 오신 일을 가리키는 말로서 매우 드물고 특이한 일을 가리킨다. 바뀐 뜻은, 주로 어린아이를 칭찬할 때 쓰며, 말이나 행동이 특별하여 귀염성스러울 때를 일컫는다.

176) 『大正藏』 卷3, p.639b.

지고 온 연대를 타고 정토에 태어나게 되는데, 그 왕생하는 자의 품위에 따라 9품이 있으므로 연대에도 또한 9품이 있다. 다음 구품연대의 명칭은 『관무량수경』에 보인다. 구품 가운데 상품상생과 하품하생에 관한 내용을 소개하면 다음과 같다.

• **上品上生(상품상생)**

佛告阿難及韋提希　凡生西方有九品人　上品上生者　若有衆生願生彼國者，發三種心，卽便往生。何等爲三？一者、至誠心。二者、深心。三者、迴向發願心。具三心者必生彼國。復有三種衆生，當得往生。何等爲三？一者、慈心不殺，具諸戒行。二者、讀誦大乘方等經典。三者、修行六念，迴向發願生彼佛國。具此功德，一日乃至七日，卽得往生。生彼國時，此人精進勇猛故，阿彌陀如來與觀世音及大勢至，無數化佛，百千比丘，聲聞大衆，無量諸天，七寶宮殿，觀世音菩薩執金剛臺，與大勢至菩薩至行者前。阿彌陀佛放大光明，照行者身，與諸菩薩授手迎接。觀世音、大勢至與無數菩薩，讚歎行者，勸進其心。行者見已，歡喜踊躍。自見其身乘金剛臺，隨從佛後，如彈指頃，往生彼國。生彼國已，見佛色身衆相具足，見諸菩薩色相具足。光明寶林，演說妙法。聞已卽悟無生法忍。經須臾間歷事諸佛，遍十方界，於諸佛前次第受記。還至本國，得無量百千陀羅尼門，是名上品上生者。

부처님께서 아난 및 위제희(ⓟVedehi)부인에게 말씀하셨다. 무릇 서방에서 태어남에는 아홉 가지의 사람이 있다. 상품상생자로, 극락에 나고자 하는 중생은 세 마음을 발해야 그곳에서 나나니, 어떤 것이 세 가지인가? 첫째는 지성심(至誠心)이요, 둘째는 심심(深心)이요, 셋째는 회향발원심(回向發願心)이다. 이 세 가지 마음을 갖추면, 반드시 극락국토에 나느니라. 또 세 가지의 중생은 왕생할 수 있느니라. 세 가지란, 첫째 자비로운 마음으로 살생을 하지 않고 계행을 갖추는 것이요, 둘째 대승방등경전을 독송하는 것이요, 셋째 여섯 가지 마음을 수행해서 극락국토에 나기를 발원해야 하는 것이다. 이 공덕을 갖추면, 1일 내지 7일이면 왕생하느니라. 극락국토에 태어날 때, 이 사람이 용맹정진한 까닭에 아미타여래와 관음・세지보살, 무수한 화불, 백천 비구, 성문대중, 무량한 천중, 칠보궁전, 관세음보살은 금강대를 지니고, 대세지보살과 함께 행자 앞에 이르런다. 아미타불께서 대광명을 놓아 행자의 몸을 비추시며, 많은 보살들이 손을 건네 영접하느니라. 관세음 대세지와 무수한 보살이 행자를 찬탄하며 연화대에 오를 것을 권한다. 행자는 이를 보고 기뻐 뛰며, 스스로 자기 몸이 금강대에 오름을 보고, 부처님을 따른 뒤 순식간에 극락국토에 왕생하게 된다. 극락에 남으로써 부처님의 색신에 가지가지 상호가 구족함을 보고, 모든 보살도 그와 같아 빛나는 보배 숲에서 묘법을 연설하심을 듣고 즉시 무생법인을 깨닫게 된다. 잠깐 사이에 모든 부처님의 시방세계를 유력하며 모든 부처님으로부터 기(記, ⓢvyākaraṇa)를 받아 극락국으로 돌아와 한량없는 백천 다라니문을 얻게 되나니 이를 일러 상품상생이라 하느니라.

• **下品下生(하품하생)**

佛告阿難及韋提希：「下品下生者，或有衆生作不善業，五逆、十惡，具諸不善。如此愚人以惡業故，應墮惡道，經歷多劫，受苦無窮。如此愚人臨命終時，遇善知識，種種安慰，爲說妙法，敎令念佛，彼人苦逼不遑念佛。善友告言：『汝若不能念彼佛者，應稱歸命無量壽佛。』如是至心令聲不絶，具足十念，稱南無阿彌陀佛。稱佛名故，於念念中，除八十億劫生死之罪。命終之時見金蓮花，猶如日輪，住其人前，如一念頃，卽得往生極樂世界。於蓮花中滿十二大劫，蓮花方開。當花敷時，觀世音、大勢至以大悲音聲，卽爲其人廣說實相，除滅罪法。聞已歡喜，應時卽發菩提之心；是名下品下生者。[177]

부처님께서 아난 및 위제희부인에게 말씀하셨다. 하품하생이란, 어떤 중생이 착하지 못해 오역과 십악 등 나쁜 짓을 고루 지었다면, 이렇듯 어리석은 사람은 악업을 저지를 까닭에 마땅히 악도에 떨어져 많은 겁을 지나며 한량없는 고통을 받게 되느니라. 이런 어리석은 사람이 명종 시에 이르러 선지식이 여러 가지로 안위하고 묘법을 설하여 염불토록 가르쳐, 그 사람이 고통스러우나 당황하지 않고 염불하도록 하였다. 그 선지식이 고해 이르길, "그대는 능히 아미타불을 염하지 않겠는가. 마땅히 무량수불을 칭명하고 귀명토록 하라!" 이처럼 지심으로 칭명하여 그 소리가 끊이지 않아 나무아미타불을 열 번 구족하면, 이렇게 칭명한 까닭에 염념 가운데 팔십 억겁토록 나고 죽을죄를 없애게 되고, 명종 시 해와 같은 금련화를 보게 되며, 그 사람 앞에서 한 생각 사이에 곧 극락세계에 왕생하여 연꽃 가운데서 12대겁을 채우면 연꽃이 비로소 열리게 된다. 연꽃이 피면 관음·세지보살께서 자비로운 음성으로 그 사람을 위해 널리 실상과 죄 멸하는 법을 설하신다. 이를 듣고 환희하며 곧 보리심을 발하나니 이를 이름하여 하품하생이라 하느니라.

『관무량수경』에 말씀하신 극락구품을 정리하면 다음과 같다.

	상생(上生)	중생(中生)	하생(下生)
상품(上品)	금강대(金剛臺)	자금대(紫金臺)	금련대(金蓮臺)
중품(中品)	연화대(蓮花臺)	칠보련화(七寶蓮華)	― [경에 명시되어 있지 않음]
하품(下品)	보련화(寶蓮華)	연화(蓮華)	금련화(金蓮花)

3 '결'의 '매헌용화회(買獻龍華會)'를 '매헌영산회(買獻靈山會)'로 바꾸어야하는 것이 아닌지?

지금 영산작법은 영산회상의 회주이신 석존을 위시한 소례제위께 올리는 공양의식이다. 따라서 용화회상이 등장해야할 이유가 없다. 때문에 '용화회'를 '영산회'로 고치는 것이 옳다고 생각한다.

그러나 학조 역 『진언권공』을 위시하여 『석문의범』『영산대회작법절차』『범음산보집』 등에는 모두 '매헌용화회(買獻龍華會)'로 되어있다.

그런데 『진언권공』의 <육거불>에는 '법화즉(法華則)'을 위시하여 '화엄즉' '참경즉(懺經則)' '미타참즉(彌陀懺則)' '지장경즉(地藏經則)' 등 모두 5종류가 소개되어 있다.[178] 이 가운데 '참경즉'에 거명된 소례 가운데 '용화회상불보살(龍華會上佛菩薩)'이 들어 있다.

짐작컨대 과거 미륵신앙이 크게 번창하였던 때를 감안하면 그럴 개연성이 있다 하겠다. 더구나 모든 의식집에 전부 '매헌용화회'로 되어 있어 '매헌용화회'로 수정함을 망설이게 한다. 그래서 여기서는 문제를 제기해 두는 것에 만족하기로 한다.

---

177) 『大正藏』 卷12, 346a.

178) <六擧佛>

- 法華則: 靈山敎主釋迦牟尼佛 證聽妙法多寶如來 極樂導師阿彌陀佛 文殊普賢大菩薩 觀音勢至大菩薩 靈山會上佛菩薩.
- 華嚴則: 華嚴敎主毘盧遮那佛 圓滿報身盧舍那佛 千百億化身釋迦牟尼佛 普賢文殊大菩薩 觀音勢至大菩薩 華嚴會上佛菩薩.
- 懺經則: 興慈示寂彌勒尊佛 示滅度生釋迦牟尼佛 文殊普賢大菩薩 無邊身觀世音菩薩 龍華會上佛菩薩.
- 彌陀懺則: 一代敎主釋迦牟尼佛 極樂導師阿彌陀佛 觀音勢至大菩薩 淸淨大海衆菩薩 彌陀會上佛菩薩.
- 地藏經則: 一代敎主釋迦牟尼佛 幽明敎主地藏王菩薩 文殊普賢大菩薩 觀音勢至大菩薩 忉利會上佛菩薩.

四、讚果(찬과) 과공양의 덕용을 찬탄하는 게송

福地①栽時今已熟 복지재시금이숙	복된땅에 심었을때 지금처럼 익었었고
心花②結處自然成 심화결처자연성	마음의꽃 피었을때 열매절로 맺혔다네.
就中③常占御園春④ 취중상점어원춘	무엇보다 사시사철 어원춘에 자리하니
直下⑤共圓菩薩果 직하공원보살과	보살님네 보리과와 다름없이 원만하네.

【자구해설】

①**福地(복지)**: Ⓢkuru-kṣetra. ⑴신선들이 사는 곳. ⑵행복을 누리며 잘 살 수 있는 땅. ⑶풍수지리에서, 집터의 운이 좋아 운수가 트일 땅.

②**心花(심화)**: ⑴심화(心華). 깨끗한 마음을 꽃에 비유한 말. ⑵두상화(頭狀花)와 같이 밀집한 꽃차례의 가운데에 있는 꽃. 국화과의 두상화 중심부를 차지하는 관상화(管狀花) 따위가 있다.

③**就中(취중)**: 그 가운데서도 특히.

④**御園春(어원춘)**: 선간(仙間↔世間). 선계(仙界). 신선이 사는 곳. 속된 기운이 없는 청정한 곳.

⊙**御園(어원)**: ⑴어원(御苑). 금원(禁苑). 예전에, 궁궐 안에 있던 동산이나 후원. ⑵신에게 바칠 음식물을 재배하는 향원(鄕園).

⑤**直下(직하)**: 바로 그 아래. 곧바로 곧게 내려감.

【개요】

과실 가운데 소례제위께서 기꺼이 흠향하실 것이 있다면 어떤 것일까? 그것은 보리과(菩提果)일 것이며, 그 내용은 생숙(生熟)이 다르지 않고 꽃과 열매가 동시인 불이(不二)의 도리일 것이다. 즉, '일체중생 개유불성(一切衆生 皆有佛性)'이란 말씀처럼 보리과는 본래 자신에게 갖추어져 있는바, 과공양은 이런 사실을 알고 또는 알고자 하는 마음을 과실에 담아 올리는 공양이다. 즉, 과공양을 올리기에 앞서 과실의 덕용을 찬탄한 게송이다.

【구성 및 내용】

내용 면에서 본 게송은 기·승·전·결로 나누어 볼 수 있다.

'기'인 **복지재시금이숙(福地栽時今已熟)** —복된땅에 심었을때 지금처럼 익었었고— 에서는, 능례가 자신의 마음에 갖추어진 불성(佛性)을 알아차림이 진정한 과공양임을 노래하였다. 심었다는 말에도 문제가 있고, 익었다 함에도 문제가 있다. 그러나 옮겨 심은 곳이 다름 아닌 각자의 마음[福地]이니, 그 안에 이미 갖추어져 있음을 알아차린 것을 그처럼 표현한 것이라 하겠다.

'승'인 **심화결처자연성(心花結處自然成)** —마음의꽃 피었을때 열매절로 맺혔다네— 에서는, 인과동시(因果同時)임을 들어 정성스럽게 마련한 지금의 과공양이 곧 구원겁전(久遠劫前)으로부터 있어온 능례의 원만한 불성에 다름 아님을 노래하였다. 심화(心花)가 청정한 마음의 비유라면 그 열매도 당연히 그럴 수밖에 없다. 구원실성(久遠実成)[179]은 부처님만의 일이 아니라 모든 중생역시 예외 없이 그러함을 노래한 것이다.

'전'인 **취중상점어원춘(就中常占御園春)** —무엇보다 사시사철 어원춘에 자리하니— 에서는, 마련한 과공양이 각자의 생멸이 없고 청정한 심성인 어원춘(御園春) 위에 자리한 것임을 말하였다. 소례께 올리는 공양은 무엇보다도 변함없고 청정한 마음이 전제 되지 않으면 안 됨을 거듭 강조한 것이다.

'결'인 **직하공원보살과(直下共圓菩薩果)** —보살님네 보리과와 다름없이 원만하네— 에서는, 과실에 견주어진 자신의 불성과 보살의 불성에 차별이 없음을 찬탄하였다. 소례와 능례 사이의 삼밀가지(三密加持)는 억지로 이루어지는 것이 아니라, 그 바탕이 본래 하나인 데서 가능한 것이다.

【연구】

① '승'구를 설명하며 언급한 '구원실성(久遠実成)'은 법화경의 중심사상이 아닌가?

구원실성은 개권현실(開券顯實)이나 회삼귀일(會三歸一)과 함께 법화경의 중심사상 가운데 하나다.

법화경의 갖춘 경명은 '묘법연화경'이다. 연꽃은 불교의 상징이기도 한데, 처염상정(處染常淨)이라는 말에서 보듯 더러운 못 가운데 있으면서도 물들지 않음을 특성으로 한다. 법화경의 깊은 뜻은 바로 이 연꽃처럼 세간 속에 있으며 그들과 함께 하더라도 오염되지 않고 중생을 진리의 세계로 인도할 수 있어야 진정한 보살이라는 것이다.

법화경의 중심사상은 진리를 밝히는 부분과 보살의 실천행으로 구분할 수 있다. 진리를 밝히는 부분은 다시 '개권현실(開權顯實)'과 '구원실성(久遠實成)'으로 나누어 볼 수 있고, 실천행은 법화경 후반부에서 강조하고 있는 '회삼귀일'이 그것이다. 간단히 살피면,

개권현실(開權顯實)에서 권(權)은 방편 또는 적절한 수단을 의미하고, 실(實)은 진실을 뜻하는 말로서 방편을 열어 중생들로 하여금 진실의 세계인 부처님의 세계로 들어오도록 하는 것을 말한다.

구원실성(久遠實成)은 법화경 제16 여래수량품(如來壽量品第十六)에서 말씀하시길, 석존께서는 보리수 아래에서 성불하시기 이전인 한량없는 무한한 세월 이전에 이미 성불하셨다고 설하고 있음을 말한다.

회삼귀일(會三歸一)은 제2 방편품(方便品第二), 제3 비유품(譬喩品第三), 제4 신해품(信解品第四) 등의 설로서 개삼현일(開三顯一)이라고도 하는데, 방편인 삼승에 의해 진실인 일불승(一佛乘)으로 들어감을 의미한다.

• 獻菩提果①(배헌보리과)

金杏②盤桃③荔支④龍眼⑤菓 **금행반도 여지용안과**	금행과 반도 여지와 용안의 과실,

179) 까마득하게 오랜 옛날에 실제로 이루었다는 뜻으로, 석가모니가 아득한 옛날에 이미 성불하였다는 사상.

帶葉林檎⑥琵琶⑦成雙朶 대엽임금 비파성쌍타	잎 달린 능금과 둘씩 열린 비파열매
氛鼻⑧熏香 成就滋味⑨多 분비훈향 성취자미다	코끝에 스치는 향기가 구미를 돋습니다.
李柰蘋婆⑩獻上如來座 이내빈바 헌상여래좌	[하옵기로] 배・능금・빈바를 여래께서 계신 곳에 올리나이다.

[衆和(중화)]

唯願慈悲 哀愍受此供 유원자비 애민수차공	오직 원하옵건대 자비로 어여삐 여기사 이 공양을 물리치지 마옵소서.

【자구해설】

①**菩提果(보리과)**: Ⓢbauddhī/bodhiphala. 깨달음을 나무의 열매에 비유한 말. 回일승과(一乘果).

②**金杏(금행)**: 과실의 이름. 살구의 일종. 열매는 황색으로 둥글다.

③**盤桃(반도)**: 반도(蟠桃)의 오식인 듯. 삼천 년마다 한 번씩 열매가 열린다는 선경(仙境)에 있는 복숭아. 학조 역「진언권공」에서는 '반도(班桃)'라 하였으나 미상(未詳). / **蟠** 서릴 '반'.

④**荔支(여지)**: 여지(荔枝). 무환자과(無患子科)의 상록 교목(喬木). 남방 원산. 우상(羽狀)의 복엽(複葉)이며 열매는 식용한다.

⑤**龍眼(용안)**: 무환자과(無患子科)의 상록 교목(喬木). 높이는 13m 정도이며, 잎은 어긋나고 두껍고 긴 타원형이다. 4월에 황백색 꽃이 잎겨드랑이 또는 가지 끝에 원추(圓錐) 꽃차례로 피고 열매는 둥근 모양으로 7~8월에 익는데 강모(剛毛. 식물체의 표피 세포가 변하여 생긴 빳빳하고 끝이 뾰족한 털)가 많으며 씨에 붙은 용안육(龍眼肉)은 맛이 달아 식용도하고 약용하기도 한다. 인도가 원산지로 동남아시아, 열대 아메리카에 분포한다.

⑥**林檎(임금)**: 능금(綾衾). 능금나무의 열매. 사과와 비슷한 모양이지만 훨씬 작다.

⑦**琵琶(비파)**: 비파(枇杷)를 잘못 쓴 듯함. 비파나무의 열매로 비파(琵琶)를 닮았음./ **枇** 비파나무 '비' **杷**비파나무 '파'.

※ **琵琶(비파)**: Ⓟvīṇā. 현악기의 하나로 길이 60~90cm의 둥글고 긴 타원형이며, 자루는 곧고 짧다. 서역・중국을 거쳐 한국에 들어왔는데, 4줄의 당비파와 5줄의 향비파가 있다.

⑧**氛鼻(분비)**: '분(氛)'은 좋지 않은 기운을 의미한다. 예컨대 '분구(氛垢)'는 먼지를, '분기(芬氣)'는 재앙의 전조를, '분상(氛祥)'은 불길한 조짐과 상서로운 조짐을 그리고 '분효(氛囂)'는 성가시고 시끄러움 등을 나타낸다. 이런 예를 근거로 하고 전후의 내용을 참고하여 '분비(氛鼻)'를 강한 향기를 표현하는 뜻으로 보았고 '코가 성가시도록'이라는 의미로 해석했다. 간혹 시적(詩的)으로 '코끝에 스치는 향기'로 표현하기로 한다. 한편,「학진권」에서는 분비(氛鼻)를 분비(芬菲)와 동의어로 취급하였다./ **氛** 기운 조짐 재앙 '분'. **芬** 향기로울 '분'. **菲** 엷을 '비'. ※ **芬菲(분비)**: 향기로운 좋은 냄새. 화초의 좋은 향기. 방비(芳菲).

⑨**滋味(자미)**: 자양분이 많고 맛도 좋음. 또는 그런 음식./ **滋** 붙을 '자'.

⑩**頻婆(빈바)**: ⓈVimba. 동과(楝果)에 딸린 식물. 크기 40~50척, 잎새는 우상엽(羽狀葉)으로 가지 끝에 족생(簇生)하였다. 잎새 길이는 1척 정도, 9~15개의 작은 잎들이 잎의 주맥(主脈) 양편에 배열. 백색의 작은 꽃이 피고, 씨방은 3개, 세 낱의 씨가 들었으며, 꽃이 진 뒤에 핵과(核果)가 맺힌다. 열매는 능금과 같아서 매우 선명하고 빛이 붉다. 씨는 기름을 짜며, 나무는 고무의 원료가 되고, 재질은 용재(用材)로 적당. 나무껍질은 매우 쓰다.

※ 핑궈(píngguǒ, 蘋果(繁)/苹果(簡))는 사과(沙果)를 중국에서 이르는 말로 그 어원이 바로 頻婆(ⓈVimba)에 있다. 이것은 원산지가 중앙아시아이며, 중국 고대문헌에는 내(柰)와 임금(林檎)이란 자생종이 따로 기록되어 있다. 이처럼 현재의 사과는 이들 자생종과 다르며, 서양에서 미국 선교사들이 19세기 이후에 들여왔으므로 전통적 제수 품목조차 아니었다고 한다.

【개요】

지목행족(智目行足)180)이라는 말씀처럼 <찬과>에서 보리과(菩提果)가 무엇을 의미하는지 분명히 한바 여기서는 소례께 공양을 올림을 실천에 옮기고 있다. 유의할 것은 제목에서의 보리과와 금행(金杏) 등 나열된 과실의 종류가 동격임에 유의해야 한다는 점이다.

【구성 및 내용】

'기'인 **금행반도 여지용안과(金杏盤桃 茘支龍眼菓)** —금행과 반도, 여지와 용안의 과실— 에서는, 남섬부주에서 구할 수 있는 과실 가운데 가장 귀한 과실의 이름을 열거하였다. 사랑하거나 존경하는 상대에게 자신의 마음을 전달하기 위한 물질적 표현 가운데 한가지라 할 수 있다.

'승'인 **대엽임금 비파성쌍타(帶葉林檎 琵琶成雙朶)** —잎 달린 능금과 둘씩 열린 비파열매— 에서는, 소례의 시선까지 고려한 공양임을 알 수 있다. '기'에서의 내용이 실질적인 데에다 초점이 맞춰져 있었다면, 여기서는 미적인 면까지 고려하고 있음에서 소례를 향한 절절한 마음이 깊어짐을 읽을 수 있다.

'전'인 **분비훈향 성취자미다(氛鼻熏香 成就滋味多)** —코끝에 스치는 향기가 구미를 돋습니다— 에서는, 소례의 후각까지 배려하고 있음에서 능례의 정성과 신심을 더 이상 의심치 않아도 됨을 알 수 있다. 보리가 원만한 것이듯 이를 유감시킨 과실 역시 완벽하지 않으면 안 되기에 맛과 모양과 향기까지 정성을 기우리는 것이다.

'결'인 **이내빈바 헌상여래좌(李柰蘋婆 獻上如來座)** —[하옵기로] 배·능금·빈바를 여래께서 계신 곳에 올리나이다— 에서는, 혹여나 하는 마음에 주변을 살펴 배와 능금 그리고 빈바까지 챙기는 주도면밀함으로써 여래께 공양 올리고 있다.

다시 한 번 강조할 것은, 이상으로 나열한 과실들은 모두 보리를 유감(類感)시킨 것으로서 능례 각자가 지닌 보리심에 다름 아니라는 점이다.

五、讚茶(찬다)　다공양의 덕용을 찬탄하는 게송

碧玉①甁②中銀浪湧 벽옥병중은랑용	푸른옥병 한가운데 은빛물결 일어나고
黃金碾③畔雪花飛 황금연반설화비	황금맷돌 둔덕에선 백설같은 꽃날리네.
撩天鼻孔④始聞香 요천비공시문향	기개도량 갖추어야 그향기를 맡게되고
具眼舌頭⑤方了味 구안설두방요미	혀끝쪽에 눈있어야 바야흐로 맛을아네.

180) 『妙法蓮華經玄義卷第三上』(『大正藏』 卷33, p.715b).

【자구해설】

①**碧玉(벽옥)**: 산화철(酸化鐵)로 된 불순물을 함유한 불투명한 석영(石英). 조직이 치밀하며, 그 안에 섞인 불순물에 따라 색깔이 달라진다. 산화철을 함유한 것은 녹색 또는 붉은 색이며, 수산화철(水酸化鐵)을 함유한 것은 누런 녹색이다. 도장 재료나 가락지 같은 장신구를 만드는 데 쓴다.

※璧玉(벽옥): 벽과 옥을 아울러 이르는 말. 벽은 납작한 구슬이고, 옥은 둥근 구슬이다.

②**甁(병)**: 여기서는 차[茶]를 다리는 그릇. 둥글넓적하고 아가리가 쩍 벌어진 아주 작은 질그릇. 옹배기.

③**黃金碾(황금연)**: 차[茶]를 가는 도구./ **碾** 맷돌 '년(연)'

④**撩天鼻孔(요천비공)**: 요천비공(遼天鼻孔). 기우(氣宇. 기개와 도량)가 하늘에 닿을 듯한 세력을 말함. 청정한 공덕을 갖춘 비근(鼻根), 즉 성불을 향한 기개와 도량(度量)을 갖춘 사람을 이르는 말. 심향(心香)의 청정한 내음을 맡을 수 있는 청정한 비근(鼻根)의 소유자를 말한다./ **撩** 다스릴 '료(요)'/ **遼** 멀 '료(요)'.

하늘을 다스리는 콧구멍. 콧구멍을 통해 호흡이 이루어짐을 말함. 청정한 공덕을 갖춘 비근(鼻根)을 이르는 말. 즉 심향(心香)의 청정한 내음을 맡을 수 있는 청정한 비근(鼻根)을 말한다./ **撩** 다스릴 '료(요)'

⑤**舌頭(설두)**: 혀끝.

※ **鼻頭(비두)**: 비단(鼻端). 코끝.

【개요】

원만한 공양의 성취는 능례의 정성과 소례의 가피가 하나로 됐을 때 가능하다. 본 게송의 주제는 '다(茶)'이지만 단순한 음료로서가 아니라, 법공양의 원만을 추구하는 것인 만큼 준비하는 능례와 흠향하시는 소례의 수준이 상한선에 자리해 있음을 찬탄한 게송이다.

【구성 및 내용】

내용 면에서 본 게송은 기·승·전·결로 나누어 볼 수 있다.

'기'인 **벽옥병중은랑용(碧玉甁中銀浪湧)** —푸른옥병 한가운데 은빛물결 일어나고— 에서는, 소례께 올릴 다공양을 준비하기 위해 찻물을 준비하는 과정을 묘사하였다. '벽옥병'은 찻주전자를 아름답게 표현한 것이고, 은빛물결이 일어난다 함은 물이 끓는 모습을 형용한 것이니 찻물을 준비하는 능례의 정성이 어떤 것인지 짐작할 수 있다.

'승'인 **황금연반설화비(黃金碾畔雪花飛)** —황금맷돌 둔덕에선 백설같은 꽃날리네— 에서는, 찻물이 끓고 있는 다른 한편에서 소례께 올릴 차를 준비하고 있음을 아름다운 표현으로 노래하였다. '황금연'은 곧 차를 가는 맷돌의 미칭이며, 백설 같은 꽃이 날린다 했으니 지금 준비하는 차가 '말차(末茶)'181)임도 짐작할 수 있다.

'전'인 **요천비공시문향(撩天鼻孔始聞香)** —기개도량 갖추어야 그향기를 맡게되고— 에서는, 다를 즐기는 방법 가운데 향으로 즐기는 법을 언급하였다. 그러나 여기서는 '요천비공(撩天鼻孔)'이라는 말로서 '다'에 담긴 능례의 정성을 꿰뚫어 알 수 있는 소례여야 함을 말하였다. 그러나 이는 능례 자신의 정성이 보통 사람으로서는 짐작조차 어려운 것임을 강조

181) 말차는 꽃차나 잎차를 제다(製茶)할 때보다 더 많은 정성과 시간이 소요된다. 왜냐하면 안전하고 맛있게 즐길 수 있도록 제다하는 것이란 곧 장인의 내공을 필요로 하기 때문이다.

한 것이라 하겠다.

'결'인 **구안설두방요미(具眼舌頭方了味)** ―혀끝쪽에 눈있어야 바야흐로 맛을아네― 에서는, 향기에 이어 맛으로 즐기는 법을 언급하였다. 여기서도 '구안설두(具眼舌頭)'라 하여 표현은 달리하고 있지만 전달하려는 내용은 '전'구에서와 같다.

• 拜獻甘露茶(배헌감로다) 삼가고 공경히 소례께 다공양을 올림.

百草①花葉 採取成茶蘂② **백초화엽 채취성다예**	백 가지의 풀과 꽃잎을 따서 모아 다예(茶蘂)를 만들고
烹出玉甌③楊子④江心水⑤ **팽출옥구 양자강심수**	옥으로 만든 다관(茶罐)에 양자강 가운데의 물로 다려내었네.
破暗莊周⑥蝴蝶驚夢⑦廻 **파암장주 호접경몽회**	[차를 마시고] 혼암을 깨트린 장주는 나비 꿈꾸다 놀라 돌아오고,
滌去昏迷 趙氏⑧知滋味⑨ **척거혼미 조씨지자미**	혼미를 씻어버리니 조주 스님이시라야 그 맛을 아시네.

[衆和(중화)]

唯願慈悲 哀愍受此供 **유원자비 애민수차공**	오직 원하옵건대 자비로 어여삐 여기사 이 공양을 물리치지 마옵소서.

【자구해설】

①**百草(백초)**: 온갖 풀.

②**茶蘂(다예)**: 다예(茶蕊). 완제품인 다(茶). / **蘂** =蕊 꽃술 '예'

③**玉甌(옥구)**: 다관. 차관(茶罐). 차를 끓여 담는 그릇. 주전자와 모양이 비슷하며 사기, 놋쇠, 은 따위로 만든다. '옥(玉)'은 사물을 칭찬하거나 귀히 여김을 나타내기 위한 미칭(美稱)./ **甌** 사발 '구'

④**楊子江**(양자강, Yángzǐ Jiāng/양쯔장). 장강(長江, Chángjiāng/창장). 중국의 중심부를 흐르는 아시아에서 제일 긴 강. 티베트 고원 북동부에서 시작하여 윈난(雲南)・쓰촨(四川)・후베이(湖北)・장시(江西)・안후이(安徽)・장쑤(江蘇) 등의 성(省)을 거쳐 동중국해로 흘러 들어간다. 이 유역은 예로부터 교통, 산업, 문화의 중심지였다. 길이는 6,300km.

⑤**江心水(강심수)**: 강의 양쪽 언덕으로부터 중간쯤 되는 강의 한가운데를 '강심(江心)'이라 하고, 강심에 흐르는 물 또는 거기서 솟아나는 물을 '강심수'라 한다.

⑥**莊周(장주)**: 장자(莊子, 365~290B.C.). 중국 전국시대(戰國時代)의 사상가. 도학자. 이름은 주(周). 송나라 몽현하남성(蒙縣何南省) 사람. 노자(老子)의 학설을 계승 발전시켜 만물 일원론을 주장하였음. 인생관은 사생을 초월하여 절대무한의 경지에 소요함을 목적으로 하였고, 또한 인생은 모두 천명(天命)이라는 숙명설(宿命說)을 취하였음. 노자의 교와 아울러 노장교로 칭하였고 후세에 남화경(南華經)이라는 저서를 남겼음. 장자라는 책을 내었는데 모두 33편으로 내편(內篇)은 소요유(逍遙遊)・제물론(齊物論)・양생주(養生主)・응제왕(應帝王)・대종사(大宗師)・덕충부(德充符)・인간세(人間世) 등 7편이며, 그밖에 외편(外篇)・잡편(雜篇)은 제자들의 기록 또는 후세 사람들의 위작(僞作)인 듯함.

⑦**蝴蝶夢(호접몽)**: 호접몽(胡蝶夢). 호접지몽(胡蝶之夢). 장주지몽(莊周之夢). 나비에 관한 꿈이라는 뜻으로, 중국의 장자(莊子)가 꿈에 나비가 되어 즐겁게 놀았다는 데서 유래한다. 나비

가 되어 훨훨 날아다니는 꿈속에서 장주(莊周)가 나비인지 나비가 장주인지 구별을 못 하였다는 뜻으로, 피아(彼我)의 구별을 잊은 것이나, 물아일체(物我一體)의 경지를 비유하는 데 쓰이며 때때로 인생의 무상함을 비유하여 말하기도 한다. 내용은 다음과 같다.

> 언제였는지 장주(莊周)는 꿈속에서 나비가 되었다. 훨훨 나는 것이 분명히 나비였다. 즐겁고 스스로의 뜻대로라 장주인 줄을 알지 못했다. 그러다가 조금 뒤에 문득 깨어보니 분명히 장주였다. 장주가 꿈에 나비가 된 것인지 나비가 꿈에 장주가 된 것인지를 알지 못하겠다. 장주와 나비는 반드시 구분이 있을 것이니 이를 사물의 변화라고 한다.(昔者 莊周夢爲胡蝶 栩栩然胡蝶也 自喩適志與 不知周也 俄然覺則蘧蘧然周也 不知周之夢爲胡蝶與 胡蝶之 夢爲周與 周與胡蝶 則必有分矣 此之謂物化)

이것이 유명한 장주의 호접몽이다. 속인은 꿈과 현실과 나와 나비를 구분하지만, 참된 도를 터득하면 피차의 구별이 없고 모든 것이 하나로 통한다. 따라서 시(是)와 비(非), 가(可)와 불가(不可), 아름다움과 추함, 크고 작음, 길고 짧음 등의 모든 가치의 대립이 하나로 보이게 되면 꿈도 현실이요 인간도 나비로 물화(物化)되는 것이다. 이런 경지에서라야만 참다운 우주의 신비, 실존의 진리, 참된 도를 터득할 수 있다는 뜻이다.

한국고전신서편찬회 편 『고사성어(古事成語)』 318쪽 참고

⑧**趙氏(조씨)**: 조주종심(趙州從諗. 778-897). 중국 당나라 임제종(臨濟宗) 승려. 속성은 학(郝)씨, 당나라 조주(曹州) 사람. 조주(趙州)의 관음원에 있었기에 조주라 함. 남천보원(南泉普願)의 법제자. 어려서 조주의 호통원(扈通院)에서 출가하여 숭악(嵩岳)의 유리단(琉璃壇)에서 계를 받고, 남천(南泉)에게 돌아왔다. 뒤에 조주 관음원에 머물며 교화를 크게 떨치다 당 건녕(乾寧) 4년 120세에 입적함. 시호(謚號)는 진제대사(眞際大師).

※ **趙州茶(조주다)**: [⇒趙州喫茶去(조주끽다거)] 조주종심(趙州從諗)이 학승(學僧)을 시문(試問)하면서 '차를 마시게'라고 나타냈던 공안(公案). '거(去)'는 조사.

「沙門新到 曾到此間麽 曰 曾到 師曰 喫茶去 又問僧 僧曰 不曾到 師曰 喫茶去」 -『회원(會元)』4. 조주종심장(趙州從諗章) -

불교의 진리는 끽다(喫茶)하는 일상비근(日常卑近)한 생활 가운데 있음을 나타낸 것.

※ **趙州茶藥(조주다약)**: 조주스님의 다(茶)를 약(藥)이라 함은, 이 공안(公案)에 의해 일체 번뇌가 없어짐이 마치 환자의 병을 없애주는 약과 같음에서 온 말이다.

⑨**滋味(자미)**: 자양분이 많고 맛도 좋음. 또는 그런 음식.

【개요】

정성껏 재료를 모아 차를 만들고, 삼가하며 달여 낸 차에는 호접몽 같은 허망한 꿈을 깨게 하는 공능이 있어 조주스님께서도 즐겨 드셨음을 예시하였고, 차와 감로의 공통분모를 도출하여 다름 아닌 이러한 차를 공양하겠다는 내용의 글이다.

【구성 및 내용】

'기'인 **백초화엽 채취성다예(百草花葉 採取成茶蘂)** —백 가지의 풀과 꽃잎을 / 따서 모아 다예(茶蘂)를 만들고— 에서는, 차의 재료로서 백가지 풀이 사용되었음을 말하였다. 그러나 여기서 말하는 '백초'는 소례를 향한 여러 중생들의 애절한 소원을 말하는 것이라 하겠다.

'승'인 **팽출옥구 양자강심수(烹出玉甌 楊子江心水)** —옥으로 만든 다관(茶罐)에 / 양자강 가운데의 물로 다려내었네— 에서는, 차의 재료에 못지않게 중요한 다수(茶水)를 장만하였음을 노래하였다. 강 가운데서 솟아나는 귀한 물을 구해 옥으로 만든 다관에 다렸다 함에서 정성을 다하는 능례의 마음을 읽을 수 있다.

'전'인 **파암장주 호접경몽회(破暗莊周 蝴蝶驚夢廻)** —[차를 마시고] 혼암을 깨트린 장주는 / 나

비 꿈꾸다 놀라 돌아오고— 에서는, 정성을 다한 ‘다’의 효능을 찬탄하였다. 꿈과 현실을 구분하기 어려운 상황에서 제 정신이 들도록 하는 정도의 ‘다’라는 말이니 가히 일품이라 하겠다.

‘결’인 **척거혼미 조씨지자미(滌去昏迷 趙氏知滋味)** —혼미를 씻어버리니 / 조주 스님이시라야 그 맛을 아시네— 에서는, ‘끽다거(喫茶去)’라는 화두로 유명한 조주스님을 증명으로 내세우면서까지 ‘다’의 효능과 능례의 정성을 천명하며 소례께서 흠향하시길 발원하고 있다.

六、讚米(찬미)

미공양의 덕용을 찬탄하는 게송.

解使衆生皆飽滿 해사중생개포만	어린중생 남김없이 배부름을 알게하여
能令萬劫免飢虛 능령만겁면기허	만겁토록 배고프고 주린고통 없애주네.
酥酡①美味獻諸天 소타미미헌제천	소락제호 아름다운맛 제천중께 올리옵고
香積②上方③呈我佛 향적상방정아불	향적세계 으뜸공양 석존님께 올립니다.

【자구해설】

①**酥酡(소타)**: 소락(酥酪)의 오식인 듯. 갖추어 말하면 소락제호(酥酪醍醐)이며, 불법의 지극한 묘리(妙理)를 비유하여 말한 것이다. 다만 학조(學祖)대사가 찬(纂)한 진언권공(眞言勸供, 1496)과 달리 CBETA의 신찬대일본속장경(新纂大日本續藏經) 제65책 고봉용천원인사집현어록(高峰龍泉院因師集賢語錄) 제3권 등 제본에는 酥酡로 적혀있다. 酡는 酡의 이체자(臺灣敎育部異體字字典)이기에, 酥酡를 Ⓢsudhā ‘天甘露食’의 음역으로도 볼 수 있다.

②**香積(향적)**: 『유마경』의 향적품에서 말하는 향기가 충만한 세계. 또는 거기에 계신 여래의 명호. 전하여 선림에 있어서 식사를 조리하는 곳. 고원(庫院) → 향반(香飯).

※香積飯(향적반): ⑴유마거사가 향적불의 세계로부터 가져다 중승에게 제공했다고 하는 식사. 「於是 香積如來 以衆香鉢 盛滿香飯 與化菩薩」-『유마경』 향적불품- ⑵부처님과 일반 승려에게 올리는 공양물을 높여 부르는 말.

③**上方(상방)**: 어떤 기준보다 위가 되는 방향.

【개요】

쌀의 공능을 찬탄하고 있다. 이유로 아래로는 중생들의 주림을 달래주고 다음으로는 제천의 천중을 그리고 위로는 부처님께 올릴 수 있음을 들었다. 즉, 여기서 말하는 ‘미(米)’는 유기체의 신진대사에 필요한 기초 에너지를 말하는 것이다.

【구성 및 내용】

내용 면에서 본 게송은 기·승·전·결로 나누어 볼 수 있다.

‘기’인 **해사중생개포만(解使衆生皆飽滿)** —어린중생 남김없이 배부름을 알게하여— 에서는,

미(米)의 소용이 어디서부터인지를 살펴 미공양의 중요성을 말하였다. 오욕 가운데 첫머리에 자리한 것이 '식욕'인데, 여기서 언급하고 있는 '미(米)'는 곧 그것을 해결할 수 있는 가장 기초적인 것임을 말한다.

'승'인 **능령만겁면기허(能令萬劫免飢虛)** —만겁토록 배고프고 주린고통 없애주네— 에서는, 무여열반에 들기 전에는 음식이 생존에 있어서 필수불가결의 요소임을 강조하고 있다. 윤회의 과정에서 어떤 형태로든 존재하고 있다면, 그 형태유지에 에너지가 필요한 때문이며, 해탈 이전의 윤회를 무시무종이라 함에서 '만겁의 기허'라 한 것이다.

'전'인 **소타미미헌제천(酥酡美味獻諸天)** —소락제호 아름다운맛 제천중께 올리옵고— 에서는, '미'를 필요로 하는 대상을 제천(諸天)으로 확대하여 유위법(有為法) 적인 존재인 이상 예외가 있을 수 없음을 말하였다. 단, 이때의 '미(味)'는 소락제호(酥酪醍醐)이다. 즉, '미'의 범위는 대상 각자 각자의 기초대사에 필요한 에너지를 대표한 것이다. 이처럼 대상에 따라 공양의 내용이 달라질 수 있음은 <사다라니>에 의해 가지된 공양이기 때문이다.

'결'인 **향적상방정아불(香積上方呈我佛)** —향적세계 으뜸공양 석존님께 올립니다— 에서는, 석존께 미공양을 올림을 말하였다. '미'의 내용을 '향적상방'이라 하였으니, 대상이 부처님이신만큼 최상의 미공양이다. 단, 이미 무여열반에 드신 어른이심을 감안하면, 여기서의 미공양은 상징적 의미를 지닌다 하겠다.

• 拜獻禪悅米(배헌선열미) 삼가고 공경히 소례께 미공양을 올림

食味①酥酪 造出②天廚③供 식미소락 조출천주공	[수하항마시 부처님께서] 드신 맛있는 소락은 천상세계 주방에서 마련하온 공양으로
成道當初④牧女先來送 성도당초 목여선래송	성도 [즉 마지막 一切智를 얻기 위해 入定] 하실 즈음 목우녀가 먼저 보내와
老母曾將 托在金盤奉 노모증장 탁재금반봉	노모[182]?가 일찍이 가져다 금쟁반에 받들어
獻上如來 大覺釋迦尊 헌상여래 대각석가존	여래이시며 대각이신 서가세존께 올렸네.

[衆和(중화)]

唯願慈悲 哀愍受此供 유원자비 애민수차공	오직 원하옵건대 자비로 어여삐 여기사 이 공양을 물리치지 마옵소서.

【자구해설】

①食味(식미): 입맛.

※食味方丈(식미방장): 식전방장(食前方丈). 좌석 앞에 맛있는 음식을 사방 열자나 되게

182) 『佛光大辭典』 卷1, p.67b. 【一貫道】 "創造天地之母 主宰萬靈之神."
『中峯三時繫念儀範』 『諸經日誦集要』 卷下 등에도 같은 老母가 보이나, 상고(詳考)하기에는 거리가 있다. 다만 중국에서 종교나 민간신앙을 다룬 여러 글에서 老母는 자주 여와(女媧)나 서왕모(西王母)를 가리킨다. 예) 驪山老母(여와)/ 無生老母(서왕모) 등.

차려 놓음. '매우 사치함'의 비유.
②造出(조출): 물건을 만들어 세상에 냄.
③天廚(천주): ①하늘의 주방. ②천신(天神)이 사자(使者)를 시켜 음식물을 보내 주는 일을 비유적으로 이르는 말.
④當初(당초): 일이 생기기 시작한 처음.

【개요】

성불을 위해 마지막 단계에 돌입하시기 전, 목우녀가 부처님께 올린 유미죽 공양이 최초의 공양임을 상기토록 하여 모범을 삼고 있다. 같은 물도 누가 마시느냐에 따라 그 결과가 달라진다. 즉, 성불을 목적으로 삼은 수행자에게 올리는 공양이 최선이다. 따라서 '선열미(禪悅米)'라 함은 선열을 이끌어 내는 혹은 가능하게 하는 공양이란 의미가 된다.

【구성과 내용】

'기'인 **식미소락 조출천주공(食味酥酪 造出天廚供)** —[수하항마시 부처님께서] 드신 맛있는 소락은 / 천상세계 주방에서 마련하온 공양으로— 에서는, 부처님께 올리는 공양에 정성을 다하고 있음을 향적천의 음식에 견주고 있다. 여기서의 '소락(酥酪)'은 당시 인도인들에게 있어서 최고의 음식이며, '천주(天廚)'는 그 음식을 조리한 하늘의 부엌을 일컫는다. 이와 같은 표현은 능례의 신심과 정성이 능례 스스로에게 부끄럽지 않을 때 가능한 것이다.

'승'인 **성도당초 목여선래송(成道當初 牧女先來送)** —성도 [즉 마지막 一切智를 얻기 위해 入定] 하실 즈음 / 목우녀가 먼저 보내옴에— 에서는, 부처님께 올린 최초의 공양임을 선언하여 찬탄하고 있다. 왜냐하면 소례가 장차 성불의 주인공이 되실 분이기에 그 자체로 이미 '선열미'일 수 있기 때문이다.

'전'인 **노모증장 탁재금반봉(老母曾將 托在金盤奉)** —노모가 일찍이 가져다 / 금쟁반에 받들어— 에서, '노모'의 존재가 확실이 드러나지 않아 본 「영산작법」을 연구하며 유일한 연구과제로 남겨두기로 한다.

'결'인 **헌상여래 대각서가존(獻上如來 大覺釋迦尊)** —여래이시며 / 대각이신 서가세존께 올렸네— 에서는, '결'구 이전에 찬탄한 내용의 공양을 석존께 올렸음을 찬탄하였다. 동시에 이를 회상함으로써 지금 거행하는 「영산작법」의 회주이신 석존께 올린 공양도 그와 같음을 노래하였다.

【연구】

1 목우녀가 부처님께 올린 공양에 대해…

『과거현재인과경(過去現在因果經)』 권3 에 다음과 같은 내용이 있다.

> [前略] 卽從座起 至尼連禪河 入水洗浴 洗浴旣畢 身體羸瘠 不能自出 天神來下 爲
> [전략] 즉종좌기 지니련선하 입수세욕 세욕기필 신체리척 불능자출 천신래하 위
>
> 按樹枝 得攀出池 時彼林外 有一牧牛女人 名難陀波羅 時淨居天 來下勸言 太子今
> 안수지 득반출지 시피임외 유일목우여인 명난타파라 시정거천 내하권언 태자금
>
> 者在於林中 汝可供養 女人聞已 心大歡喜 于時地中 自然而生千葉蓮花 花上有乳糜
> 자재어임중 여가공양 여인문이 심대환희 우시지중 자연이생천엽연화 화상유유미

女人見此生奇特心 卽取乳糜 至太子所 頭面禮足 而以奉上 太子卽便受彼女施 而呪
여인견차생기특심 즉취유미 지태자소 두면예족 이이봉상 태자즉변수피녀시 이주

願之 今所施食 欲令食者 得充氣力 當使施家 得膽得喜 安樂無病 終保年壽 智慧具
원지 금소시식 욕령식자 득충기력 당사시가 득담득희 안락무병 종보년수 지혜구

足 [後略]
족 [후략]

[전략] 자리에서 일어나시어 니련선하에 이르사 물에 들어가 목욕을 하셨다. 목욕을 마치셨으나 몸은 여위고 파리하사 혼자의 힘으로 나오실 수가 없었다. 천신이 내려와 나뭇가지를 누름에 나뭇가지를 잡으시고 못에서 나오셨다. 그때 수풀 밖에는 '난타파라'라는 목우녀가 한 사람 있었다. 이때 정거천이 내려와 권해 이르되,

「태자께서 지금 숲 속에 계시다. 그대가 공양 올리라.」

여인은 이 말을 듣고 마음이 크게 환희하였다. 그때 땅 가운데서 자연히 천 개의 잎을 지닌 연꽃이 생겨나더니, 꽃 위에는 유미죽이 있었다. 여인은 이를 보고 기특하게 생각하였다. 곧 유미죽을 가지고 태자께서 계신 곳으로 가 얼굴을 땅에 대고 태자의 발에 예를 갖추며 공양을 올렸다. 태자께서는 곧 그녀의 공양을 받으시고 축원을 하셨다.

「지금 이 음식을 먹는 자는 기력을 채우게 되고, 베푼 사람은 마음에 환희를 얻고 안락하며 무병장수하여 지혜가 구족하라.」 [후략]

주림을 달래는 일은 얼핏 동물적인 본능처럼 생각하여 가볍게 생각하려는 경향이 있지만, 그런 만큼 모든 일의 성취에 있어서 불가결이라는 사실 역시 부정 할 수 없다. 이런 점에 착안하여 불교에서는 음식을 성불의 근원으로까지 보고 있는바, 본 항에서는 삼보님께 올리는 공양에 선열미(禪悅米)의 의미를 담아 올리고 있다. 즉, 가장 본능적인 것을 가장 종교적인 의미로 승화시키고 있음에서 현실과 이상의 조화를 도모한 성공적 전범을 볼 수 있다.

<45.各執偈(각집게)> 삼보님 제위께 공양이 원만히 올려지길 발원하는 게송.

願此一身化多身 원차일신화다신	원하옵은 이한몸에 많은몸을 나타내고
一一身出百千身 일일신출백천신	낱낱의몸 다시나눠 백천의몸 생김이니,
各執香花燈茶果① 각집향화등다과	각자몸이 향이며꽃 등불다과 지니옵고
供養十方諸佛陀 공양시방제불타	시방세계 부처님께 이들공양 올리과저.
各執香花燈茶果 각집향화등다과	각자몸이 향이며꽃 등불다과 지니옵고
供養十方諸達摩 공양시방제달마	시방세계 달마님께 이들공양 올리과저.
各執香花燈茶果 각집향화등다과	각자몸이 향이며꽃 등불다과 지니옵고
供養十方諸僧伽 공양시방제승가	시방세계 승가님께 이들공양 올리과저.

【자구해설】

①**茶菓(다과)**: 차와 과자를 아울러 이르는 말. 여기서는 아래 다과(茶果)의 의미로 쓰였음.
※ **茶果(다과)**: 차와 과실을 아울러 이르는 말.

【개요】

마련된 공양을 시방삼세의 삼보제위께 빠짐없이 올리게 되기를 발원하는 의식이다. 내용에서 '각집(各執)'이라 함은 '보례진언(普禮眞言)'[183]에서와 같이 능례의 몸이 소례의 수만큼 변화신을 갖추어 모든 분께 동시에 직접 올릴 수 있게 되기를 발원하는 것이다.

유의할 점은 소례의 위치변화다. 즉 지금까지는 재자가 능례였고, 영산회상의 불보살님과 성중제위께서 소례였다. 그러나 여기서부터는 지금까지의 능례와 소례가 함께 능례가 되고, 시방의 삼보제위께서 소례가 되신다는 점에 각별히 유의해야 한다.

【구성과 내용】

칠언팔구로 구성되어 있다. 그러나 앞의 칠언사구는 불보님을 소례로 하였고, 법보님과 승보님을 소례로 하는 뒤의 내용에서는 '기'구와 '승'구에 관한 내용이 생략되어 있다. 따라서 여기서는 앞에 자리한 칠언사구를 기·승·전·결로 구분하고, 법보와 승보에 관한

183) 我今一身中 卽現無盡身 遍在三寶前 一一無數禮. 唵 嚩日囉 吻.

내용은 여기에 준한 것으로 간주하기로 한다.

‘기’인 **원차일신화다신(願此一身化多身)** —원하옴은 이한몸에 많은몸을 나타내고— 에서는, 석존을 위시해 공양을 받으시는 영산회상의 소례제위께서 능례가 되셔서 시방의 모든 삼보님께 공양을 올리기 위해 필요한 만큼 많은 몸을 갖추게 되길 발원하고 계시다. 일견 불가능해 보이지만, 삼보님의 가지력이라면 가능하기에 신앙의 힘에 의지하려는 것이다.

‘승’인 **일일신출백천신(一一身出百千身)** —낱낱의몸 다시나눠 백천의몸 생김이니— 에서는, 능례로 자리를 바꾸신 소례제위께서 다시 그 수가 백천 배로 변하게 되기를 발원하였다. 무위법(無爲法)과 유위법의 차이가 하늘과 땅과 같은 것이지만, 이를 뛰어넘는 능례의 정성과 가지력이 돋보이는 대목이다.

‘전’인 **각집향화등다과(各執香花燈茶果)** —각자몸이 향이며꽃 등불다과 지니옵고— 에서는, 시방삼세의 불보님께 올리려는 공양의 종류를 나열하였으니 앞서 찬탄한 육법공양의 내용이 그것이다. 단, 미(米)공양을 언급하지 않은 것은 글자의 수를 맞추기 위한 것이다.

‘결’인 **공양시방제불타(供養十方諸佛陀)** —시방세계 부처님께 이들공양 올리과저— 에서는, 준비를 마치고 바야흐로 소례이신 시방삼세의 불보님께 공양을 올리며 공양의 원만을 발원하고 있다. 한편, 재의식에는 설판재자가 존재하는 만큼 공양의 원만성취 여부는 궁극적으로 설판재자의 삼밀가지(三密加持) 여부에 달려있다 하겠다.

【의식】

중번의 지시로 인도 1인이 홑소리 거행하면, 대중은 [중화]에 해당하는 부분을 함께 창화한다.

【연구】

1 【개요】에서 ‘유의할 점은 소례의 위치변화’라 하였는데…

공양시 「반야심경」에 다음과 같은 내용이 있다.

≪臨供發願(임공발원)≫

若見滿鉢 當願衆生 具足成滿 一切善法(약견만발 당원중생 구족성만 일체선법)
발우가득 음식보면 모두함께 발원하세. 온세상의 좋다는법 빠짐없이 가득하길.

得香美食 當願衆生 知節少欲 情無所着(득향미식 당원중생 지절소욕 정무소착)
감미로운 음식받고 모두함께 발원하세. 절제로써 욕심덜고 애착심이 없어지길.

≪捧供發願(봉공발원)≫

<供佛偈> 願我所受供 變成妙供具 遍於法界中 供養諸三寶
<공불게> 원아소수공 변성묘공구 편어법계중 공양제삼보
원하옵건대, 받자온 이 음식 미묘한 공양구로 변해재고
온 법계에 두루하여 다함없는 삼보님께 공양 올려지이다.

<施生偈> 次施諸衆生 無有飢渴者 變成法喜食 速成無上道[184]
<시생게> 차시제중생 무유기갈자 변성법희식 속성무상도
다음은, 모든 중생에 베푸나니, 주리고 목마른 자 기갈이 없어지고
법열부를 음식으로 변하여서 위없는 불도 어서 빨리 이루소서.

184) 『釋門儀範』 卷上, p.101.

위 내용 가운데 ≪임공발원≫의 '약견만발 당원중생(若見滿鉢 當願衆生)'과 '득향미식 당원중생(得香美食 當願衆生)'이 의미하는 것이 무엇일까? 공양을 받는 당사자인 소례의 입장에서도 공양을 들기 전에 해야 할 일이 있음을 시사하는 것이다.

안으로는 '구족성만 일체선법(具足成滿 一切善法)'과 '지절소욕 정무소착(知節少欲 情無所着)'을 발원해야 하고, 밖으로는 ≪봉공발원≫의 <공불게>와 <시생게>에서 언급한 내용의 성취를 발원해야 한다는 것이다.

문제는 이런 원칙은 영산교주이신 석존을 위시한 성현에게도 적용된다는 것이다. 결론적으로 <45.각집게>는 <공불게(供佛偈)>에서와 같이 지금까지 소례이셨던 분들께서 공양에 임하시기에 앞서 시방의 모든 삼보님께 먼저 공양 올리는 의식이라는 점에 유의해야 한다.

『범음산보집』[185]과 『석문의범』에서 영산작법에 관한 최고본인 『진언권공』[186]이나 『영산대회작법절차』[187]에서와 달리 '공양영산제불타 공양영산제달마 공양영산제승가(供養靈山諸佛陀 供養靈山諸達摩 供養靈山諸僧伽)' 운운한 것은 영산작법을 지나치게 의식한 나머지 방금 언급한 점을 간과한 때문이라 사료된다. 그러므로 본고에서는 『진언권공』과 『영산대회작법절차』의 입장을 따르기로 했다.

통상적으로 거행하는 사시불공과 같은 권공의식에서도 '운심게(運心偈)'로부터 이어지는 일련의 의식은 능례가 앉은 자세 그대로 거행하는데, 소례이신 불보살님을 대신하는 입장에 있기 때문이다.[188]

2 공양물의 순서가 '향・화・등・다・과'의 순으로 되어있는데…

오공양은 향・등・다・과・미, 육법공양은 향・등・화・과・다・미의 순이다. 그런데 이들 공양 가운데 순서가 고정되어 있는 것이 있고, 그렇지 않은 것이 있다. 전자에 해당하는 공양은 향・등・다・미 네 가지다. 이에 비해 후자에 해당하는 화공양과 과공양은 순서상 어디에 속해도 괜찮다는 특성이 있다. 따라서 문제될 것은 없다.

---

185) 『범음산보집』(한의전 권3 p.115하). "願我一身化多身 一一身出百千手 各執香花燈茶果 供養靈山諸佛陀 各執香花燈茶果 供養靈山諸達摩 各執香花燈茶果 供養靈山諸僧伽."

186) 『진언권공』(한의전 권1 p.464상). "<香花頌云> 願我一身化多身 一一身出百千手 各執香花燈茶果 供養十方諸佛陁 各執香花燈茶果 供養十方諸達摩 各執香花燈茶果 供養十方諸僧伽 不捨慈悲受此供 施作佛事度衆生."

187) 『진언권공』(한의전 권2 p.137상). "<香花頌> 願我一身化多身 一一身出百千手 各執香花燈茶果 供養十方諸佛陀 各執香花燈茶果 供養十方諸達摩 各執香花燈茶果 供養十方諸僧伽."

188) 소례의 입장에서 앉아서 거행하는 공양시 「반야심경」의 경우, <공불게>도 앉아서 거행한다.

<46.加持偈(가지게)> 소례께서 공양 전에 시방의 삼보님께 공양을 올리는 게송.

以此加持妙供具① **이차가지묘공구**	하옵기로 지금까지 가지하온 이공양을
供養十方諸佛陀 **공양시방제불타**	시방삼세 제불타님 모든분께 올립니다.
以此加持妙供具 **이차가지묘공구**	하옵기로 지금까지 가지하온 이공양을
供養十方諸達摩 **공양시방제달마**	시방삼세 제달마님 모든분께 올립니다.
以此加持妙供具 **이차가지묘공구**	하옵기로 지금까지 가지하온 이공양을
供養十方諸僧伽 **공양시방제승가**	시방삼세 제승가님 모든분께 올립니다.

【자구해설】

①**供具(공구)**: ⑴불·보살님께 올리는 향, 꽃, 음식, 번개(幡蓋) 등의 공양물. ⑵불·보살님께 공양 올릴 때 쓰는 그릇.

※ **妙供(묘공)**: 무생법인(無生法忍)을 증오(證悟)케 하므로 '진리의 공양' 즉 법공양.

※ **供養具(공양구)**: 공양을 올리기 위한 기구(器具).

【개요】

<45.각집게>에서의 내용이 공양을 원만히 올리게 되길 발원하는 것이었다면, 본 항의 내용은 소례제위께 공양을 직접 올림을 주제로 하고 있는 절차이다.

【구성과 내용】

'구성'은 특별히 논할 것이 없다. '내용'은 재자의 정성으로 마련한 공양에 삼보님의 가지력이 더해져 신묘한 공양구를 이룸에 이를 시방삼세의 불·법·승 삼보님께 차례로 올리는 것으로 되어 있다.

【의식】

홀수 구를 법주가 '헌좌게성(獻座揭聲)'으로 창화하면 바라지가 울리는 태징을 신호로 대중은 짝수 구를 함께 창화한다. 마지막 구가 완전히 끝나기 전에 중번의 지시를 받은 어산 가운데 1人이 <47.보공양진언>을 거행한다.

【연구】

① 소례를 '영산제불타·달마·승가(靈山諸佛陀·達摩·僧伽)'와 '시방제불타·달마·

승가(十方諸佛陀・達摩・僧伽)' 가운데 어느 쪽으로 해야 하는지, 그리고 내용에 출입이 있는데 본고의 입장은 어떤지 등에 관한 것이다.

이들 두 가지 문제는 다음과 같이 하나의 답으로 정리될 수 있다.

표[189]에서와 같이 『진언권공』과 『영산대회작법절차』에는 전체 제목 없이 가지한 공양의 품목을 소상히 밝혔고, 다시 세 개의 항으로 나누어 게송으로 정리하여 의식화(儀式化)하였다. 『범음산보집』은 이에 더하여 본 항 서두에 7언6구의 서론격 내용을 첨가하였고, 『석문의범』에는 『범음산보집』에서 첨가한 7언6구의 내용만을 '가지게'라는 이름의 독립된 항

189)

『釋門儀範』	『眞言勸供』	『靈山大會作法節次』	『梵音刪補集』
<各執偈> 願此一身化多身 一一身出百千身 各執香花燈茶菓 衆和 供養靈山諸佛陀 各執云云諸達磨 供養云云諸僧伽 略則 除各執偈 但擧加持偈云	<香花頌云> 願我一身化多身 一一身出百千手 各執香花燈茶果 供養十方諸佛陁 各執香花燈茶果 供養十方諸達摩 各執香花燈茶果 供養十方諸僧伽 不捨慈悲受此供 施作佛事度衆生	<香花頌>大衆各執香花 願我一身化多身 一一身出百千手 各執香花燈茶果 供養十方諸佛陀 各執香花燈茶果 供養十方諸達摩 各執香花燈茶果 供養十方諸僧伽	願我一身化多身 一一身出百千手 各執香花燈茶果 供養靈山諸佛陀 各執香花燈茶果 供養靈山諸達摩 各執香花燈茶果 供養靈山諸僧伽 略則以此加持云云
<加持偈> 以此加持妙供具 供養靈山諸佛陀 以此云云諸達磨 以此云云諸僧伽 普供養呪 回向呪 諸眞言畢	以諸最勝妙華蔓 伎樂塗香及傘盖 如是最勝莊嚴具 我以供養諸如來 最勝衣服最勝香 抹香燒香與燈燭 一一皆如妙高聚 我悉供養諸如來 普照自性廣大海 七寶山燈最殊勝 出興如斯供養雲 諸佛等處我奉獻	<花盖伎樂供養>衆胡跪 以諸最勝妙華鬘 合掌云 伎樂塗香及傘盖 如是最勝莊嚴具 我以供養諸如來 <衣服香燈供養> 最勝衣服最勝香 抹香燒香與燈燭 一一皆如妙高聚 我悉供養諸如來 <諸供養[illegible]寶山> 普照自性廣大海 七寶山登最殊勝 出興如斯供養雲 諸佛等處我奉獻	以此加持妙供具 供養靈山諸佛陀 以此加持妙供具 供養靈山諸達摩 以此加持妙供具 供養靈山諸僧伽 次供養呪 回向呪 次諷經 及鳴鈸 祝願云云 或施主 最勝衣服及化主 勸善燒送時 大衆齊拜而跪 花鬘妓樂供養云云 <花鬘伎樂供養> 以諸最勝妙花鬘 伎樂塗香及傘盖 如是最勝莊嚴具 我以供養諸如來 <衣服香燈供養> 最勝衣服最勝香 抹香燒香與燈燭 一一皆如妙高聚 我悉供養諸如來 <自性心香供養> 普照自性廣大海 七寶山等最殊勝 出興如斯供養雲 諸佛等處我奉獻

으로 취급하였다.

현재 영산재보존회에 보존된 의식은 『석문의범』과 같다. 그러나 본고에서는 <45.각집게>에서 밝혔듯 『진언권공』과 『영산대회작법절차』의 입장에 공감하여 소례를 ‘시방제불타・달마・승가(十方諸佛陀・達摩・僧伽)’로 하기로 하였다. 왜냐하면 무엇보다도 <45.각집게>와 <46.가지게>에서의 소례는 동일해야 하기 때문이다.

<47.普供養眞言①(보공양진언)> 시방의 삼보님께 올리는 공양이 원만하길 발원하는 진언.

唵 阿阿那 三婆婆 婆我羅 或 三說
옴 아아나 삼바바 바아라 혹 삼설

【자구해설】

①**普供養眞言(보공양진언)**: 『소석금강과의회요주해(銷釋金剛科儀會要註解)』 2에, 이는 행하는 사람이 진언을 염할 때의 운심(運心)으로 관상(觀想)하는 것. 공양하는 물건이 정법계(淨法界)의 람자(囕字)진언과 길상수인(吉祥手印)을 사용하여 21편을 가지(加持)하면 청정법식(淸淨法食)이 되어 자연히 법계에 두루 한다 하였고, 수인[길상수인]은 우수(右手)의 대무지(大拇指)와 무명지를 서로 맞대고 남은 세 손가락을 쭉 편 뒤 변식진언을 염한다고 하였다.

【개요】

위의 <운심공양진언>이 진지(進止)의 개념을 지닌 진언임에 비해 본 진언은 '공양'에 관한 진언이다. 즉, 공양시 「반야심경」의 <16.공불게(供佛偈)>190) 등에 당하는 진언으로서 석존을 위시한 영산회상의 소례(所禮) 제위께서 공양을 드시기 전에 시방삼세의 제불보살님께 올리는 공양이 원만하기를 염하는 진언이다.

【구성 및 내용】

진언의 제목과 진언으로 구성되어 있다.

【의식】

간단히 거행하는 경우는 목탁 등 사물을 독송시(讀誦時) 박자로 울리며 대중이 염불성으로 지송한다.

범패로 거행하는 경우, 제목인 <보공양진언>의 '보(普)'자는 법주가 홑소리로 거행하고, '공양진언'과 <보회향진언>은 대중이 함께 창화한다. 진언은 다음 표와 같이 태징을 울리며 거행한다.

보~ 공양진언
[범패] ○⌄ ○○●○○

옴 아아나 삼바바 바라훔
○ ○○○ ○○○ ○○○⌄ ○○●○○ [두 번]

옴 ———— 아아나 삼바바 바라훔
○ ○○ ○○ ○○○○⌄ ○○○ ○○○ ○○○⌄ ○○●○○ [한 번]

---

190) 願我所受供(원아소수공) 원하옵건대, 받자온 이 음식
變成妙供具(변성묘공구) 미묘한 공양구로 변해지고
遍於法界中(변어법계중) 온 법계에 두루 하여
供養諸三寶(공양제삼보) 다함없는 삼보님께 공양 올려지이다.

【연구】

1 【개요】에서 본 진언에 대해 '공양시 『반야심경』의 <16.공불게(供佛偈)> 등에 당하는 진언으로서 소례께서 공양을 드시기 전에 시방삼세의 제불보살님께 올리는 공양이 원만키를 염하는 진언이다'라고 하였다. 그런데 소례께서 이미 성불하신 분이라면 지존(至尊)이시니 필요치 않은 대목이 아닐는지?

그렇게 생각하기 쉬운 대목이다. 그러나 다음과 같은 공자(孔子)의 말씀[191]을 음미해보면 성불 내지 그런 경지에 이르신 분이기에 오히려 더 필요한 대목임을 알 수 있다.

> 或 問聖人學也 曰是何言歟 是何言歟 凡民與賢猶知學 豈聖人怠於學耶 夫天地剛也
> 혹 문성인학야 왈시하언여 시하언여 범민여현유지학 기성인태어학야 부천지강야
>
> 而能學柔於地故 不干四時焉 地之柔也 而能學剛於天故 能出金石焉 陽之發生也 而
> 이능학유어지고 불간사시언 지지유야 이능학강어천고 능출금석언 양지발생야 이
>
> 亦學肅殺於陰故 靡草死焉 陰之肅殺也 而亦學發生於陽故 薺麥生焉
> 역학숙살어음고 미초사언 음지숙살야 이역학발생어양고 제맥생언
>
> 어떤 사람이 물었다. "성인도 배웁니까?"이르되 "이 무슨 말이며 이 무슨 말이냐? 범민과 현인도 오히려 배울 줄 알거든 어찌 성인이 배움에 게으르겠느냐. 대저 하늘은 강한 것이로되 부드러움을 땅에서 배우는故로 춘하추동 사시(四時)의 순서를 범하지 않고, 땅은 부드러운 것이로되 강한 것을 하늘에서 배움으로 능히 금석(金石)을 내며, 양(陽)은 발생하는 것이로되 또한 숙살(肅殺)을 음(陰)에서 배우는 까닭에 미초(靡草)[192]가 죽으며, 음이 숙살하는 것이로되 발생하는 것을 양에서 배우므로 감초와 보리를 출산한다." 하였다.

진리에 고금동서(古今東西)가 없음을 생각건대 교훈이 될 말씀이며, 본 진언이 지니는 의미도 이에 다름이 아니라 할 것이다. 혹자는 아라한과가 무학위(無學位)임을 들어 부당함을 주장할지 모르나, 『불설우란분경(佛說盂蘭盆經)』에서 아래와 같이 말씀하셨듯 중생에게 모범을 보이시기 위한 차원으로 이해한다면, 그런 주장 역시 거두어야 할 것이다.

> 時佛勅十方衆僧 皆先爲施主家 呪願[193]七世父母 行禪定意 然後受食 初受盆時 先安在
> 시불칙시방중승 개선위시주가 주원칠세부모 행선정의 연후수식 초수분시 선안재
>
> 佛塔前 衆僧呪願竟 便自受食[194]
> 불탑전 중승주원경 편자수식
>
> 그 때 부처님께서 시방의 많은 승려에게 이르시어, 다함께 먼저 시주가(施主家)를 위해 칠세부모의 축원을 하고, 선정(禪定)을 행한 연후에 음식을 받게 하시며, 처음 공양구를 받아서는 먼저 불탑 앞에 올리고, 여러 스님들의 축원이 끝나면 음식을 받도록 하셨다.

2 『석문의범』 권하 6쪽에는 <51.보공양진언>과 <52.보회향진언> 사이에 <출생공양진언(出生供養眞言)>과 <정식진언(淨食眞言)>이 더 있던데?

---

191) 『緇門(치문)』 고산원법사면학(孤山圓法師勉學).

192) 가지와 잎이 가는 풀.

193) 呪願(주원): 간단한 어구(語句)에 발원의 뜻을 담아서 기원하는 것. 예컨대, 음식 등의 공양을 받았을 때 (대개는 식후) 시주의 뜻하는 바에 따라서 어구를 외우며 기원하는 것.

194) 『大正藏』 卷16, p.779b.

개인적인 생각을 전제로 한다면 <출생공양진언>과 <정식진언>이 있어야 옳다고 본다. 우선, <출생공양진언>과 <정식진언>이 어떤 내용의 진언인지 살피면 다음과 같다.

<출생공양진언>에서 '출생공양(出生供養)'은 소례께서 공양에 임하시기에 앞서 중생들, 특히 귀신의 무리를 위해 자신의 몫인 공양의 일부를 덜어 내놓음을 말하는 것이다. 공양시 「반야심경」의 <21.산반게(散飯偈)>와 같은 의미를 지니는 진언이다. 게송의 내용은 다음과 같다.

汝等鬼神衆(여등귀신중)	그대들 귀계의 무리여
我今施汝供(아금시여공)	내 이제 그대들에 공양을 베푸나니,
七粒[195]遍十方(칠립변시방)	일곱 낱알 시방에 가득하여
三途飢渴(삼도기갈)	삼악도의 기갈 면코
悉除熱惱(실제열뇌)	모든 번뇌 제하도록
普同供養(보동공양)	빠짐없이 공양하소. [속]111-547하중

같은 의미를 지닌 게송이 「소심경(小心經)」에는 <생반게(生飯偈)>라는 제목 하에 다음과 같은 내용으로 실려 있다. 소개하면,

汝等鬼神衆(여등귀신중)	그대들 귀신의 무리여
我今施汝供(아금시여공)	내 이제 그대들에게 공양을 베푸나니
此食遍十方(차식변시방)	이 음식이 시방에 두루하여
一切鬼神供(일체귀신공)	모든 귀신이 공양하여 지이다.

즉, 출생공양(出生供養)과 생반(生飯) 그리고 산반(散飯)은 동일한 의미를 지닌 단어이며, 용처에 따라 구분하기 위해 표현을 달리한 것에 불과하다.

다음, <정식진언>는 공양시 「반야심경」의 <22.정식게>와 같은 의미를 지니는 진언이다. 여기서 말하는 '정식'이란 중생의 피와 살점이 들어있지 않은 청정한 음식으로 수행자가 취함에 적합한 공양임을 의미한다. <정식게>와 <정식진언>을 차례로 소개하면,

<22.淨食偈(정식게)>

吾觀一滴水(오관일적수)	한방울의 물이라도 心眼으로 바라보면
八萬四千蟲(팔만사천충)	팔만사천 뭇생명이 그속에서 산답니다.
若不念此呪(약불염차주)	만에하나 진언않고 마음대로 마신다면
如食衆生肉(여식중생육)	소나돼지 잡는것과 그무엇이 다르리까!

唵 薩婆那 由他 鉢多那野 般多般多 沙婆訶 三說
옴 살바나 유타 발다나야 반다반다 사바하 삼설

<淨食眞言(정식진언)>

唵 多迦縛羅 吽
옴 다가바라 훔

195) 『불광대사전(佛光大辭典)』 권3 p.2071a. '생반(生飯)'항에 "佛陀曾向弟子制定此法 雖然施食以飯七粒爲限 但鬼神能變 能以少量成爲多量而致飽食 云云(불타증향제자제정차법 수연시식이반칠립위한 단귀신능변 능이소량성위다량이치포식 운운)"이라 하여, 부처님께서 시방의 중생에게 음식을 베푸는 것을 제정하셨지만, 그 양에 있어서는 7개의 낱알로 한정하셨다는 내용을 언급했다.

단, <정식진언>의 내용은 <정식게>에서의 진언과 다르지만, 이는 용처(用處)에 따른 때문이다. 달리 예를 하나 든다면, 조석예불시 종성의 내용 가운데 <파지옥진언>을 들 수 있다. 예불이라는 주제 하에 같은 제목으로 거행하는 의식임에도 아침과 저녁에 거행하는 진언의 내용은 전혀 다르다.[196]

196) 아침: 曩謨 阿灑吒 始地喃 三藐三沒駄 鳩致喃 唵 惹左那 縛婆始 地哩地哩 吽
나무 아따 시지남 삼먁삼못다 구치남 옴 아자나 바바시 지리지리 훔
저녁: 唵 迦羅地野 娑婆訶
옴 가라지야 사바하

<48.普回向①眞言(보회향진언)> 소례께서 공양공덕이 일체중생에 미치기를 발원하는 진언.

唵 舍摩羅 舍摩羅 尾摩羅 舍羅摩訶 左佉羅縛吽 三說
옴 삼마라 삼마라 미마나 사라마하 자거라바훔 삼설

【자구해설】

①普回向(보회향)197): 공덕을 널리 일체중생에게 회향하기 위해 행하는 독경 및 법회. 법요·독경·공양 등을 일불(一佛) 일령(一靈)을 위해 행하는 것이 아니라, 널리 일체중생에게 회향하기 위해 베푸는 것.

【개요】

본 진언은 공양시 「반야심경」의 <23.삼시게(三匙偈)> —願斷一切惡 願修一切善 願共諸衆生 同成無上道— 와 같이 시각을 달리하여 재자의 정성으로 이루어진 금일 공양의 공덕을 일체중생에게 회향하게 하는 진언이다. 즉, <47.보공양진언>으로 시방삼세 삼보님께 공양 올리고, 그 공덕이 <48.보회향진언>으로 중생에 회향되어 무량의 복락(福樂)을 얻는 이른바 이리(二利)의 행원(行願)을 성취토록 하려는 것이다.

【구성과 내용】

진언의 '제목'과 '진언'으로 되어 있다.

【의식】

<47.보공양진언>으로부터의 박자를 유지하며, 제목인 <48.보회향진언>과 진언을 대중이 동음으로 창화한다. 진언에서 말번은 태징을 울리고 이때 아래와 같이 '작법[바라]'을 행한다.

보 ———— 회향진언
○ ○○ ○○ ○○○○⌄ ○⌄ ○○●○○

옴 삼마라 삼마라 미마나 사라마하 자거라바훔
○ ○○○ ○○○ ○○○ ○○○ ○○○ ⌄ ○○●○○ [두 번]

옴 ———— 삼마라 삼마라 미마나 사라마하 자거라바훔
○ ○○ ○○ ○○○○⌄ ○○○ ○○○ ○○○ ○○○ ○○○ ⌄ ○○●○○ [한번]

197) <普廻向文> 願以此功德 普及於一切 我等與衆生 皆共成佛道 -『법화경』화성유품 -
원하옵은 지금까지 닦으온바 이공덕이 / 널리널리 모든국토 중생에게 이르러서
이내몸과 차별없는 한량없는 모든중생 / 너나없이 우리모두 저불도를 이룹시다.

<49.四大洲(사대주)> 소례의 입장에서 능례의 원이 성취되기를 축원하는 4종 진언.

(1) 南無大佛頂如來密因修證了義諸菩薩萬行首楞嚴神呪
나무대불정여래밀인수증요의제보살만행수능엄신주

怛也他 唵 阿囊黎 尼捨帝 吠羅 縛日羅 駄隷 滿駄滿駄隷 縛日羅 播尼發 呼吽
다냐타 옴 아나레 비사제 비라 바아라 다리 반다반다니 바아라 바니반 호훔

納魯 唵發 娑縛訶 三七遍
다로 옴박 사바하 삼칠편

(2) 正本觀自在菩薩如意輪呪
정본관자재보살여의륜주

那謨 富陀野 那謨 陀羅摩野 那謨 僧伽野 那謨 阿里夜 縛路枳帝 莎羅野 普致
나무 못다야 나무 달 마야 나무 승가야 나무 아리야 바로기제 사라야 모지

薩多野 摩訶薩多也 沙迦羅 摩訶迦路 尼迦野 訖里多野 曼多羅 怛也他 迦迦那
사다야 마하사다야 사가라 마하가로 니가야 하리다야 만다라 다냐타 가가나

鉢羅地晋多 摩尼 摩賀舞怛隷 婁婁婁婁 地瑟吒 訖里多曳 比司藝 唵 富陀那
바라지진다 마니 마하무다레 루로루로 지 따 하리다예 비사예 옴 부다나

富陀尼 野登 三七遍
부다니 야등 삼칠편

(3) 佛頂心觀世音菩薩姥陀羅尼
불정심관세음보살모다라니

那謨羅 怛那怛羅 夜野 那莫 阿利野 婆路吉帝 濕伐羅野 菩提薩多跛野 摩賀薩
나모라 다나다라 야야 나막 아리야 바로기제 사바라야 모지사다바야 마하사

多跛野 摩訶迦路尼迦野 怛姪他 阿婆陀 阿婆陀 跛利跛帝 堙醯醯 怛姪他 薩婆
다바야 마하가로니가야 다냐타 아바다 아바다 바리바제 인혜혜 다냐타 살바

陀羅尼 曼茶羅野 堙醯醯 鉢羅摩輸駄 菩多野 唵 薩婆斫藪伽野 陀羅尼 因地利
다라니 만다라야 인혜혜 바라마수다 못다야 옴 살바작수가야 다라니 인지리

野 怛姪他 婆盧枳帝 濕縛羅野 薩婆咄瑟吒 烏訶耶彌 娑婆訶 三七遍
야 다냐타 바로기제 새바라야 살바도따 오하야미 사바하 삼칠편

(4) 佛說消災吉祥陀羅尼
불설소재길상다라니

曩謨 三滿多 母駄喃 阿鉢羅底 賀多舍 婆曩喃 怛姪他 唵 佉 佉 佉惠 佉惠 吽
나모 사만다 못다남 아바라지 하다사 사나남 다냐타 옴 카 카 카혜 카혜 훔

吽 入縛囉 入縛囉 縛囉入縛囉 縛囉入縛囉 底瑟吒 底瑟吒 瑟致理 瑟致理 婆
훔 아바라 아바라 바라아바라 바라아바라 디따 디따 디리 디리 빠

吒婆吒 扇底迦 室哩曳 沙婆訶 三七遍
다빠다 선지가 시리예 사바하 삼칠편

【개요】

≪사대주(四大呪)≫는 밀교부 경전 가운데 설해져 있는 <대불정여래밀인수증요의제보살만행수능엄신주> <정본관자재보살여의륜주> <불정심관세음보살모다라니> <불설소재길상다라니> 등 4종의 다라니로서 이들 다라니를 선종(禪宗)에서 원용한 것이다.

석존께서는 ≪사대주≫의 공능으로, 외도조복(外道調伏)·발제군고(拔濟群苦)·성정각(成正覺)·전법륜(轉法輪)·수기(受記)·제난(除難)·왕생정토(往生淨土)·오곡풍숙(五穀豊熟)·중생회향(衆生回向)·업장소멸(業障消滅)·선신옹호(善神擁護)·복덕구족(福德具足)·구아순산(求兒順産)·수명장수(壽命長壽)·친견세존(親見世尊)·친견미타(親見彌陀) 등 가지가지 이익이 있음을 설하셨다.

즉, 소례께 올리는 공양의 원만성취는 물론「권공의식」의 공덕으로 위에 열거된 많은 원(願) 가운데 특히 재를 올리는 계기(契機)가 된 원이 효과적으로 성취되기를 바라며 거행하는 의식이다.[198]

☞『각론Ⅳ』【송주】편(篇)의 ≪사대주≫ 참고.

【구성과 내용】

진언의 '제목'과 '진언'으로 되어 있다.

【의식】

특별한 범패의식은 없다. 염불성(念佛聲)으로 태징과 목탁 등 사물을 울리며 대중이 함께 지송한다.

【연구】

1「권공의식」에서 ≪사대주≫의 역할은?

<44.육법공양> 소수 '•배헌선열미(拜獻禪悅米)'의 【연구】1에서 소개한『과거현재인과경』의 내용 말미에서 보듯, 소례께서는 공양을 드시기에 앞서 능례를 위해 축원을 하시는 것으로 되어 있다. 그런데 본 ≪사대주≫에는 【개요】에서 살핀 바와 같이 축원의 의미가 있는바 능례를 위한 소례의 축원에 해당하는 역할이 있다.

한편,『불설우란분경(佛說盂蘭盆經)』에도 다음과 같은 내용이 있어 위의 주장을 뒷받침하고 있다.

> 『佛說盂蘭盆經(불설우란분경)』
> 時佛勅十方衆僧 皆先爲施主家呪願[199]七世父母 行禪定意然後受食 初受盆時 先安在佛塔
> 시불칙시방중승 개선위시주가주원 칠세부모 행선정의연후수식 초수분시 선안재불탑
> 前 衆僧呪願竟 便自受食[200]
> 전 중승주원경 변자수식
> 그때 부처님께서 시방의 많은 승려에게 이르시어, 다 함께 먼저 시주가(施主家)를

198) 이지관 저『한국불교소의경전연구』p.186 참고.
199) 주원(呪願): 간단한 어구(語句)에 발원의 뜻을 담아서 기원하는 것. 예컨대 음식 등의 공양을 받았을 때, 시주의 뜻하는 바에 따라서 어구를 외우며 기원하는 것.
200)『大正藏』卷16, p.779b.

위해 칠세부모의 축원을 하고, 선정을 행한 연후에 음식을 받게 하시며, 처음 공양구를 받아서는 먼저 불탑 앞에 올리고, 여러 스님들의 축원이 끝나면 음식을 받도록 하셨다.

2 <소재주(消災呪)>에 대한 해석이 있다는데…?

일본 법장관 발행 『밀교대사전(密敎大辭典)』 1149쪽 상단에 해석된 내용이 있어 『각론 Ⅳ』에 소개하였다. 다소 신빙성이 결여된다고 판단되어 소개를 보류하였던 정행편 『승가일용식시묵언작법(僧家日用食時默言作法)』[201]의 <소재주>에 대한 해석을 전자(前者)와의 비교 검토를 위해 함께 소개하기로 한다.

다음은 『밀교대사전(密敎大辭典)』 1149쪽 상단의 내용.

消災眞言(소재진언)

曩謨三滿多沒馱喃: 歸命普遍諸佛(귀명보변제불)
阿鉢囉底賀哆舍娑娜喃: 難敵打殺(난적타살) 無能害者(무능해자)
怛姪他: 卽說(즉설)
唵 佉佉 佉呬佉呬: 無見頂相(무견정상) 혹은 本不生(본불생)
吽吽: 恐怖除障(공포제장)
入縛囉 入縛囉: 光炎(광염. 障을 제거하여 佛의 三德을 만족케 한다는 뜻)
鉢囉入縛攞 鉢囉入縛攞: 熾盛光炎(치성광염. 六塵에 끄달리지 않고 諸業을 滅盡 시킨다는 뜻.)
底瑟姹 底瑟姹: 發起(발기) 願住(원주)
瑟致哩 瑟致哩: 確固(확고) 秘(비)
薩普吒 薩普吒: 激發(격발) 破壞(파괴)
扇底迦: 息災(식재)
室哩曳: 吉祥(길상)
娑嚩賀: 成就(성취)

다음은 『승가일용식시묵언작법(僧家日用食時默言作法)』의 내용

佛說消災吉祥陀羅尼曰(**불설소재길상다라니왈**)

曩謨三滿多: 過去現在未來諸佛(과거현재미래제불)
母馱喃: 淸淨法身毘盧遮那佛號(청정법신비로자나불호)
阿鉢囉底: 盧舍那佛眷屬(노사나불권속)
賀多舍: 不動尊佛眷屬(부동존불권속)
莎曩喃: 本師釋迦佛號(본사서가불호)
怛喔他唵: 一切鬼神聞唵字悉皆合掌听受佛言(일체귀신문옴자실개합장은수불언)/ 听(웃을 은)
佉佉: 文殊菩薩眷屬(문수보살권속)
佉呬佉呬: 普賢菩薩眷屬(보현보살권속)

201) 『한국불교의례자료총서』 권3, p.551.

吽吽: 降二十八宿九曜諸佛(강이십팔숙구요제불)
入嚩囉入嚩囉: 大通智勝如來眷屬(대통지승여래권속)
鉢羅入嚩囉鉢羅入嚩囉: 一切香花自在王佛眷屬(일체향화자재왕불권속)
底瑟姹底瑟姹: 八萬四千金剛名號(팔만사천금강명호)
瑟致哩瑟致哩: 四天王眷屬(사천왕권속)
婆發吒婆發吒: 金剛菩薩眷屬(금강보살권속)
扇底迦: 除障碍菩薩执金剛童子(제장애보살환금강동자)
室哩曳: 妙吉祥菩薩名號(묘길상보살명호)
娑嚩賀: 熾盛光佛本尊名號(치성광불본존명호)

3 앉은 자세로 ≪사대주≫를 거행하는데 이유는?

의식용어 가운데 '좌립(坐立)'이라는 것이 있다. 의식을 거행하는 자세를 정좌·기립·호궤·행도 등으로 나누고 의식의 성격에 맞는 자세를 취함을 말하는 것이다. 따라서 좌립을 안다거나 모른다는 표현은 의식의 내용을 안다 혹은 모른다는 의미가 되는 것이다.

(1)**정좌의 자세로 거행하는 경우**는 '독경'과 '소례를 대신'하는 경우 등이 있다.

①독경의 경우라 함은, '의천수'의 봉독을 대표적 예로 들 수 있다. 의천수의 내용을 살피면 호궤나 기립 혹은 오체투지의 자세를 취해야 하는 대목이 있음에도 불구하고 줄곧 정좌의 자세를 유지하는 것은, 경문을 읽으며 그 뜻을 깊이 생각하고 이해하려는 이른바 송문관의(誦文觀意)가 용이토록 하기 위한 실용적 배려에서이다.

②소례를 대신하는 경우라 함은, 「영산작법」의 <45.각집게>나 「상주권공」의 <운심공양진언>를 위시한 일련의 진언의식을 말한다. 공양에 임한 소례께서 입장을 능례로 전환하여 시방삼세의 무진삼보(無盡三寶)께 먼저 공양을 올리는 경우를 말하는 것이다. 이때 공양을 올리며 발하는 원과 이를 실천에 옮기는 <45.각집게>나 <운심공양진언>, 시방삼세의 삼보님께 올리는 <보공양진언>, 이어 일체중생에게 공양을 베푸는 <보회향진언> 그리고 공양을 준비한 재자(齋者)를 위해 선업이 증장하고 원이 성취되기를 축원하는 ≪사대주≫ 등 일련의 진언의식을 거행한다. 이때 법주는 이런 소례의 입장을 대신해야 하며, 따라서 원칙적으로 정좌의 자세를 취하고 거행하는 것이다.

참고로 기립이나 호궤 또는 행도의 자세로 거행하는 경우를 살피면,

(2)**기립의 자세로 거행하는 경우**는 소례를 대상으로 '축원(祝願)', '찬탄(讚嘆)', '영접(迎接)', '공양진설(供養陳設)' 등을 할 때이고,

(3)**호궤의 자세로 거행하는 경우**는 '소청(召請)', '관상(觀想)' 등을 할 때이며,

(4)**행도의 자세로 거행하는 경우**는 '요잡(繞匝)'이나 '장소의 이동' 등을 거행할 때이다. 즉, 장소나 경우에 따라 다를 수도 있겠으나 원칙적으로는 그렇다는 말이다.

<50.願成就眞言(원성취진언)> 소례와 능례의 원이 모두 성취됨을 발원하는 진언의식.

唵 阿暮佉 薩婆多羅 舍多野 始吠吽 三說
옴 아모까 살바다라 사다야 시베훔 삼설

【개요】

모든 재의식이 그렇듯 「상주권공」은 '권공(勸供)'을 주제로 행하는 의식이다. 따라서 의식의 내용은 의식의 순서에서 확인하듯 공양을 목적으로 점층적인 구조를 띠며 거행한다. 그런데 이와 같은 권공의식이 이루어짐에는 대부분 계기가 있게 마련이고, 그 계기의 내용은 곧 원의 내용이기도 하다. 따라서 <45.각집게>에서와 같은 원을 '총원(總願)'이라고 볼 때, 계기(契機)의 내용인 원은 '별원(別願)'이라 할 수 있다.

본 진언은 이와 같은 '총원'과 '별원'이 총체적으로 성취되기를 바라며 올리는 진언이다.

【구성과 내용】

진언의 '제목'과 '진언'으로 되어 있다.

【의식】

염불성으로 태징과 목탁 등 사물을 울리며 대중이 함께 지송한다.

【연구】

① 위 진언을 확인할 수 있는 곳은?

願成就眞言
唵旖暮伽薩婆怛囉纈陀野始廢吽
옴。아모가。살바。ᄃᆞ라사다야。시베훔 『진언집』 상10

願成就眞言
옴、아모가、살바다라、사다야、시베、훔 봉원사『요집』 상8

② 【개요】에서 '총원'과 '별원'이 총체적으로 성취되기를 바라며 올리는 진언이라 하였는데, 과연 두 가지 원을 함께 성취함이 가능한지?

소례께서 공양에 응하심은 곧 능례의 원에 공감하신다는 의미이다. 따라서 '공양의 원만'과 '능례의 원' 사이에는 등식(等式)이 성립한다.

<51.補闕①眞言(보궐진언)> 부족하거나 잘못된 부분이 채워지고 고쳐지게 하는 진언.

唵 戶魯戶魯 舍野謨契 娑婆訶 三說
옴 호로호로 새야목계 사바하 삼설

【자구해설】

①**補闕(보궐)**: [=補缺(보결)] 빈자리를 채움.

【개요】

의식을 진행하는 것은 승려이다. 그러나 승려 역시 성불에 이르지 못한 이상 중생일 수밖에 없고, 신심과 정성을 기울여 봉행하는 의식이라도 자칫 부족하거나 온전치 못한 경우가 있을 수 있다. 이렇듯 부족하거나 잘못된 부분이 있음을 상정하여, 그런 점이 불·보살님의 위신력에 의해 채워지고 고쳐지기를 발원하며 올리는 자동조정 장치와 같은 진언이다.

【구성과 내용】

진언의 '제목'과 '진언'으로 되어 있다.

【의식】

염불성으로 태징과 목탁 등 사물을 울리며 대중이 함께 지송한다.

【연구】

1 위 진언을 확인할 수 있는 곳은?

補闕眞言
唵虎嚕虎嚕社野目契娑嚩賀
옴。호로호로。샤야모계。ᄉᆞ바하 『진언집』상34

補闕眞言
옴、호로、호로、사야、목케、ᄉᆞ바하 봉원사 『요집』 권상 8장

<52.禮懺①(예참)> 신심어린 염불과 진정한 참회를 바탕으로 소례께 공양을 올리는 절차.

靈山作法 ‖ ★(1)**歸依儀式** 1.鳴鈸 2.喝香 3.燃香偈 4.喝燈 5.燃燈偈 6.喝花 7.舒讚偈 8.佛讚 9.大直讚 10.中直讚 11.小直讚 12.開啓疏 13.合掌偈 14.告香偈 ★(2)**結界儀式** 15.開啓篇 16.觀音讚 17.觀音請 18.散華落 19.來臨偈 20.香華請 21.歌詠 22.乞水偈 23.灑水偈 24.伏請偈 25.大悲呪 26.四方讚 27.道場偈 28.懺悔偈 ★(3)**召請儀式** 29.大會疏 30.六擧佛 31.三寶疏 32.大請佛 33.三禮請 34.四府請 35.單請佛 36.獻座眞言 37.茶偈 38.一切恭敬 39.香花偈 ★(4)**勸供儀式** 40.淨法界眞言 41.祈聖加持 42.四陀羅尼 43.加持供養 44.六法供養 45.各執偈 46.加持偈 47普供養眞言 48.普回向眞言 49.四大呪 50.願成就眞言 51.補闕眞言 52.禮懺 53.嘆白 54.和請 55.祝願和請

志心頂禮供養 三界大師 四生慈父 '兜率來儀相' 是我本師 釋迦牟尼佛
지심정례공양 삼계대사 사생자부 '도솔내의상' 시아본사 석가모니불

지극한 마음으로 정례하오며,
삼계의 위대하신 스승이시며 사생의 자비로운신 아버님,
도솔천궁 떠나사 사바세계에 오시는 모습으로 깨우침을 주신
저희들의 본사 서가모니 부처님께 공양 올리옵나이다.

志心頂禮供養 三界大師 四生慈父 '毘藍降生相' 是我本師 釋迦牟尼佛
지심정례공양 삼계대사 사생자부 '비람강생상' 시아본사 석가모니불

룸비니원 무우수 아래 탄생하시는 모습으로 깨우침을 주신
저희들의 본사 서가모니 부처님께 공양 올리옵나이다.

志心頂禮供養 三界大師 四生慈父 '四門遊觀相' 是我本師 釋迦牟尼佛
지심정례공양 삼계대사 사생자부 '사문유관상' 시아본사 석가모니불

동서남북 성문 밖을 살피시는 모습으로 깨우침을 주신
저희들의 본사 서가모니 부처님께 공양 올리옵나이다.

志心頂禮供養 三界大師 四生慈父 '踰城出家相' 是我本師 釋迦牟尼佛
지심정례공양 삼계대사 사생자부 '유성출가상' 시아본사 석가모니불

드높은 성 넘으시어 출가하시는 모습으로 깨우침을 주신
저희들의 본사 서가모니 부처님께 공양 올리옵나이다.

志心頂禮供養 三界大師 四生慈父 '雪山修道相' 是我本師 釋迦牟尼佛
지심정례공양 삼계대사 사생자부 '설산수도상' 시아본사 석가모니불

흰 눈 덮인 산중에서 수도하시는 모습으로 깨우침을 주신
저희들의 본사 서가모니 부처님께 공양 올리옵나이다.

志心頂禮供養 三界大師 四生慈父 '樹下降魔相' 是我本師 釋迦牟尼佛
지심정례공양 삼계대사 사생자부 '수하항마상' 시아본사 석가모니불

보리수하 자리하사 마군을 물리치시는 모습으로 깨우침을 주신
저희들의 본사 서가모니 부처님께 공양 올리옵나이다.

志心頂禮供養 三界大師 四生慈父 '鹿苑轉法相' 是我本師 釋迦牟尼佛
지심정례공양 삼계대사 사생자부 '녹원전법상' 시아본사 석가모니불

사슴 노는 동산에서 설법하시는 모습으로 깨우침을 주신
저희들의 본사 서가모니 부처님께 공양 올리옵나이다.

志心頂禮供養 三界大師 四生慈父 ‘雙林涅槃相’ 是我本師 釋迦牟尼佛
지심정례공양 삼계대사 사생자부 ‘쌍림열반상’ 시아본사 석가모니불

사라쌍수 그늘아래 짐짓 열반을 보이시는 모습으로 깨우침을 주신
저희들의 본사 서가모니 부처님께 공양 올리옵나이다.

志心頂禮供養 靈山會上 經藏律藏論藏 甚深法寶
지심정례공양 영산회상 경장율장논장 심심법보

영산회상의 경장 율장 논장 등 더없이 깊은 법보님께
저희들의 본사 서가모니 부처님께 공양 올리옵나이다.

志心頂禮供養 靈山會上 菩薩緣覺聲聞 淸淨僧寶
지심정례공양 영산회상 보살연각성문 청정승보

영산회상의 보살 연각 성문 등 청정하신 승보님께
저희들의 본사 서가모니 부처님께 공양 올리옵나이다.

唯願無盡三寶 大慈大悲 受此供養 冥薰加被力 願共法界諸衆生 自他一時成佛道
유원무진삼보 대자대비 수차공양 명훈가피력 원공법계제중생 자타일시성불도

오직 바라옵니다. 다함없는 삼보님이시여!
크나크신 자비로써 이 공양을 받으시옵고 은밀히 가피력을 훈하사,
법계중생 모두 한 날 한 시에 성불케 하옵소서.

【자구해설】

①**禮懺(예참)**: [=懺禮(참례)] 부처님께 참회하고 기도하는 것.

【개요】

‘예참’의 본래 의미는 소례를 대상으로 예불하고 참회하는 것이다. 그러나 권공의식에서의 ‘예참’에는 예불과 참회 외에 소례이신 신앙의 대상에게 권반(勸飯), 즉 공양을 올린다는 의미가 더 있다.

영산작법에서의 <52.예참>은 시간과 내용을 고려하여 석문의범 권하 216쪽의 ‘팔상예문(八相禮文)’으로 하였다. 그러나 시간이 허용하면, ‘소예참례(小禮懺禮)’나 ‘대예참례(大禮懺禮)’로 거행하는 것이 바람직하다.

【구성과 내용】

전체적인 구성을 <거불>의 유형에 견주면, 영산회상의 서가모니불을 소례로 8번 그리고 법보와 승보를 한 번씩 소례로 들고 있어 거불의 유형 ‘제(4)’에 속하고, 부분적인 구성은 ‘귀의와 공양의 념(念)’·‘소례의 공능’ 및 ‘종류’ 그리고 ‘소례’의 순으로 되어 있다.

내용은 경건하고 지극한 마음으로 영산회상의 소례제위께 공양을 올리는 것으로 되어 있으며, 마지막 ‘유원(唯願)운운’에서는 권공의 목적이 원만히 성취되기를 발원하고 있다.

【연구】

1 <예참(禮懺)>을 모시는 시점이 맞는지?

『석문의범』 권하 6쪽에는 '사다라니 · 운심공양진언 · 보공양진언 · 출생공양진언 · 정식진언 · 보회향진언 · 원성취진언 · 보궐진언 · **예참** · 정근 · 축원'의 순으로 되어 있다. 한편 1998년 대한불교조계종 포교원에서 펴낸 『통일법요집』 소수 「불공편(佛供篇)」의 ≪삼보통청≫에는 <사다라니> 후에 <예참>을 모시는 것으로 되어 있다. 본서에서는 『석문의범』의 예(例)에 준하기로 하였다.

2 예참(禮懺)의 의미를 구체적으로 살피면…

예참(禮懺)은 예배(禮拜)와 참회(懺悔)의 합성어로 배참(拜懺)이라고도 한다. 즉, 지은 바 모든 악업을 예불 · 독경 등으로 제불보살께 참회하는 것이다. 당대(唐代)의 지승(智昇)이 지은 『집제경례참의(集諸經禮懺儀)』[202] 2권은 각종 참법의식(懺法儀式)을 처음으로 종합해서 간행한 것이다. 근세의 것으로는 양황보참(梁皇寶懺) · 자비수참(慈悲水懺) · 약사참(藥師懺) · 정토참(淨土懺) · 금강참(金剛懺) 등이 비교적 성하였다. 예전에는 예참(禮懺)을 신자 스스로 봉행하거나 혹은 스님을 청하여 대신 행하게 하였으나, 지금은 대부분 스님을 청하여 거행하고 신자가 스스로 행하는 경우는 드물다.

그런데 권공의식에서는 소례에게 공양을 권하려는 목적으로 예참을 거행한다. 총 30개의 항목으로 구성된 「대례참례」 첫 항의 내용을 소개하면,

> 志心頂禮供養 常住法界 眞言宮中 般若海會 淸淨香嚴海 圓明華藏都 不可說 摩尼
> 지심정례공양 상주법계 진언궁중 반야해회 청정향엄해 원명화장도 불가설 마니
> 寶雲莊嚴 阿僧祗光明 珠網間錯 一切衆寶 顯煥無涯 萬德眞常 凝然寂滅 量不可測
> 보운장엄 아승지광명 주망간착 일체중보 현환무애 만덕진상 응연적멸 양불가측
> 空空跡絶於義天 深不可涯 湛湛言忘於敎海
> 공공적절어의천 심불가애 담담언망어교해
>
> 蟭螟眼睫起皇州 玉帛諸侯次第投 天子臨軒論土廣 太虛猶是一浮漚
> 초명안첩기황주 옥백제후차제투 천자임헌논토광 태허유시일부구
>
> 逈然薰現 暗鑁南含坎大敎主 淸淨法身毘盧遮那佛
> 형연훈현 암종남함감대교주 청정법신비로자나불 [중화] 여시해회 일체제불
>
> [衆和] 如是海會 一切諸佛
> [중화] 여시해회 일체제불
>
> [청정법신 비로자나부처님께] 지극한 마음으로 정례하오며 공양 올리나이다. [당신께오선] 그 언제나 법계의 진언궁전 가운데 반야해회에 머무시옵니다. / [반야해회는] 청정한 향으로 장엄한 바다, 원만하고 밝은 화장세계로서 말로써는 가히 다할 수 없는 구름처럼 많은 마니주로 장엄되고 아승지의 광명 있나이다. / [그리고 그] 마니보주는 그물의 코마다 꿰어 있는데, 이들 보배 구슬에 드러난 빛은 서로 서로 장애가 없나이다. / [이 마니주처럼 당신의] 만 가지 덕은 참되고 항상 하시며, 뚜렷하면서도 적멸하시니 그 양을 측량조차 할 수 없나이다. / [그러나 그 덕은] 비고 또 비어 자취가 허공에서 끊어지고, 깊고 넓으며 담담하여 말이 교의 바다에서 잊혀지나이다.
>
> 작은초명 눈썹끝에 큰나라를 일으키니
> 재물이며 제후들이 차례차례 모여든다.
> 초명천자 軒檻에서 국토넓이 논할적에

202) 『大正藏』 卷47, p.456.

넓고넓은 태허공을 자바라에 견주었네.

아스라이 먼 향기로서 나투시는 암밤남함캄 대교주 청정법신 비로자나부처님이시여!
[대중이 함께] 이와 같은 해회의 모든 부처님이시여! [지극한 마음으로 정례하오며 공양 올리나이다.]

단, 시작하는 첫 대목의 내용이 '지심정례공양'으로 되어 있으나, 공양을 올리지 않았을 경우에는 '지심귀명례'로 하면 된다.

중요한 것은 예참의 내용을 공양의 내용으로 활용해도 되겠느냐는 점이다. 결론부터 말하면, 괜찮다. 『관음예문례(觀音禮文禮)』에서 참회가 완료되는 시점인 <지심참회>의 내용이 '참회이 귀명례삼보(懺悔已 歸命禮三寶)'이다. 좀 더 구체적으로 말하면, '참회이 대발원이 종신귀명례삼보(懺悔已 大發願已 終身歸命禮三寶)'이다.

즉, 참회는 발원의 조건이고, 발원은 귀명의 조건이며, 귀명은 공양의 조건이다. 진정한 의미에서의 공양은 이 세 가지 조건이 충족되어야 가능하다. 더 간단히 말하면, 진정한 참회가 곧 공양이다. 왜냐하면 공양은 공양 자체에 의미가 있다기보다 참회의 상징적 의미를 지니는 것이기 때문이다. 소례께서 공양에 응하셨다면, 이는 곧 참회가 원만히 성취되었음을 의미한다 하겠다.

이에 비해 예참(禮參)은 불·보살님께 절을 하며 예를 표하는 일로서, 죄과(罪過)를 참회하는 예참(禮懺)과는 구별된다.

하안거가 끝난 다음날인 해하(解夏), 즉 음력 7월 16일 아침, 운집했던 대중이 본사로 돌아가기 전 석별의 정을 나누며 불전에서 거행하는 의식을 조예참(朝禮參) 혹은 조배참(朝拜參)이라 한다.

이 날 조예참(朝禮參)을 거행하는 이유는,

①하안거가 끝나면 승려는 승랍(僧臘)을 더하게 된다. 즉, 승려로서의 나이를 보태게 된다는 말이다. 따라서 새해에 어른께 인사를 드리듯 불·보살님께 인사를 올리고, 대중과도 인사를 나누기 위함이다.

②안거를 위해 시방에서 운집한 스님들이 이 날을 기해 각기 본사(本寺)로 돌아가거나 다른 수행처를 찾아 떠나고 혹은 행각(行脚)을 시작하기도 한다. 따라서 떠나는 사람의 입장에서 그간 신세를 진 본사의 스님들께 감사의 뜻과 작별을 고하는 것이 되고, 본사 입장에서는 그간 대접이 소홀했음과 떠나는 스님들의 안녕을 기원하는 등, 서로 서로의 건강과 수행이 불·보살님의 가호 가운데 원만하기를 축원하며 인사를 나누는 의식이다.

3 <예참> 후, <탄백> 전에 '정근'과 '진언' 및 '참회문'이 있어야 하지 않는지?

<예참> 후의 '(1)정근'은 <예참>을 올린 능례의 마음이 <예참>의 내용에 사무쳐 급기야 소례와 일체가 되도록 삼밀가지를 실천으로 옮기는 절차이다. 따라서 불가결의 절차라 하겠다. 또 여기서 '(2)진언'은 '서가여래종자심진언'을 말하는데, 이 진언은 서가여래의 성덕(性德)이 담긴 중요한 진언이다. 그리고 '(3)참회문'은 삼밀가지의 상태를 참회와 서원이

라는 차원에서 거듭 점검하는 절차이다.

단, 영산작법에서 '정근', '진언', '참회문' 등 일련의 절차를 대체로 거행하지 않는다. 이유는 <2.할향>을 위시한 지금까지의 절차를, 관(觀)을 특징으로 하는 범음·범패로 긴 시간에 걸쳐 거행하는바, 그 과정에서 삼밀가지가 충분히 이루어졌다고 보는 데에 있다.

그러나 시간적 여유가 있거나 재의 주목적이 천도가 아닌 소례이신 석존과 영산회상의 제존께 올리는 공양에 있을 경우 '정근', '진언', '참회문'을 거행하면 된다.

'(1)정근'의 사전적 의미는 쉬지 않고 부지런히 힘쓴다는 것이다. 한편, 의식에서의 '정근'은 기도할 때 자세를 바로 하고 불보살님의 상호를 정성스러운 마음으로 관하며, 입으로는 끊임없이 명호를 불러 궁극적으로 소례와의 삼밀가지를 성취하려는 수행을 말한다. 이런 경우, 정근을 시작하는 첫머리에 소례의 특징 가운데 가장 현저한 내용을 상기토록 한다. 그것은 소례를 관하는 능례의 마음을 돕기 위한 것이다.

영산작법의 정근 초입의 내용은 '나무 영산불멸 학수쌍존 시아본사 서가모니불(南無 靈山不滅 鶴樹雙存 是我本師 釋迦牟尼佛)'이다.

南無 靈山不滅 **나무 영산불멸**	영취산에 계시면서 멸도한적 없으시나
鶴樹雙存 **학수쌍존**	사라수하 이르시어 짐짓열반 보이셨네.
是我本師 **시아본사**	사바세계 남섬부주 저희들의 본사이신
釋迦牟尼佛 **서가모니불**	서가모니 부처님께 지성귀의 하옵니다.

여기서 '영산불멸'이라 함은 『법화경』 여래수량품에서 당신이 보이신 멸도는 방편에 불과함을 설파하셨음을 말하는 것이다.[203] 즉, 석존께서는 중생들과 늘 함께 계시다는 말씀이다. 신앙적인 차원에서 석존을 과거완료형이 아닌 현재진행형으로 염할 수 있다.

그리고 '학수쌍존'에서 학수(鶴樹)는 인도가 원산지인 사라수(沙羅樹, Ⓟsāla)를 가리킨다. 석존께서 80세를 일기로 구시나가라(ⓈKuśinagara)에서 열반에 드시려 할 때, 누우신 자리의 네 변에 같은 뿌리에서 생겨난 한 쌍씩 모두 8그루의 사라수가 자리하고 있었다. 그런데 석존께서 멸도에 드시자 쌍수 가운데 한 그루씩, 마치 학이 내려앉은 것처럼 하얗게 말라 죽었다고 한다. 사고사영(四枯四榮)이라는 말이 이로부터 생기게 되었다 한다. 우리나라 상여(喪輿) 지붕의 네 귀 끝에 흰 솜으로 된 장식을 다는데 이를 사라화(沙羅華)라 하며, 그 유래가 곧 석존의 입멸을 애도한 나머지 하얗게 변한 당시의 사라수에 있다고 한다. 이렇듯 학수는 사라수를 의미하며 동시에 석존께서 입멸하심을 나타낸다.

뜻을 정리하면, '지금도 영취산에 계시면서 설법을 하고 계시지만, 중생을 위해 짐짓 사

---

203) 『法華經』 卷9, p43b. "自我得佛來 所經諸劫數 無量百千萬 億載阿僧祇 常說法敎化 無數億衆生 令入於佛道 爾來無量劫 爲度衆生故 方便現涅槃 而實不滅度 常住此說法 我常住於此 以諸神通力 令顚倒衆生 雖近而不見(내가 부처 된 후/ 지나간 겁의 수는/ 무량 백천만 억재 아승지/ 늘 설법해 끝도 모르는 중생들 교화하여/ 불도에 들게 하기를 무량겁 되었도다./ 중생 구하고자 열반을 보일망정/ 실은 항상 여기 있어 설법하나니/ 항상 여기 있지만 신통력으로/ 미혹한 자 근처서도 못 보게 함이로다.)"

라수 하에서 열반을 보이신 저희들의 스승 서가모니 부처님이시여'가 된다.

'(2)진언'은 정근 말미에 있으니, 제목은 <서가여래종자심진언(釋迦如來種子心眞言)>이고, 내용은 '나무 사만다 못다남 박(曩莫 三滿多 勃陀喃 縛)'이다. 그런데 이 진언은 일부를 취한 것으로 본래의 제목과 내용을 갖추어 말하면 다음과 같다.

釋迦如來眞言[204)]

曩莫① 三滿多② 勃陀喃③ 縛④ 薩縛吃哩捨⑤ 涅素娜曩⑥ 薩縛達磨⑦ 縛始多⑧ 鉢羅鉢多⑨ 誐誐曩⑩ 三摩三摩⑪ 娑縛賀⑫

namaḥ① samanta② buddhānāṁ③ bhaḥ④ sarva-kleśa⑤ nirsudana⑥ sarva-dharma⑦ vaśitā⑧ prāpta⑨ gagana⑩ samāsamā⑪ svāhā⑫

낭막① 삼만다② 발타남③ 박④ 살박흘리사⑤ 열소나낭⑥ 살박달마⑦ 박시다⑧ 발라발다⑨ 아아낭⑩ 삼마삼마⑪ 사박하⑫

歸命① 普遍② 諸佛③ 婆(種子)④ 一切煩惱⑤ 摧伏⑥ 一切法⑦ 自在⑧ 得⑨ 虛空⑩ 同等⑪ 成就⑫

서가모니 부처님께 귀의하옵니다. 일체의 번뇌를 항복 받으시고 일체법에 자재하심을 얻으사 허공같은 [공덕을] 성취하셨나이다.

위 진언은 『대일경』 진언장품(眞言藏品)·공양의식품(供養儀式品)의 소주(小呪)이며, 내지 회전자륜품(回轉字輪品)에 이 자를 종자(種子)로 하였다. 『대일경소』 10에 "파(婆 bha)는 삼유(三有)이니 옆에 2점(點 ḥ)이 있다. 즉 이는 삼유를 제견(除遣)한다는 뜻이다."라 하였다. 또 동소(同疏) 13에는 "파(婆)는 유(有)의 뜻이다. 즉 삼유(三有)로 본불생(本不生)인 까닭에 삼유(三有)를 여읜다. 삼유는 본래 불가득(不可得)이니 이 삼유를 없애면 여래진실(如來眞實)의 유(有)를 얻나니 소위 제불의 법신(法身)이다."고 하였다. 즉 서가모니께서는 예토(穢土)에 나오시어 중생을 교화하사 삼유에서 벗어나게 하시니 때문에 삼유를 제견(除遣)한다 하였다. 때문에 이 자(字)를 종자로 한다.

즉, 이 가운데 '曩莫 三滿多 勃陀喃 縛'만을 취하고, 끝에 자리한 종자(種子) '縛④'에 방점을 두어 제목을 '서가여래종자심진언'이라 한 것이며, '普遍 諸佛'은 천백억화신 서가모니불이시고, 여기서의 종자란 곧 석존이시기로 해석을 '서가모니 부처님께 귀의하옵니다.'라 하였다.

'(3)참회문'은 석존의 위신력에 힘입어 중생으로서 지은 그간의 죄업을 소멸하고, 대승보살로서 수행에 임할 것을 염원하며, 실참실구(實參實究)의 제일보를 딛고 있음에서 의의를 찾을 수 있는 절차이다. 내용은 다음과 같다.

願滅四生六道 **원멸사생육도**	태란습화 사생들과 삼선도며 삼악도등
法界有情 **법계유정**	온법계에 두루하온 한량없는 모든중생,

204) ダラニ대사전, p.748末.

多劫生來諸業障 **다겁생래제업장**	다겁토록 지은업장 멸케되길 바라오며
我今懺悔稽首禮 **아금참회계수례**	제가지금 참회하고 계수례를 올리오니,
願諸罪障悉消除 **원제죄장실소제**	모든죄장 남김없이 사라지고 없어져서
世世常行菩薩道 **세세상행보살도**	세세생생 한결같이 보살도를 행하과저.

정리컨대 '(3)참회문'은 본 법회에 동참한 다양한 유정들과 함께 지금까지 성취한 소례와의 삼밀가지를 참회를 통해 거듭 확인하는 절차이다. 즉, 더 이상의 중생이기를 거부하고 보살로서 지낼 것을 선언하는 가슴 벅찬 순간이라 하겠다.

<53.嘆白(탄백)>

소례의 덕을 찬탄하며 알리는 게송.

靈山作法 ‖ ★**(1)歸依儀式** 1.鳴鈸 2.喝香 3.燃香偈 4.喝燈 5.燃燈偈 6.喝花 7.舒讚偈 8.佛讚 9.大直讚 10.中直讚 11.小直讚 12.開啓疏 13.合掌偈 14.告香偈 ★**(2)結界儀式** 15.開啓篇 16.觀音讚 17.觀音請 18.散華落 19.來臨偈 20.香華請 21.歌詠 22.乞水偈 23.灑水偈 24.伏請偈 25.大悲呪 26.四方讚 27.道場偈 28.懺悔偈 ★**(3)召請儀式** 29.大會疏 30.六擧佛 31.三寶疏 32.大請佛 33.三禮請 34.四府請 35.單請佛 36.獻座眞言 37.茶偈 38.一切恭敬 39.香花偈 ★**(4)勸供儀式** 40.淨法界眞言 41.祈聖加持 42.四陀羅尼 43.加持供養 44.六法供養 45.各執偈 46.加持偈 47普供養眞言 48.普回向眞言 49.四大呪 50.願成就眞言 51.補闕眞言 52.禮懺 53.嘆白 54.和請 55.祝願和請

刹塵心念①可數知 찰진심념가수지	세상티끌 마음으로 헤아릴수 있다해도
大海中水可飮盡 대해중수가음진	큰바다에 담긴물을 다마실수 있다해도
虛空可量風可繫 허공가량풍가계	허공크기 알수있고 바람묶는 재주라도
無能盡說佛功德 무능진설불공덕	부처님의 크신공덕 말로써는 다못하네.

【자구해설】

①心念(심념): 마음속으로 생각함. 또는 그 생각.

【개요】

본 게송은 영산회상의 주인공이신 석존의 공덕을 유위법(有爲法)인 '찰진(刹塵)'과 '대해수(大海水)' 그리고 무위법인 '허공'까지 비유로 들어가며 찬탄하고 있다. 의식상에서의 일이지만, 삼밀가지가 완료된 시점에서의 정법안(正法眼)이라야 가능한 게송이다.

【구성 및 내용】

본 게송은, 칠언절구로서 기·승·전·결의 형식을 갖추고 있다.

'기'구인 **찰진심념가수지(刹塵心念可數知)** —세상티끌 마음으로 헤아릴수 있다해도— 에서는, 소례의 공덕을 평가할 만큼 위대한 능력을 지니고 있음을 말하고 있다. 그 능력이란 세상의 티끌을 셀 수 있다는 것이니 참으로 대단한 것이 아닐 수 없다. 그러나 여기서는 그 능력을 찬탄하려는 것이 아니라, 이로써도 미칠 수 없는 것이 있음을 찬탄하기 위한 것이다.

'승'구인 **대해중수가음진(大海中水可飮盡)** —큰바다에 담긴물을 다마실수 있다해도— 에서는, '기'구에서와 같은 의도로 각도를 달리하여 큰 바다의 물을 마실 수 있는 능력을 지니고 있음을 말하였다.

'전'구인 **허공가량풍가계(虛空可量風可繫)** —허공크기 알수있고 바람묶는 재주라도— 에서는, '기'구와 '승'구의 내용이 미흡하다는 생각으로, 무위법(無爲法)에 속하는 허공을 헤아릴 수 있는 재주와 바람을 묶을 수 있는 비범함을 예로 들어 어떻게든 견주어 보고자 하는 의도를 보이고 있다.

'결'구인 **무능진설불공덕(無能盡說佛功德)** —부처님의 크신공덕 말로써는 다못하네— 에서는, '기'구로부터 '전'구에 이르는 재주로도 감히 말할 수 없는 위대하신 부처님의 공덕을 찬탄하였다.

【의식】

대중이 함께 '쓰는소리'로 거행한다. '기'구와 '승'구 끝에 태징 세 망치씩 울리고, '전'구와 '결'구는 엮어서 거행하며 끝나면 쇠를 몰아친다.

【연구】

1 본 게송의 출처는?

본 게송과 같은 내용이 『불본행집경(佛本行集經)』에 있으며,[205] 40권 『화엄경』 입부사의해탈경계보현행원품(入不思議解脫境界普賢行願品)에도 보이고 있으나, '결'구의 내용이 '無人能說佛功德'[206]으로 밑줄 친 부분에서 차이를 보이지만, 의미에 변화를 줄 정도는 아니다. 또 유사한 내용으로 『백씨장경집(白氏長慶集)』의 '시방세계천상천하 아금진지무여불자 당당외외위천인사 고아예족찬탄귀의(十方世界天上天下 我今盡知無如佛者 堂堂巍巍爲天人師 故我禮足讚歎歸依)'[207]를 들 수 있다.

한편, 「괘불이운」의 <2.찬불게(讚佛偈)> '진묵겁전조성불 위도중생현세간 외외덕상월륜만 어삼계중작도사(塵墨劫前早成佛 爲度衆生現世間 巍巍德相月輪滿 於三界中作導師)'나 '천상천하무여불 시방세계역무비 세간소유아진견 일체무유여불자(天上天下無如佛 十方世界亦無比 世間所有我盡見 一切無有如佛者)'도 탄백으로 원용되고 있다.

205) 『大正藏』 卷3, p.670a.
206) 같은 책 卷10, p.844b.
207) 安震湖 編『精選懸吐 緇門』(法輪社, 昭和 11), p.57, <六讚偈> 中 '讚佛'.

<54.和請(화청)> 진리에 대한 공감을 전제로 성현과 범부를 法王宮으로 초청하는 절차.

靈山作法 ‖ ★⑴**歸依儀式** 1.鳴鈸 2.喝香 3.燃香偈 4.喝燈 5.燃燈偈 6.喝花 7.舒讚偈 8.佛讚 9.大直讚 10.中直讚 11.小直讚 12.開啓疏 13.合掌偈 14.告香偈 ★⑵**結界儀式** 15.開啓篇 16.觀音讚 17.觀音請 18.散華落 19.來臨偈 20.香華請 21.歌詠 22.乞水偈 23.灑水偈 24.伏請偈 25.大悲呪 26.四方讚 27.道場偈 28.懺悔偈 ★⑶**召請儀式** 29.大會疏 30.六擧佛 31.三寶疏 32.大請佛 33.三禮請 34.四府請 35.單請佛 36.獻座眞言 37.茶偈 38.一切恭敬 39.香花偈 ★⑷**勸供儀式** 40.淨法界眞言 41.祈聖加持 42.四陀羅尼 43.加持供養 44.六法供養 45.各執偈 46.加持偈 47普供養眞言 48.普回向眞言 49.四大呪 50.願成就眞言 51.補闕眞言 52.禮懺 53.嘆白 **54.和請** 55.祝願和請

【개요】

글자로 보아 화청(和請)이란 '고루 청한다'는 의미이며, 그 대상은 불·보살님으로부터 제도의 대상인 중생 모두이다. 즉, 행보게(行步偈)208)의 내용에서와 같이 성현과 범부가 함께 하는 자리를 마련하여 정토의 완성을 구현하려는 것209)이니, 의식의 내용 모두가 궁극적으로는 화청에 목적을 두고 있는 셈이다.

【유래와 내용】

유래를 발생의 측면에서 살피면, 이 땅에 전래된 불교는 대승불교였음에도 불구하고 중국을 경유지로 한 불교의 전적(典籍)은 한자(漢字)로 기록된 것이었기에, 불교의 귀족화를 초래하게 되었으며, 결과적으로는 대승불교의 본의를 퇴색케 하였다.

바로 이런 점을 우려하신 선사 스님들에 의해 불법의 내용을 난해한 한문이 아닌 우리말로써 그리고 친근감이 가도록 우리의 가락을 붙여 대승불교의 본 면목을 살리려는, 이른바 불교 대중화의 일환으로 고안된 이 땅의 불교의식이 화청인 것이다.

그렇게 해서 현실 위주 내지는 자기 위주적인 중생심에 지혜와 자비를 일깨워 성현은 물론 사생이령(死生二靈)으로 하여금 극락왕생 및 열반에 이르는 계기를 제공하려는 것이다. 화청과 회심곡(回心曲)을 동의어로 쓰이는 까닭도 여기에 있다.

즉, 화청은 시회대중(時會大衆)으로 하여금 지금까지의 업(業)을 진솔한 마음으로 참회하고 진리를 향해 나아가려는 마음 즉 발심토록 하는 것이다.

그리하면 궁극적으로는 「관욕(灌浴)」 말미의 <괘전게(掛錢偈)>210)에서 노래하듯 본래 안팎이 없으신 부처님이시니 그 자리에서 성범(聖凡)이 함께 자리하게 되고, 끊임없는 파안미소(破顔微笑)가 피어날 것임에 틀림없다.

한편, 화청을 회심곡과 같은 의미로 쓰기도 한다.

'회심곡'은 그 시원을 원효대사의 <무애가>211)에서 찾을 만큼 교리를 쉽게 풀어 민중에

---

208) 移行千里滿虛空 歸道情忘到淨邦 三業投誠三寶禮 聖凡同會法王宮
극락으로 가시는길 어디에든 있사오니 / 망령됨만 잊으시면 극락토에 이르시고
삼업으로 정성다해 삼보님께 예하시면 / 성현범부 모두함께 법왕궁에 모입니다.

209) 삼변토전(三變土田)에서의 보청(普請)을 참고할 것. 석존께서 『법화경』견보탑품(見寶塔品)을 설하실 때 다보탑(多寶塔)을 공양하기 위해 시방분신불(十方分身佛)을 모두 보청(普請)하시면서 예토(穢土)인 사바를 세 번에 걸쳐 정토(淨土)로 변화시키셨다.

210) 諸佛大圓鏡 畢竟無內外 爺孃今日會 眉目正相撕
시방삼세 부처님의 한결같은 대원경지 / 필경에는 안도밖도 존재하지 않나이다.
양친이신 부처님을 오늘에야 뵙게되니 / 보시듯이 파안미소 그칠줄을 모릅니다.

211) 신라 때 원효대사가 지은 가요. 654~660경에 지은 것으로 가사는 전하지 않으나, 범어와 당시 신라어를 섞어 지었다고 한다. 원효대사가 파계하여 설총을 낳은 뒤, 속인의 행색으로 당시 거지들이 두드리던 바가지[無碍瓟]를 두드리며 거리를 돌아다니면서 이 노래를 불렀는데, 『화엄경』 제구 광명각품(光明覺品)의 '一切無碍人 一道出生死(일체무애인 일도출생사)'㊖10-68하란 뜻으로 무애라 이름 지

게 친숙한 가락에 얹어 부르는 노래를 말한다. 그러나 원래 '회심곡'은 조선중기 서산대사(西山大師)께서 지었다는 불가(佛歌)이며, 회심곡(悔心曲)이나 회심가(回心歌)로 표기한 곳도 있다. 전체 232구로 4·4조이며,『신편보권문(新編普勸文)』『염불보권문(念佛普勸文)』에 전한다.

내용은 이승과 저승 그리고 극락 등의 모습과 여기에 수생(受生)케 하는 인연 등 인과법(因果法)과 세월의 무상함을 말하고 있다. 이렇게 함으로써 지금까지의 공덕을 보다 진솔하고 적극적인 마음으로 회향토록 하려는 것이다.

이런 목적과 이런 내용으로 부르는 곡이『석문의범』에 보면, <회심곡(回心曲)>외에 <참선곡(參禪曲)> <별회심곡(別回心曲)> <백발가(白髮歌)> <몽환가(夢幻歌)> <권왕가(勸往歌)> <원적가(圓寂歌)> <왕생가(往生歌)> 등 7종이 더 있으며, 유사한 내용으로 <신년가(新年歌)> <가가가음(可歌可吟)> <신불가(信佛歌)> <찬불가(讚佛歌)> <사월파일경축가(四月八日慶祝歌)> <성탄경축가(聖誕慶祝歌)> <성도가(成道歌)> <오도가(悟道歌)> <열반가(涅槃歌)> <월인찬불가(月印讚佛歌)> <목련지효가(目連至孝歌)> <학도권면가(學徒勸勉歌)> <관음신앙가(觀音信仰歌)> <문맹퇴치가(文盲退治歌)> <애국발심가(愛國發心歌)> <안양왕생가(安養往生歌)> <불전화혼가(佛前華婚歌)> <금강산유산록(金剛山遊山錄)> <관악산유산록(冠岳山遊山錄)> 등 19종이 등재되어 있다.

즉, '회심곡'은 원래 고유명사이지만, 보통명사화하여 화청과 같은 의미로 혼용되어 쓰이고 있는 것이 현실이다.

【의식】

거행방법은 삼보님을 증명으로 모신 가운데 인도(引導, Ⓢmārga-deśika)[212] 1人이 교리에 관한 내용을 쉽게 풀어 대중과 친숙한 민요적 음조(音調)에 얹어 부른다. 이때 반주악기로는 인도 자신이 울리는 태징과 장단을 맞추는 북이 전부다.

었다고 한다.

212) 미혹한 중생을 깨달음의 길로 들어서게 함. 범패(梵唄)에서 소리를 이끌어 가는 스님을 그렇게 부름.

<55.祝願和請(축원화청)> 능례의 소원을 화청의 형식으로 아뢰고 그 성취를 발원하는 절차.

靈山作法 ‖ ★**(1)歸依儀式** 1.鳴鈸 2.喝香 3.燃香偈 4.喝燈 5.燃燈偈 6.喝花 7.舒讚偈 8.佛讚 9.大直讚 10.中直讚 11.小直讚 12.開啓疏 13.合掌偈 14.告香偈 ★**(2)結界儀式** 15.開啓篇 16.觀音讚 17.觀音請 18.散華落 19.來臨偈 20.香華請 21.歌詠 22.乞水偈 23.灑水偈 24.伏請偈 25.大悲呪 26.四方讚 27.道場偈 28.懺悔偈 ★**(3)召請儀式** 29.大會疏 30.六擧佛 31.三寶疏 32.大請佛 33.三禮請 34.四府請 35.單請佛 36.獻座眞言 37.茶偈 38.一切恭敬 39.香花偈 ★**(4)勸供儀式** 40.淨法界眞言 41.祈聖加持 42.四陀羅尼 43.加持供養 44.六法供養 45.各執偈 46.加持偈 47普供養眞言 48.普回向眞言 49.四大呪 50.願成就眞言 51.補闕眞言 52.禮懺 53.嘆白 54.和請 55.祝願和請

功德功德 上來所修佛功德a 공덕공덕 상래소수불공덕	공덕이여, 공덕이여 지금까지 닦아 오신 우리 세존의 공덕이여
圓滿圓滿 回向三處悉圓滿a 원만원만 회향삼처실원만	원만하고 원만하여 삼처로 회향하심에 모두 원만하시옵나이다.
淨琉璃光 上德紅蓮 정유리광 상덕홍련	맑은 유리의 광명인 최상의 공덕을 머금은 붉은 연꽃 같은 모습으로
隆宮現前 攀枝樹依 융궁현전 반지수의	융성한 궁궐에 태어나시어 가지를 잡고 의지하셨으며,
繼天立極 聖德大敷a 계천입극 성덕대부	하늘의 뜻을 이음으로써 최고의 기준을 삼으시니 성스러운 덕이 크게 덮이었나이다.
伏願a 복원	엎드려 바라옵나이다.
聖恩廣大 恒爲萬乘之至尊[1] 성은광대 항위만승지지존	성은이 광대하심에 언제나 [저희들의] 천자이시고,
道眼圓明 永作千秋之寶鑑[2] 도안원명 영작천추지보감	도안은 원명하사 영원히 천추의 보감이시오니,
逈脫根塵 速證樂邦無量壽 형탈근진 속증낙방무량수	멀리 근진[의 속박]을 벗어나 속히 극락세계 무량수불의 경지를 증득토록 하시옵고,
了明心地 該通[3]華藏釋迦尊a 요명심지 해통화장서가존	심지를 제대로 밝혀 화장세계 서가모니불[의 경지]를 널리 통하도록 하옵소서.
紫微[4]長照於深宮 자미장조어심궁	자미성이 길이길이 깊은 궁궐을 비추시고,
玉葉[5]恒敷於上苑[6] 옥엽항부어상원	옥엽은 항상 상원에 무성하여지이다.
天和地利 物阜[7]時康[8] 천화지리 물부시강	하늘은 화평하고 땅은 이로우며, 만물은 풍부하고 시절은 강녕하며,
萬像含春 花卉敷茂 만상함춘 화훼부무	만상은 봄을 머금어 꽃과 숲은 우거지고
鶯鳴於苑 瑞靄皇都a 앵명어원 서애황도	꾀꼬리는 궁궐에서 울고 상서로운 아지랑이 도성에 피어나지이다.
風以調 雨以順 풍이조 우이순	바람은 고르고 비는 순하여,
禾登九穗 麥秀二枝 화등구수 맥수이지	벼는 익어 아홉 이삭이요, 보리는 양쪽으로 뻗어나

官以慶 民以歡 관이경 민이환	관청마다 경사요 백성마다 기쁨이고,
文致昇平 武偃干戈 문치승평 무원간과	문치는 태평성대를 이어가고 무신들은 무기를 눕혀 놓아
億兆蒼生 鼓腹於寰中 억조창생 고복어환중	수많은 백성들은 제집(寰中)에서 배를 두드리며,
廣大佛法 弘揚於世外 광대불법 홍양어세외	광대한 불법은 널리 세상 밖으로 드날려,
三千界內 無非禮義之江山 삼천계내 무비예의지강산	삼천리금수강산 예의의 강산 아닌 곳이 없고,
八門長安 盡是慈悲之道場a 팔문장안 진시자비지도량	성문이 여덟인 도시 모두 자비의 도량이게 하옵소서.
所有十方世界中 소유시방세계중	시방세계와 삼세에 계옵신
三世一切人獅子 삼세일체인사자	모든 부처님이시여!
我以淸淨身語意 아이청정신어의	저희는 청정한 삼업으로
一一徧禮盡無餘 일일변례진무여	한분 한분께 널리 예를 올려 빠트림이 없고자 하나이다.
八荒⑨太平 四夷不侵 팔황태평 사이불침	온 세상은 태평하고 사방의 오랑캐는 침범치 않아
國泰民安法輪轉 국태민안법륜전	국가는 태평하고 백성은 편안하여 법륜이 구르게 하옵소서.
法輪常轉於無窮 법륜상전어무궁	법륜이 무궁토록 항상 구르고
國界恒安於萬歲a 국계항안어만세	국경은 만년토록 항상 평안토록 하옵소서.
願我今有 一四天下 원아금유 일사천하	저희들은 지금 하나의 사천하 가운데
南贍部洲 某處居住 남섬부주 모처거주	남섬부주 모처에 거주하옵는
某等 伏爲所薦 某靈駕 모등 복위소천 모영가	모등이 엎드려 천도코자 하옵는 모영가께서
以此因緣功德 往生極樂世界 이차인연공덕 왕생극락세계	이 인연공덕으로 극락세계
上品上生 九品蓮臺之發願a 상품상생 구품연대지발원	상품상생 구품연대에 왕생하시길 발원하옵나이다.
生祝弟子 某等 各各等保體 생축제자 모등 각각등보체	생축제자 모등 각각 등 보체

命長命長壽命長 명장명장수명장	명장, 명장, 수명은 길어
壽命則歲月以無窮 수명즉세월이무궁	수명이 세월처럼 무궁하고,
快樂則塵沙以莫有a 쾌락즉진사이막유	쾌락은 티끌이나 모래만큼 있어지이다.
供養者 何福而不成 공양자 하복이불성	공양을 올린 자, 어떤 복인들 이루지 못하고
禮拜者 何殃而不滅a 예배자 하앙이불멸	예배를 올린 자, 어떤 재앙인들 소멸치 못하오리까?!
日日有千祥之慶 일일유천상지경	매일 매일 천 가지 상서로운 경사가 있으며
時時無百害之災 시시무백해지재	모든 때에 백가지 재해가 없사옵고,
相逢吉慶 不逢災害a 상봉길경 불봉재해	길하고 경사스러움을 만나며 재앙과 해로움은 만나지 않게 하옵소서.
然後願 연후원	그런 후에 다시 바라옵나이다.
無邊法界 有識含靈 무변법계 유식함령	가없는 법계의 모든 중생들이
仗此聖賢功德 장차성현공덕	이 성현공덕을 의지하여
究竟圓成薩婆也 구경원성살바야	마침내 일체지를 원만히 성취하고
摩訶般若波羅蜜a 마하반야바라밀	큰 지혜로 저 언덕에 이르게 하옵소서.

【자구해설】

①萬乘之尊(만승지존): 천자나 황제를 높여 이르는 말.
②寶鑑(보감): 보배로운 거울이라는 뜻. 본보기나 모범이 될 만한 것을 비유적으로 이르는 말.
③該通(해통): 널리 통하다.
④紫微(자미): [천문] 자미원(紫微垣)에 있는 별의 이름. 북두칠성의 동북쪽에 있는 열다섯 개의 별 가운데 하나로, 천제(天帝)의 운명과 관련된다고 한다.
⑤玉葉(옥엽): 임금의 가문이나 문중을 존대하여 이르는 말.
⑥上苑(상원): 천자의 정원.
⑦物阜(물부): 물산이 풍부하다.
⑧時康(시강): 시절이 강녕하다.
⑨八荒(팔황): 팔방의 너른 범위라는 뜻으로, 온 세상을 이르는 말.

【개요】

제목이 '축원화청'인데서 알 수 있듯 축원의 내용을 바탕으로 석존을 위시한 일체의 불자를 진리의 전당인 법왕궁으로 청하는 절차이다. 축원의 내용이란 지금까지의 공덕을 삼처(三處)에 회향하는 것이다.

【구성 및 내용】

전체의 구성은 서론·본론·결론으로 나누어 볼 수 있고, 이 가운데 본론은 다시 5가지의 주제로 나누어 볼 수 있다.

'서론'인 **공덕공덕 상래소수불공덕 원만원만 회향삼처실원만 정유리광 상덕홍련 융궁현전 반지수의 계천입극 성덕대부(功德功德 上來所修佛功德 圓滿圓滿 回向三處悉圓滿 淨琉璃光 上德紅蓮 隆宮現前 攀枝樹依 繼天立極 聖德大敷)** —공덕이여, 공덕이여 / 지금까지 닦아 오신 우리 세존의 공덕이여 / 원만하고 원만하여 / 중생·보리·실제 등 삼처로 회향하심에 모두 원만하시옵나이다. / 맑은 유리의 광명인 / 최상의 공덕을 머금은 붉은 연꽃같은 모습으로 / 융성한 궁궐이 앞에 보이심에 / 가지를 잡고 의지하셨으며, / 하늘의 뜻을 이음으로써 최고의 기춘을 삼으시니 / 성스러운 덕이 크게 덮이었나이다.— 에서는 금일 법회의 소례이신 서가세존께서 인행이 원만하시고 사바의 중생을 구제하시고자 강림하실 당시의 모습을 회상하고 있다. 즉, 금일 법회의 소례가 어떤 어른이신지를 분명히 함으로써 중생들의 신심을 고취시키고 있다.

'본론'은 **복원 성은이광대 항위만승지존(伏願 聖恩而廣大 恒爲萬乘之尊)**으로부터 상봉길경 불봉재해(**相逢吉慶 不逢災害**)까지로 능례의 원을 밝힌 부분이다. 축원의 내용은 점강적 구조를 보이고 있으며 다음과 같이 다섯 부분으로 나누어 볼 수 있다.

'본론(1)'인 **복원 성은이광대 항위만승지지존 도안원명 영작천추지보감 형탈근진 속증낙방무량수 요명심지 해통화장서가존(伏願 聖恩而廣大 恒爲萬乘之至尊 道眼圓明 永作千秋之寶鑑 逈脫根塵 速證樂邦無量壽 了明心地 該通華藏釋迦尊)** —엎드려 바라옵나이다. / 성은이 광대하심에 / 언제나 [저희들의] 천자이시고, / 도안은 원명하사 영원히 천추의 보감이시오니, / 멀리 근진[의 속박]을 벗어나 / 속히 극락세계 무량수불의 경지를 증득토록 하시옵고, / 심지를 제대로 밝혀 / 화장세계 서가모니불[의 경지]를 널리 통하도록 하옵소서.—에서는, 소례이신 서가세존의 위치와 공능을 분명히 파악하고 있음을 표명한 가운데 법회대중 모두의 '이고득락'과 나아가 성불작조를 원으로 하고 있음을 밝혔다. 총원에 해당한다.

'본론(2)' **자미장조어심궁 옥엽항부어상원 천화지리 물부시강 만상함춘 화훼부무 앙명어원 서애황도 풍이조 우이순 화등구수 맥수이지 관이경 민이환 문치승평 무원간쾌 억조창생 고복어환중 광대불법 홍양어세외 삼천계내 무비예의지강산 팔문장안 진시자비지도량(紫微長照於深宮 玉葉恒敷於上苑天和地利 物阜時康萬像含春 花卉敷茂 鶯鳴於苑 瑞靄皇都 風以調 雨以順 禾登九穗 麥秀二枝 官以慶 民以歡 文致昇平 武偃干戈 億兆蒼生 鼓腹於寰中 廣大佛法 弘揚於世外 三千界內 無非禮義之江山 八門長安 盡是慈悲之道場)** —자미성이 길이길이 깊은 궁궐을 비추시고, / 옥엽은 항상 상원에 무성하여지이다. / 하늘은 화평하고 땅은 이로우며, / 만물은 풍부하고 시절은 강녕하며, / 만상은 봄을 머금어 / 꽃과 숲은 우거지고 / 꾀꼬리는 궁궐에서 울고 / 상서로운 아지랑이 도성에 피어나지이다. / 바람은 고르고 비는 순하여, / 벼는 익어 아홉 이삭이요, / 보리는 양쪽으로 뻗어나며, / 관청마다 경사요 백성마다 기쁨이고, / 문치는 태평성대를 이어가고 / 무신들은 무기를 눕혀 놓아 / 수많은 백성들은 / 제집(寰中)에서 배를 두드리며, / 광대한 불법은 / 널리 세상 밖으로 드날려, / 삼천리금수강산 / 예의의 강산 아닌 곳이 없고, / 성문이 여덟인 도시 / 모두 자비의 도량이게 하옵소서.—에서는, 행선축원에서와 같이 점강법적인 형태를 보이며, 세간적 내용의 원을 고하고 있다. 시절과 나라, 백성과 문무신료의 순으로 하고 있으며, 구체적인 예를 들어 서술적 구성을 보이고 있는 점이 흥미롭다.

'본론(3)'은 **소유시방세계중 삼세일체인사자 아이청정신어의 일일변례진무여 팔황태평 사이불침 국태민안법륜전 법륜상전어무궁 국계항안어만세(所有十方世界中 三世一切人獅子 我以淸淨身語意 一一徧禮盡無餘 八荒太平 四夷不侵 國泰民安法輪轉 法輪常轉於無窮 國界恒安於萬歲)** —시방세계와 삼세에 계옵신 / 모든 부처님이시여! / 저희는 청정한 삼업으로 / 한 분 한 분께 널리 예를 올려 빠트림이 없고자 하나이다. / 온 세상은 태평하고 / 사방의 오랑캐는 침범치 않아 / 국가는 태평하고 법륜이 구르게 하옵소서. / 법륜이 무궁토록 항상 구르고 / 국계는 만년토록 항상 평안토록 하옵소서.—에서는, 소례를 시방삼세의 불보님으로 확대하여 국가의 안녕과 법륜의 상전을 거듭 기원하였다. 진리가 시공을 초월하듯 지금 발하고 있는 원의 내용이 세간적인 것이기는 해도 장차 성불의 기틀이 되는 것임을 분명히 하려는 의도를 읽을 수 있다.

'본론(4)'는 **원아금유 일사천하 남섬부주 모처거주 모등 복위소천 모영가 이차인연공덕 왕생극락세계 상품상생 구품연대지발원(願我今有 一四天下 南贍部洲 某處居住 某等 伏爲所薦 某靈駕 以此因緣功德 往生極樂世界 上品上生 九品蓮臺之發願)** —지금 하나의 사천하 가운데 / 남섬부주 모처에 거주하옵는 / 모 등이 업드려 천도코자 하옵는 모영가께서 / 이 인연공덕으로 극락세계 상품상생 구품연대에 왕생하시길 발원하옵나이다. —에서는, 금일 설판재자의 원(願)에 초점을 맞춰 영가의 왕생극락을 발원하였다. 대규모 설판의 단초가 대부분 가까이 있는 누군가의 타계, 특히 가족의 사망으로부터 느끼는 무상을 절감하는데 기인하고 있음을 알 수 있다.

'본론(5)'는 **생축제자 모등 각각등보체 명장명장수명장 수명즉세월이무궁 쾌락즉진사이막유 공양자 하복이불성 예배자 하앙이불멸 일일유천상지경 시시무백해지재 상봉길경 불봉재해(生祝弟子 某等 各各等保體 命長命長壽命長 壽命則歲月以無窮 快樂則塵沙以莫有 供養者 何福而不成 禮拜者 何殃而不滅 日日有千祥之慶 時時無百害之災 相逢吉慶 不逢災害)** —생축제자 ○○ 등 각각 등 보체 / 명장 명장 수명은 길어 / 수명이 세월처럼 무궁하고, / 쾌락은 티끌이나 모래만큼 있어지이다. / 공양을 올린 자는 어떤 복을 이루지 못하며 / 예배 자는 어떤 재앙을 소멸하지 못하리이까?! / 매일 매일 천 가지 상서로운 경사가 있으며 / 모든 때에 백가지 재해가 없사옵고, / 길하고 경사스러움을 만나며 / 재앙과 해로움은 만나지 않게 하옵소서.—에서는, 망축에 이어 생축을 올리고 있다. 일견 망축과 생축의 내용이 다르다고 느낄 수 있다. 그러나 망축의 내용은 생자의 희망이고, 생축의 내용이 망자의 소원이다. 엄밀히 말해 이 두 가지 원은 결국 하나일 수밖에 없고, 이들 가운데 어느 한 가지라도 성취되지 않는다면, 결국 두 가지가 모두 성취될 수 없다는 결과에 봉착하게 된다.

'결론' **연후원 무변법계 유식함령 장차성현공덕 구경원성살바야 마하반야바라밀(然後願 無邊法界 有識含靈 仗此聖賢功德 究竟圓成薩婆也 摩訶般若波羅蜜)** —그런 후에 다시 바라옵나이다. / 가없는 법계의 모든 중생들이 / 이 성현공덕을 의지하여 / 마침내 일체지를 원만히 성취하고 / 큰 지혜로 저 언덕에 이르게 하옵소서.—에서는, 생축과 망축이 세간적인 원이었음에 비해 이 부분은 출세간적 원(願)인 성불을 내용으로 하고 있다. 생축과 망축은 세간적인 것인 만큼 자칫 욕심이 될 수도 있으나, '연후원(然後願)' 이후의 내용이 있음으로써 '욕'이 아닌 '원'일 수 있는 것이다. 즉, 같은 물도 누가 마시느냐에 따라 그 결과가 달라지는 것과 같은 이치라 하겠다.

【의식】

일반 축원의 거행에는 음(音)의 굴곡이 심하지 않고 차분한데 비해, 이 축원화청에서는 6박이 한 장단을 이루고 있으며 다소 경쾌한 느낌이 있다. 이때의 반주악기도 <54.화청>에서와 같이 인도 자신이 울리는 태징과 리드(lead)격인 또 한 사람의 인도가 두드리는 북장단이 전부다.

【연구】

1 앞서 <화청>에서와 달리 내용이 모두 한문가사로 구성되어 있는데…

앞서 <54.화청>의 가사는, 교리에 관한 내용을 쉽게 풀어 대중과 친숙한 민요적 음조(音調)에 얹어 부름을 특징으로 했다. 그런데 <55.축원화청>은 모두 한문가사로 구성되어 있다. 이것은 당시 지식층의 욕구를 함께 충족시키려는 의도가 있었음을 짐작할 수 있으니, 중생들의 눈높이에 따른 대기설법(對機說法)의 한 형태라 하겠다.

2 축원화청에도 중단화청이 있다는데…

중단화청의 내용은 다음가 같다.

願力願力 地藏大聖誓願力 **원력원력 지장대성서원력**	원력중에 어느분의 서원력이 제일일까 지장보살 위대하신 성현님의 원력이니
苦海苦海 恒沙衆生出苦海 **고해고해 항사중생출고해**	모진고통 하많음이 넓은바다 같사온데 항사중생 빠짐없이 벗어나게 하셨도다.
獄空獄空 十殿調律地獄空 **옥공옥공 십전조율지옥공**	지장보살 원력처럼 모든지옥 비었으니 십대왕님 조율하사 지옥모두 비어지고.
人間人間 業盡衆生放人間 **인간인간 업진중생방인간**	인간으로 태어나면 불법수행 가능키로 업이다한 중생들을 인간으로 나게했네.

'기'에서는, 불자라면 누구나 서원을 세우게 마련이다. 그러나 '지옥미제서불성불'을 말씀하신 지장보살님의 원력을 지나칠 것이 없음을 노래하였다.

'승'에서는, 지장보살님의 원력의 힘으로 헤아릴 수 없이 많은 중생들이 모두 고해로부터 벗어났음을 노래하였다.

'전'에서는, 명부 십대왕의 역할 역시 벌을 주는데 있는 것이 아니라, 궁극적으로 지옥이 모두 비워지는데 있음을 말하였다. 즉 지장보살님의 원에 부응하여 교도함으로써 지옥이 모두 비워졌음을 노래한 것이다.

'결'에서는, 인간의 세계를 찬탄하였다. 이유는 불법을 공부하는데 최적의 조건을 지니고 있다는 것이다. 장수천(長壽天, Ⓢdīrghāyuṣka-deva)처럼 수명이 너무 길지 않고, 그렇다고 수행하는데 너무 부족하지도 않음을 이유로 들 수 있다. 또 희로애락을 모두 이해할 수 있어 '이고득락'을 희구하는 종교적 자세를 지닐 수 있음을 들 수 있다.

≪소결(小結) -(4)권공의식-≫

≪(4)권공의식≫은 「영산작법」의 핵심에 해당하며 모두 16개의 항으로 구성 되어있다. 이 가운데 <40.정법계진언>부터 <42.사다라니>까지 3개항은 서론, <43.가지공양>부터 <53.탄백>까지 11개항은 본론 그리고 <54.화청>과 <55.축원화청> 2개항은 결론에 해당한다.

'서론'에서는 공양을 위한 자리로 바꾸고, 삼보님의 가지력으로 공양의 양적·질적 변화를 추구한다.

'본론'에서는 소례제위께 공양을 진지하고, 소례제위께서는 공양에 임하시기에 앞서 시방삼세의 제불보살께 먼저 올리고, 내지 모든 중생에까지 공양의 공덕이 두루 하길 기원하신 후 공양에 임하신다.

'결론'에서는 화청과 축원을 거행하여 능례와 소례의 가지를 도모함으로써 그 공덕을 극대화하여 궁극적으로 삼처(三處, Ⓢtraidhātuka)에 회향될 수 있도록 하였다.

「권공의식」 각항의 개요를 정리하면 다음과 같다.

• 서론

<40.정법계진언> 소례제위를 모실 법계를 진언의 가지력으로 청정히 함.
<41.기성가지> 소례께 올릴 공양을 준비하고 삼보님의 가지를 기원함.
<42.사다라니> 삼보님의 가지력으로 공양의 양적·질적 변화를 추구함.

• 본론

<43.가지공양> 가지된 공양을 삼보님의 가지력으로 소례제위께 진지(進止)함.
<44.육법공양> 가지를 마치고 올린 육종공양의 덕용을 찬탄함.
<45.각집게> 소례제위 역시 공양에 임하여 위치를 능례로 전환하여 가지된 공양을 시방의 삼보제위께 먼저 올리기 위해 받듦.
<46.가지게> 받든 공양을 시방의 삼보제위께 올림.
<47.보공양진언> 진언의 힘으로 시방삼보께 올리는 공양을 원만케 함.
<48.보회향진언> 진언의 힘으로 시방의 중생에까지 공양이 미치게 함.
<49.사대주> 사대주의 주력으로 능례의 원이 성취되기를 축원 함.
<50.원성취진언> 진언의 힘으로 소례 모두를 위한 공양이 원만케 함.
<51.보궐진언> 진언의 힘으로 양적·질적으로 부족한 공양을 원만케 함.
<52.예참> 영산회상과 시방삼세의 모든 삼보님께 권반(勸飯)함.
<53.탄백> 재의식을 통해 감득한 석존의 공덕을 게송으로 거듭 찬탄함.

• 결론

<54.화청> 대중의 청정한 심전(心田)에 보리의 종자를 심어 발심토록 함.
<55.축원화청> 축원을 한문 사설로 엮어 화청 후미에 붙여 축원함.

이상 권공의식 16개 항은 「영산작법」의 핵심으로서 공양을 위한 공간의 재정비로부터

공양물의 준비 등 능례가 해야 할 작법, 공양에 임하는 소례로서 갖추어야 하는 선행의식(先行儀式), 그리고 영산회상의 소례를 대상으로 거행하는 권반의식 등 어느 하나 소홀히 할 수 없는 중요한 의식으로 구성되어 있다.

한편, 법왕궁(法王宮)에 함께 자리하게 된 성중의 거듭되는 다짐을 우리말로 엮어 우리 가락에 올린 '화청'과 축원의 내용을 한문 사설로 엮은 '축원화청'도 중요하다.

계산적임을 전제로 언급한다면, 이미 거행한 축원에서의 모든 소원과 장차 이어질 「중단권공」이나 「하단시식」 등 제반의식의 성취는 「권공의식」에서 얻은 공덕으로 기약할 수 있는 것이다. 따라서 「권공의식」에 신심과 정성을 다하지 않으면 안 된다.

妙 經 作 法

「4.妙經作法(묘경작법)」

사자좌에서 설법하는 법사스님의 모습

『범음산보집』 소수 '묘경작법론(妙經作法論)'213)에 의하면 '묘경'은 '묘법연화경'을 의미하고, '묘경작법'이란 곧 '묘법연화경'이란 제목을 주제로 강설한 후 『법화경』을 독송하는 일련의 절차를 가리킴을 알 수 있다. 그리고 그 방법을 같은 책 소수 '차삼일영산작법여문(次三日靈山作法如文)'에서는,

> 會主 拈香釋題畢 法衆同誦蓮華經畢 收經偈後 進供勸供如文(회주가 향을 올리고 법화경의 제목을 해석해 마치면, 법회대중은 함께 연화경을 독송한다. 마치면, 수경게 후에 공양을 진설하고 글과 같이 권공한다.)214)

라 하여 작법의 절차를 좀 더 구체적으로 언급하고 있다.

한편, 회주가 경의 제목에 대해 자세히 설하는 대목이 보다 구체화되며, 설법의 절차로 자리하게 되고, 『법화경』 독송은 시간에 따라 신축성 있게 대처하며, 전경(轉經)의 형태로

213) 智還 集 『天地冥陽水陸齋梵音刪補集』(동국대 중앙도서관, 도서번호 D-217.5-지96c.2) 卷下, 42장 (영조15년(乾隆4 己未 1739) 谷城 道林寺에서 간행.

214) 次三日靈山作法如文(차삼일영산작법여문) 卷下, 57장.

오늘에 이르고 있는 것으로 보아진다.

「묘경작법」의 의의를 육하원칙에 의해 정리하면 다음과 같다. 유념할 것은 본 작법은 능례의 마음정화를 위한 것 말고도 의식 말미에 이르러 삼처(三處)에 회향할 공덕의 마련을 위해서도 불가결의 작법이라는 점이다.

1 「묘경작법」의 집전(執典)은? [누가]

역할이 분담되어 있다. 의식집전의 총괄은 재시용상방(齋時龍象榜)에 명시된 병법의 지시를 받은 법주, 청법은 종두, 설법은 회주 혹은 특별히 초청받은 법사 스님이 맡는다. 대중과 신도는 법주나 입승의 지시에 따라 예를 갖추고 청법한다.

2 「묘경작법」의 거행 시점은? [언제]

오시중공(午時衆供) 즉, 「식당작법」을 마친 직후에 거행한다. 『금강경』 등에서도 석존께서는 공양 후에 법을 설하셨으니, 여기서도 마땅히 「식당작법」 후에 거행해야 한다. 『석문의범』에서도 <퇴공진언(退供真言)>으로 상단권공을 모두 마친 후, 회주의 <염향식(拈香式)>을 필두로 거행한다[215] 하였다. 한편, 『범음산보집』 '삼일재전작법절차(三日齋前作法節次)'에는 사시헌공 전에 거행하는 작법절차를 논한 대목에 <29.대회소(大会疏)>와 <35.단청불(單請佛)> 사이에 일련의 설법의식이 자리하고 있음도 볼 수 있다.[216]

3 「묘경작법」의 거행 장소는? [어디서]

괘불님을 모신 도량에서 거행한다. 여기서 도량이라 함은 우천시(雨天時)가 아니라면 야외에 특별히 마련된 법석(法席)을 의미하며, 법전 내부가 아닌 특별한 장소라는 의미에서 흔히 '야단법석(野壇法席)'이라고도 한다.

4 「묘경작법」의 주제는? [무엇을]

앞서 언급했듯 원칙적으로는 『법화경』의 제목인 '묘법연화경'을 주제로 하며, 그때그때 상황에 따라 회주 스님과의 상의 하에 다양한 주제로 대체할 수도 있다.

5 「묘경작법」의 진행은 어떻게? [어떻게]

<1.정대게(頂戴偈)>를 위시하여 <2.개경게> <3.개법장진언> <4.십념> <5.거량> <6.수위안좌진언> <7.청법게> <8.설법게> <9.입정> <10.설법> <11.보궐진언> <12.수경게> <13.사무량게> <14.귀명게> <15.창혼> <16.귀명례> 등 총16개의 항으로 구성된 순서에 준하여 거행한다. 단, 시간이 허용하는 한도 내에서 <11.보궐진언>과 <12.수경게> 사이에 '전경(轉經)'을 거행한다.

6 「묘경작법」을 베푸는 이유는? [왜]

---

215) 『釋門儀範』 卷上, p.124. "(次供養眞言　退供眞言畢　次鐘頭以盤奉　壇上香爐　置會主前　引導唱　十念次頂戴偈云)."

216) 『韓國佛教全書』 卷11, p.485c. "不擧内開啓　而因擊千手時　施主及法衆　各執香爐周回道場　三匝後嚴淨偈　或讀大會疏　次懺悔偈燃臂畢　次法主日吉時良　說法時　⊙請法偈　菩薩衆會共圍繞　演說諸佛之勝行　勝智菩薩僉然坐　各各聽法生歡喜　⊙說法偈　是言說甚難　無量佛神力　光焰入我身　是力我能說　日吉時良　說法既畢下床　搥三點後　⊙下床偈云　方便智慧淸淨道　我爲汝等已略說　若欲次第廣分別　經於億劫不能盡　上三偈　出華嚴經十地品也　至巳時　單請佛　次獻座勸供如常　供養回向　兩呪末鳴鈸祝願云　於是法衆　受供點茶后　盥漱整衣　以待普請"

『범음산보집』 소수 '묘경작법론'에 그 이유가 자세하다. 소개하면,

> (1)盖古法師妙經作法何爲而作也 晝夜作法中 請詞及勸供早畢則 法衆散在諸處 往往聚頭喧嘩爲雜談故 古法師爲亡人 更讀妙經也 (2)靈山當日 齋食供養早畢而 日已在高則 其間更讀妙經也 (3)齋後作法早畢而 夜已未曙則 其間更讀妙經故 咽道或唱靈山 或唱六味讚 或唱三歸依如來 引聲繞匝 入法堂止樂後 法衆入座則 鳴鈸擧佛末 (4)靈山起經繞匝 次獻座偈呪 及奉茶及茶偈後 開經偈 (5)次法衆同讀法華經 次收經偈 次靈駕唱魂
>
> (1)예전의 법사들의 묘경작법은 어떻게 하였는가? 낮과 밤의 작법 가운데 청사(請詞)나 권공을 일찍 마쳤으면, 법중들이 여러 곳으로 흩어져 머리를 맞대고 잡담이나 하는 까닭에 옛 법사들은 망인을 위하여 다시 법화경을 읽었다.
> (2)영산재 당일, 재식(齋食)인 공양을 일찍 마쳐 해가 너무 높다라면, 그동안 다시 법화경을 읽는다.
> (3)재후작법은 일찍 마쳐 밤은 동트기에 아직 너무 이르면, 그 사이에도 다시 법화경을 읽는다. 인도는 혹 '영산'을 창하고, 혹 '육미찬'을 창하고, 혹 '삼귀의여래'를 창한다. 인성과 요잡을 하여 법당에 들어오면 음악을 멈추고, 대중이 자리에 들면 발(鈸)을 울리고 거불한다.
> (4)[그 끝에] 영산기경과 요잡을 하고, 다음 헌좌진언과 다게를 하고, 개경게를 한다.
> (5)다음, 법중이 함께 법화경을 읽고, 다음 수경게를 하고, 다음 영가를 부른다.

위 내용 가운데 '(1)'이 가장 기본적인 이유라 하겠다. 그러나 무엇보다도 「묘경작법」을 행함으로써 발생하는 공덕을 삼처로 회향하기 위한 것이다. 그뿐만 아니라 「묘경작법」을 거행치 않으면 「수륙작법」 등 천도작법 거행 시까지 시간적 공백이 있게 되는바, 이는 '인차(鱗次)'를 원칙으로 하는 불교의식에도 문제가 된다.

<1.頂戴①偈(정대게)> 제법개공(諸法皆空)의 입장에서 삼업(三業)을 참회하는 게송.

題目②未唱傾劍樹 제목미창경검수	경의제목 말하려니 검수먼저 넘어지고
非揚一句折刀山 비양일구절도산	경의말씀 꺼내려니 도산이미 꺾어지네.
運心③消盡④千生業 운심소진천생업	이와같이 마음쓰면 천생업도 녹아지니
何況拈來⑤頂戴人 하황염래정대인	어찌하여 정대인을 모실필요 있으리오.

【자구해설】

①頂戴(정대): Ⓢśirasodvahatā. ㉠머리로 받듦. 경례의 뜻. -梁武帝 金剛般若懺文-. ㉡청대(淸代) 관리의 모정(帽頂)에 주옥금석(珠玉金石)을 붙여서 그 품급(品級)을 구분하는 표시. ㉢받는 일에 대한 경어. 배수(拜受). 배령(拜領).
②題目(제목):『묘법연화경(妙法蓮華經)』의 경제(經題)를 말함.
③運心(운심): Ⓢcetasā. 마음을 일으켜 관념(觀念)하는 것.
④消盡(소진): 모조리 소모되어 없어짐. 다 써서 없어짐.
⑤拈來(염래): 집어 드는 것. 사용하는 것.

【개요】

정대인(頂戴人=法師)을 법좌로 모시는 게송이다. 일견 '참회'와는 관계가 없을 것처럼 보이는 본 게송은 내용면에서 의식용 「천수경」의 '이참'과 맥락을 같이 하고 있다. 즉, 의식용 「천수경」에서와 마찬가지로 '사참'과 '이참'이 원만해서 바야흐로 진정한 참회가 이루어질 때라야 진리에 접근할 수 있음을 시사하고 있다.

【구성 및 내용】

본 게송은 칠언절구로 기·승·전·결의 구성을 보이고 있다.

'기'인 **제목미창경검수(題目未唱傾劍樹)** —경의제목 말하려니 검수먼저 넘어지고— 에서는, 장차 법사에 의해 설해질 경(經)이 어떤 것인지를 말한 대목이다. 그러나 본 게송의 내용만으로는 경의 제목을 알 수 없다. 단,『작법귀감』의 <거량(擧揚)>에서 설법의 주제를『법화경』의 존칭(尊稱)인『나무묘법연화경』7자로 하고 있는바, 여기서 제목이란 바로『법화경』을 가리킨다고 하겠다. 한편,『석문의범』권하 213쪽「거량」에는 특정 경전의 제목 대신 '대승경전(大乘經典)'으로 되어 있다.

또, '검수(劍樹)'란 '검수도산(劍樹刀山)'을 말하는 것인데,『천수경』의 '육향(六向)' 가운데 '아약향도산(我若向刀山)'이 처음으로 나오고 있으니, 여기서 '검수'가 거론됨은 모든 악취(惡趣)를 대표한다는 의미를 지닌다 하겠다.

그런데 중요한 것은 '이참' 가운데 죄무자성종심기(罪無自性從心起)라는 내용과 본 게송 '기'구의 내용이 서로 통하고 있다는 점이다. 즉, 죄(罪)에 자성이 없으니 죄를 멸케 할 경의 제목은 꺼낼 필요도 없을 것이며, 죄의 과보로 이루어지는 '검수'의 존재 이유 또한 없을 것이다.

'승'인 **비양일구절도산(非揚一句折刀山)** —경의말씀 꺼내려니 도산이미 꺾어지네— 에서는, '기'에서의 내용을 좀 더 강조한 것으로 외적으로는 『법화경』의 위대성을 강조한 것으로 보인다. 그러나 내적으로는 '이참'의 심약멸시죄역망(心若滅時罪亦亡)과 그 내용이 통하고 있다. 즉, '비양일구'란 더 이상 경(經)의 내용을 필요로 하지 않는다는 의미인데, 이러한 경지는 죄의 소의처(所依處)가 되는 마음이 이미 비워[空]졌을 때 가능한 것이다. 따라서 죄도 도산도 이미 없어지게 되는 것이다.

'전'인 **운심소진천생업(運心消盡千生業)** —이와같이 마음쓰면 천생업도 녹아지니— 에서는, '기'구와 '승'구의 내용을 바탕으로 '사참(事懺)'과는 각도를 달리하여 자신이 주인공이 되어 죄의 소멸방법을 경전 등 외부에서 구하지 않고, 자신의 마음가짐에서 찾으려 하고 있다. '이참(理懺)'의 '전'구인 죄망심멸양구공(罪亡心滅兩俱空)과 비교해 볼 때, 이 역시 동일한 내용임을 알 수 있다. 과연 천생(千生)의 업을 소진(消盡)케 하는 마음은 어떤 것일까? 이때의 운심(運心)이야말로 죄도 마음도 모두 공하게 하는 것이다.

'결'인 **하황염래정대인(何況拈來頂戴人)** —어찌하여 정대인을 모실필요 있으리오— 에서는, 참회에 철저한 나머지 법사의 힘을 빌리지 않아도 됨을 말하고 있다. 즉 '이참'의 '결'구는 내용인 시즉명위진참회(是卽名爲眞懺悔)와 같이 이적인 면에서도 이미 '참회'에 성공을 거두고 있음을 알 수 있다. 그렇다고 정작 법사를 모시지 않겠다는 의미는 아니다. 진리에의 회귀(回歸)가 어느 때보다 절실함을 부정의 화법을 통해 더욱 간절히 나타내고 있는 것이다.

【의식】

보통은 '쓰는소리'로 모신다. 그러나 이즈음의 의식에서는 본 게송을 거의 행하지 않고 '거량(擧揚)'을 행한다.

【연구】

1 본 항을 이참(理懺)에 견줌에 있어 전거할 만한 것이 있는가?

본 게송 전체의 내용이 그렇거니와, 특히 '전'구에 운심소진천생업(運心消盡千生業)에 보이는 '운심(運心)'에 대한 내용을 담연(湛然)의 『수보살계의(授菩薩戒儀)』㊅105-11하에서 궁극적으로 지향하는 바를 통해 살피면 보다 확실해진다.

'운심'이란 보살계(菩薩戒)를 받을 때, 계사(戒師) 앞에서 가지가지의 법을 차례로 관념하여, 죄과를 참회하는 것을 말한다. 여기에는 생사(生死)의 흐름에 따라서 관(觀)하는 순류(順流)의 십심(十心)과 생사를 멸(滅)하는 법을 관하는 역류(逆流)의 십심이 있으니, 대개 이상의 이십심(二十心)을 경력(經歷)함으로써 삼보님 전에 일체의 죄과를 피력(披瀝)하여 참회할 수 있다고 한다.

다음 내용은 '순류의 십심'과 '역류의 십심'이다.

㈎순류(順流)의 십심(十心).

①妄計我人(망계아인): 허망하게 내가 있다고 집착함.
②外加惡友(외가악우): 밖으로 나쁜 벗이 많아짐.
③不喜他人之善(불희타인지선): 타인의 좋은 일을 기뻐하지 않음.
④縱恣三業(종자삼업): 신·구·의 삼업을 자기 마음대로 함.
⑤惡心遍布(악심편포): 악한 마음이 일어남.
⑥晝夜相續(주야상속): 밤낮으로 상속함.
⑦覆諱過失(복휘과실): 허물을 감춤.
⑧不畏惡道(불외악도): 악도를 두려워하지 않음.
⑨不慚不愧(불참불괴): 부끄러운 마음이 없음.
⑩撥無因果(발무인과): 인과를 불신함.

㈏역류(逆流)의 십심(十心).

①正信因果(정신인과): 인과를 바로 믿음.
②自愧剋責(자괴극책): 부끄러워하는 마음을 일으킴.
③怖畏惡道(포외악도): 악도를 두려워함.
④發露瑕玼(발로하자): 허물을 드러냄.
⑤斷相續心(단상속심): 상속심을 끊음.
⑥發菩提心(발보리심): 보리심을 일으킴.
⑦修功補過(수공보과): 공을 닦아 허물을 보충함.
⑧守護正法(수호정법): 부처님의 정법을 수호함.
⑨念十方佛(염시방불): 시방 세계의 부처님을 생각함.
⑩觀罪性空(관죄성공): 죄의 성품이 공함을 관함.

이상의 내용 가운데 앞서 【구성 및 내용】의 '전'구에서 지적했듯, 순류의 십심 전체와 역류의 전(前)9심이 「영산작법」 소수 <28.참회게>, 즉 사참(事懺)에 당하는 내용이라면, 본 게송에서 말하고자 하는 내용은 역류의 십심 가운데 열 번째 내용이다. 바로 이 점이 본 게송을 이참(理懺)과 연결 짓는 전거라 하겠다.

2 정대인(頂戴人)은 구체적으로 누구를 가리키는 것인가?

본 게송에서는 단순히 '정대인'이라 하였지만, 다음과 같은 관점에서 이해해야 한다.

우선, 「상주권공」의 각 게송에 나타나 있듯, 본 의식에서 소례(所禮)로 자리하신 분은 '관세음보살'이시다. 그런데 관세음보살께서는 『반주찬(般舟讚)』㊅47-453하에 보이듯, '천관의 화불께서는 높이가 천리이신데 / 자비로우신 은혜 갚음을 생각하며 항상 머리에 모시고 있네(천관화불고천리 염보자은상정대(天冠化佛高千里 念報慈恩常頂戴)'라 하여 본사(本師)이신 아미타불께 예경함을 나타내기 위해 언제나 머리 위 천관(天冠=寶冠) 가운데 아미타불을 모신다. 따라서 모셔진 분[所戴]을 말한다면 그분은 당연히 '아미타불'이시고, 모시는 분[能戴]을 말한다면 '관세음보살'이시다. 그러나 앞서 언급했듯 지금까지의 의식 내용에서 관세음보살을 소례로 하고 있는 만큼 정대인은 관세음보살이시며, 본 게송이 법문을 앞두고 자리하였음을 본다면, 관세음보살을 대신해서 법을 설하는 법사를 가리킨다고 하겠다.

[3] 『作法龜鑑』에는 <1.정대게> 전에 <염향식>217)이 있는데?

『석문의범』의 「상주권공」과 「영산작법」 그리고, 「거량」을 바탕으로 본서에서 제시한 표준안과 『작법귀감』 사이에는 약간의 차이가 있다. 도표로 정리하면 아래와 같다.

작법귀감	염향식	정대게	개경게	개법장진언	·	거량식	·	청법게	설법게	·	·	·	수경게	사무량게	귀명게	창혼	귀명례
표준안	·	정대게	개경게	개법장진언	십념	거량	수위안좌진언	청법게	설법게	입정	설법	보궐진언	수경게	사무량게	귀명게	창혼	귀명례

무릇 행위에는 목적이 있게 마련이다. '염향식'은 설법에 앞서 회주스님이 향을 사르며 설법의 목적을 차례로 밝히는 절차다. 아래 소개한 『작법귀감』 소수 <염향식>의 내용에서 보듯 '염향식'에는 몇 가지 목적이 있다. ①주상과 왕비의 수명장수 ②재자를 복위로 한 영가의 왕생극락 ③설판재자의 수복강녕 ④동참대중의 성불 ⑤모든 중생의 법화삼매증득 등 다섯 가지를 기원하며 향을 사르는 절차이다.

위 표에서 보듯 표준안에는 <염향식>에 관한 것이 생략되어 있다. 아래 소개한 『작법귀감』 소수 <염향식>의 밑줄 친 부분에서 보듯 '주상전하'나 '왕비전하'라는 내용이 시대에 어울리지 않은 때문이다.

실제로 『석문의범』의 「상주권공」과 「영산작법」에는 <염향식>이 모두 생략되어 있다. 그런데 『석문의범』 소수 <거량>의 내용에는 시회대중 혹은 설판재자를 복위로 한 사존부모(師尊父母) 내지 무간옥(無間獄)의 영가 제위까지 법회에 초청하고 있음을 볼 수 있다. 초청의 목적은 설법을 경청하고 이고득락의 계기로 삼게 하려는데 있음은 물론이다. 즉, 시대성이 반영되어 있음을 볼 수 있다.

결론적으로 『작법귀감』 소수 <염향식>이 시대적 영향을 받아 그 내용이 개편되어 <거량>으로 편입되었다 하겠다. 이처럼 시대에 따른 비슷한 예를 『석문의범』 소수 「거량」에서도 볼 수 있으니, 그간 '묘법연화경'이라는 특정 경전의 제목 대신 '대승경전'이라 한 것이 그것이다.218)

다음은 『작법귀감』 소수 <염향식>의 원문에 나름의 해석을 가하여 소개하는 바이다.

---

217) 『作法龜鑑』(韓佛全, 卷10, p.589c).
218) 『釋門儀範』 卷下, p.213.

○ 拈香式(염향식)

靈山請而奉茶三拜 退茶後 鍾頭以盤 奉壇上所 呈香爐與盒 置會主前 齊者奉位牌 安香爐前 則會主拈香云

영산청을 하고, 다를 올리고 삼배한다. 다를 물린 후, 종두는 쟁반에다 단의 상소에 올린 향로와 향합을 [물려서] 회주 앞에 놓는다. 재자가 위패를 향로 앞에 안치하면 회주가 향을 쥐고 이른다.

此一瓣香219)	이 한 떨기 향은
先天地而無其始	천지보다 먼저 생겼으니 그 시작이 없고,
後天地而無其終	천지가 없어진 뒤에도 남아 그 끝 또한 없으며,
不涉春秋 不干老死	세월을 건너뛰고, 늙음도 죽음도 간섭치 못합니다.
山僧今日 奉爲	산승이 금일
主上殿下 莊嚴聖壽	주상전하의 성수장엄[이란 불사]를 받들기 위해
信手拈來 爇向爐中	한 줌 쥐어 향로 안에 사릅니다.
揷香又拈香云	[향을 꼽거나 향을 쥐고 이르기를]
此一穗香	이 한줌의 향은
三世諸佛之骨髓	삼세제불의 골수요
歷代祖師之眼目	역대조사의 안목으로
旣爲羣生之本源	이미 뭇 중생의 본원이며
亦是靈駕之命根	또한 이것은 영가의 명근입니다.
山僧今日	산승이 오늘,
特爲某**靈駕莊嚴覺路**	특별히 某영가의 각로를 장엄코자
信手拈來 爇向爐中	한 줌 쥐어 향로 안에 사릅니다.
揷香 又拈香云	[향을 꼽거나 향을 쥐고 이르기를]
此一片香	이 한조각 향은
根盤塵墨刹土	뿌리가 진묵찰토에 서려있고
葉覆百億須彌	잎은 백억의 수미산을 덮습니다.
遇此香者 無不得福	이 향을 만나면 얻지 못할 복이 없고
聞此香者 無不得壽	이 향내음을 맡으면 수를 누리지 못할 리 없습니다.
山僧今日	산승이 오늘
亦爲齋者某**等莊嚴福壽**	또한 재자 某등의 복과 수를 장엄하기 위해
信手拈來 爇向爐中	한 줌 쥐어 향로 안에 사릅니다.
揷香	[향을 꼽는다.]
以此淸淨香雲 通下三寶	이 청정한 향의 구름을 [아래 삼보에 통한다.]
供養靈山大法會釋迦多寶諸佛陁	영산대법회의 서가·다보 등 모든 불보님께 …
供養妙法蓮華經三藏五敎諸達摩	묘법연화경 등 삼장·오교 모든 달마님께 …
供養文殊與普賢辟支羅漢諸僧伽	문수·보현보살, 벽지불·나한님 등 모든 승가님께 공양 올리나이다.

219) 판향(瓣香): ① 모양이 꽃잎 비슷한 향(香) ② 향을 피우다 ③ 남을 우러러 사모하다.

上來供養功德海	지금까지 공양올린 공덕의 바다로
伏爲	엎드려
主上殿下 龍樓萬歲 鳳閣千秋	주상전하의 용루 만세와 봉각의 천추를
王妃殿下 金枝鬱鬱 玉葉垂垂	[그리고] 왕비전하의 금지옥엽이신 자손이 번창하고 이어지시길 바라옵나이다.
次願今日所薦某靈駕	다음, 금일 천도코자 하옵는 모 영가께서는
速離火宅 高步蓮臺	속히 화택을 여의사 높이 연화대를 거니시고
亦願齋者某等	또한, 재자 某등은
福海汪洋	복은 바다처럼 넓고 가득차며,
壽山高屹	수명은 산처럼 높고 우뚝하여지이다.
抑願一會淸衆	다시 바라오니, 이 모임의 청정한 대중은
淸淨六根塵	육근과 육진이 청정하여
頓證三身佛	단번에 삼신불을 증득케 되어지이다.
然後	그런 후
普願三世九有	널리 삼세의 아홉 부류의 중생들이
同叅多寶眞身	함께 다보여래의 진신을 참예하게 되고,
四聖六凡	사성과 육범은
咸證法華三昧	모두 함께 법화삼매를 증득케 되어지이다.
法衆同誦十念	[법회대중이 함께 십념을 읊는다.]

<2.開經①偈(개경게)> 경전을 펼칠 때의 마음가짐을 노래한 게송.

妙經作法 ‖ 1.頂戴偈 **2.開經偈** 3.開法藏眞言 4.十念 5.擧揚 6.受位安座眞言 7.請法偈 8.說法偈 9.入定 10.說法 11.補闕眞言 12.收經偈 13.四無量偈 14.歸命偈 15.唱魂 16.歸命禮

無上甚深②微妙法 무상심심미묘법	높이깊이 알수없는 미묘하온 진리의법
百千萬劫難遭遇 백천만겁난조우	백천만겁 지낸대도 만나뵙기 어려워라.
我今聞見得③受持④ 아금문견득수지	제가이제 다행히도 듣보옵고 지니오니
願解如來眞實義 원해여래진실의	원하옵은 부처님의 진실한뜻 깨침이라.

【자구해설】

①**開經(개경)**: ⑴본경(本經)을 설(說)하기 전에 예비로 설명하여 진술한 서설(序說)로서의 경문(經文). ⑵경전을 펼치는 일. 여기서는 '⑵'의 뜻.

②**甚深(심심)**: 매우 깊음./ **甚** 심할 '심'. **深** 깊을 '심'.

③**得(득)**: 허사(虛辭). 조동사로서 객관적 상황이 허락되는 것을 나타내며, 보통 동사 앞에 쓰이지만 동사 뒤에 쓸 수도 있다. '~할 수 있다'라고 해석.

④**受持(수지)**: ⓅⓈdhāraṇa. 받아서 늘 잊지 않고 마음에 새김.

【개요】

'개경게'는 '수경게(收經偈)'의 상대어로 경전을 펼침에 즈음하여 읊는 게송이다. 지금 경을 수지독송(受持讀誦)하게 된 것이 다겁토록 있기 어려운 일임을 재삼 인식하여 부처님의 진실한 가르침을 대단히 다행스러운 마음으로 대하고 내용에 사무치려는데 의의가 있다.

조문도석사가의(朝聞道夕死可矣)! 끝없는 공간과 시간을 생각할 때, 진리를 만났다는 사실 하나만으로도 감격스러운 일이다. 더군다나 그 이치를 바로 알 수 있다면, 법이 무상심심(無上甚深)이듯 그 기쁨도 그와 같기를 발원한 게송이다.

【구성 및 내용】

본 게송은 칠언절구로 기·승·전·결의 형태를 보이고 있다.

'기'인 **무상심심미묘법(無上甚深微妙法)** —높이깊이 알수없는 미묘하온 진리의법— 에서는, 진리의 위대함을 찬탄하고 있다. 법(法)을 묘사하고 있는 '무상' '심심' '미묘'는 모두 최고의 수식어로, 외적(外的)으로는 더 이상 없이 높고 가장 깊음을 노래했고, 내적으로는 언설로 표현할 수 없이 훌륭한 것임을 찬탄한 것이다. 이로써 경전의 가치와 동시에 이를 대하는 사람의 마음을 짐작할 수 있다.

'승'인 **백천만겁난조우(百千萬劫難遭遇)** —백천만겁 지낸대도 만나뵙기 어려워라— 에서는, 진리의 소중함을 인지하고 있음을 노래하고 있다. 맹구우목(盲龜遇木)이라는 말씀과 같이 삼계육도에 끊임없이 부침(浮沈)하고 있는 것이 중생이요, 그 가운데 자신도 포함됨을 생각한다면 오늘의 이 일은 참으로 다행 중 다행이 아닐 수 없음을 표현한 것이다.

'전'인 **아금문견득수지(我今聞見得受持)** —제가이제 다행히도 듣보옵고 지니오니— 에서는, 행운의 주인공이 자신임과 불법(佛法)과의 만남에 만족하지 않고, 바로 지금부터 경전의 내용을 듣고 보고 늘 잊지 않으며, 가슴에 새겨 나가려 함을 표방하고 있다. 즉, '기'구와 '승'구가 위대한 불법과의 만남을 노래한 것이라면, '전'구는 해(解)와 행(行)에 관한 내용이다.

'결'인 **원해여래진실의(願解如來眞實義)** —원하옵은 부처님의 진실한뜻 깨침이라— 에서는, 경전을 대하는 인연공덕으로 종극(終極)의 목적인 깨달음이 이루어지게 되기를 발원하고 있다. 본 구에서 여래의 진실한 마음이 알려지기를 바란다 함은 곧 견성성불(見性成佛)을 의미하는 것이다.

【의식】

법주를 따라 동참 대중이 동음으로 위 게송을 지송한다. 사용하는 사물은 목탁이다. 한 가지 주의할 것은 제목은 빼고 게송만을 지송해야 한다는 점이다.

진언의 경우, 범어로 구성된 진언만으로는 그 내용이나 용도를 알기 어려워 제목을 함께 지송하지만, 게송의 경우는 게송만으로도 그 내용을 알 수 있기에 그렇다. 이와 같이 거행함은 예로부터 지켜온 규약이다.

【연구】

1 본 게송의 출처는?

경전에서 발견되고 있지 않으며, 달리 저자도 밝혀지지 않고 있다.

다만, 『염불보권문』 소수 「염불작법차서」 및 『범음산보집』의 「영산작법절차」 등에 보이고 있다.

2 【개요】에서 '수경게'를 말하였는데….

'개경게'가 경전을 펼칠 때 읊어지는 게송이라면, '수경게'는 경전의 독송이 끝난 뒤 혹은 설법이 끝난 뒤 경전을 거두며, 불법을 알게 된 환희로움과 깨친 경지를 노래한 게송이다. 다음은 '수경게'의 내용이다.

본 묘경작법 소수 <12.수경게>를 참고할 것.

3 '백천만겁난조우(百千萬劫難遭遇)'를 실감할만한 불·보살님의 행적은?

인생난득 불법난봉(人生難得 佛法難逢)! 얻기 어려운 사람의 몸을 얻었고, 만나기 어려운 불법을 만났다면, 이는 분명 경하할 만한 일임에 틀림없다. 이러한 내용은 도처에서 말씀되고 있거니와, 특히 '상제보살(常啼菩薩)'이 금강산 중향성의 '법기보살(法起菩薩)'을 친견하여 『반야경(般若經)』을 듣는 대목이나, 석존께서 과거 인행시(因行時) '설산동자(雪山童子)'로 계실 때 '제행무상 시생멸법(諸行無常 是生滅法)'이라는 대목을 들으신 뒤 '생멸멸이 적멸위락(生滅滅已 寂滅爲樂)'이라는 게송의 후반부를 얻으시려고 몸을 나찰(羅刹)에게 주시던 대목에서 잘 나타나 있다.

<3.開法藏①眞言(개법장진언)> 진리의 곳간을 여는 진언.

妙經作法 ∥ 1.頂戴偈 2.開經偈 **3.開法藏眞言** 4.十念 5.擧揚 6.受位安座眞言 7.請法偈 8.說法偈 9.入定 10.說法 11.補闕眞言 12.收經偈 13.四無量偈 14.歸命偈 15.唱魂 16.歸命禮

唵 阿羅南 阿羅馱 三說
옴 아라남 아라다 삼설

【자구해설】

①**法藏(법장)**: 진리의 창고, 즉 온갖 진리를 보관하고 있다는 뜻으로 '불경(佛經)'을 일컫는 말.

【개요】

진리의 곳집인 경장(經藏)을 펼치기 위한 진언의식이며, 천일야화(千一夜話, Arabian Nights)에 나오는 '알리바바 진언'이라 하면 이해의 폭을 더 할 수 있을 것이다.

【의식】

<2.개경게>에서와 같이 법주와 대중이 소사물을 울리며 동음으로 세 번 지송한다.

【연구】

1 본 진언의 애칭(愛稱)으로 '알리바바 진언'이라 하였는데?

아라비안나이트 가운데 '알리바바와 40인의 도둑'220)이라는 것이 있다. 설화의 주인공인 알리바바라는 성실하고 정직한 사람이 우연히 산중에서 40인의 도둑이 보물을 감추어 놓은 동굴을 발견한다. 이 때문에 도둑들의 보복을 받게 되었을 때 현명한 시녀 '마르자나'의 기지와 용기로 구출된다는 이야기다. 현실적인 도둑 이야기 가운데 다만 '열려라 참깨'라는 주문과 관련된 동화적 요소가 섞여 있는 점이 이색적이다.

불자에게 있어서 참된 보배는 경장(經藏)에 들어있는 말씀이다. 알리바바가 귀히 여겼던 것은 세간의 보물이고, 여기서 말하는 보배는 출세간의 보물이다. 양자 사이에는 보물이라는 공통점이 있고, 동굴의 창고도 진리의 창고도 여는 방법으로 주문을 사용하고 있다는 점에서 유사점이 인정되기로 이해를 돕도록 붙여본 애칭이다.

2 출세간의 보물인 진리의 곳집을 여는 진언이 공개적이면 곤란하지 않은지?

세간에서도 '행복은 나눌수록 커지고, 불행은 나눌수록 작아진다.'고 하듯 출세간의 보물인 진리는 나눌수록 그 진가가 드러나는 것이므로 문제될 것이 없다.

특히, 앞서 대비주(大悲呪)의 공덕이 효험이 있으려면 신심이 있어야 하며221), 착해야 하고, 정성이 있어야 한다222)고 하신바, 어찌 대비주에만 국한된 일이겠는가?! 이는 모든 진언에도 통하는 것일 터이니 문제될 것이 없다.

오히려 누구라도 신심을 지니고 착한 마음으로 정성스레 법장(法藏)을 열기 위해 본 진언을 지송한다면, 본 진언이 존재하는 보람은 더할 나위가 없을 것이다.

---

220) 도둑의 수가 40명인 것은 한 선단(船團)은 40명으로 구성되기 때문이다.
221) 伽梵達摩譯『千手經』(『大正藏』 卷20, p.107a)./ 唯除一事 於呪生疑者 乃至小罪輕業亦不得滅 何況重罪
222) 위의 책, 같은 쪽./ 唯除不善除不至誠.

<4.十念(십념)> 마음을 집중하여 삼보님를 10종으로 구분하여 염하는 절차.

妙經作法 ‖ 1.頂戴偈 2.開經偈 3.開法藏眞言 **4.十念** 5.擧揚 6.受位安座眞言 7.請法偈 8.說法偈 9.入定 10.說法 11.補闕眞言 12.收經偈 13.四無量偈 14.歸命偈 15.唱魂 16.歸命禮

清淨法身毘盧遮那佛 청정법신비로자나불	청정한 진리를 몸으로 삼으신 비로자나부처님!
圓滿報身盧舍那佛 원만보신노사나불	인행(因行)이 원만하사 성취하신 노사나부처님!
千百億化身釋迦牟尼佛 천백억화신서가모니불	천 백억의 몸으로 중생제도하시는 서가모니부처님!
九品導師阿彌陀佛 구품도사아미타불	극락구품 건립하사 중생제도하시는 아미타부처님!
當來下生彌勒尊佛 당래하생미륵존불	미래세에 강림하사 중생제도하옵실 미륵부처님!
十方三世一切諸佛 시방삼세일체제불	시방삼세의 거룩하신 모든 부처님!
十方三世一切尊法 시방삼세일체존법	시방삼세의 존귀하신 모든 법보님!
大聖文殊舍利菩薩 대성문수사리보살	지혜가 모범이신 문수보살님!
大行普賢菩薩 대행보현보살	수행이 으뜸이신 보현보살님!
大悲觀世音菩薩 대비관세음보살	대자비로 돌보시는 관세음보살님!
大願本尊地藏菩薩 대원본존지장보살	큰 원의 주인공이신 지장보살님!
諸尊菩薩摩訶薩 제존보살마하살	이렇듯 거룩하신 모든 보살님!
摩訶般若波羅蜜 마하반야바라밀	큰 지혜로 저 언덕에 이르게 하옵소서.

【개요】

<4.십념>은 「영산작법」에서의 <28.참회게>와 더불어 문법(聞法)에 앞서 청법자(請法者)의 마음 자세를 염불(念佛)·염법(念法)·염승(念僧)을 주제로 정리한 것이다.

즉, 여기서 삼보를 염(念)하는 것은 삼업을 깨끗이 하고 만행을 닦아 삼보에 귀의하여, 불자로서의 목적인 성불을 실현코자 하는 염원을 고양시키려 함이다.[223]

정리컨대 앞서 언급한 <28.참회게>가 철학적인 면에서의 참회였다면, <4.십념>은 이를

223) 소쩍새를 일본에서는 삼보새(三寶鳥. このはずく)라 부른다. 소쩍새의 울음소리를 일본식으로 발음하면, '붓 보— 소—'다. '불·법·승'이라는 뜻이란다. 소쩍새가 밤새도록 우는 것을 삼보(三寶)를 염(念)하는 것으로, 또 중생들에게는 성불을 향해 쉼 없이 정진해야 함을 일깨우는 것으로 보았다.

종교적인 차원으로 승화시켜 참회케 함으로써[224] 청법(請法)의 장으로 인도하는 것이다.

【구성 및 내용】

제목이 <십념>으로 되어 있으나, 『상기전(象器箋)』17 「풍송문(諷誦門)」에는 '십불명(十佛名)'으로 적혀 있다.

내용은 크게 불・법・승 삼보로 삼분(三分)할 수 있다. '청정법신비로자나불'로부터 '시방삼세일체제불'까지 6개 항은 불보,

다음 '시방삼세일체존법' 1개 항은 법보,

다음 '대성문수사리보살'로부터 '제존보살마하살'까지 5개 항은 승보를 가리킨다.

이상의 내용으로만 보면 단순히 삼보의 존호만을 나열한데 불과하지만, 제목을 '십불명'이 아닌 '십념'으로 한 점과 본문 내용 가운데 맨 마지막에 자리한 '마하반야바라밀'을 함께 생각하면, 그 의미는 달라진다.

즉, 제목인 '십념'은 서론에, 본문의 '십불명'은 본론에 그리고 맨 마지막 '마하반야바라밀'은 결론에 해당한다고 하겠으니, 이렇게 할 때 비로소 본 의식에서 <4.십념>의 존재 이유가 분명해진다.

'**서론**'에 당하는 제목 '십념'은 '십불명을 염하시오!'라고 일종의 명령형으로 해석해야 할 것이다. 명령형으로 해석하려는 근거는 사참과 이참에 해당하는 「영산작법」의 <28.참회게>와 「묘경작법」의 <1.정대게>가 선행되었기 때문이다. 즉, '**철학적인 면에서의 참회를 종교적인 차원으로 승화시켜 청법(請法)의 장으로 인도한다**'함은 이를 두고 한 말이었다.

'**본론**'의 내용은 다음과 같이 삼보(三寶)로 나누어 볼 수 있다.

'불보'는, 비로자나불・노사나불 그리고 서가모니불을 먼저 말하여 공간적 개념의 불보를 염하게 하였고, 이어 과거불이신 아미타불과 미래불이신 미륵불을 들어 서가모니불과 함께 시간적 개념의 불보를 염하게 하였으며, 끝으로 시・공을 함께 드는 의미에서 '시방삼세 일체제불'을 함께 염하도록 하였다.[225]

'법보'는, 일종(一宗)이나 일파(一派)의 소의경전을 들지 않고, '시방삼세일체존법'이라 통거(通擧)하여 불법 모두를 염하게 하였다.

'승보'에서는 문수・보현・관세음・지장 등 사대보살(四大菩薩)의 명호를 먼저 염하게 하였고, '제존보살마하살'이라 하여 일체의 보살을 염하도록 하였다.

'**결론**'에 당하는 '마하반야바라밀'은 문맥의 흐름으로 보아 기존의 여러 해석 가운데 '큰 지혜로 저 언덕으로 건너가지이다.'를 택하기로 한다.

【의식】

---

224) 『불교의식각론』 Ⅸ, 「비구십계」의 <禮懺悔佛(예참회불)>을 참고.

225) 「灌浴(관욕)」의 <22.開門偈(개문게)>

捲箔逢彌勒(권박봉미륵) 발을걷고 바라뵈면 미륵불을 만나뵙고
開門見釋迦(개문견서가) 문을열고 들어서면 서가세존 뵈옵나니
三三禮無上(삼삼예무상) 거듭거듭 무상존께 머리숙여 절하시고
戱法遊王家(유희법왕가) 여래께서 자리하신 법왕가에 노니소서.

태징 목탁 등 사물을 울리며 대중이 함께 염불성으로 거행한다.

【연구】

① 본 의식의 제목 <십념>과 내용의 항(項) 수가 일치하지 않는데?

기실 <십념>의 내용은 맨 마지막 항인 '마하반야바라밀'을 제외하고도 모두 12개 항으로 구성되어 있다. 따라서 다음과 같이 두 가지 관점에서 정리코자 한다.

1. <십념(十念)>을 '십불명(十佛名)'의 약(略)으로 보지 않고, <십념>에서의 '십(十)'을 십진법(十進法)의 만수(滿數)의 의미로 보는 경우.
'십(十)'을 만수로 본다함은 자신의 마음에 꽉 차도록 불·법·승 삼보를 염한다는 뜻이다. 따라서 이때는 내용상의 항목 수가 얼마든 전혀 문제가 되지 않는다.

2. <십념>을 '십불명(十佛名)'의 약(略)으로 보고, 내용의 항(項) 가운데 '시방삼세일체제불'과 '제존보살마하살'을 계상(計上)하지 않은 경우.
'십불명'은 도안(道安 314-385)스님에 의해 정해졌다는 설이 있는데, 현재 『상기전(象器箋)』 17 「풍송문(諷誦門)」에는 '십불명(十佛名)'으로 되어 있다. 일본의 『영평청규(永平淸規)』에는 법보에 해당하는 '시방삼세일체존법' 대신 '대승묘법연화경(大乘妙法蓮華經)'으로 적혀 있으며, '대원본존지장보살'의 명호는 보이지 않는다. 한편, 일본의 『정법안장(正法眼藏)』 소수 「안거(安居)」에는 법보에 관한 항 자체가 들어 있지 않다.

이상의 예를 든 것은 '십불명'이 경(經)에 명시되어 있는 것이 아니고, 후대에 정해진 것이어서 경우에 따라 각 항의 내용에 출입이 있을 수 있었음을 확인한 것이다.
그러므로 본 의식에서의 <십념>은 12개의 항으로 구성되어 있지만, 이 가운데 '시방삼세일체제불'과 '제존보살마하살'은 각기 그 앞에 든 불보와 승보를 확대 내지는 강조한 것으로 볼 수도 있다는 말이다.

단, '시방삼세일체존법'은 <십념> 가운데 법보를 언급한 유일한 항이기 때문에 항목으로 계상하여 전체의 항목을 10개로 보면, '십념' 혹은 '십불명'이 된다.
또 제 7항부터는 '불호(佛號)'가 아니지만, 「풍송문(諷誦門)」에서 '십불명(十佛名)'이라 한 것은 <거불>에서와 같은 논리[226]로 이해할 수 있다.

② '사참'과 '이참'이 철학적인 면에서의 참회였다면, '십념'은 이를 종교적인 차원으로 승화시켜 참회케 함으로써 청법(請法)의 장으로 인도하는 것이라 하였는데…

「비구십계」의 <예참회불(禮懺悔佛)>을 근거로 제시할 수 있다. 내용은 다음과 같다.

> 南無本師敎主釋迦牟尼佛 南無東方敎主藥師琉璃光佛 南無西方敎主阿彌陀佛 南無當來敎主彌勒尊佛
> **南無寶勝藏佛 南無寶光王火焰照佛 南無一切香火自在力王佛 南無百億恒河沙決**

226) 귀의의 대상이 불·보살인 경우는 거불(擧佛)이라 이름하며, 귀의의 대상이 신중(神衆)뿐이면 거목(擧目)이라 이름한다는 점이다. 그러나 신앙의 대상이 설혹 신중이라도 불(佛) 내지 삼보가 거명되면 거불이라 이름한다.

定佛 南無振威德佛 南無金剛堅强消伏壞散佛 南無寶光月殿妙音尊王佛 南無歡喜藏摩尼寶積佛 南無無盡香勝王佛 南無獅子月佛 南無歡喜莊嚴珠王佛 南無帝寶幢摩尼勝光佛
南無大智文殊菩薩 南無大行普賢菩薩 南無大悲觀世音菩薩 南無大願地藏菩薩 南無淸淨海會諸大菩薩 南無盡虛空徧法界無盡三寶 唯願三寶 大慈大悲 受我頂禮 冥熏加被力 願共法界諸衆生 同入彌陀大願海[227]

전체 내용은 수계에 앞서 그간의 업장을 참회하고 소멸시키려고 열여섯 분의 부처님과 네 분의 보살님 그리고 제대보살님께 귀의하는 의식이다. 즉, 굵게 처리된 부분의 불호(佛號)는 '참죄업장십이존불'이시며, 본 <십념>에서는 그 부분만 생략되어 있을 뿐 거행 목적은 역시 참회에 있는 것이다.

227) 『作法龜鑑』(韓國佛敎全書 第10冊, p.573b).

<5.擧揚①(거량)>

고칙(古則) · 공안(公案)을 들어 영가에게 불교의 진수를 보이는 절차.

妙經作法 ‖ 1.頂戴偈 2.開經偈 3.開法藏眞言 4.十念 **5.擧揚** 6.受位安座眞言 7.請法偈 8.說法偈 9.入定 10.說法 11.補闕眞言 12.收經偈 13.四無量偈 14.歸命偈 15.唱魂 16.歸命禮

據娑婆世界② 거사바세계	사바세계의
此四天下③南贍部洲④ 차사천하 남섬부주	이 사천하 [가운데] 남섬부주의
海東大韓民國 某處居住 해동대한민국 모처거주	바다 동쪽 대한민국 [주소 ◇◇]에 연고를 두었으며,
今日至極至誠 금일지극지성	오늘 지극한 정성으로
爲薦請法齋者 위천청법재자	[영가 제위를] 천도코자 법문을 청하옵는 재자
時會大衆 老少比丘 시회대중 노소비구	이 법회에 모인 대중으로 법랍(法臘)이 많은 그리고 적은 비구,
沙彌行者 信男信女 사미행자 신남신녀	사미며 행자, 남녀 신도 모두가
各各等伏爲所薦 각각등복위소천	각자 엎드려 천도코자 하옵는
上世先亡 師尊父母 상세선망 사존부모	윗대에 먼저 가신 스승님과 부모님
各列位靈駕a 각열위영가	모든 영가시여!
乃至 내지	내지는
鐵圍山間 五無間獄 철위산간 오무간옥	철위산의 다섯 가지 무간지옥에서
一日一夜 萬死萬生 일일일야 만사만생	하루에도 만 번 죽고 만 번 살아나며
受苦含靈 諸佛子等 수고함령 제불자등	고통 받는 영가 [하지만] 불법과 인연 있는
各列名靈駕a 각열명영가	모든 영가시여!
我有一卷經 不因紙墨成 **아유일권경 불인지묵성**	**나에게 한 권의 경책이 있나니** **종이나 먹으로 이루어진 것이 아니라네.**
展開無一字 常放大光明a **전개무일자 상방대광명**	**펼쳐 보면 한 글자도 없지만** **언제나 위대한 광명을 놓는다네.**

上來 a 상래	지금까지
召請 諸佛子等 소청 제불자등	청해 모신 불법과 인연 있는
各列位靈駕 a 각열위영가	모든 영가시여!
還會得 환회득	여쭙거니와
此常放光明底 一句麽a 차상방광명저 일구마	언제나 위대한 광명을 놓는다는 일구의 의미를 깨달으셨습니까?
此一着子⑤ 차일착자	이 소식은,
釋迦未出世 人人鼻孔撩天⑥ 서가미출세 인인비공요천	석존께서 강탄하시기 전에도 사람들의 코는 하늘을 향해 있고,
達磨未到時 個個脚跟點地⑦ 달마미도시 개개각근점지	달마께서 오시기 전에도 누구나 다리는 땅을 밟고 있었습니다.
今日山僧 以一柄金鎚⑧ 금일산승 이일병금추	오늘 산[이나 지키는 일개] 중이 한 자루의 쇠뭉치로
打破佛祖新熏窠臼⑨ 타파불조신훈과구	불조께서 새로 지은 보금자리를 부수어
現出⑩靈駕本來面目⑪a 현출영가본래면목	영가의 본래면목을 드러내겠습니다. [離言眞如]
[某靈(모령)]	○○ 영가시여!
還會得 本來面目麽a 환회득 본래면목마	여쭙거니와 본래면목을 아셨습니까?
如未會得 여미회득	모르시겠다면,
譬如暗中寶⑫無燈不可見 비여암중보 무등불가견	**“비유컨대 어두운 곳의 보배는** **등불이 없으면 볼 수 없듯이**
佛法無人說 雖慧莫能了a 불법무인설 수혜막능료	**불법도 말해주는 사람 없으면** **지혜롭다 하여도 능히 알지 못한다.”** 하셨으니
爲汝宣揚大乘經典 위여선양대승경전	그대를 위해 대승경전을 선양할 것인즉, [依言眞如]
志心⑬諦聽⑭志心諦受a 지심제청지심제수	정성스러운 마음으로 자세히 듣고 수지(受持)하시오.

【자구해설】

①**擧揚(거량)**: 고측(古則)·공안(公案)을 들어 대중에게 보이고 불교의 진수(眞髓)를 말하는 것.

불법을 선양하여 사람을 인도하는 것.
②娑婆世界(사바세계): Ⓢsahā-loka-dhātu '땅 위의 세상'. 의인토(忍土)·감인토(堪忍土)·인계(忍界). 석존의 교화가 미치는 세계. 어원적으로 sah-는 '이기다, 참다'의 의미로, 이 세계와 중생은 안으로는 여러 가지 번뇌가 있고, 밖으로는 풍우한서(風雨寒暑) 등이 있어 고뇌와 고통을 참고 견디지 않으면 안된다는 뜻이 담겨 있다. 또 음성교체세계(音聲敎體世界)라고도 하는데, 사바세계의 인간이 음성을 의사전달방법으로 삼는 만큼 부처님께서도 가르침의 방법에 있어서 음성을 기본으로 하고 있다는 뜻이다.
③四天下(사천하): Ⓢcātur-dvīpa. 수미산(須彌山) 주위에 있는 사대주(四大洲)를 말함.
④南贍部洲(남섬부주): 남염부제(南閻浮提, ⓅJambudīpa/ⓈJambudvīpa)라고도 함. 수미산 남쪽에 있는 대주(大洲)./ 贍(넉넉할 섬). 閻(이문里門 염)
⑤一着子(일착자): [=一着] 한 수. 본래는 바둑 두는데 쓰는 말로 한 수라는 뜻. 전(轉)하여 선종에서 스승이 제자에게 향상(向上)의 일구(一句)를 내리는 것을 말한다. 또 하나의 견식(見識)·주장(主張), 선체험(禪體驗)으로부터 나온 일구(一句)를 말한다.
⑥鼻孔撩天(비공요천): '요천'은 조천(朝天)이라고도 하며, 하늘을 향해 있다는 의미. '비공요천'은 인위적으로 조작한 것이 아니라 처음부터 그렇다는 의미. 또는, 코가 하늘까지 자라나 있음 즉, 고만(高慢), 자부(自負)의 비유./ 撩(다스릴 료), 遼(멀 요)
⑦脚跟點地(각근점지): 다리는 으레 땅을 밟게 되어있다는 의미. [脚跟着地(각근착지)] 디딜 곳이 확립되어 있음. 수행이 성숙함. 발이 완전히 대지(大地)에 붙어 있어 안정된 상태에 있으며, 조금도 불안하거나 동요됨이 없음./ 跟(발꿈치 근).
⑧金鎚(금추): [=금퇴(金槌)] 쇠로 만든 몽둥이. 추(鎚)의 미칭(美稱). 추는 팔각기둥 모양의 침(砧. 법구의 일종)을 두드리는 도구. 선종에서 대중에게 고할 일이 있을 때 사용한다. 전(轉)하여 사가(師家)의 준엄한 접화(接化)를 이르는 말로 사용됨./ 鎚(쇠망치 추).
⑨窠臼(과구): 새의 보금자리. 선(禪)에서는 집착하거나 안주하려는 것을 오히려 함정(陷穽)이라 하여 경계한다./ 窠(보금자리 과).
⑩現出(현출): 드러나 나옴. 나타남. 노출(露出).
⑪本來面目(본래면목): 본래의 얼굴. 본래 자기의 모습. 인간의 참된 모습. 있는 그대로의 모습. 『無門關』 대48-295하./ 깨달은 경지에서 나타나는 자연 그대로의 조금도 인위(人爲)를 더하지 않은, 모든 사람들이 갖추고 있는 심성(心性)을 말한다. 선종의 용어로 제6조 혜능이 처음으로 한 말이다. 또 본지풍광(本地風光) 혹은 본분사(本分事)·본분전지(本分田地)·본지풍광(本地風光)이라고도 함.
"不思善 不思惡 正與麽時 那箇是明上座**本來面目**" -『六祖壇經』 行由-
⑫譬如暗中寶(비여암중보): 실차난타(實叉難陀) 역 『80화엄경』 수미산정품(須彌山頂品) 제13」 대10-82a. 에서 승혜(勝慧)보살이 부처님을 찬탄하며 올린 내용 가운데 있다.
⑬志心(지심): [=至心=志求(心)=一心], 마음(뜻)으로부터 구하는 마음. 적극적으로 구하는 마음. 더없이 성실한 마음. ※ [부사(副詞)로서] 일심으로, 정성을 담아, 오로지 등으로 해석.
⑭諦聽(제청): 주의하여 자세히 들음./ 諦(살필 '체').

【개요】

'거량(擧揚)'은 고측(古則)·공안(公案)을 들어 대중에게 보이고 불교의 진수(眞髓)를 말하는 것이다. 그러나 여기서는 그 대상이 영가까지로 설법에 앞서 영가를 초청하는 의식이다. 비유컨대, 꿀이나 향기가 벌이나 나비를 유인하듯 상세한 법문에 앞서 긴요한 진리의 한 말씀으로 진리에 목말라하는 불자를 법석으로 안내하는 절차이다.

【구성과 내용】

본 <거량>은 내용 면에서 '대의단(大疑團)'과 '활로(活路)'의 제시라는 두 개의 주제(主

題)로 이루어져 있으며, 각각 기・승・전・결의 구조를 보이고 있다.

첫째 주제는 청법 대중인 영가 제위에게 대의단(大疑團)이 될 내용을 제시하는 것이다.

'기'인 **거사바세계 차사천하 남섬부주 해동대한민국 모처거주 금일지극지성 위천청법재자 시회대중 노소비구 사미행자 신남신녀 각각등복위소천 상세선망 사존부모 각열위영가 내지 철위산간 오무간옥 일일일야 만사만생 수고함령 제불자등 각열명영가(據娑婆世界 此四天下 南贍部洲 海東大韓民國 某處居住 今日至極至誠 爲薦請法齋者 時會大衆 老少比丘 沙彌行者 信男信女 各各等伏爲所薦 上世先亡 師尊父母 各列位靈駕 乃至 鐵圍山間 五無間獄 一日一夜 萬死萬生 受苦含靈 諸佛子等 各列名靈駕)** —사바세계의 / 이 사천하 [가운데] / 남섬부주의 / 바다 동쪽 대한민국 / [주소 ◇◇]에 연고를 두었으며 / 오늘 지극한 정성으로 / [영가 제위를] 천도코자 법문을 청하옵는 재자 / 이 법회에 모인 대중으로 / 법랍(法臘)이 많은 그리고 적은 비구 / 사미며 행자 / 남녀 신도 모두가 / 각자 엎드려 천도코자 하옵는 / 윗대에 먼저 가신 / 스승님과 부모님 / 모든 영가시여! / 내지는 / 철위산의 / 다섯 가지 무간지옥에서 / 하루에도 / 만 번 죽고 만 번 살아나며 / 고통 받는 영가 / [하지만] 불법과 인연 있는 / 모든 영가시여!— 에서는, 금일 법회에 초청할 대상의 범위를 말하고 있다. 범위는 당 법회에 운집한 사부대중을 복위(伏爲)로 하는 영가 제위를 위시하여 멀리 무간지옥의 중생까지로 하고 있다.

'승'인 **아유일권경 불인지묵성 전개무일자 상방대광명(我有一卷經 不因紙墨成 展開無一字 常放大光明)** —나에게 한 권의 경책이 있나니 / 종이나 먹으로 이루어진 것이 아니라네 / 펼쳐 보면 한 글자도 없지만 / 언제나 위대한 광명을 놓는다네— 에서는, 아직 중생으로 머물고 있는 제영가의 무지(無智)와 무명(無明)을 확인시키기 위해 문제를 제시하고 있다. 즉, 무명무상(無名無相)임에도 요요상지(了了常知)인 자성(自性)을 가리키는 불법의 요체(要諦)를 한 권의 경책(經冊)이라는 말로 압축 표현하여 청법대중인 영가 제위에게 제시한 것이다.

'전'인 **상래소청 제불자등 각열위영가(上來召請 諸佛子等 各列位靈駕)** —지금까지 청해 모신 / 불법과 인연 있는 / 모든 영가시여!— 에서는, 망연자실해 있을 영가를 호명(呼名)하여 정신을 가다듬도록 주의를 환기시키고 있다. 문제가 어려워서가 아니라, 다겁(多劫) 동안 등한히 해서 생소하겠기 때문이다.

'결'인 **환회득 차상방광명저 일구마(還會得 此常放光明底 一句麽)** —여쭙거니와 / 언제나 위대한 광명을 놓는다는 / 일구를 깊이 깨달으셨습니까?— 에서는, 문제를 좀 더 압축하여 단도직입적으로 문제의 핵심을 묻고 있다. 여기서 깨달으면 더 이상 문제 될 것이 없거니와, 그렇지 못하다면 청법자의 가슴에는 커다란 의심 덩어리가 자리하게 될 것이다. 질문하는 법주(法主)가 의도하는 바도 바로 여기에 있는 것이며, 이 의단(疑團)이 깨질 때 비로소 활로(活路)가 드러나게 되는 것이다.

둘째 주제는 청법 대중인 영가 제위에게 활로(活路)를 제시하는 것이다.

'기'인 **차일착자 서가미출세 인인비공요천 달마미도시 개개각근점지(此一着子 釋迦未出世 人人鼻孔撩天 達磨未到時 個個脚跟點地)** —이 소식은 / 석존께서 강탄하시기 전에도 /

사람들의 코는 하늘을 향해 있고 / 달마께서 이 땅에 오시기 전에도 / 누구나 다리는 땅을 밟고 있었습니다.— 에서는, 위 질문을 타파하는 방법을 암시(暗示)하고 있다. 석존께서 이루신 정각은 발견(發見)이며 실증(實證)이지 결코 발명(發明)이나 창조(創造)가 아니며, 달마께서 동토에 전하신 것도 길 찾는 방법이지 결코 길 자체는 아니라는 말이다. 따라서 자기 자신의 마음 가운데서 찾을 것을 요구하고 있다.

'승'인 **금일산승 이일병금추 타파불조신훈과구 현출영가본래면목(今日山僧 以一柄金鎚 打破佛祖新熏窠臼 現出靈駕本來面目)** —오늘 산[이나 지키는 일개] 중이 / 한 자루의 쇠뭉치로 / 불조께서 새로 지은 보금자리를 부수어 / 영가의 본래면목을 들 내리니— 에서는, 찾고자 하는 자신의 '본래면목'을 찾을 수 있도록 보다 적극적으로 도와주고 있다. 본래면목은 말이나 글로 찾아지는 것이 아니건만 자칫 석존의 교설(教說)이나 달마의 언구(言句)에 속아 일을 그르칠 것을 염려하여 금강저(金剛杵)와도 같은 종승안(宗乘眼)으로 모든 집착을 철저히 부수려는 것이다.

'전'인 **[모령] 환회득 본래면목마([某靈] 還會得 本來面目麽)** —○○ 영가시여! / 여쭙거니와 / 본래면목을 아셨습니까?— 에서는, 법주와 영가의 경주된 이상의 노력으로 본래면목을 되찾았는지를 묻고 있다. 상・중근기(上・中根機)라면 언하(言下)에 깨달을 수 있기 때문이다.

'결'인 **여미회득 비여암중보 무등불가견 불법무인설 수혜막능료 위여선양대승경전 지심제청지심제수(如未會得 譬如暗中寶 無燈不可見 佛法無人說 雖慧莫能了 爲汝宣揚大乘經典 志心諦聽志心諦受)** —모르시겠다면 / "비유컨대 어두운 가운데 보배는 / 등불이 없으면 볼 수 없듯이 / 불법도 말해주는 사람이 없으면 / 비록 지혜롭다 해도 능히 알지 못한다." 하셨으니 / 그대를 위해 대승경전을 설할 것인즉 / 정성스러운 마음으로 자세히 듣고 수지(受持)하시오— 에서는, 하근기를 위해 보다 자세한 내용이 베풀어질 것을 알리고, 자세히 들어 큰 깨달음에 이르기를 당부하고 있다. '비여암중보'운운은 『화엄경』 수미산정품(須彌山頂品) 제13에서 승혜(勝慧)보살이 부처님을 찬탄하며 올린 내용으로 장차 베풀어질 법문의 내용이 곧 무명을 녹이는 법등(法燈)임을 강조하여 대각을 이루는 계기가 되기를 간절히 당부하고 있다.

【의식】

『작법귀감』 소수 '염향식'228)과 '거량식'229)에는 모두 회주(會主)가 거행하는 것으로 되어 있다.

그러나 현재 봉원사에 보존돼있는 절차는, 법주가 평좌하고 <u>요령 삼하(三下)</u> 후, 천천히 봉독하듯 거행한다. 고하자(高下字) 및 짓는 표시[a]에서는 착어성(着語聲)으로 거행한다.

---

228) 『作法龜鑑』(韓佛全, 卷10, p.589c).: "靈山請而奉茶三拜 退茶後 鍾頭以盤 奉壇上所 呈香爐與盒 置會主前 齊者奉位牌 安香爐前 則會主拈香云(산청을 하고, 다를 올리고 삼배한다. 다를 물린 후, 종두는 쟁반에 단 상소에 올린 향로와 향합을 [물려서] 회주 앞에 놓는다. 재자가 위패를 향로 앞에 안치하면 회주가 향을 쥐고 이른다.)"

229) 같은 책, p.560b. "會主振鈴一下云(회주가 요령을 한번 흔들어 놓고 이른다.)"

또 소리를 지을 때는 요령을 한 번 흔들어 놓기도 한다. 참석 대중은 묵묵히 앉아 <거량>의 의미를 관(觀)한다.

【연구】

1 '서가미출세 인인비공요천 달마미도시 개개각근점지(釋迦未出世 人人鼻孔撩天 達磨未到時 個個脚跟點地)'를 이해하는데 도움이 될 만한 내용이 있으면….

「순당(巡堂)」 <모게송(暮偈頌)> '전'구의 내용이 참고가 될 것으로 사료되며, 소개하면 다음과 같다.

山堂靜夜坐無言(산당정야좌무언)　고요한밤 산속집에 말을잊고 앉았으니
寂寂寥寥本自然(적적요요본자연)　고요하고 텅빈것이 본래그런 모습일세
何事西風動林野(하사서풍동임야)　무슨일로 서쪽바람 숲과들을 움직였나
一聲寒鴈唳長天(일성한안여장천)　찬기러기 외마디만 먼하늘에 파문지네.

또 저녁「순당」의 <송자Ⅱ>의 내용 ―圓覺山中生一樹 開花天地未分前 非靑非白亦非黑 不在春風不在天(원각산중생일수 개화천지미분전 비청비백역비흑 부재춘풍부재천)― 역시 참고가 될 것으로 생각된다.

2 【의식】에서 '요령 삼하(三下)'라 했는데 특별한 의미라도?

다음은 『작법귀감』에 보이는 내용으로 지금의 질문 내용과 통하기로 소개하기로 한다. 『작법귀감』에는 '양구' 및 '진령삼하' 그리고 '착어'에 대한 다음과 같은 설명이 있다.

[良久 · 振鈴三下 · 着語]

○ 次法主 良久運觀 待上根 振鈴三下 待中根 次着語 待下根也
차법주 양구운관 대상근 진령삼하 대중근 차착어 대하근야

○ 何以運觀 次良久處 高提祖令 則如倚天長劒 纖塵不立 寸草不生 則本無生死之一着子 覿面提持 此一着子 人人本具 箇箇圓成 誰爲說者 誰爲聽者 今日之事 無風起浪也 此達摩所傳 無紋印字也
하이운관 차양구처 고제조령 즉여의천장검 섬진불립 촌초불생 즉본무생사지일착자 적면제지 차일착자 인인본구 개개원성 수위설자 수위청자 금일지사 무풍기랑야 차달마소전 무문인자야

○ 振鈴三下者 三句意不無 則印紋生也
진령삼하자 삼구의불무 즉인문생야

○ 果能頓悟無生否 其或未然 山僧今日 註脚去也 因以振鈴而 擧着語也
과능돈오무생부 기혹미연 산승금일 주각거야 인이진령이 거착어야

-작법귀감 p.560중-

○ <총> 다음, 법주가 양구하며 관(觀)을 운용하는 것은 상근기를 대함이요, 요령을 세 번 흔드는 것은 중근기를, 그리고 착어하는 것은 하근기를 대하는 것이다.

○ <별1> 어찌하여 관(觀)을 하는가? 이 양구하는 곳은 조사의 가르침을 높이 받듦이 곧 하늘을 의지한 긴 칼 ―반야대지(般若大智)의 비유― 과 같아서 잔 먼지(=번뇌)도 있을 수 없고, 띠(=망상)조차 생하지 않는다. 즉 본래 생사가 없다는 일구(=일착자)는 당장에 일체번뇌를 없앤다. 이 일구는 사람사람이 본래 갖추고 있으며, 누구의 것이라도 원만한 것이니 누가 설하는 자이며 누가 듣는 자이리요? 오늘의 일(=법회)도 바람 없이 일어난 파도일 뿐이니.

이러한 도리야말로 달마가 전한 그림자 없는 도장(印)의 글자(=내용)이니라.

○ <별2> 요령을 세 번 흔듦은 삼구를 뜻함이니, 곧 도장의 무늬가 생김이다.

○ <별3> 과연 능히 무생의 이치를 깨달았는가? 만일 그렇지 못함을 염려하여 산승이 오늘 주각을 달아보는 것이다. 또 그래서 요령을 흔들며 착어를 드는 것이다.

<6.受位安座眞言(수위안좌진언)> 삼보님의 가지력으로 제영가를 영단에 안좌케하는 진언.

妙經作法 ‖ 1.頂戴偈 2.開經偈 3.開法藏眞言 4.十念 5.擧揚 6.受位安座眞言 7.請法偈 8.說法偈 9.入定 10.說法 11.補闕眞言 12.收經偈 13.四無量偈 14.歸命偈 15.唱魂 16.歸命禮

上來① a 召請②諸佛子等 지금까지 청해 모신 불법과 인연 있는
상래　소청 제불자등

各列位靈駕 a 모든 영가시여!
각열위영가

受位③安座④眞言 자리를 정해 안좌케 하는 진언
수위안좌진언

唵 摩尼 軍多尼 吽吽 娑婆賀 三說
옴 마니 군다니 훔훔 사바하 삼설

【자구해설】

①上來(상래): 지금까지 운운(云云)하여 온 바.
②召請(소청): 본래는 제불(諸佛)을 권청(勸請)하는 것을 말함. 여기서의 대상은 영가 제위.
③受位(수위): [=授位(수위)] 상대에게 자리를 내어 줌.
④安坐(안좌): ㉠부처님을 법당에 봉안함. ㉡삼보전(三寶前)에 무릎을 꿇고 앉음. ㉢편히 앉음. 아무 일도 하지 않고 있음.

【개요】

법사의 등단에 앞서 삼보의 가지력(加持力)으로 <5.거량>에서 거명된 영가 제위에게 법문을 들을 수 있도록 자리를 정해 안좌케 하는 진언. <6.수위안좌진언>이 끝나면 법사는 등단한다.

【구성과 내용】

지문(地文)에 당하는 약간의 내용과 진언의 제목 및 진언으로 구성되어 있다. 내용은 영가로 하여금 안좌할 수 있도록 하는 것이다.

【의식】

법주(法主)는 요령을 한 번 흔들어 놓고 지문에 당하는 내용을 착어성(着語聲)으로 모신다. 그 뒤 다시 한번 요령을 흔들어 놓고 제목을 창화하며 다시 요령을 울리고 진언을 세 번 지송한다. 또 <6.수위안좌진언> 끝에 법주의 집전으로 <7,청법게(請法偈)>를 모신다.

<7.請法偈(청법게)> 법사 스님에게 법문(法門) 설해 줄 것을 간청하는 게송.

妙經作法 ‖ 1.頂戴偈 2.開經偈 3.開法藏眞言 4.十念 5.擧揚 6.受位安座眞言 **7.請法偈** 8.說法偈 9.入定 10.說法 11.補闕眞言 12.收經偈 13.四無量偈 14.歸命偈 15.唱魂 16.歸命禮

此經①甚深意 차경심심의	이경전의 헤아리기 어렵사온 깊은뜻을
大衆心渴仰② 대중심갈앙	목마른자 물을찾듯 대중들이 우러름에
唯願大法師 유원대법사	애오라지 바라옴은 큰스승의 자비오니
廣爲衆生說 광위중생설	뭇생명을 위하시어 널리설해 주옵소서.

【자구해설】

①經(경): 『작법귀감』 소수 「거량(擧揚)」에 의하면 여기서의 '경'은 『법화경』이다.

②渴仰(갈앙): ⑴목마르게 동경하고 사모함. ⑵높은 산을 만나 우러러보고, 기갈을 당하여 물을 생각하듯 깊이 불도를 숭상하는 일. 존경하는 이의 덕을 우러러 사모함을 목마른 자가 물을 간절히 구함에 비유한 것.

【개요】

진리에 목말라하고 흠모하는 불자(佛子)들이 불·보살님을 대신해서 사자후(獅子吼)를 내려주실 덕 높으신 스승을 청해 모시고, 진리에 드는 문[法門]으로 인도해 주시기를 간청하는 게송이다.

【구성 및 내용】

오언절구인 본 게송은 기·승·전·결의 형태를 보이고 있다.

'기'인 **차경심심의(此經甚深意)** —이경전의 헤아리기 어렵사온 깊은뜻을— 에서는, 경전의 존귀함을 노래하였다. 경의 내용을 '심심의(甚深意)'라 함은 청법 대중이 이미 설해질 경(經)의 중요성을 깨닫고 있다는 표현이며, 법사에게 무엇을 요구하고 있는지를 말한 것이다. 그러면서도 경명(經名)이 구체적으로 드러나 있지 않은 것은 설법 전에 행해지는 「거량(擧揚)」에 의해 이미 드러났기 때문이다.

'승'인 **대중심갈앙(大衆心渴仰)** —목마른자 물을찾듯 대중들이 우러름에— 에서는, 청법코자 하는 사람을 '대중'이라는 복수로 표현하였고, '갈앙'이라는 단어로 그들의 심리를 나타내어 법사의 등단을 더 이상 미룰 수 없음을 우회적으로 시사하였다.

'전'인 **유원대법사(唯願大法師)** —애오라지 바라옴은 큰스승의 자비오니— 에서는, 직접 문을 두드리는 형식으로 법사의 등단에 대한 염원이 간절함을 직선적으로 표현하였다.

'결'인 **광위중생설(廣爲衆生說)** —뭇생명을 위하시어 널리설해 주옵소서— 에서는, 오늘의 법문은 본 법회의 대중뿐 아니라, 뭇 중생을 위함이 되리라는 결론까지 덧붙여 청법을 하고 있다.

【의식】

이것은 다음에 보이는 <염향(拈香)>과 연계해서 고찰할 일이다. 현재로서는 전통적인 설법의 형태를 추측키 어려운 것이 실정이고, 다만 '영산재보존회'에서 행해지는 의식을 소개하면 다음과 같다.

우선 법주가 <거량(擧揚)>을 행하고,

이어서 종두(鐘頭)가 법사 앞으로 나아가 대중을 대신하여 삼배로써 청법한다.

대중은 기립하여 법사를 맞이하고, 종두의 삼배를 받은 법사는 종두의 안내로 법상(法床)에 오른다.

법사가 주장자(拄杖子)를 법상(法床) 위에 세우면,

이를 신호로 서 있던 대중은 법주의 목탁에 맞춰 일제히 법사에게 삼배한다.

이때 법주는 목탁만 치는 것이 아니라, 절할 때마다 위의 <청법게>를 한 번씩 읊는다.

※ <거량(擧揚)>에 관한 내용은 『불교의식각론 Ⅳ』 105쪽을 참고할 것.

【연구】

1 재의식에 있어서 <설법>의 위치와 역할은?

<설법>은 「묘경작법」의 중심이 되는 것으로서 역할은 오전 중 거행한 재의식의 내용을 정리한다. 그러면서 앞으로 이어질 천도의식의 의미와 중요성을 부연하여 사생이중(死生二衆)에게 권공의 올바른 의미와 성불로 나아가는 올바른 방향의 제시에 목적을 두고 설하는 것이다.

그리고 그 목적지에 이를 수 있는 공덕, 즉 에너지는 앞서 「묘경작법」의 서두에서도 언급했듯 다름 아닌 <설법>을 위시한 일련의 작법으로 얻을 수 있다. 그뿐만 아니라 「묘경작법」을 거행치 않으면 천도작법의 거행 시까지 시간적 공백이 생기는바, 이는 '인차(鱗次)'를 원칙으로 하는 불교의식에 문제가 된다.

주의할 것은 <설법>이 이렇듯 중요한 위치를 점하고 있지만, 역시 '권공'을 원만히 이루기 위한 준비의 일환의 일부라는 점이다. 의식의 제목이 「○○작법」「○○권공」으로 되어 있는 이상 재의식에 있어서 가장 중요한 대목은 어디까지나 소례에게 올리는 공양에 있음을 간과해서는 안 될 것이다.

2 <7.청법게>는 몇 번 올림이 원칙인가?

세 번 올림이 원칙이다. 석존께서는 법을 중히 여기신 까닭에 청법자(聽法者)로부터 세 번의 간청을 기다리신 후 법을 설하셨다. 그 예로 정각을 이루신 후 열반에 드시려는 석존께 중생을 위해 법륜을 굴려 주실 것을 사뢰며 올린 대범천왕의 삼청을 들 수 있고, 석존께서 적문(迹門)의 『법화경』은 사리불존자의 삼청으로 그리고 본문(本門)의 『법화경』은 미륵보살의 삼청으로 설하셨음을 들 수 있다.

이와 같은 연유로 불교의 법요의식에서는 이를 모범하여 불·보살의 강림이나 법사의 법문을 청할 때에는 '삼청'을 하며 극진한 예를 표하는 것이다.

<8.說法偈(설법게)> **설법이 곧 시작됨을 알리는 서곡(序曲)에 당하는 게송.**

一光①東照八千土② 일광동조팔천토	한줄기빛 동쪽으로 팔천토를 비추임에
大地山河如杲日③ 대지산하여고일	산하대지 남김없이 밝은대낮 다름없네.
卽是如來微妙法 즉시여래미묘법	이것이곧 여래께서 밝히신바 미묘법문
不須向外謾④尋覓 불수향외만심멱	모름지기 밖을향해 부질없이 찾지말라.

【자구해설】

①一光(일광): 석존께서 밝히신 진리의 빛.
②八千土(팔천토): 팔천 개의 국토. 즉, 국토의 수가 많다는 의미.
③杲日(고일): 대낮./ 杲 밝을 '고'.
④謾(만): 속일, '만'. 여기서는 '공연히', '부질없이'라는 뜻.

【개요】

법주(法主)가 사자좌 위의 법사 스님이 설하려는 법이 부처님으로부터 이어져 온 것임을 먼저 전해 받은 자로서의 경험을 바탕으로 말하는 것이다. 이는 곧 법주가 자신의 신념을 문법자(聞法者)에게 전달하여, 확신 가운데 진리의 말씀에 귀 기울이도록 하려는 게송이다.

【구성 및 내용】

칠언절구의 게송으로 기·승·전·결의 형태를 지니고 있다.

'기'인 **일광동조팔천토(一光東照八千土)** —한줄기빛 동쪽으로 팔천토를 비추임에— 에서는, 진리의 빛이 동토에 이르게 되었음을 찬탄하고 있다. '일광'은 오직 하나인 진리의 빛을 말하는 것이고, '팔천토'는 또 다른 <설법게>[230]에서 말씀했듯 목마른 자가 물을, 주린 자가 음식을, 벌이 꿀을, 병자가 양약을 그리워하고 찾는 것 같이 진리에 목말라하는 중생들의 국토가 많음을 의미하는 것이다. 단, 설주와 그 내용이 구체적으로 언급되지 않음으로써 궁굼증을 유발하는 효과까지 지니게 하였다.

'승'인 **대지산하여고일(大地山河如杲日)** —산하대지 남김없이 밝은대낮 다름없네— 에서는, '기'구에서 언급한 진리의 빛으로 온 세상의 어두움이 사라졌음을 말하여 '일광'의 효과를 노래하였다. 알고 모름을 밤과 낮에 견줌으로써 진리의 소중함과 위대함을 실감토록 하였다는 점이 돋보인다.

---

230) 『한국불교의례자료총서』 권2, p.134c. "<說法偈> 如渴思冷水 如飢念粻食 如蜂貪好蜜 如病懷良藥 我等亦如是 願聞甘露法(목마른 자가 냉수를 생각하듯, 주린 자가 음식을 생각하듯, 꿀벌이 좋은 꿀을 탐하듯, 병든 자가 어진의사를 그리워하듯 감로의 법문을 듣고자 하나이다.)"

‘전’인 **즉시여래미묘법(卽是如來微妙法)** ―이것이곧 여래께서 밝히신바 미묘법문― 에서는, ‘기’구에서 언급한 ‘일광’의 내용이 다름 아닌 석존께서 서천(西天)을 밝히신 진리임을 드러내고 있다. 이는 중생들로 하여금 형이상의 범주에 속한 진리를 좀 더 구체적으로 접근할 수 있도록 친절하게 베푸신 교설임을 말한 것이다. 그래서 그 교설을 ‘미묘법’이라 표현하였고 그 설주 역시 ‘여래’라 한 것이다.

‘결’인 **불수향외만심멱(不須向外謾尋覓)** ―모름지기 밖을향해 부질없이 찾지말라― 에서는, 금일 설법을 들으면 깨닫는바가 있을 것이니, 이를 지남(指南)으로 삼고 더 이상 외도의 소리에 귀 기울이지 말 것을 당부하고 있다. 호리유차천지현격(毫釐有差天地懸隔)[231]이라는 말씀처럼 첫걸음을 조심할 것과 일촌광음(一寸光陰)도 가볍게 여기지 말 것을 당부하는 말씀이다.

【의식】

<7.청법게>에 이어 법주가 일어선 자세로 법사 앞에 놓인 위패나 전(錢)을 향해 ‘쓰는소리’로 거행한다.

【연구】

1 본 게송은 누구를 상대로 하고 있는지?

일차적으로는 법사 앞에 자리한 위패와 錢, 즉 영가 제위를 대상으로 하고 있지만, 궁극적으로는 법석에 자리한 사부대중은 물론 호법성중 모두가 범위에 든다.

231) 『緇門警訓』 三祖鑑智禪師信心銘(『大正藏』 卷48, p.1055c).

<9.入定(입정)> 문법(聞法)에 앞서 삼업을 청정토록 하는 절차.

妙經作法 ‖ 1.頂戴偈 2.開經偈 3.開法藏眞言 4.十念 5.擧揚 6.受位安座眞言 7.請法偈 8.說法偈 9.入定 10.說法 11.補闕眞言 12.收經偈 13.四無量偈 14.歸命偈 15.唱魂 16.歸命禮

【개요】

입정이란 선정(禪定)에 들어가는 것을 말하는데, 본 작법에서의 입정에는 보편적 의미와 교육적 의미 두 가지가 있다.

보편적 의미라고 함은 마음을 한곳에 머물게 해서 신구의(身口意) 삼업의 번뇌스런 작용을 그치게 하려는 목적으로 행하는 입정을 말한다. 법사의 의도대로 법문의 내용을 경청하고 수용토록 하려고 삼업을 고요히 하는 것이다. 먼저 것을 비워야 새것을 담을 수 있고, 고요한 물이라야 만상(萬象)이 여여하게 드러나기 마련이다.

교육적 의미라고 함은 <5.擧揚(거량)> 【연구】-②의 『작법귀감』에 보이는 '양구(良久)·진령삼하(振鈴三下)·착어(着語)'에 대해 소개한 내용을 말하는 것이다. 그 내용 가운데 '법주가 양구하며 관을 운용하는 것은 상근기를 대함이요, 요령을 세 번 흔드는 것은 중근기를, 그리고 착어하는 것은 하근기를 대하는 것이다(法主 良久運觀 待上根 振鈴三下 待中根 次着語 待下根也)'라는 대목이 보이며, 본 항에서의 '입정'은 곧 상근기를 대하는 것이기도 하다.

【의식】

법주나 입승은 죽비나 목탁을 세 번 혹은 한 번 울려 입정의 시작을 알리고, 끝날 때는 시작할 때와 같은 방법으로 죽비나 목탁을 울려 출정을 알린다.

<10.說法(설법)> 언설로써 문법대중을 진리의 문 안으로 유인계도(誘引啓導)하는 절차.

妙經作法 ‖ 1.頂戴偈 2.開經偈 3.開法藏眞言 4.十念 5.擧揚 6.受位安座眞言 7.請法偈 8.說法偈 9.入定 **10.說法** 11.補闕眞言 12.收經偈 13.四無量偈 14.歸命偈 15.唱魂 16.歸命禮

【개요】

「묘경작법」 이전, 즉 사시(巳時)까지의 의식은 석존을 위시한 영산회상의 소례제위께 공양을 올리는 「영산작법」이다. 그리고 오시(午時)가 되어 대중 스님들께 공양을 올리는 절차는 「식당작법」이다.

한편, 「묘경작법」 이후의 의식을 영가 제위의 천도를 위한 의식인바, '영산재' 전체의식은 「묘경작법」을 분수령으로 권공의식과 천도의식으로 나뉘게 된다.

따라서 여기서의 <설법>은 『법화경』을 소의경전으로 지금까지의 권공의식을 정리하는 동시에 장차 이어질 천도의식의 의미와 중요성을 부연함을 목적으로 설하는 것이다.

【의식】

입정(入定)이 끝나면,

①법사는 주장자(柱杖子)로 서서히 법상(法床)을 세 번 울리고,

②이어 법사는 당일 설할 법문의 내용을 간략히 정리한 게송을 읊는다. 게송은 대체로 절구(絶句)로 이루어져 있으며, 제1·2구가 끝나면 대중은 법주의 목탁 소리를 신호로 '나무아미타불'을 동음으로 창화한다. 이어 다시 제3·4구를 법사가 읊고 나면, 대중은 먼저와 같은 방법으로 법주의 목탁 소리를 신호로 '나무아미타불'을 동음으로 창화한다.

③이어 법사는 설판재자를 중심으로 한 참석대중 그리고 설판재자를 복위로 한 영가와 인연불자를 위한 법문을 설한다.

④설법이 모두 끝나면 법사는 법상 위에 주장자를 세우고, 지금까지의 내용을 정리하고 마무리하는 의미에서 다시 게송을 읊는다. 대중은 역시 법주의 목탁 소리를 신호로 '나무아미타불'을 동음으로 창화한다.

단, 게송은 설법하는 중간에도 법문의 내용을 정리하는 의미에서 간간이 읊기도 한다.

【연구】

1 위 【의식】에서 언급한 설법의 절차에 어떤 의미가 있는지?

법사가 대중의 근기에 알맞은 방편설로써 다음과 같은 순서에 의해 당일 설법의 주제에 접근할 수 있게 이끌어 간다. 이 대목이 가장 한국적이라 할 수 있는 부분이다.

①<u>주장자(拄杖子) 삼하(三下)</u>: 법사가 주장자로 법상(法床)을 서서히 세 번 울린다. 앞서 <9.입정>이 상근기 중생을 대한 법문이었듯이 이는 중근기를 대처하는 방편인 삼구(三句)의 표시이며, 이로써 설법의 요지를 전하는 것이다. 즉, 『작법귀감』 소수 「대령정의」의 협주에서 언급한 '진령삼하 대중근(振鈴三下 待中根)'과 같은 것으로, 다음 내용과 같다.

振鈴三下者 三句意不無 則印紋生也
진령삼하자 삼구의불무 즉인문생야
요령을 세 번 흔듦은 삼구(三句)를 뜻함이니, 곧 도장의 무늬가 생김이다.

그런데 여기서 말하는 삼구는 삼구로써 선의 요지를 말한 것이다. 예컨대 운문[232]삼구(雲門三句)는 '스승과 제자의 문답이 딱 들어맞는 것으로 평등일색(平等一色)의 이치, 즉 절대의 진리가 모든 현상에 나타나 있음을 말하는 함개건곤(函蓋乾坤), 눈대중만으로도 작은 중량까지 구별하듯 영리하게 학인의 번뇌 망상을 명쾌하게 끊어주는 목기수량(目機銖兩), 일일이 따지지 않고 곧바로 학인의 근기에 따라 자유롭게 지도하는 불섭만연(不涉萬緣)' 등이다. 운문의 법사(法嗣)인 덕산연밀(德山緣密)은 이를 다시 정리하여 '함개건곤구(函蓋乾坤句), 재단중류구(裁斷衆流句), 수파축랑구(隨波逐浪句)'라 하였다.

②<u>게송(偈頌)</u>: 하근기를 대처하는 방편으로서 설법의 주제를 절구형태의 게송으로 전하는데, 이 가운데 전반부를 법사가 읊는다.

③<u>나무아미타불[初]</u>: 게송의 전반부를 들은 것에 대한 감사와 나머지 후반부를 들려줄 것을 갈망하며 대중이 동음으로 창화한다.

④<u>게송 및 나무아미타불[後]</u>: '② ③'에서와 같은 방법으로 법사는 게송의 후반부를 읊고, 대중은 나무아미타불을 동음으로 창화한다. 이는 『작법귀감』 소수 「대령정의」의 협주에서 언급한 '차착어 대하근야(次着語 待下根也)'와 같은 것으로, 이어지는 내용의 다음 부분에 해당한다.

> 果能頓悟無生否 其或未然 山僧今日 註脚去也 因以振鈴而 擧着語也
> 과능돈오무생부 기혹미연 산승금일 주각거야 인이진령이 거착어야
> 과연 능히 무생의 이치를 깨달았는가? 만일 그렇지 못함을 염려하여 산승이 오늘 주각을 달아보는 것이다. 또 그래서 요령을 흔들며 착어를 드는 것이다.

착어는 하근기 중생을 대처하는 방법인데, 그 내용의 주제가 곧 무생(無生)이라 하였다. 다시 말해 만법귀일(萬法歸一)이라 하듯 불가에서의 게송내용이나 설법주제는 무생법인(無生法忍)이어야함을 강조한 것이다. 이때 게송을 읊는 방법은 인도나 중국 혹은 일본에는 없는 순수한 이 땅의 것으로 『동사열전(東師列傳)』[233]에는 다음처럼 기술되어 있다.

> [용암스님(1783~?)]은 스승 율봉 스님을 좇아 금강산 유점사에 가서 백일기도를 하고는 목소리가 좋아져 설법을 잘하게 되었다. 그리고 스님의 제자인 포운윤경(布雲閏褧)·대운성기(大雲性起)스님도 역시 스승의 가풍을 이어 청아한 목소리로 설법을 잘하여 이후 설법의 한 전형을 이루게 된다.
> <u>지금까지도 제방에서 설법하는 이들이 법상(法床)에서 설법하다가 선교(禪敎)의 중요한 대목에 이르러 의례히 게송을 읊고 '나무아미타불'을 높은 소리로 부르는 것은 용암 스님과 그의 제자들에게서 비롯된 것이라 한다.</u>

---

232) 운문산 문언(文偃)선사를 가리킴. 고소 가흥(姑蘇 嘉興) 사람으로 속성은 장씨로 처음에는 목주 도명(睦州 道明)을 찾고, 뒤에 설봉 의존(雪峰 義存)의 법을 이음. 광동성 소주(韶州)의 운문산 광태원(光泰院)을 창시함. 5가 7종의 하나인 운문종의 개조. 南漢 乾和7년(949)에 입적.
233) 범해 찬·김륜세 역 『동사열전(東師列傳)』(광제원. 1991년), p.282.

즉, 게송을 소리 높여 읊는 것은 용암스님에 그 시원이 있다 하였다. 그뿐만 아니라 게송 끝에 '나무아미타불'로 화답하는 것은 『대반열반경』 권13 「성행품」[234]에 보이듯 설산동자(雪山童子)께서 법을 구하려고 나찰(羅刹)에게 육신을 내준 위법망구(爲法忘軀)를 모범한 것이다. 그러므로 절구의 전반부 게송이 끝나면 게송을 들려준 데 감사한 마음과 설산동자께서 그러셨듯 목숨을 걸고 다음 후반부 게송을 기다리는 심정으로 창화하고, 다시 후반부 내용을 모두 듣게 되면 역시 설산동자께서 그러셨듯 법을 얻은 환희한 마음으로 나무아미타불을 창화하는 것이다.

이때 굳이 많은 불명(佛名) 가운데 아미타불이란 명호를 드는 것은 '유심정토 자성미타(唯心淨土 自性彌陀)'라는 차원에서이지, 결코 정토교의 입장만을 내세우는 것이 아님도 이 땅의 불교가 견지해온 원융불교의 일단을 보이는 것이라 하겠다.

⑤**설법(說法)**: 설법의 주제에 대한 자세한 말씀이니, 하근기를 위한 특별한 배려이다. 일반적으로 설법이라 일컬음은 이 부분을 가리킨다.

⑥**계송 및 나무아미타불[末]**: 설법의 내용을 정리하여 결론 격으로 읊는 게송이며, 방법은 '② ③ ④'에서와 같다.

<11.補闕①眞言(보궐진언)> **설법 중 부족하거나 잘못된 부분이 채워지고 고쳐지게 하는 진언.**

妙經作法‖ 1.頂戴偈 2.開經偈 3.開法藏眞言 4.十念 5.擧揚 6.受位安座眞言 7.請法偈 8.說法偈 9.入定 10.說法 **11.補闕眞言** 12.收經偈 13.四無量偈 14.歸命偈 15.唱魂 16.歸命禮

唵 戶魯戶魯 舍野謨契 娑婆訶 三說
옴 호로호로 새야목계 사바하 삼설

【자구해설】 을 위시한 「영산작법」 소수 <51.보궐진언>과 같음.

234) 『大正藏』 12권, p.692, 693a.

<12.收經偈(수경게)> 청법(聽法) 후, 문법자의 마음 경계를 노래한 게송.

妙經作法 ‖ 1.頂戴偈 2.開經偈 3.開法藏眞言 4.十念 5.擧揚 6.受位安座眞言 7.請法偈 8.說法偈 9.入定 10.說法 11.補闕眞言 **12.收經偈** 13.四無量偈 14.歸命偈 15.唱魂 16.歸命禮

聞經開悟①意超然②. 문경개오의초연	경의말씀 듣자옴에 마음속엔 걸림없고
演③處④分明衆口⑤宣⑥ 연처분명중구선	법문내용 분명타고 입을모아 찬탄하네.
取捨由來⑦元不動 취사유래원부동	취하거나 버리어도 근본도린 부동이니
方⑧知月落不離天 방지월락불리천	달이져도 저하늘을 안떠남을 알게됐네.

【자구해설】

①**開悟(개오)**: Ⓢprativibuddha. 깨달음.

②**超然(초연)**: 범위 밖에 뛰어난 모양.

③**演說(연설)**: Ⓢdharma-kathana. 설법(說法)·연법(演法)·연설법(演說法)이라고도 함. ㉠도리나 의의 등을 설명함. 여러 사람 앞에서 자기의 주장 또는 의견을 진술함. ㉢중인(衆人)을 상대로 여래(如來)의 정법(正法)을 설하는 것./ **演** 널리펼 '연'.

예)若有比丘 能**演說**斯妙法華經 心無嫉恚諸煩惱礙[235)]
약유비구 능**연설**사묘법화경 심무질에제번뇌애

④**處(처)**: Ⓢsthāna. 도리(道理). 이(理)와 같음.

예)尙不能熟初菩提心 況能證無上佛果 若能證者 無有是處[236)]
상불능숙초보리심 황능증무상불과 약능증자 무유시처

⑤**衆口(중구)**: 여론(輿論).

⑥**口宣(구선)**: ⑴입으로 진술하는 일. ⑵임금의 명령을 말로써 전함.

※ **宣(선)**: 펼, 임금이 말할 '선'. 생각을 말하다. 널리 알리다.

⑦**由來(유래)**: 사물의 근본 내력.

⑧**方(방)**: 겨우. 비로소. [부사로서 시간이 늦거나 어떤 조건 하에 있는 것을 나타내며, 동사 앞에 쓰인다]

【개요】

수경(收經)은 개경(開經)의 상대어로 보기 위해 펼친 경을 거둠을 말한다. 그러나 본 항에서의 '수경'에는 보다 깊은 뜻이 있다.

비유컨대 경(經)이란 달을 가리키는 손가락과 같은 것[標月之指]이고, 또 물을 건네주는 뗏목과 같은 것[如筏喩者]으로, 설법의 내용이 자신의 것이 되고 나면 경이나 설법에 더 이상 미련을 둘 일이 아니다.

<수경게>란 바로 그런 경지를 말한 것이며, 동시에 깨달은 자의 환희로운 심경(心境)을 노래한 것이라 하겠다. 또 문법자(聞法者)가 이런 경지에 다다랐음을 노래하는 것은 곧 불·보살님의 은혜를 진정으로 갚음이 되고, 동시에 중생을 깨달음의 경지로 인도한 법사에게 보내는 최고의 찬탄이 된다.

---

235) 『法華經』 安樂行品(大正藏, 卷9. p.38a).
236) 『大寶積經』(『大正藏』 卷11, p.5c).

【구성 및 내용】
칠언절구의 게송으로, 기·승·전·결의 형태를 지니고 있다.

'기'인 **문경개오의초연(聞經開悟意超然)** —경의말씀 듣자옴에 마음속엔 걸림없고— 에서는, 구름이 걷힌 후 달이 드러나듯 문법(聞法) 후 마음의 문이 활짝 열린 대중의 심경을 나타냈다. 망상(妄想)을 여의고 제취(諸趣)에 걸림이 없도록 하려는 것이 설법의 목적이니 설법이 성공적으로 이루어졌음을 나타내는 것이기도 하다.

'승'인 **연처분명중구선(演處分明衆口宣)** —법문내용 분명타고 입을모아 찬탄하네— 에서는, 금일의 법사가 도리(道理)에 밝고 화술(話術)에 뛰어난 분이었음을 '중구선(衆口宣)'이라는 표현으로 객관화하여 찬양하였다. '일우백화(一雨百花)'라 하였듯 근기가 다른 중생을 차별 없이 제도하려는 것이 설법의 특징인바, 그 목적이 원만히 성취되었음을 노래하여 법사를 찬탄한 것이다.

'전'인 **취사유래원부동(取捨由來元不動)** —취하거나 버리어도 근본도린 부동이니— 에서는, 유위법(有爲法)인 법문을 통해 무위법(無爲法)인 깨달음의 경지, 즉 취사(取捨) 등 세속적 지혜로 이를 수 없는 법신의 경지를 감지(感知)하기에 이르렀음을 노래하였다.

'결'인 **방지월락불리천(方知月落不離天)** —달이져도 저하늘을 안떠남을 알게됐네— 에서는, '전'의 경지를 통해 제법을 조견(照見)한 '오도송'과 같은 내용으로 결론짓고 있다. 또 하나 간과해서 안 될 것은 '기'구와 '승'구에서 언급했듯이 본 게송의 전반적인 내용은 탁월한 지혜와 능력을 지닌 법사와 설법의 중요성을 찬탄 내지는 강조하고 있다는 점이다.

【의식】
대중이 바라지의 태징에 맞추어 동음으로 창화하며, 소리는 '쓰는소리'이다.

【연구】
[1] 위의 게송 외에도 <수경게>로 제목된 게송이 있다는데?
『작법귀감』 소수 「다비작법」에 같은 제목의 게송이 있다. 소개하면 다음과 같다.

序方譬信藥受化(서방비신약수화)
五授法見提持安(오수법견제지안)
從如分隨法常如(종여분수법상여)
囑藥妙觀多妙普(촉약묘관다묘보)

그런데 위 게송은 해석할 수 있는 성질의 것이 아니다. 왜냐하면 『법화경』 28품 각 제목의 수자(首字)를 칠언사구의 형태로 구성해 놓은 것이기 때문이다.

<13.四無量①偈(사무량게)> 설법의 원 주인이신 서가세존을 찬탄하는 게송.

妙經作法 ‖ 1.頂戴偈 2.開經偈 3.開法藏眞言 4.十念 5.擧揚 6.受位安座眞言 7.請法偈 8.說法偈 9.入定 10.說法 11.補闕眞言 12.收經偈 **13.四無量偈** 14.歸命偈 15.唱魂 16.歸命禮

大慈大悲愍衆生 대자대비민중생	대자대비 뭇중생을 고루고루 살피시고
大喜大捨濟含識② 대희대사제함식	대희사로 모든중생 빠짐없이 건지시네.
相好③光明以自嚴 상호광명이자엄	삼십이상 팔십종호 광명절로 눈부심에
衆等志心④歸命⑤禮 중등지심귀명례	대중모두 지심으로 귀명례를 올립니다.

【자구해설】

①**四無量(사무량)**: 사무량심(四無量心, Ⓢcatvāry apramāṇāni). 자·비·희·사(慈悲喜捨)의 마음을 무량으로 일으켜 중생들을 깨우침으로 이끄는 것. 전통적인 해석에 의하면, ⑴자무량(慈無量, Ⓢmaitry-apramāṇa, Ⓟmettā-). 자애를 베푸는 것이 한이 없는 것. ⑵비무량(悲無量, Ⓢkaruṇā-apramāṇa). 중생의 고통을 제거하는 것이 한이 없는 것. ⑶희무량(喜無量, ⓈⓅmuditā-apramāṇa). 중생에게 즐거움이 있는 것을 시샘하지 않는 것이 한이 없는 것. ⑷사무량(捨無量, Ⓢupekṣā-apramāṇa, Ⓟupekkhā). 원한 등으로 인한 차별의 상을 버리고 평등하게 이롭도록 하는 것이 한이 없는 것. 자애·동정·기쁨·평등심의 네 가지.

②**含識(함식)**: 함령(含靈). 중생(衆生). 심식(心識=心靈)을 가지고 있다는 뜻으로, 중생을 달리 이르는 말.

③**相好(상호)**: 부처님의 화신이나 전륜성왕의 몸에 갖추어져 있는 거룩한 용모와 형상. 이 가운데는 뚜렷해서 보기 쉬운 32가지의 상(三十二相, Ⓢdvātriṃśal-lakṣaṇa)과 미세해서 보기 어려운 80가지의 호(八十種好, Ⓢaśīty-anuvyañjana)가 있는데 이를 합해 상호라 한다.

④**至心(지심)**: 더없이 성실한 마음. ⑴전념하는 것. ⑵진실한 마음[至는 眞, 心은 實]. 진심(眞心). 지심(志心). 일심(一心).

※[부사(副詞)로서] 일심으로, 정성을 담아, 오로지 등으로 해석.

⑤**歸命(귀명)**: Ⓢnamas/namaḥ, ㊜나마(南麼)/나막(囊莫), Ⓢnamo, ㊜나무(南無). 나모(南謨). ㊥경례(敬禮)·귀례(歸禮)·구아(救我)·도아(度我)·굴슬(屈膝).

※귀(歸)는 귀취(歸趣)·귀향(歸向). 명(命)은 자신의 목숨. 즉 자신의 목숨을 바쳐 삼보께 귀향(歸向)하는 것(歸者趣向義 命謂己身性命). —『起信論義記』上—

【개요】

<8.설법게>의 내용은, 참으로 얻기 어려운 불법을 만났음에 한눈팔지 말고 법사 스님의 설법내용을 수지할 것을 당부하는 내용이었다. 이에 비해 본 게송은 법사 스님의 설법을 듣고 석존께서 자비희사 사무량심을 갖추신 어른이심을 알게 되었음을 노래하고 있다.

【구성 및 내용】

내용 면에서 본 게송은 기·승·전·결로 나누어 볼 수 있다.

'기'인 **대자대비민중생(大慈大悲愍衆生)** —대자비로 뭇중생을 고루고루 살피시고— 에서는,

법사 스님의 설법으로 금일 법회의 소례이신 석존과 회상의 제불제보살께서 대자비로 중생을 연민하심을 마음으로 절감하고 있음을 노래하였다. 평소 느끼지 못했던 부모님의 은혜를 누군가의 가르침으로 깨닫게 된 것과 유사한 이치이다.

'승'인 **대희대사제함식(大喜大捨濟含識)** —대희사로 모든중생 빠짐없이 건지시네— 에서는, 삼계의 대도사이신 석존과 회상의 제불제보살께서는 대자대비뿐 아니라, 희무량(喜無量)과 사무량(捨無量)으로 중생을 구제하심을 거듭 실감하고 있음을 토로하였다. 단, '기'구의 '자비'는 민(愍, Ⓢkāruṇya)을 특징으로 하는바 마음으로 하는 것이고, '승'구에서의 '희사'는 제(濟, Ⓢtrāṇa)를 특징으로 하는바 행동으로 옮기는 것이라는데 차이가 있다.

'전'인 **상호광명이자엄(相好光明以自嚴)** —삼십이상 팔십종호 광명절로 눈부심에— 에서는, 영산회상의 소례제위의 삼십이상과 팔십종호를 찬탄하였다. 인원과만(因圓果滿)이라는 말씀처럼 원만한 상호는 수행의 결과인 만큼 귀의의 대상이 된다.

'결'인 **중등지심귀명례(衆等志心歸命禮)** —대중모두 지심으로 귀명례를 올립니다— 에서는, 본 게송에서 소례제위를 향한 찬탄의 내용에 대중 모두가 공감하고 있음을 '귀명례'라는 몸짓으로 보이고 있다. 다음 <14.귀명게>의 내용을 감안하면 여기서 '중등(衆等)'은 <14.귀명게> '기'구의 '시방(十方)'이라 하겠으니 곧 온 누리의 중생을 가리킨다 하겠다.

【의식】

말번의 게송금(偈頌金. 기림쇠)에 맞춰 대중은 소사물을 울리고, '쓰는소리'로 함께 창화하며, 각 구 끝에 반배한다.

【연구】

1 「괘불이운」에도 같은 내용의 게송이 있는데 차이가 있는지?

같은 내용의 게송이지만 경우에 따라 이해를 달리해야 할 때가 있다. 전자의 경우는 법회를 위해 소례를 모시는 「괘불이운」 절차로서 아직 법사 스님으로부터 소례 내지는 법회에 관한 구체적 설명을 듣기 전이다. 따라서 소례의 인품을 짐작하는 정도에서 읊조리는 것이라 하겠다. 이에 비해 후자의 경우는 설법을 듣고 절절히 느낀 바를 노래한 것이라는 차이가 있다.

비유컨대 배우자를 향한 '사랑'이라는 단어도, 연애를 걸며 느낀 감정을 고백한 그것과 노년이 되어 평생을 반려자로 지내며 느낀 고마움을 담아 표현하는 그것과는 차이가 있다 할 것이다.

「괘불이운」과 「묘경작법」의 절차에 공히 들어있는 <사무량게>에도 그와 같은 차이가 있다 하겠다.

<14.歸命偈(귀명계)> 문법으로 한층 새로워진 신심과 견고해진 원을 나타낸 게송.

妙經作法 ‖ 1.頂戴偈 2.開經偈 3.開法藏眞言 4.十念 5.擧揚 6.受位安座眞言 7.請法偈 8.說法偈 9.入定 10.說法 11.補闕眞言 12.收經偈 13.四無量偈 **14.歸命偈** 15.唱魂 16.歸命禮

十方盡歸命 시방진귀명	온누리의 모든중생 귀명례를 올리오니
滅罪生淨信 멸죄생정신	모든죄업 멸하옵고 맑은신심 생하여서
願生華藏界① 원생화장계	일체중생 모두함께 화장세계 태어나면
極樂淨土中 극락정토중	극락세계 청정국토 그곳이기 원입니다.

【자구해설】

①華藏界(화장계): Ⓢkusumatala garbha vyūhâlaṃkāra. 연화장세계의 略. 아미타부처님의 세계. 『화엄경』·『범망경』·밀교 등에서도 있으나 내용은 다르다. ☞『각론Ⅲ』의 「향수해례」 참고.

【개요】

설법을 경청하고 얻은 미증유의 깨달음에서 느끼는 성취감의 표시로 대중은 다시 한 번 삼보님께 귀의를 하고, 이를 계기로 아미타불의 국토인 연화장세계에 나고자 원을 발하고 있다.

【구성 및 내용】

본 게송은 오언절구로 기·승·전·결의 구성을 보이고 있다.

'기'인 **시방진귀명(十方盡歸命)** ―온누리의 모든중생 귀명례를 올리오니― 에서는, 시방, 즉 온 누리의 중생을 주어(主語)로 하여 모두가 귀의한다 하였는바, 이는 설법의 내용에 대한 전폭적인 긍정과 지지를 나타내는 것이다.

'승'인 **멸죄생정신(滅罪生淨信)** ―모든죄업 멸하옵고 맑은신심 생하여서― 에서는, 진리를 자신의 것으로 하였을 때[體得]의 덕을 찬탄하였다. 또 이와 같이 해석한 것은 본 게송이 독립된 것이 아니라, 앞의 게송으로부터 이어지는 것이고, 특히 설법을 듣고 난 뒤에 등장한 게송이기 때문이다.

'전'인 **원생화장계(願生華藏界)** ―일체중생 모두함께 화장세계 태어나면― 에서는, 다겁(多劫)토록 삼계육도(三界六道)에 사생(四生)의 몸으로 방황하던 중생들이 비로소 목적지를 찾게 되었음과 목적의식이 확고하여졌음을 노래하였다.

'결'인 **극락정토중(極樂淨土中)** ―극락세계 청정국토 그곳이기 원입니다― 에서는, 동일한 의미를 지닌 '극락'과 '정토'를 함께 들어 목적지를 거듭 확인하였고, 왕생의 의지가 얼마나 간절한지를 노래하였다. 본 구의 끝 글자 '중(中)'의 의미는 극락구품(極樂九品) 모두를 가리키는 것인바, 이와 같은 의지를 확인할 수 있다. 어쨌거나 이런 원을 발할 수 있음은 곧 법문의 내용이 그만큼 진실했고, 문법자 또한 이를 공감케 되었음을 시사하는 것이기도 하다.

【의식】

말번의 게송금(偈頌金)에 맞춰 대중은 소사물을 울리면서 '쓰는소리'로 함께 창화하고 각구 끝에 반배한다.

【연구】

1 '기'구에서 '시방(十方)'을 '온누리의 모든 중생'이란 주어로 해석하였는데?

「묘경작법」에는 <12.수경게>와 <14.귀명게> 사이에 <13.사무량게(四無量偈)>가 더 있다. 이 점은 본 게송의 '기'구 내용 중 '시방'을 어떻게 해석하느냐에 있어서 매우 중요한 단서를 제공하고 있다.

<四無量偈(사무량게)>

大慈大悲愍衆生(대자대비민중생) 대자대비 모든중생 애민하여 돌보시고
大喜大捨濟含識(대희대사제함식) 대희대사 일체함령 제도하여 주십니다.
相好光明以自嚴(상호광명이자엄) 삼십이상 팔십종호 상호절로 갖추심에
衆等志心歸命禮(중등지심귀명례) 대중모두 지심으로 귀명례를 올립니다.

즉, <13.사무량게> '결'구의 '중등(衆等)'과 <14.귀명게> '기'구의 '시방(十方)'은 같은 뜻이다.

<15.唱魂①(창혼)> 재의 공덕을 금일영가·상세의 스승과 부모 등 영가 제위에게 회향는 절차.

妙經作法 ‖ 1.頂戴偈 2.開經偈 3.開法藏眞言 4.十念 5.擧揚 6.受位安座眞言 7.請法偈 8.說法偈 9.入定 10.說法 11.補闕眞言 12.收經偈 13.四無量偈 14.歸命偈 **15.唱魂** 16.歸命禮

願我 원아	[금일 재에 동참한] 저희 모두는,
今日齋者 某人伏爲②所薦③ 금일재자 모인복위소천	금일 재를 설판한 재자、모등이 삼가 천도코자 하옵는 바
亡某人靈駕④ 망모인영가	돌아가신 모영가와
當靈伏爲所薦 上逝善亡⑤ 당령복위소천 상서선망	[금일 재의 주인공이신] 모영가께서 삼가 천도코자 하옵는바 윗대에 먼저 가신
師尊父母⑥列位⑦靈駕 사존부모 열위영가	스승님과 집안의 어르신, 그리고 부모님 등 차서에 따른 모든 영가께오서
往生西方安樂刹 왕생서방안락찰	서방의 안락한 세계에 왕생하시옵길 원하옵나이다.

Sk상125쪽 <창혼>

【자구해설】

①**唱魂(창혼)**: 망자의 넋을 부르는 작법(作法).

②**伏爲(복위)**: 웃어른의 음덕(蔭德)으로 일의 성취를 공손히 원함. 복원(伏願).
'복(伏)'은 부사로서 신하가 군주에 대한 공경을 나타낼 때 쓰이고, 동사 앞에 쓰이며, 현대 한어에는 그와 상응하는 언사가 없다. '공경스럽게', '삼가'라고 해석한다. 때로는 해석하지 않아도 무방하다.

③**所薦(소천)**: 천도(薦度)코자 하는.
※ **薦度(천도)**: 망자의 넋을 부처님과 인연을 맺어 주어 좋은 곳으로 가게 하는 일.

④**靈駕(영가)**: 불교에서 망자의 넋을 높여 부르는 말. 영(靈)은 정신의 불가사의함을 의미하는 것으로 정신 자체를 가리키고, 가(駕)는 상대를 높이는 경칭(敬稱)이다. 그러나 불교에서는 궁극적으로 정신과 육체를 구별하는 이원론(二元論)을 주장하는 것은 아니다.

⑤**上逝先亡(상서선망)**: 상서선망(上逝善亡)과 함께 영가를 나타내는 수자(首字)이다. 다만 '상서선망(上逝善亡)'의 경우는 '먼저 가신 **어지신** 망(亡) ○○영가'로 선(善)은 '어지신'의 뜻이고, 망(亡)은 '영가'를 뜻하는 수자(首字) 이다. 따라서 영가 모두에게 적용된다. 한편 '상서선망(上逝先亡)'의 경우는 '먼저 가신 **선조** 망(亡) ○○영가'로, 선(先)은 선조(先祖)의 뜻이고, 망(亡)은 영가를 뜻하는 수자(首字) 이다. 따라서 자신의 선조에 한하여 적용한다.
그러나 요즈음은 위에서와 같은 구분 없이 '윗대에 먼저 가신'이라는 의미에서 '상세선망(上世先亡)'을 영가를 나타내는 수자로 사용하고 있는 것이 실정이다.

⑥**師尊父母(사존부모)**: 「화엄시식」의 <창혼(唱魂)>에서 '역위 상서선망 광겁부모 다생사장 누세종친 원근친척 제형숙백 자매질손 각열명영가(亦爲 上逝善亡 曠劫父母 多生師長 累世宗親 遠近親戚 弟兄叔伯 姉妹姪孫 各列名靈駕, 『각론Ⅲ』 247)'라 운운하고 있다. '사존부모(師尊父母)'는 이 내용을 함축적으로 나타낸 것이다. 즉, '사(師)'는 다생사장(多生師長)을, '존(尊)'은 누세종친 원근친척(累世宗親 遠近親戚) 등 집안의 어른을, '부모(父母)'는 광겁부모(曠劫父母)를 의미한다. 단, 이미 타계한 제형숙백(弟兄叔伯) 자매질손(姉妹姪孫)은 먼저 갔다는 의미에서 '존(尊)'에 포함시킨다.

⑦**列位(열위)**: ⑴차례. 서열. ⑵벼슬에 오름. ⑶여러분. 제군./ 여기서 '열위영가(列位靈駕)'는 실제

의식에서 흔히 '열위열명영가(列位列名靈駕)'로 거행한다. 즉, 차서에 의해 거명된 영가 여러분이라는 뜻.

※ **列名(열명)**: 여러 사람의 이름을 나란히 벌려 적음.

【개요】

'창혼'은 축원의 일종으로 영가와 영가를 주인공으로 했을 때 이미 타계한 그 윗대 조상님들을 왕생극락토록 석존께 축원을 올리는 것인데, <지장청> 등에서 보이는 축원문에서와 달리 단도직입적으로 군더더기 없이 본론에 들어가므로, '창혼'이라 제목을 붙인 것이라 보아진다. 한편, 본 항이 정형시 형태의 게송이 아님에도 '원아게(願我偈)'라는 별명을 지니고 있는 것은 범패로 거행함을 강조한 것으로 사료된다.

【구성 및 내용】

산문(散文) 형태의 본 발원문(發願文)은 구성면에서 기·승·전·결의 형태를 보이고 있다.

'기'인 **원아(願我)** —[금일 재에 동참한] 저희 모두는— 에서는, 금일 재에 동참한 대중 모두가 설판재자의 신심과 정성에 공감과 성원을 보내고 있음을 나타내었다. 즉, 여론의 세(勢)로 설판재자의 원에 적극 동참하고 있음을 표명하여, 금일 재(齋)의 목적이 성취되기를 발원하고 있다.

'승'인 **금일재자 모인복위소천 망모인영가(今日齋者 某人伏爲所薦 亡某人靈駕)** —금일 재를 마련한 △△등이 엎드려 천도코자 하옵는 바 / 돌아가신 ○○영가와— 에서는, 설판재자가 천도코자 하는 주인공을 거명하였다. 한 가지 주목할 것은 막연히 마음만 가지고 거명한 것이 아니라, 신심과 정성 그리고 효성을 바탕으로 거명하고 있다는 사실이다.

'전'인 **당령복위소천 상서선망 사존부모 열위영가(當靈伏爲所薦 上逝善亡師尊父母 列位靈駕)** —○○영가께서 엎드려 천도코자 하옵는 / 윗대에 먼저 가신 스승님과 부모님 등 차서에 따른 모든 영가께서— 에서는, 일자출가구족생천(一子出家九族生天)이라는 말씀과 같이 금일 재의 공덕을 윗대의 스승님과 부모님께 회향코자 일괄 거명하였다.

'결'인 **왕생서방안락찰(往生西方安樂刹)** —서방의 안락한 세계로 왕생하시옵길 원하나이다— 에서는, 위에 거명된 영가 제위의 왕생극락을 발원하였다. '승'구의 설명에서 신심·정성·효성 등을 말하였는데, 참된 신심과 정성 및 효성은 다름 아닌 영가 제위께서 서방극락국토에 왕생하실 수 있는 계기를 마련해 드리는 것임을 거듭 확인케 하는 대목이다.

【의식】

법주 일인이 홑소리로 거행한다. 이때 소리는 두 유형이 있다. '허덜품'으로 시작하는 것과 새 좇는 소리인 '후~어'로로 시작하는 것이 그것이다. 혹자는 전자를 '창혼' 소리로, 후자를 '원아게' 소리로 구분하기도 한다.

【연구】

1 49재와 같이 영가 천도를 목적으로 베풀어지는 의식이 아닌 경우, <창혼>을 거행할 필요가 없지 않은지?

불교의 발생 및 존재 이유는 중생들에게 부처님의 지견을 열어 보이고 깨닫도록 하려는데 있는 것 —諸佛世尊 有以一大事因緣故 出現於世(제불세존 유이일대사인연고 출현어

세)[237]— 이지, 결코 망자(亡者)의 명복만을 기원하기 위함은 아니다. 따라서 이 큰 문제를 해결키 위해 불교에서는 그 방법을 진리의 구현에서 찾고 있는바, 재란 진리를 구현키 위한 수행도의 일환이며, 특히 특정한 목적을 갖고 비교적 짧은 기간[1～3일]에 베풀어지는 대규모 '진리 구현 의식'을 말한다.

즉, 재의 목적이 영가 천도에 있지 않더라도 불교에서는 육도중생 가운데 부모 아닌 이가 없음을 주장하는 만큼, 생사라는 큰 문제를 해결하는 단서가 되는 재(齋)에 인연 깊은 망자는 물론, 많은 영가를 초청하여 명복과 왕생극락을 축원하려 함은 당연하고 자연스러운 일이라 하겠다.

2 '영가(靈駕)'라는 단어에 대해 구체적으로…

옛날에 황제가 타던 수레 혹은 임금의 영구(靈柩)를 실은 거가(車駕)를 일컫는 말이다. 불가에서는 유명을 달리한 불자를 그렇게 부른다. 『미린다왕문경, P Milinda Pañha』[238]에 보이는 '수레의 비유'에서처럼 중유오음(中有五陰), 즉 오온가화합(五蘊假和合)의 당체를 '가(駕)'라 하였고, 바탕이 공(空)임에도 신령스럽게 각지(覺知)하는 존재이므로 '영가(靈駕)'라 한 것이다. 정리하면, 망자로서의 불자(佛子)라는 의미다.

「종사영반」 소수 <표백>에는 '법가(法駕)'[239]라는 표현도 등장한다. 외에도 '선가(仙駕)'라는 표현도 있다. 여기서의 '법(法)'이나 '선(仙)'은 '영(靈)'을 예스럽게 표현한 것이다.

---

237) 『법화경』 방편품(대정장, 권9. p.7a)

238) http://www.buruna.org/cgi/technote/read.cgi?board=milinda&y_number=8

239) "上世列位先師各各尊靈 回法駕於眞空 契如來之妙覺 云云."

<16.歸命禮(귀명례)> 가지가 성취된 위치에서 석존께 귀명의 예를 올리는 절차.

妙經作法 ‖ 1.頂戴偈 2.開經偈 3.開法藏眞言 4.十念 5.擧揚 6.受位安座眞言 7.請法偈 8.說法偈 9.入定 10.說法 11.補闕眞言 12.收經偈 13.四無量偈 14.歸命偈 15.唱魂 **16.歸命禮**

至心歸命禮 지심귀명례	지극하온 마음으로 귀명례를 올립니다.
久遠劫①中成等正覺② 구원겁중성등정각	헤아려서 알수없는 아득하온 그옛적에 더할나위 전혀없는 정등각을 이루셨고
常住靈山說法華經 상주영산설법화경	그언제나 한결같이 영축산에 계시면서 중생위해 일승묘법 연화경을 설하시는
我本師③釋迦牟尼佛 아본사서가모니불	저희들의 본사이신 서가세존 여래시여!

【자구해설】

①久遠劫(구원겁): 오랜 과거. '겁'은 Ⓢkalpa의 음역 겁파(劫波)의 줄임말. 긴 시간을 가리키는 말.

②等正覺(등정각): Ⓢsaṃbuddha/samyak-sambodhi. 정등각(正等覺). 바른 깨달음. 부처님의 경지. 일체 평등의 깨달음.

③本師(본사): Ⓢārya-guru. ⑴서가모니불. 근본의 스승이라는 뜻. ⑵한 종파의 조사(祖師). ⑶수업사(受業師). 처음 불문에 들어가 승려가 될 때, 삭발하고 계를 내려 주는 스승. 또는 지식과 학문 등을 일러주는 스승.

【개요】

본 법회의 청법 대중인 법회대중 과 <15.창혼>에 의해 거듭 정신을 가다듬은 영가 제위가 『법화경』의 원 설주이시며, 사바세계 중생들의 본사이신 서가세존께 거듭 귀의의 예를 올리는 절차이다.

【구성 및 내용】

내용면에서 본 게송은 기 · 서 · 결로 나누어 볼 수 있다.

'기'인 **지심귀명례(至心歸命禮)** —지극한 마음으로 신명을 바쳐 예를 올리나이다— 에서는, 『법화경』의 원 설주이시며, 사바세계 중생들의 본사이신 서가세존께 거듭 귀의의 예를 올리고 있다.

'서'인 **구원겁중 성등정각 상주영산 설법화경(久遠劫中 成等正覺 常住靈山 說法華經)** —아득한 옛적에 / 삼먁삼보리를 이루셨고 / 언제나 영축산에 계시면서 / 법화경을 설하시옵는— 에서는, 법사 스님의 설법으로 서가세존이 어떤 어른이신지를 잘 알게 되었음을 말하였다. 이는 설법에 그 공이 있음을 토로한 것이니, 곧 법사 스님 대한 찬사이기도 하다.

'결'인 **아본사서가모니불(我本師釋迦牟尼佛)** —저희들의 본사 서가모니부처님이시여!— 에서는, 법회대중과 서가여래의 관계를 명확히 하였다. 여기서 '아'는 복수로 보아야 하며, '본사'라 함은 곧 담임선생님 혹은 지도교수라는 의미이다.

【의식】

<15.창혼>에 이어 계속해서 우요(右繞)하며, '지심귀명례'를 짓소리로 거행하고, 이어서

'구원겁중'으로부터는 착복무를 거행한다.

【연구】

1 내용 가운데 '구원겁중 성등정각(久遠劫中 成等正覺)'의 구체적 내용은?

천태지자(天台智者. 538~597) 스님께서는 법화경 28품을 전・후반으로 나누어 전반 14품을 적문(迹門), 후반 14품을 본문(本門)이라 칭하였다.

'적문'이란 사바의 중생을 제도하기 위해 출현하신 석존께서 개삼현일(開三顯一)에 의해 일승(一乘)을 밝히시고, 이승(二乘)을 성불토록 하기 위한 도를 열어 놓으심을 말한다.

'본문'이란 적문에서 언급한 적불(迹佛)이 다름 아닌 구원실성(久遠實成)의 본불(本佛)이심을 밝힌 부분이다. 즉, 석존께서는 열반에 드시지 않았을 뿐 아니라, 항상 영취산을 중심으로 사바세계에 계시면서 중생을 제도하고 계시다는 것이다. 본문의 정종분(正宗分) 중 핵심이라 할 수 있는 '여래수량품(如來壽量品) 제16'에서 설하신 내용을 개관하면,

석존께서 성불하심은 금생의 일이 아니라, 이미 무량무변백천만억나유타겁(無量無邊百千萬億那由他劫) 전의 일이라 하였다. 그뿐만 아니라 유명한 '오백진점(五百塵點)'의 비유를 들어 '성불의 구원(久遠)'을 설하고, 수명 또한 무량무변아승지겁이어서 상주불멸하며, 그 동안에 항상 영취산과 기타 도처에서 교화설법을 그치지 않은 '불수장원(佛壽長遠)'과 '불신상주(佛身常住)'를 설하고 있다 하였다. 그리고 유명한 '양의(良醫)의 비유'를 들어 멸하지 않으셨으면서도 짐짓 멸도를 보이신 것은 중생을 구제하기 위한 대자비의 방편임을 밝히고 있다. 그러므로 구원성불의 사상은 부처님의 수명무량, 불신상주, 교화무량, 자비무량 그리고 구제무량 등을 복합적으로 내포하고 있다 하겠다.

≪소결(小結) -「묘경작법」-≫

「묘경작법」은 모두 16개의 항으로 구성되어 있으며, 이 가운데 <1.정대게>부터 <6.수위안좌진언>까지는 서론, <7.청법게>부터 <10.설법>까지는 본론, <11.보궐진언>부터 <16.귀명례>까지는 결론에 해당한다.

'서론'에서는 「영산작법」 소수 ≪⑵결계의식≫ 말미의 <28.참회게>를 '참회게성(懺悔偈聲)'으로 다시 한 번 거행하고, 이어 설법을 위한 준비, 즉 사참과 이참으로 능례의 마음을 참회·정화하고, 설법내용에 대해 대중과 영가의 주의를 환기한 후, 각자 청법을 위한 자리에 자리 잡도록 한다.

'본론'에서는 법사에게 최상의 예를 갖추고 법을 경청한다.

'결론'에서는 청법으로 얻은 귀한 진리를 소중히 간직하고, 설주인 법사를 찬탄하며, 다음 천도작법을 위해 자리를 정돈하고, 석존의 은혜에 감사하며, 게송으로 거듭 찬탄한다.

각항의 개요를 간단히 정리하면 다음과 같다.

• **서론**

<1.정대게> 법사를 모시려는 선행의식이며, 이참(理懺)을 내용으로 함.

<2.개경게> 경전을 펼치며 법을 만난 다행스러움을 게송으로 찬탄함.

<3.개법장진언> 진언의 힘으로 진리의 보고인 경전을 펼침.

<4.십념> 문법의 마음자세를 염불·염법·염승을 주제로 정리함.

<5.거량> 불법의 진수를 보여 법회에 참예할 명분을 제공함.

<6.수위안좌진언> 진언으로 법회에 참예한 영가 제위에게 자리를 제공함.

• **본론**

<7.청법게> 청해 모신 법사에게 게송으로 예를 갖추어 진리를 간구함.

<8.설법게> 문법자에게 천재일우의 기회임을 거듭 상기시킴.

<9.입정> 상근기에게 법을 전하고, 여타 대중에게는 마음을 비우게 함.

<10.설법> 법사가 중·하근기를 위해 음성을 방편으로 진리를 전함.

• **결론**

<11.보궐진언> 혹시라도 설법에 하자가 있었다면 고쳐지고 채워지게 함.

<12.수경게> 설법을 위해 펼쳤던 경전을 거두며 법보를 찬탄함.

<13.사무량게> 설주인 법사를 감사의 마음으로 찬탄함.

<14.귀명게> 새로워진 신심과 견고해진 원을 나타냄.

<15.창혼> 문법으로 청정심을 회복한 영가 제위를 영산회상 법석으로 청함.

<16.귀명례> 금일 법회가 있도록 해주신 석존께 거듭 귀의함.

한 가지 진행상 유의할 점은 「묘경작법」의 거행 시점에 관한 것이다. 「묘경작법」의 목적이 내결계에 있음을 감안하면, 외결계에 이어 거행함이 옳다. 그러나 「영산작법」이 권공의식임을 감안할 때 「묘경작법」 때문에 자칫 '사시헌공'이라는 시점을 놓치게 될 수 있다는 점과 또 천도작법까지 시간상 공백이 있어 '인차(鱗次)'[240]라는 의식진행상의 원칙을 어기게 됨을 감안해야만 한다.

따라서 <28.참회게>만 「묘경작법」의 대표격으로 「영산작법」 소수 ≪(2)결계의식≫ 말미에 두고, 「묘경작법」은 「식당작법(食堂作法)」 이후로 옮겨 거행하는 것으로 하는 지혜를 발동하여 '내결계'와 '시간상 공백'이라는 두 가지 난제의 해결을 도모한 것이다.

---

240) 『辭源』 p.1914d. 鱗比(인비). 依序排列如魚鱗(의서배열여어린) 물고기의 비늘처럼 차례로 잇닿음./ 불교의식은 한번 시작하면, 물고기의 비늘이 이어지듯 간단없이 거행함을 특징으로 하고 있다. 다소 기계적이라는 시각도 있지만, 긴 수행으로 얻어진 결과로 평가받고 있다. 무엇보다도 중간에 사(邪)가 끼어들 여지가 없음을 장점으로 꼽을 수 있다. 영산재처럼 3일씩 이어지는 큰 행사에도 이 원칙은 적용된다.

맺는말

일찍이 『영산재 성립과 작법의례에 관한 연구』라는 이름으로 학위논문을 작성한 적이 있습니다. 이번에 『불교의식각론』 권10 '영산작법'은 당시 논문을 쓰며 세세히 밝히지 못했던 점들을 보완하여 엮은 것입니다. 원고를 마감하며 맺는말을 쓰려니 그간의 피로 때문인지 꾀가 나던 차, 논문 말미의 '결어'가 생각났습니다. 한번 살펴보니 딱히 더 좋은 생각도 나지 않을 뿐 아니라, 본서에서 다룬 것 외에 '의식의 한글화'와 같은 문제점을 제시하고 있어 독자 여러분께 짐을 넘겨드리고 싶다는 생각에 그대로 옮겨놓기로 했습니다. 양해의 말씀을 드리며 일독 부탁드립니다.

종교적 감명은 종교 행위 전반에서 공히 느껴지는 일이지만, 의식을 통해 얻어지는 감명은 경이나 조사어록 등에서 느끼는 것과 차이가 있다. 왜냐하면 그것은 지적 욕구의 충족 외에 문화적 공감대를 공유한 사람들 사이에 예술을 매개체로 가슴에서 가슴으로 전달되는 것이기 때문이다.

불교에 있어서도 의식은 꽃과 같은 것이다. 한 송이 꽃을 피우기 위해 많은 세월과 인고의 노력이 필요한 것처럼 하나의 정형화된 의식이 만들어지기까지의 과정도 그렇다. 불교에 있어서 의식은 청규(淸規)이자 수행도(修行道)이기에 더더욱 그렇다.

금세기는 지구촌이라는 말에 걸맞게 전 세계인이 문화를 공유하며 세계화되어 가는 시점이다. 그만큼 각 분야에서 새로운 변화와 노력이 요구되고 있다. 문제는 주도적 위치를 점하는 것인데, 사람들 사이에 회자되듯이 가장 한국적인 것이 가장 세계적이다. 따라서 한국불교 역시 금세기의 주인이 될 세대를 생각한다면, 경전 및 의식의 한글화는 더 이상 미룰 일이 아니다. 그러려면 온고지신의 입장에서 기존의 의식을 정확히 파악해야 함이 필수다. 불교가 삼천 년에 육박하는 역사를 지닐 수 있었던 것은 시대의 요구에 부응하며 그때마다 적절한 해답을 제시했기 때문이다.

선학들의 예지가 갈피갈피 들어있는 의식에 대한 이해를 도와 그 가치를 공감하여 기존의 의식을 온전히 보존하고, 나아가 새 시대에 맞는 의식의 한글화에 도움이 되게 하려는데 본 논문의 목적이 있었다.

이제 논문을 마감하면서 나름대로 얻은 결론을 아래와 같이 정리하면서 서론에서 연구하고자 한 내용에 얼마나 근접하였는지를 다시 한 번 점검해 보고자 한다.

먼저 영산재가 유네스코 세계무형문화재에 등재되어 한국불교의 위상이 제고되었다. 바로 그 시점에서조차 미궁으로 남아있던 영산재의 성립

연원이 지선(智禪) 편 『오종범음집(五種梵音集)』 소수 '영산작법론'에 의해 시기적으로는 11세기 고려 문종 때로, 인물로는 대각국사 의천이 유력함을 추정하게 되어 영산재가 명실공이 이 땅에서 피워낸 우리의 문화라는 단초를 얻을 수 있었다.

영산재 구성의 연원은 양무제(梁武帝)에 의해 구성된 야간의식 수륙재에서 영가천도에 중점을 둔 나머지 간과되었던 석존과 중승에게 올리는 주간의식인 '헌공의식'을 새로이 보강하면서 완성된 것이다. 그 후 야간의식으로 '예수재'와 '각배재'가 더해지면서 주간의식인 영산작법의 필요성은 더욱 부각되었고, 급기야 재의식의 공통분모격으로 재의식의 대명사가 되어 오늘에 이르고 있음을 확인할 수 있었다. 그리고 4종 재의식의 역학관계가 드러남으로써 그간 각기 독립된 의식으로 간주해오던 오류를 바로잡게 되었다.

진감(眞鑑) 국사로부터 이어지는 범음범패가 음악적으로 어떤 의미를 지니고 있으며, 일음다곡(一音多曲)을 특징으로 하는 범패를 초식동물의 '반추(反芻)'에 견주었고, 자연음에 가까운 범패의 어울림을 '해조음(海潮音)'으로 표현해 보았다.

특히 이완(弛緩)을 특징으로 하는 바깥채비와 긴장(緊張)을 특징으로 하는 안채비가 어우러지며, 궁극적으로 불교의 목적이자 재의식의 목적인 중도(中道)를 구현케 하는데 범패의 묘(妙)가 있음도 규명하게 되었다.

그리고 바라, 착복, 법고 및 타주 등 작법무의 존재의미를 알 수 있었다. 바라무(鈸羅舞)는 다라니의 정확도를 높이거나 법열을 나타내기 위한 것이고, 착복무(着服舞)는 장수천인(長壽天人)을 등장시킴으로써 진리가 베풀어지는 도량임을 나타내려는 것이다. 법고무는 일련의 의식이 성취되었을 때 그 환희를 공유하려는 것이며, 타주무(打柱舞)는 대중을 경각시키는 동시에 수행의 차제를 보인다는 의미를 지니고 있다. 이 글은 율동의 이면을 살펴서 각종 작법무 춤사위의 정화·정리 및 보존·전승에 기여하게 되었다.

소성(疏聲)이 안채비 소리에 정식종목으로 채택되지 않은 이유와 사시헌공(巳時獻供)의 중요성이 밝혀졌다. 즉, 각종 소(疏)는 후대에 만들어져 첨가된 것이기도 했지만, 헌공은 사시에 올려야만 한다는 '약속'이라는 공양 이상의 의미가 있었다. 특히 공양의 대상이 석존뿐 아니라, 시방삼세의 제불보살이시기에 더욱 그렇다.

짓소리는 일종의 행진곡으로서 작곡의 배경에는 한반도의 지형학적 특징이 배려되었다든지, 같은 짓소리라도 관(觀)을 위주로 할 때는 '우물짜기'로 거행한다는 이유 등에 대한 해명이 가능하게 되었다. 공양시 진지(進止=配食) 역시 행진 이상의 조심스러움을 요하는 것이기에 이때도 짓소리를 거행하였고, 또 우물을 짜고 거행하는 것에서도 실제 이동 거리는 없더라도 의미상의 거리가 있는 경우에 적용된다. 아울러 짓소리는 사바에서 정토로 혹은 차안에서 피안으로 옮겨감을 마음으로 관한다는 상징적 의미로 해석해야 할 것이다.

삼일영산재는 무박삼일(無泊三日) 철야로 거행해야 한다는 사실과 그 이면에는 '인차(鱗次)'라는 원칙이 있음을 알게 됐다. 또 인차라는 원칙은 여타의 의식에도 적용되어, 불교의식의 특징으로 자리하고 있음도 확인할 수 있게 되었다.

영산재와 같이 많은 시간이 필요한 재의식에서 불가불 어느 대목인가를 생략해야 할 경우, 어떤 기준을 적용해야 할지 내결계(內結界) 의식인 「설법의식」에서 그 단서를 찾게 되었다.

「식당작법」의 백추(白槌)와 타주무를 통해 제시된 바람직한 수행자의 모습을 볼 수 있었고, 교리의 생활화이자 생활의 종교화에 성공한 불교의식의 백미가 「식당작법」임을 확인할 수 있었다.

고려시대에 빈번히 거행되었던 반승(飯僧)의 자취가 『삼국사기』 『삼국유사』 『고려사절요』 『조선왕조실록』 등 문헌에는 남아있으나, 구체적 설행내용이나 방법을 알 수 없는 실정이었다. 그럼에도 「식당작법」에서 편린이나마 흔적을 찾아 볼 수 있었다. 편린이라 함은 ①거행장소가 당외(堂外)이고, ②본당 앞 월대(月臺)에 머물며 의식을 진행하고 대중을 보호하는 금당좌(金堂佐)의 역할, ③대중을 경각시키고 보호하는 타주의 역할, ④대중의 질서를 유지하는 판수(判首)의 역할 등을 말한다. 그리고 작법시 동원되는 사물과 범패 및 작법이 모두 반승을 효과적으로 거행하려고 고안된 자취라 하겠다.

한편 여든 분의 대덕을 모시는 「제산단작법(諸山壇作法)」에서 열다섯 분이 어산, 즉 의식의 대가이심에서 의례의식의 중요성과 어장의 위치를 재확인할 수 있었다.

장엄(莊嚴)에 대해 장엄은 건립(建立)을 의미하는 것으로서, 각종 번(幡)을 위시한 다양한 형태의 시각적 장엄과 사물(四物)에 의한 청각적 장엄 등이 있고 각각 그것이 지니고 있는 의미를 밝혀보았다.

영산재 혹은 영산진공(靈山進供)이라는 명칭이 어디에 기인한 것인지, 의식문을 분석 및 정리한 결과, 의식의 중심에 불신상주 수명무량(佛身常住 壽命無量) 등 법화사상이 자리하고 있음이며, 영산재의 의식문을 해석하고 운율에 맞추어 정리하여 장차 의식의 한글화에 일조토록 하였으며, 제목이 없는 항에는 옛 문헌에서 찾거나 나름대로 합리적이고 어울리는 제목을 부여하여 객관적 위치를 지니도록 하였다.

인류가 남긴 문화유산은 수없이 많다. 그러나 과연 영산재만한 것이 있을까? 이런 문화유산이 형성될 수 있었던 것은 이 땅의 불교가 시대마다 늘 대중의 요청에 부응했고, 진지하게 고민했기 때문임이 틀림없다. 그리고 지금도 한국불교는 다방면에서 시대적 요청에 직면하고 있다. 문화는 완료형이 아니다.

옷깃만 스쳐도 인연이라 했습니다. 하물며 부처님으로부터의 법등을 밝히고 전하는데 미력이나마 보태고자 엮은 책이니, 이를 통해 맺게 될 독자님들과의 인연이 어찌 작다 하겠습니까. 오종대은(五種大恩) 가운데 '탁마상성붕우지은(琢磨相成朋友之恩)'이 있으니, 잘못된 점 있다면 지적해 주시기 바랍니다. 그리고 그 어느 날 아미타부처님 전에 함께 향화공양(香華供養) 올릴 수 있도록 허락해 주시길 앙망하는 바입니다.

찾 아 보 기

ㅊ

ㅌ

ㅍ

ㅎ

저자: 만춘 심상현(滿春 沈祥鉉)

서울출생.
서울 봉원사에서 득도.
선암사 강원 대교과 졸.
동국대 불교과 졸. 학사
동경대 대학원 인도철학과 졸. 석사
위덕대 대학원 불교학과 졸. 철학박사
동방대, 동국대, 위덕대
　및 동방대학원대학교 교수 역임
현, 옥천범음대 교수. 영산재보존회 자문위원.
　　국립문화재연구소 자문위원.
　　영산불교문화원 원장.

저서

『현토주해 초발심자경문』(경서원)
『현토주해 금강반야바라밀경』(불교서원)
『설법지침서』(불교진흥원) 공저
『불교의식각론』Ⅰ ~Ⅸ(한국불교출판부)
『영산재』(국립문화재연구소)
『함께 공부하는 천수경』(도서출판 로터스)
『구병시식』(불교서원)

논문

『한국의 다비의식 연구』(1991), 동경대
『영산재 의식과 작법에 관한 연구』(2011), 위덕대
「작법무 거행의 배경과 의의」(2005), 한국공연문화학회
「전통가사의 색상과 의재에 대한 고찰」(2008), 영산재학회
「반승과 식당작법의 관계에 대한 연구」(2012), 불교학연구
「시식과 영반에 대한 고찰」(2014), 한국불교학회 등 20여 편

불교의식각론Ⅹ　　정가 25,000원

불기 2563년(2019) 1월 13일 초판 1쇄　　직 인

저 자 심 상 현
발행인 문 선 우
발행처 불교서원
주소 61429 광주광역시 동구 동계천로 87
전화 (062) 226-3056 전송:5056
ISBN 978-89-88442-30-2